문명 이야기

월 듀런트

임웅 옮김

카이사르와 그리스도

3-1

THE STORY OF CIVILIZATION VOLUME III.: CAESAR AND CHRIST
by Will Durant

Copyright © 1944 by Will Durant
Copyright renewed © 1972 by Will Durant
All rights reserved.

Korean Translation Copyright © 2013 by Minumsa

This Korean edition is published by arrangement with
Simon & Schuster, Inc., New York through KCC.

이 책의 한국어판 저작권은 KCC를 통해 Simon & Schuster, Inc.와 독점 계약한 (주)민음사 에 있습니다.
저작권법에 의해 한국 내에서 보호를 받는 저작물이므로 무단 전재와 무단 복제를 금합니다.

THE STORY
OF
CIVILIZATION

문명 이야기

윌 듀런트
WILL DURANT

임웅 옮김

카이사르와 그리스도
3-1

민음사

CAESAR AND CHRIST

들어가는 글

　이 책은 자체로 독립적이지만 『문명 이야기』의 제3권에 해당한다. 제1권은 『동양 문명』이었고, 제2권은 『그리스 문명』이었다. 건강이 허락한다면 제4권 『신앙의 시대』는 1950년에 출간될 것이다.
　이 책들의 서술 방식은 사람들의 삶과 일, 그리고 문화의 모든 주요 부분들을 동시에 연구하는 종합적인 역사이다. 반면에 필요할 뿐만 아니라 학문적으로 필수적인 분석적인 역사는 하나의 문명 아니면 모든 문명에서 인간 활동의 개별적인 부분, 즉 정치, 경제, 도덕, 종교, 과학, 철학, 문학, 예술을 연구한다. 분석적인 연구 방식의 결함이 부분을 왜곡시켜 전체로부터 고립시키는 데 있다면, 종합적인 연구 방식의 결함은 천년에 걸친 복잡한 문명의 모든 측면을 한 사람이 직접 얻은 지식으로 말할 수 없다는 데 있다. 세부 사항에서 잘못을 저지르는 것은 불가피하다. 하지만 이런 식으로만 철학에 매료된 정신, 즉 균형 잡힌 관점에 의한 이해의 추구를 통해 과거를 탐구하는 것에 만족할 수 있다.

우리는 공간 속 사물들의 관계를 연구하는 과학을 통해서, 아니면 시간 속 사건들의 관계를 연구하는 역사를 통해서 균형 잡힌 관점을 추구할 수 있다. 플라톤과 아리스토텔레스, 스피노자와 칸트를 읽는 것보다 6000년 동안의 인간의 행동을 관찰함으로써 인간의 본질에 대해 더 잘 알게 될 것이다. 니체는 이렇게 말했다. "모든 철학은 이제 역사에 그 지위를 내주었다."*

고대에 대한 연구는 당대의 드라마, 아니면 당대의 삶을 밝히는 경우를 제외하고는 엄밀히 말해서 쓸데없는 것으로 여겨진다. 교차로 도시에서 시작해 세계의 지배권을 장악할 때까지의 로마의 성장, 크림 반도에서 지브롤터 해협까지, 유프라테스 강에서 하드리아누스 성벽까지 200년에 걸쳐 로마가 성취한 안전과 평화, 지중해와 서유럽 세계를 넘어 확산된 로마의 문명, 주위의 수많은 야만성으로부터 그리고 오랫동안 서서히 무너지다가 마침내 암흑과 혼란 속으로 붕괴되는 대참사로부터 질서 잡힌 제국을 지켜 내려는 로마의 노력, 이것은 분명히 인간에 의해 연출된 가장 위대한 드라마이다. 만일 카이사르와 그리스도가 필라투스(빌라도)의 법정에서 마주했을 때를 시작으로, 겁에 질린 소수의 그리스도교도들이 시간과 인내심으로 그리고 박해와 공포로 처음에는 역사상 가장 위대한 제국의 동맹자가, 그 다음에는 제국의 지배자가, 그리고 마지막에는 제국의 상속인이 될 때까지 계속되었던 드라마가 아니라면 그렇다.

하지만 그러한 다중 파노라마는 그 범위와 장엄함보다도 더 커다란 의미를 갖는다. 요컨대 그 파노라마는 오늘날의 문명 및 문제들과 현저하게 유사하다. 이것이 문명을 전체적인 범위와 삶에서 연구하는 것의 이점이다. 즉 우리는 문명의 생애 각 단계를 우리 자신의 문화 궤적에 상응하는 순간과 비교할 수 있다. 게다가 우리는 오늘날 고대가 끼친 영향에 경고받거나 격려받을 수 있다. 내부와 외부에서 야만성에 맞선 로마 문명의 투쟁에 우리 자신의 투쟁이 있다. 로마의 생물학적 그리고 도덕적 타락은 오늘날 우리에게 이정표를 제시한다.

---

* *Human, All Too Human*, Eng. tr., New York, 1911, vol. II, p.17.

그라쿠스 형제와 원로원, 마리우스와 술라, 카이사르와 폼페이우스, 안토니우스와 옥타비아누스의 싸움은 우리의 평화의 틈을 파괴하는 전쟁이다. 그리고 전제 국가에 맞서 자유를 지키려는 지중해 사람들의 필사적인 노력은 우리가 해야 할 다가오는 과업의 전조이다. 로마인들의 이야기가 바로 우리의 이야기다.

필자가 이 책을 준비하는 동안 매 순간 월러스 브록웨이(Wallace Brockway)가 보여 준 말로 표현할 수 없이 소중하고 헌신적인 도움에 감사한다. 1200페이지에 달하는 필자의 원고를 타자로 치는 데 수고를 아끼지 않았던 나의 딸 이스턴(Mrs. David Easton), 그리고 레지나 샌드(Miss Regina Sands) 양의 인내심에도 감사한다. 그리고 무엇보다도 오랜 시간 내내 단조롭고 지루한 그리고 행복한 필자의 작업을 묵묵히 참아 내며 지도해 준 아내의 애정 어린 수고에 감사한다.

이 책을 읽는 방법
　일반 독자들은 읽기가 더 수고스럽겠지만, 책의 분량을 조금이라도 줄이고자 전문적 내용은 바로 이 단락과 같이 글자 크기를 줄여 놓았다. 되도록 많이 줄였음에도 책 분량은 여전히 엄청나고, 작은 크기의 글자로 이 지루한 내용들을 전달하는 게 도리가 아니라는 사실에는 변함이 없다. 부디 한 번에 한 장(章) 이상은 읽지 말기 바란다. 글자 크기를 줄이고 들여쓰기 한 문단은 인용문이다. 본문의 위 첨자 숫자는 권말의 주석 번호를 가리킨다.

들어가는 글   5

기원

1장 에트루리아의 전주곡: 기원전 800~508
1. 이탈리아   31
2. 에트루리아인의 생활   35
3. 에트루리아의 예술   40
4. 왕정기의 로마   45
5. 에트루리아인의 지배   49
6. 공화정의 탄생   52

공화정: 기원전 508~30년

2장 민주주의를 위한 투쟁: 기원전 508~264
1. 귀족과 평민   59
2. 공화정체   65
   입법자들   65
   정무관   71
   로마법의 기원   74
   공화정의 군대   77
3. 이탈리아 정복   80

3장 한니발 대(對) 로마: 기원전 264~202
1. 카르타고   87
2. 레굴루스   94
3. 하밀카르   97
4. 한니발   100
5. 스키피오   106

4장 금욕의 로마: 기원전 508~202   113
1. 가족   114
2. 로마의 종교   117
   신   117
   신관들   124
   축제   127
   종교와 성격   130
3. 도덕   131
4. 문학   138
5. 농업의 발전   143
6. 산업   145
7. 도시   151
8. 사후(死後)   155

5장 그리스의 정복: 기원전 201~146
1. 그리스의 정복   159
2. 로마의 변화   162
3. 새로운 신들   171
4. 철학의 도래   174
5. 문학의 각성   178
6. 카토와 보수주의의 저항   186
7. 카르타고는 파괴되어야 한다   191

혁명: 기원전 145~30년

6장 농민 봉기: 기원전 145~78
1. 혁명의 배경　199
2. 티베리우스 그라쿠스　202
3. 가이우스 그라쿠스　206
4. 마리우스　209
5. 이탈리아의 반란　214
6. 행운아 술라　217

7장 과두정의 반동: 기원전 77~60
1. 통치　225
2. 대부호　229
3. 신여성　234
4. 소(小)카토　237
5. 스파르타쿠스　239
6. 폼페이우스　241
7. 키케로와 카틸리나　245

8장 혁명기의 문학: 기원전 145~30
1. 루크레티우스　253
2. 『사물의 본성에 관하여』　258
3. 레스비아의 연인　267
4. 학자들　272
5. 키케로의 저술　276

9장 카이사르: 기원전 100~44
1. 난봉꾼　287
2. 집정관　291
3. 도덕과 정치　295
4. 갈리아 정복　299
5. 민주주의의 타락　305
6. 내전　308
7. 카이사르와 클레오파트라　318
8. 정치가 카이사르　324
9. 브루투스　330

10장 안토니우스: 기원전 44~30
1. 안토니우스와 브루투스　337
2. 안토니우스와 클레오파트라　346
3. 안토니우스와 옥타비아누스　350

원수정: 기원전 30~서기 192년

11장 아우구스투스의 정치 수완: 기원전 30~서기 14
1. 군주정으로 가는 길　357
2. 새로운 질서　363
3. 태평성대　368
4. 아우구스투스의 개혁　373
5. 아우구스투스　381
6. 신으로 보낸 마지막 날들　385

12장 황금 시대: 기원전 30~서기 18
1. 아우구스투스의 자극   391
2. 베르길리우스   395
3. 「아이네이스」   400
4. 호라티우스   408
5. 리비우스   417
6. 사랑의 반란   421

13장 군주정의 이면: 서기 14~96
1. 티베리우스   431
2. 가이우스   440
3. 클라우디우스   446
4. 네로   455
5. 3인의 황제   470
6. 베스파시아누스   471
7. 티투스   476
8. 도미티아누스   478

14장 은의 시대: 서기 14~96
1. 예술 애호가들   485
2. 페트로니우스   488
3. 철학자들   492
4. 세네카   495
5. 로마의 과학   505
6. 로마의 의학   510
7. 퀸틸리아누스   514
8. 스타티우스와 마르티알리스   517

15장 로마의 일터: 서기 14~96
1. 농민   523
2. 직공   526
3. 짐꾼   530
4. 기술자   534
5. 교역업자   537
6. 은행업자   540
7. 계급   543
8. 경제와 국가   548

주   551
연대표   567

카이사르(현무암)
알테스 박물관, 베를린

케레크트라이의 왕족무덤

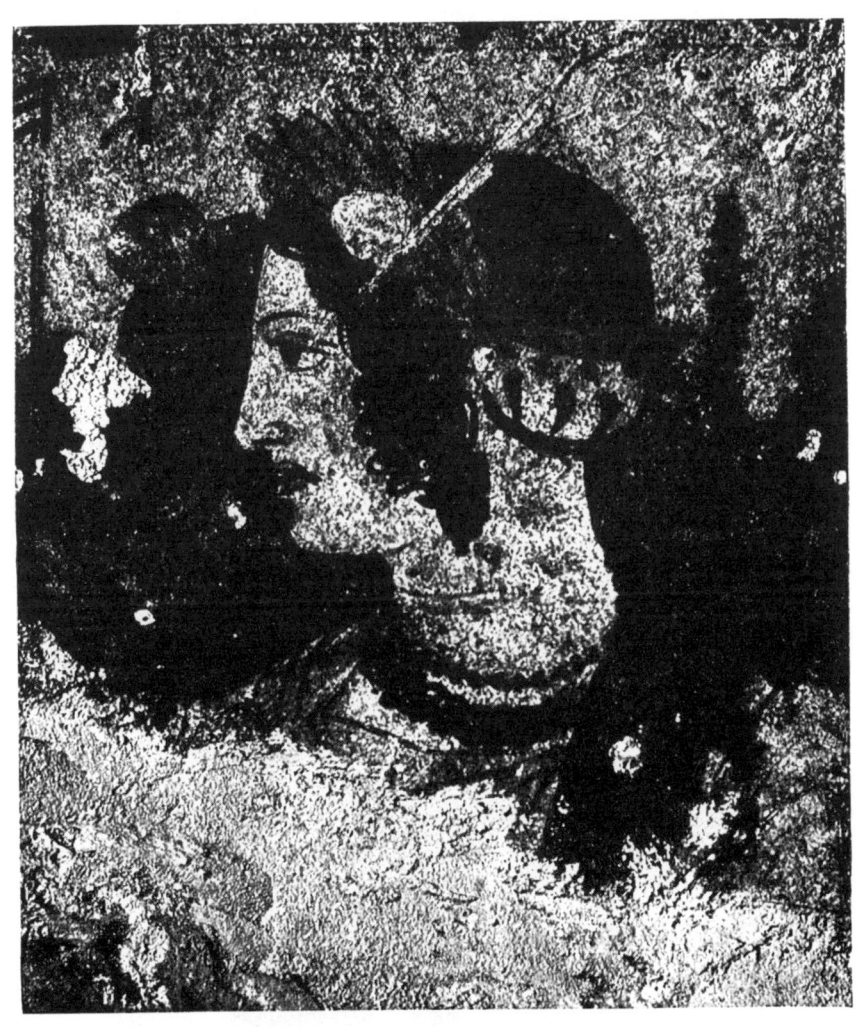

코르네토의 에트루리아인 무덤에서 나온 어느 여인의 두상

베이의 아폴로
로마

웅변가
피렌쩨

폼페이우스
코펜하겐

카이사르
나폴리

소년 아우구스투스
바티칸, 로마

황제 아우구스투스
바티칸, 로마

베스파시아누스
나폴리

티투스 개선문의 돋을새김

로마의 포룸

카스토르와 폴룩스 신전

두 개의 모자이크
위: 나폴리, 아래: 로마

아우구스투스의 카메오

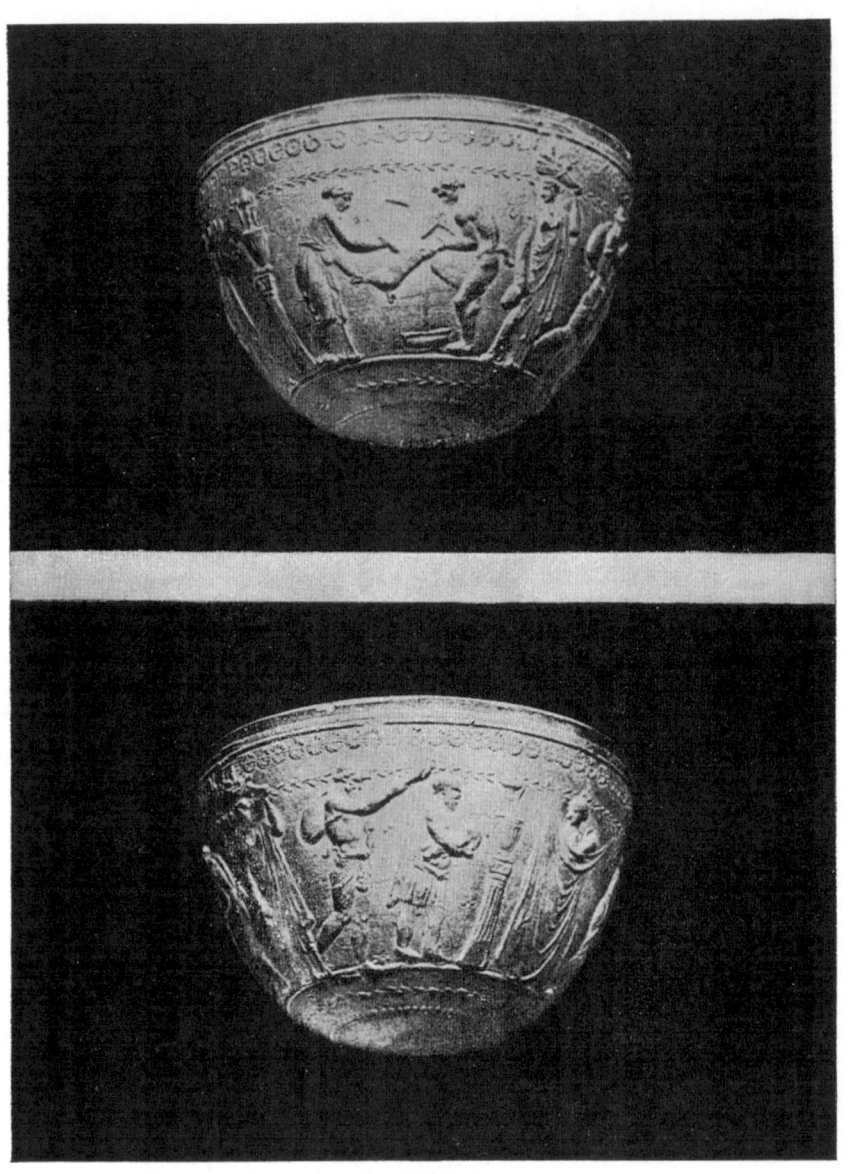
아레초 꽃병

기원

CAESAR AND CHRIST

1장   에트루리아의 전주곡
기원전 800~508

1. 이탈리아

계곡에 자리 잡은 조용한 산골 마을, 경사면의 광활한 목초지, 구릉들이 성배 모양을 이루어 떠받치고 있는 호수, 푸른 바다에 인접한 초록빛과 황금빛 들판, 한낮의 태양 아래 꾸벅꾸벅 졸다가 이내 열정으로 생기 넘치는 촌락과 도회지 마을, 먼지와 쓰레기에 에워싸여 작은 집에서부터 성당에 이르기까지 모든 것이 아름다워 보이는 도시, 이 모든 것이 2000년 동안 이탈리아의 모습이었다. 산문 작가인 대(大)플리니우스마저 자신의 조국 이탈리아에 대해 "온 세상에서, 그리고 푸른 하늘이 펼쳐진 곳 가운데 이렇게 아름다운 곳은 없다."라고 말했다. 베르길리우스는 다음과 같이 노래했다.[1] "이곳에서는 봄이 끝없이 계속되고 몇 달에 걸친 여름조차 이탈리아의 것이 아니다. 가축들은 한 해에 두 차례 새끼를 낳고, 나무는 두 번에 걸쳐 열매를 맺는다.[2] 파이스툼에서는 한 해에 두 번 장미가 꽃을 피우고 북쪽으로는 만투아 평원처럼 비옥한 평원들이 수없이 펼쳐져 있다. 풀로 뒤덮인 개울에서는 백조들이 자맥질을 하고 있다."[3] 커다란 반도를 따라 뻗어 있는 산등성이처럼 아펜니노 산맥이 이어지면서 북동풍으로부터 서해안을 감싸 안으며 지켜 준다. 그리고 급히 흐르다가 매혹적인 만에서 길을 잃어버린 강들로 인해 토양이 비옥하다. 북쪽에서는 알프스 산맥이 방패막이가 되어 주고 사방에서 반도를 지켜 주는 바다가 접근하기 힘든 가파른 해안을 에워싼다. 요컨대 이탈리아는 부지런히 땀 흘리는 사람들에게 보답하기에 더할 나위 없이 적합한 땅이었고, 더욱이 지중해에 비스듬히 놓인 전략적 위치 덕분에 고전 세계의 지배자가 될 수 있었다.

산이 가져다주던 웅장함의 이면에는 죽음 또한 도사리고 있었다. 왜냐하면 가끔씩 발생하던 지진과 화산 폭발이 몇 세기에 걸친 노동의 열매를 한순간에 화산재로 뒤덮어 버렸기 때문이다. 하지만 이곳에서의 죽음은 삶에 대한 선물이었다. 유기물과 섞인 용암이 3000년에 걸쳐 토양을 비옥하게 했다.[4] 지나치게 가파른 일부 지역은 경작하기에 부적합했으며, 게다가 그곳의 일부는 말라리아가 빈발하는 습지였다. 하지만 나머지 지역은 너무 비옥해서 폴리비오스가 경탄해마지 않았듯이, 고대 이탈리아에서는 식량이 풍부한데다가 값도 쌌다.[5] 여기에 덧붙여 폴리비오스는 이탈리아 농작물의 양과 질이 그곳에 사는 사람들의 활력과 용기로 판단될 수 있을 것이라고 넌지시 말했다. 알피에리의 생각에는 "인간 종(種)"이 여느 곳보다 이탈리아에서 더 잘 번성했다.[6] 심지어 오늘날에도 겁 많은 학생은 이렇듯 매력적인 이탈리아인들에 대한 강렬한 느낌, 즉 그들의 탄탄한 근육, 순식간에 나타났다 사라지는 사랑과 분노, 그리고 불타는 듯 강렬한 눈빛에 흠칫 놀란다. 마리우스와 카이사르, 그리고 르네상스 시기에 이탈리아를 위대하게 만들기도 하고 갈기갈기 찢어 버리기도 했던 자부심과 난폭한 기질은 대의명분이나 논쟁거리가 주어지기만 한다면 여전히 이탈리아인의 피 속에 살아 흐르고 있다. 거의 모든 남성들은 사내답고 잘생겼으며, 거의 모든 여성들은 아름답고, 강하고, 용감하다. 도대체 어느 나라가, 이탈리아의 모성애가 3000년에 걸쳐 쏟아 냈던 천재성으로 무장한 왕조와 겨룰 수 있을 것인가? 그 어떤 나라도 처음에는 정치에서, 다음에는 종교에서, 그리고 그 다음에는 예술에서 그렇게 오랜 기간 동안 역사의 중심에 선 적이 없었다. 감찰관 카토에서부터 미켈란젤로에 이르기까지 1700년 동안 로마는 서구 세계의 중심이었다.

"그 나라의 최고 재판관이었던 자들이 말하길 이탈루스가 오이노트리아(Oenotria)의 왕이 되었을 때, 사람들은 이름을 바꾸었고 자신들을 더 이상 오이노트리아인이 아닌 이탈리아인으로 불렀다."라고 아리스토텔레스는 말한다.[7] 오이노트리아는 장화 모양의 이탈리아 땅에서 발가락에 해당되었던 곳으로, 포도가 열매를 많이 맺어서 "포도주의 땅"을 의미했다. 투키디데스에 따르면, 이탈루스는 시켈족의 왕으로 오이노트리아를 점령해 시칠리아로 명명했다고 한다.[8] 로마인들이 그리스인들을 아티카 북쪽에서 나폴리로 이주해 왔던 몇몇 그라이인(Graii)들로부터 그라이키(Graeci)라고 불렀던 것처럼, 그리스인들은 서서히 이탈리아라는 이름을 포 강 남쪽의 반도 전체로 확대했다.

이탈리아 역사를 구성하는 수많은 시기들이 아무런 말도 없이 땅 밑에 묻혀 있다는 사실에는 추호의 의심도 있을 수 없다. 구석기 문화의 유적들을 통해 적어도 기원전 3만 년 동안 인간이 평원에 거주했음을 알 수 있다. 기원전 1만~6000년에 신석기 문화가 나타났다. 신석기 시대에 들어서면서 고대 전승에서 리구르족과 시켈족으로 불렸던 긴 머리 인종이 선(線) 모양의 장식을 한 조잡한 도기를 만들고, 돌을 갈아 연장과 무기를 만들었으며, 동물을 길들이고 사냥하고 고기잡이를 했다. 그리고 죽은 자는 매장했다. 일부는 동굴에서 살았고, 다른 일부는 윗가지로 엮어 칠을 한 둥근 오두막에서 살았다. 이러한 원통 모양의 오두막에서 시작된 건축은 팔라티누스 언덕의 둥근 "로물루스의 집", 로마 광장의 베스타 신전, 그리고 하드리아누스 황제의 영묘(靈廟, 오늘날의 산탄젤로 성)에 이르기까지 계속 발전해 갔다.

기원전 2000년 무렵 이탈리아 북부는 중부 유럽에서 남하한 부족들의 침입을 받았는데, 이 침입이 처음이었던 것 같지는 않다. 동물이나 인간의 공격으로부터 안전을 지키기 위해 물 속 깊이 박은 말뚝 위에 촌락을 건설하는 방식이 전해졌다. 침입자들은 지금도 여전히 외국인들로 하여금 이탈리아를 찾게 하는 가르다, 코모, 마조레, 그리고 그 밖의 매혹적인 호수 위에 정착했다. 나중에 그들은 남쪽으로 이동했으며, 호수가 많지 않다는 사실을 알고 나서부터는 땅 위에 집을 짓기 시작했다. 하지만 그들은 여전히 말뚝으로 된 기초 위에 집을 지었다. 이러한 주거지를 성벽과 해자로 에워싸던 그들의 관습은 후대로 전해져 로마의 주둔지와 중세 성의 특징이 되었다. 침입자들은 짐승과 가축 무리를 방목하고 토양을 경작했으며, 옷감을 짜고 도기를 불에 구웠다. 게다가 신석기 시대 말 무렵(기원전 2500년경) 이탈리아에 등장했던 청동으로 빗, 머리핀, 면도칼, 족집게, 그리고 시간을 초월한 그 밖의 도구들을 포함해 백여 가지의 다양한 연장과 무기를 만들었다.[9] 그들은 촌락 주위에 쓰레기가 함부로 쌓이는 것을 내버려 두었다. 그들의 문화는 이러한 쓰레기 잔해물이 땅을 기름지게 하는 비료의 효능을 가졌다는 이유로 테라마레(terramare, 암모니아성 침적토)로 불렸다. 그들이 역사 시대 이탈리아인의 직접적인 조상이었다.

기원전 1000년경 포 강 계곡에서 이탈리아 북부로 침입해 들어왔던 테라마리콜리(terramaricoli)의 후손들은 독일 지역에서 배운 철 가공 방법을 이용해 개량된 도구를 만들었다. 게다가 철로 무장한 채 볼로냐 근처 빌라노바에 위치한 중심 지역에서 멀리 이탈리아 아래로 "빌라노바" 문화를 전파했다. 움브리아족, 사비니족, 라틴족의 혈통, 언어, 그리고 중요한 예술이 그들에게서 비롯되었던 것으로 보인다. 그 후 기원전 800년경 새로운 이주자들이 쏟아져 들어와 빌라노바 주민들을 정복했으며, 테베레 강과 알프스 산악 지대 사이에 인류가 남긴 기록에서 가장 낯선 문명들 중 하나를 수립했다.

2. 에트루리아인의 생활

에트루리아인의 역사는 우리의 인내심을 시험하기라도 하는 듯 모호함으로 가득하다. 에트루리아인은 백 년 또는 그 이상 로마를 지배했으며, 로마의 생활 방식에 남긴 영향이 너무나 다양해서 에트루리아인 없이 로마를 이해하기란 거의 불가능하다. 하지만 기혼 여성들이 공공연하게 흘러간 젊은 시절을 애써 잊으려 하는 것처럼, 로마의 문헌은 에트루리아인에 대해 침묵으로 일관한다. 문헌에 나타나는 이탈리아 문명은 에트루리아인과 함께 시작된다. 수많은 예술 작품은 물론이고 8000개의 비문이 에트루리아인의 유물과 섞이고, 이것 말고도 시, 희곡, 그리고 역사가 잃어버린 문헌에 대해 암시해 준다.[10] 하지만 노출되지 않은 몇 개의 단어들이 해독되었을 뿐으로, 오늘날 문헌 지식은 상형문자를 해독했던 샹폴리옹 이전에 파라오의 이집트를 가리고 있었던 비밀보다 에트루리아의 비밀 앞에서 더 깊은 암흑에 빠져 있다.

결국 에트루리아인이 누구이며, 그들이 언제, 그리고 어디에서 왔는지에 관한 논쟁은 지금도 계속되고 있다. 아마도 오래된 전승이 너무 쉽게 무시되어 왔던 것 같다. 학자티를 내는 사람들은 일반적으로 인정되고 있는 것을 논박하고 싶어 하며, 그것은 악영향을 끼치면서 살아남는다. 대부분의 그리스·로마 역사가들은 의심의 여지없이 에트루리아인이 소아시아에서 왔다고 생각했다.[11] 그들의 종교, 의복, 그리고 예술에서 나타나는 많은 요소들이 아시아 기원을 암시한다. 반면에 다른 많은 요소들은 토착 이탈리아의 것으로 보인다. 에트루리아 문명은 상업적으로 그리스와 근동의 영향을 받은 빌라노바 문화의 파생물일 가능성이 매우 높지만, 에트루리아인은 스스로를 소아시아, 아마도 리디아에서 온 침입자로 믿고 있었던 것 같다. 어쨌든 그들은 뛰어난 살상력으로 투스카니에서 지배 계급이 되었다.

에트루리아인이 상륙한 지점에 대해서는 알 수 없지만, 그들이 많은 도시를 세우고, 정복했으며 또한 발전시켰다는 사실은 분명하다. 에트루리아인은 그들보다 앞서 살았던 사람들처럼 진흙과 짚으로 지은 촌락 이외에도 기하학적으로 설계된 거리와 함께 성벽으로 둘러싸인 도시를 세웠다. 그리고 밟아 다진 흙뿐 아니라 종종 구운 벽돌이나 돌로 집을 지었다. 이렇게 만들어진 12개의 공동체가 느슨하게 결합해 에트루리아 연방을 결성했다. 에트루리아 연방을 지배했던 공동체로는 타르퀴니아(지금의 코르네토), 아레티움(아레초), 페루시아(페루자), 그리고 베이(이솔라 파르네세)가 있었다.* 산과 숲을 통한 운송의 어려움 때문에 그리스에서처럼 이곳에서도 외부의 적에 맞서 거의 연합하지 않은 채 독립적인 도시 국가를 형성하기 위해서는 경계를 늦추지 않는 남성들의 호전성이 필요했다. 12개의 공동체는 각각 독자적인 안전을 소중히 여겼으므로 단합하기보다는 다른 공동체가 공격받는 동안에 자주 비켜서서 관망했으며, 결국에는 잇달아 로마에 정복당했다. 하지만 기원전 6세기 내내 이러한 연합 공동체는 잘 조직된 육군과 유명한 기병, 그리고 이른바 티레니아 해(즉 에트루리아의 바다)를** 한동안 지배했던 강력한 해군을 통해 이탈리아에서 최강의 정치 세력을 구성했다.

로마의 경우에서처럼 에트루리아 도시들의 통치 형태는 군주정을 시작으로 "가장 유력한 가문"의 과두정으로 바뀌었으며, 점차 재산을 가진 시민들로 구성된 협의회에 1년 임기의 정무관 선출의 권한을 양도했다. 무덤 벽화와 돋을새김을 통해 살펴본 에트루리아는 철저한 봉건 사회로서 귀족들이 토지를 소유하고 빌라노바의 예농들과 전쟁으로 획득한 노예들이 수확한 잉여 생산물을 통해 호사스러운 생활을 누리고 있었다. 이와 같이 엄격한 통치 질서 아래에서 숲과 늪지대였던 투스카니가 개간되었으며, 농촌의 관개 시설과 도시의 배수 시설이 동시대에 그리스에서 발견될 수 있는 모든 것을 능가하는 수준으로 발전했다. 에트루리아의 공학자들은 호수에서 범람하는 물을 처리하기 위해 배수관을 만들었고, 배수 시설이 잘된 도로가

---

* 여기에서 주어진 명칭들은 로마식이고, 에트루리아식 이름은 알려져 있지 않다.
** 그리스인들은 에트루리아인들을 티르헤니(Tyrrheni) 또는 티르세니(Tyrseni)라고 불렀다. 로마인들은 그들을 에트루스키(Etrusci) 또는 투스키(Tusci)라고 불렀다. 아마도 'tyrant'처럼 리디아의 한 요새인 티르하(Tyrrha)에서 그리스식 이름이 유래한 것 같다. 'tower'가 유사한 단어인 것 같다.

바위와 언덕을 가로지르고 있었다.[12] 기원전 700년 초에 에트루리아 산업은 서해안의 구리와 엘바 섬의 철을 채굴했고 포풀로니아에서 철광석을 용해했다. 그리고 이탈리아 전체에 주철을 팔았다.[13] 에트루리아 상인들은 티레니아 해에서의 교역을 이용해 북유럽에서 라인 강과 론 강 아래로, 그리고 알프스 너머로 호박, 주석, 납, 철 등을 가져왔다. 그리고 지중해의 모든 주요 항구에서 에트루리아 제품을 판매했다. 기원전 500년 무렵에 에트루리아 도시들은 자체적으로 주조 화폐를 발행했다.

무덤에 그려진 에트루리아인의 모습은 작은 키에 체격이 단단하다. 머리는 크고 얼굴 생김새는 대체로 아나톨리아인과 비슷하며, 특히 여성은 피부색이 불그스레하다. 하지만 입술연지는 문명의 역사만큼이나 오래되었다.[14] 여성들은 미모로 널리 알려져 있었고,[15] 남성의 얼굴은 때때로 세련되고 기품이 있었다. 문명은 이미 믿을 수 없을 만큼 높은 수준에 도달해 있었다. 왜냐하면 브리지 기공으로 섬세하게 제작된 의치에 관한 흔적들이 무덤에서 발견되었기 때문이다.[16] 내과 의술과 외과 의술처럼 치과 의술 또한 그리스와 이집트에서 들여왔다.[17] 남성과 여성 모두 머리를 길게 길렀으며 남성들은 턱수염을 어루만졌다. 옷은 이오니아 양식을 따라서 키톤과 같은 내의와 로마의 토가(toga)가 되었던 겉옷을 입었다. 여성들은 물론이고 남성들도 장식을 좋아했고, 이들의 무덤은 보석으로 넘쳐 났다.

무덤의 생기 넘치는 그림들로 판단컨대 에트루리아인의 생활은 크레타인의 생활과 마찬가지로 전투로 딱딱해지고 호사스러움으로 부드러워졌으며, 향연과 놀이로 밝게 빛났다. 남성들은 즐겁게 전쟁하고 남성적인 스포츠를 다양하게 즐겼다. 남성들은 사냥하고 경기장에서 황소와 싸웠으며, 가끔 네 마리의 말이 나란히 위험한 경주로를 도는 전차를 몰기도 했다. 또한 원반과 창을 던지고, 장대높이뛰기를 하고, 경주를 하고, 레슬링을 했으며, 권투를 했다. 그리고 검투사 시합에서 싸우기도 했다. 이러한 경기들은 잔인함으로 명성이 높았다. 왜냐하면 로마인처럼 에트루리아인도 문명이 야수성에서 너무 멀리 벗어나 있으면 위험하다고 생각했기 때문이다. 덜 용감한 사람들은 아령을 휘두르고, 주사위를 던지고, 피리를 부르고, 그렇지 않으면 춤을 추었다. 무덤의 그림에서는 술을 마시며 흥겹게 떠드는 장면이 눈에 띈다. 때때로 그 장면은 포도주에 취해 대화를 나누는 남성만을 위한 향연이었다. 가끔 화려하게 옷을 입고, 우아한 소파 위에 남녀가 한 쌍을 이뤄 눕고, 먹고 마시고, 노예들의 시중을 받으며, 무용수와 음악가 때문에 즐거워하는 남녀 모두의 모습을 볼 수 있다.[18] 그리고 이따금씩 식사에 호색적인 포옹이 곁들어지고는 했다.

아마도 이 경우에 여성은 그리스의 헤타이라(hetaira)에 상응하는 고급 매춘부였을 것이다. 에트루리아의 젊은 여성들은 그리스 시대의 아시아와 사무라이 시절의 젊은 일본 여성들처럼 매춘으로 혼인 지참금을 마련할 수 있었다.[19] 플라우투스의 희곡에 등장하는 주인공은 투스카니의 방식에 따라 몸을 음탕하게 놀려 결혼 비용을 벌려고 했던 소녀를 비난하고 있다.[20] 그럼에도 불구하고 여성은 에트루리아에서 높은 지위를 누렸고, 생활의 모든 분야에서 두각을 나타내는 존재로 그려졌다. 로마의 다섯 번째 왕 타르퀴니우스 프리스쿠스의 아내인 타나퀼라가 정치적 음모뿐 아니라 수학과 의학에서도 정통한 것으로 알려지듯이, 교육은 남성의 전유물이 아니었다.[21] 많은 그림에서 순진무구한 모습으로 행복하게 뛰노는 아이들과 함께 부부 사이의 화합과 가족생활의 장면들이 등장한다.

종교는 부정적인 도덕을 고무하기 위해 모든 방법을 동원했다. 에트루리아의 만신전은 점점 커지는 자만심에 두려움을 주고 어버이로서의 임무를 덜어 주기 위한 장치들로 가득 차 있었다. 최고의 신 티니아는 천둥과 번개를 지배했다. 그의 주위에는 12명의 위대한 신들이 무자비하게 그의 명령을 수행하고 있었다. 그들은 너무나 위대해서 그들의 이름을 말하는 것만으로도 신성 모독이었다. 특별히 명계를 다스렸던 신 만투스와 여신 마니아는 무시무시했고, 각자는 그들의 명령을 집행하는 날개 달린 악마의 무리를 거느렸다. 모든 신들 가운데 가장 달래기 어려웠던 것은 운명의 여신 라사였다. 그녀는 뱀 또는 칼을 휘두르면서 자신의 변치 않는 명령을 기록하려고 철필과 잉크, 그리고 기록된 명령을 붙이기 위해 망치와 못을 휴대하고 있었다. 한편 라레스와 페나테스는 더 상냥한 신들로서 그들의 작은 조각상은 가정에 보관되어 있었고 들판과 가정의 정령을 상징하고 있었다.

양의 간이나 새들의 비행을 관찰하고 미래를 알아보는 신성한 기술은 아마도 바빌로니아에서 에트루리아인들에게 전해졌을 것이다. 하지만 에트루리아인의 전승에 따르면, 그 기술은 티니아 신의 손자로서 새로이 파헤쳐진 밭고랑에서 태어나자마자 현인의 지혜로 말했던 한 신성한 사내아이가 그들에게 계시한 것이었다. 에트루리아의 종교 의식은 양, 황소 또는 인간을 제물로 바치면서 절정에 달했다. 인간 제물은 살육되거나 고귀한 사람들의 장례식에서 산 채로 매장되었다. 몇몇 경우에 전쟁 포로는 신들을 달래기 위해 대량 학살되었다. 그래서 기원전 535년에 알라리아에서 붙잡힌 포키아인들은 카이레 광장에서 돌에 맞아 죽었고, 기원전 358년에 붙잡힌 300여 명의 로마인들은 타르퀴니아에서 희생되었다. 에트루리아인은 살해된 모든 적에 대해 지옥에서 영혼을 해방할 수 있다고 믿었던 것 같다.[22]

에트루리아 신학에서 가장 특징적인 부분은 지옥에 대한 믿음이었다. 무덤의 그림에서 볼 수 있는 것처럼 죽은 사람의 영혼은 정령들에 의해 저승 세계의 법정으로 인도되었다. 그곳의 최후 심판에서는 죽은 사람에게 이승에서의 행위를 변호할 수 있는 기회가 주어졌다. 변호가 실패로 끝났을 경우에는 다양한 고통이 선고되었다. 이러한 고통은 베르길리우스와 초기 그리스도교의 지옥 개념, 그리고 투스카니인이었던 단테의 「지옥편(Inferno)」에 강한 영향을 끼쳤다. 그러한 천벌로부터 선한 자는 용서받았고, 저주받은 자들의 고통은 살아 있는 친구들이 바치는 기도나 제물에 의해 단축될 수 있었다. 구원받은 영혼은 저승 세계에서 하늘 위 신들의 세계로 인도되었으며, 무덤에서 희망에 가득 찬 모습으로 묘사된 향연과 호사스러움, 그리고 권세를 누렸다.

대체로 에트루리아인은 죽은 사람을 매장했다. 매장할 여유가 있었던 사람들은 테라코타 또는 돌로 만든 석관에 영면하도록 눕혀졌고, 관 뚜껑에 일부는 죽은 사람의 초상, 그리고 일부는 고대 그리스 미남 청년들의 미소 짓는 모습이 새겨져 있었다. 여기에서 다시 한 번 에트루리아의 전통이 중세 예술에 기여했다. 가끔 죽은 사람은 화장해서 유골 단지에 담았으며, 유골 단지 또한 망자의 초상으로 장식되었던 것 같다. 많은 경우에 유골 단지 또는 무덤은 집을 흉내 냈다. 이따금씩 바위를 잘라 만든 무덤은 여러 개의 방으로 나뉘었고, 사후 생활을 위해 가구, 용기, 꽃병, 옷, 무기, 거울, 화장품, 그리고 보석이 구비되어 있었다. 카이레의 무덤에서 발견된 한 전사의 해골은 완벽하게 형태가 보존된 청동 침대 위에 놓여 있었다. 그리고 해골 옆에는 무기와 전차가 있었다. 한편 전사의 뒤편에 있는 방에서는 그의 아내로 추정되는 여성의 장식품과 보석류가 발견되었다. 그 여성의 소중한 몸이었던 유골은 신부 옷으로 덮여 있었다.[23]

3. 에트루리아의 예술

에트루리아의 역사에 관해 알려진 거의 모든 것은 에트루리아의 예술이다. 에트루리아의 예술을 통해서 에트루리아인의 풍속과 도덕, 종교와 계급 제도의 힘, 그리고 소아시아, 이집트, 그리스, 로마와의 경제적, 문화적 접촉이 변화해 가는 흐름을 읽어 낼 수 있다. 에트루리아의 예술은 종교적 관습에 사로잡혀 있었고 전문적인 기교에서 해방되어 있었다. 에트루리아의 예술은 야만적이고 반계몽적인 문명을 반영했지만 기질과 박력으로 문명을 표현했다. 오리엔트, 즉 이오니아, 키프로스, 이집트는 에트루리아 예술의 초기 형태와 양식에 영향을 끼쳤다. 하지만 건축과 회화, 청동 조각상, 그리고 금속 세공에서 에트루리아의 예술은 자신의 목소리를 낼 만큼 독특한 경지에 도달해 있었다.

건축 분야의 유물은 부서진 조각이나 무덤의 수준을 결코 뛰어넘지 못했다. 시멘트를 바르지 않은 육중한 석조 구조물로 단단하고 정확하게 결합된 에트루리아의 도시 성벽 일부가 지금도 남아 있다. 부유한 에트루리아인의 주택은 이탈리아 주택의 고전적 디자인을 뚜렷이 보여 주었다. 즉 계획적으로 출입을 금했던 외벽, 중앙의 안뜰 또는 거실, 빗물이 아래쪽 천수조로 떨어지도록 안뜰의 지붕에 낸 구멍, 그리고 안뜰을 둘러싸면서 현관을 마주하는 작은 방들이 있었다. 로마의 건축가 비트루비우스는 에트루리아의 신전을 묘사했으며, 무덤은 때때로 신전의 형태를 띠었다. 본래 에트루리아의 신전은 그리스 모형을 따랐다. 하지만 "투스카니 양식"은 도리아 양식에 수정을 가해서 기둥에 둥근 세로의 홈을 새기지 않고, 주춧돌을 놓았다. 그리고 좀 더 우아한 아티카의 6:3 비율 대신에 길이와 넓이의 비율을 6:5로 하여 성상 안치소를 설계했다. 에트루리아의 신전은 벽돌로 만든 성상 안치소, 석재로 만든 줄기둥, 나무로 만든 장식 틀과 박공(牔栱), 테라코타로 만든 돋을새김과 장식, 맨 밑바닥의 토대석에 얹혀 있는 전체, 그리고 화려하게 장식된 외부와 내부로 이루어져 있다. 도시 성문과 성벽, 수로, 그리고 배수관 같은 세속적인 대규모 건축을 위해 에트루리아인들은 (우리의 지식의 범위가 미치는 한) 이탈리아에 아치와 둥근 천장 공법을 소개했다. 분명히 그들은 이처럼 웅장한 건축술을 리디아에서, 그리고 리디아는 바빌로니아에서 들여왔다.* 하지만 에트루리아인은 뒤죽박죽 세워져 있는 기둥과 장식 틀의 짓누르는 압박 없이 커다란 공간을 덮어 가리는 뛰어난 방식을 철저히 따르지는 않았다. 그들은 아치형 공법의 혁명을 성취하기 위해서 로마를 떠났다.

에트루리아를 대표하는 가장 유명한 생산품은 도기이다. 모든 박물관은 도기로 넘쳐 난다. 도기 전시장을 돌아보면서 지쳐 버린 관람객들은 눈에 보이지 않는 어떤 완벽함이 있는지 궁금해 한다. 에트루리아의 꽃병은 분명히 그리스 꽃병의 복제품이 아니라면 디자인은 평범하고, 솜씨는 투박하며, 장식은 조잡하다. 다른 어떤 예술도 인간의 골격에 대한 왜곡, 소름 끼치는 가면, 난폭한 짐승, 괴물 같은 악마, 그리고 무서운 신을 그렇게 많이 만들어 낸 적이 없다. 하지만 기원전 6세기의 흑색 도기는 이탈리아의 활력을 지니고 있으며, 아마도 빌라노바 양식의 고유한 발전을 대표하는 것으로 보인다. 아테네에서 수입되거나 흑색 무늬의 아티카 양식을 모방한 멋진 꽃병이 불키와 타르퀴니아에서 발견되었다. 프랑소와라는 이름을 가진 한 프랑스인에 의해 치우시에서 발견된, 양쪽에 손잡이가 달린 거대한 암포라인 프랑소와 꽃병은 분명히 그리스인 거장 클리티아스와 에르고티무스의 작품이었다. 검은색 바탕에 붉은색 무늬가 칠해진 후기 단지들은 우아하지만 분명히 그리스에서 생

---

* 이는 이집트 무덤과 신전, 그리고 니네베의 궁전에서 사용되었다. 일부 로마의 아치들은 에트루리아에 있는 어느 아치 못지않게 오래되었다.[24]

산된 것이다. 이러한 단지들이 풍부하다는 것으로부터 아티카의 도공들이 에트루리아의 시장을 장악해 토착 세공인들을 산업용 생산에만 전념하도록 내몰았다는 사실을 알 수 있다. 대체로 도굴범들이 에트루리아의 무덤을 샅샅이 뒤졌을 때, 그렇게 많은 도기를 남겨 둔 것은 당연했다.

에트루리아의 청동 제품에 대해서는 무모할 정도로 불경스럽게 말해서는 안 된다. 에트루리아의 청동 제품 주물공들은 최고의 기술을 자랑했다. 그들은 거의 생산성에서 도공들에 필적했다. 단 하나의 도시에 2000개의 청동 조각상이 있었다고 한다. 에트루리아 주물공들의 손에서 우리에게 전해져 남아 있는 것은 대부분 로마 지배 기간에 속한다. 이러한 양각 세공들 중에 두 개의 걸작이 눈에 띈다. 하나는 로마인의 점잔을 빼는 태도와 청동 제품의 전시 제한으로 현재 피렌쩨 고고학 박물관에 눈에 띄지 않게 보관되어 있는 「웅변가」라는 작품이고, 다른 하나는 1553년에 아레초에서 발견되어 쳴리니가 부분적으로 복원했던 「키메라(Chimera)」라는 작품으로 이것 또한 피렌쩨에 있다. 「키메라」는 벨레로폰이 살해했던 것으로 추정되는 괴물로서 사자의 머리와 몸통, 뱀으로 이루어진 꼬리, 등에서 파격적으로 자라나는 염소의 머리를 가진 흉측한 모습이다. 하지만 키메라의 힘과 최후를 통해 그의 생물학적 무절제에 만족하게 된다. 에트루리아의 청동 제품 세공인들은 원격지 수출을 위해 수백만 개의 작은 조각상, 칼, 투구, 갑옷, 창, 방패, 용기, 단지, 주조 화폐, 자물쇠, 사슬, 부채, 거울, 침대, 램프, 촛대, 심지어 전차까지 생산했다. 뉴욕의 메트로폴리탄 미술 박물관에 가면 에트루리아의 전차가 방문객을 맞이한다. 에트루리아 전차는 나무로 만든 몸체와 바퀴, 청동으로 만든 덮개와 바퀴, 그리고 세련된 무늬로 돋을새김된 전차의 앞면으로 이루어져 있다. 많은 청동제 물건에는 섬세한 무늬가 새겨져 있다. 표면에는 밀랍이 입혀져 있고, 밑그림이 철필로 선명하게 그려져 있으며, 부분적으로 산성 액이 적셔져 있고, 밀랍이 입혀져 있지 않은 선 부분은 금속으로 산화 처리되었다. 금은 세공과 뼈와 상아 세공 분야에서 에트루리아 예술가들은 이집트와 그리스 예술가들의 후계자이자 동료였다.

석조 조각은 에트루리아에서 전혀 인기가 없었다. 대리석은 드물었고 카라라의 채석장은 분명히 알려져 있지 않았다. 하지만 입자가 미세한 점토가 바로 가까이에 있었으며, 곧 다량의 테라코타 돋을새김, 작은 조각품, 그리고 무덤이나 건축의 장식에 사용되었다. 6세기 말경 한 무명의 에트루리아 예술가가 조각 학교를 베이에 설립해 에트루리아 예술의 걸작을 만들었다. 「베이의 아폴로」로 알려진 이 걸작은 1916년 베이에서 발견되어 최근까지 로마의 빌라줄리아에 있었다. 그 시대의 이오니아와 아티카의 미남 청년들을 모델로 삼은 이 매력적인 조각상의 은은한 미소, 장난치듯 기울어진 눈, 그리고 건강과 아름다움과 활력 넘치는 몸을 보고 있으면 흡사 여성 모나리자의 얼굴을 보고 있는 듯하다. 이탈리아인들은 이 조각상을 "산책하는 아폴로"라고 부른다. 이 걸작뿐 아니라 석관에 새겨진 수많은 뛰어난 인물상을 통해 에트루리아 조각가들은 아시아적 양식의 머리카락과 의복의 주름을 완벽한 수준으로 끌어올렸다. 반면에 「웅변가」에서 에트루리아 조각가들과 그들을 계승한 로마인 조각가들은 사실주의적 인물 묘사의 전통을 확립했다.

에트루리아 회화는 그리스의 이탈리아 회화와 공동으로 로마에 다른 하나의 예술을 전달했다. 대(大)플리니우스는 아르데아의 프레스코화를 로마 자체보다 더 오래된 시대의 것으로 그리고 카이레의 다른 프레스코화들을 "훨씬 더 고대에 속하는", 그리고 "아름다움의 극치"로 묘사했다.[25] 회화는 도기에 사용되었고, 외관 때문에 가정과 무덤의 실내 장식으로도 사용되었다. 지금은 무덤의 프레스코화와 꽃병 그림만이 전해지고 있지만, 오리엔트와 이집트 양식에서부터 그리스와 알렉산드리아 양식을 거쳐 로마와 폼페이 양식에 이르기까지 프레스코화와 꽃병 그림이 에트루리아 회화의 각 단계마다 발견될 수 있다. 몇몇 무덤에서 창문, 문, 기둥, 주랑 현관, 그리고 폼페이의 방식에 따라 내벽에 그림을 그리는 것으로 모방된 그 밖의 건축 형태에서 이탈리아 최초 흔적들이 발견된다. 이들 프레스코화의 색깔은 종종 그 빛이 바래져 가지만, 몇몇 색깔은 2000년 이상이 지난 후에도 놀랄 만큼 선명하고 화려하다. 기법은 단순하다. 초기 회화에서는 투시 화법과 원근법이 전혀 사용되지 않았고 색깔의 풍부함과 농도를 주기 위한 빛과 그림자의 사용도 전혀 없었다. 인물상은 마치 가로로 된 볼록 거울에서 보이는 것같이 이집트 사람처럼 날씬했다.

얼굴은 대체로 옆모습이었고, 발끝은 항상 뾰족했던 것 같다. 나중에 투시 화법과 원근법이 나타나고, 신체 비율은 더 정확하고 교묘하게 묘사되었다. 하지만 어느 경우에든 이러한 회화에는 유쾌하고 장난기 넘치는 쾌활함이 있어서, 만약 무덤이 그렇게 화려하다면 에트루리아인의 생활이 얼마나 즐거웠을지 알고 싶게 만든다.

무덤에는 전투 중인 장면과 전투를 즐기는 남성들이 그려져 있다. 전투가 아니라면 그들은 경기장에서 마상 창 시합을 한다. 그들은 관중들이 기대하는 남성의 용맹함으로 수퇘지와 사자를 사냥한다. 그들이 체육관에서 권투나 레슬링을 하는 데 비해, 관중들은 싸우는 사람들보다 더 격렬하게 논쟁한다. 그리고 그들은 말을 타거나 원형 경기장 주위로 전차를 몬다. 가끔 그들은 편안함에 몸을 내맡긴 채 낚시를 즐기기도 한다. 한 즐거운 장면에서 연인 한 쌍이 잔잔한 개울에서 한가롭게 배를 타고 있다. 카이레의 무덤에서는 그림으로 그려진 남성과 그의 아내가 소파에 기대어 있다. 월계수로 만든 화환을 쓴 남성이 한잔의 포도주와 함께 그녀에게 평생 동안 충실하겠다고 맹세한다. 아내는 남편이 거짓말하고 있다는 사실을 알지만 미소 지으면서 그를 믿는다. 또 다른 무덤의 방에는 에트루리아 화가가 천국에 대한 자신의 생각을 그렸다. 그곳에서는 환락이 그치지 않고 젊은 여자들이 주위의 시선을 의식하지 않은 채 쌍피리와 리라의 연주에 맞춰 격렬하게 춤추었다. 피리와 리라, 나팔과 울대는 모든 연회와 결혼식, 그리고 장례식에서 필수였다. 그리고 가무에 대한 사랑은 에트루리아 문명의 우아한 측면들 중 하나이다. 코르네토의 암사자 무덤에서는 벌거벗고 술에 취한 채 광란적으로 빙빙 돌면서 춤추는 모습이 그려져 있다.[26]

에트루리아인은 알프스 산맥의 구릉 지대와 캄파니아의 그리스 도시들로 지배 영역을 넓히기 위해 북쪽과 남쪽으로 팽창해 갔으며, 그 후 테베레 강을 가로질러 한창 성장 과정에 있던 로마와 맞서게 되었다. 이것은 에트루리아인의 타고난 운명이었다. 에트루리아인은 베로나, 파두아, 만투아, 파르마, 모데나, 볼로냐, 그리고 아펜니노 산맥 너머 리미니, 라벤나, 그리고 아드리아에 식민시를 건설했다. 에트루리아의 소규모 변경 식민시인 아드리아로부터 아드리아 해라는 이름이 생겨났다. 에트루리아인은 피데나이, 프라이네스테(팔레스트리나), 카푸아, 그리고 아마도 키케로의 투스쿨룸('작은 투스카니')에 정착지를 건설하고 로마를 포위했다. 정확한, 그리고 근거가 박약한 전승에 따르면, 결국 기원전 618년에 한 에트루리아인 모험가가 로마의 왕위를 차지했으며, 한 세기 동안 국가로서 로마의 틀이 형성되고 에트루리아 문명과 세력의 지배를 받았다.

4. 왕정기의 로마

기원전 1000년경 빌라노바의 주민들이 테베레 강을 넘어 라티움에 정착했다. 그들이 라티움의 신석기 주민들을 정복했는지, 아니면 몰살했는지, 그것도 아니라면 단순히 그들과 결혼했는지는 아무도 모른다. 테베레 강과 나폴리 만 사이에 위치하면서 역사적으로 유명한 지역인 라티움의 농촌들은 연례행사인 종교 축제나 가끔씩 발생하는 전쟁 말고는 연합하기를 싫어한 몇몇 도시 국가들에 병합되었다. 가장 강력한 도시 국가는 아마도 지금은 교황의 여름 별장인 카스텔간돌프가 있는 곳으로, 알바 산기슭에 위치해 있던 알바롱가(Alba Longa)였다. 아마도 기원전 8세기에 정복에 눈이 멀거나 아니면 출산율의 압박으로 알바롱가에서 쫓겨난 라틴족의 한 식민시가 북서쪽으로 20마일가량 이동해서 인간의 거주지로 가장 유명한 곳, 즉 로마를 건설했다.

이러한 위험천만한 가설에는 로마의 기원에 관해 역사가 대담하게 말하고 있는 모든 것이 포함되어 있다. 하지만 로마의 전승은 그렇게 빈약하지 않았다. 기원전 390년 갈리아인이 로마를 불태웠을 때, 대부분의 역사 기록이 소실된 것으로 보인다. 그리고 그 후 애국적인 상상력이 로마의 탄생이라는 그림에 자유롭게 덧칠해질 수 있었다. 이른바 기원전 753년 4월 22일이 로마의 탄생일로 인정되었고, "로마 건립의 해(A.U.C., anno urbis conditae)"에 부합되는 사건들이 고려되었다. 수많은 이야기들에서 아프로디테(베누스)의 자손인 아이네이아스가 불타는 트로이에서 어떻게 도망했으며, 많은 나라에서 여러 사람을 만나면서 온갖 어려움을 겪고 난 뒤에 어떻게 그가 이탈리아에 트로이의 신 또는 신상을 가져왔는지 말하고 있다. 아이네이아스는 라티움 왕의 딸 라비니아와 결혼했다. 그리고 전해지는 이야기에 따르면, 여덟 세대가 지난 후 그들의 후손 누미토르가 라티움의 수도인 알바롱가의 왕위를 차지했다. 왕위를 강탈한 아물리우스는 누미토르를 추방하고, 아이네이아스의 혈통에 종지부를 찍기 위해 누미토르의 아들들을 살해하고 그의 유일한 딸인 레아 실비아에게는 순결을 맹세케 함으로써 베스타 신의 여신관이 될 것을 강요했다. 하지만 레아는 개울가에 누워 "산들바람을 맞으려고 가슴을 열어 젖혔다."[27] 신과 인간을 너무 믿었던 그녀는 잠에 빠졌다. 레아의 아름다움에 압도당한 마르스 신과 그녀 사이에 쌍둥이가 태어났다. 아물리우스는 쌍둥이를 익사시키도록 지시했다. 쌍둥이는 뗏목 위에 놓여졌고, 잔잔한 물결이 뗏목을 육지로 인도했다. 쌍둥이는 암늑대(lupa), 아니면 믿기 어려운 다른 출처에서 전하는 이야기처럼 아카 라렌티아(Acca Larentia)라는 양치기 부인의 젖을 먹고 자랐다. 아카 라렌티아는 늑대의 교미처럼 성관계가 방탕했으므로 루파(Lupa)라는 별명을 얻었다. 성인이 된 쌍둥이 로물루스와 레무스는 아물리우스를 살해하고 누미토르를 왕좌에 복위시켰다. 그리고 로마의 언덕에 자신들의 손으로 직접 왕국을 건설하겠다고 굳은 결심을 하고 함께 길을 떠났다.

고고학은 위의 이야기에 대해 어떤 증거도 확실히 제시하지 못하지만, 아마도 진실의 알맹이가 포함되어 있는 듯하다. 라틴족은 한 식민시로 하여금 팽창 중인 에트루리아인에 맞서 로마를 전략적 방어막으로 개발하도록 했다. 로마는 바다에서 20마일 떨어진 곳에 위치해 있었다. 따라서 해상 교역에는 그다지 적합하지 않았지만, 해적의 약탈이 기승을 부리던 당시에는 조금이라도 내륙에 자리 잡고 있다는 사실이 이점이 될 수 있었다. 강을 따라 나 있는 교통의 교차로와 북쪽과 남쪽 사이의 육로는 로마 입장에서 볼 때 국내 교역을 위해 더

할 나위 없는 조건들이었다. 로마가 위치한 지역은 위생적이지 못했다. 비, 홍수, 그리고 한사리(음력 보름과 그믐 무렵에 밀물이 가장 높은 때 - 옮긴이)가 주변 평원은 물론이고, 심지어 로마의 저지대에서조차 말라리아가 많이 발생하는 늪지에 자양분을 공급했다. 따라서 일곱 개의 언덕이 인기가 있었다. 전승에 따르면, 최초로 정착이 이루어진 곳은 팔라티누스 언덕이었다. 왜냐하면 아마도 팔라티누스 언덕의 기슭 근처에 있는 섬 때문에 테베레 강의 얕은 곳을 건너는 것과 다리를 놓는 것이 더 쉬워졌기 때문이었던 것 같다. 인구 과잉 때문에 테베레 강을 건너 바티칸과 야니쿨룸 언덕을 건설할 때까지, 인접한 경사지에 차례로 사람들이 살기 시작했다.* 언덕 위에 살던 세 부족, 즉 라틴족과 사비니족, 그리고 에트루리아인은 '일곱 언덕(Septimontium)' 동맹을 맺었고, 서서히 로마로 합병되었다.

고대 설화는 계속해서 로물루스가 정착민들에게 아내를 얻어 주기 위해 어떻게 몇몇 공적인 경기를 준비하고 사비니족과 다른 부족들이 경기에 참가하도록 초대했는지 말하고 있다. 경주가 진행되는 동안 로마인들은 사비니 여인들을 붙잡고 사비니 남성들을 쫓아 버렸다. 사비니족의 왕 티투스 타티우스는 전쟁을 선포하고 로마로 진격했다. 카피톨리누스 언덕의 성채를 지키던 로마인의 딸 타르페이아가 침입자들에게 성문을 열어 주었다. 사비니족 침입자들은 방패로 타르페이아를 짓뭉개는 것으로 보답했다. 그리고 여러 세대가 지난 뒤 그녀의 이름에서 범죄자를 던져 죽였던 "타르페이아의 바위"가 생겨났다. 타티우스의 병력이 팔라티누스 언덕에 근접했을 때, 사비니족 여인들은 사비니족이 승리하면 그들의 남편을 잃을 것이고, 사비니족이 패배하면 그들의 형제나 아버지를 잃게 될 것이라고 항변하면서 휴전을 얻어 냈다. 로물루스는 왕국을 공동 통치하고 공통의 시민권으로 라틴족과 사비니족을 결합하자고 타티

---

* 로마에는 이러한 적당한 높이의 언덕이 일곱 개 이상 있었다. 그리고 "일곱 언덕"은 시대에 따라 변했다. 키케로 시대의 일곱 언덕은 팔라티누스 언덕, 카피톨리누스 언덕, 카일리우스 언덕, 에스퀼리누스 언덕, 아벤티누스 언덕, 비미날리스 언덕, 그리고 퀴리날리스 언덕이었다.

우스를 설득했다. 그 후 로마의 자유민은 로마 시민으로 불렸다.[28] 이러한 소설적인 이야기에는 몇몇 진실의 요소가 들어 있을지도 모른다. 아니, 아마도 사비니족의 로마 정복을 은폐하려는 애국심이 개입되었을 것이다.

오랜 통치 후에 로물루스는 회오리바람을 타고 하늘로 올라갔으며, 로마가 좋아하는 신들 중 하나인 퀴리누스(Quirinus)로 숭배되었다. 타티우스 또한 이미 오래전에 죽었으며, 유력한 가문의 지도자들이 사비니족인 누마 폼필리우스를 왕으로 선출했다. 아마도 로마의 건설과 에트루리아인의 지배 사이에서 실제 통치 권력은 원로(元老)들의 수중에 있었던 것 같다. 반면에 동시대 아테네의 아르콘 바실레우스(archon basileus)의 경우처럼 왕의 역할은 주로 최고 제사장이었다.[29] 전승에서는 사비니족 누마를 철학자이자 성인인 후대의 마르쿠스 아우렐리우스 황제로 묘사했다. 리비우스는 이렇게 말하고 있다.

> 그는 신들에 대한 두려움이야말로 야만족들에게 영향을 미칠 수 있는 가장 강력한 힘이라는 것을 가르치려 했다. 하지만 이러한 노력이 어떤 초자연적 지혜에 대한 주장 없이는 그들에게 감명을 줄 수 없기 때문에, 누마는 자신이 신의 님프 에게리아와 밤에 이야기를 나누었다고 거짓말을 했다. 게다가 하늘이 가장 잘 받아들일 수 있는 종교 의식을 제정하고 각각의 주요 신을 위해 특별 제사장을 자신이 임명한 것은 에게리아의 조언에 따른 것이었다고 거짓말했다.[30]

로마의 다양한 부족들에게 동일한 신을 숭배하게 함으로써 누마는 국가의 통합과 안정을 강화했다.[31] 그리고 키케로의 평가에 따르면, 누마는 호전적인 로마인들에게 종교에 흥미를 갖게 함으로써 40년간의 평화를 가져다주었다.[32]

누마의 후계자 툴루스 호스틸리우스는 로마인들을 정상적인 생활로 복귀시켰다. "국가의 활력이 나태함으로 약해지고 있다고 확신한 그는 전쟁의 명분을 찾아내고 있었다."[33] 툴루스는 로마의 모시 알바롱가를 적으로 선택해 공격했고, 철저히 파괴했다. 알바롱가의 왕이 동맹 약속을 파기하자 툴루스는 그를 두

대의 전차에 묶은 다음, 전차를 제각기 반대 방향으로 달리게 해 갈기갈기 찢어 죽였다.[34] 툴루스의 후계자 안쿠스 마르티우스는 그의 군인 철학에 동의했다. 디오 카시우스는 이렇게 말한다.

> 안쿠스는 사람이 평화를 더 많이 갈망하면 할수록 더 많이 공격받기 쉬워진다는 것을 알았다. 그는 전쟁 준비가 수반되지 않는다면, 평화에 대한 갈망이 방어를 위한 힘이 될 수 없다는 것, 또한 타국과의 싸움에서 해방되는 기쁨에 지나치게 몰입하는 사람들은 매우 빠르게 파멸한다는 것을 알았다.[35]

5. 에트루리아인의 지배

계속되는 전승에 따르면, 기원전 655년경에 코린트에서 추방된 부유한 상인 데마라투스가 타르퀴니아에 와서 에트루리아인 여성과 결혼했다.[36] 그의 아들 루키우스 타르퀴니우스는 로마로 이주해서 높은 지위에 올랐으며, 안쿠스 왕이 죽은 뒤 왕위를 강탈했거나 아니면 로마의 에트루리아 가문의 제휴로 왕에 선출되었을 가능성이 더 크다. 리비우스의 말대로 "그는 왕관을 차지하기 위해 선거 운동을 했고 평민의 지지를 얻기 위해 연설했던 최초의 인물이었다."[37] 여기에서 말하는 평민은 로마 건국자들에게서 조상의 기원을 찾을 수 없는 시민들이었다. 루키우스 타르퀴니우스가 타르퀴니우스 프리스쿠스(Tarquinius Priscus)라는 이름으로 왕위에 오른 뒤 귀족에 대한 군주의 권한이 강화되었으며, 로마의 정치, 공학 기술, 종교, 그리고 예술에서 에트루리아의 영향력이 증가했다. 타르퀴니우스 프리스쿠스는 사비니족과의 싸움에서 승리했으며 라티움 전체를 장악했다. 그는 타르퀴니아와 그 밖의 다른 에트루리아 도시들을 장식하기 위해 로마의 자원을 사용했다. 뿐만 아니라 그는 에트루리아와 그리스의 예술가들을 로마에 데려와 웅장한 신전을 짓게 함으로써 로마를 아름답게 치장했다.* 타르퀴니우스 프리스쿠스가 토지 귀족에 맞서 점점 영향력이 커져 가는 비즈니스와 재정의 지배력을 대표한 것은 분명하다.

38년간의 통치를 끝으로 타르퀴니우스 프리스쿠스는 귀족들에게 암살되었다. 귀족들은 왕의 권한을 종교적 역할로 한정시키고자 했다. 하지만 타르퀴니우스의 미망인이었던 타나퀼라가 상황을 신속히 정리하면서 왕위를 아들 세르비우스 툴리우스에게 넘길 수 있었다. 키케로는 "세르비우스가 대중들의 선택을 받지 못한, 즉 유력한 가문의 지원으로 왕권을 차지한 최초의 인물이었다."라고 말한다.[39] 그는 로마를 훌륭히 통치했으며, 로마 주위에 방어용 해자와 성벽을 설치했다. 하지만 대지주들은 그의 지배에 분개했고 그를 왕위에서 쫓아내기 위해 음모를 꾸몄다. 결국 세르비우스는 부유한 평민들과 동맹을 맺었으며, 자신의 지위를 강화하기 위해 군대와 유권자를 재편성했다. 그는 사람과 재산에 대한 통계 조사를 통해서 시민을 혈통보다는 재산을 기준으로 분류했다. 따라서 이전의 귀족 계급은 손을 대지 않은 반면, 세르비우스는 귀족 계급과 균형을 맞추기 위해 기사(騎士, equites) 계급을 양성했다. 이들 기사 계급은 기병 복무를 위해 말(馬, equus)과 갑옷을 스스로 갖출 수 있는 사람들이었다.** 통계 조사 보고에 따르면, 대략 8만 명이 무기를 휴대할 수 있었다. 병사 한 명에 아내와 아이 각 한 명, 그리고 네 가족에 노예 한 명을 합산하면 기원전 560년경에 로마와 로마 인근 예속 지역의 인구는 26만 명으로 추정된다. 세르비우스는 사람들을 35개의 새로운 부족으로 나누어, 그들을 혈족이나 신분보다는 거주지에 따라 조정했다. 따라서 한 세대가 지난 뒤 아티카에서 클레이스테네스가 했던 것처럼 세르비우스는 혈통을 최고로 간주하던 귀족 계급의 정치적 응집력과 투표권을 약화시켰다. 타르퀴니우스 프리스쿠스의 손자인 또 한 명의 타

---

* 또한 그는 하수도로 로마를 청결하게 했던 것 같다. 로마 역사가들은 클로아카 막시마(Cloaca Maxima), 즉 대(大) 하수도를 그의 업적으로 돌렸다. 하지만 일부 학자들은 이러한 명예를 기원전 2세기로 유보하고 있다.[38]

** 원래 기병(cavalrymen)에게 적용된 것처럼, 'equites'라는 용어는 기사(knights)라는 전통적인 영어 오역을 낳을 수 있었다. 하지만 'equites'는 곧 이러한 초기의 의미를 잃어버렸고, 중상층 부류, 즉 상인 계층을 의미하게 되었다.

르퀴니우스가 불법적 통치를 이유로 세르비우스를 비난했을 때, 세르비우스는 백성들의 투표를 통해 리비우스의 말대로 "만장일치로" 왕권을 재확인받았다.⁴⁰ 이러한 결과에 납득하지 못한 타르퀴니우스는 세르비우스를 암살하고 자신을 왕으로 선포했다.*

"거만한 자"로 불렸던 타르퀴니우스 수페르부스 치하에서 군주는 절대 권력을 행사했으며, 에트루리아의 영향력은 최고조에 달했다. 귀족들은 왕(rex)을 원로원의 수장이자 국가 종교의 최고 제사장으로 간주했다. 그들은 무제한의 왕권을 오랫동안 허락할 수는 없었으므로 타르퀴니우스 프리스쿠스를 살해했고, 세르비우스를 보호하기 위한 어떠한 노력도 기울이지 않았다. 하지만 타르퀴니우스 수페르부스는 타르퀴니우스 프리스쿠스보다 더 나빴다. 그는 호위병에 둘러싸였고, 몇 개월의 강제 노동으로 자유민에게 모멸감을 안겨 주었으며, 광장에서 시민들을 십자가형에 처했다. 게다가 수많은 상층 계급 지도자들을 사형에 처하고 모든 유력자들의 증오를 샀던 거만한 잔혹함으로 통치했다.⁴²** 전쟁에서 승리해 인기를 얻고자 했던 타르퀴니우스 수페르부스는 루툴리족과 볼스키족을 공격했다. 그가 군대와 같이 있는 동안 원로원은 모임을 갖고 그를 폐위시켰다.(기원전 508년) 이것은 로마 역사에서 거대한 전환점이 된 사건 가운데 하나였다.

---

* 어떤 학자들도 기원전 443년 이전의 로마 역사 전체를 전설로 보고 인정하지 않는, 그리고 두 명의 타르퀴니우스가 한 사람이라고 믿는 에토레 파이스(Ettore Pais)의 극단적 회의론을 따르지 않는 경향이 있다.⁴¹ 로물루스 이후의 전승 이야기를 잠정적으로 받아들이는 것은 어떤 다른 가설보다 더 훌륭하게 "현상을 설명하는" 것처럼 보인다.
** 타르퀴니우스 가(家)에 대한 전통적인 설명은 귀족적인, 그리고 반(反)에트루리아적인 선전에 의해 불명료해지는 것 같다. 초기 로마사는 마치 황제들의 역사가 나중에 타키투스 같은 열성적인 원로원 의원들에 의해 씌어졌던 것처럼, 주로 귀족 계급의 대표 또는 찬미자에 의해 씌어졌다.

6. 공화정의 탄생

이제 전승은 문학이 되고, 정치적 산문은 연애시와 결합된다. 리비우스는 이렇게 말한다. 어느 날 저녁 타르퀴니우스 수페르부스 왕의 아르데아 막사에서 왕의 아들 섹스투스 타르퀴니우스가 친척인 루키우스 타르퀴니우스 콜라티누스와 각자 아내의 상대적 정숙함에 대해 논쟁 중이었다. 콜라티누스는 말을 타고 로마에 가서 밤늦은 시간에 아내들을 놀라게 해 주자고 제안했다. 섹스투스의 아내는 친구들과 연회를 벌이고 있었지만, 콜라티누스의 아내 루크레티아는 남편 옷을 만들기 위해 털실을 잣고 있었다. 섹스투스는 루크레티아의 정절을 시험해 보고 그녀와 사랑을 나누고 싶은 욕망에 몸이 달아올랐다. 며칠 뒤 섹스투스는 은밀하게 루크레티아의 집으로 찾아와 폭력과 술수를 동원해 루크레티아를 욕보이는 데 성공했다. 루크레티아는 남편과 아버지에게 사람을 보내 자신에게 일어난 변고를 이야기했다. 그러고 나서 칼을 가슴에 꽂고 자결했다. 그러자 곧 콜라티누스의 친구인 루키우스 유니우스 브루투스는 로마에서 타르퀴니우스 가문을 몰아내기 위해 믿을 만한 사람들을 모두 불러들였다. 그 자신은 타르퀴니우스 수페르부스 왕의 조카였지만 그의 아버지와 형이 왕에게 죽임을 당했다. 게다가 그는 복수를 위해 바보 행세를 하지 않으면 목숨을 유지하기가 힘들었다. 그래서 그에게는 바보를 뜻하는 브루투스라는 별명이 따라다녔다. 이제 그는 콜라티누스와 함께 로마에 가서 원로원 앞에서 루크레티아의 이야기를 전했고, 왕족 전체를 추방할 것을 원로원에 권유했다. 그 사이에 타르퀴니우스 수페르부스 왕이 군대를 떠나 로마로 서둘러 돌아왔다. 이를 알게 된 브루투스는 군대로 달려가 다시 한 번 루크레티아 이야기를 전했고, 병사들의 지지를 얻는 데 성공했다. 왕은 북쪽으로 도망했으며, 에트루리아에서 자신이 왕위를 되찾을 수 있도록 도와줄 것을 간청했다.[43]*

---

* 니부어(Niebuhr) 이래로 대부분의 학자들은 루크레티아 전설과 셰익스피어에게로 인도한다. 어디에서 역사가 퇴장하고 시(詩)가 입장하는지 알 수 없다. 어떤 학자들은 심지어 브루투스마저 전설일 것으로 생각했다.[44] 하지만

이제 시민들과 군인들이 참가하는 켄투리아회가 소집되어 종신직으로 선출된 왕 대신에 1년간 통치할 집정관(consul) 두 명을 선출했다.* 이렇게 선출된 두 명의 집정관은 동등한 권력을 갖으면서 동시에 경쟁 관계에 있었다. 전승에 따르면 최초의 집정관 두 명은 브루투스와 콜라티누스였다. 하지만 콜라티누스는 사임했고, 푸블리우스 발레리우스로 교체되었다. 푸블리우스 발레리우스는 켄투리아회를 통해 로마에서 기본적인 것으로 남게 될 여러 법률을 제정했으므로 "민중의 친구"를 의미하는 푸블리콜라(Publicola)라는 이름으로 불렸다. 그가 제정한 법률들의 내용에 따르면, 스스로 왕이 되고자 하는 사람은 누구든 재판 없이 처형하고, 민중의 승인 없이 공직을 강점하려는 모든 시도는 사형으로 처벌하며, 행정관에 의해 사형이나 태형 선고를 받은 시민은 누구든지 켄투리아회에 항소할 권리를 갖는다. 집정관이 켄투리아회에 입장하자마자 도끼를 막대에서 분리시켜 낮추도록 하는 관행을 만든 사람은 다름 아닌 발레리우스였다. 이것은 권력이 민중에 기인하며 평시에 사형 선고를 부과할 수 있는 독점적인 권리를 민중이 갖는다는 점을 보여 주기 위한 것이었다.

혁명은 두 가지 중요한 결과를 초래했다. 로마는 에트루리아 지배에서 해방되었고, 카이사르 때까지 로마를 지배하던 귀족정이 군주정을 대체했다. 가난한 시민들의 정치적 지위는 개선되지 않았다. 도리어 그들은 세르비우스 왕이 제공하던 토지를 포기하지 않으면 안 되었고, 따라서 왕이 귀족 지배로부터 그들을 지켜 주던 최소한의 방어 수단을 상실하고 말았다.[45] 승자들은 혁명을 자유의 승리라고 불렀다. 하지만 때때로 강자가 외치는 자유란 약자에 대한 착취의 제한으로부터의 자유를 의미하곤 한다.

기원전 524년 쿠마이에서 그리스인 식민자들에게 에트루리아인들이 패배한 것에 더해서 로마에서 타르퀴니우스 가문이 추방된 것은 중부 이탈리아에서 에트루리아 지배의 최후가 가까웠음을 말해 주는 것이었다. 이런 이유들로

재차 여기에서는 회의론이 도를 넘은 것 같다.
* 또 다른 전승에서는 두 명의 법무관(praetor) 또는 장군이라고 말하고 있다.

인해 타르퀴니우스 수페르부스의 간청에 따라 클루시움의 최고 행정관 라르스 포르세나는 에트루리아 연방 도시들에서 군대를 소집해 로마를 향해 진격했다. 동시에 로마에서도 타르퀴니우스를 왕위에 복귀시키려는 시도가 이루어졌다. 타르퀴니우스의 복위 음모에 가담해 체포된 자들 중에는 브루투스의 아들 둘이 포함되어 있었다. 아마도 전설인 것 같지만, 격노한 제1집정관 브루투스는 표정 하나 바뀌지 않고 조용히 직접 두 아들에 대한 태형과 참수형을 지켜보며 훗날 모든 로마인에게 하나의 본보기를 제시했다. 로마인들은 포르세나가 도달하기 전에 테베레 강의 다리를 파괴했다. 호라티우스 코클레스가 라틴어와 영어로 된 노래에서 불후의 명성을 얻게 된 이유는 적들에 맞서 교두보를 방어했기 때문이다. 명예롭게 로마의 패배를 감추려 했던 이러저러한 전설에도 불구하고 로마는 포르세나에 항복했고,[46] 게다가 로마의 왕들에 의해 강탈되었던 베이와 라틴 도시들에게 로마의 영토 일부를 양도했다.[47] 포르세나는 타르퀴니우스의 복위를 요구하지 않음으로써 자신의 탁월한 판단력을 보여 주었다. 또한 이 무렵 에트루리아에서도 귀족정이 군주정을 몰아냈다. 로마는 한 세대 동안 약화되었지만 혁명은 살아남았다.

에트루리아 세력은 추방되었지만, 에트루리아가 남긴 영향력의 흔적과 잔해는 끝까지 로마 문명에서 살아남을 수 있었다. 그 영향력은 분명히 라틴어에서는 찾아보기 힘들다. 하지만 로마 숫자는 아마도 에트루리아 숫자에서,[48] 그리고 로마(Roma)라는 이름은 강을 뜻하는 에트루리아의 루몬(rumon)에서 유래된 것 같다.[49] 로마인들은 정복자의 개선식, 정무관들을 위한 자주색 단의 예복과 상아로 만든 좌석, 그리고 때리고 죽일 수 있는 권한의 상징으로 각각의 집정관을 보좌하는 열두 명의 호위병(lictor)이 휴대하던 막대와 도끼를 에트루리아에서 받아들였다고 믿었다.[50]* 로마가 함대를 보유하기 몇 세기 전에 로마

---

* 기원전 8세기로 거슬러 올라가는 베툴로니아의 에트루리아 무덤에서 양날 쇠도끼가 발견되었다. 도끼 자루는 여덟 개의 쇠막대로 둘러싸여 있었다.[51] 통치를 상징하는 양날 도끼는 적어도 미노스 시대의 크레타만큼 오래되었다.

의 주화에는 상업 활동과 해군력을 상징하기 위해 에트루리아의 주화에서 오랫동안 사용된 뱃머리가 장식되어 있었다. 기원전 7~4세기까지 로마 귀족들 사이에서는 아들을 에트루리아 도시에 보내 고등 교육을 받게 하는 관행이 있었다. 그곳에서 귀족의 아들은 특히 기하학, 측량술, 그리고 건축학을 배웠다.[53] 로마의 의복은 에트루리아에서 유래되었거나, 아니면 둘 다 출처가 같았다.

"히스트리오네스(histriones)"로 불리던 최초의 배우들은 에트루리아에서 로마로 왔다. 리비우스의 말을 믿을 수 있다면, 원형 대(大)경기장을 최초로 건설했고 로마의 경기를 위해 에트루리아에서 경주용 말과 권투 선수를 수입해 들여온 사람은 타르퀴니우스 프리스쿠스였다. 에트루리아인들은 로마에 잔혹한 검투사 시합을 전해 주었지만, 그리스 여성에 비해 더 높은 여성의 지위를 전해 주기도 했다. 에트루리아 공학자들은 로마의 성벽과 하수도를 건설했고, 로마를 늪지에서 방어 시설을 갖춘 문명화된 수도로 바꾸어 놓았다. 로마는 대부분의 종교 의식, 역술인, 창자 점, 그리고 점쟁이를 에트루리아에서 받아들였다. 율리아누스 황제의 치세 후기(서기 363년)에 에트루리아인 점쟁이들은 모든 로마 군대에서 공식적인 역할을 맡았다. 전승에 따르면 로물루스는 에트루리아의 의식에 따라 로마의 경계선을 정했다고 한다. 약탈혼의 상징적 의미를 가진 로마의 결혼식과 로마의 장례식 또한 에트루리아에서 유래를 찾을 수 있다. 로마는 음계와 악기를 에트루리아에서 들여왔다.[54] 로마의 예술가 대부분은 에트루리아인이었고 예술가들이 일하던 로마의 거리는 비쿠스 투스쿠스(Vicus Tuscus)로 불렸다. 하지만 예술 그 자체는 캄파니아의 그리스인들에게서 라티움을 통해 서서히 유입되었던 것으로 보인다. 로마에서 조각으로 된 초상화는 에트루리아에서 받아들인 풍습으로, 가족 화랑을 위해 만들어진 데스마스크(죽은 직후 죽은 사람 얼굴에서 직접 본을 떠서 만든 안면상 – 옮긴이)의 영향을

로마인들은 묶은 막대와 도끼에 다발을 뜻하는 'fasces'라는 이름을 붙였다. 12명이라는 릭토르(lictor, 호위병, 수행원)의 숫자는 에트루리아 연맹의 12도시에서 유래되었다. 각각의 도시는 연맹의 최고 책임자로 1명의 릭토르를 임명했다.[52]

강하게 받았다. 에트루리아인 조각가들은 로마의 신전과 궁전을 청동 조각상과 테라코타 인물상, 그리고 돋을새김으로 장식했다. 에트루리아인 건축가들은 현재 성 베드로 교회의 줄기둥에 남아 있는 "투스카니 양식"을 로마에 전해주었다. 로마에서 에트루리아인 왕들은 최초의 대형 건축물들을 지었으며, 로마를 흙 아니면 나무로 만든 오두막에서 나무와 벽돌, 그리고 돌로 만든 도시로 바꾸어 놓았던 것 같다. 카이사르 때까지 로마는 에트루리아 지배 아래에서처럼 그렇게 많은 건물을 다시는 볼 수 없었다.

 과장은 피해야 한다. 로마가 아무리 많은 것을 이웃들로부터 배웠다고 하더라도, 삶의 기본이 되는 모든 특징에서 로마 특유의 것을 발견할 수 있다. 에트루리아 역사 어디에도 끈기 있게 지중해를 정복하고 지배했던 로마인의 기질, 진지한 자기 수양, 잔혹함과 용기, 애국심, 그리고 극기에 가까운 헌신이 완전하게 언급되어 있지는 않다. 이제 로마는 자유를 손에 넣었고, 고대 세계에서 유례를 찾아볼 수 없는 이교 신앙의 위용과 쇠퇴의 드라마를 쓰기 위한 무대가 깨끗이 치워졌다.

공화정

기원전 508~30년

CAESAR AND CHRIST

2장   민주주의를 위한 투쟁
         기원전 508~264

1. 귀족과 평민

누가 귀족(patrician)이었는가? 리비우스의 생각에 따르면,[1] 로물루스는 부족 가운데 백 명의 씨족장을 선발해서 이들에게 그를 도와 로마 건설에 참여하게 하고 원로원을 구성했다고 한다. 이들은 나중에 "아버지들(patres)", 그리고 그들의 후손은 귀족, 즉 "아버지들에게서 유래된 자들(patricii)"로 불렸다. 전승을 트집 잡는 현대의 이론에 따르면, 귀족은 라티움을 침입해서 라틴족을 하층 계급으로 지배했던 사비니족으로 추정된다. 사비니족은 경제적 또는 군사적 우위를 수단으로 최상의 토지를 획득했고, 농업적 리더십을 정치적 패권으로 바꾸었던 씨족들로 구성되었을 것이다. 이렇게 승리를 거둔 만리우스, 발레리우스, 아이밀리우스, 코르넬리우스, 파비우스, 호라티우스, 클라우디우스, 율리우스 등의 씨족은 5세기 동안 계속해서 로마에 장군, 집정관, 그리고 법률가를 배출했다. 최초의 세 부족이 결합했을 때, 씨족장들이 약 300명으로 구성된 원로원을 만들었다. 그들은 후손들과는 다르게 안락함과 사치에 물들지 않은 지배자들이었다. 그들은 종종 도끼와 쟁기를 손에 들었고, 소박한 음식에 열심히 생활했으며, 집에서 실로 짠 옷을 입었다. 평민은 원로원 의원들과 싸울 때조차도 그들을 찬양했고, 그들에게 관련된 거의 모든 것에 최상위 계급을 뜻하는 "전통적인(classicus)"이라는 용어를 적용했다.[2]

부에서는 원로원 의원들에 근접했지만 정치 권력에서는 그들에게 훨씬 못 미쳤던 기사 계급이 있었다. 일부 기사 계급은 원로원에 편입될 만큼 충분히 부유했고, 원로원을 구성하는 요소인 "귀족과 신참자들(patres (et) conscripti)" 중에 두 번째 부분을 구성했다. 이들 두 계급은 "계급(orders)"으로 불렸고 "선한 자(boni)"로 묘사되었다. 왜냐하면 초기 문명들은 선을 계급, 능력, 그리고 권력의 관점에서 평가했기 때문이다. 그리고 로마인에게 선은 남자(vir)를 만드는 자질인 남성다움을 의미했다. 민중(populus)은 이들 상층 계급만을 포함했다. 그리고 원래는 이러한 의미에서 유명한 "원로원과 로마의 민중(Senatus Populusque Romanus)"의 머리글자인 SPQR이 사용되었다. 이 머리글자는 10만 개의 기념비에 당당하게 새겨질 수 있었다.[3] 민주주의가 진전되면서 'populus'라는 단어는 점차 평민을 포함하게 되었다.

평민은 로마 시민의 몸체에 해당되었다. 그들 중 일부는 장인이었고, 일부는 해방노예였으며, 다수는 농민이었다. 아마도 처음에 평민은 로마의 구릉 지대에 살면서 정복된 원주민들이었을 것이다. 그들 중 일부는 피호민(被護民)으로 상층 계급의 보호자에게 귀속되었다. 토지와 보호에 대한 대가로 피호민은 평시에는 보호자를 거들었고, 전시에는 그의 지휘 아래 복무했다. 그리고 보호자의 명령에 따라 민회에서 투표했다.

최하층 계급은 노예였다. 왕정기에 노예는 값비싸고 극히 소수였으므로 가족의 소중한 일원으로 정중히 대우받았다. 로마가 정복 사업에 뛰어들기 시작한 기원전 6세기에 점점 더 많은 수의 전쟁 포로들이 귀족과 기사 계급, 그리고 심지어 평민들에게도 팔렸다. 이렇게 해서 노예의 지위는 하락했다. 법적으로 노예는 다른 모든 재산의 일부처럼 취급될 수 있었다. 이론적으로, 그리고 고대인들의 관습에 따라 전쟁의 패배는 포로의 목숨을 앗아 갔으며, 전쟁 포로는 승자의 자비로움으로 노예가 되면서 죽음에서 벗어날 수 있었다. 가끔 노예는 주인의 재산, 사업 또는 자금을 관리했다. 게다가 이따금 노예는 교사, 작가, 배우, 장인, 노동자, 상인 또는 예술가가 되었으며 주인에게 소득의 일부를 바쳤다. 이러저러한 방법으로 노예는 자유를 살 만큼 충분히 벌 수 있었고 평민의 일원이 될 수 있었다.

동물들 사이에서 만족이란 자연스러운 현상이지만 인간들 사이에서는 드물게 찾아볼 수 있다. 그리고 어떤 정부 형태도 국민들을 결코 만족시켜 주지 못했다. 이러한 시스템에서 기사 계급은 원로원에서 배제된 것에, 부유한 평민은 기사 계급에서 배제된 것에 화가 났다. 게다가 가난한 평민은 빈곤, 정치적 무력감, 그리고 채무로 인한 노예화 가능성에 분개했다. 공화정 초기의 법률에 따르면, 채권자는 지속적으로 채무를 불이행한 채무자를 지하 감옥에 감금할 수 있었고, 노예로 팔 수 있었으며, 심지어 죽일 수도 있었다. 법률에 따르면, 공동 채권자는 채무를 불이행한 채무자의 시체를 절단해서 나누어 가질 수 있었다. 물론 이 조항이 결코 집행된 적이 없었음은 분명하다.[4] 평민들은 이러한 법률들을 폐지하고 늘어난 채무 부담을 줄여 달라고, 그리고 전쟁으로 얻은 토지와 국유지를 부자들에게 거저 주거나 아니면 헐값에 팔지 말고 빈민들에게 분배하라고 요구했다. 여기에 덧붙여 평민들은 정무관직과 신관직(神官職)에 입후보할 수 있도록, 원로원 의원 및 기사 계급과 통혼할 수 있도록, 그리고 최고위직 관리들 중에 자신들의 대표자를 가질 수 있도록 요구했다. 원로원은 전쟁을 선동해서 평민들의 소요를 좌절시키려고 했지만, 평민들이 원로원의 징집 요구를 무시하자 원로원은 충격에 휩싸였다. 기원전 494년에 대규모의 평민들이 로마에서 3마일 떨어진 안니우스 강변에 위치한 성산(聖山)으로 이탈했고, 자신들의 요구가 관철될 때까지 로마를 위해 싸우지도 않고, 일하지도 않겠다고 선언했다. 원로원은 반란자들이 돌아오도록 유인하기 위해 모든 외교적, 종교적 수단을 동원했다. 그 당시 외부로부터의 침입이 곧 내부의 반란으로 이어질지도 모른다는 두려움에 떨던 원로원은 부채의 말소나 감소, 그리고 평민의 보호자로서 두 명의 호민관과 세 명의 조영관(造營官, aedile) 선출에 동의했다. 평민들은 당국에서 자신들의 대표자에게 폭행을 가하는 사람은 누구든지 살해하겠다고 엄숙히 맹세하고 나서야 로마로 돌아왔다.[5]

이것은 계급 투쟁의 서막을 여는 전투로서, 공화정의 종말과 함께 비로소 계급 투쟁도 막을 내렸다. 486년에 집정관 스푸리우스 카시우스는 점령지의 토지를 빈민들에게 할당하겠다고 제안했다. 귀족들은 카시우스 스스로 왕이 되고자 대중들의 비위를 맞추려 한다고 비난하고 그를 살해했다. 이것은 그라쿠스 형제와 카이사르에게서 절정에 달했던 일련의 농지 제안과 원로원에 의한 암살이라는 오랜 역사에서 최초의 사건은 아니었던 것 같다. 439년에 기근으로 고통스러워하는 빈민들에게 낮은 가격 또는 무료로 밀을 나누어 주던 스푸리우스 마일리우스는 카시우스에 이어 다시 한 번 왕이 되려는 음모를 꾸민다는 혐의로 원로원의 밀사에게 자신의 집에서 살해당했다.[6] 384년에 갈리아인들에 맞서 영웅적으로 로마를 지켜 낸 마르쿠스 만리우스는 파산한 채무자들을 개인 재산으로 구제한 뒤에 앞선 두 사람과 똑같은 혐의로 처형당했다.

평민들의 지위 상승에서 다음 단계는 명확하고 성문화된, 그리고 세속적인 법률들에 대한 요구였다. 이제까지는 귀족 신관들이 법령을 기록하고 해석하고, 그들의 기록을 은밀하게 보관해 왔다. 그리고 귀족 신관들은 사회 변화에 대한 무기로 법률에 대한 독점권과 의례적인 요구들을 사용했다. 새로운 요구들에 대해 오랫동안 저항한 이후에 원로원은 454년에 세 명의 귀족으로 구성된 위원회를 그리스로 파견해 솔론과 그 밖의 입법자들의 법률에 대해 연구하고 보고하게 했다. 그들이 돌아왔을 때, 451년에 민회는 새로운 법률을 제정하도록 10대관(十大官, decemviri)을 선발해서 그들에게 2년 동안 로마에서 최고 통치권을 부여했다. 단호한 보수주의자인 아피우스 클라우디우스의 주재 아래 위원회는 로마의 예전 관습법을 유명한 12표법으로 바꾸어 민회에 제출했으며(민회는 제출된 12표법에 약간의 수정을 가해 통과시켰다.), 읽을 수 있는 모든 사람을 위해 광장에 전시했다. 겉보기에 사소해 보이는 이 사건은 로마 역사와 인류의 역사에서 신기원을 이루었다. 12표법은 로마의 가장 주목할 만한 성취이자 문명사에서 가장 위대한 공헌이 될 수 있는 최초의 성문법이었다.

2년 동안의 위원회 임기가 끝났을 때, 위원회는 집정관과 호민관에게 통치권을 반환하려 하지 않고, 책임을 지는 일이 결코 없는 최고 권력을 계속해서 행사했다. 루크레티아의 경우처럼 믿기 어려운 이야기에 따르면, 아피우스 클라우디우스는 아름다운 평민 출신 여성 비르기니아에 대한 연정으로 흥분했다. 그는 비르기니아를 자신의 쾌락을 위한 대상으로 차지하려고 그녀를 노예로 선언했다. 비르기니아의 부친, 루키우스 비르기니우스는 이에 항의했다. 그리고 클라우디우스가 그의 말을 들으려 하지 않자, 비르기니우스는 자신의 딸을 죽이고 그의 군단으로 달려가 새로운 독재자를 타도할 수 있도록 도움을 요청했다. 이에 격분한 평민들은 또다시 성산으로 이탈했다. 리비우스는 "평민들이 결코 권리 침해를 하지 않음으로써 조상의 절제를 모방했다."라고 말한다.[7] 군대가 평민들을 지지한다는 사실을 알게 된 귀족들은 원로원에 모여서 10대관을 직무에서 해고하고 클라우디우스를 추방했으며, 집정관직을 복원하고 호민관직을 확대했다. 그리고 귀족들은 평민 호민관들의 신체 불가침을 승인했으며 평민들에게 어떤 정무관의 결정에 의해서도 켄투리아회에 청원할 수 있는 권리를 부여했다.[8] 4년 후인 445년에 호민관 가이우스 카눌레이우스는 귀족과 평민이 통혼할 수 있어야 하고, 게다가 집정관직에 입후보할 수 있어야 한다는 법안을 제출했다. 복수를 노리는 이웃들로부터 전쟁의 위협에 재차 직면한 원로원은 첫 번째 법안을 받아들였지만, 두 번째 법안은 그 후 켄투리아회에서 선출한 호민관 중 여섯 명이 집정관의 권한을 갖는다는 데 동의함으로써 비켜 갔다. 평민들은 집정관의 권한을 갖는 군사 호민관을 귀족 계급에서 선출함으로써 귀족들에게 보기 좋게 응수했다.

베이인과의 오랜 전쟁(405~306년)과 갈리아인의 로마 침공으로 로마는 잠시나마 힘을 결집했지만 여전히 내전에서 벗어나지는 못했다. 하지만 평민들을 궁핍한 상태로 남겨 놓았다는 점에서는 승리나 재난이나 마찬가지였다. 평민들이 나라를 위해 싸우는 동안 그들의 토지는 방치되거나 약탈당했으며, 부채에 대한 이자가 눈덩이처럼 불어나 변제가 불가능할 정도였다. 채권자가 채무를 변제하지 못한 사람에게 관용을 베푸는 일은 없었다. 채권자는 원금과 이자를 요구했으며, 이러한 요구가 받아들여지지 않을 경우에는 채무자를 투옥하고 노예로 만들었다. 376년에 호민관 리키니우스와 섹스티우스가 제출한 법안에 따르면, 이미 납부된 이자는 원금에서 공제함으로써 3년 안에 수지 균형이 맞춰져야 하며 어느 누구도 500유게라(iugera, 약 300에이커) 이상의 토지를 소유해서는 안 되었다. 그리고 자유민 노동자에 대해 일정 비율 이상의 노예를 토지에서 사용해서도 안 되었다. 여기에 덧붙여 통상적으로 두 명의 집정관 중 한 명은 평민 중에서 선출해야 했다. 10년 동안 귀족들은 이러한 법안에 저항했다. 디오 카시우스의 말에 따르면, 그 사이에 "귀족들은 계속 전쟁을 선동했지만, 평민들은 토지에 대해 관심을 환기시키는 것에 몰두해 있었다."[9] 마침내 평민들의 세 번째 로마 이탈로 위협받은 원로원은 리키니우스 법을 승인했으며, 보수주의자들의 지도자인 카밀루스는 광장에 화합을 상징하는 장엄한 콘코르디아 여신의 신전을 지어 귀족과 평민 계급의 화해를 기념했다.

    이것으로 로마는 제한적 민주주의의 성장에서 중요한 일보를 내딛게 되었다. 이때부터 평민들은 정치와 법률 분야에서 귀족 및 기사 계급과 명목상의 평등을 향해 빠른 속도로 전진했다. 356년에 평민이 1년 임기의 독재관(dictator)이 되었고, 351년에는 감찰관직(censor), 337년에는 법무관직(praetor), 그리고 300년에는 신관직이 평민에게 개방되었다. 마침내 287년에 원로원은 트리부스 평민회의 결정도 비록 원로원의 결의에 배치된다고 하더라도 법적 효력을 갖는다고 인정했다. 트리부스 평민회에서는 평민들이 귀족들을 투표수로 쉽게 이길 수 있었으므로, 트리부스 평민회에 입법권을 부여한 호르텐시우스 법(法)은 로마 민주주의의 절정이자 승리였다.

그럼에도 불구하고 원로원의 힘은 평민에게 패배한 이후에 곧 회복되었다. 토지에 대한 요구는 로마인을 정복한 땅에 식민자로 보내면서 잠잠해졌다. 무보수였던 관직을 차지하고 보유하는 데 들어간 비용은 자동적으로 빈민들에게는 해당되지 않았다. 정치적 평등과 기회를 손에 넣은 부유한 평민들은 이제 귀족과 협력해서 급진적 입법을 저지했다. 금전적인 재산을 빼앗긴 가난한 평민들은 로마의 일상 업무에서 2세기 동안 중요한 역할을 하지 못했다. 기사 계급은 귀족의 정책에 동조함으로써 공공 토목 공사에 대한 계약권, 식민시와 속주 개발에 대한 좋은 기회, 그리고 국가를 대신해 조세 징수권을 부여받을 수 있었다. 투표 방식에서 귀족이 완전한 지배권을 장악했던 켄투리아회는 계속해서 정무관을, 그리고 결과적으로 원로원 의원을 선출했다. 부유한 평민의 지지에 의존한 호민관은 자신의 지위를 보수적인 힘으로 사용했다. 비록 평민들에 의해 선출되었다고는 하지만 모든 집정관은 임기가 끝나고 종신 원로원 의원으로 받아들여졌을 때, 원로원의 보수적 분위기에 감염되어 열성적인 보수주의자가 되었다. 원로원은 입법 분야에서 주도권을 장악했으며, 법조문을 훨씬 능가하는 원로원의 권한이 관습적으로 인정되었다. 외교 문제가 더욱 중요해졌으므로 원로원은 외교 문제를 확고하게 관리함으로써 위엄과 권한을 강화해 나갔다. 264년에 로마가 지중해 지배권을 놓고 카르타고와 1세기에 걸친 전쟁에 돌입했을 때, 혼신의 노력으로 로마를 승리로 이끌었던 것은 다름 아닌 원로원이었다. 따라서 위험에 처해 절망에 빠져 있던 로마 민중은 아무런 불평 없이 원로원의 리더십과 지배에 굴복했다.

2. 공화정체

1. 입법자들

5세기 동안의 발전 후에 형성된 로마라는 복잡한 국가를 마음속에 그려 보자. 로마야말로 세계가 이제까지 보아 왔던 가장 훌륭하고 성공적인 정부 가운데 하나였다는 점에는 이의가 있을 수 없다. 실제로 폴리비오스는 로마를 아리스토텔레스의 이상적인 정체가 거의 문자 그대로 실현된 국가로 생각했다. 이러한 폴리비오스의 생각은 로마 역사의 뼈대, 그리고 때로는 논쟁의 장을 제공했다.

로마인들 중에 누가 시민이었는가? 엄밀히 말하면 로마 시민은 로마의 최초 세 부족들 가운데 하나에서 태어나거나 받아들여진 사람들이었다. 실제로 이것은 노예도 외국인도 아닌 15세 이상의 모든 남성, 그리고 로마 시민권을 부여받은 모든 외국인을 의미했다. 그 후 시민권은 대단히 소중히 지켜지거나 아니면 높이 평가되었다. 시민권은 곧 지중해 전 지역을 지배하게 될 비교적 작은 집단의 회원 자격을 의미했다. 시민권은 합법적 고문이나 감금에서 벗어나게 해 주고 제국의 모든 관리로부터 로마의 민회 또는 나중에 황제에게까지 항소권을 부여했다.

이러한 특권에는 의무가 뒤따랐다. 완전한 빈곤 상태가 아니라면 시민은 16~60세까지 병역 의무를 졌으며, 군대에서 10년간 복무한 이후에야 비로소 행정 관직을 보유할 수 있었다. 시민의 정치적 권리는 그의 병역 의무와 대단히 긴밀하게 결합되어 있었으므로, 그가 백인대(百人隊, 켄투리아)의 일원으로 참여한 투표는 가장 중요한 투표권 행사였다. 왕정기에 시민은 쿠리아회(comitia curiata)에서도 투표했다. 그와 여타 가부장들이 총 30개의 쿠리아로 구성된 회합에 모였다(cum-ire). 10개의 쿠리아가 각기 하나의 부족을 이루고 있었으므로, 세 부족이 쪼개져서 쿠리아에 편입되었다. 공화정 말기에 선출된 정무관들에게 임페리움(imperium), 즉 통치권을 부여한 것은 다름 아닌 쿠리아회였다. 왕정이 몰락한 이후 쿠리아회가 켄투리아회(comitia centuriata)에 그 밖의 권한을 빼앗기는 데에는 그리 오랜 시간이 걸리지 않았다. 켄투리아회는 원래 백 명으로 구성된 백인대에 소집된 병사들을 의미했다. 켄투리아회에서는 정무관을 선출했고, 관리나 원로원이 제출한 법안에 대한 가부를 결정했으며, 정무관의 판단에 근거하여 항소를 심리했다. 이 밖에도 켄투리아회에서는 로마 시민들에게 기소된 사형에 처할 만한 모든 중죄 사건을 재판했으며 전쟁이나 평화에 관한 결정을 내렸다. 켄투리아회는 로마 군대와 로마 정치 체제 모두에 주요한 기반이었다. 그럼에도 불구하고 켄투리아회의 권한은 좁게 제한되었다. 켄투리아회는 집정관이나 호민관의 요구가 있을 때에만 소집할 수 있었다. 켄투리아회는 정무관이나 원로원이 제출한 법안에 대해서만 투표할 수 있었다. 더욱이 켄투리아회는 이러한 법안을 논의하거나 수정할 수 없었으며, 단지 가부를 결정하는 투표만 할 수 있을 뿐이었다.

켄투리아회에서 내리는 결정이 보수적인 성향을 띨 수밖에 없었던 이유는 구성원들의 계급 배치를 통해서 확실해졌다. 최상위 등급에는 귀족과 기사 계급으로 이루어진 18켄투리아가 있었다. 그 다음에 10만 아스(asses)에 상당하는 재산을 소유한 1등급이 자리했다.* 이들은 켄투리아회에서 80켄투리아, 즉 8000명으로 구성되었다. 2등급은 7만 5000~10만 아스의 재산을 소유한 시민들이, 3등급은 5만~7만 5000아스의 재산을 소유한 시민들이, 4등급은 2만 5000~5만 아스의 재산을 소유한 시민들이 포함되었다. 그리고 2, 3, 4등급은 각각 20켄투리아로 구성되었다. 5등급은 1만 1000~2만 5000아스의 재산을 소유한 시민들을 포함했으며, 이들은 30켄투리아로 구성되었다. 1만 1000아스 이하의 재산을 소유한 시민 모두는 1켄투리아로 구성되었다.[10] 각각의 켄투리아는 한 표를 행사했고, 과반수 찬성으로 투표가 종결되었다. 한 켄투리아에서 근소한 차의 다수가 다른 켄투리아에서 큰 표 차의 다수를 무효로 할 수 있었으며, 수적으로 소수인 집단에게 승리를 안겨 줄 수 있었다. 각 켄투리아가 재산 등급의 순으로 투표를 했고, 표결 즉시 득표수가 발표되었으므로, 최상위 등급과 1등급의 표가 일치하면 즉시 과반수에 해당하는 98표를 얻어 투표가 종결될 수 있었다. 이렇게 되면 2등급 이하의 시민들은 거의 투표할 기회조차 없었다. 투표 방식은 직접 투표였다. 즉 켄투리아회에 참석하기 위해 로마에 올 수 없는

---

* 1아스는 구매력에서 1942년 미국 통화의 대략 6센트와 동일한 가치에 해당한다.

시민들에게는 선출권이 없었다. 이 모든 것이 농민과 평민의 권리를 박탈하기 위한 단순한 장치에 불과한 것은 아니었다. 켄투리아의 등급 분류는 통계 조사에 의해 전쟁은 물론이고 과세를 위해 사람들을 구분하려는 목적이었다. 로마인들은 세금 납부와 군역 의무에 비례해서 투표권이 행사되어야 한다는 것을 당연시했다. 1만 1000아스에 못 미치는 재산을 소유한 시민들은 통틀어 1켄투리아의 투표권만을 가졌다. 하지만 이에 상응해서 그들은 대단히 적은 액수의 세금을 납부했고, 평시에 군역이 면제되었다.[11] 마리우스 시절까지 무산 계층에 대해서는 자식을 많이 낳는 어버이의 역할 말고는 어떠한 것도 요구되지 않았다. 후기의 일부 변화에도 불구하고 켄투리아회는 명백히 보수적이고 귀족적인 기구로 남아 있었다.

켄투리아회를 보완하기 위해 평민들이 공화정 초기부터 자체적인 민회인 평민회(concilia plebis)를 가지고 있었음은 분명하다. 기원전 357년 초 입법권을 행사했던 트리부스 평민회(comitia populi tributa)는 아마도 이러한 평민회에서 생겨났을 것이다. 트리부스 평민회에서는 투표권자가 세르비우스의 통계 조사에 의거해 트리부스와 거주지에 따라 조정되었다. 각각의 트리부스는 1표를 행사했다. 287년에 원로원이 트리부스 평민회의 입법권을 승인한 이후, 트리부스 평민회가 200년경 로마에서 사법(私法)의 주된 출처가 되었을 때까지 트리부스 평민회의 권한은 증가했다. 트리부스 평민회는 켄투리아회에서 선출된 군사 호민관(tribuni militares)과는 구별되는 평민 호민관(tribuni plebis)을 선출했다. 이렇게 선출된 호민관은 트리부스회를 대표했다. 하지만 트리부스 평민회에서도 평민은 법안에 대해 논의할 수 없었다. 정무관은 자신이 제출한 법안을 지지하는 주장을 하고, 또 다른 정무관이 그 법안에 반대하는 주장을 제기할 수 있었다. 트리부스 평민회는 주장을 경청하고 가부를 나타내는 투표를 했다. 비록 구성에서 트리부스 평민회가 켄투리아회보다 더 진보적이었다고는 하지만 결코 급진적이지는 않았다. 35개 트리부스 중에 31개 트리부스가 농촌 트리부스였고, 대부분이 토지 소유자인 농촌 트리부스의 구성원은 조심성이 많았다. 4개의 트리부스로 한정된 도시의 무산 계층은 마리우스 이전, 그리고 카이사르 이후에 정치적으로 무력했다.

원로원은 최고 권력 기관으로 남았다. 원래 씨족장들의 모임이었던 원로원은 전(前) 집정관들과 전 감찰관들을 정기적으로 받아들임으로써 새로운 구성원을 충원했다. 그리고 감찰관들은 귀족이나 기사 계급을 원로원에 임명함으로써 원로원 의원의 수를 300명까지 유지하는 권한을 부여받았다. 원로원 의원은 종신직이었지만 범죄나 심각한 도덕적 잘못이 감지된 의원은 누구든지 원로원이나 감찰관에 의해 해임될 수 있었다. 원로원은 주요 정무관의 요구에 응해 광장을 마주 보고 있는 원로원의 의사당에서 모였다. 흥미로운 관습에 따라 원로원 의원은 아들을 데려와 조용히 모임에 참석하게 함으로써, 그들이 직접 정치적 수완과 책략을 배우기를 바랐다. 이론적으로 원로원은 정무관이 제안한 문제들에 대해서만 토의하고 결정할 수 있었으며, 원로원의 결정은 법적 구속력이 없는 충고에 불과했다. 실제로 원로원의 명성이 너무 컸으므로 정무관들은 거의 언제나 원로원의 권고를 받아들였으며, 원로원의 인가를 받지 않은 법안은 민회에 좀처럼 제출하지 않았다. 원로원의 결정은 호민관에 의해 거부당하기 쉬웠으며, 패소한 소수의 원로원 의원은 민회에 항소할 수 있었다.[12] 하지만 이러한 소송 절차는 혁명 중일 때를 제외하고는 드물게 발생했다. 정무관의 임기가 1년에 불과했던 것에 반해 원로원 의원은 종신직이었다. 따라서 한시적인 정무관이 종신직인 원로원의 지배를 받는 것은 당연한 일이었다. 원로원은 외교 문제의 처리, 동맹과 조약의 체결, 전쟁 수행, 식민시와 속주의 통치, 공유지의 관리와 배분, 그리고 국고의 관리와 지출에 대한 독점적 권한을 보유했다. 이러한 권한은 원로원에게 엄청난 권력을 부여한 셈이었다. 원로원은 입법부, 행정부, 그리고 사법부가 하나로 통합된 기구였다. 원로원은 반역, 음모 또는 암살과 같은 범죄에서 재판관의 역할을 맡았고, 대부분의 중요한 민사 재판에서 원로원 의원을 재판관으로 임명했다. 위기가 닥쳤을 때, 원로원은 집정관들에게 국가가 어떤 손해도 입지 않도록 조처를 취해야 한다는 대단히 가공할 만한 칙령, 즉 "원로원의 최종 권고(senatus consultum ultimum)"를 공포할 수 있었다. 이 칙령으로 계엄령이 제정되었고, 집정관들은 모든 사람과 재산에 대한 절대적 지배권을 부여받았다.

공화정* 시기의 원로원은 권한을 자주 남용하고 부패한 관리들을 옹호했으며, 무자비하게 전쟁을 수행하고 정복한 속주를 탐욕스럽게 착취했다. 그리고 로마의 번영에서 더 큰 몫을 바라던 대중들의 열망을 짓밟았다. 하지만 트라야누스에서 아우렐리우스까지를 제외하고 어떤 경우에도 정치 수완에 그렇게 많은 정력, 지혜, 그리고 역량이 사용된 적은 결코 없었다. 게다가 어떤 경우에도 국가에 대한 봉사 관념이 정부 또는 대중에게 그렇게 큰 영향을 준 적은 결코 없었다. 원로원 의원은 초능력자가 아니었다. 그들은 중대한 실수를 저질렀고 가끔은 정책 시행을 망설였으며, 종종 개인 이익에 대한 욕망으로 제국의 비전을 상실하기도 했다. 하지만 그들 대부분은 정무관, 행정관, 그리고 군 지휘관이었다. 그들 중 일부는 전 집정관으로서 왕국만큼 거대한 속주를 통치했다. 원로원 의원 가운데 상당수는 수백 년 동안 로마에 정치가나 장군을 배출해 온 가문 출신이었다. 이러한 사람들로 이루어진 원로원이 탁월함의 기준에서 벗어나기란 불가능했다. 원로원은 최악의 상태에서 승리했으며, 가장 좋은 상태에서 패배했다. 원로원은 몇 세대와 몇 세기에 걸쳐 정책을 진척시킬 수 있었다. 원로원은 기원전 264년에 전쟁을 시작해서 기원전 146년에 끝낼 수 있었다. 기원전 280년에 피로스의 사절로 로마에 왔던 철학자 키네아스가 원로원의 신중함을 전해 듣고 원로원 의원들을 관찰했다. 그가 새로운 알렉산드로스를 꿈꾸던 피로스에게 보고한 내용에 따르면, 당시 로마에는 매수할 수 있는 정치가들의 단순한 모임은 물론이고 보통 사람들이 되는 대로 구성한 협의회는 어디에도 없었다. 그 대신 로마에서는 위엄과 정치 수완을 갖춘 진정한 "왕들의 모임"이 있었다.[13]

---

* 공공 재산 또는 국가(공화국)를 의미하는 용어 'respublica'는 로마인들에 의해 그들의 세 가지 형태의 정체(政體), 즉 군주정과 민주정, 원수정(元首政) 모두에 적용되었다. 이제 역사가들은 'respublica'를 기원전 508~49년 사이의 기간으로 제한하는 데 동의하고 있다.

2. 정무관

주요 관리들은 켄투리아회, 그리고 하급 관리들은 트리부스 평민회에서 선출되었다. 동등한 권한을 가진 둘 또는 그 이상의 동료들이 동일 관직을 보유했다. 감찰관직을 제외한 모든 관직의 임기는 1년에 불과했다. 동일 관직은 동일인이 10년 동안 한 번만 보유할 수 있었다. 관직의 임기가 끝나고 다른 관직에 임용되려면 1년이 흘러야 했다. 그리고 그 사이에 전임 관리는 임기 중 저지른 불법 행위로 기소될 수 있었다. 정치 지망생들에게는 군대에서 10년간 복무하면 재무관(quaestor) 중 한 명으로 선출될 수 있는 자격이 부여되었다. 재무관은 원로원과 집정관 밑에서 국고 지출을 관리했고 법무관을 보좌해서 범죄를 예방하고 조사했다. 만약 재무관이 그의 유권자들이나 영향력 있는 후원자들을 만족시킨다면, 나중에 네 명의 조영관(aedile) 중 한 명으로 선출될 수 있었다. 조영관은 건물, 수로, 거리, 시장, 극장, 매춘굴, 술집, 즉결 심판소, 그리고 공공 경기를 관리했다. 만약 조영관이 성공적으로 직무를 수행한다면, 네 명의 법무관(praetor) 중 한 명이 될 수 있었다. 법무관은 군대를 지휘했고, 평시에는 재판관과 법률 해석자로 활동했다.*

대략 이 시점에 정무관직의 코스인 "명예로운 관직의 연속"에 따라 성실함과 판단력으로 평판을 얻은 시민은 두 명의 감찰관('평가자들') 중 한 명이 될 수 있었다. 감찰관은 켄투리아회에서 5년에 한 번 선출되었다. 두 명의 감찰관 중 한 명은 5년마다 시민들의 호구 조사를 맡고, 정치적, 군사적 지위와 세액에 따라 그들의 재산을 평가했다. 감찰관은 모든 관직 입후보자의 평판과 기록을 조사해야 할 의무가 있었다. 감찰관은 여성들의 정절, 아이들의 교육, 노예들의 대우 문제, 세금의 징수 또는 징수 도급, 공공건물의 건설, 정부 소유지 또는 도급의 임대, 그리고 토지에 대한 적절한 경작을 감시했다. 감찰관은 부도덕한 행

---

* 'quaestor'는 '조사한다'는 의미의 'quaerere'에서 유래했다. 따라서 재판은 'quaestio'였다. 'aedile'는 '건물'을 의미하는 'aedes'에서 유래했다. 'praetor'는 '앞서 가다'와 '지휘하다'를 의미하는 'prae-ire'에서 유래했다. 그래서 그를 지키던 병사들을 근위대라고 불렀다.

실이나 범죄 혐의가 있는 모든 시민의 지위를 강등시키거나 원로원 의원이 누구든 면직시킬 수 있었다. 그리고 이러한 역할에서 어느 한쪽 감찰관의 권한은 다른 한쪽의 거부권에 영향을 받지 않았다. 감찰관은 사치품에 세금을 올려서 사치를 저지하기 위해 힘쓸 수 있었다. 감찰관은 5년 계획으로 국가 예산 집행 계획을 마련해 공포했다. 18개월의 임기가 끝날 때면 감찰관은 신들과의 애정 어린 관계를 유지하기 위한 수단으로 5년마다 열리는 엄숙한 재계식(齋戒式)에 시민들을 모았다. 법률 제정 10대관의 증손자이자 맹인이었던 아피우스 클라우디우스 카이쿠스는 감찰관직을 명예로운 집정관직과 경쟁하게 한 최초의 인물이었다. 임기 동안(312년) 그는 아피우스 수로와 아피우스 가도를 건설했고, 부유한 평민을 원로원 의원에 승격시켰으며, 토지 법안과 국가 재정을 개혁했다. 그는 또한 신관과 귀족의 법률 독점과 조작을 막는 데 일조했으며 로마의 문법, 수사학, 그리고 시에 강한 영향을 끼쳤다. 그리고 임종 무렵 피로스에 대항하는 연설로 로마의 이탈리아 정복을 결심했다.

이론상 두 명의 집정관 중 한 명은 평민이어야 했다. 실제로 집정관에 선출된 평민은 그리 많지 않았다. 왜냐하면 평민조차 지중해 전역의 전쟁과 평화의 실행 단계 전반을 다루어야 할 집정관 직위에 교양 있고 훈련받은 사람을 선호했기 때문이다. 선거 직전에 선거를 관리하는 정무관은 여러 입후보자들의 이름이 나타나는지를 보기 위해 별들을 관찰했다. 다음날 그는 켄투리아회를 주재하면서 전조들을 통해 나타난 이름들만을 켄투리아회가 선택하도록 제안했다.[14] 이렇게 해서 귀족들은 "벼락부자들"과 선동가들이 집정관 자리에 오르는 것을 단념시켰으며, 대부분의 경우에 민회는 두려워서 아니면 협박을 받고 종교를 빙자한 속임수에 굴복했다. 입후보자는 검소한 생활과 도덕성을 강조하기 위해, 그리고 아마도 자신이 전장에서 입은 상처를 더 쉽게 드러내기 위해 소박하고 흰 토가(toga)를 입고 등장했다. 집정관에 선출되면 3월 15일에 직무가 시작되었다. 집정관은 가장 엄숙한 종교 의식들을 통해 국가를 이끌어 나감으로써 자신의 존엄성을 드러냈다. 평시에 집정관은 원로원과 민회를 소집하고 주재했으며, 법 제정에 착수하고 재판을 시행했다. 그리고 대체로 법을 집행했다. 전시에 집정관은 군대를 징집하고 자금을 조달했으며, 동료 집정관과 군단 지휘권을 분배했다. 만약 집정관이 둘 다 재임 중에 죽거나 붙잡히면, 원로원이 공위기(空位期)를 선언하고 5일 동안 한 명의 간왕(間王, interrex)을 임명했다. 그 사이에 새로운 선거가 준비되었다. 간왕이라는 단어에서 집정관이 짧은 기간 동안 왕의 권한을 물려받았음을 짐작할 수 있다.

집정관은 동료 집정관의 동등한 권한과 원로원의 압력, 그리고 호민관의 거부권에 의해 제약받았다. 기원전 367년 이후에는 14명의 군사 호민관이 선출되어 전시에 트리부스회를 이끌었고, 평시에는 10명의 평민 호민관들이 트리부스회를 대표했다. 이들 10명의 평민 호민관은 신성불가침이었다. 즉 합법적인 독재권하에서를 제외하고 그들에게 격렬한 폭행을 가하는 행위는 사형에 처할 만한 중죄였을 뿐 아니라 신성 모독이었다. 평민 호민관은 정부에 맞서 민중들을 보호하고, "거부한다.(veto)"는 한 단어로 국가의 모든 기구를 정지시킬 수 있었다. 이것은 언제라도 그들 모두에게 바람직한 역할로 보였다. 호민관은 조용한 관찰자로 원로원 모임에 참석해서 민중들에게 원로원에서 토의된 내용을 보고할 수 있었다. 그리고 거부권 행사를 통해 원로원의 결정에서 모든 법적 구속력을 빼앗을 수 있었다. 호민관의 신성불가침한 집의 문은 그의 보호 또는 도움을 구하던 모든 시민에게 밤낮으로 개방되어 있었다. 그리고 이러한 성역의 권한은 인신 보호 영장(불법 구금 방지를 목적으로 피구금자의 법정 출두를 명령하는 영장 – 옮긴이)이라는 동의어를 낳았다. 호민관은 법정에서 재판관 역할을 할 수 있었으며, 그의 결정에 대해서는 트리부스회에만 항고할 수 있었다. 피고에게 공정한 재판을 보증하고, 가능하다면 사형수에 대해 일부 사면을 얻어 내는 것이 호민관의 의무였다.

귀족을 견제하는 호민관의 이러한 권한에도 불구하고 어떻게 귀족이 지배권을 유지할 수 있었을까? 첫째로, 호민관의 권한을 로마 시(市)와 평시로 제한하는 것이었다. 전시에 호민관은 집정관에 복종했다. 둘째로, 트리부스회를 설득해서 부유한 평민들을 호민관으로 선출하도록 하는 것이었다. 부의 위세와 빈곤의 무기력함 때문에 사람들은 부자를 호민관으로 선출해야 빈민을 보호할 수 있다고 생각했다. 셋째로, 호민관의 수를 4명에서 10명으로 늘리도록 허용하는 것이었다. 만약 이들 10명 가운데 단 1명이라도 이성이나 돈을 따르고자 한다면, 그의 거부권은 나머지 거부권을 좌절시킬 수 있었다.[15] 머잖아 호민관에 대한 신뢰가 쌓여 가면서 호민관은 원로원을 소집하고 원로원의 토의에도 참여할 수 있게 되었다. 그리고 임기가 끝난 후에는 원로원의 종신 의원이 될 수 있었다.

만약 귀족의 모든 전략적 행동이 실패로 돌아갔다면, 남아 있는 사회 질서의 마지막 보루는 독재권을 행사하는 것이었다. 로마인들은 국가적 혼란 또는 위험 시기에 그들의 자유와 특권, 그리고 스스로를 보호하기 위해 만들어 낸 모든 견제와 균형이 국가를 구하기 위해 필요한 신속하고 통일된 행동을 방해할지도 모른다고 생각했다. 그러한 경우에 원로원은 비상사태를 선언할 수 있었고, 그 후 집정관 가운데 어느 한쪽이 독재관을 지명할 수 있었다. 한 가지 경우를 제외하고 모든 경우에 독재관은 상층 계급 출신이었다. 하지만 귀족은 독재관직의 가능성을 좀처럼 남용하지 않았음에 틀림없다. 독재관은 모든 사람과 재산에 대해 거의 완전한 권한을 부여받았지만, 원로원의 동의 없이는 공적 자금을 사용할 수 없었다. 그리고 그의 임기는 6개월 또는 1년으로 제한되었다. 쟁기질을 하다가 국가를 구하기 위해 전장에 나왔던 (기원전 456년) 킨키나투스가 임무가 끝나자마자 자신의 농장으로 돌아온 이야기에 경의를 표하면서 두 명을 제외한 모든 독재관이 이러한 제한 규정을 준수했다. 술라와 카이사르가 이러한 선례를 위반했을 때, 군주정에서 나왔던 공화정이 군주정으로 되돌아갔다.

3. 로마법의 기원

이렇듯 독특한 정체인 공화정 내부에서 정무관은 법률 제정 10대관의 12표법에 기초한 법체계를 관리했다. 법체계에서 새 시대를 열었던 12표법 이전에 로마법은 부족의 관습, 왕의 칙령, 그리고 신관의 명령이 뒤섞인 것이었다. 선조의 관습은 로마의 이교 시대가 끝날 때까지 도덕의 본보기이자 법의 원천이었다. 그리고 비록 상상력과 교화를 통해 초기 공화정의 무자비한 시민들이 이상화되었다고 하더라도, 그들에 관한 이야기는 교사들이 로마의 젊은이들에게 극기의 기질을 형성하도록 하는 데 도움이 되었다. 그 밖의 것에 관해서 초기 로마법은 신성한 규정과 엄숙한 의식으로 둘러싸인 신관의 규정으로 종교의 한 부문이었다. 법은 명령이자 동시에 정의(正義)였고, 인간과 인간 사이뿐 아니라 인간과 신들 사이의 관계였다. 범죄는 그러한 관계, 즉 "신들의 평화"를 깨뜨리는 것이었다. 법과 처벌의 의도는 이론적으로 그러한 관계와 평화를 유지하거나 회복하기 위한 것이었다. 신관들은 무엇이 옳고 그른지, 법정을 언제 개회할지, 그리고 민회가 언제 열릴지를 선언했다. 결혼이나 이혼, 독신이나 근친상간, 유언이나 양도 또는 아이들의 권리에 관한 모든 문제는 오늘날 대단히 많은 문제들이 법률가를 필요로 하는 것처럼 신관을 필요로 했다. 신관만이 모든 것을 법적으로 행할 수 있는 정형화된 문구를 알고 있었다. 신관은 로마 최초의 법률 고문이었으며, 최초로 법률적 견해(responsa)를 제시했다. 법은 신관들의 책에 기록되었고, 이 책은 평민들로부터 안전하게 지켜졌다. 의심 때문에 평민들은 신관들이 가끔 종교나 귀족의 목적에 맞추기 위해 원문을 고친다고 비난했다.

12표법은 이중의 법률 혁명, 즉 로마법의 간행과 세속화를 초래했다. 6세기와 5세기의 다른 법률들, 즉 카론다스, 잘레우코스, 리쿠르고스, 그리고 솔론의 법률처럼 12표법은 성문화되지 않은 불확실한 관습법에서 확실한 성문법으로의 변화를 대표했다. 12표법은 읽고 쓰는 능력과 민주주의가 확대된 결과였다. 시민법은 12표법에서 신법(神法)을 탈피했다. 로마는 신정(神政) 정치가 되지 않으려고 결심했다. 맹인 아피우스 클라우디우스의 서기가 그때까지 신관 이외에는 거의 알지 못했던 공판일의 일정표와 적절한 소송 절차의 "규정집"을 간행했을 때(304년), 신관의 독점권은 더 위축되었다. 코룬카니우스가 최초로 로마법을 공개적으로 가르치기 시작했을 때(280년), 세속화는 또 다른 수단을 취했다. 그 무렵부터 법률가가 신관을 대신해 로마의 정신과 생활을 지배했다. 머지않아 12표법은 교육의 근간이 되었다. 키케로 시대까지 모든 남학생은 12표법을 암기해야 했다. 그리고 의심의 여지없이 12표법은 엄격하고 규율 바르며 소송을 좋아하고 법률을 존중하는 로마인의 정신을 형성하는 데 한몫을 했다. 입법과 법무관의 칙령, 원로원의 결의, 그리고 황제 칙령에 의해 개정과 보충이 되풀이되면서 12표법은 900년 동안 로마의 기본법으로 남게 되었다.

소송법은 이미 12표법에서 여러 부분으로 이루어져 있었다. 거의 모든 정무관이 재판관 역할을 했던 것 같지만 통상적인 재판관의 역할은 법무관이 담당했다. 효력을 잃은 선례들 대신에 법무관의 법령 개정과 해석은 로마법에 강력한 성장 동력을 제공했다. 매년 시장에 해당하는 도시 법무관이 배심원 업무 자격이 있는 원로원 의원과 기사 계급의 명부인 "흰 명판(album)"을 작성했다. 소송 사건의 재판장은 원고와 피고에 의한 제한적인 배제를 조건으로 이 명부에서 배심원을 가려 뽑았다. 변호인은 의뢰인에게 조언하고 법정에서 변호할 수 있었다. 그리고 일부 원로원 의원들은 법정 개정 기간에, 아니면 집에서 법률 조언을 했다. 킨키우스 법(기원전 204년)은 법률 서비스에 대해 보수를 받지 못하게 했지만, 능란한 법률적 수완을 발휘해 빠져나갈 길을 찾았다. 증거를 끌어내기 위해 노예들에게 자주 고문이 행해졌다.

12표법은 역사상 가장 가혹한 법 가운데 하나였다. 거기에는 군사·농업 사회의 오랜 전통인 가부장적 절대 권력이 유지되고 있었다. 아버지는 자식들 중 누구라도 채찍질하고, 사슬로 묶고, 감금하고, 팔 수 있었으며, 죽일 수도 있었다. 여기에 세 번 팔린 아들은 그 후 아버지의 지배에서 벗어날 수 있다는 규정이 덧붙여졌을 뿐이다.[16] 계급 차별과 관련해서 귀족과 평민의 결혼이 금지되었다. 채권자는 채무자에 대해 모든 권리를 행사했다.[17] 재산 소유자는 유언을 통해 재산을 자유롭게 처분할 수 있었다. 재산권은 신성한 권리여서 현행범으로 붙잡힌 도둑은 도둑질을 당한 사람의 노예가 되었다. 처벌은 간단한 벌금에서 추방, 노예화 또는 사형 사이에서 이루어졌다. 몇몇 처벌은 동태(同態) 복수법을 취했다. 처벌 가운데 상당수는 피해자의 신분에 정교하게 맞춰 벌금이 부과되었다. "자유민의 뼈를 부러뜨린 자에게는 300아스, 노예의 뼈를 부러뜨린 자에게는 150아스를 부과했다."[18] 비방, 매수, 위증, 수확물 절도, 밤중에 행해지는 이웃 농작물의 훼손, 피호민에 대한 보호자의 사취 행위, 마법 행위, 방화, 살인, 그리고 "야음을 틈탄 도시에서의 선동적인 모임"에 대해서는 사형이 선고되었다.[19] 부모를 살해한 자는 가끔 수탉, 개, 원숭이 또는 독사와 함께 자루에 넣어 강에 내다 버렸다.[20] 하지만 로마를 벗어나지 않은 경우에 시민은 독재관의 사형 선고를 제외하고 켄투리아회에 항고할 수 있었다. 그리고 만약 피고가 켄투리아회에서 자신에게 불리한 투표가 진행되고 있다는 사실을 알았다면, 그는 자유롭게 로마를 떠남으로써 자신의 형벌을 추방으로 대체할 수 있었다.[21] 결국 12표법의 엄격함에도 불구하고 자유민의 사형은 로마 공화정 시기에 보기 드문 현상이었다.

4. 공화정의 군대

로마의 정치 체제는 마지막으로 역사상 가장 성공적인 군사 조직에 의존했다. 시민과 군대는 한 몸이었다. 켄투리아에 소집된 군대는 국가에서 중요한 입법 기관이었다. 최상층 18켄투리아는 모두 기병이었다. 1등급은 두 개의 창, 하나의 단검과 장검, 청동 투구, 동체 갑옷(가슴받이와 등받이로 된 갑옷), 정강이 보호대, 그리고 방패로 무장한 중장 보병이었다. 2등급은 갑옷을 제외한다면 1등급과 동일했다. 3등급과 4등급은 갑옷과 투구를 가지지 못하고, 5등급은 투창과 투석기만으로 무장했다.

군단은 4200명의 보병과 300명의 기병, 그리고 여러 보조군으로 구성된 혼성 부대였다.[22] 집정관은 두 개의 군단을 지휘했다. 각 군단은 백인대(원래는 100명이었지만 나중에 200명의 병사로 구성되었다.)로 세분되었으며, 백인대장의 지휘를 받았다. 모든 군단은 군기(軍旗)를 가지고 있었다. 군기를 적의 수중에 넘어가지 않게 하는 것이 군인들의 명예로운 임무였다. 그리고 영민한 장교들은 가끔 군기를 적의 진영에 내던짐으로써 병사들이 필사적으로 되찾아오도록 자극하기도 했다. 전투 때에는 전열에 배치된 보병이 10~20걸음 떨어져 있는 적을 향해 일제히 끝에 쇠를 붙인 뾰족한 짧은 나무창을 던졌다. 그 사이에 양쪽 날개 부분에서 궁수와 투석병이 화살과 돌로 공격했으며, 기병이 미늘창과 장검으로 공격했다. 단검을 이용한 백병 전이 마지막으로 결정적인 전투를 장식했다. 포위 공격에서는 장력이나 염력에 의해 작동되는 나무로 만든 거대한 투석기가 10파운드의 돌을 300야드 이상으로 날려 보냈다. 밧줄에 매달린 엄청난 크기의 공성 망치를 그네처럼 뒤로 끌어당긴 후에 적의 성벽을 향해 내던졌다. 흙과 목재로 경사로를 만들었고, 바퀴 달린 탑 모양의 구조물을 밀어 경사로로 끌어올렸다. 이 탑 모양의 구조물에서 적에게 투석 무기들이 발사되었다.[23] 공화정 초기에 에트루리아에서 받아들인 견고하고 통제하기 힘든 밀집 대형(phalanx, 500명씩 6줄로 구성된) 대신에 기원전 366년 무렵에 군단이 각기 두 개의 백인대로 구성된 보병 부대(maniple)*로 재편성되었다. 각 보병 부대와 인접 병사들 사이에 공간을 두었고, 다음 줄의 보병 부대들이 널따란 공간 뒤에 위치했다. 이러한 대형으로 앞줄이 다음 줄에 의해 신속히 보강될 수 있었고, 하나 또는 더 많은 보병 부대가 측면 공격에 맞서기 위해 신속히 방향을 전환할 수 있었다. 그리고 이러한 대형으로 로마 병사들은 특별히 훈련받은 각개 전투를 마음껏 발휘할 수 있었다.

로마 군대를 성공으로 이끈 중요한 요소는 규율이었다. 로마의 젊은이는 유년 시절부터 전쟁을 위해 교육받았다. 이들은 다른 무엇보다도 군사학을 공부했으며, 자신의 삶을 형성하는 데 중요한 10년의 기간을 전장 또는 막사에서 보냈다. 비겁함은 군대에서 용서받을 수 없는 죄로, 죽을 때까지 채찍을 맞는 처벌을 받았다.[24] 장군은 전투 중에 도망가는 것 뿐 아니라 명령에 복종하지 않는 행위에 대해서도, 그 결과가 좋게 나타난다고 하더라도 장교와 사병을 가리지 않고 참수형에 처할 수 있었다.

---

* 'manipulus'는 한 줌의 건초와 양치류의 식물 등을 의미했다. 이것을 장대에 붙여 원시적인 군기가 만들어졌던 것 같다. 따라서 'manipulus'는 동일한 군기 아래에서 복무하는 일단의 병사들을 의미하게 되었다.

탈영병과 도둑들에게는 오른손을 자르는 형벌을 가했다.[25] 막사에서 먹는 음식은 빵이나 죽, 약간의 채소, 신 포도주로 소박했으며, 고기는 거의 먹지 않았다. 로마 군대는 채식으로 세계를 정복했다. 카이사르의 병사들은 곡물이 다 떨어져 고기를 먹어야만 했을 때면 불만을 토로했다.[26] 노동은 너무 힘들고 장시간 지속되어 병사들은 차라리 싸우기를 원했다. 신중함이 용기로 여겨지면서 위험한 일을 하려 들지 않았다. 병사들은 기원전 405년까지는 전혀, 그리고 그 후에는 거의 급여를 받지 못했다. 하지만 계급에 따라 병사들은 패자들의 전리품, 즉 엄청난 양의 금과 화폐, 토지와 사람, 그리고 동산을 나눠 가질 수 있었다. 그러한 훈련은 용감하고 열정적인 전사들뿐 아니라 유능하고 두려움을 모르는 장군들을 만들어 냈다. 복종의 규율은 지휘 능력을 발달시켰다. 공화정의 군대는 전투에서는 패했지만 전쟁에서는 패하지 않았다. 극기심을 기르는 교육을 받으면서, 그리고 죽음을 하찮게 여기는 잔혹한 구경거리를 보면서 형성된 병사들의 기질은 이탈리아, 그 다음에는 카르타고와 그리스, 그리고 그 뒤 곧 지중해 세계를 정복하는 승리의 원동력이 되었다.

폴리비오스가 "기존의 모든 정체 중 최상의 것"으로 찬사를 아끼지 않았던 것은 "혼합 정체"였다. 혼합 정체는 민회가 입법권을 갖는 제한된 민주정, 귀족적인 원로원이 지도력을 발휘하는 귀족정, 집정관들이 짧은 기간 왕권을 행사하는 스파르타의 "이원 왕정", 그리고 일시적으로 독재권을 행사하는 군주정이 혼합된 형태였다. 혼합 정체는 본질적으로 귀족정이었다. 귀족정에서는 능력과 특권에 의해 오래된 부유한 가문들이 수백 년 동안 관직을 보유했으며, 로마의 정책에 지속적인 연속성을 갖게 해 주었다. 이것이 혼합 정체의 성취 비결이었다.

하지만 혼합 정체는 결함을 안고 있었다. 견제와 균형이 어설프게 뒤죽박죽되어 평시에 거의 모든 명령은 반대편의 동등한 명령에 의해 파기될 수 있었다. 권력 분할은 자유에 도움이 되었고 일시적으로 불법 행위를 억제할 수 있었다. 반면에 권력 분할은 칸나이 전투 같은 군사적 재앙을 초래했고, 민주정을 폭민 정치로 해체시켰으며, 결국에는 영구적 독재 정치인 원수정을 야기했다. 우리를 놀라게 하는 것은 혼합 정체가 그렇게 오랜 기간 동안(기원전 508~49년까지) 지속할 수 있었고, 그렇게 많은 것을 성취할 수 있었다는 사실이다. 아마도 혼합 정체는 변화에 대한 이해하기 힘든 적응 능력과 가정과 학교, 신전, 군대, 민회, 그리고 원로원에서 형성된 자랑스러운 애국심 덕분에 오랜 기간 지속되었던 것 같다. 유례없는 정치적 부채가 공화정의 몰락을 특징지웠던 것처럼 국가에 대한 헌신은 공화정이 절정에 이르렀음을 나타냈다. 로마로 하여금 통일, 통찰력, 그리고 용기를 강제했던 적들이 주변에 있는 한 로마의 위대함은 변함없이 계속되었다. 로마가 모든 적들을 물리쳤을 때 로마는 일시적으로 번영했으며, 그 뒤 곧 사멸하기 시작했다.

3. 이탈리아 정복

로마가 군주정을 벗어나, 폭과 길이가 각각 19마일의 공간에 상당하는 350제곱마일만을 통치하는 허약한 도시 국가로 모습을 드러냈을 때처럼 그렇게 적들에게 둘러싸인 적은 결코 없었다. 라르스 포르세나가 로마로 진격했을 때, 로마의 왕들에게 예속되었던 인접한 많은 공동체들이 자유를 되찾고 로마에 저항하기 위해 라틴 동맹을 결성했다. 이탈리아는 독자적인 통치권과 언어를 갖춘 독립한 부족들이나 도시들로 잡다하게 뒤섞여 있었다. 북쪽에는 리구리아인, 갈리아인, 움브리아인, 에트루리아인, 그리고 사비니인이 있었다. 그리고 남쪽에는 라틴인, 볼스키인, 삼니움인, 루카니아인, 브루티아인이 있었다. 서쪽과 남쪽 해안을 따라서는 쿠마이, 나폴리, 폼페이, 파이스툼, 로크리, 레기움, 크로토나, 메타폰툼, 그리고 타렌툼에 그리스인 식민자들이 있었다. 로마는 전략적으로 팽창하기에 알맞게 그들 모두의 중심에 자리 잡고 있었지만 동시에 사방에서 공격받을 위험에도 노출되어 있었다. 로마의 적들이 로마에 대항해 좀처럼 연합했지 못했다는 것은 로마에게는 구원이었다. 로마가 사비니인과 전쟁 중이던 505년에 강력한 사비니인 일족인 클라우디우스 씨족이 로마에 와서 유리한 조건으로 시민권을 부여받았다. 449년에 사비니인이 패배했고 290년 무렵에는 사비니인의 모든 영토가 로마에 병합되었다. 그리고 250년 무렵에 사비니인은 완전한 로마 시민권을 받았다.

496년에 타르퀴니우스 왕조는 라티움의 일부 도시, 즉 투스쿨룸, 아르데아, 라누비움, 아리키아, 티부르, 그리고 그 밖의 도시들에게 로마와의 전쟁에 합류할 것을 설득했다. 너무나도 강력한 결합에 직면한 로마인들은 아울루스 포스투미우스를 그들의 첫 번째 독재관으로 임명했다. 로마인들은 레길루스 호수에서 로마인들 편에서 싸우기 위해 올림포스를 떠났던 카스토르와 폴룩스 신의 지원을 받아 로마를 구하는 승리를 거두었다. 3년 후 로마는 라틴 동맹과 조약을 체결했으며, 모든 조약 당사자들은 "로마인과 라틴인 도시들 사이에는 하늘과 땅이 지속되는 한 평화가 있을 것이며 …… 로마인과 라틴인 도시들은 공동의 전쟁에서 획득된 모든 전리품을 공평하게 나눌 것"을 맹세했다.[27] 로마는 동맹의 구성원, 그 다음에는 동맹의 지도자, 그리고 그 뒤 곧 동맹의 맹주가 되었다. 493년에 로마는 볼스키인과 싸웠다. 이 싸움에서 가이우스 마르키우스는 볼스키인의 수도인 코리올리를 점령함으로써 코리올라누스(Coriolanus)라는 이름을 얻었다. 역사가들은 아마도 약간의 허구와 함께 다음의 이야기를 덧붙였다. 코리올라누스는 비타협적인 보수주의자였고, 평민들의 요구로 추방되었다.(491년) 볼스키인에게 도망가서 그들을 재조직했으며, 로마에 대한 포위 공격을 지휘했다. 전해지는 이야기에 따르면 굶주림에 시달린 로마인들은 잇달아 사절을 파견해 코리올라누스의 공격을 중지시키려고 설득했지만 아무런 성과도 거두지 못했다고 한다. 그의 어머니와 아내가 다가와서 간청했지만 실패로 끝나자 온몸으로 그의 진격을 저지하겠다고 위협했다. 그러자 곧 코리올라누스는 군대를 철수했고, 볼스키인들에게 살해되었다고 한다. 또 다른 이야기에 따르면 코리올라누스는 볼스키인들 사이에서 고령의 나이까지 살았다고 한다.[28] 405년에 베이와 로마는 테베레 강의 지배권을 장악하기 위해 필사적으로 싸우기 시작했다. 로마는 9년 동안 베이를 포위 공격했지만 성공하지 못했고 용기를 낸 에트루리아의 도시들이 전쟁에 합류했다. 도처에서 공격받고 존재 자체를 도전받은 로마인들은 카밀루스를 독재관으로 임명했다. 그는 새로운 군대를 소집해서 베이를 점령한 뒤, 그곳의 토지를 로마의 시민들 사이에 분배했다. 여러 차례에 걸쳐 한층 더한 전쟁을 치르고 나서 351년에 남부 에트루리아는 거의 지금의 투스키아라는 이름으로 로마에 병합되었다.

그 사이 390년에 새롭고 더 커다란 공포가 나타났으며, 로마와 갈리아 사이의 오랜 싸움이 시작되었다. 이 싸움은 결국 카이사르에 의해 끝났다. 에트루리아와 로마가 14차례 전쟁하는 동안 갈리아와 게르마니아에서 온 켈트인(Celts)이 알프스 산맥을 지나 아래쪽으로 서서히 움직여 포 강 남쪽 멀리 이탈리아에 정착했다. 고대 역사가들은 침입자들을 차별 없이 켈타이인(Keltai, Celtae), 갈라타이인(Galatae) 또는 갈리인(Galli)으로 불렀다. 그들의 기원에 대해서는 알려진 내용이 전혀 없다. 그들은 게르마니아 서부, 갈리아, 스페인 중부, 벨기에, 웨일스, 스코틀랜드, 아일랜드에서 살던, 그리고 그곳에서 로마인 이전의 말을 하던 인도·유럽 어족의 분파로서만 묘사될 수 있을 뿐이다. 폴리비오스는 켈트인에 대해 전쟁을 좋아하고 황금빛으로 빛나는 부적과 목걸이를 제외하고 벌거벗은 채 싸웠던 "키 크고 잘생긴 사람"으로 그리고 있다.[29] 이탈리아 포도주를 맛보았던 갈리아 남부의 켈트인은 그 맛이 너무 마음에 들어 황홀경에 빠지게 하는 그러한 과일을 생산하던 나라를 방문하기로 결심했다. 아마도 그들은 새로운 경작지와 새로운 방목지를 찾아 더 많이 이동했던 것 같다. 이탈리아로 들어간 켈트인은 경작하고 가축을 돌보면서, 그리고 그들이 도시들에서 발견했던 에트루리아 문화를 받아들이면서 잠시 비정상적인 평화 속에서 살았다. 기원전 400년 무렵 켈트인은 에트루리아를 침입해 약탈했다. 에트루리아인은 로마에 맞서 베이를 방어하기 위해 병력 대부분을 파견한 뒤여서 켈트인에게 힘없이 저항했다. 391년에 3만 명의 갈리아인들이 클루시움에 도달했는데, 이들은 1년 뒤 알리아 강에서 로마인과 싸워 그들을 궤멸시킨 뒤 로마에 손쉽게 입성했다. 갈리아인들은 로마의 대부분을 약탈하고 불태웠으며, 7개월 동안 카피톨리누스 언덕 꼭대기에 위치한 유피테르 신전에서 로마 군대의 생존자들을 포위 공격했다. 마침내 로마인들은 항복했고 갈리아인들에게 로마를 떠나도록 1000파운드의 금을 지불했다.* 갈리아인들은 떠났지만 367년, 358년, 그리고 350년에 돌아왔다. 되풀이하여 격퇴당한 갈리아인들은 결국 북부 이탈리아, 즉 오늘날의 갈리아 키살피나(알프스 남쪽의 갈리아)에 만족하게 되었다.

살아남은 로마인들은 자신들의 도시 로마가 너무 황폐화되어 버리고 베이를 수도로 만들고 싶어 했다. 카밀루스는 로마인들을 설득해서 그러한 시도를 그만두게 했으며, 로마 정부는 집을 개축하도록 재정적 지원을 했다. 수많은 적들에도 불구하고 로마가 서둘러 재건됨으로써 무계획적이고 위험하게 구부러진 비좁은 거리들이 만들어졌다. 로마의 멸망이 다가오고 있음을 알게 된 로마의 예속 민족들은 되풀이해서 반란을 일으켰고, 자유에 대한 갈망을 치유하기 위해 반세기에 걸쳐 이따금씩 전쟁이 필요했다. 라틴인, 아이퀴인, 헤르니키인, 그리고 볼스키인이 차례로 또는 함께 공격했다. 만약 볼스키인이 승리했더라면, 그들은 남부 이탈리아와 해상에서 로마를 차단했을 것이고, 아마도 로마의 역사는 막을 내렸을지도 모른다. 340년에 라틴 동맹의 도시들이 패배했다. 2년 뒤 로마는 동맹을 해체하고 거의 라티움(Latium) 전체를 병합했다.**

그 사이에 볼스키인에 대한 로마의 승리는 강력한 삼니움 부족들과의 충돌을 초래했다. 삼니움 부족들은 나폴리에서 아드리아 해까지 이탈리아의 거대한 횡단면을 차지했으며, 여기에는 놀라, 베네벤툼, 쿠마이, 그리고 카푸아와 같이 대단히 부유한 도시들이 포함되었다. 삼니움 부족들은 서해안의 에트루리아와 그리스의 식

---

* 마지막 순간에 카밀루스가 금을 건네주기를 거부했고, 갈리아인들을 강제로 추방했다는 리비우스의 이야기는[30] 이제 로마인의 자부심을 날조한 것으로 받아들여지지 않는다. 어떤 국가도 자신의 교과서에서는 패배하는 법이 없다.
** 이 전쟁은 아마도 두 개의 전설적인 무용담 때문에 돋보이는 것 같다. 한 명의 집정관인 푸블리우스 데키우스는 희생적 행위로서 적의 공격을 받으며 신들의 도움을 구하기 위해 로마를 향해 필사적으로 말을 몰았다. 또 한 명의 집정관인 티투스 만리우스 토르쿠아투스는 명령에 복종하지 않고 전투에 승리했다는 이유로 그의 아들을 참수형에 처했다.[31]

민시 대부분을 차지했고, 독특한 캄파니아 예술을 만들어 내기에 충분한 헬레니즘 문화를 받아들였다. 아마도 그들은 로마인들보다 더 문명화되었던 것 같다. 로마는 삼니움 부족들과 이탈리아 지배를 위해 세 차례에 걸쳐 장기간의 피비린내 나는 전쟁을 치렀다. 321년 카우디움 협곡에서 로마인들은 최대의 패배 가운데 하나를 경험했으며, 패배한 로마 군대는 항복의 표시로 적들의 창으로 만든 아치 모양의 "멍에 밑"을 통과했다. 싸움터에 나가 있는 집정관들은 굴욕적인 평화 조약에 서명했으며, 원로원은 비준을 거부했다. 삼니움인은 에트루리아인과 갈리아인을 동맹자로 받아들였으며, 일시적으로 거의 이탈리아 전체가 로마에 대항해 무장했다. 하지만 로마 군단이 센티눔에서 결정적인 승리를 거두었으며(295년), 로마는 캄파니아와 움브리아를 영토에 추가했다. 12년 뒤 로마는 갈리아인을 포 강 너머로 몰아냈고, 다시 한 번 에트루리아를 속국으로 만들었다.

북쪽으로 갈리아인과 남쪽으로 그리스인 사이에 위치했던 로마는 이제 이탈리아의 지배자가 되었다. 만족할 줄 모르는, 그리고 불안한 로마는 마그나 그라이키아의 도시들에게 로마 지배 하의 동맹과 전쟁 사이에서 선택할 것을 제안했다. 그들 주위와 내부에서 수가 늘어 가던 "야만인"(즉 이탈리아인) 부족들에게 계속 흡수당하느니 차라리 로마를 선택한 투리이, 로크리, 그리고 크로토나는 로마와의 동맹을 받아들였다. 또한 그들은 아마도 라티움의 도시들처럼 계급 전쟁에 시달리고 있었고, 유산 계층은 기세등등한 평민들로부터 로마 주둔군이 자신들을 보호해 줄 것으로 생각했던 것 같다.[32] 타렌툼은 완강히 저항했고 에피로스의 왕 피로스에게 도움을 요청했다. 용감한 전사인 피로스는 아킬레스와 알렉산드로스의 기억에 열광했고, 에피로스의 병력과 함께 아드리아 해를 건너 헤라클레아에서 로마인을 무찔렀다.(280년) 그리고 너무 많은 희생을 치르고 그가 거둔 승리를 애석해 하면서 유럽인의 언어에 "피로스의 승리"라는 말이 생겨날 정도였다.[33] 이제 이탈리아의 모든 그리스 도시들은 피로스와 힘을 합쳤으며, 루카니아인과 브루티아인, 그리고 삼니움인은 피로스의 동맹자임을 선언했다. 피로스는 평화 제안과 함께 로마에 키네아스를 파견했으며, 만약 로마가 전쟁을 선택한다면 돌아오겠다는 약속을 받고 2000명의 로마인 포로들을 풀어 주었다. 오래전에 공직에서 은퇴했던 나이 든 맹인 아피우스 클라우디우스가 원로원 의사당에 나타나 로마가 이탈리아 땅에서 외국 군대와 평화 협상을 절대 체결해서는 안 된다고 요구했을 때, 원로원은 막 협상에 돌입하려는 중이었다. 원로원은 피로스가 풀어 주었던 포로들을 돌려보내고 전쟁을 재개했다. 젊은 왕 피로스는 한 번 더 승리했다. 그러고 나서 동맹자들의 나태함과 비겁함에 넌더리가 난 피로스는 대폭 감소된 병력을 이끌고 시칠리아로 항해했다. 그는 카르타고의 포위 공격으로부터 시라쿠사를 구해 주었고 시칠리아에서 그들이 차지한 거의 모든 영토에서 카르타고인들을 몰아냈다. 하지만 피로스의 오만한 통치는 시칠리아의 그리스인들을 분노케 했다. 그들은 명령과 용기 없이도 자유를 얻을 수 있을 것으로 생각했다. 시칠리아의 그리스인들은 피로스에 대한 지지를 철회했고, 피로스는 시칠리아에 대해 "카르타고와 로마가 싸우도록 시칠리아를 내버려 두고 가다니, 대단하지 않은가!"라는 말을 남기고 이탈리아로 돌아갔다. 피로스의 군대는 베네벤툼에서 로마군과 싸워 처음으로 패배를 경험했다.(275년) 기동력이 뛰어난 경무장 보병 부대가 통제하기 힘든 중장 보병의 밀집 대형보다 우수하다는 사실이 입증되었으며, 전사(戰史)에 새로운 획을 그었다. 피로스는 이탈리아 동맹자들에게 새로운 병력 지원을 호소했다. 그들은 피로스의 신의와 인내심에 의구심이 일어 거절했다. 피로스는 에피로스로 돌아왔으며 그리스에서 모험가로서의 생을 마감했다. 같은 해(272년)에 밀로가 타렌툼을 로마에 팔아먹었다. 곧 모든 그리스 도시들이 항복했고, 삼니움인들은 마지못해 항복했다. 마침내 2세기에 걸친 전쟁이 끝나고 로마는 이탈리아의 지배자가 되었다.

    일부는 라틴 동맹이, 다른 일부는 로마가 식민자를 파견한 식민시들로 인해 정복이 신속히 강화되었다. 이들 식민시는 많은 목적에 공헌했다. 즉 식민시는 실업과 생계 수단에 대한 인구의 압력, 그리고 당연한 결과인 로마에서의 계급 투쟁을 완화해 주었다. 식민시는 불만을 품은 예속민들 사이에서 주둔군 또는 충성스러운 핵으로서의 역할을 수행했고, 로마 교역을 위한 전진 기지와 판로를 제공했으며, 수도 로마의 배고픈 사람들을 위해 추가 식량을 조달했다. 검으로 시작된 이탈리아 정복은 그리 오랜 시간이 지나지 않아 쟁기로 완성되었다. 이렇게 해서 현재 남아 있는 수백 개의 이탈리아 도시들이 그들의 건립 또는 로마화를 받아들였다. 당시까지도 대부분 여러 언어를 사용하고 미개했던 이탈리아 반도 전체에 라틴어와 라틴 문화가 확산되었다. 그리고 이탈리아는 서서히 연합 국가로 만들어져 갔다. 그 첫 번째 단계는 잔혹하게 실행되었지만 위풍당당한 결과를 가져온 정치적 통합이었다.

하지만 서부 지중해에서 로마의 교역을 봉쇄하고 이탈리아를 자신의 바다에 가둬 버린 코르시카, 사르디니아, 시칠리아, 그리고 아프리카에서 로마보다 더 오래되고 부유한 강국이 우뚝 서 있었다.

CAESAR AND CHRIST

3장 한니발 대(對) 로마
기원전 264~202

1. 카르타고

기원전 1100년 무렵 호기심 강한 페니키아 상인들이 스페인의 광물 자원을 발견했다. 얼마 안 있어 상선들의 선단이 지중해 한쪽 끝에 위치한 시돈, 티레, 그리고 비블루스와 지중해 다른 한쪽 끝의 과달퀴비르 강어귀에 위치한 타르테소스 사이에서 정기적으로 왕복했다. 당시 그러한 항해는 많은 정류장 없이는 불가능했고, 지중해 남부 해안이 최단거리의 가장 안전한 항로였으므로 페니키아인들은 아프리카 해안의 렙티스 마그나(지금의 레브다), 하드루멘툼(지금의 수스), 우티카(지금의 우티크), 히포 디아리투스(지금의 비제르테), 히포 레기우스(지금의 보느), 그리고 심지어 지브롤터 해협 너머의 릭수스(지금의 탕헤르 남부)에 중간 교역소와 교역 기지를 설립했다. 이들 교역소의 셈족 정착민들은 일부 토착민과 결혼했고, 나머지 토착민은 매수하여 평화 조약을 맺었다. 기원전 813년 무렵 아마도 페니키아에서, 아마도 팽창하는 우티카에서 온 것으로 추정되는 일단의 새로운 식민자들이 오늘날 투니스에서 북서쪽으로 10마일 떨어진 곶(串)에 집을 지었다. 좁은 반도는 방어하기 쉬웠고, 바그라다스 강(지금의 메제르다 강)에서 물을 공급받은 토지는 너무 비옥해서 되풀이되는 파괴로부터 신속하게 회복되었다. 고전 전승에 따르면 우티카는 티레의 왕녀였던 엘리사, 즉 디도에 의해 건립되었다고 한다. 오빠에게 남편이 살해된 디도는 다른 모험적인 사람들과 아프리카로 항해했다. 디도가 정착한 곳은 우티카와 구분하기 위해서 카르트 하다슈트(Kart-hadasht), 즉 새로운 도시로 불렸다. 그리스인들은 그 이름을 카르케돈(Karchedon)으로, 로마인들은 카르타고(Carthago)로 바꾸었다. 라틴인들은 카르타고와 우티카 주변 지역을 아프리카라고 불렀고, 그리스인들을 따라서 그 지역의 주민을 포에니(Poeni), 즉 페니키아인으로 불렀다. 살만에셀, 네부카드레자르, 그리고 알렉산드로스에 의한 티레의 포위 공격은 수많은 부유한 티레인들을 아프리카로 몰아냈다. 그들 대부분은 카르타고로 갔고, 그곳을 페니키아 교역의 새로운 중심지로 만들었다. 티레와 시돈이 쇠퇴하면서 카르타고의 힘과 영예는 점점 더 늘어났다.

강력해진 도시 카르타고는 아프리카 토착민들을 더 멀리 오지로 몰아냈으며, 그들에게 공물 납부하는 것을 중지하고 강제로 거두어들였다. 그리고 그들을 카르타고의 가정과 경작지의 노예와 농노로 사용했다. 어떤 곳은 2만 명이 고용된 대농장들이 모습을 갖추어 갔다.[1] 실용적인 페니키아인의 수중에서 농업은 과학과 산업이 되었다. 카르타고인 마고는 유명한 소책자에서 페니키아 농업을 개괄했다. 수로로 물을 끌어들인 토양이 정원, 곡물밭, 포도원, 그리고 올리브, 석류 열매, 배, 체리, 무화과를 심은 과수원으로 꽃을 피웠다.[2] 말과 소, 양, 그리고 염소가 사육되었다. 짐 운반용 동물로 나귀와 노새가 사용되었고 코끼리는 수많은 가축 중 하나였다. 도시 산업은 금속 세공을 제외하고는 비교적 미숙했다. 카르타고인들은 아시아계 조상처럼 다른 사람이 만든 것을 교역하기를 좋아했다. 그들은 코끼리, 상아, 금 또는 노예를 찾기 위해 동쪽과 서쪽으로, 그리고 사하라 사막을 가로질러 노새를 끌고 갔다. 카르타고인들의 거대한 갤리선이 아시아와 브리타니아 사이의 수많은 항구로 이리저리 물건을 운반했다. 왜냐하면 그들은 다른 대부분의 선원들처럼 헤라클레스 기둥에서 되돌아가기를 거부했기 때문이다. 기원전 490년 무렵 아프리카의 대서양 해안 아래쪽으로 2600마일을 탐험 항해하던 한노와 유럽의 북부 해안을 따라 항해하던 히밀코를 재정 지원한 것은 아마도 카르타고인이었을 것이다. 비록 카르타고인의 주화가 특별하지는 않았다고 할지라도, 그들은 분명히 최초로 지폐와 동일한 가치의 가죽 조각을 발행했다. 가죽 조각에는 액면가가 표시되어 있었고 카르타고 왕국 전역에서 받아들여졌다.

    카르타고를 교역 기지에서 제국으로 바꾸었던 육군과 해군에 자금을 공급한 주체는 귀족 지주들이라기보다는 오히려 부유한 상인들이었다. 우티카를 제외하고 아프리카 해안은 키레나이카에서 지브롤터와 그 너머까지 정복되었다. 타르테소스와 가데스(지금의 카디즈), 그리고 그 밖의 스페인 도시들이 점령되었으며, 카르타고는 스페인의 금, 은, 철, 그리고 구리로 부유해졌다. 카르타고는 발레아레스 제도를 점령하고 심지어 마데이라까지 도달했다. 그리고 카르타고는 몰타, 사르디니아, 코르시카, 그리고 시칠리아의 서쪽 절반을 정복했다. 카르타고는 이들 속령을 엄격함의 정도를 달리하고, 연간 공물을 부과하며, 주민들을 군대에 징집하고, 그리고 외교 관계와 교역을 엄격히 통제하는 방식으로 다루었다. 그 대신 카르타고는 속령들에 군사적 보호와 지방 자치, 그리고 경제적 안정을 제공했다. 렙티스 마이노르 시(市)가 매년 카르타고 국고에 365탈렌트(131만 4000달러)를 납부했다는 사실로부터 이들 속령의 부를 짐작할 수 있다.

    기원전 3세기에 카르타고는 제국과 교역에 대한 착취로 지중해 도시들 중 가장 부유해졌다. 카르타고는 관세와 공물로 전성기 아테네 세입의 20배에 해당하는 1만 2000탈렌트를 매년 벌어들였다. 상층 계급은 대저택에 살면서 값비싼 옷을 입고 이국적 진미를 맛보았다. 25만 명의 주민들로 가득 찬 카르타고

시(市)는 화려하게 빛나는 신전, 공중목욕탕, 그리고 무엇보다도 안전한 항구와 널따란 부두로 유명해졌다. 220개의 부두는 각자 2개의 이오니아식 기둥이 마주 보고 있었다. 그래서 내항인 코톤에는 440개의 대리석 기둥들이 웅장한 원을 그리며 서 있었다. 거기에서 넓은 길이 줄기둥으로 된 광장으로 통했다. 광장은 그리스 조작으로 장식되어 있었고, 행정 건물, 교역 사무소, 법정, 그리고 신전들이 들어서 있었다. 반면에 동방식의 비좁은 인접 거리는 수많은 공예품을 파는 가게들과 흥정을 벌이는 소리들로 가득 차 있었다. 집은 6층으로 세워졌으며, 가족 전체가 방 하나에 들어차는 경우를 흔히 볼 수 있었다. 도시의 중앙에는 언덕 또는 성, 즉 비르사(Byrsa)가 있었다. 이것은 나중에 로마의 건축업자들에게 많은 단서 가운데 하나를 제공했다. 비르사에는 국고와 조폐소, 더 많은 사당과 줄기둥, 그리고 위대한 에시문 신에게 바친 신전으로 카르타고 신전들 중 가장 화려한 신전이 자리 잡고 있었다. 육지에 면해 있는 카르타고 시 둘레에 훨씬 높은 망루들과 총안이 있는 흉벽들을 갖춘 45피트 높이의 삼중 방어벽이 세워져 있었다. 방어벽 안쪽에는 4000마리의 말, 300마리의 코끼리, 그리고 2만 명의 병사를 수용할 수 있는 시설이 들어섰다.[3] 방어벽 바깥쪽에는 부자들의 농장이, 그리고 부자들의 농장 너머에는 빈민들의 경작지가 자리 잡았다.

    카르타고인은 혈통과 생김새에서 고대 유대인과 유사한 셈족이었다. 히브리어로 재판관을 뜻하는 'shophetim'을 카르타고어로 'shofetes'라고 부를 때처럼 카르타고인의 언어는 가끔 히브리어의 어조를 연상케 했다. 남성들은 수염을 길렀지만, 보통 청동제 면도칼로 윗입술을 면도했다. 대부분의 남성들은 붉은 원추형으로 검은 술이 달려 있는 모자 또는 터번을 썼고, 신발 또는 샌들을 신었으며, 길고 헐거운 외투를 입었다. 하지만 상층 계급은 그리스 스타일의 옷을 입었고 겉옷을 자주색으로 염색했으며, 겉옷에 유리구슬을 달아 장식했다. 여성들은 대부분 베일에 싸인 은둔 생활을 했다. 그들은 신관직에서부터 높은 지위까지 올라갈 수 있었지만, 그렇지 않다면 아름다운 용모라는 절대 권력에 만족해야 했다. 남성과 여성 모두 보석과 향수를 사용했으며, 가끔 코걸이로 장식했다. 카르타고인의 도덕에 관해서는 그들의 적으로부터 전해지는 정보를 제외하고는 전혀 알 수 없다. 그리스와 로마의 저술가들에 따르면 카르타고인은 만찬 모임에 참석하는 것을 좋아해 폭음과 폭식을 즐겼고, 정치에서 비도덕적인 만큼 성관계에서도 무절제했다고 한다. 배반을 일삼는 로마인들은 배반에 대한 동의어로 "카르타고인의 신의(信義)"라는 표현을 사용했다. 폴리비오스는 "카르타고에서는 이익이 되는 것이라면 어떠한 것도 수치스러운 것으로 간주되지 않는다."라고 말했다.[4] 플루타르코스는 카르타고인들이 "무자비하고 음침하며, 통치자들에게는 유순하지만 예속민들에게는 냉혹하며, 두려울 때는 비겁하고 화가 날 때는 잔인한 성격을 드러내는 등 양극단의 모습을 보인다. 그리고 결정을 내릴 때는 고집 세고, 엄격하며, 인생의 즐거움이나 우아함에는 반응을 보이지 않는다."라고 비난했다.[5] 하지만 대체로 공정하다고 하더라도 플루타르코스는 언제까지나 그리스인이었다. 그리고 폴리비오스는 카르타고를 잿더미로 만든 스키피오의 막역한 친구였다.

카르타고인은 종교와 관련해서는 최악이었던 것 같다. 카르타고인의 종교 또한 그들의 적이 전하는 정보를 통해서만 알 수 있을 뿐이다. 그들의 조상은 하늘의 태양과 달을 의인화한 바알 몰로크(Baal-Moloch) 신과 아스타르테(Astarte) 여신을 숭배했다. 카르타고인은 그들의 조상이 숭배한 신과 유사한 바알 하만(Baal-Haman) 신과 타니트(Tanith) 여신을 헌신적으로 숭배했다. 특히 타니트 여신은 카르타고인의 애정 어린 경건함을 불러일으켰다. 카르타고인은 신전을 선물로 가득 채웠으며, 타니트 여신의 이름으로 맹세했다. 세 번째 영예를 차지한 신은 "도시의 열쇠"를 뜻하는 멜카르트(Melkart) 신이었다. 그 다음은 부와 건강의 신 에시문(Eshmun), 그리고 그 다음은 수많은 하급 신, 즉 바알(baal) 신들이었다. 심지어 디도(Dido)까지도 숭배되었다.[6] 엄청난 위기에 처했을 때, 바알 하만 신에게 살아 있는 아이들이 하루에 300명이나 희생 제물로 바쳐졌다. 바알 하만 신상의 구부러진 채 내민 팔 위에 놓인 아이들이 바로 밑의 불구덩이 속으로 굴러떨어졌다. 아이들의 비명 소리가 나팔과 타악기의 소음에 묻혀 버렸다. 아이들의 엄마는 불경하다는 이유로 고발당하지 않기 위해, 그리고 바알 하만 신이 그들에게 마땅히 주어야 할 신뢰를 잃지 않기 위해 그 장면을 신음 소리나 눈물 없이 보지 않으면 안 되었다. 결국 부자는 자신의 아이를 희생 제물로 바치기를 거부하고 빈민 중에서 대리로 희생될 아이를 구입했다. 하지만 시라쿠사의 아가토클레스가 카르타고를 포위 공격했을 때, 그들의 속임수가 바알 하만 신을 화나게 했음을 두려워한 상층 계급은 200명의 귀족 아이들을 불구덩이에 집어 던졌다.[7] 이러한 이야기들을 전한 사람이 시칠리아의 그리스인 디오도로스였다는 사실이 덧붙여져야 한다. 그는 그리스의 유아 살해 관습을 차분하게 바라보았다. 카르타고인의 희생제는 경건한 의식으로 인간 생식력의 과잉을 통제하려는 수고를 덜어 주었을 것이다.

로마인들이 카르타고를 파괴했을 때, 그곳에서 발견한 장서를 아프리카 동맹국들에게 선물로 주었다. 이들 장서 중에 한노의 항해 기록과 농업에 관한 마고의 단편들을 제외하고는 아무것도 남아 있지 않다. 성 아우구스티누스는 "카르타고에서는 지혜롭게도 많은 것들이 기억으로 전해졌다."라는 모호한 말로 확신을 심어 주고,[8] 살루스티우스와 유바는 카르타고의 역사가들을 활용했다. 하지만 카르타고의 역사에 대한 토착민의 설명은 전혀 찾아볼 수 없다. 카르타고의 건축과 관련해 로마인들은 돌 하나 남기지 않았다. 카르타고의 건축 양식은 페니키아 양식과 그리스 양식의 혼합이었고, 신전은 거대하고 화려했으며, 바알 하만 신의 신전과 조각상은 1000탈렌트로 평가되는 금으로 도금되어 있었다고 한다.[9] 그리고 거만한 그리스인들조차 카르타고를 세상에서 가장 아름다운 수도 가운데 하나로 생각했다고 전해진다. 투니스의 박물관에는 카르타고 유적 근처의 무덤에서 발견된 석관에서 출토된 몇몇 조각품이 전시되어 있다. 가장 세련된 것은 본질적으로 그리스 양식에 속하는 강하고 우아한 조각상으로, 타니트 여신의 것으로 추정된다. 발레아레스 제도의 카르타고 무덤들에서 발굴된 소규모 조각상들은 마치 아이들에게 강한 인상을 남기기 위해 또는 악마를 위협해 쫓아 버리기 위해 계획된 것처럼 조잡하고 종종 혐오감을 일으킬 정도로 기괴하다. 현존하는 도기는 전적으로 실용적이다. 하지만 카르타고의 공예가들은 직물, 보석, 상아, 흑단, 호박, 그리고 유리 공예에 뛰어난 기량을 발휘했던 것으로 알려져 있다.

카르타고의 정체(政體)를 명확하게 서술한다는 것은 우리의 능력을 벗어나는 일이다. 아리스토텔레스는 카르타고의 정체를 "많은 점에서 다른 모든 것보다 우월한 것"으로 치켜세웠다. 왜냐하면 "평민들이 정체에 끊임없이 충성할 때, 특별히 언급할 만한 내란이 발생하지 않았을 때, 그리고 어느 누구도 자신을 독재자로 만드는 데 성공하지 못했을 때, 국가가 질서가 잘 잡혀 있다는 것을 알 수 있기 때문이다."[10] 때때로 시민들은 300명의 장로들로 구성된 원로원이 회부한 제안에 동의하거나 거부할 권한을 부여받았지만 논의하거나 수정할 수 없었던 민회에서 만났다. 하지만 원로원은 원로원이 자체적으로 합의를 볼 수 있었던 법안들에 대해서는 민회에 제출할 의무가 없었다.[11] 일반 민중이 원로원 의원을 선출했다. 하지만 공공연한 매수가 이러한 민주적 절차의 미덕이나 위험을 감소시켰고, 혈통에 의한 귀족정을 재산에 의한 과두정으로 바꾸어 놓았다. 원로원이 부여한 지명권으로 민회는 매년 국가의 사법과 행정 부문을 이끌고 나갈 두 명의 재판장(shofetes)을 선출했다. 특히 국가의 사법과 행정 부문을 담당하는 조직은 법률에 위반해서 종신 관직을 보유한 104명의 재판관으로 구성된 법정이었다. 법정은 행정 전반을 감독하고 임기가 끝난 모든 관리에게 회계 보고를 요구할 수 있는 권한을 부여받았으므로, 포에니 전쟁 기간 무렵에 법정은 모든 정부 부처와 시민에 대해 최고의 통제권을 행사했다.

군 지휘관은 원로원이 지명하고 민회가 선출했다. 그는 로마의 집정관보다 더 좋은 위치에 있었다. 왜냐하면 그의 지휘권은 원로원이 원하는 한 지속될 수 있었기 때문이다. 하지만 로마인은 토지를 소유한 애국자들로 편성된 군단을 이끌고 카르타고에 맞섰다. 반면에 카르타고 군대는 외국인 출신(주로 리비아인)으로 편성된 용병이었다. 용병은 카르타고에 전혀 애정을 갖지 않았고, 단지 급여 담당자와 가끔 군사령관에게만 충성했다. 카르타고 해군은 의문의 여지없이 당시에 가장 강력했다. 화려하게 채색된 날렵한 500척의 5단 노선이 카르타고의 식민시와 시장, 그리고 교역로를 훌륭히 방어했다. 카르타고 용병 군대가 시칠리아를 정복하고 카르타고 해군이 서부 지중해에서 로마의 교역을 봉쇄하면서, 세 차례의 포에니 전쟁으로 알려진 백 년 동안 계속된 목숨을 건 싸움이 시작되었다.

2. 레굴루스

한쪽이 다른 쪽을 지배할 만큼 충분히 강했을 때, 로마와 카르타고 두 나라는 한때 우방이었다. 508년에 그들은 라티움 해안에 대한 로마의 패권을 인정하는 조약을 체결했다. 하지만 로마인들은 카르타고의 서쪽 지중해를 항해할 수 없었고 배에 대한 간단한 수리나 식량 공급을 제외하고는 사르디니아 또는 리비아에 상륙할 수 없었다.[12] 한 그리스인 지리학자의 말대로 사르디니아와 지브롤터 사이에서 발견된 외국인 선원은 누구든지 물에 빠뜨리는 것이 카르타고인들 사이에서 흔히 볼 수 있는 관행이 되었다.[13] 마실리아(Massilia, 지금의 마르세유)의 그리스인들은 남부 갈리아와 북동부 스페인 사이의 평화로운 해안 교역을 발전시켰다. 카르타고는 이러한 교역에서 해적질로 싸웠으며, 마실리아는 로마의 충실한 동맹자였다고 한다.(이 중에서 어느 정도가 역사로서 영예가 주어지는 전쟁 선전인지 알 수 없다.) 로마가 이탈리아를 지배한 지금, 로마는 두 적대 세력, 즉 그리스인과 카르타고인이 이탈리아 해안에서 거의 1마일도 안 되는 거리에 있는 시칠리아를 점령하는 한은 안심할 수 없었다. 게다가 시칠리아는 비옥했다. 시칠리아는 이탈리아의 절반에 곡물을 공급할 수 있었다. 만약 시칠리아를 점령할 수 있다면, 사르디니아와 코르시카는 저절로 로마의 수중에 떨어질 것이다. 여기에 로마 팽창의 자연스러운 다음 단계인 명백한 사명이 있었다.

전쟁의 원인은 어떻게 찾을 수 있는가? 기원전 264년 무렵 스스로를 마메르티니인(Mamertines), 즉 "마르스 신의 병사들"로 불렸던 한 무리의 삼니움인 용병들이 메사나 시를 점령했다. 그들은 그리스인 시민을 살해하거나 추방했으며 부녀자와 아이들과 희생자의 재산을 나누어 가졌다. 그리고 인근 그리스 도시들을 침입하는 것으로 생계를 꾸려 나갔다. 시라쿠사의 독재자 히에론 2세가 마메르티니인을 포위 공격했다. 카르타고 군대가 메사나에 상륙해서 히에론을 몰아내고 메사나 시를 점령했다. 마메르티니인은 그들을 구해 준 카르타고 군대를 격퇴해 달라고 로마에 지원을 요청했다. 카르타고의 힘과 부를 알고 있던 로마 원로원은 지원을 망설였다. 하지만 켄투리아회를 장악했던 부유한 평민들은 전쟁과 시칠리아를 요구했다. 로마는 어떠한 희생을 치러서라도 카르타고인들이 그렇게 근접한 전략적 항구에 접근하게 해서는 안 된다고 결정했다. 가이우스 클라우디우스의 지휘하에 장비를 갖춘 함대 한 척이 마메르티니인을 구하기 위해 파견되었다. 하지만 그 사이에 마메르티니인이 카르타고인들에게 회유되어 로마에 대한 지원 요청을 철회했다. 그리고 이러한 취지로 마메르티니인이 보낸 메시지가 레기움에 있는 클라우디우스에게 도달했다. 메시지를 무시하고 클라우디우스는 메사나 해협을 건너 카르타고 지휘관을 회담에 초청한 뒤에 감금했다. 그리고 카르타고 군대에게 만약 그들이 저항한다면, 지휘관이 살해될 것이라고 전했다. 카르타고 용병들은 로마 군단과의 대결을 피하기 위해 그렇게 호기 넘치는 구실을 환영했고, 메사나는 로마에 함락되었다.

  1차 포에니 전쟁은 두 명의 영웅, 즉 로마 편에서 레굴루스, 그리고 카르타고 편에서 하밀카르를 배출했다. 아마도 세 번째와 네 번째 영웅으로는 원로원과 로마의 일반 민중을 포함해야 할 것 같다. 원로원은 시라쿠사의 히에론을 로마 편으로 끌어들임으로써 시칠리아의 로마 군대에 확실한 병참을 공급할 수 있었다. 원로원은 지혜와 결단력으로 국가를 조직했으며, 거의 불가항력의 재난을 뚫고 국가를 승리의 길로 인도했다. 시민들은 로마 최초의 함대를 건조하기 위해 돈, 물자, 노동, 그리고 병사를 제공했다. 로마 최초의 함대는 330척의 배로 구성되었으며, 거의 모두가 길이 150피트의 5단 노선이었다. 각각의 배에는

300명의 노잡이와 120명의 병사들이 배치되었다. 대부분의 배는 적함을 붙잡아서 올라타기 위해 참신한 아이디어가 빛나는 갈고랑쇠와 이동시킬 수 있는 건널판을 갖추고 있었다. 이러한 수단들을 사용함으로써 로마인들에게 익숙지 않았던 해전이 백병전으로 바뀔 수 있었다. 백병전을 통해 로마 군단병들은 훈련받은 기량을 마음껏 발휘할 수 있었다. 폴리비오스는 "이러한 사실은 로마인들이 어떠한 일을 하려고 결심했을 때, 그들이 얼마나 용기 있고 대담했는지를 가장 잘 보여 준다. …… 로마인들은 해군에 대해 생각해 본 적이 결코 없었다. 그럼에도 불구하고 일단 해군 창설 계획을 생각했을 때, 그러한 문제에 대해 어떤 경험도 얻기 전에 몇 대에 걸쳐서 확실하게 해상 지배권을 장악했던 카르타고인과 즉시 교전할 정도로 해군 창설에 뛰어드는 대담함을 보여 주었다."라고 말하고 있다.[14] 시칠리아 남부 해안의 에크노무스에서 30만 병력을 수송하고 있는 로마와 카르타고 양국 함대가 고대 최대의 해전에 돌입했다.(256년) 레굴루스가 지휘한 로마군이 결정적으로 승리하고 아무런 방해도 받지 않은 채 아프리카로 항해했다. 주의 깊게 정찰하지 않고 아프리카에 상륙한 로마군은 곧 카르타고의 정예 병력과 마주쳤다. 카르타고군은 로마군을 거의 절멸시켰으며, 무모하게 아프리카 상륙을 감행한 로마군의 집정관을 포로로 잡았다. 로마 함대가 폭풍우 때문에 바위투성이의 해안에 부딪치고 곧 284척의 배가 난파되었으며, 대략 8만 명의 병사가 익사했다. 그것은 인간의 기억 속에 자리 잡은 최대의 해전 참사였다. 로마인들은 석 달 동안 200척의 새로운 5단 노선을 건조하고, 거기에 배치할 8만 명의 병사를 훈련시킴으로써 탁월한 역량을 보여 주었다.

카르타고는 5년 동안 꼼짝없이 포로로 잡혔던 레굴루스를 평화 협상을 위해 사절단과 함께 로마에 파견했다. 하지만 원로원의 거부로 평화 협상이 결렬될 경우 포로 신분으로 다시 돌아온다는 조건 아래 파견되었다. 이러한 조건을 듣게 된 레굴루스는 원로원에게 평화 협상을 거부하도록 권고했으며, 가족과 친구들의 간곡한 만류에도 불구하고 사절단과 함께 카르타고로 돌아갔다. 그곳에서 레굴루스는 죽을 때까지 잠을 못 이루는 혹독한 고문을 당했다.[15] 로마에 있는 그의 두 아들은 포로로 잡힌 카르타고의 고관 두 명의 가슴을 결박하고 못을 박았다. 그리고 그들이 죽을 때까지 잠을 못 자게 했다.[16] 오늘날의 잔혹 행위들을 생각해 볼 때, 어느 쪽 이야기에도 신빙성이 있어 보인다.

3. 하밀카르

하밀카르(Hamilcar)와 하스드루발(Hasdrubal), 그리고 한니발(Hannibal) 같은 이름은 카르타고에 대단히 많았다. 왜냐하면 거의 모든 세대에 걸쳐 이러한 이름들이 가장 오래된 가문에서 나타났기 때문이다. 이들은 신들의 이름에서 만들어진 경건한 이름이었다. 즉 하밀카르는 멜카르트 신의 보호를 받았고, 하스드루발은 바알 신의 도움을 받았으며, 한니발은 바알 신의 은총 그 자체였다. 지금의 하밀카르는 번개를 뜻하는 바르카(Barca)라는 별명으로 불렸다. 그는 신속히, 갑자기, 어느 곳에서나 타격을 가했다. 카르타고로부터 최고 군지휘권을 부여받았을 때(247년), 그는 아직 젊었다. 소함대를 이끌고 하밀카르는 이탈리아 해안을 기습 상륙해 끊임없이 공격함으로써 로마의 전초 부대를 궤멸시키고 수많은 포로를 붙잡았다. 그 다음에 파노르무스(지금의 팔레르모)를 점령하고 있는 로마군 면전에서 자신의 군대를 상륙시켜 파노르무스가 내려다보이는 고지를 점령했다. 하밀카르의 분견대 규모는 너무 작아서 주요 전투의 위험을 무릅쓸 수 없었다. 하지만 그가 분견대를 지휘했을 때는 매번 전리품을 획득하고 돌아왔다. 하밀카르는 카르타고 원로원에 증원군과 병참을 요청했다. 원로원은 그의 요청을 거절했고 원로원의 비축 물자를 움켜쥐고 내어 주지 않았으며, 그를 포위했던 나라에서 병사들을 먹이고 옷을 입히도록 명령했다.

그 사이에 로마 함대가 또 한 차례 승리했지만, 드레파나에서 심각한 패배를 경험했다.(249년) 거의 똑같이 기진맥진한 로마와 카르타고 두 나라는 9년 동안 휴전했다. 하지만 9년 동안 카르타고가 하밀카르의 천재성에 의존한 채 아무것도 하지 않은 반면에, 수많은 로마 시민들은 자발적으로 6만 명의 병사를 수송하는 200척의 군함으로 이루어진 함대를 국가에 바쳤다. 비밀리에 항해한 로마의 새로운 함대가 시칠리아 서해안의 아이가디 제도에서 무방비 상태의 카르타고 함대를 전멸시켰으며, 카르타고는 강화 조약을 공식적으로 요청했다.(241년) 카르타고령 시칠리아가 로마에 양도되었고, 매년 440탈렌트의 배상금을 10년 동안 로마에 지불할 것을 서약했으며, 로마 교역에 대한 카르타고의 모든 제한 규정이 철회되었다. 로마와 카르타고 사이의 전쟁은 거의 24년이나 계속되었으며 로마의 통화 가치가 83퍼센트 하락할 정도로 로마는 거의 파산 상태에 직면했다. 하지만 전쟁은 저항하기 어려운 로마인의 강인한 기질과 자유민들로 구성된 군대의 우월성을 입증했다. 당시 카르타고 군대는 가장 적은 피를 흘리고 가장 많은 전리품을 얻고자 했던 용병들로 구성되었다.

이제 카르타고는 자신의 탐욕 때문에 거의 멸망의 길로 접어들게 되었다. 카르타고는 얼마 동안 용병들, 그리고 심지어 하밀카르를 위해 충성을 다했던 용병들에게도 급여 지급을 보류했다. 그들이 카르타고 시로 쏟아져 들어와 돈을 요구했다. 그리고 사태를 관망하던 당국이 그들을 해산하려 했을 때, 갑자기 격렬한 반란이 시작되었다. 전쟁 기간 동안 인내의 수준을 넘는 세금을 부여받은 카르타고의 예속민들이 반란에 합류했으며, 리비아의 여성들은 혁명 자금을 조달하기 위해 자신들의 보석을 팔았다. 리비아의 자유민 마토와 캄파니아의 노예 스펜디우스가 지휘하는 2만 명의 용병과 반란자들이 카르타고를 포위 공격했다. 당시 카르타고에는 카르타고를 지키려는 병사들이 거의 한 명도 남아 있지 않았다. 부자 상인들은 목숨을 잃을까 두려워 부들부들 떨었고, 하밀카르가 구조의 손길을 내밀어 줄 것을 호소했다. 자신의 용병들에 대한 애정과 카르타고 시 사이에서 괴로워하던 하밀카르는 카르타고인 1만 명으로 군대를 조직해 훈련시켰으며, 그들을 이끌고 카르타고 시에 대한 포위를 풀었다. 패배한 용병들은 산 속으로 후퇴했고, 카르타고 장군 게스코와 또 다른 700명 포로의 손과 발을 자르고 다리를 부러뜨렸으며, 그 다음에 그래도 아직 살아 있는 포로들을 마구잡이로 무덤 속으로 내던졌다.[17] 하밀카르는 반란자들 가운데 4만 명을 협곡으로 유인해 모든 출구를 완벽하게 봉쇄했다. 그들은 굶어 죽기 시작했고, 처음에는 남아 있는 포로들을, 그 다음에는 그들의 노예를 먹었다. 마침내 그들은 강화 조약을 간청하기 위해 스펜디우스를 파견했다. 하밀카르는 스펜디우스를 십자가에 못 박아 죽였고 수백 명의 포로들을 코끼리 발에 짓밟혀 죽게 했다. 용병들은 탈출하려고 애썼지만 궤멸되었다. 마토는 붙잡혔고, 카르타고 거리를 통과하는 동안 시민들은 그가 죽을 때까지 가죽 끈으로 때리고 고문했다.[18] 이 "용병들의 전쟁"은 40개월 동안 계속되었으며(241~237년), 폴리비오스의 말대로 "역사상 단연코 가장 피비린내 나고 불경스러운 전쟁이었다."[19] 장기간의 싸움이 끝났을 때, 카르타고는 로마가 사르디니아를 점령했다는 사실을 알게 되었다. 카르타고는 항의했고, 로마는 전쟁을 선포했다. 자포자기한 카르타고인들은 로마에 추가적으로 1200탈렌트를 지불하고 사르디니아와 코르시카를 양도하는 조건으로 비로소 평화를 얻을 수 있었다.

　하밀카르는 자신의 조국 카르타고가 이런 식으로 취급당하는 것에 분노했을 것이다. 그는 카르타고 정부에 이탈리아를 공격하기 위한 발판으로서 스페인에 카르타고 세력을 재건할 병력과 자금을 제공해 주도록 제안했다. 더 이상의 전쟁을 두려워하던 토지 소유 귀족들은 그 계획에 반대했다. 하지만 해외 시장과 항구를 잃은 사실에 분노하던 중간 계급의 상인들은 찬성했다. 절충안으로 하밀카르에게 소규모 분견대가 주어졌고, 그는 분견대와 함께 스페인으로 건너갔다.(238년) 하밀카르는 로마와 전쟁하는 동안 카르타고에 대한 충성을 철회했던 도시들을 재점령했고, 토착민을 징집해 군대를 증강했으며, 스페인의 광산물로 군대에 장비를 갖추었다. 그리고 그는 스페인의 한 부족과 싸우는 도중에 죽었다.(229년)

　하밀카르는 카르타고 진영에 사위 하스드루발과 세 아들(한니발, 하스드루발, 마고), 즉 그의 "사자 새끼들"을 남겨 놓았다. 사위 하스드루발이 사령관으로 선출되었고, 8년 동안 지혜롭게 통치하면서 스페인 사람들의 협력을 얻었고, 로마에게 새로운 카르타고(Nova Carthago, 지금의 카르타헤나)로 알려진 대규모 도시를 은광들 근처에 건립했다. 하스드루발이 암살되었을 때(221년), 군대는 당시 26세였던 하밀카르의 장남 한니발을 지도자로 선출했다. 카르타고를 떠나기 전 아버지 하밀카르는 아홉 살의 사내아이 한니발을 바알 하만 신의 제단에 데려갔고, 장차 그가 로마에 맞서 조국 카르타고의 복수를 하겠다는 맹세를 하게 했다. 한니발은 맹세했고, 그 맹세를 잊지 않았다.

4. 한니발

로마는 왜 카르타고의 스페인 재정복을 허용했는가? 로마는 계급 투쟁으로 시달리고 있었고, 아드리아 해에서 팽창 중이었으며, 갈리아인들과 전쟁 중이었기 때문이다. 232년에 호민관 가이우스 플라미니우스는 원로원의 격렬한 반대에 맞서 민회를 통해 최근 갈리아인들에게 승리해서 획득한 일부 토지를 가난한 시민들에게 분배함으로써 그라쿠스 형제의 등장을 예견했다. 230년에 로마는 그리스 정복을 위한 첫 번째 조치로 아드리아 해에서 해적을 소탕하고 이탈리아 교역을 보호하기 위해 일리리아 해안의 일부를 점령했다. 이제 남쪽과 동쪽에서 안전한 로마는 갈리아인을 알프스 너머로 몰아내고 이탈리아를 완전한 연합 국가로 만들고자 결심했다. 서쪽에서의 안전을 담보하기 위해 로마는 스페인의 카르타고인들이 에브로 강 이남에 머물러야 한다는 조약을 하스드루발과 체결했다. 그리고 동시에 로마는 스페인의 반(半)그리스식 도시인 사군툼, 그리고 암푸리아스와 동맹을 맺었다. 다음 해(225년)에 5만의 보병과 2만의 기병으로 구성된 갈리아 군대가 이탈리아 반도를 휩쓸고 지나갔다. 수도 로마의 주민들이 너무 놀라자 원로원은 인간 희생 제물이라는 옛날 관습으로 돌아가 신들을 달래려고 광장에서 두 명의 갈리아인을 산 채로 매장했다.[20] 로마 군단은 텔라몬 근처에서 침입자들과 싸워 4만 명을 살해하고 1만 명을 포로로 잡았으며, 갈리아 키살피나 전체를 정복하기 위해 계속 진격했다. 3년 뒤에 힘들었던 과업이 완성되었다. 로마의 보호를 받는 식민시들이 플라켄티아와 크레모나에 설립되었으며, 알프스에서 이탈리아의 시칠리아까지 하나가 되었다.

그것은 너무 이른 승리였다. 만약 갈리아인들을 몇 년 더 괴롭히지 않고 내버려 두었더라면, 그들이 한니발을 저지했을지도 모른다. 하지만 이제 갈리아 전체가 로마에 대한 적대감으로 불붙었다. 한니발은 오랫동안 갈망해 온 기회, 즉 아무런 저항도 받지 않은 채 갈리아를 지나 갈리아 부족과 동맹을 맺고, 이탈리아에 침입할 수 있는 기회를 잡았다.

카르타고의 지도자 한니발은 이제 정신과 육체가 절정에 달한 스물여덟 살의 나이였다. 페니키아와 그리스의 언어와 문학, 그리고 역사에 대한 한 카르타고 학자의 가르침에 더하여[21] 한니발은 카르타고 진영에서 19년간 군사 훈련을 받았다. 그는 고통으로 육체를, 절제로 식욕을, 침묵으로 혀를, 그리고 객관성으로 생각을 단련시켰다. 그는 가장 빠르게 달리거나 말을 몰 수 있었고, 가장 용감하게 사냥하거나 싸울 수 있었다. 한니발에 적대적인 리비우스의 말대로 그는 "가장 먼저 전투에 뛰어들었고, 가장 늦게 전장을 떠났다."[22] 고참병들은 그의 당당한 태도와 날카로운 눈에서 패기에 찬 젊음으로 그들에게 돌아온 옛 지도자 하밀카르를 보았으므로 한니발을 좋아했다. 한편 증원군은 한니발이 남과 뚜렷이 구분되는 옷을 입지 않았고, 군대가 필요로 하는 것을 충족시킬 때까지는 결코 쉬지 않았으며, 그리고 자신들과 모든 손해와 이익을 함께 나누었으므로 한니발을 좋아했다. 로마인들은 그가 주저하지 않고 병사들의 병참을 강탈하고 배신행위를 가혹하게 처벌했으며, 여러 차례 적들을 함정에 빠뜨렸다는 이유로 한니발의 탐욕과 잔혹함, 그리고 배신행위를 비난했다. 하지만 그에게서는 종종 자비롭고, 항상 예의 바른 모습이 발견된다. 공정한 판단력을 갖춘 몸젠(Mommsen)의 말대로 "그에 관한 이야기에서 등장하는 내용은 모두 그 상황에서는, 그리고 당시의 국제법에 따라서는 정당화될 수 있을지도 모른다."²³ 로마인들은 한니발이 병사들의 목숨을 담보로 하지 않고 오히려 지략으로 전투에 승리했으므로 그를 기꺼이 용서할 수 없었다. 한니발이 보여 준 로마인들의 허점을 노린 책략, 정찰 능력, 전략의 치밀함, 그리고 뜻밖의 전술 등은 카르타고가 멸망할 때까지 로마인들로부터 정당한 평가를 받지 못했다.

기원전 219년에 로마의 앞잡이들이 사군툼에서 애국적으로 카르타고에 적대적인 세력을 만드는 쿠데타를 준비했다. 사군툼인들이 그에게 우호적인 부족들을 괴롭혔을 때, 한니발은 중지할 것을 명령했다. 사군툼인들이 거부하자 한니발은 사군툼을 포위 공격했다. 로마는 카르타고에 항의하고 전쟁으로 위협했다. 카르타고는 사군툼이 에브로 강 남쪽에서 백 마일 떨어진 곳에 위치하고 있으므로 로마가 간섭할 권리가 없으며, 사군툼과 동맹을 체결함으로써 로마가 하스드루발과 맺은 조약을 위반했다고 응수했다. 한니발은 집요하게 사군툼을 포위 공격했으며, 로마는 다시 무기를 들고 싸울 준비를 했다. 로마는 이렇게 시작된 2차 포에니 전쟁이 로마 역사에서 가장 끔찍한 전쟁이 될 것이라고는 꿈에도 생각해 본 적이 없었다.

한니발이 사군툼을 정복하는 데에는 8개월이 걸렸다. 그는 로마인들에게 그의 후방에 상륙하도록 그렇게 뛰어난 항구를 내버려 두면서까지 이탈리아로 진격할 엄두를 내지 못했다. 218년에 한니발은 카이사르가 루비콘 강에서 겪었을 운명에 도전하면서 에브로 강을 건넜다. 그의 군대는 보병 5만과 기병 9000으로 편성되었으며, 그들 대부분은 스페인과 리비아 출신으로 용병은 한 명도 없었다. 한니발이 알프스를 넘으려 한다는 계획을 알았을 때, 3000명의 스페인인들이 탈영했으며, 한니발은 자신의 대담한 계획에 대해 불가능하다고 항의하는 그 밖의 7000명을 놓아주었다.²⁴ 피레네 산맥을 뚫고 나아가는 것은 매우 힘들었다. 마르세유와 동맹을 맺은 일부 갈리아 부족들의 격렬한 저항은 예상을 한층 더 빗나간 것이었다. 여름의 전투는 론 강에 도달하는 데 필요했으며, 론 강을 건너기 위해 중요한 전투였다. 한니발이 론 강 기슭을 떠나자마자 로마군이 강어귀에 도착했다.

한니발은 비엔을 향해 북쪽으로 병력을 이끌고 간 다음, 동쪽으로 방향을 틀어 알프스로 향했다. 그보다 앞서 켈트족 무리들이 알프스 산맥을 넘은 적이 있었다. 만약 알프스 부족들의 반항과 좁고 가파른 통로로 코끼리를 지나가게 하는 어려움이 없었더라면, 한니발 또한 특별한 고통 없이 알프스를 넘었을 것이다. 9일간 알프스 산맥을 오른 뒤 9월 초에 한니발은 눈으로 뒤덮인 정상에 도달했다. 그곳에서 한니발은 병사들과 동물들이 이틀 간 휴식을 취할 수 있게 한 다음, 올라올 때보다 더 가파른 좁은 통로를 지나 아래쪽으로 진군하기 시작했다. 길 곳곳은 가끔 산사태로 파묻혔고, 얼음으로 덮인 지역이 많았다. 수많은 병사들과 동물들이 발을 헛디뎌 굴러 떨어져 죽었다. 한니발은 절망에 빠진 병사들에게 멀리 남쪽에 있는 이탈리아의 푸른 들판과 반짝이는 개울을 가리키면서 행군을 독려했다. 그는 병사들에게 그러한 천국이 머지않아 그들의 차지가 될 것이라고 약속했다. 알프스 산맥에서 17일을 보낸 뒤 한니발의 병사들은 평원에 도착해 휴식을 취했다. 알프스를 횡단하면서 너무 많은 병사와 말을 잃어버렸으므로, 병력은 4개월 전에 새로운 카르타고를 떠나던 시기의 절반에도 못 미치는 2만 6000명으로 축소되었다. 만약 알프스 남쪽의 갈리아인들이 알프스 북쪽의 갈리아인들처럼 한니발에 저항했더라면, 한니발의 진격은 그곳에서 끝났을지도 모른다. 하지만 보이인과 그 밖의 부족들은 한니발을 구원자로 환영하고 그와 동맹을 맺었다. 반면 최근에 정착한 로마인들은 포 강을 가로질러 남쪽으로 도망쳤다.

7년이 지나 로마의 생존에 대한 두 번째 위협에 직면한 원로원은 모든 자원을 동원했으며, 이탈리아의 국가들에게 이탈리아의 방어를 위해 힘을 합칠 것을 요구했다. 이탈리아 국가들의 도움으로 로마는 통틀어 30만 명의 보병, 1만 4000명의 기병, 그리고 45만 6000명의 예비군을 징집했다. 여러 명의 유명한 스키피오들 중에 첫 번째 스키피오가 지휘하는 로마군이 파비아에서 포 강으로 흘러들어 가는 조그마한 강인 티치노 강을 따라서 한니발과 맞섰다. 한니발의 누미디아 기병이 로마인들을 달아나게 만들었고, 중상을 입은 스키피오는 아들의 용감한 개입으로 구출되었다. 스키피오의 아들은 16년 뒤 운명적으로 자마에서 다시 한 번 한니발과 싸우도록 되어 있었다. 트라시메네 호수에서 한니발은 호민관 가이우스 플라미니우스가 이끄는 3만 명의 또 다른 로마군과 마주쳤다. 포로를 잡아 팔려고 생각했던 노예 중개상들이 족쇄와 사슬을 가지고 로마군의 뒤를 따랐다. 일부 병력을 갖고 한니발은 구릉과 숲으로 둘러싸인 평야로 로마군을 유인했다. 구릉과 숲에는 한니발의 병력 대부분이 잠복해 있었다. 한니발의 신호로 잠복해 있던 카르타고 병사들이 사방에서 로마군을 공격했고, 플라미니우스를 포함해 거의 모든 로마군을 살해했다.(217년)

이제 한니발은 북부 이탈리아 전체를 지배하게 되었지만, 그의 병력이 로마군에 비해 여전히 10분의 1로 수적 열세라는 사실을 알고 있었다. 그가 유일하게 바랄 수 있는 것은 최소한 이탈리아 국가들 중 일부라도 로마에 맞서 반란을 일으키도록 설득하는 것이었다. 한니발은 자신이 이탈리아와 싸우기 위해서가 아니라 이탈리아를 해방하기 위해서 왔다고 말하면서 로마 동맹국들로부터 붙잡았던 포로 전원을 풀어 주었다. 그는 홍수로 범람한 에트루리아를 통과해 진군했다. 그곳에서는 4일 동안 천막을 치고 야영할 수 있는 물기가 없는 땅을 찾을 수 없었다. 한니발은 아펜니노 산맥을 넘어 아드리아 해로 나아갔으며, 그곳에서 병사들이 활력을 재충전하고 상처를 치료하도록 충분한 시간을 주었다. 그 자신은 심각한 안염으로 고통을 겪었으며, 치료할 시간이 전혀 없었으므로 한쪽 눈의 시력을 잃고 말았다. 그러고 나서 그는 동부 해안 아래로 진군했으며, 이탈리아 부족들에게 합류할 것을 요청했다. 어떤 부족도 한니발에게 합류하지 않았다. 오히려 모든 도시가 그에 맞서 성문을 굳게 닫고 전투를 준비했다. 한니발이 남쪽으로 이동했을 때, 북쪽의 고국에만 관심을 두던 갈리아인 동맹자들이 그를 떠나기 시작했다. 그의 목숨을 노리는 음모가 너무 많아서, 한니발은 늘 변장하지 않으면 안 되었다. 그는 카르타고 정부에 아드리아 해의 항구 어딘가로 병참과 병사들을 보내줄 것을 간곡히 요청했지만 거절당했다. 한니발은 스페인에 남겨 두고 온 동생 하스드루발에게 군대를 편성해서 갈리아와 알프스를 넘어 그와 합류할 것을 요청했다. 하지만 로마군이 스페인을 침입했고, 하스드루발은 감히 스페인을 떠나지 못했다. 10년이 지나서야 그는 스페인을 떠날 수 있었다.

이제 로마는 신중함과 소모전을 통해 최대의 적 한니발의 계획을 좌절시키는 방식을 채택했다. 217년에 독재관이 된 퀸투스 파비우스 막시무스는 가능한 한 한니발과의 직접적인 교전을 지연시키는 지구전에 의존했다. 그는 침입자들이 결국 기아와 불화, 그리고 질병 때문에 몰락할 것으로 믿었다. 1년 뒤 교묘하게 아무것도 하지 않으면서 한니발의 공격에 맞서던 파비우스의 지구전은 로마 민중들을 화나게 했다. 민회는 미누키우스 루푸스를 파비우스의 공동 독재관으로 선출함으로써 모든 선례와 논리는 말할 것도 없고 원로원 또한 제압했다. 파비우스의 조언을 따르지 않았던 미누키우스는 적을 향해 진격했지만 함정에 빠져 대패했다. 미누키우스는 싸우려고만 했던 마르켈루스보다 더 싸우려 하지 않았던 파비우스를 한니발이 두려워했다고 말한 이유를 비로소 알게 되었다.[25] 1년 뒤 파비우스는 면직되었고, 로마 군대는 루키우스 아이밀리우스 파울루스와 가이우스 테렌티우스 바로의 지휘를 받게 되었다. 귀족인 파울루스는 신중함을 조언했지만, 평민인 바로는 전투를 전폭적으로 지지했다. 그리고 늘 그렇듯이 신중함이 논쟁에서 졌다. 바로는 아드리아 해안에서 대략 10마일 떨어진 아폴리아의 칸나이에서 카르타고군을 찾아냈다. 로마군은 보병 8만 명과 기병 6000명이었다. 한니발에게는 1만 9000명의 고참병과 1만 6000명의 신뢰할 수 없는 갈리아인들, 그리고 1만 명의 기병이 있었다. 한니발은 기병에게 유리한 넓은 평야에서 싸우기 위해 바로를 유인했다. 한니발은 갈리아인들이 퇴각할 것으로 예상하고 그들을 그의 중앙에 배치했다. 한니발의 예상대로 갈리아인들이 퇴각했다. 그리고 로마군이 그들을 추격해 고립된 지역으로 들어오자, 한참 치열하게 싸우던 영리한 한니발은 고참병들에게 로마군 측면을 에워싸도록 명령했다. 그리고 배후에서 로마 군단을 공격해 로마 기병들을 철저히 격파하도록 기병에게 지시했다. 로마군은 포위되어 모든 작전 기회를 잃고 전멸했다. 파울루스와 병사로 입대했던 80명의 원로원 의원들을 포함해 4만 4000명의 로마군이 전사했다. 그리고 1만 명은 카누시움으로 도망했다. 그들 중에는 바로와 대(大)아프리카누스라는 별명을 얻게 될 스키피오가 있었다. 한니발은 6000명의 병사를 잃었으며, 그들 중 3분의 2가 갈리아인들이었다. 칸나이 전투는 역사상 그보다 더 나은 선례를 결코 찾을 수 없는 최고의 지휘 능력을 보여 주었다. 칸나이 전투는 보병에 의존하는 로마의 전투 방식에 종지부를 찍었으며, 2000년 동안 군사 전술이 나아갈 방향을 정했다.

5. 스키피오

칸나이 전투의 재앙은 남부 이탈리아에서 로마의 패권에 엄청난 충격을 주었다. 삼니움인, 브루티아인, 루카니아인, 메타폰툼, 투리이, 크로토나, 로크리, 그리고 카푸아가 갈리아 키살피나와 함께 한니발 편에 합류했다. 움부리아, 라티움, 그리고 에트루리아만이 단호하게 한니발과 거리를 두었다. 시라쿠사의 히에론은 죽을 때까지 로마에 충성했지만, 그의 후계자들은 카르타고에 지지를 표명했다. 로마가 일리리아를 통해 동쪽으로 팽창해 가는 것을 두려워한 마케도니아의 필리푸스 5세는 한니발과 동맹을 맺고 로마에 전쟁을 선포했다. 카르타고가 관심을 갖고 한니발에게 그리 많지 않은 증원군과 병참을 보냈다. 카누시움에서 살아남은 로마의 젊은 귀족들 중 일부는 상황을 절망적으로 보고 그리스로 도망할 생각을 했다. 하지만 스키피오는 그들에게 창피를 주어 용기를 내게 했다. 로마는 한 달 동안 공포로 인한 병적 흥분 상태였다. 소규모 주둔군만이 한니발에 맞서 로마를 지키기 위해 남아 있었다. 상류층 부인들은 흐느끼며 신전으로 달려갔고, 그들의 머리카락으로 신들의 조각상을 깨끗이 했다. 남편과 아들을 전장에서 잃은 일부 부인들은 긴장을 유지하기 위해 외국인, 그리고 노예들과 함께 살았다. 분명히 화가 났을 신들의 호의를 다시 얻기 위해

원로원은 인간 희생 제물을 재차 승인하고 두 명의 갈리아인과 두 명의 그리스인을 산 채로 매장했다.[26]

하지만 폴리비오스의 말대로 로마인들은 "실제로 위험에 처했을 때, 가장 두려움을 가질 수 있었다. …… 지금은 비록 그들이 너무 압도적으로 패배했고, 군사적 명성이 산산조각 깨지고 말았다고는 하지만, 정체의 고유한 장점과 현명한 충고를 통해 로마인들은 이탈리아에서 패권을 되찾았을 뿐 아니라 …… 몇 년 뒤에는 세계의 지배자가 되었다."[27] 계급 투쟁이 끝났으며 모든 집단이 국가를 구하려고 달려들었다. 세금의 증가는 이미 인내의 수준을 벗어났다. 하지만 이제는 시민들, 심지어 과부들과 아이들마저 자발적으로 남모르는 저금을 국고에 바쳤다. 무기를 휴대할 수 있는 모든 남자들이 군대에 소집되었다. 노예가 징집되었으며, 승리할 경우 자유를 약속받았다. 단 한 명의 병사도 급여를 받지 않으려 했다. 로마는 한 치도 물러서지 않고 카르타고의 새로운 영웅 한니발과 싸울 준비를 했다.

하지만 한니발은 나타나지 않았다. 그의 생각에 4만 명의 병사는 너무 적은 병력이어서, 여전히 충성스러운 나라들로부터 많은 군대가 집결해서 방어할 로마를 포위 공격한다는 것은 애초부터 무리였다. 그리고 만약 한니발이 로마를 점령한다면, 어떻게 지킬 수 있을까? 그의 이탈리아 동맹자들은 그를 강화시키는 대신에 약화시켰다. 로마와 로마의 우방은 그들을 공격하려고 병력을 소집했으며, 한니발의 도움이 없었더라면, 그들은 굴복했을 것이다. 한니발의 부관들은 한니발의 신중함을 비난했고, 그들 중 한 명이 비탄에 젖어 "신들이 한 사람에게 그들의 모든 재능을 주지는 않았다. 한니발, 당신은 승리하는 법을 압니다. 하지만 승리를 이용하는 법은 모릅니다."라고 말했다.[28] 한니발은 시칠리아, 사르디니아, 코르시카, 그리고 일리리아를 탈환하고 로마의 지배력을 이탈리아에 한정시키려는 다양한 공세에서 카르타고, 마케도니아, 그리고 시라쿠사의 협력을 얻어낼 때까지 기다리기로 결심했다. 한니발은 로마인을 제외하고 포로 전원을 풀어 주었으며, 로마인 포로는 약간의 몸값을 받고 로마에 넘기겠다고 말했다. 원로원이 거부하자 한니발은 그들 대부분을 카르타고에 노예로 보냈고, 나머지는 자신의 부하들에게 즐거움을 선사하기 위해 로마의 방식대로 검투사로 싸우게 했다. 심지어 그들은 죽을 때까지 싸우기도 했다. 한니발은 여러 도시를 포위 공격하고 점령했으며, 겨울을 나기 위해 군대를 카푸아로 이끌었다.

    카푸아는 한니발이 선택할 수 있는 가장 쾌적하면서도 위험한 장소였다. 왜냐하면 이탈리아 나폴리에서 북쪽으로 약 12마일 떨어진 제2의 도시 카푸아는 에트루리아인과 그리스인에게서 문명의 장점뿐 아니라 결점도 배웠기 때문이다. 그리고 한니발의 병사들은 많은 고통과 상처를 간직한 육체를 잠시 동안 만족시킬 권리가 있다고 생각했다. 그들은 수많은 전투를 통해 지배자인 한니발의 엄격하고 강인한 이미지에서 형성되었던 무적의 병사들이 더 이상 아니었다. 다음 5년 동안 한니발은 그들을 이끌고 비교적 중요하지 않은 승리를 몇 차례 거두었다. 하지만 한니발의 병사들이 국지적인 전투에 열중하는 틈을 타서 로마군이 카푸아를 포위 공격했다. 한니발은 로마의 몇 마일 안쪽으로 진격함으로써 카푸아를 구하려고 했다. 로마인들은 25개 신규 군단을 편성해 20만 명의 병사를 징집했으며, 여전히 4만 명의 병사로 제한된 한니발은 남쪽으로 후퇴했다. 211년에 카푸아가 로마에 함락되었으며, 로마인의 대량 학살을 방관하던 카푸아의 지도자들은 참수형에 처해지거나 자살했다. 그리고 한니발을 강력하게 지지하던 카푸아의 주민들은 이탈리아 전체로 뿔뿔이 흩어졌다. 1년 전에는 마르켈루스가 시라쿠사를 점령했고, 1년 후에는 아그리겐툼이 로마에 항복했다.

    그 사이에 두 명의 나이 든 스키피오가 지휘하는 로마군이 하스드루발을 붙들어 두려고 스페인에 파견되었다. 그들은 에브로 강에서 그를 무찔렀다.(215년) 하지만 두 명의 스키피오 모두 머지않아 전투 중에 살해되었으며, 그들의 아들이자 조카인 스키피오 아프리카누스가 스페인 사령부로 파견되었을 때, 그들이 획득한 것들이 사라지고 있었다. 아프리카누스는 그렇게 책임 있는 지위를 맡기 위한 법적 연령에 훨씬 못 미치는 스물네 살에 불과했다. 하지만 원로원은 국가를 구한다는 명문으로 기꺼이 법령을 확대 해석했고, 민회는 이 무렵 자발적으로 원로원에 예속되어 있었다. 로마 민중들은 그가 잘생겼고 연설을 잘했으며, 지적이고 용맹스러웠기 때문이 아니라 경건하고, 예의 바르며, 공정했기 때문에 높이 평가했다. 그는 습관적으로 일을 맡기 전에 카피톨리누스 언덕에 있는 신전에서 신들과 교감을 나누었다. 그리고 전쟁에서 승리한 뒤에는 큰 희생(원래는 신들에게 바치는 소 백 마리 – 옮긴이)으로 신들에게 보답했다. 아프리카누스는 자신이 신들이 특별히 총애하는 인물이 될 것으로 믿었다.(또는 그렇게 주장했다.) 그의 승리는 그러한 믿음을 확산시켰으며, 그의 추종자들에게 확신을 심어 주었다. 스키피오는 곧 병사들 사이에 규율을 회복했고, 오랜 포위 공격 후에 새로운 카르타고를 점령했으며, 그곳에서 그의 수중에 떨어졌던 귀금속과 보석을 국고에 넘기는 용의주도함을 보여 주었다. 대부분의 스페인 도시들이 그에게 항복했으며, 205년 무렵 스페인은 로마의 속주가 되었다.

그럼에도 불구하고 하스드루발의 주력군이 스키피오에게서 벗어났으며, 이제 갈리아와 알프스를 넘어 이탈리아로 향했다. 그가 한니발에게 보낸 서신을 로마가 가로채면서 하스드루발의 전투 계획이 로마에 알려졌다. 로마군은 메타우루스 강에서 하스드루발의 소규모 병력과 마주쳤으며(207년), 그의 탁월한 통솔력에도 불구하고 로마군이 승리했다. 전투에서 패하고 형 한니발과 연락을 취할 수 있는 희망이 전부 사라졌다는 것을 알게 된 하스드루발은 로마 군단 한가운데로 뛰어들어 죽음을 맞이했다. 아마도 이야기를 꾸며 낸 것으로 보이는 로마 역사가들은 승자인 로마가 아풀리아로 하여금 하스드루발의 머리를 성벽 너머 한니발의 진영 안으로 던지게 했다고 한다. 끔찍이 사랑했던 동생의 운명에 낙담한 한니발은 자신의 약화된 병력을 브루티움으로 철수시켰다. 리비우스는 "금년에 그와는 어떤 전투도 이루어지지 않았을 뿐 아니라 로마인들은 그를 불안하게 만들고 싶지도 않았다. 그래서 심지어 그의 대의가 도처에서 맥없이 무너져 내리는 동안에도 그의 지배력에 대한 평판은 대단히 좋았다."라고 말하고 있다.[29] 카르타고는 병사와 식량으로 가득한 100척의 배를 한니발에게 보냈지만, 강풍이 배를 사르디니아로 내몰았다. 그곳에서 로마 함대가 100척 가운에 80척을 격침하거나 나포했으며, 나머지 20척은 카르타고 본국으로 도망했다.

205년에 스페인에서 승리한 뒤 갓 도착한 젊은 스키피오는 집정관으로 선출되었고, 새로운 군대를 징집해서 아프리카로 항해했다. 너무 오랫동안 한니발에 대한 지원을 거부해 온 카르타고는 한니발에게 그들을 구하러 와 달라고 호소했다. 15년 동안의 수고와 고통이 허사로 돌아가고 그가 거둔 모든 승리가 무의미함과 도망으로 요약되는 것을 보게 되면서, 끊임없이 몰려드는 적들에 의해 이탈리아의 구석진 곳으로 내몰린 눈이 먼 전사의 기분을 상상할 수 있을까? 그의 병력 절반이 한니발과 함께 카르타고로 출항하는 것을 거부했다. 로마의 역사가들에 따르면 한니발은 그들 중 2만 명을 명령 불복종과 로마가 그들을 로마 군단에 포함시킬지도 모른다는 두려움 때문에 살해했다고 한다.[30] 36년간 떠나 있던 고국 땅을 밟자마자 한니발은 서둘러 새로운 군대를 편성하고, 카르타고에서 남쪽으로 50마일 떨어져 있는 자마에서 스키피오와 맞서기 위해 출정했다.(202년) 로마와 카르타고를 대표하는 두 지휘관, 즉 스키피오와 한니발은 예의를 갖추고 회담을 가졌지만 협상이 불가능하다는 것을 알게 되었고, 곧바로 전투에 돌입했다. 한니발은 생애 처음으로 패배했고, 대부분 용병이었던 카르타고군은 로마의 보병과 누미디아 왕 마시니사의 무모할 정도로 용감한 기병 앞에서 후퇴했다. 2만 명의 카르타고군이 전장에서 죽은 채로 방치되었다. 그때 이미 마흔다섯 살이었던 한니발은 젊음의 활력을 갖고 싸웠고, 직접 스키피오를 공격해 상처를 입혔으며, 마시니사를 공격했다. 그리고 지리멸렬한 병력을 몇 번이고 재편성했으며, 그들을 이끌고 필사적인 반격을 시도했다. 모든 희망이 사라졌을 때, 그는 로마군에 포획되지 않고 카르타고로 말을 몰았다. 그곳에서 그는 전투는 물론이고 전쟁에서도 패배했음을 알리고 로마에 간청해 강화 조약을 체결하도록 원로원에 조언했다. 스키피오는 관대했다. 그는 카르타고가 아프리카 제국을 유지하도록 허용했지만, 열 척의 삼단 노선을 제외하고 카르타고 전함 전체를 로마에 양도하도록 요구했다. 카르타고는 로마의 동의 없이는 아프리카를 벗어나서 또는 아프리카 안에서 전쟁을 할 수 없었다. 그리고 카르타고는 50년 동안 매년 로마에 200탈렌트(72만 달러)를 납부해야 했다. 한니발은 그러한 조건이 적정하다고 말하고 카르타고 정부에 받아들이도록 설득했다.

 2차 포에니 전쟁은 서부 지중해의 지형을 바꾸어 놓았다. 스페인과 스페인의 모든 부가 로마에 귀속되었고, 로마는 그리스 정복에 필요한 자금을 조달할 수 있게 되었다. 2차 포에니 전쟁으로 이탈리아는 의심할 여지없는 로마의 패권 아래 재통합되었고, 로마의 배와 상품이 들어갈 수 있게 모든 항로와 시장이 활짝 열렸다. 하지만 2차 포에니 전쟁은 고대의 전쟁을 통틀어 가장 값비싼 대가를 치른 전쟁이었다. 이탈리아의 농장 절반이 파괴되거나 손상을 입었고, 도시 400개가 파괴되었으며, 30만 명이 죽었다.[31] 남부 이탈리아는 2차 포에니 전쟁에서 오늘날까지 완전히 회복되지 못했다. 민회가 현명하게 장군들을 선출하거나 전쟁을 지휘할 수 없다는 것을 입증해 보임으로써 민주주의가 약화되었다. 2차 포에니 전쟁이 농업을 훼손시키고 교역에 도움이 되면서, 농촌에서 사람들을 데려와 전투의 폭력성과 군대의 난잡함을 가르치면서, 새로운 사치품과 제국주의적 팽창에 자금을 조달하기 위해 스페인의 귀금속을 가져오면서, 그리고 이탈리아가 스페인과 시칠리아, 그리고 아프리카에서 강탈해 온 밀을 주식으로 살아갈 수 있게 하면서 로마인의 생활과 도덕에 변화가 시작되었다. 2차 포에니 전쟁은 로마 역사의 거의 모든 국면에 대해 주목할 만한 중대 사건이었다.

 카르타고에게 2차 포에니 전쟁은 종말의 시작이었다. 교역의 대부분과 제국이 남아 있었더라면, 카르타고는 재건의 문제를 해결했을 것이다. 하지만 과두 정부가 너무 부패해서 매년 로마에 지불할 배상금을 조달하는 부담을 하층민들에게 떠안겼으며, 게다가 배상금의 일부를 횡령하기까지 했다. 민중당은 한니발이 은둔 생활을 그만두고 복귀해서 나라를 구해 줄 것을 요청했다. 196년에 그는 카르타고의 집정관으로 선출되었다. 그는 104인 법정의 재판관들이 1년 동안 재임해야 하며, 1년이 지난 후까지 두 번째 임기에 대한 자격을 가져서는 안 된다고 제안함으로써 과두주의자들을 경악케 했다. 원로원이 그 법안에 거부하자 한니발은 민회에 법안을 제출해서 통과시켰다. 이러한 법률과 이러한 절차를 통해 그는 단번에 로마의 민주주의에 필적할 정도의 민주주의를 확립했다. 한니발은 금품 수수를 처벌하고 저지했으며, 출처까지 추적했다. 그는 시민들에게 부과된 특별세를 경감했지만, 재정을 잘 관리한 결과 188년 무렵 카르타고는 로마에 지불할 배상금 전액을 갚을 수 있었다.

한니발을 제거하기 위해 카르타고의 과두주의자들은 비밀리에 한니발이 전쟁을 재개할 음모를 꾸미고 있다고 로마에 말했다. 스키피오는 경쟁자인 한니발을 보호하기 위해 모든 영향력을 발휘했지만, 반대에 직면했다. 로마 원로원은 한니발의 인도를 요구함으로써 부유한 카르타고 과두주의자들의 요구를 받아들였다. 늙은 전사 한니발은 야음을 틈타 도망했으며, 탑수스까지 150마일을 말을 타고 달렸다. 그리고 거기에서 안티오크로 가는 배를 탔다.(195년) 그는 안티오코스 3세가 로마와의 전쟁과 평화 사이에서 주저하고 있다는 사실을 알았다. 한니발은 전쟁을 권고했고 왕의 참모 중 한 명이 되었다. 로마군이 마그네시아에서 안티오코스를 무찔렀을 때(189년), 평화 협상의 조건으로 한니발을 인도할 것을 요구했다. 한니발은 먼저 크레타로, 그 다음에는 비티니아로 달아났다. 로마군은 그를 추적해서 그의 은신처를 병사들로 에워쌌다. 한니발은 사로잡히는 것보다는 죽음을 택했다. 그는 "로마인들은 나같이 보잘것없는 늙은이의 죽음조차 기다리지 못할 만큼 인내심이 없으니, 이제 그들이 그렇게 오랫동안 경험하던 두려움에서 벗어나게 해 주겠다."라고 말했다.[32] 한니발은 휴대하고 있던 독약을 마시고 죽었다. 기원전 184년, 그의 나이 67세였다. 몇 달 뒤 그의 정복자이자 숭배자 스키피오는 그의 뒤를 따라 평화를 추구했다.

CAESAR AND CHRIST

4장

금욕의 로마
기원전 508~202

이렇게 매력적인 로마인들은 도대체 어떤 유형의 사람들이었을까? 기질과 정책에서 로마인들로 하여금 그렇게 무자비할 정도의 강한 힘을 갖게 했던 제도들은 무엇이었을까? 가정과 학교, 종교와 도덕률은 어떠했을까? 로마인들은 필요로 하는 것을 토양에서 어떻게 얻었을까? 그리고 로마인들은 어떤 경제 조직과 기술로써, 성장해 가는 도시들과 도무지 휴식이라는 것을 몰랐던 군대에 장비를 갖추게 하는 데 필요한 부를 만들어 냈을까? 로마인들의 거리와 가게, 신전과 극장, 과학과 철학, 노년과 죽음은 어떠했을까? 로마 공화정 초기를 장면장면마다 마음속에 떠올리지 않는다면, 한 시기에는 금욕주의자인 카토를, 그보다 늦은 시기에는 쾌락주의자 네로를 배출했던, 그리고 마지막으로 로마 제국을 로마 교회로 바꾸었던 관습과 도덕과 사상의 거대한 혁명을 결코 이해하지 못할 것이다.

1. 가족

로마에서는 출생 자체가 모험이었다. 아이가 불구이거나 여자라면, 아버지는 관습적으로 아이를 버려서 죽게 내버려둘 수 있었다.[1] 그렇지 않은 경우의 아이는 환영받았다. 왜냐하면 비록 로마인들이 이 시기조차 어느 정도 산아 제한을 했다고 하더라도, 그들은 아들을 갖길 열망했다. 시골 생활은 아이들을 자산으로 만들었고, 여론은 무자식을 비난했으며, 그리고 종교는 로마인에게 만약 무덤을 돌보아 줄 아들이 없다면, 그의 영혼이 영원한 고통을 겪을 것이라고 설득하면서 다산을 장려했다. 태어나고 8일 뒤에 아이는 가정의 화로에서 엄숙한 의식을 통해 가족과 씨족의 공식 구성원으로 받아들여졌다. 씨족(gens)은 공동의 조상에서 유래하고, 그의 이름을 갖고, 신에 대한 공동 숭배로 결합된, 그리고 평시와 전시에 상호 부조로 결속된 자유민 태생의 가족 집단이었다. 남자 아이는 푸블리우스(Publius), 마르쿠스(Marcus), 가이우스(Gaius)와 같은 개개의 성(프라이노멘, praenomen)으로, 코르넬리우스(Cornelius), 툴리우스(Tullius), 율리우스(Julius)와 같은 씨족명(nomen), 그리고 스키피오(Scipio), 키케로(Cicero), 카이사르(Caesar)와 같은 이름(cognomen)으로 불렸다. 여성은 대부분 코르넬리아(Cornelia), 툴리아(Tullia), 클라우디아(Claudia), 율리아(Julia)와 같은 씨족명으로만 불렸다. 고전 시기 이래로 남성에게 쓰이는 성은 대략 열다섯 개에 불과했다. 그리고 여러 세대를 거쳐 동일한 가족에서 혼란스럽게 반복적으로 사용되었던 성이 보통 머리글자로 축소되었으며, 구별을 위해 네 번째(또는 심지어 다섯 번째) 이름이 추가되었다. 그래서 한니발의 정복자인 대(大)스키피오(P. Cornelius Scipio Africanus Maior)가 카르타고의 파괴자인 소(小)스키피오(P. Cornelius Scipio Aemilianus Africanus Minor)와 구별되었다.

아이는 스스로가 로마의 제도들 중 가장 기본적이고 특징적인 가부장제 가족에 흡수되었음을 알게 되었다. 아버지의 권한은 마치 가족이 항상 전쟁 중인 군대의 한 부대로 조직된 것처럼 거의 절대적이었다. 가족 중에서 아버지만이 초기 공화정의 법률에 앞서서 모든 권리를 가졌다. 아버지만이 재산을 매입하고, 보유하고, 매각하고, 계약을 맺을 수 있었다. 이 시기에는 아내의 지참금조차 그의 소유물이었다. 만약 아내가 범죄로 기소되면 그가 재판과 처벌을 위임받았다. 아버지는 아내가 부정한 짓을 하거나 포도주의 열쇠를 훔쳤을 경우에는 사형에 처할 수 있었다. 아버지는 자식들을 살리고, 죽이고, 그리고 노예로 팔 수 있었다. 아들이 얻은 모든 것은 법적으로 아버지의 재산이었다. 아들은 아버지의 동의 없이 결혼할 수 없었다. 아버지가 딸의 손을 잡고(cum manu) 결혼시키지 않았다면, 즉 딸의 남편의 손 또는 권한으로 넘겨주지 않았다면, 결혼한 딸은 아버지의 권한 속에 머물렀다. 노예들에 대해 아버지는 무제한의 권한을 행사했다. 노예들, 그리고 노예의 아내와 아이들은 그에게 만키피아(mancipia), 즉 문자 그대로 "엄하게 다루어진 자들"이었다. 나이와 신분이 무엇이든 그가 그들의 해방을 결심할 때까지, 즉 그들을 "손에서 벗어나게" 해 줄 때까지 그들은 그의 권한 속에 머물렀다. 이러한 가부장(paterfamilias)의 권한은 관습, 여론, 씨족 회의, 그리고 법무관의 법에 의해 어느 정도 저지되었다. 다른 경우라면 가부장권은 죽을 때까지 계속되었으며, 정신 이상 또는 심지어 그 자신의 선택에 의해서도 끝나지 않았다. 가부장권은 로마의 도덕과 통치의 근간인 가족의 통합을 굳건히 다지고, 로마인의 기질을 금욕의 힘으로 강화시켰던 규율을 확립하는 효과를 거두었다. 가부장권은 실제보다는 문자 그대로의 뜻에서 더 엄격했다. 가부장권 중에서 가장 극단적인 것은 거의 사용되지 않았으며, 나머지는 거의 남용되지 않았다. 가부장권은 부모와 아이들 사이에 마음속에서 우러나는 자연스러운 애정을 막지 못했다. 로마의 무덤 묘석에는 그리스나 현재의 묘석들만큼 애정이 담겨 있다.

남성의 더 큰 절박함이 여성에게 어떤 법률보다 더 강력한 매력을 제공하기 때문에, 로마에서 여성의 지위를 법적 무능력으로 판단해서는 안 된다. 여성은 증인 자격으로도 법정에 나타날 수 없었다. 과부가 된 여성은 남편의 재산에서 미망인의 상속 몫을 요구할 수 없었다. 남편이 원한다면, 아내에게 아무것도 남기지 않을 수 있었다. 죽을 때까지 여성은 남성, 즉 아버지, 오빠, 남편, 아들 또는 보호자의 후견 아래 있었다. 그들의 동의 없이 여성은 결혼하거나 재산을 처분할 수 없었다. 반면에 비록 10만 세스테르티우스(1만 5000달러)를 넘지 않았다고 하더라도, 여성은 상속할 수 있었고, 무제한 소유할 수 있었다. 초기 공화정이 후기 공화정으로 접어들면서 많은 경우에 여성들은 남편이 파산으로 인한 구속, 손해 배상 청구 소송, 상속세, 그리고 재판에서 유죄가 될 수 있는 끊이지 않는 다른 위험들을 모면하기 위해 그녀의 이름으로 재산을 돌려놓았으므로 부유해졌다. 여성은 종교에서 신관으로서 중요한 역할을 수행했다. 거의 모든 신관은 아내가 있어야 했고, 아내가 죽으면 신관직을 잃었다. 집안에서 여성은 여주인으로 존경받았다. 여성은 그리스의 아내처럼 여성이 주거하는 규방에 틀어박혀 있지는 않았다. 여성은 남편과 식사했지만, 남편이 비스듬히 누워 있는 동안 앉아 있었다. 여성은 최소한의 천한 일을 했다. 왜냐하면 거의 모든 시민이 노예를 소유했기 때문이다. 여성은 우아하게 실을 자았지만, 그녀의 주요 경제적 기능은 하인들을 감독하는 것이었다. 하지만 여성은 자녀들을 반드시 스스로 양육해야 했다. 자녀들은 깊은 애정과 존경으로 인내의 모성애에 보답했으며, 남편은 그의 법적 지배권이 아내에 대한 사랑을 좀처럼 흐리게 하지 않도록 했다.

아버지와 어머니, 그들의 집과 땅과 재산, 자녀, 결혼한 아들, 친손자, 며느리, 그리고 노예와 피호민 모두가 로마의 파밀리아(familia), 즉 하나의 가족이라기보다는 하나의 세대를 구성했다. 그리고 파밀리아는 혈족 집단이 아니라 소유되어 있는 사람들과 가장 먼 남성 조상에게 종속한 물건들의 집합이었다. 로마의 아이가 경건함과 복종으로 무적 국가의 강인한 시민으로 성장해 갔던 것은 그 자체로 가족, 교회, 학교, 산업, 그리고 정부의 기능을 포함한 파밀리아라는 소규모 사회 안에서였다.

2. 로마의 종교

1. 신

로마의 가족은 사람이 물건과 결합하는 것일 뿐 아니라 사람과 물건이 신과 결합한 것이기도 했다. 로마의 가족은 도덕, 경제, 그리고 국가뿐 아니라 종교의 중심이자 원천이었다. 가족의 재산과 생활의 모든 부분은 영적인 세계와 밀접한 관계를 맺고 있었다. 아이는 무언의 감동적인 선례를 통해 화로에서 꺼지지 않는 불이 베스타(Vesta) 여신의 표지이자 실체, 즉 가족의 생명과 연속성을 상징하는 신성한 불길이라는 것을 배웠다. 따라서 신성한 불길을 결코 꺼지게 해서는 안 되고, "신성하게" 잘 관리해야 하며, 끼니마다 약간의 음식을 제공해야 했다. 화로 위에서 아이는 가족의 신 또는 정령을 상징하는 작은 조각상들을 보았으며, 이들 조각상의 머리에는 꽃 장식이 얹어져 있었다. 여기에서 말하는 가족의 신 또는 정령은 가족의 경작지와 가옥, 재산과 운명을 지켜 주던 라르(Lar) 신과 창고, 찬장, 그리고 헛간에 있는 가족의 재산을 지켜 주던 집의 신 페나테스(Penates)였다. 문지방 위에서 눈에 보이지 않은 채 배회했지만 강력했던 신은 두 얼굴을 가진 야누스(Janus)였다. 야누스 신이 두 얼굴을 가진 이유는 속이기 위해서가 아니라 모든 문의 입구와 출구를 지켜보기 위해서였다. 야누스 신은 아이의 아버지가 피후견인이자 내부의 영, 즉 생식력의 화신이라는 것을 알았다. 내부의 영은 육체와 함께 사멸하지 않을 것이며 아버지의 무덤에서 영원히 영양분을 공급받아야 한다. 아이의 어머니 또한 신격을 가지고 있어서 아버지와 마찬가지로 신으로 간주되어야 했다. 아이의 어머니는 아버지가 아이를 생기게 하는 기운으로 영을 에워쌌던 것처럼 그녀 안에 아이를 낳을 수 있는 기운으로서 유노(Juno) 여신의 신격을 가졌다. 아이는 그의 수호천사이자 그의 영, 즉 죽을 운명의 외피 속에 있는 신의 알맹이로서 그의 영 또는 유노를 가졌다. 아이는 자신의 주위 도처에 경계를 게을리하지 않는 남자 선조들의 친절한 영혼이 있다는 것을 두려운 마음으로 들었다. 남자 선조들의 소름 끼치는 데스마스크가 집 안 벽에 매달려 있었다. 이렇게 매달린 데스마스크는 아이에게 조상의 행동 방식에서 벗어나지 말 것을 경고했으며, 가족이라는 잠깐 살았던 극소수의 개인들뿐 아니라 살아서 가족의 구성원이 되었거나 장차 구성원이 될, 따라서 영혼의 무리와 영원한 통합 속에서 가족의 일부를 구성하던 사람들을 생각나게 했다.

아이가 자라면서 다른 정령들이 그를 도와주었다. 즉 쿠바(Cuba)는 아이의 잠을 돌보았고, 아베오나(Abeona)는 아이 첫걸음의 길잡이 역할을 했으며, 파불리나(Fabulina)는 아이에게 말하는 방법을 가르쳤다. 집을 떠난 아이는 다시 한 번, 그리고 도처에서 자신이 신들 앞에 있다는 것을 알게 되었다. 땅 자체가 신이었다. 때로는 대지(大地)의 신인 텔루스(Tellus), 때로는 아이가 밟았던 땅과 그 땅의 신성한 생산력으로서의 마르스(Mars), 그리고 때로는 여성과 경작지에 풍요한 자궁을 가져다주던 착한 여신 데아(Dea)가 땅의 신이었다. 농장에는 모든 일이나 장소에 도움을 주는 신이 있었다. 과수원에는 포모나(Pomona), 가축에는 파우누스(Faunus), 방목에는 팔레스(Pales), 거름 더미에는 스테르쿨루스(Sterculus), 파종에는 사투르누스(Saturnus), 곡물에는 케레스(Ceres), 화덕에 굽는 곡물에는 포르낙스(Fornax), 그리고 불을 만드는 데에는 불카누스(Vulcanus)가 도움을 주었다. 농장의 경계를 표시하던 돌이나 나무에서 표현되고 숭배된 위대한 신 테르미누스(Terminus)는 경계를 관장했다. 다른 종교는 하늘을, 바라보는 대상으로 보았던 것 같지만 로마인은 하늘에도 신들이 있다고 인정했다. 하지만 로마인의 깊은 신심과 신의 비위 맞추기는 땅을 그의 삶의 원천과 어머니로, 그가 생명을 마치는 집으로, 그리고 싹이 트는 씨앗의 마법 같은 보호자로 의지했다. 매년 12월에는 로마의 가정의 신들(Lares)을 숭배하기 위해 즐거운 교차로의 축제, 즉 콤피탈리아(Compitalia)가 벌어졌다. 매년 1월에는 씨 뿌려진 모든 것에 대해 텔루스 신의 은혜로운 선물을 구했다. 매년 5월에는 아르발레스(대지의 여신을 섬기는 열두 명의 신관들 - 옮긴이)가 인접한 농장의 경계를 따라 노래 찬가를 행진했고, 돌을 화환으로 장식했으며, 돌에 희생 제물의 피를 뿌렸다. 그리고 마르스에게 풍요한 열매를 맺게 해 달라고 기도했다. 그렇게 종교는 재산을 신성하게 했고, 논쟁을 가라앉혔으며, 시와 연극으로 경작 일을 고상하게 했다. 그리고 신앙과 희망으로 육체와 정신을 강화했다.

그리스인처럼 로마인은 신이 인간의 형상을 갖는다고 생각하지 않았다. 로마인은 신을 단순히 정령이라고 불렀다. 때때로 정령은 건강, 젊음, 기억, 행운, 명예, 희망, 두려움, 미덕, 순결, 조화, 승리 또는 로마와 같은 추상 개념이었다. 원혼 또는 유령처럼 어떤 정령은 비위를 맞추기 힘든 질병의 정령이었다. 일부는 5월의 혼령인 마이아(Maia)처럼 계절의 정령이었다. 다른 일부는 넵투누스(Neptune) 같은 물의 신 또는 실바누스(Silvanus) 같은 숲의 정령 또는 나무에서 살았던 신이었다. 일부 정령은 신에게 제물로 바쳐진 말 또는 황소처럼 신성한 동물 속에, 아니면 카피톨리누스 언덕에서 해를 입지 않고 보호받은 신성한 거위 속에 살았다. 일부는 출산의 정령들이었다. 투투무스(Tutumus)는 임신을 관리했고, 루키나(Lucina)는 월경과 분만을 지켜 주었다. 프리아푸스(Priapus)는 머지않아 로마에서 살게 된 그리스의 다산의 신이었다. 즉 (만약 분노한 성 아우구스티누스의 말을 믿는다면) 처녀들과 기혼녀들이 확실한 임신을 보장받기 위해서 프리아푸스 조각상의 성기 위에 앉았다고 한다.[2] 프리아푸스의 수치스러운 조각상들이 많은 정원을 장식했다. 보통 사람들은 다산이나 행운을 위해 또는 "악의에 찬 눈초리"[3]를 피하기 위해 그의 작은 남근상을 걸쳤다. 하나의 종교가 그렇게 많은 신을 결코 가진 적이 없었다. 바로(Varro)는 신들의 숫자를 3만 명으로 계산했고, 페트로니우스는 이탈리아의 일부 도시에서 사람보다 신들의 숫자가 더 많았다고 불평했다. 하지만 로마인에게 데우스(deus)는 신뿐만 아니라 성인을 의미하기도 했다.

이러한 기본적인 개념들 밑에 정령 신앙(애니미즘), 물신 숭배, 토템 신앙, 마법, 기적, 주문, 미신, 그리고 금기에 대한 갖가지 형태를 가진 일단의 민간 신앙이 잠복해 있었다. 대부분의 민간 신앙은 선사 시대의 이탈리아 거주자들과 아마도 고대 아시아에서 발원한 것으로 보이는 인도·유럽어족의 조상들로 거슬러 올라간다. 많은 물건과 장소 또는 사람들은 신성했고, 그 때문에 금기시되었다. 예를 들어 신생아, 월경하는 여성, 형을 선고받은 죄수는 만지거나 모독해서는 안 되었다. 말로 나타낸 수백 개의 형식적인 문구나 기계적인 기묘한 고안물들이 초자연적 수단에 의해 자연적 목적을 달성하기 위해 사용되었다. 부적이 거의 널리 퍼져 있었다. 거의 모든 아이가 황금색의 부적인 불라(bulla)를 몸에 지녔고 목에 걸었다. 악령을 피하기 위해 작은 조각상들을 문이나 나무에 매달았다. 사고를 피하고, 질병을 치료하고, 비를 내리게 하고, 적군을 무찌르고, 적의 작물을 말라 죽이려고 부적이나 주문이 사용되었다. 플리니우스는 "우리 모두는 저주와 주문으로 꼼짝 못하게 될까 봐 두렵다."라고 말했다.[4] 호라티우스, 베르길리우스, 티불루스, 루키아노스에게서 마녀들이 등장한다. 사람들은 마녀들이 뱀을 먹고, 밤중에 하늘을 날아다니며, 비밀 약초로 독을 만들고, 아이들을 죽이며, 죽은 자들을 되살린다고 믿었다. 소수의 회의론자들을 제외하고는 기적과 전조를, 말하거나 땀 흘리는 조각상을,[5] 로마를 위해 싸우려고 올림포스에서 내려온 신들을, 행운의 홀수 날과 불운의 짝수 날을, 그리고 이상한 사건들에 의한 미래의 예측을 믿었던 것처럼 보인다. 리비우스의 역사는 철학적 진지함으로 보고된 전조들을 수백 가지 포함하고 있음에 틀림없다. 그리고 대(大)플리니우스의 책에는 전조와 마법의 치료가 대단히 많이 등장하므로, 그의 책을 『초(超)자연사』라고 불러도 무리가 아니다. 교역, 통치 또는 전쟁 같은 가장 중요한 일은 희생제에 바쳐진 산 제물의 비정상적인 내장 또는 하늘에서의 천둥소리 같은 부정적인 전조를 신관이 공표함으로써 연기하거나 끝낼 수 있었다.

국가는 이러한 도를 넘는 행위, 정확히 말하자면 미신을 저지하기 위해 할 수 있는 모든 일을 했다. 하지만 국가는 사회와 통치의 안정을 촉진하기 위해 사람들의 신심을 끈질기게 이용했다. 국가는 농촌의 신들을 도시 생활에 적응시켰고, 베스타 여신을 위해 국가의 화로를 지었으며, 로마 시(市)의 신성한 불을 다루도록 베스타 여신을 섬기는 일단의 신녀들을 임명했다. 로마는 가족, 농장, 그리고 촌락의 신들을 국가의 토착신들로 발전시켰고, 토착신들을 위해 모든 시민의 이름으로 엄숙하고 눈길을 끄는 제례를 마련했다.

이들 최초의 국가 신들 중에 비록 제우스처럼 아직까지 신들의 왕은 아니었다고 하지만 유피테르(Jupiter)가 가장 인기 있었다. 로마의 초기 몇 세기 동안 유피테르는 여전히 반쯤은 비인간적인 힘으로서, 하늘의 빛나는 천공, 해와 달의 빛, 한바탕 천둥 치는 소리 또는 유피테르 플루비우스처럼 대지를 기름지게 하는 소나기였다. 베르길리우스와 호라티우스조차 가끔 "유피테르"를 비 또는 하늘의 동의어로 사용하고 있다.[6] 가뭄 때 로마의 가장 부유한 여성들은 비를 간청하러 천둥의 신 유피테르(Jupiter Tonans) 신전까지 카피톨리누스 언덕 위를 맨발로 행진해 갔다. 아마도 그의 이름은 하늘의 아버지를 뜻하는 디우스파테르(Diuspater) 또는 디에스피테르(Diespiter)가 변형되었을 것이다. 짐작건대 최초에 유피테르와 함께 있었던 신은 원래는 디아누스(Dianus)인 야누스였을 것이다. 야누스는 처음에는 두 얼굴을 가진 시골집 문의 정령이었다가, 다음에는 도시 성문의 정령, 그 다음에는 하루 또는 한 해의 시작과 관련된 정령이 되었다. 야누스 신전의 입구는 야누스 신이 적의 신들을 무찌르기 위해 로마 군대와 나갈 수 있도록 전시에만 열려 있었다. 유피테르만큼 오래도록 사람들의 공경을 받았던 신은 마르스였다. 마르스 신은 처음에는 경작의 신이었고, 다음에는 전쟁의 신, 그리고 그 다음에는 거의 로마를 상징하는 신이 되었다. 이탈리아의 모든 부족은 마르스 신의 이름을 따서 한 달을 명명했다. 비슷하게 오래된 고대의 신은 새로 뿌려진 씨앗(sata)의 국가 신이었던 사투르누스였다. 전설에서는 그를 부족들을 하나의 법률에 포함시키고, 부족들에게 농업을 가르치고, 사투르누스 치세의 황금기에 평화와 공산제(共産制)를 확립한 선사 시대의 왕으로 묘사했다.

이들보다 영향력은 덜했지만 더 깊은 사랑을 받은 신은 로마의 여신들이었다. 유노(Juno)는 하늘의 여왕으로 여성, 결혼, 그리고 모성의 수호신이었다. 유노 여신의 달 6월은[7] 결혼하기에 가장 좋은 달로 권장되었다. 미네르바

(Minerva)는 지혜(mens) 또는 기억의 여신이자 수공예와 조합의 여신이었으며, 배우와 음악가와 서기들의 여신이었다. 완전 무장한 팔라스 미네르바(Pallas Minerva)의 조각상이었던 팔라디움(Palladium)에 로마의 안전을 의존했다고 한다. 팔라디움은 아이네이아스가 사랑과 전쟁을 통해 트로이에서 로마로 가져왔다고 한다. 베누스(Venus)는 욕망, 짝짓기, 그리고 다산의 여신이었다. 싹이 트는 달 4월은 베누스에게 헌정되었다. 루크레티우스와 오비디우스 같은 시인들은 모든 생명체에 대한 사랑의 기원을 베누스에게서 보았다. 디아나(Diana)는 달, 여성과 출산, 사냥, 숲과 숲에 사는 생물의 여신이었다. 그리고 라티움의 아리키아가 로마의 지배를 받게 되었을 때, 거기에서 가져왔던 나무의 정령이 디아나 여신이었다. 아리키아 근처에는 네미(Nemi)의 호수와 나무숲이 있었고, 그 나무숲에 디아나 여신의 화려한 신전이 있었다. 이 신전은 디아나 여신이 최초의 "숲의 왕"이었던 비르비우스(Virbius)와 한때 짝짓기를 했다고 믿었던 순례자들이 자주 드나드는 곳이었다. 디아나의 다산과 비옥한 토양을 위해, 모든 신관과 여자 사냥꾼의 남편인 비르비우스의 후계자들이 각자 차례로 강건한 노예들로 대체되었다. 이 노예들이 나무숲의 신성한 오크 나무에서 겨우살이의 잔가지(황금가지)를 부적으로 가져가서 왕을 공격해 죽였다. 이러한 관습은 서기 2세기까지 지속되었다.[8]

따라서 이들은 로마인이 공식적으로 숭배하는 주요 신들이었다. 인기가 덜하지는 않았지만 하급 국가 신들이 있었다. 매춘부를 위해 기꺼이 신전지기와 즐겁게 도박했던 환희와 포도주의 신 헤라클레스(Heracles),[9] 상인과 웅변가와 도둑의 수호신 메르쿠리우스(Mercury), 부의 여신 옵스(Ops), 전쟁의 여신 벨로나(Bellona), 그리고 셀 수 없을 만큼 더 많은 하급 국가 신들이 있었다. 로마의 지배가 확대되면서 새로운 신들이 로마에 도입되었다. 가끔 로마는 베이의 유노를 잡아온 것처럼, 패배한 도시의 신을 정복의 표시와 담보로 로마의 판테온에 끌어들였다. 반대로 지역 사회의 시민들을 로마로 이주시켰을 때, 로마에 새롭게 정착한 주민들의 정신적, 도덕적 뿌리들이 너무 갑작스럽게 끊어지지 않도록 그들의 신을 함께 데려왔다. 이는 마치 이민자들이 그들의 신을 오늘날 아메리카로 데려오는 것과 같다. 로마인들은 이들 외래 신의 존재에 의문을 품지 않았다. 대부분의 로마인들은 신의 조각상을 가지고 갔을 때, 신이 조각상과 함께 와야 한다고 생각했다. 많은 로마인들은 조각상이 신이라고 믿었다.[10]

하지만 새로운 신들 중 일부는 로마에 정복된 것이 아니라 로마를 정복하고 있었다. 처음에는 캄파니아에서, 다음에는 남부 이탈리아에서, 그 다음에는 시칠리아에서, 그리고 마지막으로는 그리스 본토에서 그리스 문명과의 상업적, 군사적, 문화적 접촉을 통해 일부 새로운 신들이 로마인의 숭배 대상이 되었다. 국가 종교의 신들에게는 냉혹하고 비인간적인 무엇인가가 있었다. 그들은 공물이나 산 제물로 매수될 수 있었지만, 위안이나 개인적인 영감을 좀처럼 줄 수 없었다. 그에 반해 그리스의 신들은 모험과 해학, 그리고 시로 가득한 인간적이고 친밀한 모습을 가졌던 것 같다. 로마 대중은 그들을 환영했고, 그들을 위해 신전을 세웠으며, 기꺼이 그들의 예식을 배웠다. 질서를 유지하고 로마 대중을 만족시키는 일에 공헌하도록 새로운 신들을 기꺼이 끌어들인 공식 신관들은 그리스 신들을 로마의 신족(神族)으로 받아들였으며, 로마의 토착신들 중에서 가장 유사한 신들과 동화시켰다. 기원전 496년이라는 오래전 시기에 데메테르(Demeter)와 디오니소스(Dionysus)가 로마에 들어와 케레스와 포도의 신 리베르(Liber)와 결합되었다. 12년 뒤에 카스토르(Castor)와 폴룩스(Pollux)가 받아들여져 로마의 수호자가 되었다. 431년에 전염병을 가라앉혀 달라는 바람으로 치유의 신 아폴로(Apollo)에게 신전이 건립되었다. 294년에는 그리스의 의술의 신 아스클레피오스(Aesculapius)가 거대한 뱀의 형상으로 에피다우로스에서 로마로 들어왔으며,[11] 테베레 강의 한 섬에 그를 기려 신전 병원이 건립되었다. 크로노스(Cronus)는 사투르누스와 본질상 동일한 것으로 받아들여졌고, 포세이돈(Poseidon)은 넵투누스와, 아르테미스(Artemis)는 디아나와, 헤파이스토스(Hephaestus)는 불카누스와, 헤라클레스는 헤르쿨레스(Hercules)와, 하데스(Hades)는 플루톤(Pluto)과, 헤르메스(Hermes)는 메르쿠리우스와 동일시되었다. 시인들의 도움으로 유피테르는 또 다른 제우스(Zeus)로 승격되었다. 그는 준엄한 증인이자 맹세의 수호자였고, 수염을 기른 도덕의 심판자였으며, 법의 후견인이었고, 신들 중의 신이었다. 그리고 서서히 교양 있는 로마인은 스토아주의, 유대교, 그리고 그리스도교의 일신교 교리들을 받아들일 준비가 되어 있었다.

2. 신관들

신들을 달래거나 도움을 끌어내기 위해 이탈리아는 수고를 아끼지 않는 신관을 고용했다. 가정에서는 아버지가 신관이었지만, 공적 제례는 신관들의 여러 조합(collegia)에서 실시되었다. 조합은 자체의 결원을 각자 보충했지만, 모든 조합은 켄투리아 민회에서 선출된 대제사장의 지휘를 받았다. 신성한 신관 조합의 회원이 되는 데는 특별한 훈련이 전혀 필요하지 않았다. 시민이라면 누구나 신관 조합에서 떠날 수 있었다. 신관 조합은 폐쇄적인 특권 계급을 형성하지 않았으며, 국가의 도구로서 말고는 정치적으로 무력했다. 신관 조합은 시중드는 노예들을 거느리면서 특정 국유지의 수입으로 유지되었다.

기원전 3세기에 주요 신관 조합에는 9명의 회원이 있었다. 그들은 역사 연대기를 작성했고, 법을 기록했으며, 전조를 받아들였고, 희생 제물을 바쳤다. 그리고 5년마다 열리는 정화 의식을 통해 로마를 정화했다. 공식 의식을 거행하는 동안 고위 신관들은 15명의 신관들(flamines, 희생 제물에 불을 붙이는 사람들)의 보좌를 받았다. 하위 신관단은 특별한 기능을 가졌다. 살리이(Salii), 즉 곡예사들은 신년마다 의식에 관한 춤을 추며 마르스 신에게 안내했고, 페티알레스(fetiales)는 조약과 전쟁 선포의 비준을 축성했다. 그리고 루페르키(Luperci), 즉 늑대의 형제단은 루페르칼리아(Lupercalia)라는 낯선 의식을 수행했다. 베스타 여신을 모시는 신녀들의 조합은 국가의 화로를 돌보았고, 매일 신성한 요정 에게리아(Egeria)의 샘에서 길어온 성수를 매일 국가의 화로에 뿌렸다. 흰 옷을 입고 흰 베일을 쓴 베스타 신전의 신녀들은 6~10세의 소녀들 중에서 선발되었다. 그들은 순결을 서약하고 30년 동안 베스타 여신의 시중을 들었다. 이에 대한 보답으로 수많은 공적 명예와 특권이 그들에게 주어졌다. 만약 신녀들 중 누군가가 성관계를 맺는 죄를 저질렀다면, 매질을 당하고 산 채로 매장되었다. 로마 역사가들은 그러한 처벌에 관한 12가지 사례를 기록하고 있다. 30년이 지난 뒤에 신녀들은 베스타 여신전을 떠나 결혼할 수 있었다. 하지만 그러한 기회를 잡거나 발견한 신녀는 거의 없었다.[12]

신관 조합들 중에서 초기에는 새들의 비행을 보면서,* 그리고 나중에는 희생 제물로 바쳐진 동물들의 내장을 조사하면서 신들의 의도나 의지를 연구하던 9명의 복점관(卜占官)으로 구성된 조합이 가장 영향력이 컸다. 정책, 통치 또는 전쟁 같은 모든 중요한 행위가 있기 전에 정무관들이 "전조를 받아들였고", 복점관들이나 전문적인 창자 점술가들이 그것을 해석했다. 창자 점술가들의 이러한 기술은 에트루리아를 통해 칼데아와 그 너머 지역으로 거슬러 올라갔다. 신관들은 가끔 금전적으로 설득되었으므로, 그들의 공표는 때때로 구매자의 필요에 맞추어졌다. 예를 들어 그날 더 일하기에는 전조가 좋지 않다고 말함으로써 불편한 법률이 제정되지 않게 할 수 있었다. 한편 민회는 "우호적인" 전조들에 설득되어 전쟁에 찬성표를 던질 수 있었다.[13] 중대한 위기에는 정부가 쿠마이에 있는 아폴로 신의 여신관인 시빌(Sibyl)의 신탁집을 참고해 신의 의도를 알아내겠다고 공언했다. 귀족들은 그러한 수단을 통해, 그리고 가끔 델포이 신탁소에 대표단을 파견해 목적이 무엇이든 전방위적으로 대중들에게 영향을 미칠 수 있었다.[14]

숭배 의식의 목적은 단지 신들의 도움을 얻거나 그들의 분노를 피하기 위해 선물 또는 희생 제물을 바치는 데 있었다. 신관들의 말에 따르면 의식이 효과를 거두기 위해서는 신관만이 해낼 수 있는 정확한 말과 행동이 수반되지 않으면 안 되었다고 한다. 만약 실수가 있었다면, 숭배 의식은 심지어 30번까지도 반복되어야 했다. 종

---

* 따라서 복점관(卜占官)을 뜻하는 'augurs', 즉 '새를 가지고 다니는 자(aves-gero)'와 전조(前兆)를 뜻하는 'auspices', 즉 '새에 대한 조사(aves-spicio)'라는 단어가 만들어졌다. 옛날 사람들은 실제로 새의 움직임을 통해 날씨 예측하는 방법을 배울 수 있었던 것 같다.

교는 경건하게 세심한 주의를 기울이며 의식을 수행하는 것을 의미했다.[15] 의식의 핵심은 희생제, 즉 문자 그대로 신의 소유인 물건을 신성하게 만드는 것이었다. 가정에서 신에게 바치는 제물은 보통 화로 위에 두거나 가정의 불 속으로 떨어뜨렸던 한 조각의 과자 또는 포도주였다. 촌락에서 바치는 제물은 맨 처음 수확한 작물이나 숫양, 개 또는 돼지였다. 대 축제일에는 말, 거세한 수퇘지, 양 또는 수소를 제물로 바쳤다. 그리고 최대의 축제일에는 대 축제일에서 제물로 바쳤던 동물들을 희생제에서 함께 도살했다. 희생 제물에게 바치는 신성한 상투적 문구들이 희생 제물을 신으로 변화시켰다. 이러한 의미에서 신 자신이 제물로 바쳐진 것이나 다름없었다.[16] 그리고 신관과 일반인이 나머지 부분을 먹는 동안, 내장만이 제단에서 태워졌으므로 신의 힘과 영광이 축제에 참석한 숭배자들에게 옮겨 갔다. 인간이 희생 제물로 바쳐지는 경우도 간혹 있었다. 이를 금지하는 법이 기원전 97년 후반에 통과되어야 했다는 것은 주목할 만하다. 이러한 대리 속죄에 대한 생각에 변화가 생기면서 데키우스 부자나 마르쿠스 쿠르티우스처럼 인간이 국가를 위해 자신의 목숨을 바칠 수 있었다. 쿠르티우스는 성난 지하의 신들을 달래기 위해 지진으로 광장에 생겨난 갈라진 틈 속으로 뛰어들었다. 그 뒤 갈라진 틈이 닫히고 모든 것이 다 잘되었다고 한다.[17]

더 흥미로운 것은 정화 의식이었다. 이것은 작물이나 양 떼, 군대 또는 도시에 해당되었던 것 같다. 정화되어야 할 대상 주위를 한 바퀴 돌아 행진하고 기도와 희생 제물을 바침으로써 사악한 세력들이 쫓겨났다. 게다가 불행이 사라졌다. 기도는 마법의 주문으로부터 진화되었지만, 아직도 불완전한 상태였다. 기도를 위한 말, 즉 카르멘(carmen)은 찬가뿐 아니라 주문을 의미하기도 했다. 그리고 플리니우스는 노골적으로 기도를 마법적인 말의 한 형태로 간주했다.[18] 만약 제문이 정확하게 낭송된다면, 그리고 신관들이 편찬하고 보관하던 신들의 분류된 명부에 따라 해당되는 신에게 낭송된다면, 간청이 틀림없이 받아들여졌을 것이다. 만약 간청이 받아들여지지 않았다면, 의식에 실수가 있었음에 틀림없다. 맹세를 하고 바치는 봉헌 제물(vota) 또한 마법에 가까웠다. 봉헌 제물로 사람들은 신들의 도움을 얻고자 했다. 때때로 거대한 신전들이 그러한 맹세를 이행하기 위해 세워졌다. 로마의 유적에서 발견된 대부분의 봉헌 제물들을 통해 대중들의 종교가 경건함과 감사의 마음으로 온화하고 애정이 담겨 있었고, 자연의 보이지 않는 힘들에 대해 친근감을 가졌으며, 그리고 그것들 모두와 조화를 이루고 싶어 하는 간절히 바라는 열망이었음을 짐작할 수 있다. 그에 반해서 국가 종교는 정부와 신들 사이의 일종의 법적, 계약적 관계로서 불편할 정도로 형식적이었다. 새로운 종교 의식들이 로마에 정복된 동방에서 유입되었을 때, 맨 먼저 쇠퇴한 것은 이러한 국가에서 인정한 공식 숭배였다. 반면에 시골의 생동감 넘치고 친밀한 신앙과 의식은 꾸준히, 그리고 완강하게 살아남았다. 승리를 거둔 그리스도교는 현명하게도 많은 신앙과 의식을 이어받았으며, 이러한 신앙과 의식은 새로운 형식과 표현으로 지금까지도 라틴 세계에서 이어지고 있다.

3. 축제

만약 국가가 인정한 공식 숭배가 침울하고 엄숙했다면, 공식 축제는 그것을 상쇄했으며, 더 밝은 분위기에서 인간과 신을 드러냈다. 한 해는 매달 첫날, 그리고 가끔 9번째와 15번째 날을 포함해 백 개가 넘는 축제일로 장식되었다. 일부 축제일은 망자 또는 명계의 신령들에게 헌정되었다. 이들 축제일은 고인을 달래고 분노를 쫓아내기 위한 "액막이용" 의식이었다. 5월 11~13일까지 로마의 가족들은 경외심으로 원혼들의 축제를 기념했다. 아버지는 입에서 검정콩을 내뱉으면서 "이 콩으로 나와 내 가족의 목숨을 구하겠다. 조상의 원혼들이여, 떠나십시오!"라고 외쳤다.[19] 2월의 파렌탈리아 축제와 페랄리아 축제는 비슷하게 겁 많은 고인을 달래려는 시도였다. 하지만 축제는 대부분 향연과 연회의 의식이었고, 종종 평민들 사이에서는 성적 해방의 의식이었다. 플라우투스 희곡의 한 등장인물은 그러한 날에는 "당신은 먹고 싶은 것을 먹을 수 있고, 가고 싶은 곳을 갈 수 있다. …… 만약 당신이 아내, 과부, 처녀, 그리고 자유분방한 사내아이들이 싫다면, 당신이 원하는 사람을 사랑하라."라고 말한다.[20]

2월 15일에는 늑대(lupercus)를 지키는 파우누스 신에게 헌정된 기묘한 루페르칼리아(Lupercalia) 축제가 열렸다. 염소와 양이 희생 제물로 바쳐졌다. 그리고 루페르키(luperci, 염소 가죽으로 만든 장식 띠만을 걸친 신관들)가 팔라티누스 언덕 주위를 달렸다. 그들은 악령을 쫓아 달라고 파우누스에게 기도했으며, 그들과 마주친 여성들을 정화시키고 아이를 많이 낳게 하려고 희생 제물로 바쳐진 짐승의 가죽 끈으로 때렸다. 그러고 나서 아마도 야만의 시절에 살아 있는 사람을 희생 제물로 요구했을 강의 신을 달래고 속이려고 짚으로 만든 작은 인형을 테베레 강에 던졌다. 3월 15일에는 빈민들이 오두막에서 나왔고, 초막절의 유대인처럼 마르스 평원에 천막을 세우고 다가오는 새해를 축하했다. 그리고 여신 안나 페렌나(Anna Perenna, 세월의 나이테)에게 그들이 단숨에 마셨던 포도주 잔만큼의 세월을 위해 기도했다.[21] 4월에는 유일하게 6번의 축제가 열렸으며, 플로랄리아(Floralia) 축제에서 절정에 이르렀다. 꽃과 봄의 여신 플로라(Flora)의 축제인 플로랄리아 때에는 술에 빠지고 문란한 환락이 6일 동안 계속되었다. 5월 첫째 날에는 착한 여신 데아의 축제가 열렸다. 5월 9일, 11일, 13일에는 포도의 남신과 여신인 리베르(Liber)와 리베라(Libera)를 축하하는 리베랄리아(Liberalia) 축제가 열렸다. 다산의 상징 팔로스(Phallus)는 방탕한 무리의 남성과 여성에 의해 숨김없이 숭배되었다.[22] 5월 마지막 날에는 대지의 여신을 섬기는 열두 신관들인 아르발레스가 사람들을 엄숙하지만 기쁨에 넘치는 암바르발리아(Ambarvalia) 축제로 인도했다. 농작물을 안전하게 수확한 뒤인 가을 달에는 신들을 위한 축제가 열리지 않았지만, 12월에 다시 축제가 많아졌다. 사투르날리아(Saturnalia) 축제는 12월 17~23일 열렸다. 이때는 다음 해를 위한 씨앗의 파종을 축하하며, 계급이 없고 행복한 사투르누스의 통치를 기념하고, 선물을 주고받고, 많은 자유가 허용되었다. 그리고 노예와 자유민 사이의 구별이 잠시 폐지되거나 뒤바뀌기도 했다. 노예가 주인과 같이 앉아 주인에게 명령을 내리고 야단칠 수 있었다. 그리고 주인이 노예 시중을 들었고, 모든 노예가 배를 채울 때까지 주인은 먹지 못했다.[23]

이러한 축제들은 농촌에서 유래되었지만, 도시에서 변함없이 인기를 누렸고 신앙의 변화에도 불구하고 서기 4세기와 5세기까지 살아남았다. 축제의 숫자가 너무 많은 혼란을 초래했으므로, 로마 달력의 주요한 목적 중 하나는 대중들을 안내하기 위해 축제 목록을 만드는 것이었다. 이탈리아의 초기 관습에서는 최고 신관이 매달 첫날 시민들을 소집해서 다음 30일 동안 열릴 축제에 이름을 붙였다. 이러한 소집(calatio)은 각각의 달 첫날에 이름을 붙였다(calendae). 어느 정도 오늘날의 가톨릭교도 또는 정통 유대교도에게처럼 로마인에게 달력이란 종교적, 법률적, 역사적, 천문학적 정보에서 발췌한 내용이 들어가 있는 신관의 휴일과 평일 목록을 의미했다. 전승에 의하면 카이사르까지 로마인의 연대기와 생활을 지배하던 달력은 누마 왕의 업적으로 일컬어지고 있다. 달력은 1년을 음력 12개월로 나누었으며, 복잡한 윤달 삽입으로 매년 평균 일수가 366일이 되었다. 늘어나는 초과 일수를 수정하기 위해서 고위 신관들에게 윤달 삽입을 수정할 수 있는 권한이 부여되었다. 하지만 그들은 이러한 권한을 그들의 마음에 들거나 들지 않는 행정관의 임기를 늘리거나 줄이는 데 사용했다. 그래서 공화정 말 무렵에 세 달이 틀린 달력은 엄청난 혼란과 교묘한 속임수를 야기했다.

초기에는 시간이 단지 하늘에 있는 해의 높이에 따라 측정되었다. 기원전 263년에 시칠리아의 카타나에서 해시계를 도입해 광장에 설치했다. 하지만 카타나는 로마에서 4도 남쪽에 위치해 있었으므로, 해시계의 눈금판을 믿을 수 없었고, 한 세기 동안 신관들은 필요한 수정을 할 수 없었다. 기원전 158년에 스키피오 나시카가 널리 알려진 물시계를 설치했다. 한 달은 'kalends(초하루)', 'nones(5일 또는 7일)', 그리고 'ides(13일 또는 15일)'의 세 시기로 구분되었다. 그리고 날은 이러한 구분선 앞의 거리에 따라 어색하게 이름이 붙여졌다. 따라서 3월 12일은 "3월의 'ides'에 4일 앞서 있는 날"이었다. 경제적으로 여유 있는 주는 'nundinae', 즉 매 9일로 설정되었다. 그때 촌락민들이 도시의 시장에 왔다. 1년은 봄과 함께 시작되었고, 첫 달 마르티우스(Martius, 3월)는 파종의 신

이름을 간직했다. 그리고 싹이 트는 아프릴리스(Aprilis, 4월), 마이아(Maia)의 달이자 아마도 번식하는 달인 마이우스(Maius, 5월), 유노의 달이자 아마도 번창하는 달인 이우니우스(Iunius, 6월)가 뒤를 이었다. 그리고 계속해서 한 해의 숫자 순서에 따라 퀸크틸리스(Quinctilis, 7월), 섹스틸리스(Sextilis, 8월), 세프템브리스(Septembris, 9월), 오드토베르(Odtober, 10월), 네벰베르(Nebember, 11월), 그리고 데켐베르(December, 12월)가 뒤를 이었다. 그 다음에 야누스를 위한 야누아리우스(Januarius, 1월)와 페브루아(februa), 즉 사람들이 정화될 수 있는 마법의 부적을 위한 페브루아리우스(Februarius, 2월)이 이어졌다. 1년은 실제로 처음과 끝이 없다는 것을 말하듯이 반지를 의미하는 안누스(annus)로 불렸다.

4. 종교와 성격

이러한 종교가 로마인의 도덕에 도움을 주었는가? 어떤 점에서는 종교가 부도덕했다. 다시 말해서 종교가 의식을 강조했다는 것은 신들이 관용이 아닌 선물과 해결책으로 보답했다는 것을 암시했다. 게다가 기도는 거의 항상 물질적 재화 또는 전쟁의 승리를 위한 것이었다. 종교 의식은 인간과 나라의 삶에 극적 효과를 가져다주었지만, 그것이 전체에 대한 부분의 헌신이 아닌 마치 종교의 실제 본질인 듯이 의식의 숫자가 늘어 갔다. 약간의 예외는 있지만 신들은 도덕성이나 고귀함과는 거리가 먼 무시무시한 신령들이었다.

그럼에도 불구하고 옛날 종교는 개인과 가족, 국가의 도덕과 질서, 그리고 힘에 기여했다. 아이가 의심하는 것을 배우기 전에, 신앙은 규율과 의무와 예의 범절을 통해 아이의 성격을 만들어 나갔다. 종교는 가족에게 신의 허가와 지지를 제공했다. 즉 종교는 부모와 자식에게 결코 뛰어넘을 수 없는 상호 존중과 경애를 가르쳤고, 출생과 죽음에 성사의 의미와 가치를 부여했으며, 혼인 서약에 배우자에 대한 정절을 권장했다. 그리고 종교는 원혼의 평안에 없어서는 안 될 혈통을 만드는 것으로 다산을 장려했다. 매번 전투가 있기 전에 공들여서 거행된 의식들을 통해 종교는 병사의 사기를 높였으며, 초자연적인 힘이 그의 편에서 싸우고 있다는 것을 믿게 만들었다. 종교는 법에 신성한 기원과 종교적 형식을 부여함으로써, 범죄를 신의 질서와 평화를 깨뜨리는 행위로 규정함으로써, 그리고 유피테르의 권능을 모든 법률 선서의 뒤에 놓음으로써 법을 강화했다. 종교는 공적 생활의 모든 국면에 경건한 엄숙함을 부여했고, 모든 통치 행위를 의식과 기도로 시작했다. 그리고 국가를 신과 친밀하게 결합시킴으로써 경애와 애국심이 하나가 되었으며, 나라에 대한 사랑이 역사상 어떤 사회에서보다 더 강한 열정으로 나타났다. 종교는 로마의 세계 지배 비결이었던 쇠처럼 강인한 성격을 형성하는 명예와 책임감을 가족과 나누어 가졌다.

3. 도덕

가족 안에서, 그리고 신들 사이에서 살아가면서 어떤 종류의 도덕이 나타났는가? 엔니우스에서부터 에우베날리스에 이르기까지 로마 문학은 예전 세대를 이상화했으며, 옛날의 소박함과 미덕이 사라지는 것을 안타까워했다. 이 책에서는 또한 파비우스의 금욕주의의 로마와 네로의 쾌락주의의 로마 사이를 대조할 것이다. 하지만 편견에 치우친 증거의 선택으로 그러한 대조가 과장되어서는 안 된다. 파비우스 시절에도 쾌락주의가 있었으며, 네로 시절에도 금욕주의자가 있었다.

로마 역사의 처음부터 끝까지 평민의 성도덕은 근본적으로 변함이 없었다. 즉 천박하고 자유분방했지만 성공적인 가족생활과 상반되지는 않았다. 모든 자유로운 수업에서 젊은 여성에게 순결이 요구되었고, 순결을 찬미하는 감동적인 이야기들이 넘쳐 났다. 왜냐하면 로마인은 소유 관념이 강했으며, 경쟁자의 혈통에게 자신의 재산이 넘어가지 않도록 지키기 위해서는 한눈팔지 않고 자신만을 바라보는 아내를 원했기 때문이다. 하지만 그리스에서처럼 로마에서 남성들의 결혼 전 부정은 로마가 남성의 위선적 행동을 관대하게 존중해 주었다면 비난받지 않았다. 대(大)카토에서 키케로까지[24] 남성의 결혼 전 부정이 분명하게 옹호되고 있었음을 알 수 있다. 문명과 더불어 증가하는 것은 의도의 부도덕함이라기보다는 표현의 기회이다. 로마 초기에 매춘부들의 수는 많지 않았다. 그들은 훌륭한 아내를 나타내 주는 부인복을 입을 수 없었고, 로마와 로마 사회의 어두운 구석진 곳에 갇혀 있었다. 아직까지 로마에서는 아테네의 고급 매춘부(hetairai)처럼 교양을 갖춘 매춘부는 물론이고 오비디우스 시(詩)의 모델이 되었던 우아한 매춘부 또한 전혀 없었다.

남성은 일찍, 대체로 20살 무렵에 결혼했다. 결혼은 낭만적인 사랑에 의해서가 아니라 배우자와 훌륭한 자식, 그리고 건강한 성생활을 갖는다는 건전한 목적을 통해 이루어졌다. 로마의 결혼식에 대한 세간의 평에 따르면 결혼은 자식을 갖기 위해서였다. 농장에서 자식은 아내처럼 생물학적 장난감이 아닌 경제적 자산이었다. 결혼은 흔히 부모에 의해 준비되었고, 어렸을 때 부부가 되기 위한 약속이 이루어지는 경우도 간혹 있었다. 어떠한 경우이든 양가 아버지의 동의가 필요했다. 약혼은 공식적인 법적 결합이었다. 친척들이 약혼을 증언하기 위해 축하연에 모였다. 그리고 약혼 당사자들은 약속의 증표로 지푸라기 하나를 끊었다. 약혼에 관한 계약 조건, 특히 지참금에 관한 조항들이 문서로 남겨졌다. 그리고 남성이 여성의 왼손 네 번째 손가락에 철 반지를 끼워 주었다. 왜냐하면 심장으로 이어지는 신경이 네 번째 손가락을 지나간다고 믿었기 때문이다.[25] 합법적 결혼에 대한 최소 연령은 여자가 12살, 남자는 14살이었다. 초기 로마법은 결혼의 의무를 규정했다.[26] 하지만 이 법은 감찰관인 카밀루스가 독신남에게 세금을 부과한 기원전 413년에 사문화되었음에 틀림없다.

결혼은 신부와 신부의 재산을 남편 또는 시아버지의 권한으로 넘기는 결혼 아니면 넘기지 않는 결혼이 있었다. 신부와 신부의 재산을 넘기지 않는 결혼은 종교 의식을 생략한 채, 신부와 신랑의 동의만 요구되었다. 신부와 신부의 재산을 넘기는 결혼은 1년의 동거 또는 구매에 의한 혼인 또는 문자 그대로 함께 케이크를 먹는다는 의미의 콘파레아티오(confarreatio)에 의한 결혼이었다. 이러한 결혼은 종교 의식이 요구되었으며, 귀족들의 결혼에 국한되었다. 사실상의 구매에 의한 결혼은 일찍이 사라지거나 파기되었다. 실제로 신부의 지참금으로 신랑을 사는 경우가 자주 있었다. 지참금은 대체로 남편의 처분에 맡겨졌지만, 이혼 또는 남편의 사망 때에는 지참금에 상당하는 것을 아내에게 되돌려주어야 했다. 결혼식은 민속 의식과 노래로 화려하게 진행되었다. 양가 가족이 신부 집에서 잔치를 벌였다. 그러고 나서 그들은 화려하고 떠들썩한 행렬로 신랑의 아버지 집으로 행진해 갔다. 피리 소리와 결혼 축가, 그리고 자유분방하고 익살맞은 농담이 뒤를 따랐다. 화환으로 장식된 문에서 신랑이 신부에게 "당신은 누구세요?"라고 물으면 신부는 헌신, 평등, 그리고 화합의 상투적인 말로 "당신 가이우스(신랑)가 있는 곳에, 나 가이아(신부)가 있습니다."라고 대답했다. 신랑은 신부를 문지방 위로 들어 올린 뒤, 집 열쇠를 건네주었다. 그리고 둘이 공동의 유대 관계로 맺어졌음을 나타내기 위해 신랑과 신부가 목을 멍에 밑으로 통과시키는 의식을 치렀다. 그래서 결혼은 멍에로 한데 연결한다는 의미인 코니우기움(coniugium)으로 불렸다. 새로운 가족의 일원이 되었음을 나타내는 표시로 신부는 다른 사람들과 함께 가족 신들에 대한 숭배 의식에 참여했다.

콘파레아티오에 의한 결혼에서 이혼은 어렵고 드문 현상이었다. 신부와 신부의 재산을 남편 또는 시아버지의 권한으로 넘기는 결혼은 남편에 의해서만 취소될 수 있었다. 반면에 신부와 신부의 재산을 남편 또는 시아버지의 권한으로 넘기지 않는 결혼에서는 이혼이 국가의 동의를 구할 필요 없이 어느 한쪽 당사자의 뜻대로 자유롭게 이루어졌다. 로마 역사에서 최초로 기록된 이혼은 기원전 268년으로 거슬러 올라간다. 한 의심스러운 전승은 로마 시(市)의 건립 이래로 이혼이 이전에 한 번도 발생하지 않았다고 주장했다.[27] 씨족 관습에 따르면 남편은 부정을 저지르거나 아이가 없는 아내와 이혼해야 했다. 연로한 카토는 "만약 당신이 아내의 간통 행위를 목격한다면, 법에 따라 재판 없이 아내를 죽일 수 있습니다. 만약 아내가 우연히 당신의 간통 현장을 덮친다면, 아내는 손가락 끝으로도 당신을 만져서는 안 됩니다. 아내의 간통은 법으로 금지되어 있습니다."라고 말했다.[28] 이러한 차별에도 불구하고 행복한 결혼의 실례는 분명히 많이 있었다. 묘비는 사후의 애정으로 넘쳐 난다. 다음 비문은 두 명의 남편을 잘 섬긴 한 여성에게 감동적인 찬사를 아끼지 않는다.

스타틸리아여, 당신은 형언하기 어려울 만큼 아름다웠고, 당신 남편들에게 충실했습니다! …… 운명을 거역할 수 있었다면, 먼저 왔던 그 사람이 당신에게 이 비석을 세워 주었겠죠. 아아, 슬픕니다! 16년 동안 당신의 순수한 사랑으로 축복받았지만, 나는 이제 당신을 잃고 말았습니다.[29]

로마 초기의 젊은 여성들은 아마도 노련한 카툴루스가 "솜털처럼 매끄러운 작은 옆구리와 부드러운 작은 손"[30]을 가지고 있다고 생각했던 후기의 여성들만큼 그다지 예쁘지는 않았던 것 같다. 아마도 전원 시절의 고된 노동과 근심이 곧 이러한 청춘의 사랑스러움을 압도해 버렸던 것 같다. 여성의 얼굴 생김새가 고전적으로 정형화되면서 코는 작고 가늘며, 머리카락과 눈은 대체로 다갈색이었다. 금발을 만들었던 게르만족의 염색약이 귀했으므로, 금발을 찾아보기란 힘들었다. 로마의 남성에 대해 말하자면 잘생겼다기보다는 강한 인상을 주었다. 엄한 교육과 몇 년간의 군 생활로 남성의 얼굴은 단단했다. 하지만 나중에 방탕한 생활이 남성의 얼굴을 축 늘어질 정도로 부드럽게 만들었다. 클레오파트라는 검붉은 색의 부은 볼과는 다른 무엇 때문에 안토니우스를 사랑했고, 대머리와 매부리코와는 다른 어떤 매력 때문에 카이사르를 사랑했음에 틀림없다. 로마인의 코는 날카롭고 교활한 로마인의 성격과 유사했다. 이발사가 로마에서 영업에 힘쓰기 시작하던 대략 기원전 300년까지 수염과 긴 머리카락은 일반적이었다. 의복은 본래 그리스인의 그것과 유사했다. 사내아이들, 여자아이들, 정무관, 그리고 고위 신관들은 자줏빛 술 장식이 있는 길고 헐거운 겉옷(toga praetexta)을 입었다. 16살이 되는 순간 청년들은 민회에서의 투표권과 병역의 의무를 상징하는 흰색 토가(toga virilis, 흰색 성인복)로 바꿔 입었다. 여성들은 집 안에서 가슴 아래를 띠로 묶고 발까지 닿는 스톨라(stola)를 입었다. 집 밖에서 여성들은 스톨라 위에 망토(palla)를 걸쳤다. 집 안에서 남성들은 간단하게 튜니카(tunica)라는 내의를 입었고, 집 밖에서는 토가, 그리고 가끔 망토를 튜니카 위에 걸쳐 입었다. 토가('가리다'라는 의미의 동사 'tegere'에서 파생된 명사)는 입는 사람의 키에 비해 두 배의 넓이와 세 배의 길이로 이음매 없이 양털로 만든 옷이었다. 토가는 몸 주위를 빙 둘러쌌으며, 남은 부분은 왼쪽 어깨에서 뒤로 늘어뜨린 다음 오른팔 밑으로 돌린 후, 다시 왼쪽 어깨로 되돌려 걸쳤다. 가슴 부분의 주름들은 주머니로 사용되었으며, 오른팔은 여전히 자유롭게 쓸 수 있었다.

로마 남성은 먼저 대중, 다음에는 이탈리아 반도, 그리고 그 다음에는 제국을 지배한 귀족 계급에게 불편하지만 꼭 필요했던 엄격한 위엄을 연마했다. 감상과 다정함은 사생활에 속했다. 대중 앞에서 상층 계급은 그의 지위만큼 엄격해야 했으며, 엄숙한 평정의 가면 뒤에 플라우투스의 희극을 보거나 키케로의 연설을 듣고서도 크게 소리치는 격정적인 성질과 유머를 감추고 있었다. 사생활에서조차 이 시기의 로마인은 스파르타식으로 살도록 기대되었다. 감찰관은 의복과 식탁의 사치를 비난했다. 1차 포에니 전쟁 때 로마에서 돌아온 카르타고 사절들은 그들이 초대받았던 집집마다 어떻게 똑같은 은 접시 세트가 등장했는지 말함으로써 부유한 상인들을 즐겁게 했다. 몰래 차례차례 돌려 사용하면 전체 귀족들에게는 한 세트의 접시로 충분했다. 그 시기에 원로원 의원들은 의사당에서 딱딱한 나무 의자에 앉았으며, 겨울에도 결코 난방을 하지 않았다.

그럼에도 불구하고 1, 2차 포에니 전쟁 사이에 부와 사치가 꽤 많이 나타났다. 한니발은 칸나이 전투에서 살해된 로마인들의 손가락에서 엄청난 양의 금반지를 모았다.[31] 그리고 사치 단속법들이 되풀이해서 화려하게 장식한 보석, 지나치게 화려한 옷, 그리고 값비싼 식사를 금지했다. 사치 단속법이 반복해서 제정되었다는 것은 소용이 없었다는 것을 말해 준다. 기원전 3세기에 보통 로마인의 식단은 여전히 소박했다. 즉 아침 식사(ientaculum)로는 꿀이나 올리브 또는 치즈와 함께 빵, 그리고 점심 식사(prandium)와 저녁 식사(cena)로는 곡물과 채소와 과일이 준비되었다. 부자들만이 생선이나 고기를 먹었다.[32] 대체로 물을 타서 희석시킨 포도주가 거의 식사 때마다 등장했다. 희석되지 않은 포도주를 마시는 것은 폭음으로 여겨졌다. 축제와 연회는 이러한 금욕의 나이에 필요한 기분 전환이었다. 이들 축제와 연회랑 친해질 수 없었던 사람들은 긴장을 풀기가 힘들었다. 그들이 후손에게 남긴 흉상을 살펴보면 긴장으로 인해 피곤에 지친 모습을 볼 수 있다.

이렇듯 소박한 생활에서 자선을 행할 수 있는 여유는 전혀 없었다. 숙박 시설이 부족하고 멀리 떨어져 있었던 때에는 접대가 상호간의 편의 때문에 존속했다. 하지만 폴리비오스는 "로마에서는 도움을 줄 수 있는데도 누군가에게 도움을 주려는 사람이 아무도 없다."라고 말하고 있다.[33] 물론 이것은 분명히 과장된 표현이다. 젊은이는 노인을 공경했지만, 대체로 공화정이 멸망해 가면서 비로소 삶의 예의와 공손함이 나타났다. 전쟁과 정복이 도덕과 예절을 형성했고, 사람들을 자주 거칠고, 그리고 대체로 냉혹하게 만들었다. 로마인들은 양심의 가책 없이 죽이고 불평 없이 죽을 각오가 되어 있었다. 전쟁 포로는 왕이나 장군이 아니라면 수천 명씩 노예로 팔려 나갔다. 왕이나 장군은 대체로 승자의 개선식 때 학살되거나 서서히 굶어 죽게 했다. 비즈니스 세계에서는 이러한 기질들이 공정한 측면을 띠었다. 로마인들은 돈을 좋아했지만, 기원전 160년 무렵에 폴리비오스는 그들을 근면하고 존경할 만한 사람들로 묘사하고 있다. 그리스인이었던 폴리비오스에 따르면 아무리 많은 점원들이 감시하더라도 한 사람의 그리스인이 횡령하는 것을 막을 수 없지만, 로마인들은 단지 드물게 발생하는 확인된 사기 소송 사건에 거액의 공금을 썼다고 한다.[34] 하지만 선거에서 부정행위를 막기 위한 법률이 기원전 432년에 통과되었다는 사실에 주목해야 한다. 로마 역사가들은 공화정 최초 300년 동안 정치적 청렴성이 절정에 이르렀다고 말한다. 하지만 다음 몇 가지 사례를 통해 그들의 말에 진정성이 결여되었음을 알 수 있다. 그들은 21개의 정무관직을 거친 뒤에 예전처럼 가난하게 자신의 경작지로 되돌아간 발레리우스 코르부스, 적에게서 빼앗은 약탈품을 전혀 갖지 않은 쿠리우스 데나투스, 그리고 이집트 주재 대사에게서 받은 값비싼 선물들을 국가에 양도했던 파비우스 픽토르와 그의 동료들을 찬미했다. 친구들은 서로에게 이자를 받지 않고 상당한 액수를 빌려 주었다. 로마 정부는 다른 국가들을 다루면서 자주 배신을 저질렀으며, 아마도 외교 관계에서 로마 제국은 공화정보다 더 존경받을 만했다. 하지만 원로원은 피로스의 독살을 못 본 체하지 않았으며, 그에게 독살 음모를 알려 주었다. 칸나이 전투 이후 한니발이 8000명의 다른 로마인 포로들의 몸값 협상을 위해 10명의 포로를 로마에 보내고 그들에게서 돌아오겠다는 약속을 받아 냈을 때, 한 명을 제외하고 모두 약속을 지켰다. 원로원은 약속을 어긴 10번째 포로를 붙잡아서 쇠사슬에 묶어 한니발에게 인도했다. 폴리비오스는 "승리했을 때의 한니발의 기쁨은 로마인들이 꿋꿋하고 기개가 있다는 것을 알았을 때의 낙담만큼 그렇게 크지 않았다."라고 말한다.[35]

요컨대 이 시기의 전형적인 교양 있는 로마인은 규율 바르고, 보수적이고, 성실하고, 진지하고, 공손하고, 강인하고, 엄격하고, 실용적이었다. 로마인은 규율을 즐겼고, 자유에 대해 반항적인 태도를 갖지 않으려 했다. 로마인은 명령을 훈련의 한 부분으로 생각하고 복종했다. 로마인은 정부가 자신의 소득뿐 아니라 품행을 조사하고, 전적으로 국가에 대한 공헌에 따라 자신을 평가할 권리를 가졌다는 것을 당연시했다. 로마인은 개성과 천부의 재능을 믿지 않았다. 로마인은 고전기 그리스인의 매력과 활력, 그리고 변화무쌍한 능수능란함을 물려받은 데가 전혀 없었다. 그리스인이 자유와 지성을 찬미했던 것처럼, 로마인은 성격과 의지를 찬미했다. 게다가 로마인의 강점은 조직이었다. 로마인은 자신의 신화를 만드는 것조차도 상상력이 부족했다. 로마인은 약간 노력해서 아름다움을 사랑할 수 있었지만, 좀처럼 창조할 수는 없었다. 로마인은 순수 과학을 싫어했으며, 철학이 사악하게도 고대 신앙과 풍습을 해체시킨다고 의심했다. 로마인은 도저히 플라톤 또는 아르키메데스 또는 그리스도를 이해할 수 없었다. 로마인은 세계를 통치할 수 있을 뿐이었다.

4. 문학

로마인은 가족, 종교, 도덕률뿐 아니라 정도는 덜하지만 학교, 언어, 그리고 문학에 의해서도 형성되었다. 플루타르코스는 로마 최초의 학교를 기원전 250년 무렵으로 추정한다.[36] 하지만 아마도 이야기를 꾸며서 말하는 것으로 보이는 리비우스는 법률 제정 10대관의 욕망을 품은 비르기니아가 기원전 450년 초에 "광장에 있는 문법 학교에 다니고 있다."라고 말한다.[37] 성문법에 대한 요구와 12표법의 공표는 그 무렵에 대다수의 시민들이 읽을 수 있었음을 시사한다.

교사는 노예나 해방노예로, 보통 자식들을 가르치기 위해 여러 가족들에 의해 고용되거나 자신의 개인 학교를 세워 찾아오는 학생은 누구든지 받아들였다. 교사는 독서, 작문, 문법, 산수, 역사, 그리고 복종을 가르쳤다. 도덕 교육은 기본이 되는 교육으로 중단 없이 계속되었다. 제자와 규율은 거의 동일한 단어였다. 12표법을 암기함으로써 기억력과 성격이 똑같이 단련되었다. 하이네(Heine)의 말처럼 "만약 로마인들이 처음에 라틴어를 배워야 했다면, 그들에게는 정복하기 위한 시간이 그다지 많이 남지 않았을 것이다."[38] 하지만 로마인들 또한 라틴어의 불규칙 동사들을 활용시켜야 했으며, 게다가 곧 그리스어에 애를 먹었다. 사내아이는 시와 산문을 통해 자신의 조국이 이루어 낸 위업과 영웅들에 정통하게 되었으며, 결코 발생하지 않았던 교훈적인 에피소드를 통해 전달되는 애국적인 수업을 받았다. 운동 경기에 대해서는 전혀 관심을 갖지 않았다. 로마인들은 체육관에서 이루어지는 시합보다는 들판이나 군대에서의 유익한 노동을 통해 신체를 훈련하고 단련하는 것이 더 낫다고 생각했다.

로마인들처럼 로마의 언어인 라틴어는 실용적이고 경제적이었으며, 군인에게 어울리게 강렬하고 간결했다. 라틴어의 문장과 절은 정해진 목표를 향해 일사분란하게 행진했다. 인도·유럽어족 안에서 라틴어는 산스크리트어와 그리스어, 그리고 고대 갈리아, 웨일스, 그리고 아일랜드의 켈트어와 많은 유사점을 가지고 있었다. 라틴어는 그리스어에 비해 비유적 표현, 유연성, 그리고 손쉬운 복합어 형성이 부족했다. 루크레티우스와 키케로는 라틴어의 부족한 어휘와 미세한 차이의 부족을 불평했다. 그럼에도 불구하고 라틴어는 잘 울려 퍼지는 웅장함과 남성적인 힘을 가졌으므로 웅변에 이상적이었다. 그리고 간결함과 논리적인 문장 형식을 가지고 있어서 로마법을 전달하기에 적절했다. 라틴어 알파벳은 에우보이아의 칼키스에서 쿠마이와 에트루리아를 경유해 왔다.[39] 기원전 6세기의 것으로 추정되는 가장 오래된 라틴어 비문에서는 모든 문자의 형태가 그리스어이다. C는 영어의 K처럼, J는 Y처럼, V는 U 또는 W처럼, 모음은 이탈리아어에서처럼 발음했다. 카이사르의 동시대인들은 그를 'Yooleoos Keyssar'로 알았으며, 키케로는 'Keekero'였다.

로마인들은 가늘고 긴 갈대 펜(calamus, stilus)에 잉크를 묻혀, 처음에는 잎(folia) 위에 썼다. 영어 단어인 'folio'와 'leaf'(둘 다 책의 한 장, 즉 두 쪽을 의미한다.)는 'folia'에서 유래했다. 그 다음에는 안쪽이 나무껍질(liber)로 된 길고 가느다란 조각 위에, 그리고 밀랍을 입힌 나무로 된 흰 서자판(album) 위에, 그리고 나중에는 가죽, 아마포 종이, 그리고 양피지 위에 썼다. 라틴어의 문어체가 구어체보다 변화에 영향 받지 않았으므로, 오늘날의 미국이나 프랑스에서처럼 문학 언어가 점점 더 사람들이 쓰는 말과 갈라졌다. 선율적인 로망스어(이탈리아어, 스페인어, 포르투갈어, 프랑스어, 그리고 루마니아어)는 시인이나 문법학자가 아니라 군인, 상인, 모험가에 의해 속주에 전해진 일반 대중에 널리 보급된 투박한 라틴어에서 진화했다. 그래서 로망스어에서 말(horse)에 해당하는 단어들, 즉 'caballo', 'cavallo', 'cheval', 'cal'은 라틴어 문어인 에쿠우스(equus)가 아니라 구어인 카발루스(caballus)에서 유래했다. 일반 대중에 널리 보급된 라틴어에서 'ille'(영어의 he)는 프랑스어와 이탈리아어의 'il' 처럼 한 음절이었다. 그리고 마지막 음절 -s 와 -m은 프랑스어와 이탈리아어에서처럼 탈락하거나 발음되지 않았다. 최악의 것이 변형되어 최선의 것이 되었다.

로마의 젊은이들은 공화정의 처음 3세기 동안 어떤 문학을 읽었는가? 농경과 대지의 여신을 섬기는 열두 명의 신관인 아르발레스의 노래처럼 종교적 찬가들이 있었고, 역사상 유명하거나 전설적인 로마의 과거에 대한 일반 대중들의 노래가 있었다. 선거, 정무관직, 사건, 전조, 그리고 휴일에 대한 공식적인 기록(대체로 신관의 기록)이 있었다. 이 기록을 토대로 파비우스 픽토르가 꽤 괜찮은 로마의 역사를 아쉽게도 그리스어로 편찬했다.(기원전 202년) 라틴어는 아직까지 문학적인 산문에 적합한 것으로는 생각되지 않았으며, 카토까지는 역사가들에 의해 사용되지 않았다. 떠들썩한 허튼소리와 성애에 대한 조롱으로 뒤죽박죽된 풍자 시집(saturae)으로 불리는 산문 모음집이 있었다. 루킬리우스는 풍자 시집에서 호라티우스와 에우베날리스를 위해 새로운 형태의 산문을 만들어 내곤 했다. 에트루리아 출신의 배우들이 연기하던 요란하게 외설적인 해학극이나 무언극이 있었다. 이스트리아(Istria)에서 온 배우들 중 일부는 이스트리오네스(istriones)로 명명되었으며, 라틴어와 라틴어에서 파생된 현대 언어에 배우를 의미하는 단어인 히스트리오(histrio)가 전해졌다. 휴일이나 장날에는 미완성의 반쯤 즉흥적인 익살극이 공연되었다. 이 익살극에서 고대와 현대의 수많은 이탈리아 희극의 전형적인 등장인물, 즉 부자이면서 어리석은 아버지, 낭비벽이 있는 사랑에 빠진 청년, 비방받는 처녀, 계략을 꾸미는 영리한 하인, 항상 한 끼 식사를 얻으려고 책략을 쓰는 대식가, 신명 나서 떠들며 재주넘는 광대가 형성되었다. 이미 광대는 지금의 젊은이들에게도 친숙한 화려한 색깔의 천 조각, 통이 넓은 긴 바지, 소맷자락이 넓은 몸에 꼭 끼는 상의, 그리고 깎은 머리를 과시하며 보라는 듯이 돌아다녔다. 정확히 어릿광대와 유사한 모습이 폼페이의 프레스코화에서 발견되었다.[40]

기원전 272년 무렵 한 그리스인 노예를 통해 로마에 공식적으로 문학이 나타났다. 그해에 타렌툼이 함락되었다. 수많은 그리스인 시민들이 학살되었지만, 리비우스 안드로니쿠스는 운 좋게도 노예가 되었을 뿐이었다. 로마에 와서 그는 주인의 아이들과 몇몇 다른 사람들에게 라틴어와 그리스어를 가르쳤으며, 그들을 위해 『오디세이』를 라틴어의 사투르누스의 시로 번역했다. 이것은 음절의 장단보다는 강세에 의해 운율이 맞추어지는 느슨하고 불규칙한 운율로 이루어진 시였다. 자신의 일에서 해방된 안드로니쿠스는 조영관(造營官)에 의해 기원전 240년의 경기(ludi)에서 공연할 비극과 희극 작품의 연출을 위임받았다. 그는 그리스 방식에 따라 작품을 구성하고, 감독했으며, 주요 역할을 맡았다. 그리고 그의 목소리가 멈출 때까지, 피리 소리에 맞추어서 노래를 불렀다. 그러고 나서 그는 다른 배우에게 그가 연기하는 동안 노래를 부르도록 했다. 나중에 로마에서 많은 희곡들이 이 방식을 따랐으며, 무언극을 낳는 데 영향을 끼쳤다. 로마 정부는 이러한 문학극 도입에 매우 만족스러워 했으므로 안드로니쿠스에게 경의를 표해 시인들이 법인체를 설립할 수 있는 권한을 부여했으며, 그들이 아벤티누스 언덕의 미네르바 신전에서 모임을 가질 수 있게 해 주었다. 이제부터 공공 축제에서는 무대극(ludi scenici)을 상연하는 것이 유행이 되었다.[41]

    이러한 역사적인 첫 공연이 열리고 5년 뒤, 전에 군인이었던 캄파니아 출신의 한 평민 그나이우스 나이비우스가 아리스토파네스식으로 숨김없이 로마에서 만연하던 정치적 악습을 풍자하는 희극을 연출함으로써 보주주의자들에게 충격을 안겨 주었다. 로마의 전통적인 가문들이 불평했으며, 나이비우스는 투옥되었다. 그는 사과하고 석방되었으나 처음 것처럼 신랄한 또 하나의 풍자시를 쓴 뒤 로마에서 추방되었다. 망명 중인 노년에 나이비우스는 불굴의 애국심으로 그가 싸웠던 1차 포에니 전쟁에 대한 서사시를 썼다. 이 서사시는 트로이 유민들의 로마 건국부터 시작했으며, 베르길리우스에게 하나의 주제와 여러 장면을 제공했다. 그의 유죄 선고는 이중의 불행이었다. 즉 로마 희극의 활력과 독창성은 비방을 중죄로 만들었던 검열로 훼손되었으며, 로마의 정치는 공공연한 비판을 통한 정화 기능을 상실했다. 나이비우스는 로마 역사에 기초해 시극을 쓰기도 했다. 이러한 실험 또한 그에게서 끝났으며, 그 후 로마의 비극은 그리스 신화가 풍성한 목장에서 맴돌았지만 허사였다. 나이비우스의 재능을 나타내는 몇 안 되는 단편들만이 전해지고 있을 뿐이다. 그는 한 단편에서 어느 요염한 여성을 다음과 같이 묘사하고 있다.

원을 이루어 공놀이하는 것처럼 그녀는 여기저기로 뛰어다닌다. 그리고 말과 눈짓으로, 애무와 포옹으로 모든 사람의 마음을 흔들어댄다. 이제 손을 꽉 쥐고 발을 누르면서, 그리고 그녀의 반지를 바라보며 손시늉으로 마음을 설레게 하는 입맞춤을 보낸다. 여기에서는 노래로, 저기에서는 손짓 몸짓으로 말을 한다.[42]

당시의 여성들이 지금처럼 매력적이었고, 모든 로마인들이 금욕주의자는 아니었으며, 스토아 철학 가까이에서 정조마저 내팽개칠 수 있었다는 것을 아는 것은 흥미롭다.

산술, 그리고 농지 구획이나 신전 설계에 충분한 기하학을 넘어서 과학은 아직까지 로마 시민의 교육이나 문화에 아무런 역할도 못했다. 사내아이는 손가락(digita)으로 수를 셌고, 그가 사용했던 숫자 1은 손가락 하나를 세운 모양(I)을, 5는 한 손(V)을, 그리고 10은 활짝 편 두 손이 교차되는 모양(X)을 모방한 것이었다. 그리고 그는 숫자를 줄이거나 늘리기 위해서 기꺼이 이러한 기호를 반복해서 다른 숫자인 2(II)와 3(III)을, V 또는 X에 손가락 모양을 앞부분에 붙이거나 뒷부분에 붙여 4(IV)와 9(IX) 또는 6(VI)과 12(XII)를 만들었다. 손을 이용한 이러한 산술로부터 10개의 손가락으로 하는 나누기와 곱하기 방식으로 성립된 십진법이 유래했다. 로마인들은 건축과 토목 공사에 기하학을 능숙하게 이용했지만, 그리스의 지성이 세련되게 성취해 놓은 것에 어떠한 정리도 더하지 않았다. 이 시기의 로마 천문학에 대해서는 서투른 달력과 천문학의 자매 또는 어머니인 점성술을 제외하면 전혀 들은 바 없다.

　3세기까지 의학은 주로 가정 약초, 마법, 그리고 기도의 문제였다. 신들만이 치료할 수 있었으며, 우리가 지금 전문의의 진료를 받으려 하는 것처럼 치료의 신뢰성을 높이기 위해 각 질병에 대해 특정한 신에게 호소했다.[43] 로마 평야의 모기들에 대처하기 위해 현재까지 로마인들이 열병(熱病)의 성모(La Madonna della Febbre)에게 호소했던 것처럼 여신 페브리스(Febris)와 메피티스(Mephitis)에게 간청했다.[44] 치료하는 신전과 성수는 오늘날처럼 흔했다. 아스클레피오스 신전은 분주한 종교적 치료의 중심이었다. 그곳에서는 식이 요법과 수치료법, 평온한 환경과 평화로운 일상, 기도와 고통을 덜어 주는 숭배 의식, 경험 많은 의사들의 도움, 숙련된 간병인의 쾌활한 모습이 협력해서 환자의 자신감을 회복시켜 주었고 기적적인 치료를 행했다.[45] 그럼에도 불구하고 기원전 5세기의 기간 동안 로마에는 노예 의사와 돌팔이 의사가 있었다. 그리고 이들 중 일부는 치과 개업을 했다. 왜냐하면 12표법에서는 치아에 철사를 꿰기 위해 금을 사용한 경우를 제외하고 죽은 사람과 함께 금을 매장하는 것을 금지했기 때문이다.[46] 우리는 219년에 로마 최초의 자유민 의사인 펠로폰네소스에서 온 아르카가토스에 대해 듣는다. 그의 외과 수술은 귀족들을 매우 기쁘게 했고, 원로원은 그에게 공식 주거와 시민의 자유를 제안했다. 나중에 "자르고 태우는 것에 대한 열정" 때문에 그는 카르니펙스(Carnifex), 즉 푸주한이라는 별명을 얻었다.[47] 그 무렵부터 그리스인 의사들이 로마에 몰려들었고, 그곳에서 그리스인은 의사 개업을 독점했다.

5. 농업의 발전

　기원전 5세기의 기간 동안 로마인은 의학을 전혀 필요로 하지 않았다. 왜냐하면 농업이나 병역에서의 활력 있는 생활이 그를 건강하고 강인하게 해 주었기 때문이다. 그는 그리스인이 바다에 의지했던 것처럼 땅에 의지했다. 로마인은 농업에 기초해 생활했고, 농민들과 그들의 생산물이 만나는 장소로 도시를 건설했으며, 재산을 지키고 늘리기 위해 기민하게 군대와 국가를 조직했다. 그리고 로마인은 신을, 생명의 대지와 대지를 기름지게 하는 하늘의 정령으로 간주했다.

로마의 과거에 도달할 수 있는 한 사유지는 존재했다.[48] 하지만 토지의 일부는 대체로 정복을 통해 획득하고 국가가 소유했던 공유지였다. 공화정 초기의 소농 가족은 2~3에이커를 소유했고, 전적으로 손으로, 그리고 가끔 노예를 사용해 경작했으며, 수확물로 검소하게 살았다. 소농들은 짚을 깔고 잠을 잤으며,[49] 아침 일찍 일어나 웃통을 벗고[50] 한가로이 소 뒤를 따라가며 쟁기질과 써레질을 했다. 이때 소의 배설물은 비료로 사용되었고, 소의 고기는 종교적 희생 제물과 축제 음식으로 사용되었다. 사람의 내장 또한 토양을 비옥하게 하는 데 사용되었지만, 화학 비료는 제정 시기 이전의 이탈리아에서 드물었다. 과학 영농에 대한 입문서들이 카르타고와 그리스에서 수입되었다. 농작물은 곡물과 콩과 식물 사이에서 윤작되었으며, 경작지는 지력 고갈을 막기 위해 주기적으로 목초지로 바뀌었다. 채소와 과일은 다량으로 재배되었고, 곡물 다음으로 주요 식량원이 되었다. 마늘은 이미 가장 인기 있는 조미료였다. 몇몇 귀족 가문은 전통적으로 재배하기를 선호하던 채소에서 부분적으로 가문 이름을 끌어냈다. 즉 렌툴루스 가문(Lentuli), 카이피오네스 가문(Caepiones), 그리고 파비우스 가문(Fabii)의 이름은 각각 편두(扁豆, lentil), 양파(onion), 그리고 콩(bean)에서 유래했다. 무화과, 올리브, 포도 재배가 점차 곡물과 채소 작물을 잠식했다. 올리브유가 식품에서 버터를 대체하고 목욕탕에서 비누를 대체했다. 게다가 올리브유는 횃불과 램프의 연료로 사용되었고, 지중해 여름의 건조한 바람과 작렬하는 햇빛으로 손상되는 머리카락과 피부에 필요한 연고를 만드는 주요 성분이었다. 양은 가장 선호하는 가축이었다. 왜냐하면 이탈리아인들이 양털로 만든 옷을 선호했기 때문이다. 돼지와 가금류는 농가 안뜰에서 사육되었고, 거

의 모든 가정이 화단을 가꾸었다.[51]

전쟁은 농촌의 고된 노동의 모습을 바꾸어 놓았다. 쟁기의 보습을 칼로 바꾸었던 많은 농민들이 적이나 도시에 정복되었으며, 결코 그들의 경작지로 되돌아가지 못했다. 그 밖의 많은 농민들은 자신들의 토지가 군대 소유로 되거나 방치된 채 손상되었다는 사실을 알았으므로, 새로 경작을 시작할 엄두를 내지 못했다. 쌓여 가는 채무로 파산하던 또 다른 농민들은 토지를 귀족들이나 농업 자본가들에게 헐값에 팔아넘겼다. 토지를 헐값에 사들인 귀족들이나 농업 자본가들은 소규모 농장들을 문자 그대로 대농장을 의미하는 라티푼디아(latifundia)로 통합했으며, 이 방대한 지역을 곡물 재배지에서 양 떼와 소 떼의 사육지, 과수원, 그리고 포도원으로 바꾸었다. 그리고 전쟁 포로 노예들이 대농장에 노동력으로 배치되었으며, 그들을 감시하던 감독관은 종종 노예 신분이었다. 대농장주들은 말을 타고 농장을 둘러보는 경우도 간혹 있었다. 그들은 더 이상 직접 일하지 않고 교외 별장이나 로마에서 부재지주로 살아갔다. 이미 기원전 4세기에 진행 중이었던 이러한 과정은 3세기 말경에 농촌에서 빚으로 고통받는 소작인 계급을 낳고, 수도 로마에서는 재산이 없고 뿌리 뽑힌 무산 계층을 낳았다. 그들의 언짢은 불만이 소농의 힘든 노동으로 만들어진 공화정을 붕괴시킬 것이다.

6. 산업

토양에는 광물 자원이 부족했다. 이것은 이탈리아의 경제사와 정치사에서 상당한 지면을 차지하게 될 사실이다. 금은 전혀 없었으며, 은은 조금밖에 없었다. 철, 약간의 구리, 납, 주석, 아연이 상당히 많이 공급되었지만, 산업 발전을 유지하기에는 턱없이 적었다. 국가가 제국의 모든 광산을 소유했지만, 개인 운영자들에게 임대했다. 그들은 수천 명의 노예 목숨을 앗아 가면서 수익을 창출했다. 야금술과 공학은 거의 발전하지 않았다. 청동이 철보다 더 자주 사용되었으며, 최고와 최신 광산들만이 아르키메데스와 그 밖의 사람들이 시칠리아와 이집트에서 만들었던 크랭크, 윈치(winch), 그리고 체인이 달린 양동이를 갖추고 있었다. 주요 연료는 나무였다. 집과 배와 가구를 만들기 위해서도 나무를 베었다. 1마일씩, 그리고 10개씩 숲이 산허리로 움푹 들어가면서 수목 한계선을 만났다. 가장 번창한 산업은 캄파니아에서의 무기와 연장 제조였다. 무기와 도기를 제외하고는 공장 제도가 없었다. 도공들은 접시뿐 아니라 벽돌과 타일, 그리고 도관(導管)을 만들었다. 아레티움과 어떤 다른 곳에서 도공들은 그리스 모형들을 모방했고, 예술품 만드는 방법을 배우고 있었다. 6세기 초에 아마포와 양모의 설계, 준비, 염색에서 직물 산업은 딸과 아내, 그리고 노예의 분주한 실잣기에도 불구하고 가내 공업 단계를 뛰어넘어 성장해 갔다. 자유민과 비자유민 직조공들이 작은 공장에 모여 지방 시장뿐 아니라 수출 교역을 위한 제품을 생산했다.

전국적인 소비를 위한 산업 생산은 운송의 어려움 때문에 저지되었다. 도로는 부족했고, 교량은 불안했으며, 우차는 느리고, 여관은 드물었다. 그리고 강도가 도처에서 출몰했다. 따라서 교통이 선택적으로 운하와 강을 따라 이루어졌으며, 해안 도시들은 배후지가 아니라 해상을 통해 수입했다. 하지만 기원전 202년 무렵에 로마인들은 커다란 "집정관의 도로" 중 세 개를 건설했다. 도로 건설을 시작했던 집정관이나 감찰관의 이름을 따서 명명했으므로 "집정관의 도로"라고 불렸다. 머지않아 이러한 주요 도로는 내구성과 크기에서 로마인들이 모형으로 삼았던 페르시아와 카르타고의 도로를 훨씬 능가하게 될 것이다. 가장 오래된 도로는 기원전 370년 무렵에 로마인들을 알바누스 산에서 세상에 모습을 드러내게 했던 라티나 가도(街道, via Latina)였다. 312년에 맹인 아피우스 클라우디우스는 수천 명의 죄수들을 동원해[52] 로마와 카푸아 사이에 아피아 가도 건설을 시작했다. 나중에 아피아 가도는 베네벤툼, 베누시아, 브룬디시움, 그리고 타렌툼까지 다다랐다. 아피아 가도 333마일은 두 개의 해안을 연결했고, 그리스 및 동방과의 교역을 용이하게 했으며, 다른 도로들과 협력해서 이탈리아를 하나의 나라로 만들었다. 241년에 감찰관 아우렐리우스 코타가 로마에서 피사와 제노바를 경유해 안티베스까지 아우렐리아 가도를 건설하기 시작했다. 220년에 가이우스 플라미니우스는 아리미눔까지 플라미니아 가도를 건설했다. 그리고 대략 같은 해에 발레리아 가도가 티부르를 코르피니움과 연결했다. 서서히 웅장한 도로망이 위용을 자랑하기 시작했다. 즉 아이밀리아 가도는 아리미눔에서 보노니아와 무티나를 경유해 플라켄티아까지 북쪽으로 나아갔다.(187년) 포스투미아 가도는 제노바를 베로나와 연결했다.(148년) 그리고 포필리아 가도는 아리미눔에서 라벤나를 경유해 파두아까지 이어졌다.(132년) 다음 세기에 도로는 이탈리아에서 요크, 비엔나, 테살로니카, 그리고 다마스쿠스까지 내달릴 것이고, 북아프리카 해안을 따라 늘어설 것이다. 도로는 병력, 정보, 관습, 그리고 사상의 이동을 통해 로마 제국을 방어하고, 통합했으며, 활력을 불어넣었다. 그리고 도로는 거대한 교역 경로가 되었으며, 이탈리아와 유럽에 사람이 살게 하고 풍요하게 하는 데 중요한 역할을 수행했다.

　이러한 주요 도로들에도 불구하고 동부 지중해에서처럼 이탈리아에서 교역은 결코 번창하지 않았다. 상층 계급은 싸게 사고 비싸게 파는 것을 경멸했으며, 교역을 그리스와 동방의 해방노예들에게 맡겼다. 반면에 농촌은 비정기적으로 열리는 임시 시장과 "아흐렛날에" 도시에서 열리는 시장에 만족했다. 해외 교역 또한 보통 수준이었다. 해상 수송은 위험했다. 배는 소형이었고, 항해하거나 노를 저어 시간당 6마일의 거리만을 이동했으며, 해안에 접근해 지나갔다. 그리고 대부분의 배는 11~3월까지는 소심하게 항구에 정박해 있었다. 카르타고가 서부 지중해를 지배했고, 헬레니즘 군주국들이 동부 지중해를 장악했으며, 해적들이 주기적으로 은신처에서 빠져나와 그들 자신보다 상대적으로 더 정직한 상인들을 급습했다. 테베레 강에는 계속해서 토사가 쌓여 강어귀를 막았으며, 로마의 오스티아 항구를 봉쇄했다. 200척의 배가 한 번의 강풍에 테베레 강에 침수해 가라앉았다. 게다가 조류가 너무 강해 테베레 강 상류를 통해 로마로 가는 항해는 힘은 물론이고 비용 또한 거의 들지 않았다. 기원전 200년 무렵에는 배가 로마에서 남쪽으로 150마일 떨어져 있는 푸테올리에 입항하기 시작했으며, 배에 실린 화물을 육로를 통해 수도 로마로 옮겼다.

이러한 국내외 교역을 촉진하기 위해서는 국가가 보증하는 통화 제도와 도량형 제도를 확립할 필요가 있었다.* 기원전 4세기까지 가축은 여전히 교환 수단으로 받아들여졌다. 왜냐하면 가축은 보편적인 가치를 지녔고 쉽게 팔렸기 때문이다. 교역이 증가하면서 가공되지 않은 구리 덩어리(aes)가 돈으로 사용되었다.(기원전 330년 무렵) 견적은 원래 구리를 금전적으로 평가하는 것이었다. 가격의 단위는 아스(as), 즉 구리 1파운드의 중량이었다. '지불한다(ex-pend)'는 것은 무게를 단다는 의미였다. 기원전 338년 무렵 국가가 동화폐를 발행했을 때, 거기에는 황소, 양 또는 돼지의 모습이 자주 등장했으므로, 동화폐는 가축을 의미하는 페쿠스(pecus)에서 페쿠니아(pecunia)로 불렸다. 플리니우스에 따르면 1차 포에니 전쟁 동안 "필요를 충족해 줄 수단을 가지고 있지 못했던 공화정은 아스를 구리 2온스로 축소했다. 그리고 이를 통해 6분의 5를 절약할 수 있었으며, 공공 부채가 청산되었다."[53] 202년 무렵 아스의 가치가 1온스로 떨어졌다. 그리고 기원전 87년에는 내전에서의 자금을 조달하기 위해 아스의 가치가 2분의 1온스로 축소되었다. 269년에는 두 개의 은화, 즉 데나리우스(denarius)와 세스테르티우스(sestertius)가 주조되었다. 먼저 데나리우스의 가치는 10아스와 헬레니즘 시기에 가치가 저하된 아테네의 드라크마(drachma)에 상당했다. 다음으로 세스테르티우스는 2와 2분의 1아스, 즉 4분의 1데나리우스의 가치에 상당했다. 217년에 20, 40, 그리고 60세스테르티우스의 가치에 해당하는 로마 최초의 금화인 아우레우스(aureus)가 등장했다. 금속 등가에서 아스는 미국 통화의 2센트, 세스테르티우스는 5센트, 데나리우스는 20센트와 동일한 가치였다. 하지만 귀금속의 양이 지금보다는 훨씬 적었고, 따라서 구매력이 지금보다 몇 배는 컸으므로,[54] 네로 이전의 가격 변동을 무시한다면, 1942년 미국 통화로 환산해 볼 때 로마 공화정의 아스, 세스테르티우스, 데나리우스, 그리고 탈렌트

---

* 로마의 일부 계량 단위는 다음과 같다. 즉 1모디우스(modius)는 대략 1펙(peck)이었다. 1피트는 11과 8분의 5인치였다. 5로마피트는 한 걸음(passus)이었다. 1000걸음은 1마일로 1619야드였다. 1유게룸(iugerum)은 1에이커의 대략 3분의 2였다. 12온스(unicae)는 1파운드였다.

(6000데나리우스)는 각각 6, 15, 60센트, 그리고 3600달러와 대충 동일했다.*

이러한 보증 통화의 발행은 금융업과 재정 운용을 촉진했다. 옛날 로마인들은 우리가 은행을 신전으로 사용하는 것처럼 신전을 은행으로 사용했다. 그리고 국가는 끝까지 계속해서 튼튼하게 건립된 신전을 공공 기금의 저장고로 사용했다. 아마도 이것은 종교적인 양심의 가책이 도둑질을 단념시키는 데 도움이 될 것이라는 생각에 근거했던 것 같다. 12표법에서 연 8과 3분의 1퍼센트 이상의 이자를 금지했다는 사실에 비추어 볼 때,[57] 대부업의 역사가 오래되었음을 알 수 있다. 347년에 법정 이자율이 5퍼센트로, 342년에는 0퍼센트로 낮추어졌지만, 돈의 대부를 통한 이익 획득의 금지는 쉽게 빠져나갈 수 있었으므로 사실상의 최소 이자율은 평균 12퍼센트에 달했다. (12퍼센트 이상의) 고리대금이 확산되었으며, 채무자들은 파산이나 입법을 통해 주기적으로 쌓여 가는 부채로부터 구제받지 않으면 안 되었다. 기원전 352년에 로마는 대단히 근대적인 구제 방식을 사용했다. 즉 당국이 나서서 공정한 부채 변제의 기회로 제공된 저당권을 인수해서 저당권자들에게 더 낮은 이율을 받아들이도록 설득했다.[58] 광장의 인접한 거리들 중 하나가 대부업자들(argentarii)과 환전상들(trapezitae)의 가게로 가득한 은행업자들의 거리가 되었다. 토지, 작물, 담보물 또는 당국과의 계약을 담보로, 그리고 영리적인 사업이나 항해를 위해 돈을 빌릴 수 있었다. 공동 대부가 간이 보험을 대체했다. 한 명의 은행업자가 전적으로 벤처 사업에 대한 비용 부담에 동의하는 대신에 여러 명의 은행업자가 공동으로 자금을 제공했다. 주로 감찰관이 입찰을 통해 하청을 준 공공 계약을 이행하기 위해 주식회사가 존재했다. 주식회사는 대중들에게 소액 주주의 몫이라는 형태로 주식

---

* 기원전 250년 무렵 북부 이탈리아에서 밀 1부셸(bushel)의 가격은 2분의 1데나리우스(30센트)였다. 여관에서 잠자리와 식사는 하루에 2분의 1아스(3센트)였다.[55] 기원전 2세기에 델로스에서는 보통의 집을 한 달 임대하는 데 4데나리우스(2.40달러)를 지불했다. 그리고 서기 50년 로마에서는 받침 접시 딸린 컵 하나의 가격이 2분의 1아스(3센트)였다.[56]

과 채권을 팔아서 자본금을 조달했다. 이러한 "공공 업무 대행자들"의 주식회사가 2차 포에니 전쟁 동안 육군과 해군에게 물자를 공급하고 수송하는 데 적극적인 역할을 수행했다. 당국을 속이려는 일상적인 시도가 없었던 것은 아니었다.[59] 기사 계급은 규모가 큰 사업을, 해방노예는 규모가 작은 사업을 관리했다. 비공공 사업은 대체로 스스로 자금을 조달하던 협상가들(negotiatores)에 의해 수행되었다.

산업은 개별적인 작업장에서 일하는 독립 직공들에게 맡겨져 있었다. 그들 대부분은 자유민이었지만, 해방노예나 노예의 비율이 증가하고 있었다. 일은 고도로 분화되었으며, 개인 고객보다는 시장을 위해 생산되었다. 노예들끼리의 경쟁은 자유민 노동자들의 임금을 떨어뜨렸으며, 무산 계층을 빈민굴의 비참한 생활로 빠뜨렸다. 노예들 사이의 파업은 실행 불가능했고 드물었지만,[60] 노예 봉기는 자주 일어났다. "1차 노예 전쟁"(기원전 139년)이 최초는 아니었다. 대중의 불만이 심각한 수준에 도달했을 때, 전쟁에 대한 어떤 명분이 발견될 수 있었다. 전쟁은 보편적 실업을 초래할 수 있었고, 가치가 하락한 돈을 퍼뜨릴 수 있었다. 그리고 전쟁은 대중의 분노를 승리한 로마인들을 먹여 살리거나 패배하고 죽은 로마인들을 받아들일 외국의 적에게로 향하게 할 수 있었을 것이다.[61] 자유민 노동자들은 조합(collegia)을 갖고 있었지만, 조합에서는 임금, 노동 시간 또는 노동 조건에 거의 관여하지 않았다. 전승은 조합을 설립하거나 법제화했던 공을 누마(Numa)에게 돌렸다. 어쨌든 기원전 7세기에는 피리 연주자, 금 세공인, 구리 세공인, 천을 바래고 다듬는 직공, 제화공, 도공(陶工), 염색공, 그리고 목수의 조합이 있었다.[62] "흥청망청한 예술가들", 즉 배우와 음악가는 고대 세계에서 가장 널리 퍼진 조합 사이에 속해 있었다. 기원전 2세기 무렵에는 요리사, 제혁업자, 건축업자, 청동 세공인, 철 세공사, 밧줄 제조업자, 방직공의 조합이 있었다. 하지만 이들 조합은 다른 조합만큼이나 오래되었던 것 같다. 조합은 사회적 친교를 주요 목표로 하고 있었다. 또한 많은 조합들은 장례비용을 부담하는 상호 부조 단체이기도 했다.

로마에서는 국가가 조합뿐 아니라 로마 경제생활의 많은 측면을 통제했다. 국가는 광산의 운영 및 그 밖의 정부 이권이나 계약을 감독했다. 국가는 식량을 수입해 빈민들이나 모든 지원자들에게 아주 적은 가격으로 나누어 줌으로써 평민들 사이에 소요를 잠재웠다. 국가는 전매업자들에게 벌금을 징수했고, 노동 계급의 힘이 미치지 않는 곳에서 소금 가격을 올렸던 독점을 끝내기 위해 소금 산업을 국유화했다. 국가의 교역 정책은 자유 교역이었다. 즉 카르타고를 정복한 뒤에 로마 국가는 서부 지중해를 모든 교역에 개방했으며, 수수료 없이 상품의 입출고를 허용하고 자유 교역항으로 남는다는 조건으로 우티카, 그리고 나중에 델로스를 보호했다. 하지만 여러 경우에 국가는 무기, 철, 포도주, 기름 또는 곡물의 수출을 금지했다. 그리고 국가는 로마로 들어오는 대부분 제품의 통관에 통상 2와 2분의 1퍼센트의 관세를 부과했으며, 그 뒤 이러한 약간의 관세를 다른 도시들로 확대했다. 기원전 147년까지 국가는 이탈리아 전역에 재산세(tributum)를 요구했다. 대체로 국가의 세입은 많지 않았다. 그리고 다른 문명국가들처럼 로마는 세입을 주로 전쟁에 사용했다.[63]

7. 도시

세금, 전리품, 배상금, 그리고 인구의 유입으로 로마는 이제(기원전 202년) 지중해 전역의 주요 도시들 중 하나가 되었다. 234년의 인구 조사에서는 27만 713명의 시민, 즉 자유민 성년 남자의 이름이 명부에 기재되었다. 그 숫자는 포에니 전쟁 동안에 급격히 떨어졌지만, 189년에는 25만 8318명으로, 그리고 147년에는 32만 2000명으로 증가했다. 기원전 189년에는 로마 인구가 대략 110만 명이었던 것으로 추정된다. 아마도 그들 중에 27만 5000명이 로마의 성벽 안쪽에 살았던 것 같다. 루비콘 강 남쪽의 이탈리아에는 500만 명의 주민이 살고 있었다.[64] 이민, 피정복민의 흡수, 유입, 노예 해방, 그리고 노예에 대한 참정권 부여는 이미 인종의 변화가 시작되고 있었음을 말해 준다. 대략 네로의 시대에 로마는 토착민과 비토착민이 각각 절반인 고대 세계의 뉴욕이 될 것이다.

두 개의 주요 교차 도로가 로마를 네 개의 지구로 나누었다. 각 지구에는 행정 관리들과 수호신들이 있었다. 주요 교차로에 예배당이 건립되었고, 덜 중요한 교차로에는 교차로 신들의 조각상이 세워졌다. 이 멋진 관습은 지금도 이탈리아에서 볼 수 있다. 대부분의 거리는 평탄한 땅이었다. 일부 거리는 오늘날 지중해의 많은 도시들처럼 강바닥에서 가져온 매끄러운 작은 돌로 포장되었다. 174년 무렵에 감찰관이 주요 도로를 용암 덩어리로 포장하기 시작했다. 312년에는 맹인 아피우스 클라우디우스가 최초의 수로를 건설해 그때까지 샘과 우물, 그리고 진흙투성이의 테베레 강에 의존하던 로마 시(市)에 신선한 물을 제공했다. 귀족들은 수로에 물을 공급하는 저수지에서 물을 관으로 연결해 한 주에 한 번 이상 목욕하기 시작했다. 그리고 한니발의 패배 이후 곧 로마는 최초의 시 목욕탕을 개장했다. 시기는 알 수 없지만 로마인 또는 에트루리아인 공학자들이 대수로를 건설했다. 대수로의 거대한 돌 아치는 폭이 매우 넓어서 건초를 실은 짐마차 한 대가 그 아래를 통과할 수 있을 정도였다.[65] 로마를 에워싸면서 침범해 들어왔던 습지의 물을 빠지게 하려고 규모가 작은 하수도들이 추가로 건설되었다. 로마의 쓰레기와 빗물은 거리에 나 있는 틈을 통해 하수도로, 그리고 거기에서 테베레 강으로 유입되었다. 따라서 테베레 강의 오염은 로마인의 삶에 지속적으로 영향을 끼치는 문제였다.

로마의 장식은 거의 신전에 국한되었다. 주택은 외부를 더 자주 벽돌이나 치장 회반죽으로 만들고, 외부의 표면이 낙서로 더럽혀졌다는 점을 제외한다면 이미 기술한 바 있는 평범한 에트루리아 양식을 고수했다. 낙서는 엄밀히 말해 그때그때의 감흥에 따라 시나 산문을 새기는 것으로서, 읽고 쓰는 능력이 향상되어 가고 있음을 보여 준다. 신전은 테라코타의 옹벽과 장식으로 대부분 나무로 만들어졌으며, 에트루리아 방식을 따랐다. 유피테르, 유노, 그리고 미네르바에게 봉헌된 신전이 카피톨리누스 언덕에 세워졌다. 또 하나는 아벤티누스 언덕에 세워진 디아나 신전이었다.

그리고 유노, 마르스, 야누스, 베누스, 승리의 여신, 운명의 여신, 희망의 여신 등에게 봉헌된 그 밖의 신전들이 (기원전 201년 이전에) 건립되었다. 303년에 가이우스 파비우스는 콩에서 유래된 그의 두 번째 씨족 명 파비우스에 카피톨리누스 언덕에 위치한 건강의 신 신전에 프레스코화를 제작함으로써 화가를 의미하는 세 번째 이름 픽토르(Pictor)를 추가했다. 로마의 그리스인 조각가들은 테라코타와 대리석 또는 청동으로 로마의 신들과 영웅들의 조각상을 만들었다. 293년에 그들은 유피테르 신전에 20마일 떨어진 알바누스 산에서 볼 수 있을 만큼 올림포스 산 크기의 거대한 유피테르 청동상을 세웠다. 296년 무렵 조영관이 암 늑대 청동상을 세웠으며, 나중에 예술가들이 그것에 로물루스와 레무스의 조각상을 추가했다. 이것이 키케로가 말했던 군상인지, 아니면 이것들 중 어느 쪽이 현존하는 로마의 늑대상과 일치하는지는 알 수 없다. 어쨌든 이것은 근육과 신경이 모두 살아 움직이는 생명을 갖지 않은 금속으로 만든 최고의 걸작임에 틀림없다.

귀족들이 회화와 조각상을 통해서 자신들의 승리를 기념하고 자신들의 혈통을 매력적으로 보이게 한 반면에, 일반 대중들은 음악과 춤, 희극과 경기에 만족했다. 이탈리아의 도로와 집은 개인이 부르는 노랫소리와 합창곡으로 가득 찼다. 성인 남성들은 연회에서 노래를 불렀고, 사내아이와 여자아이는 종교 행렬에서 찬가를 합창했으며, 신부와 신랑은 결혼 축가로 에스코트되었다. 그리고 모든 시체는 노래를 부르는 가운데 매장되었다. 피리는 가장 인기 있는 악기였지만, 리라 또한 열광적인 애호가들이 있어서 서정시 반주에서 가장 선호되었다. 대축일이 다가왔을 때, 로마인들은 원형 경기장이나 경기장을 가득 메웠으며, 고용인, 포로, 죄수 또는 노예가 달리고 도약하는 사이에, 아니면 더 잘 싸우고 죽는 동안 햇빛 아래에서 떼를 지어 있었다. 두 개의 대규모 원형 경기장, 즉 타르퀴니우스 프리스쿠스 때 건립된 것으로 알려진 키르쿠스 막시무스(Circus Maximus)와 기원전 221년에 건립된 키르쿠스 플라미니우스(Circus Flaminius)는 시간 맞춰 좌석을 찾아든 모든 자유민 남녀를 무료로 수용했다. 처음에는 국가가 나중에는 조영관이 자신의 돈으로, 그리고 공화정 후기에는 종종 집정관직 입후보자들이 경비를 지출했다. 경비는 세대를 거듭하면서 증가했으며, 실제로 증가하는 경비 때문에 빈민들은 관직을 구할 수 없었다.

아마도 대규모 원형 경기장에서의 화려한 구경거리는 개선장군의 공식적인 개선식과 같은 부류에 넣어야 할 것 같다. 5000명의 적이 살해되었던 전투에서 승리한 장군들만이 개선식의 영예를 누릴 자격이 있었다. 기준에 미달해 적을 살육한 불운한 지휘관은 박수갈채만을 받았을 뿐이다. 그에게는 황소가 아닌 양 한 마리(ovis)만이 제물로 바쳐졌다. 개선 행렬은 도시 밖에서 이루어졌으며, 시 경계에 장군과 그의 병사들은 무기를 내려놓아야 했다. 거기에서 개선 행렬이 수많은 기념비의 유형을 만들어 냈던 개선문을 통과해 들어왔다. 나팔 연주자들이 행진을 이끌었다. 점령된 도시를 나타내는 망루나 장식 수레, 그리고 승자들의 위업을 보여 주는 그림들이 그 뒤를 이었다. 그 다음에 금, 은, 예술 작품, 그리고 그 밖의 전리품들을 가득 실은 4륜 마차가 덜컥거리며 지나갔다. 마르켈루스의 개선식은 시라쿠사에서 훔친 조각상 때문에 기억에 남을 만했다.(212년) 그리고 스키피오 아프리카누스는 207년에 1만 4000파운드의 은, 그리고 202년에는 12만 3000파운드의 은을 스페인과 카르타고에서 빼앗아 왔다. 70마리의 흰 소들이 다가올 죽음을 체념하듯 뒤따랐다. 그 뒤를 사로잡힌 적의 지휘관, 죄인을 포박하고 처벌하던 하급 관리, 하프 연주자, 피리 부는 사람, 그리고 향료를 운반하는 사람이 따랐다. 자줏빛 토가를 입고 금관을 쓴, 그리고 승리의 상징물인 상아로 만든 홀(笏)과 월계수 가지와 유피테르의 휘장을 손에 들고 화려한 전차에 탄 개선식의 주인공인 장군이 뒤를 따랐다. 전차에는 장군과 함께 그의 아이들이 탈 수 있었다. 그리고 장군이 탄 전차 옆에는 친척들이 말을 타고 지나갔으며, 장군의 비서와 부관들이 그들 뒤를 이었다. 개선 행렬의 마지막은 병사들이 장식했다. 몇몇 병사들은 수여받은 상을 들고 있었고, 병사 모두는 왕관을 쓰고 있었다. 일부 병사들은 지휘관을 찬양했으며, 다른 일부는 비웃었다. 왜냐하면 개선식과 같이 이렇듯 짤막한 의식에서는 병사들이 자유롭게 말할 수 있어야 하며, 그들이 어떤 말을 하건 간에 처벌받아서는 안 된다는 것이 신성불가침의 전통이었기 때문이다. 이것은 의기양양한 승리자들에게 그들이 오류를 범할 수 있는 인간이라는 것을 상기시켰다. 장군은 카피톨리누스 언덕에 있는 유피테르, 유노, 그리고 미네르바의 신전으로 올라가서 전리품을 신들의 발아래에 놓고, 희생 제물로서 동물 한 마리를 바쳤다. 그리고 보통은 포로로 잡혀 온 적의 지휘관들을 추가적인 감사의 제물로 살해하도록 명령했다. 개선식은 군사적 야망을 자극하고 군사적 노고에 보답하기 위해 잘 계획된 의식이었다. 왜냐하면 인간의 허영심은 배고픔과 사랑에만 굴복하기 때문이다.

8. 사후(死後)

전쟁은 로마인의 삶에서 가장 극적인 특징이었지만, 로마 역사가들의 기록에서만큼 그렇게 흥미진진한 역할을 수행하지 않았다. 아마도 현대를 살아가는 우리들보다 훨씬 더 로마인의 존재는 가족과 집에 집중되었던 것 같다. 세상의 소식이 너무 늦게 도달했으므로, 그의 열정이 세상의 온갖 소란에 매일 반응할 수는 없었다. 로마인의 생애에서 가장 큰 사건은 정치와 전쟁이 아니라 걱정스러운 출산, 흥겨운 결혼, 그리고 우울한 죽음이었다.

버림받은 외로움이 노년을 자주 음울하게 만들었지만, 로마인들에게 노년은 버림받은 외로움이 아니었다. 젊은이들은 노인들을 돌보아야 한다는 그들의 의무감에 결코 의문을 품지 않았다. 노인들은 마지막까지 가장 먼저 존중해야 할 대상이었으며 최종적인 권위였다. 그리고 노인들이 남자 자손을 남기고 죽었다면, 그들의 무덤은 계속 공경의 대상이 되었다. 장례식은 결혼식만큼 정성이 들어갔다. 장례식 행렬은 고용되어 울부짖는 여자들의 무리가 이끌었다. 그들의 집단적인 광란 상태는 머리카락을 잡아 뜯지 못하게 한 12표법에 의해 제한되었다.⁶⁶ 비슷한 솔론의 법에서 열 명으로 제한된 피리 연주자들이 그 뒤를 이었다. 무용수 몇 명이 그 뒤를 따랐으며, 그중 한 명이 망자로 분장했다. 그 다음에 어떤 정무관직을 보유했던 망자의 조상들의 데스마스크, 즉 죽은 사람의 얼굴에서 직접 본을 떠서 밀랍으로 만든 안면상을 쓰고 있는 배우들이 기묘한 행렬을 이루며 뒤따랐다. 망자가 그 뒤를 따랐다. 이때 망자는 개선식에 필적할 만큼 그가 보유했던 최고위 관직의 정식 복장을 화려하게 갖추어 입었으며, 자줏빛과 금으로 수놓은 덮개들로 가득 뒤덮이고, 그가 죽였던 적들의 무기와 갑옷으로 둘러싸인 관 속에 편안하게 누워 있었다. 그리고 검은색 옷과 베일을 쓴 망자의 아들들, 베일을 벗은 딸들, 친척들, 같은 씨족의 사람들, 친구들, 피호민들, 그리고 해방노예들이 망자를 뒤따랐다. 광장에서 장례식 행렬이 멈추었고, 아들이나 친척이 고인을 기리는 연설을 했다. 그 정도의 장례식이라면, 인생이란 살 만한 가치가 있었다.

초기 몇 세기 동안 로마의 망자들은 화장되었다. 비록 몇몇 완고하게 보수적인 사람들이 화장을 선호했다고는 하지만, 이제 망자들은 일반적으로 매장의 방식을 선택했다. 어느 경우이든 유해는 무덤에 안장되었으며, 무덤은 효성이 지극한 후손들이 정기적으로 꽃과 약간의 음식을 가져다 놓았던 숭배의 제단이 되었다. 그리스와 극동에서처럼 이곳 로마에서도 조상에 대한 숭배와 어디에선가 조상의 정령이 살아남아서 지켜본다는 믿음으로 도덕과 사회의 안정이 유지되었다. 만약 조상이 정말로 위대하고 훌륭했다면, 그리스화된 로마의 신화에서 망자는 천국(Elysian Fields)으로 건너갔다. 하지만 거의 모든 망자들은 오르쿠스(Orcus)와 플루톤의 어둑어둑한 세계로 내려갔다. 그리스의 신 하데스(Hades)의 로마 형상인 플루톤은 망자를 기절시키려고 나무망치로 무장했다. 그리고 오르쿠스(지금의 사람 잡아 먹는 귀신)는 시체를 아귀같이 먹어치우는 괴물이었다. 플루톤은 저승의 신들 중 가장 신분이 높았고, 대지는 부의 궁극적인 원천이자 종종 축적된 음식과 재화의 보고였으므로, 플루톤은 부와 부자의 신으로도 숭배되었다. 그리고 플루톤의 아내 프로세르피나(케레스의 길 잃은 딸)는 싹이 트기 시작하는 곡물의 여신이 되었다. 가끔 로마의 지옥은 형벌의 장소로 여겨졌다.[67] 그리고 대부분의 경우 지옥은 반쯤 형체가 없는 원혼들의 거처로 그려졌다. 원혼들은 보상이나 형벌에 의해 서로 간에 구분되는 것이 아니라, 모두가 똑같이 영원한 암흑과 마지막 익명의 고통을 겪는 사람들이었다. 루키아노스의 말처럼 우리는 그곳에서 마침내 민주주의를 발견하게 될 것이다.[68]

5장

CAESAR AND CHRIST

그리스의 정복
기원전 201~146

1. 그리스의 정복

마케도니아의 필리푸스 5세가 로마에 맞서 한니발과 동맹을 맺었을 때 (214년), 그는 한창 성장하고 있는 서방의 어린 거인을 파괴하기 위해서는 그리스 전체가 일치단결해 자신을 지원해 주길 바랐다. 하지만 카르타고가 로마에 승리한다면, 필리푸스가 카르타고의 지원으로 그리스 전체를 정복할 것이라는 소문이 나돌았다. 결국 아이톨리아 동맹은 필리푸스에 맞서 로마를 지원하기 위한 조약에 서명했다. 그리고 영리한 원로원은 아프리카에 스키피오를 파견하기 전에, 낙담한 필리푸스에게 개별적인 평화 조약을 체결하도록 설득했다.(205년) 자마 전투에서 승리하자마자 원로원은 마케도니아에 당했던 피해에 복수하기 위한 구상에 착수했다. 원로원은 그렇게 강력한 세력이 좁은 바다를 가로질러 로마의 배후에 자리 잡고 있는 한, 로마의 안전을 결코 담보할 수 없다고 생각했다. 원로원이 전쟁을 제안했을 때, 민회는 반대했으며, 한 호민관은 귀족들이 국내의 불행으로부터 관심을 다른 데로 돌리려 한다고 비난했다.[1] 전쟁 반대론자들의 주장은 비겁함과 애국심 결여라는 비난으로 쉽게 잠재울 수 있었다. 기원전 200년에 퀸크티우스 플라미니누스가 마케도니아와 싸우기 위해 출항했다.

　서른 살의 젊은 플라미니누스는 로마의 스키피오 서클 주위에 모여드는 그리스 문화에 심취한 진보적인 집단에 소속되어 있었다. 그는 신중한 기동 작전으로 키노스케팔라이 전투에서 필리푸스를 제압했다.(197년) 그 다음 플라미니누스는 전투에서 패한 필리푸스를 파산하고 쇠약해진 왕위에 복귀시켰으며 그리스 전체에 자유를 부여했다. 이러한 조치에 모든 지중해 국가들은 물론이고 로마까지도 깜짝 놀랐던 것 같다. 원로원 내의 제국주의자들이 항의했지만, 당시에는 진보주의자들이 잠시 원로원을 장악한 상황이었다. 196년에 플라미니누스의 전령이 코린트 지협(地峽) 경기에 모인 대규모 관중들에게 그리스가 로마로부터, 마케도니아로부터, 공물로부터, 그리고 심지어 주둔군으로부터도 자유로워질 것이라고 공표했다. 플루타르코스의 말에 따르면 경기장 위를 날아가던 까마귀들이 떨어져 죽을 정도로 군중들의 엄청난 환호가 있었다고 한다.[2] 냉소적인 사람들로부터 진정성을 의심받은 플라미니누스는 군대를 이탈리아로 철수시키는 것으로 응수했다. 이것은 전쟁사의 밝은 면이었다.

　하지만 하나의 전쟁은 항상 또 하나의 전쟁을 불러일으키는 법이다. 전에 아이톨리아 동맹에 예속되어 있던 그리스 도시들을 로마가 해방하자 아이톨리아 동맹은 분개했다. 그리고 셀레우코스 왕조의 안티오코스 3세에게 해방한 그리스를 다시 해방해 줄 것을 요청했다. 동방에서 손쉽게 거둔 몇 차례의 승리에 우쭐해진 안티오코스는 서부 아시아 전체에 자신의 세력을 확대하려고 생각했다. 그를 두려워하던 페르가몬은 로마에 도움을 요청했다. 원로원은 스키피오 아프리카누스와 그의 동생 루키우스를 로마 제1군단과 함께 아시아 땅에 파견했다. 189년 마그네시아 전투에서 로마가 승리를 거두었으며, 이 승리로 로마는 헬레니즘 동방에 대한 정복에 착수했다. 로마군은 북쪽으로 진격해 페르가몬을 위협하던 갈리아인들을 갈라티아(아나톨리아)로 몰아냈으며, 이오니아의 그리스인들 전체가 로마에 감사를 표했다.

유럽의 그리스인들은 그다지 기뻐하지 않았다. 로마 군대는 그리스 땅에 손실을 입히지 않았지만, 이제 그리스를 동쪽과 서쪽에서 포위했다. 로마는 전쟁과 계급 투쟁을 끝내야 한다는 조건으로 그리스인들을 해방했다. 전쟁 없는 자유란 그리스 세계(Hellas)를 만들었던 도시 국가들에게는 신기하고 지루한 삶이었다. 상층 계급은 이웃한 도시들에 맞서 힘의 정치를 행사하고 싶어 했으며, 빈민들은 로마가 도처에서 부자들을 지지하면서 자신들과 맞서 싸웠다는 것에 불평했다. 171년에 마케도니아의 왕으로 필리푸스 5세의 아들이자 후계자였던 페르세우스가 셀레우코스 4세 및 로도스와 동맹을 맺고, 그리스에게 로마에 맞서 함께 봉기할 것을 요구했다. 3년 뒤인 174년에 칸나 전투에서 죽었던 집정관의 아들 루키우스 아이밀리우스 파울루스가 피드나 전투에서 페르세우스를 격파하고 70개의 마케도니아 도시를 철저히 파괴했다. 그리고 로마에서의 화려한 개선식을 빛내기 위해 페르세우스를 포로로 잡아왔다.* 로도스는 아시아의 예속 도시들을 해방하고 델로스에 경쟁적인 항구를 설립했다는 이유로 처벌받았다. 역사가 폴리비오스를 포함해 수많은 그리스인 지도자들이 이탈리아에 인질로 잡혀왔다. 그곳에서 16년의 망명 기간 동안 700명의 인질이 죽었다.

다음 10년 동안 그리스와 로마는 공공연한 적대 관계로 나아갔다. 경쟁 관계에 있던 그리스의 도시들과 당파들, 그리고 계급들이 원로원에 지원을 요청했다. 이것은 표면상으로 자유로운 그리스를 로마에 실제로 예속시키는 간섭의

---

* 파울루스는 피드나 전투를 위해 출정한 자리에서 애송이 전략가들에게 다음과 같이 경의를 표했다. "모든 공공장소에서, 그리고 사적인 집단에서 군대를 마케도니아의 어디에 배치해야 할지, 전략적으로 어떤 위치를 차지해야 할지 아는 사람들이 있다. …… 그들은 단지 무엇을 해야 한다고 단언하지 않는다. 하지만 그들의 판단과 상반되는 결정이 내려질 때, 그들은 마치 집정관이 탄핵되고 있었던 것처럼 집정관을 소환한다. …… 이것은 성공적인 전쟁 수행을 심각하게 방해한다. …… (만약 누군가가) 나에게 훌륭한 조언을 할 수 있다는 것을 확신한다면, 그를 나와 함께 마케도니아에 가게 하라. 만약 그가 이것을 지나친 걱정거리로 생각한다면, 그가 땅에 있는 동안 지도자처럼 행동하지 못하게 하라."³

명분이 되었다. 그리스가 로마에 완전히 지배당하기 전까지는 그리스에서 영구적인 평화나 질서가 있을 수 없을 것이라고 생각하던 원로원의 현실주의자들이 스키피오 서클의 열성적 지지자들을 압도했다. 로마가 카르타고와 스페인을 상대로 전쟁을 하는 동안, 146년에 아카이아 동맹의 도시들이 해방 전쟁을 선언했다. 빈민의 지도자들이 해방 전쟁의 지배권을 장악했고, 노예들을 해방해서 무장시켰으며, 채무의 지불 유예를 선언했다. 그리고 토지의 재분배를 약속했다. 이제 전쟁에 혁명이 가세했다. 뭄미우스가 지휘하는 로마군이 그리스에 입성했을 때, 일반 대중들은 분열되어 있었고, 훈련되지 않은 그리스군은 로마군의 상대가 되지 않았다. 뭄미우스는 코린트를 불태웠고, 남자들은 죽였으며, 여자와 아이들은 노예로 팔았다. 그리고 거의 모든 동산과 예술 작품을 로마로 가져갔다. 그리스와 마케도니아는 로마 총독이 지배하는 로마 속주가 되었다. 아테네와 스파르타만이 그들 자신의 법의 보호를 받으며 살 수 있었다. 그리스는 200년 동안 정치사에서 자취를 감추었다.

2. 로마의 변화

신중한 계획이라기보다는 상황에 따라 부득이하게, 그리고 방어할 국경이 줄곧 축소되면서 로마 제국은 한 걸음 한 걸음 성장해 갔다. 피비린내 나는 크레모나 전투(200년)와 무티나 전투(193년)에서 로마 군단은 다시 한 번 갈리아 키살피나를 정복했고, 이탈리아 국경을 알프스 산맥까지 확장했다. 카르타고로부터 되찾은 스페인이 카르타고의 수중에 다시 들어가지 않도록 통제해야 했다. 게다가 스페인은 철, 은, 금이 풍부했다. 원로원은 스페인으로부터 매년 금괴와 현금 형태로 대량의 공물을 강제로 거두어들였으며, 로마 총독들은 고국을 떠나 1년간 쓴 비용에 대해 후하게 보상받았다. 예컨대 스페인에서 잠깐 총독직을 역임한 퀸투스 미누키우스는 3만 4800파운드의 은과 3만 5000데나리우스의 은화를 로마로 가져왔다. 스페인 사람들이 로마 군대에 징집되었다. 스키피오 아이밀리아누스는 그들 중 4만 명의 병력으로 스페인령 누만티아를 점령했다. 기원전 195년에 스페인 부족들이 격렬한 봉기를 일으켰다. 마르쿠스 카토가 엄격한 성실함으로 봉기를 진압했다. 이것은 사라져 가던 로마인 혈통의 자랑스러운 미덕을 상기시켰다. 기원전 179년에 티베리우스 셈프로니우스 그라쿠스는 스페인 토착민의 기질과 문명에 교감하는 방식으로 통치했고, 부족 족장들의 친구가 되었으며, 빈민들에게 토지를 분배했다. 하지만 기원전 151년에 후계자들 중 한 명인 루키우스 루쿨루스가 약탈품을 내줄 만한 부족이라면 누구든지 이유 없이 공격함으로써 그라쿠스가 체결한 조약을 위반했다. 그리고 그는 굳이 구실을 만들지 않고 수천 명의 스페인 사람들을 학살하거나 노예로 만들었다. 기원전 150년에 술피키우스 갈바는 토지를 분배하기 위해서는 조약 체결이 필요하다고 속이고 7000명의 토착민을 자신의 진영에 유인했다. 그들이 도착하자 갈바는 포위해서 노예로 삼거나 학살했다. 154년에 루시타니아(지금의 포르투갈)의 부족들이 로마에 맞서 16년간 계속된 전쟁에 돌입했다. 큰 키, 인내, 용기, 그리고 고귀함에서 영웅의 면모를 갖춘 유능한 지도자 비리아투스가 모습을 나타냈다. 로마군에게 암살될 때까지 8년 동안 비리아투스는 자신과 싸우려고 파견된 모든 군대를 무찔렀다. 중부 스페인의 반항적 켈트족이었던 이베리아인들은 죽은 사람의 인육을 먹으며 누만티아에서 15개월 동안 포위 공격을 견뎌 냈다. 마침내 기원전 133년 스키피오 아이밀리아누스는 그들을 굶겨서 항복을 받아 냈다. 대체로 스페인에서 로마 공화정의 정책은 너무 잔인하고 부정직해서 투입된 비용 이상의 손실을 입었다. 몸젠의 말대로 "그렇게 많은 배신과 잔인함, 그리고 탐욕으로 치러진 전쟁은 결코 없었다."[4]

   속주에서 빼앗은 약탈품으로 흥청망청 먹고 마실 수 있는 자금이 마련되었다. 이것은 공화정을 혁명으로 붕괴시킬 수 있을 정도였다. 카르타고, 마케도니아, 그리고 시리아가 지불한 배상금, 영광스러운 전장(戰場) 곳곳에서 로마로 쏟아져 들어온 노예들, 갈리아 키살피나와 스페인의 정복으로 노획된 귀금속들, 안티오코스와 페르세우스에게서 강탈한 4억 세스테르티우스(6000만 달러), 그리고 아시아 전투에서 만리우스 불소가 강탈한 금 4503파운드와 은 22만 파운드처럼[5] 이런저런 뜻밖의 횡재가 반세기 동안(기원전 202~146년) 로마의 유산 계층을 자산가에서 이제까지 군주들에게서만 볼 수 있었던 부를 소유한 사람들로 바꾸어 놓았다. 병사들은 이러한 대규모 침입으로 자신들의 주머니를 현금과 약탈품으로 가득 채워 돌아왔다. 이탈리아에서 건물보다 통화가 더 빨리 증가하면서, 수도 로마에서 부동산 소유자들이 힘 들이지 않고 재산을 세 배로 불렸다. 교역은 번창했지만 산업은 낙후되었다. 로마는 상품을 제조할 필요가 없었다. 로마는 강탈한 세상의 돈으로 세상의 물건을 구입하는 데 지불했다. 공공 토목 사업이 전례 없이 확대되었으며, 국가 계약으로 생활해 나가던 "공공 업무 대행자들"이 부자가 되었다. 얼마간의 돈을 가진 로마인이라면 누구나 조합에서 주식을 샀다.[6] 은행업자들이 급증하고 번창했다. 그들은 예금에 이자를 지급했고, 수표를 현찰로 바꾸어 주었으며, 고객들을 위해 어음을 결제했고, 돈을 빌리고 빌려 주었다. 그리고 은행업자들은 투자하거나 투자를 운용했으며, 극악무도한 사람과 대부업자가 동의어가 되었을 정도로 무자비한 고리대금업으로 부유해졌다.[7] 로마는 서구 세계의 산업이나 상업의 중심지가 아닌 금융과 정치의 중심지가 되어 가고 있었다.

이러한 수단으로 무장한 로마의 귀족 계급과 중상층 계급은 놀라운 속도로 금욕적인 소박함에서 무모한 사치로 옮겨 갔다. 카토의 생애(234~149년)에 이러한 변화는 거의 마무리되었다. 가족의 규모가 더 작아지면서 주택은 더 커졌다. 그리고 가구는 남의 이목을 끌기 위한 지출 경쟁으로 사치스러워졌다. 바빌로니아산 양탄자를 비롯해 상아와 은 또는 금을 박아 넣은 긴 의자에 엄청난 액수를 지출했다. 보석과 귀금속이 탁자와 의자에서, 여성들의 몸에서, 그리고 말의 마구(馬具)에서 빛이 났다. 격렬한 신체 운동이 줄어들고 부가 증가하면서, 예전의 소박한 음식물이 고기, 사냥으로 잡은 것, 진미, 양념된 음식물처럼 오래, 그리고 많이 먹는 것으로 대체되기 시작했다. 이국적인 음식이 사회적 지위나 겉치레에 빠지지 않았다. 한 유력자는 한 끼 식사에 제공된 굴에 1000세스테르티우스를 지출했고, 다른 한 유력자는 한 통에 1600세스테르티우스나 하는 안초비(anchovy, 지중해산 멸치류의 작은 물고기 - 옮긴이)를 수입했다. 그리고 또 다른 유력자는 철갑상어 알 한 단지에 1200세스테르티우스를 지출했다.[8] 뛰어난 요리사들이 노예 경매대에서 엄청난 가격에 팔렸다. 음주가 증가했으며, 술잔은 크고 되도록이면 금으로 만든 것이어야 했다. 포도주는 덜 희석되었고, 간혹 전혀 희석되지 않는 경우도 있었다. 연회와 의복에 대한 지출을 제한하는 사치 금지법이 원로원에서 통과되었지만, 원로원 의원들이 이 법을 무시했으므로, 어느 누구도 사치 금지법을 지키려 하지 않았다. 카토는 "시민들은 더 이상 유익한 충고에 귀를 기울이지 않는다. 왜냐하면 배가 고프면 아무것도 들리지 않기 때문이다."[9]라고 탄식했다. 개인은 국가에 맞서, 아들은 아버지에 맞서, 여성은 남성에 맞서 싸우며 자신의 존재를 의식하게 되었다.

대체로 여성의 힘은 사회의 부와 더불어 높아진다. 왜냐하면 배가 부를 때는 굶주림이 사랑에 길을 내어 주기 때문이다. 매춘이 번창했고, 그리스 및 아시아와의 접촉으로 동성애가 고무되었다. 많은 부유한 남성들이 마음에 드는 한 남성에게 1탈렌트(3600달러)를 지불했다. 카토는 미소년 한 명이 농장 하나보다 더 비싸다고 투덜거렸다.[10] 하지만 여성들은 그리스와 시리아에서 유입된 동성애자들에게 사랑을 양보하지 않았다. 여성들은 이제 부를 쉽게 거머쥐기 위해 아름다움을 가꾸는 일에 몰두했다. 화장품은 필수품이 되었고, 갈리아에서 수입된 가성 비누가 흰 머리카락을 적갈색 머리카락으로 엷게 물들였다.[11] 부유한 유산 계층은 아내와 딸을 비싼 옷과 보석으로 치장해 주는 것을 자랑했으며, 남들에게 자신의 성공을 알리고 다니게 했다. 통치 조직에서도 여성의 역할이 증대했다. 카토는 "다른 모든 남성들은 여성들을 지배한다. 하지만 모든 남성을 지배하는 우리 로마인들은 여성들의 지배를 받고 있다."라고 외쳤다.[12] 기원전 195년에 광장을 가득 메운 로마의 자유민 여성들이 215년에 제정된 오피우스 법을 폐지하라고 요구했다. 오피우스 법은 여성들이 금으로 치장하고, 화려한 색상의 옷을 입는 것 또는 전차를 사용하는 것을 금지했다. 카토는 오피우스 법이 폐지된다면, 로마가 몰락할 것이라고 예견했다. 리비우스는 모든 세대가 경청했던 카토의 연설을 다음과 같이 전하고 있다.

> 만약 우리들 각자가 집안에서 남편의 권리와 권한을 유지했다면, 오늘날 여성들과의 문제에서 이렇게 곤란한 지경까지 이르지는 않았을 것입니다. 이제는 집에서 여성들의 득세로 사라진 우리 남성들의 행동의 자유가 이곳 광장에서 좌절되고 짓밟히고 있습니다. …… 우리 조상들이 여성들의 자유를 구속했고 그들로 하여금 남편에게 복종하게 했던 여성들에 관한 모든 법률을 기억해 보십시오. 그럼에도 불구하고 어떤 제한 규정으로도 여러분은 여성들을 좀처럼 억누를 수 없습니다. 이제 만약 여러분이 여성들에게 이러한 제한 규정을 제거하도록 허용한다면 …… 그리고 여성들 자신을 그들의 남편과 동등하게 대한다면, 여러분이 여성들을 견디어 낼 수 있을 것으로 생각하십니까? 여성들이 여러분과 동등한 지위를 갖게 되는 바로 그 순간, 여성들은 여러분의 주인이 될 것입니다.[13]

여성들은 웃어대면서 카토의 연설을 중지시켰으며, 오피우스 법이 폐지될 때까지 자신들의 뜻을 굽히지 않았다. 카토는 감찰관으로서 오피우스가 금지했던 조항들에 세금을 열 배 정도 늘리는 것으로 복수했다. 하지만 세차게 흐르는 물결의 흐름은 돌이킬 수 없었다. 여성들에게 불리한 그 밖의 법들이 폐지되거나 수정 또는 기각되었다. 여성들은 자신의 지참금을 자유롭게 관리할 수 있는 권리를 획득했고, 남편과 이혼하거나 가끔 남편을 독살하는 경우도 있었다. 그리고 도시가 지나치게 과밀화되고 제국주의 전쟁을 치르는 시기에 아이들을 낳는 것이 과연 타당한 것인지 의심하기 시작했다.

이미 160년 무렵에 카토와 폴리비오스는 인구 감소와 한니발에 맞서 싸우기 위한 군대를 징집할 수 없는 국가의 무능함에 주목했다. 세계에 대한 지배권을 물려받은 신세대에게는 그것을 방어할 시간이나 의향이 없었고, 로마의 토지 소유자들을 특징지웠던 전쟁에 대한 대비가 전혀 이루어지지 않았다. 남성들은 자신들을 대신해 행동하는 대리인에 의해 용감해졌다. 그들은 피비린내 나는 싸움을 보기 위해 원형 경기장을 가득 메웠고, 연회에서 검투사들을 고용해 그들 앞에서 싸우게 했다. 예비 신부 학교는 남녀 모두에게 개방되었다. 그곳에서는 젊은 남녀가 노래하고, 리라를 연주하며, 그리고 우아하게 움직이는 방법을 배웠다.[14] 도덕이 느슨해지면서 상층 계급의 예법은 더 세련되었다. 하층 계급의 예법은 계속해서 거칠고 활기 넘치게 되었고, 놀이는 자주 격렬해졌으며, 언어는 거리낌 없이 저속해졌다. 우리는 플라우투스의 작품에서 이러한 활력 넘치는 세속적인 대중의 냄새를 맡을 수 있으며, 테렌티우스가 왜 그것을 그토록 진저리쳤는지 알 수 있다. 167년의 개선식에서 일단의 피리 연주자들이 음악 연주회를 시작하려고 했을 때, 관중들은 음악가들의 연주를 권투 시합으로 바꾸도록 강요했다.[15]

확대되어 가는 중산 계급의 영리 추구에는 거칠 것이 없었다. 그들의 부는 더 이상 부동산이 아닌 상업적 투자나 경영에 기반을 두었다. 옛날의 도덕과 몇 안 되는 도덕주의자들로는 유동 자본의 새로운 경제 체제가 로마인의 삶을 규정짓는 것을 막을 수 없었다. 모든 사람이 돈을 갈망했을 뿐 아니라 돈에 의해서 판단하거나 판단되었다. 정부가 수많은 재산, 예를 들어 마케도니아 광산을 포기해야 했을 정도로 정부 하청업자들의 사기가 기승을 부렸다. 왜냐하면 사업이 이익보다는 시련을 더 많이 야기했을 정도로 임차인들이 노동자들을 착취했고 국가를 속여 갈취했기 때문이다.[16] (역사가들을 믿을 수 있다면, 아니 믿어서는 안 되지만) 한때 명예를 목숨보다 더 중히 여기던 귀족 계급은 새로운 도덕을 받아들이고 새로운 부를 공유했다. 그리고 귀족 계급은 더 이상 국가가 아닌 계급과 개인적 특권, 그리고 부수입을 생각하기 시작했다. 더욱이 귀족 계급은 사람들이나 국가들에 대해 호의를 베푼 대가로 선물과 거액의 뇌물을 받았으며, 힘보다는 부를 더 많이 가지고 있었던 나라들과 전쟁하기 위한 즉각적인 이유를 찾았다. 귀족들은 평민들을 거리에서 멈춰 세우고 투표를 부탁하거나 돈으로 매수했다. 정무관들이 공공 자금을 횡령하는 것은 흔한 일이 되었으며, 그들이 기소당하는 것을 보는 것은 드문 일이 되었다. 왜냐하면 원로원 의원 절반이 조약을 위반하고 동맹국들을 강탈하고 속주를 약탈하는 일에 공모했을 때, 과연 누가 동료 원로원 의원들의 강탈 행위를 처벌할 수 있었겠는가? 카토는 "시민의 재산을 강탈하는 사람은 족쇄와 사슬에 채워져 죽지만, 지역 사회의 재산을 강탈하는 사람은 자색과 금색의 옷을 입고 죽는다."라고 전하고 있다.[17]

그럼에도 불구하고 원로원은 예전보다 더 높은 평판을 누렸다. 원로원은 두 차례의 포에니 전쟁과 세 차례의 마케도니아 전쟁에서 로마를 승리로 이끌었다. 원로원은 로마의 모든 경쟁자들에게 도전해 정복했으며, 로마에 추종하는 이집트의 호의를 이끌어 냈다. 그리고 세계의 부를 너무 많이 강탈한 나머지 이탈리아는 146년에 직접세를 면제받았다. 전쟁과 정책의 위기 속에서 원로원은 민회 정무관의 수많은 권한을 빼앗았지만, 승리로 인해 원로원의 강탈 행위는 정당화되었다. 원로원의 통치권은 민회 조직을 우스꽝스럽게 만들어 버렸다. 이제 난폭한 대중들은 주로 노련한 정치가들과 개선장군들로 구성된 원로원의 지배에 굴복했다. 대중들은 자신들의 문제를 로마의 민회에 참석할 수 있었던 1000여 명밖에 안 되는 소수의 이탈리아인들이 결정하는 것에 격렬하게 저항했을 것이다. 민주주의의 원리는 자유이고 전쟁의 원리는 규율이다. 각각은 다른 한쪽의 존재를 필요로 하지 않는다. 전쟁은 뛰어난 정보와 용기, 신속한 결정, 통일된 행동, 그리고 즉각적인 복종을 요구한다. 전쟁의 빈번한 발생은 민주주의의 운명을 결정했다. 법에 따라 켄투리아회만이 전쟁을 선포하거나 평화 협상을 체결할 권한을 가졌다. 하지만 원로원이 외교 문제를 처리하는 권한을 행사했으므로 민회는 더 이상 어떤 실제적인 선택도 할 수 없는 상황에까지 도달할 수 있었다.[18] 원로원은 국고와 모든 공공 자금의 지출을 관리했다. 그리고 원로원은 원로원의 명부에서 모든 중요한 배심원들을 받아들여야 한다는 규정에 근거해 사법부를 통제했다. 법을 공식화하고 해석하는 일이 귀족 계급의 손에 맡겨졌다.

이러한 귀족 계급 내부에 유력한 가문들의 과두 지배가 존재했다. 술라 때까지 로마 역사는 개인보다는 가문의 기록이었다. 어떤 위대한 정치가도 두각을 나타내지 않았지만, 세대를 거듭하면서 국가의 고위 관직에 동일한 이름이 등장했다. 기원전 233~133년에 200명의 집정관들 중에 159명이 26개 가문에서 배출되었다. 이 시기에 가장 유력한 가문은 코르넬리우스 가문이었다. 218년 트레비아 전투에서 전사한 푸블리우스 코르넬리우스 스키피오로부터 그의 아들로서 한니발을 격퇴한 스키피오 아프리카누스를 거쳐서 146년에 카르타고를 멸망시킨 스키피오 아프리카누스의 양손자인 스키피오 아이밀리아누스에 이르기까지 로마의 정치와 전쟁의 역사는 대부분 코르넬리우스 가문의 이야기이다. 그리고 귀족 계급을 파멸시켰던 혁명은 아프리카누스의 손자인 그라쿠스 형제에 의해 시작되었다. 로마를 구한 자마 전투에서의 승리로 아프리카누스는 모든 계급에게 엄청난 인기를 누렸으므로, 한동안 로마는 그가 바라는 관직이 무엇이든 제공할 준비가 되어 있었다. 하지만 아프리카누스와 그의 동생 루키우스가 아시아의 전쟁에서 돌아왔을 때(187년), 카토 일당은 안티오코스가 로마에 전할 배상금으로 루키우스에게 지불했던 돈에 대해서 해명할 것을 요구했다. 아프리카누스는 동생에게 해명하지 못하게 하고 원로원 앞에서 관련 문서를 갈기갈기 찢어 버렸다. 루키우스는 민회 재판에 회부되어 횡령 판결을 받았다. 그는 아프리카누스의 사위인 호민관 티베리우스 셈프로니우스 그라쿠스의 거부권으로 처벌을 면했다. 자신의 차례가 되어 재판에 소환된 아프리카누스는 자마 전투의 기념일을 축하하기 위해 유피테르 신전으로 민회를 초대하고 인도함으로써 소송을 중단시켰다. 재차 소환을 명령받은 아프리카누스는 소환을 거부하고 리테르눔에 있는 자신의 농장으로 물러났으며, 거기에서 죽을 때까지 평온하게 여생을 보냈다. 정치 분야에서 이러한 개인주의의 출현은 상업과 도덕 분야에서의 개인주의 증가와 일치했다. 로마 공화정은 머지않아 영웅들의 지나친 활력 때문에 멸망할 것이다.

아름다운 것에 대한 올바른 이해가 귀족 계급과 이 시대를 보완해 주었다. 이탈리아, 시칠리아, 그리고 아시아에서 그리스 문화와 접촉했던 로마인들은 사치품뿐만 아니라 최고의 고전 예술 작품들과 친숙해졌다. 정복자인 로마인들은 세계적으로 유명한 그림과 조각상, 돋을새김된 금속제 잔과 거울, 값비싼 직물과 가구를 가지고 돌아왔다. 구세대는 시라쿠사에서 약탈한 조각품들로 로마 광장을 장식한 마르켈루스에게 충격을 받았다. 구세대가 불평하던 것은 약탈이 아니었다. 그들은 예전에는 근면했지만 지금은 "사소한 것들을 조사하고 비판하는" 것을 그만둔 시민들의 "나태함과 쓸모없는 이야기"에 불만을 토로했다.[19] 풀비우스는 암브라키아에서 피로스의 소장품 가운데 1015개의 조각상을 강탈했고, 아이밀리우스 파울루스는 자신의 개선식에서 50대의 전차에 그리스를 해방해 준 것에 대한 일부 보상으로 그리스에서 가져온 예술품을 가득 채웠다. 술라, 베레스, 네로, 그리고 다른 수많은 로마인들도 마찬가지로 200년 동안 줄곧 이렇게 행동했다. 요컨대 로마의 정신에 옷을 입히기 위해 그리스가 벌거벗겨졌던 것이다.

그리스 예술의 침투에 압도당한 이탈리아 예술은 고유의 특성과 표현 양식을 포기했으며, 하나의 예외와 함께 그리스 예술가들과 주제, 그리고 형식에 굴복했다. 로마에 유입된 엄청난 양의 금에 뒤이어서 그리스 조각가와 화가와 건축가가 로마로 이주했으며, 서서히 자신들을 정복한 자들의 수도인 로마를 그리스화하기 시작했다. 부유한 로마인들은 그리스 방식에 따라 훤히 트인 안마당 주위에 대저택을 세우고, 거기에 그리스식 기둥, 조각상, 그림, 가구 등으로 장식하기 시작했다. 신들이 노여워하지 않도록 신전은 더 느린 속도로 변화했다. 신들을 위한 투스카니 양식의 작은 신상 안치소와 높은 기단에는 변화가 없었다. 하지만 더 많은 올림포스 신들이 로마에 거주하면서, 신들의 거처를 그리스식으로 더 가느다랗게 설계할 필요가 있어 보였다. 하지만 여전히 그리스에서 실마리를 찾고 있는 로마의 예술이 한 가지 중요한 점에서 독특한 수단과 힘으로 강인한 이탈리아 정신을 표현했다. 승리를 축하하고 장식하는 기념비와 바실리카(basilica), 그리고 수로를 위해 로마 건축가는 장식 틀을 아치로 대체했다. 184년에 카토는 석조 건물인 바실리카 포르키아(Basilica Porcia)를 세웠으며, 5년 뒤에는 아이밀리우스 파울루스가 후손들이 여러 세대를 거치면서 수리하고 아름답게 장식할 바실리카 아이밀리아(Basilica Aemilia)를 세우기 시작했다.* 사업상 또는 법률상의 업무를 처리하기 위해 설계된 전형적인 로마의 바실리카는 기다란 장방형 건물로서 2열로 늘어선 내부 기둥들에 의해 회중석과 통로로 나누어졌다. 그리고 보통 가로세로로 여러 개의 금을 그어 정(井) 자 모양으로 장식된 반원형 둥근 천장으로 지붕을 덮었는데, 이것은 발전된 형태로 알렉산드리아에서 받아들였다.[20] 회중석이 통로보다 높았으므로 빛과 공기가 들어오도록 각 통로 위에 구멍 뚫린 돌의 격자 구조로 된 채광창이 설치될 수 있었다. 물론 여기에서 중세 성당 내부의 기본적인 형태를 엿볼 수 있다. 이렇듯 거대한 건물들 덕분에 로마는 장엄함과 활력을 나타내기 시작했다. 이러한 장엄함과 활력은 로마가 더 이상 세계의 수도가 아니었던 시절 이후에도 로마를 특징지을 수 있었다.

3. 새로운 신들

이런 무분별한 변화의 시대에 옛날의 신들은 어떻게 살아가고 있었을까? 분명한 사실은 귀족에서부터 대중에 이르기까지 불신의 실개천이 졸졸 흐르고 있었다는 것이다. 고대의 모든 신들을 여전히 신뢰하던 사람들이 플라우투스가 (그리스 신들에 대해 온갖 구실을 동원하여) 알크메네를 유혹하는 유피테르 신을 웃음거리로 만들었고 메르쿠리우스를 익살꾼으로 변화시켰던 희극들을 어떻게 떠들썩하게 좋다고 인정하면서 받아들일 수 있었는지 이해하기 어렵다. 옛날의 방식을 몹시도 보존하고 싶어 했던 카토마저 두 명의 복점관이 얼굴을 마주했을 때, 자신이 웃음을 참을 수 있다는 것에 놀라워했다.[21] 매우 오랫동안 전조를 해석해 왔던 복점관은 정치적 속임수에 매수되었다. 기이한 현상과 전조가 여론을 형성하기 위해 조작되었고, 대중들의 투표가 종교를 빙자한 사기

---

* 바실리카(즉 왕실의 주랑 현관인 스토아(stoa))는 아치를 페르시아 궁전과 이집트 다주식(多柱式) 홀에 적용한 헬레니즘 양식이었다. 델로스와 시라쿠사는 기원전 3세기에 이러한 건축물을 세웠다.

로 취소되었으며, 종교는 착취를 신비로운 행위로 바꾸는 것에 묵인했다. 로마의 최상류 사회에서 17년간 생활하던 폴리비오스가 기원전 150년 무렵에 마치 로마의 종교가 통치 수단에 불과했던 것처럼 쓸 수 있었다는 것은 나쁜 징조였다. 폴리비오스에 따르면,

> 나의 판단으로는 로마 공화정에서 가장 주목할 만한 특징은 종교의 본질이다. 다른 국가들 사이에서 비난의 대상이 되고 있는 미신은 로마 국가의 응집력을 유지해 주고 있다. 미신은 다른 어떤 종교도 필적할 수 없을 정도로 화려함으로 뒤덮여 있으며 공적이고 사적인 생활에 도입된다. …… 나는 정부가 대중들을 위해 미신을 채택했다고 생각한다. 만약 현자들로 이루어진 국가를 만드는 것이 가능했다면, 미신은 필요하지 않았을 것이다. 하지만 대중들이란 변덕스럽고, 자유분방한 욕망과 불합리한 열정, 그리고 격렬한 분노로 가득 차 있으므로, 눈에 보이지 않는 공포와 화려한 종교 행사로 그들을 억누르지 않으면 안 된다.[22]

아마도 폴리비오스는 플라우투스와 철학에도 불구하고 미신이 여전히 지배하고 있었다는 것을 입증하는 데 도움이 되는 최근의 사건들로 자신을 합리화시킬 수 있었던 것 같다. 칸나 전투의 재앙으로 한니발에 맞서 싸우는 로마가 무방비 상태에 놓였을 때, 쉽게 흥분하는 로마 대중들이 공황 상태에 빠져 "어떤 신에게 로마를 구해 달라고 기도해야 합니까?"라고 외쳤다. 원로원은 인간을 희생 제물로 바친 뒤에 그리스 신들에게 기도함으로써, 그 다음 모든 신들, 즉 로마와 그리스의 신들에게 똑같이 그리스의 종교 의식을 적용함으로써 대중들의 소동을 달래려고 애썼다. 마침내 원로원은 미신을 막을 수 없다면, 체계화해서 관리하기로 결정했다. 205년에 원로원은 만약 대모신(大母神), 즉 키벨레(Cybele) 여신의 형상을 프리기아의 페시누스에서 로마로 가져온다면, 한니발이 이탈리아를 떠날 것이라는 키벨레 신탁집의 예언을 공표했다. 페르가몬의 왕 아탈로스는 여기에 동의했다. 대모신의 화신으로 믿어졌던 검은 돌이 오

스티아 항구로 수송되었으며, 그곳에서 스키피오 아프리카누스와 일단의 정숙한 부인들이 검은 돌을 맞이하는 감동적인 의식을 행했다. 검은 돌을 수송하던 배가 테베레 강의 진흙 속에 좌초되었을 때, 베스타 여신전의 신녀인 클라우디아가 순결의 마법으로 배를 구해 내 테베레 강 상류를 통해 로마로 끌고 갔다. 그 다음 자신의 차례가 되자 각자 검은 돌을 부드럽게 잡은 부인들이 장엄한 행렬을 이루며 승리의 여신 신전까지 검은 돌을 운반했다. 그리고 신앙심이 두터운 사람들은 대모신이 지나갈 때 집 앞 문에 향을 피웠다. 원로원은 스스로 거세한 신관들이 새로운 신을 섬겨야 한다는 사실을 알고 충격에 휩싸였다. 스스로 거세한 사람들을 찾아 나섰지만, 로마인은 스스로 거세하지 못하게 되어 있었다. 그 무렵부터 로마는 4월마다 처음에 격정적인 슬픔으로 시작되다가 열광적인 환희가 뒤를 이었던 대모신을 기리는 메갈레시아 축제를 거행했다. 왜냐하면 키벨레는 초목의 신이었으며, 전설에서 가을과 봄을 상징하는 키벨레의 아들 아티스가 어떻게 죽어서 하데스에게 갔고, 그런 다음 망자들 사이에서 어떻게 되살아났는지를 말해 주었기 때문이다.

같은 해인 205년에 한니발은 이탈리아를 떠났고, 원로원은 종교적 위기를 잘 해결한 것에 대해 스스로에게 찬사를 보냈다. 하지만 마케도니아와의 전쟁으로 그리스와 동방으로 향하는 길이 열렸다. 동방에서 약탈품, 사상, 그리고 신화를 갖고 돌아오는 병사들에 뒤이어 그리스와 아시아의 포로, 노예, 피난민, 상인, 여행자, 운동선수, 미술가, 배우, 음악가, 교사, 그리고 강연자들이 무리를 지어 로마에 쇄도해 들어왔다. 게다가 이주민들이 자신들의 신과 함께 들어왔다. 로마의 하층 계급은 디오니소스–바쿠스, 오르페우스와 에우리디케, 신에 대한 영감과 열광을 가져다주었던 신비로운 의식들, 그리고 부활한 신을 드러내고 숭배자들에게 영생을 약속했던 입회식을 알게 되어 기뻤다. 186년에 원로원은 상당히 적은 수의 사람들이 디오니소스 의식을 받아들였으며, 새로운 신 디오니소스가 밤에 열리는 바쿠스 축제에서 숭배되고 있었다는 것을 알고 당황했다. 바쿠스 축제의 은밀함은 절제되지 않은 음주와 성적 환락의 소문을 그럴듯하게 만들어 주었다. 리비우스는 "여성들보다는 남성들이 더 불결해졌다."라고 전한다. 여기에 덧붙여 리비우스는 아마도 소문을 역사로 바꾸려는 듯 "불결함에 굴복하지 않으려 했던 사람은 누구든지 …… 산 제물로 희생되었다."라고 말하고 있다.[23] 원로원은 바쿠스 축제를 금지하고 7000명의 열광적인 신자들을 체포했으며, 수백 명을 사형에 처했다. 이것은 로마가 동방의 신앙들에 맞서 치러야 했던 기나긴 전쟁에서 거둔 일시적 승리에 지나지 않았다.

4. 철학의 도래

그리스의 로마 정복은 로마 평민에게 그리스의 종교와 희극, 그리고 로마의 상층 계급에게 그리스의 도덕, 철학, 예술을 전하는 형태로 나타났다. 그리스에서 전해진 이러한 선물들로 인해 로마인의 신앙과 기질은 점차 약화되었다. 이것은 오랜 기간에 걸쳐 진행된 로마인 정복자들에 대한 그리스의 보복 가운데 일부에 불과했다. 그리스의 로마 정복은 루크레티우스의 금욕적인 에피쿠로스주의에서 세네카의 쾌락적인 스토아주의까지 로마의 철학에서 정점에 도달했다. 그리스도교 신학에서 그리스의 형이상학이 이탈리아의 신들을 압도했다. 처음에는 로마의 경쟁자로서, 그 다음에는 로마의 계승자로서 콘스탄티노플이 등장하면서 그리스 문화가 승리를 거두었다. 그리고 콘스탄티노플이 멸망했을 때, 그리스의 문학, 철학, 그리고 예술이 르네상스 시기에 이탈리아와 유럽을 다시 정복했다. 이것이 유럽 문명사에서 중심을 이루는 흐름이다. 다른 모든 흐름은 지류에 지나지 않는다. 키케로의 말에 따르면 "그리스에서 로마로 흘러들었던 것은 작은 개울이 아니라 문화와 학문의 거대한 강이었다."[24] 이제부터는 로마의 정신적, 예술적, 종교적 생활이 헬레니즘 세계의 일부였다.*

---

* 이제는 진부해져 버린 한 구절에서 호라티우스는 다음과 같이 말했다. "정복된 그리스가 야만적인 정복자들을 포로로 만들었다."[24a]

로마로 침투해 들어오던 그리스인들은 학교와 강연장에서 전략적인 통로를 발견했다. 그칠 줄 모르고 늘어나는 "시시한 그리스인들"(Graeculi, 냉소적인 로마인들이 그들을 그렇게 불렀다.)이 동방에서 돌아오는 군대의 뒤를 따라왔다. 그들 중 상당수가 노예로서 로마의 가정에서 가정 교사가 되었다. 일부는 문법학자로서 그리스의 언어와 문학을 가르치기 위한 학교를 열어 로마에서 중등 교육을 시작했다. 그리고 일부는 웅변술 교사로서 웅변술, 문학 작문, 그리고 철학에 관해 개인 교습과 공개 강연을 했다. 로마의 웅변가들(심지어 그리스 문화 숭배자를 싫어했던 카토마저)은 리시아스, 아이스키네스, 그리고 데모스테네스의 연설을 모방하기 시작했다.

극소수의 그리스인 교사들이 어떤 종교적 신념을 가졌으며, 그들보다 더 소수는 그것을 전해 주는 역할을 했다. 그들 중 소수가 에피쿠로스를 추종했으며, 루크레티우스보다 앞서서 종교를 인간 생활의 주요 악으로 묘사했다. 귀족들은 그 바람이 어디에서 불어오고 있는지를 알았으며, 그것을 멈추게 하려고 애썼다. 173년에 원로원은 두 명의 에피쿠로스주의자를 추방했으며, 161년에는 "로마는 어떤 철학자나 웅변가도 용납하지 않을 것"이라고 선언했다. 하지만 그 바람은 잦아들려 하지 않았다. 159년에 페르가몬 왕립 도서관장이자 스토아주의자였던 말루스의 크라테스가 공식 사절로 로마에 왔으며, 다리가 부러져 로마에 계속 남아 있게 되었다. 그는 차츰 건강을 회복하는 동안 문학과 철학에 관한 강연을 했다. 155년에 아테네는 위대한 철학 학파를 대표하는 세 사람, 즉 플라톤주의자인 카르네아데스와 아리스토텔레스주의자인 크리톨라우스, 그리고 셀레우키아의 스토아주의자인 디오게네스를 로마에 사절로 파견했다. 그들의 로마 도착은 거의 1453년에 크리솔로라스(비잔티움 제국의 인문주의자 – 옮긴이)가 가져왔던 것만큼의 강한 자극이었다. 카르네아데스는 웅변술로 너무 유창하게 말했으므로 젊은이들이 매일 그의 말을 들으려고 찾아왔다.[25] 그는 완전한 회의론자로서 신의 존재를 의심했으며, 정의로워지는 것만큼이나 불법 행위를 저지르는 데에도 충분한 이유가 있을 수 있다고 주장했다. 이것은 뒤늦게 플라톤이 트라시마코스에게 굴복하는 것이었다. 카르네아데스의 말을 들은 대(大)카토는 사절들을 본국으로 돌려보내도록 원로원에 요구했다. 그들은 본국으로 돌아갔지만 로마의 신세대는 철학이라는 포도주의 맛을 알게 되었다. 그리고 이 무렵부터 로마의 부유한 젊은이들은 옛 신앙을 버리고 최근의 의문들을 풀기 위해서 아테네와 로도스로 갔다.

그리스를 정복했던 바로 그 로마인들이 로마에서 헬레니즘 문화와 철학을 후원했다. 마케도니아를 침입해 그리스를 해방하기 전에 그리스 문학의 애호가였던 플라미니누스는 그리스에서 보았던 예술품과 무대극에 깊은 감명을 받았다. 비록 강탈의 수준이었다고는 하지만, 로마의 몇몇 장군들이 폴리클레이토스, 페이디아스, 스코파스, 그리고 프락시텔레스를 이해할 수 있었다는 것은 긍정적으로 보아야 한다. 아이밀리우스 파울루스는 페르세우스에게 승리하면서 가지고 들어왔던 약탈품들 중에, 자식들에게 유산으로 남기기 위해 페르세우스 왕의 장서만을 남겨 두었을 뿐이었다. 그는 아들들에게 로마의 사냥과 전쟁 기술뿐 아니라 그리스의 문학과 철학을 배우게 했다. 그리고 공무가 허락하는 한에서 자식들과 함께 배웠다.

파울루스가 죽기 전에, 막내아들이 아프리카누스의 아들이자 자신의 친구인 코르넬리우스 스키피오(P. Cornelius Scipio)에게 입양되었다. 로마의 관습에 따라 그 아이는 양부의 이름을 받아들였고, 아버지의 씨족 명을 덧붙였다. 이렇게 해서 그는 앞으로 스키피오로 불리는 코르넬리우스 스키피오 아이밀리아누스(P. Cornelius Scipio Aemilianus)가 되었다. 그는 수수한 마음씨와 온화한 말투를 가진, 그리고 애정 어리고 관대하며 잘생긴 건장한 젊은이였다. 그리고 너무 정직한 나머지 죽음을 앞두고 카르타고에서 가져온 모든 약탈품을 수중에서 내려놓은 후에, 자신가기 이닌 학자처럼 살았다. 하지만 그에게 남아 있는 거라곤 33파운드의 은과 2파운드의 금뿐이었다. 어린 시절 스키피오는 폴리비오스라는 그리스인 망명자를 만났다. 폴리비오스는 스키피오에게 훌륭한 조언을 해 주고 책을 주는 것으로 감사를 표하고 평생에 걸친 우정을 맺었다. 어린 나이에 스키피오는 아버지가 지휘하는 피드나 전투에서 이름을 떨쳤으며, 스페인에서는 적의 일대일 결투를 받아들여 승리하기도 했다.[26]

사생활에서 스키피오는 자신의 주위에 그리스 사상에 관심 있는 저명한 로마인들을 끌어모았다. 그들을 대표하는 사람이 가이우스 라일리우스였다. 그는 지혜롭고 변치 않는 우정을 간직했으며, 판단이 공정하고 일상적인 생활에서 흠 잡을 데 없는 사람이었다. 게다가 그는 언어 구사 능력과 문체의 순수성에서 아이밀리아누스에 버금가는 인물이었다. 한 세기를 가로질러 키케로는 라일리우스에게 푹 빠졌으며, 그의 이름을 따서 우정에 관한 에세이를 명명했다. 그리고 키케로는 자신이 살았던 혼란과 격동의 시대가 아니라 고귀하고 지적인 로마 젊은이들의 서클에서 생활했더라면 좋았을 것이라고 생각했다. 스키피오 서클은 문학에 상당한 영향력을 미쳤으며, 테렌티우스는 여기에 참여해 언어의 정확성을 격조 높게 발전시켰다. 그리고 가이우스 루킬리우스(180~103년)는 아마도 이 서클에서 풍자시에 사회적 의미를 부여하는 방법을 배웠던 것 같다. 그는 풍자시로 당대의 부도덕과 사치를 통렬히 비난했다.

폴리비오스와 파나이티우스가 스키피오 서클의 그리스인 조언자였다. 폴리비오스는 몇 년간 스키피오의 집에서 살았다. 그는 현실주의자이자 합리주의자였으며, 인간과 국가에 대한 환상을 전혀 갖고 있지 않았다. 파나이티우스는 로도스 출신으로 폴리비오스처럼 그리스 귀족 계급에 속했다. 그는 오랫동안 스키피오와 함께 살면서 애정 어린 친밀감으로 서로 영향을 주고받았다. 즉 파나이티우스는 스키피오에게서 스토아주의의 고귀함을 불러일으켰다. 아마도 파나이티우스에게 지나치게 윤리적인 스토아주의의 요구를 보다 실용적인 교리로 완화하도록 권유한 사람이 스키피오였던 것 같다. 『의무에 관하여』라는 책에서 파나이티우스는 스토아주의의 중심 사상을 다음과 같이 규정했다. 인간은 전체의 부분이며 전체, 즉 가족, 국가, 세계의 신성한 영혼과 협력해야 한다. 그리고 인간은 감각의 쾌락을 즐기기 위해서가 아니라 불평하지 않거나 무제한적으로 자신의 의무를 다하기 위해 이 세상에 있는 것이다. 초기의 스토아주의자들처럼 파나이티우스는 흠결 없는 완전한 미덕, 즉 세상의 재물과 행운에 대한 철저한 무관심을 요구하지 않았다. 교육받은 로마인들은 그들이 믿지 않게 된 신앙에 대신해 남 앞에 당당하게 내놓을 만한 대체물로서 스토아 철학에 달려들었으며, 스토아 철학의 윤리에서 그들의 전통과 이상에 완전하게 부합되는 도덕률을 발견했다. 스토아주의는 스키피오에게는 영감, 키케로에게는 야망, 세네카에게는 더 나은 자아, 트라야누스 황제에게는 안내자, 마르쿠스 아우렐리우스 황제에게는 위안, 그리고 로마에게는 양심이 되었다.

5. 문학의 각성

철학뿐 아니라 문학을 장려하고, 라틴어를 세련되고 유창한 문학 매체로 만들며, 자양분이 풍부한 그리스 시의 샘으로 로마 시인들을 유인하고, 그리고 청중에게 전도유망한 시 또는 산문 작가들을 알리는 것이 스키피오 서클의 기본 목적이었다. 204년에 스키피오 아프리카누스는 스키피오 가문과 그들의 친구로 대표되는 모든 것을 가장 강력하게 반대한 카토가 로마에 데려온 시인을 기꺼이 맞아들임으로써 자신의 기질을 드러냈다. 퀸투스 엔니우스는 브룬디시움 근처에서 그리스와 이탈리아의 혈통을 이어받고 태어났다.(239년) 그는 타렌툼에서 교육받았으며, 그의 열정적인 기질은 테렌티우스의 무대극에서 상연된 그리스 희곡들로부터 깊은 감명을 받았다. 그가 사르디니아에서 병사로서 보여 준 용기는 그곳의 재무관이었던 카토를 매료시킬 정도였다. 로마에 도착한 엔니우스는 라틴어와 그리스어를 가르치며 생활했고, 친구들에게 자신의 시를 낭송했으며, 스키피오 서클에 들어갈 수 있는 자격을 획득했다.

엔니우스는 모든 형태의 시를 시도해 보았다. 그는 몇 편의 희극과 적어도 20편의 비극을 썼다. 엔니우스는 에우리피데스에게 푹 빠져서 그처럼 급진적인 생각들을 해보았다. 그리고 그는 에피쿠로스주의자의 빈정거리는 투로 "신이 존재한다는 것을 인정한다. 하지만 신은 인간이 하는 일에 개의치 않는다. 게다가 신은 선인과 잘 어울리려고 하고 악인과는 어울리려 하지 않지만 그런 일은 좀처럼 일어나지 않는다."라고 말하면서 신앙심이 두터운 사람들에게 고통을 안겨 주었다.[27] 키케로의 말에 따르면 청중들은 엔니우스의 말에 박수갈채를 보냈다고 한다.[28] 엔니우스는 에우헤메로스의『성스러운 역사』를 번역 또는 의역했다.『성스러운 역사』에서는 신들을 대중의 정서에 의해 신격화된 죽은 영웅에 불과하다고 주장했다. 엔니우스는 이름뿐인 신학의 영향을 받지 않았다. 왜냐하면 그는 피타고라스와 공작새를 포함해 여러 몸으로 옮겨 간 호메로스의 영혼이 이제 엔니우스에게 있다고 말했기 때문이다. 그는 아이네이아스에서 피로스까지 이어지는 웅장한 로마의 역사를 썼으며, 이『연대기』는 베르길리우스 때까지 이탈리아의 국민시가 되었다. 그중에서 몇 개의 단편이 전해 오는데, 가장 유명한 것이 로마의 보수주의자들이 즐겨 인용하는 다음 시구이다.

로마 국가는 고대의 도덕과 위인들 덕분에 존속한다.

운율적으로 이 시는 파격 그 자체로, 나이비우스의 산만한 "사투르누스 운율의" 시를 그리스 서사시의 유려하고 유연한 6보격 시로 대체했다. 엔니우스는 라틴어에 새로운 형식과 힘을 부여했고, 자신의 시구를 생각의 알맹이로 가득 채웠으며, 루크레티우스와 호라티우스와 베르길리우스를 위해 방법론, 어휘, 주제, 그리고 개념을 준비했다. 그는 미각의 즐거움에 관한 글을 쓰는 것으로 생애 마지막을 장식했으며, 70세에 통풍으로 죽었다. 그는 묘비명에서 이렇게 당당히 말하고 있다.

나의 죽음에 눈물 흘리지 말고, 슬퍼하지도 마라.
나는 사람들의 입에서 사라지지 않을 것이다. 난 살아 있다.[29]

엔니우스는 희극을 제외한 모든 분야에서 성공했다. 아마도 그는 "사람은 철학적으로 사색해야 하지만, 지나쳐서는 안 된다."라고 조언하는 것을 잊기라도 한 듯 철학을 너무 진지하게 받아들였던 것 같다.[30] 대중들은 당연히 철학보다는 웃음을 더 좋아했으며, 플라우투스를 부자로, 그리고 엔니우스를 가난뱅이로 만들었다. 비슷한 이유로 로마의 대중들은 비극에 환호의 갈채를 보내지 않았다. 파쿠비우스와 아키우스의 비극은 귀족의 박수갈채를 받았지만 대중들에게 무시당했으며, 시간이 지나면서 잊혔다.

아테네에서처럼 로마에서도 국가 관리들이 종교 축제에 대한 축하의 일부로서 또는 어떤 저명한 시민의 장례식으로서 대중들에게 연극을 제공했다. 플라우투스와 테렌티우스의 극장은 장식된 무대 배경을 지탱해 주는 나무 발판과 발판의 정면에 원형 오케스트라, 즉 춤을 추기 위한 무대로 이루어졌다. 그리고 원형 오케스트라의 뒤쪽 절반에는 프로스카이니움(proscaenium), 즉 무대가 설치되었다. 오늘날의 사열대처럼 이러한 엉성한 구조물은 축제가 끝난 뒤에 해체되었다. 관객들은 서 있거나 자신들이 가져온 등받이 없는 의자에 앉았고, 그렇지 않으면 사방이 훤히 트인 땅에 쪼그리고 앉았다. 145년까지는 여전히 나무로 만들어졌고 지붕은 없었지만, 그리스의 반원형 극장처럼 좌석이 딸려 있는 나무랄 데 없이 완벽한 극장은 로마에 세워지지 않았다. 입장료는 없었고, 노예들은 극장에 입장할 수 있었지만 앉지는 못했다. 여성들은 뒤쪽에서만 입장할 수 있었다. 이 시기의 관객들은 연극의 역사에서 아마도 가장 거칠고 감각이 무딘 사람들이었던 것 같다. 즉 그들은 거칠게 밀치고 잠시도 가만히 있지 못하는 저급한 관객들이었다. 유감스럽게도 연극의 서막에서 관객들에게 조용히 해 줄 것과 더 나은 관람 태도를 요청하는 경우가 자주 있었으며, 관객들이 이해할 때까지 저속한 농담과 진부한 생각들이 반복되어야 했다. 어떤 서막에서는 어머니들에게 아기를 집에 두고 오거나 시끄러운 아이들을 윽박지르도록 요청했으며, 또는 여성들에게 잡담을 너무 많이 하지 말도록 요구했다. 그러한 부탁은 연극이 한창 공연되는 중에도 계속되었다.[31] 우연히 권투나 줄타기

공연이 경쟁하게 되었다면, 모르긴 해도 거의 틀림없이 더 흥미로운 공연이 끝날 때까지 연극은 중단되곤 했다. 로마 희극의 말미에 "여러분, 이제 박수를 부탁합니다."라는 말은 연극이 끝났으며, 박수 칠 순서가 되었다는 것을 알리는 것이었다.

로마 연극의 가장 큰 특징은 연기였다. 보통 자유민이었던 감독이 주연 연기를 했다. 다른 연기자들은 대부분 그리스인 노예들이었다. 배우가 된 시민이라면 누구나 시민권을 박탈당했다. 이러한 관습은 볼테르 시대까지 지속되었다. 여성 역할은 남성이 맡아서 했다. 관객이 많지 않았으므로, 이 시대의 배우들은 가면을 쓰지 않고, 화장품과 가발에 만족했다. 기원전 100년 무렵 관객 수가 점점 늘어나면서 등장인물들을 구분하기 위해 가면이 필요하게 되었다. 가면은 페르소나(persona)로 불렸으며, 이것은 가면을 나타내는 에트루리아 말 페르수(phersu)에서 유래된 것으로 보인다. 비극 배우들은 굽이 높은 신발, 즉 "밑창이 두꺼운 반장화(半長靴, cothurnus)"를 신었으며, 희극 배우들은 굽이 낮은 신발, 즉 "가볍고 낮은 부드러운 신발(soccus)"을 신었다. 연극배우들은 피리의 선율에 맞춰 노래를 불렀다. 배우들이 무언극으로 연기하는 동안 가수들이 배우가 맡은 역할을 노래하던 경우도 간혹 있었다.

플라우투스의 희극은 급조한 약강격의 시로 씌어졌으며, 그리스 희극의 내용뿐 아니라 운율까지 모방했다. 지금까지 전해진 대부분의 라틴 희극은 하나 또는 그 이상의 그리스 희곡들로부터 직접 영향을 받았다. 대체로 필레몬, 메난드로스 또는 아테네에서 신(新)희극의 여타 전문가들로부터 영향을 받았다. 그리스 원작의 작가와 제목은 보통 속표지에서 거명되었다. 아리스토파네스와 옛날 희극을 각색한 작품들은 정치 풍자를 사형으로 처벌하는 12표법에 의해 배제되었다.[32] 라틴 극작가들로 하여금 원작인 그리스의 배경, 성격, 관습, 이름, 심지어 주화들까지 그대로 따르도록 한 것은 이렇듯 치명적인 입법에 대한 두려움 때문이었던 것 같다. 플라우투스가 없었더라면, 로마법이 로마인의 생활에서 거의 완전히 로마의 연극을 몰아냈을 것이다. 법에 의한 치안 관리에도 불구하고 조잡함과 외설은 차단되지 못했다. 조영관은 대중들의 지성을 향상시키는 것이 아니라 그들에게 즐거움을 주기를 바랐다.

그리고 로마 정부는 대중들의 무지에 결코 기분 상하지 않았다. 관객들은 재치보다는 외설적인 유머, 섬세함보다는 저속한 농담, 시보다는 상스러운 말, 테렌티우스보다는 플라우투스를 더 좋아했다.

문자 그대로 평발의 익살꾼이었던 티투스 마키우스 플라우투스는 254년 움브리아에서 가장 먼저 자신의 모습을 드러냈다. 로마에 온 그는 무대 담당자로 일하면서, 돈을 모아 열심히 투자했지만 손해를 보았다. 그는 밥벌이를 위해 희곡을 썼고, 그가 각색한 그리스 희곡들이 널리 알려지면서 플라우투스는 다시 부자가 되었고 로마 시민권을 획득했다. 그는 대중들과 세상을 잘 이해하는 사람으로서, 생기에 가득 차게 쾌활하고 라블레(Rabelais) 풍으로 활기에 넘쳤다. 그는 모든 사람과 함께 모든 사람을 비웃었지만, 모든 사람에 대해서 마음에서 우러난 호의를 느꼈다. 플라우투스는 130편의 희곡을 쓰거나 개작했으며, 그것들 중에 20편이 전해 오고 있다. 「허풍선이 병사」는 허풍선이 병사와 거짓말로 그에게 희망을 갖게 만드는 하인을 다음과 같이 흥겹게 묘사하고 있다.

> 하인: 어제 저를 멈춰 세웠던 소녀들을 보셨죠?
> 주인: 그들이 뭐라고 말했지?
> 하인: 저어, 주인님이 지나가실 때, 제게 "이보세요! 이분이 위대한
> 아킬레스이신가요?"라고 물어보았죠. 저는 "아니오, 이 분은
> 그의 동생분이랍니다."라고 대답했어요. 그러자 다른 한 소녀가
> "정말이에요, 잘생기셨군요! 정말 기품이 넘치는 분이시네요!
> 머리카락도 눈부시게 빛나시고요!"라고 말하더군요.
> ······ 그리고 나서 두 소녀 모두 제게 주인님을 더 잘 볼 수 있게
> 오늘 다시 산책하게 해 주시면 안 되겠느냐고, 부탁했답니다.
> 주인: 잘생겼다는 게 이렇게 귀찮은 일일 줄이야![33]

플라우투스의 희극 「암피트리온」에서 암피트리온은 유피테르를 비웃는다. 알크메네의 남편으로 변장한 유피테르는 자신의 맹세를 입증해 보이고 유피테르에게 신성한 희생 제물을 바치겠다고 다짐한다.[34] 이튿날 유피테르는 알크메네를 유혹하고, 그녀는 쌍둥이를 낳는다. 마지막에 플라우투스가 유피테르 신에게 자신을 용서해 주고 가장 큰 박수갈채를 받도록 부탁한다. 암피트리온의 이야기는 메난드로스의 아테네에서, 몰리에르(Molière)의 파리에서, 또는 지금의 뉴욕에서처럼 플라우투스의 로마에서 인기를 누리고 있었던 것으로 보인다. 「아울룰라리아」는 몰리에르의 「수전노」에서보다 더 동정적으로 한 구두쇠의 사재기에 관해 이야기하고 있다. 구두쇠는 손톱 깎은 부스러기를 모으고, 그가 흘렸던 눈물로 버려진 물을 슬퍼한다. 「메나이크모스」는 쌍둥이와 그들이 절정 부분에서 서로를 알아보게 된다는 오래된 이야기이다. 이 작품에 근거해 셰익스피어가 「실수의 연속」을 썼다. 레싱(Lessing)은 「포로」를 이제까지 상연된 최고의 희곡으로 평가했다.[35] 플라우투스 또한 「포로」를 좋아했으며, 서막에서 다음과 같이 말했다.

> 진부하지 않거나, 단지 나머지 것들과 비슷할 뿐입니다.
> 인용해서는 안 되는 진부한 대사는 없습니다. 위증죄를
> 범한 뚜쟁이도, 사악한 매춘부도 없습니다.

플라우투스의 말은 사실이다. 하지만 줄거리가 너무 복잡하고 일어날 것 같지 않은 우연의 일치에 의존하고 있어서 지루한 이야기에 신경과민인 사람이 이러한 이야기를 그냥 지나친다고 해서 비난받을 일은 아니다. 플라우투스의 희극들이 성공할 수 있었던 것은 옛날 줄거리가 아니라 풍부한 해학적인 사건, 셰익스피어의 작품에서 볼 수 있는 신나서 떠들어대는 지독한 말장난, 잠시도 가만히 있지 못하는 음탕함, 저돌적인 여성 관객들, 그리고 이따금씩 드러나는 감상 때문이었다. 모든 희곡에서 관객은 연애 사건, 유혹, 잘생기고 고결한 영웅,

그리고 나머지 모든 등장인물들을 합쳐놓은 것보다 더 명석한 두뇌를 가진 노예를 발견하는 것에 기대를 걸 수 있었다. 이 점에서 거의 최초로 로마 문학은 대중들에게 감동을 주고, 그리스 문학으로 변장해 라틴 시가 다시는 해내지 못할 정도로 일상생활의 실제 모습에 도달하고 있다.

아마도 플라우투스가 사망한 184년에 푸블리우스 테렌티우스 아페르가 카르타고에서 아프리카 혈통이기도 했던 페니키아 혈통으로 태어난 것 같다. 그가 테렌티우스 루키아노스의 노예로서 로마에 나타날 때까지 그에 대해 알려진 바는 전혀 없다. 원로원 의원인 테렌티우스 루키아노스는 수줍음 많은 청년의 재능을 곧 알아보고 그에게 교육의 기회를 주었으며, 게다가 노예 신분에서 해방하기까지 했다. 청년은 은혜에 대한 보답으로 테렌티우스라는 주인의 이름을 썼다. "가난하고 초라한 행색을 한" 테렌티우스가 어떻게 카이킬리우스 스타티우스(지금은 전해 오지 않지만 그의 희극은 당시 로마의 연극 무대를 장악하고 있었다.)의 집에 와서 그에게 「안드레스에서 온 아가씨」의 첫 장면을 읽어 주었는지 알게 될 때, 우리는 로마의 풍속에 주목하게 된다. 카이킬리우스는 너무 감탄해서 테렌티우스를 저녁 식사에 초대해 나머지 장면을 경청했다.[36] 얼마 안 있어 아이밀리아누스와 라일리우스가 테렌티우스의 작품을 경청했다. 그들은 자신들의 심금을 울린 그의 세련된 라틴어 표현법을 정리하고 싶어 했다. 따라서 라일리우스가 테렌티우스의 희곡을 쓰고 있다는 소문이 나돌았다. 테렌티우스는 빈틈없이, 그리고 신중하게 그 소문에 긍정도 부정도 하지 않았다.[37] 아마도 테렌티우스는 스키피오 서클이 경의를 표하는 헬레니즘에 감동받았던 것으로 보인다. 그는 자신의 그리스어 원작을 충실히 고수했고, 자신의 희곡에 그리스어 제목을 달았으며, 로마인의 삶에 대해서는 언급하려 하지 않았다. 그리고 자신을 단지 번역자라고 불렀을 뿐이다.[38] 이것이야말로 자신이 하는 일에 대한 절제된 표현이었다.

카이킬리우스가 그렇게 좋아하던 희곡의 운명에 대해서는 알 수 없다. 테렌티우스의 두 번째 작품인 「헤키라」는 관객들이 곰 싸움을 보려고 자리를 떴기 때문에 실패하고 말았다. 그가 자신의 가장 유명한 희곡인 「고행자」를 상연했을 때인 162년에 행운의 여신이 미소 지었다. 이것은 아들이 선택한 여자와 결혼하지 못하게 했던 아버지의 이야기였다. 아버지의 반대에도 불구하고 아들은 그 여자와 결혼했다. 아버지는 아들과 의절하고 쫓아냈으며, 그 후 죄책감에 시달리며 자신의 재산에 손대기를 거부하고 중노동을 하며 빈곤하게 살았다. 한 이웃이 중재를 제안하자, 아버지는 다른 사람의 문제에 왜 그렇게 관심을 갖는지 물었다. 그러자 그 이웃은 모든 관객이 박수갈채를 보냈던 널리 유명해진 다음 대사로 응답했다.

나는 인간이다. 인간에 관한 일이라면, 무엇이든 남의 일로는 여기지 않는다.

이듬해인 161년에 발표된 「환관」은 대중들에게 인정받아 하루에 두 번 상연되었고(이것은 당시로는 드문 일이었다.), 테렌티우스는 아침과 저녁 사이에 8000세스테르티우스(1200달러)를 벌었다.[39] 몇 달 뒤에 주인을 아버지의 화로부터 구해 주었던 재치 있는 하인의 이름을 따서 명명한 「포르미오」가 상연되었다. 이 작품은 보마르셰(Beaumarchais)의 호색한 피가로의 모형이 되었다. 160년에 테렌티우스의 마지막 희곡 「형제」가 아이밀리우스 파울루스의 장례식에서 공연되었다. 얼마 안 있어 극작가 테렌티우스는 그리스를 향해 항해했다. 그는 고향으로 돌아가던 중 아르카디아에서 병으로 죽었다. 그의 나이 25세였다.

그의 후기 희곡들은 인기에 상처를 입었다. 왜냐하면 헬레니즘이 그에게 완전한 승리를 거두었기 때문이다. 그에게는 플라우투스의 활력과 풍부한 유머가 없었다. 그리고 그는 결코 로마인의 삶을 다루려고 하지 않았다. 그의 희극에는 호색한 악당도, 신중하지 못한 매춘부도 등장하지 않았다. 그의 여성 배역 모두는 부드럽게 다루어졌으며, 매춘부들조차 미덕의 언저리에서 방황하는 존재였다. "이런 까닭에 나는 슬퍼한다.", "행운은 용기 있는 자에게 호감을 갖는다.", "사람 수만큼 생각도 다르다.", 그리고 이것들보다 더 많은 함축적인 멋진 대사와 기억할 만한 구절들이 있었다. 하지만 그것들을 올바로 평가하기 위해서는 아프리카 혈통의 노예였던 테렌티우스가 로마의 평민에게는 없다는 것을 알았던 철학적 지성과 문학적 감수성이 필요했다. 로마의 평민은 절반은 비극이었던 그의 희극, 잘 만들어졌지만 서서히 감동을 주는 줄거리, 낯선 등장인물들에 대한 이해하기 힘든 연구, 조용한 대화 부분과 지나치게 평이한 문체, 그리고 거의 모욕적이라고 할 만한 순수한 언어를 좋아하지 않았다. 마치 관객이 느끼는 것처럼 결코 치유될 수 없는 간극이 대중들과 로마의 문학 사이에 존재했다. 카툴루스와 너무 가까워 그를 알 수 없었던, 그리고 너무 신중해서 루크레티우스를 좋아할 수 없었던 키케로는 테렌티우스를 공화정 시기의 가장 뛰어난 시인으로 생각했다. 카이사르는 좀 더 공정하게 테렌티우스를 "순수한 언어의 애호가"로 찬미했지만, "웃음의 힘"이 결여되어 있다고 탄식했다. 그리고 메난드로스의 능력 절반을 보여 준 그를 "절반의 메난드로스"라고 불렀다. 그럼에도 불구하고 테렌티우스는 한 가지를 성취했다. 즉 라일리우스와 그리스에게서 영감을 받은 셈족 이방인 테렌티우스는 마침내 라틴어를 하나의 문학적 도구로 만들었고, 다음 세기에 키케로의 산문 작품과 베르길리우스의 시가 등장할 수 있는 토대를 마련했다.

6. 카토와 보수주의의 저항

문학, 철학, 종교, 과학, 예술 분야에서 그리스의 침입과 풍속, 도덕, 그리고 혈통의 대변혁은 옛것에 매달리는 로마인들에게 혐오감과 공포를 초래했다. 사비니인 농장에서 떨어져 있는 곳으로 은퇴한 원로원 의원 발레리우스 플락쿠스는 로마인의 기질이 쇠퇴하고 정치가 부패해 가며, "조상 대대로의 관습"이 그리스의 사상과 풍습으로 대체되어 가는 모습을 보며 괴로워했다. 플락쿠스는 너무 연로했으므로 혼자서 그러한 흐름에 맞서 싸울 수 없었다. 하지만 레아티 근교에 위치한 인근 농장에 평민인 젊은 소농 한 명이 있었다. 그는 옛 로마인이 가졌던 모든 기질을 보여 주었고, 대지를 사랑했고, 열심히 일했으며, 검소하게 절약했고, 보수적으로 소박하게 살았다. 그럼에도 불구하고 급진주의자처럼 재기 넘치게 말했다. 그가 바로 마르쿠스 포르키우스 카토(Marcus Porcius Cato)였다. 여기에서 포르키우스는 그의 가문이 몇 세대에 걸쳐 돼지를 사육했기 때문에, 그리고 카토는 그의 가문이 통찰력이 있었기 때문에 붙은 이름이었다. 플락쿠스는 카토에게 법률 공부를 권했다. 카토는 법률을 공부했고, 지방 법정에서 열린 이웃 사람들의 소송 사건에서 승리했다. 플락쿠스는 그에게 로마에 가도록 조언했다. 카토는 로마에 갔으며, 서른 살 무렵에 재무관직을 차지했다.(204년) 그는 199년 무렵에 조영관, 198년 무렵에 법무관, 195년 무렵에 집정관이 되었다. 그리고 191년에는 호민관이 되었고 184년에는 감찰관이 되었다. 그 사이에 카토는 두려움을 모르는 용감한 병사이자 유능하고 무자비한 장군으로서 군대에서 26년간 복무했다. 그는 규율을 기질과 자유의 원천이라고 생각했다. 그는 "행군할 때 손을 쓰고 싸울 때 발을 썼던, 그리고 코 고는 소리가 전쟁터에서의 함성보다 더 컸던" 병사를 경멸했다. 카토는 병사들 옆에서 걸어서 행군하고, 병사들 각자에게 전리품에서 은 1파운드를 줌으로써, 그리고 자신의 몫을 전혀 챙기지 않음으로써 병사들의 존경을 한 몸에 받았다.[40]

평화로운 시기 사이사이에 카토는 수사학자와 수사학을 비난했으며, 당대에 가장 영향력 있는 웅변가가 되었다. 로마인들은 그의 웅변에 매료되어 넋을 잃고 경청했다. 왜냐하면 어떤 웅변가도 카토처럼 그렇게 솔직하고 재치 있게 그들에게 연설한 적이 없었기 때문이다. 그의 혀의 채찍은 그 자리에 있는 누구에게나 떨어질 수 있었지만, 그것이 옆 사람에게 떨어지는 것을 보는 것은 흥미로운 일이었다. 카토는 무모할 정도로 부패와 싸웠으므로 하루해가 지기 전에 새로운 적들이 생겨났다. 그를 사랑하는 사람을 찾기란 거의 불가능했다. 왜냐하면 그의 상처투성이의 얼굴과 헝클어진 머리카락은 사람들을 당황케 했고, 커다란 치아는 위협적이었으며, 금욕주의는 사람들을 부끄럽게 했고, 근면함은 사람들을 뒤처지게 했으며, 초록빛 두 눈은 사람들의 이기심을 들여다보았기 때문이다. 귀족 계급에 속하는 그의 적들이 44번이나 공개적으로 기소해 그를 파멸시키려 했을 때마다, 카토와 마찬가지로 무절제와 사치에 분노했던 농민들의 투표가 그의 목숨을 구해 주었다.[41] 농민들의 투표로 카토가 감찰관이 되었을 때, 로마 전체가 전율했다. 그는 선거 운동에서 승리하자 위협을 실행에 옮겼고, 사치품에 무거운 세금을 부과했으며, 원로원 의원의 사치에 벌금을 부과했고, 불법 행위가 드러난 원로원 의원 여섯 명을 제명했다. 카토는 마닐리우스가 아내와 대중 앞에서 입을 맞추었다는 이유로 추방했다. 카토의 말에 따르면 천둥 칠 때를 제외하고는 자신의 아내를 껴안지 않았다고 한다. 천둥 칠 때 카토는 기뻤다고 한다. 그는 로마 시(市)의 하수도를 완성했고, 공공 수로나 수도관에서 비밀리에 물을 끌어내는 도관을 잘라 냈으며, 건물주들에게 공공 통행로 위에 불법적으로 돌출된 부분을 파괴하도록 강제했고, 국가가 공공사업에 지불하는 비용을 끌어내렸으며, 조세 청부업자들에게 수령한 금액의 상당 부분을 국고로 납부하도록 함으로써 세상을 깜짝 놀라게 했다.[42] 5년 동안 인간의 본성에 단호하게 맞서 싸운 뒤에 카토는 관직에서 은퇴했고, 투자에 성공했으며, 자신의 대규모 농장에 노예들을 배치했고, 고리의 이율로 돈을 빌려 주었으며, 노예를 싸게 사서 일정한 기술로 훈련시킨 뒤에 비싸게 팔았다. 그리고 그는 자신이 경멸하던 일, 즉 책을 쓸 여유가 생길 만큼 부유해졌다.

카토는 최초의 위대한 라틴 산문 작가였다. 그는 자신의 연설을 펴내는 것에서부터 시작했다. 그 다음 그는 웅변술에 관한 입문서를 펴냈고, 수사학자들의 이소크라테스식 유창함 대신에 로마의 투박한 문체를 요구했으며, 웅변가를 "노련하게 말하는 착한 사람"으로 정의했다.[43] 카토는 지금까지 남아 있는 자신의 유일한 저작이자 가장 오래된 라틴어 문학 작품인 『농업론』을 농장 경영에 대한 경험을 바탕으로 구성했다. 『농업론』은 간결하면서도 힘 있는 문체로, 즉 간결하지만 함축적으로 씌어졌다. 카토는 단어 하나도 허비하지 않고, 하나의 접속사에 좀처럼 잘난 체하지 않았다. 그는 노예를 사고파는 일(나이 든 노예들은 손해가 되기 전에 팔아야 한다.)과 소작인에게 토지를 임대하는 일, 포도 재배와 수목 재배에 관한 일, 가내 경영과 산업에 관한 일, 시멘트를 만들고 진미를 요리하는 일, 변비와 설사를 치료하는 일, 백조의 배설물로 뱀에 물린 상처를 치료하는 일, 그리고 신에게 희생 제물을 바치는 일에 대해 상세하게 조언하고 있다. 그는 농지를 현명하게 사용하는 최선의 방법에 대해 자문하고, "이익이 많은 가축 사육"이라고 대답한다. "두 번째 최선의 방법은?"이라는 자문에 "이익이 적당한 가축 사육"이라고 대답한다. "세 번째 최선의 방법은?"이라는 자문에 "별로 이익이 없는 가축 사육"이라고 대답한다. "네 번째 최선의 방법은?"이라는 자문에 "토지를 경작하는 것"이라고 대답한다. 이것은 이탈리아에 대농장 경영을 도입하자는 주장이었다.

카토의 책들 중에 가장 주목할 만한 것은 지금은 전해지지 않는 『기원론(起源論)』이었던 것 같다. 이 책은 초창기에서부터 카토가 사망한 바로 그해까지 이탈리아의 고대 풍습, 민족학, 제도, 그리고 역사를 다루려는 대담한 시도였다. 요란하게 선전되는 귀족들의 조상들을 통해 귀족들에게 심술을 부릴 목적으로 저자인 카토는 장군들의 이름을 전혀 거명하지 않은 채 피로스에 맞서 훌륭하게 싸웠던 코끼리의 이름을 찬미했다. 이것이 『기원론』에 관해 우리가 알 수 있는 거의 전부이다.[44] 카토는 아들 교육을 위한 백과사전을 만들기 위해 『기원론』 말고도 웅변술, 농업, 위생, 군사학, 그리고 법에 관한 시론집을 기획했다. 라틴어로 작품을 집필한 이유는 카토가 판단컨대 로마 젊은이들의 정신을 왜곡하던 그리스어 교과서를 추방하기 위해서였다. 비록 카토 자신이 그리스어를 공부했다고는 하지만, 그는 그리스 문학과 철학에 대한 교육이 로마 젊은이들의 종교적 신념을 너무 급격하게 해체한 나머지 호전성과 섹스의 본능에 맞서 싸워야 할 젊은이들의 도덕 생활이 무방비 상태가 될 거라고 확신했던 것 같다. 니체의 비난처럼 카토의 비난에는 소크라테스가 포함되었다. 카토의 생각으로는 수다쟁이 늙은 산파인 소크라테스가 아테네의 도덕과 법을 해쳤으므로 독살되는 것은 당연했다.[45] 그리스인 의사들마저 카토를 짜증나게 했다.

그는 오래된 가정 치료 방법을 선호했으며, 항상 준비되어 있는 외과 의사들을 불신했다.

> (카토가 아들에게 썼다.) 그리스인들은 고집 세고 사악한 민족이다. 아들아, 내 말을 명심해라. 그리스인들이 로마에 그들의 문학을 전해 준다면, 그들은 모든 것을 망쳐놓을 것이다. …… 만약 그들이 우리에게 의사를 보낸다면, 모든 것을 더 빨리 망쳐 놓을 것이다. 그리스인 의사들은 모든 "이방인들"을 죽이려고 음모를 꾸몄단다. …… 그리스인 의사들과 어떤 일도 함께해서는 안 된다.[46]

이러한 생각을 가졌으므로 카토는 스키피오 서클에 대해 타고난 적대자였다. 스키피오 서클은 로마에 그리스 문학을 퍼뜨리는 것이 라틴 문학과 로마의 지성을 더 성숙한 단계로 끌어올리는 데 필요한 효소라고 생각했다. 카토는 아프리카누스와 그의 동생을 기소하는 데 일조했다. 횡령을 금지하는 법은 사람을 차별 대우하지 않아야 한다. 하나의 예외로 외국 국가들에 대해서 카토는 공평과 불간섭의 정책을 주장했다. 그는 그리스인을 경멸하면서도 그리스에 대해서는 경의를 표했다. 그리고 원로원의 제국주의적 약탈자들이 부유한 로도스와의 전쟁에 찬성했을 때, 카토는 단호하게 화해를 지지하는 연설을 했다. 세상 사람 모두가 아는 것처럼 카르타고는 예외였다. 175년에 공식 사절단으로 카르타고에 파견된 카토는 한니발 전쟁의 영향에서 벗어나 빠른 속도로 회복된 카르타고 시, 풍부한 결실을 맺는 과수원과 포도원, 되살아난 교역으로 쏟아져 들어오는 부, 그리고 무기고에 쌓여 가는 무기를 보고 충격에 휩싸였다. 로마에 돌아오자마자 그는 원로원 의원들 앞에서 3일 전에 카르타고에서 뽑아온 싱싱한 무화과 열매 한 다발을 쳐들었다. 그것은 카르타고 번영의 상징이자 카르타고가 로마에 접근해 오고 있음을 알리는 불길한 징조였다. 그리고 카토는 만약 카르타고를 저지하지 않고 내버려둔다면, 머지않아 카르타고가 지중해를 지배하기 위한 싸움을 재개할 만큼 충분히 부유해지고 강해질 것이라고 예측했다. 그날부터 그는 특유의 집념으로 원로원에서 행하는 모든 연설을 주제와 상관없이 "더욱이, 저는 카르타고가 파괴되어야 한다고 생각합니다."라는 확신에 찬 말로 끝맺었다. 원로원의 제국주의자들은 카르타고의 교역을 탐냈기 때문이라기보다는 오히려 북아프리카의 관개가 잘된 경작지에서 돈벌이를 위한 새로운 투자 대상, 즉 새로운 노예들에 의해 경작되는 대농장 경영을 보았기 때문에 카토의 주장에 동조했다. 원로원의 제국주의자들은 3차 포에니 전쟁을 일으키기 위한 구실을 간절히 기다렸다.

7. 카르타고는 파괴되어야 한다

원로원의 제국주의자들은 당대의 가장 별난 통치자에게서 전쟁의 단서를 찾아냈다. 누미디아의 왕 마시니사는 90년간 살았고(238~148년), 86세에 아들을 얻었으며,[47] 엄격한 식이 요법으로 거의 죽을 때까지 건강과 힘을 유지했다. 그는 유목 민족을 안정적인 농경 사회와 규율 잡힌 국가로 조직했고, 그들을 60년 동안 훌륭히 통치했으며, 수도인 키르타를 장엄한 건축물로 장식했다. 그리고 지금도 투니시아의 콘스탄티누스 시 근처에 세워져 있는 거대한 피라미드를 자신의 무덤으로 남겼다. 로마와 친선 관계를 맺고, 카르타고의 정치적 약점을 알고 있었던 마시니사 왕은 카르타고 영토를 되풀이해서 침입해 개인 소유로 만들었으며, 대(大)렙티스(지금의 리비아)와 다른 도시들을 점령했다. 그리고 마침내 카르타고로 들어가는 모든 육상 통로를 장악했다. 로마의 동의 없이는 어떠한 전쟁도 할 수 없다는 조약에 속박된 카르타고는 마시니사의 침입에 항의하기 위해 로마 원로원에 사절단을 파견했다. 원로원은 사절단에게 모든 카르타고인은 아프리카에서 침입자이며, 아프리카에서는 잘 무장된 어떤 국가도 존중받아야 할 권리가 없다는 점을 상기시켰다. 카르타고가 50년째 되는 해에 로마에 매년 바치는 200탈렌트의 마지막 배상금을 납부했을 때, 카르타고는 자마 전투 이후 체결했던 조약으로부터 해방되었다고 생각했다. 151년에 카르타고가 누미디아에 전쟁을 선포했고, 1년 후에는 로마가 카르타고에 전쟁을 선포했다.

카르타고에 대한 전쟁 선포와 로마 함대가 이미 아프리카를 향해 출항했다는 소식이 동시에 카르타고에 도달했다. 아무리 인구가 많고 교역이 번창했다고는 하지만 고대 도시 카르타고는 중요한 전쟁에 전혀 대비가 되어 있지 않았다. 카르타고에는 소규모의 육군과 더 작은 규모의 해군이 있었으며, 용병과 동맹국은 전혀 없었다. 로마가 제해권을 장악했다. 따라서 우티카는 로마에 대한 지지를 표명했고, 마시니사는 카르타고에서 내륙 지방까지 모든 출구를 봉쇄했다. 사절단이 로마의 모든 요구에 응할 권한을 부여받고 서둘러 로마에 왔다. 원로원은 만약 카르타고가 300명의 최고 명문가 아이들을 인질로 시칠리아의 로마 집정관들에게 넘기면, 그리고 집정관들이 내린 어떠한 명령에도 복종한다면, 카르타고가 자유를 얻게 되고 영토를 보존하게 될 것이라고 약속했다. 비밀리에 원로원은 집정관들에게 그들이 이미 받았던 지시를 실행에 옮기도록 명령했다. 카르타고인들은 불길한 예감과 함께 슬퍼하며 아이들을 로마에 넘겼다. 친척들이 해안을 가득 메우고 낙담한 채 아이들과 이별했다. 마지막 순간에 어머니들은 배가 출항하는 것을 힘으로 막으려고 애썼다. 게다가 어떤 사람들은 아이들의 마지막 모습을 잠깐이라도 보려고 바다로 헤엄쳐 갔다. 집정관들은 로마에 인질을 보냈고, 육군과 해군을 거느리고 우티카로 건너갔으며, 카르타고 사절단을 소환했다. 그리고 카르타고에 남아 있는 함선과 엄청난 양의 곡물, 그리고 모든 전쟁 병기와 무기를 양도할 것을 요구했다. 이러한 조건이 충족되자 집정관들은 더 나아가 머지않아 잿더미가 될 운명에 처할 카르타고 시에서 주민들이 10마일 물러날 것을 요구했다. 사절단은 아무런 반대 없이 인질과 무기를 양도한 도시를 파괴한다는 것은 역사에 알려지지 않은 신뢰를 배신한 잔혹 행위라고 주장했지만 헛수고였다. 사절단은 카르타고인들을 대신해 속죄하기 위해 자신들의 목숨을 내걸었다. 그들은 땅 위로 몸을 던지고 땅에 머리를 부딪쳤다. 집정관들은 그 조건은 원로원이 제시한 것으로서 변경될 수 없다고 응답했다.

로마의 요구 사항을 듣게 된 카르타고인들은 제정신을 잃었다. 슬픔으로 미칠 듯이 흥분한 부모들은 아이들을 인질로 넘기자고 말한 지도자들을 갈기갈기 찢어 죽였다. 다른 사람들은 무기의 양도를 권한 사람들을 죽였다. 어떤 사람은 귀환하는 사절단을 거리로 질질 끌고 가 돌로 때려 죽였다. 어떤 사람은 카르타고 시에서 발견한 이탈리아인들이 누구든지 죽였다. 그리고 어떤 사람은 텅 빈 무기고에 서서 흐느꼈다. 카르타고 원로원은 새로운 군대를 조직하고 방어 무기를 새로 만들기 위해 로마에 전쟁을 선포하고 노예이건 자유민이건 간에, 모든 성인 남자와 여자를 소집했다. 분노가 그들을 결심하게 했다. 금속과 목재를 마련하기 위해 공공건물이 파괴되었다. 그리고 소중히 간직된 신들의 조각상을 녹여 칼을 만들었으며, 여자들의 머리카락을 잘라 밧줄을 만들었다. 두 달 동안 로마군에 포위된 카르타고 시는 8000개의 방패, 1만 8000개의 칼, 3만 개의 창, 6만 개의 투석 무기를 제조했으며, 카르타고 내항에서 120척의 함대를 건조했다.[48]

카르타고 시는 3년 동안 육상과 해상에 대한 포위 공격에 맞섰다. 집정관들은 군대를 이끌고 카르타고 성벽을 향해 진격했지만 번번이 격퇴당했다. 군사호민관 가운데 한 명인 스키피오 아이밀리아누스만이 지략이 뛰어나고 용감했다. 147년 말에 로마 원로원과 민회는 그를 집정관과 사령관으로 임명했으며, 모든 사람이 동의했다. 머지않아 라일리우스가 성벽을 기어오르는 데 성공했다. 비록 굶주림으로 쇠약해지고 죽었지만, 카르타고인들은 로마군의 무자비한 학살이 이루어지던 6일 내내 거리거리마다 도시를 지키기 위해 싸웠다. 저격병들에게 시달린 스키피오는 점령된 모든 거리를 불살라 초토화하도록 명령했다. 숨어 있던 수백 명의 카르타고인들이 불에 타 죽었다. 마침내 50만 명에서 5만 5000명으로 줄어든 카르타고인들이 항복했다. 카르타고인들의 장군 하스드루발의 간청대로 스키피오는 그의 목숨을 살려 주었지만, 하스드루발의 비겁함을 비난하던 그의 아내는 아들들과 함께 불속에 뛰어들었다. 생존자들은 노예로 팔렸고, 카르타고 시는 로마 군단에 약탈되었다. 약탈을 꺼리던 스키피오는 마지막 지시를 받기 위해 로마에 사람을 보냈다. 원로원은 카르타고뿐 아니라 카르타고를 지지하던 카르타고의 모든 속국까지 철저히 파괴하고, 카르타고의 토양을 갈아엎어 소금을 뿌리고 그곳에 건물을 지으려고 시도하는 사람이 누구건 저주하도록 지시했다. 카르타고 시는 17일 동안 불에 탔다.

어떤 평화 조약도 체결되지 않았다. 왜냐하면 카르타고인의 국가가 더 이상 존재하지 않았기 때문이다. 로마를 도왔던 우티카와 그 밖의 아프리카 도시들은 로마의 보호령으로 자유를 누렸다. 카르타고의 나머지 영토는 아프리카 속주가 되었다. 로마의 자본가들은 아프리카 속주를 대농장으로 분할하기 위해 들어왔으며, 로마 상인들은 카르타고의 교역을 계승했다. 제국주의는 이제 로마 정치의 노골적이고 의식적인 동기가 되었다. 시라쿠사는 시칠리아 속주에 병합되었고, 갈리아 남부는 정복되어 로마에 완전히 종속된 스페인으로 가기 위해 필요한 육로가 되었다. 그리고 헬레니즘 군주국인 이집트와 시리아는 안티오코스 4세가 포필리우스의 지시에 따랐던 것처럼 로마의 뜻에 따르도록 유도되었다. 국제 정치에서 항상 눈속임이었던 도덕적 관점에서 146년에 카르타고와 코린트의 파괴는 역사상 가장 잔혹한 정복 가운데 하나로 손꼽힌다. 그리고 제국, 즉 안전과 부의 관점에서 로마는 카르타고와 코린트를 파괴함으로써 상업과 해군의 패권을 위한 두 개의 토대를 동시에 마련했다. 그때부터 지중해의 정치사는 로마를 통해 흘러갔다.

3차 포에니 전쟁 중에 승리가 무르익었을 때, 전쟁의 주요 선동가였던 카토와 마시니사가 각각 149년과 148년에 죽었다. 연로한 감찰관 카토는 로마 역사에 깊은 흔적을 남겼다. 수 세기 동안 사람들은 그를 공화정을 대표하는 로마인으로 추억했다. 키케로는 『노년에 관하여』에서 카토를 이상화했고, 그의 현손은 해학을 빼뜨린 채 카토의 철학을 환생시켰다. 마르쿠스 아우렐리우스는 카토를 본받아 자신의 인격을 닦았으며, 프론토는 라틴 문학이 간결하고 단순 명쾌한 카토의 문체로 되돌아가야 한다고 주장했다. 그럼에도 불구하고 카토가 거둔 유일한 성공은 카르타고를 파괴한 것이었다. 그가 헬레니즘에 맞서 싸운 전쟁은 완전히 실패로 끝났다. 로마의 문학, 철학, 웅변술, 과학, 예술, 종교, 도덕, 풍속, 의복의 모든 분야가 그리스의 영향력에 굴복했다. 카토는 그리스 철학자들을 증오했지만, 그의 후손들은 그리스 철학자들에게 둘러싸이게 될 것이다. 그가 잃어버렸던 종교적 신념은 소생시키려는 노력에도 불구하고 계속 위축되어 갔다. 무엇보다도 젊은 시절 카토가 맞서 싸웠던 정치적 부패는 제국의 확대로 관직에 대한 관심이 커지면서 더 넓고 깊어졌다. 새로운 정복 때마다 로마는 더 부유해졌고, 더 부패해졌으며, 더 무자비해졌다. 로마는 계급 투쟁을 제외한 모든 전쟁에서 승리했다. 그리고 카르타고가 파괴되면서 시민의 분열과 내전을 저지할 수 있는 마지막 억제 수단이 제거되었다. 이제 여러 해에 걸쳐 계속된 쓰라린 혁명의 시기 내내 로마는 세상을 손에 넣은 대가를 혹독히 치르게 될 것이다.

혁명

기원전 145~30년

6장 농민 봉기
기원전 145~78

1. 혁명의 배경

혁명의 원인은 많고, 결과는 셀 수 없이 많으며, 그라쿠스 형제에서 아우구스투스까지의 위기를 통해 역사상 가장 강력한 인물들이 배출되었다. 이전에는, 그리고 지금까지도 결코 다시는 그러한 위험을 위해 싸우지 않았다. 세상의 어떤 극적인 사건도 이보다 더 격렬하지는 않았다. 첫 번째 원인은 시칠리아, 사르디니아, 스페인, 그리고 아프리카에서 노예가 재배하는 곡물의 유입이었다. 이것은 국내 곡물 가격을 생산 비용과 시장에서의 거래 비용 아래로 낮추어 이탈리아 농민들을 몰락시켰다. 두 번째 원인은 노예들의 유입으로, 그들은 농촌에서 소농들, 그리고 도시에서 자유민 노동자들을 대체했다. 세 번째 원인은 대농장의 증가였다. 220년에 원로원 의원들이 계약을 체결하거나 상업에 투자하는 행위를 금지하는 법이 제정되었다. 전리품을 많이 가진 원로원 의원들은 광범위한 농지를 매점했다. 가끔씩 정복지의 땅을 식민자들에게 소규모로 매각함으로써 도시의 내분이 완화되었다. 정복지의 땅 대부분은 원로원이 정한 조건에 따라 원로원 의원이나 기사 계급이 매입하거나 임차했다. 일반 평민이 이러한 대농장들과 경쟁하기 위해서는 지불 불능 상태에 도달할 정도로 돈을 빌리지 않으면 안 되었다. 평민은 서서히 빈곤이나 파산, 소작지 또는 빈민굴에 빠져들었다. 마침내 병사로서 세상을 구경하고 약탈하던 소농들이 농장에서 외롭게 일하며 평온하게 허드렛일을 하면서 보내는 일상에 전혀 흥미를 갖지 못했거나 견뎌 낼 수 없었다. 그는 도시의 난폭한 무산대중에 합류해서 원형 경기장의 흥미진진한 경기를 무료로 관람하고, 정부로부터 값싼 곡물을 받으며, 최고 입찰자나 계약자에게 자신의 투표권을 팔고, 그리고 영락하고 분별 없는 집단에 몰두하는 것을 더 좋아했다.

한때 자유로운 농민들의 공동체였던 로마 사회는 이제 외부에 대한 약탈과 내부의 노예제에 더욱더 의존했다. 도시에서는 모든 집안일, 많은 수공예, 대부분의 교역, 많은 금융 업무, 거의 모든 공장 노동, 그리고 공공 토목 공사 일을 노예들이 담당했다. 따라서 힘들게 노동하는 것만큼 빈둥거리며 아무 일도 않는 것이 이득이 될 정도로 자유민 노동자들의 임금이 감소했다. 대농장에서는 노예들이 선호되었다. 왜냐하면 노예들은 군역의 의무가 없었으며, 세대마다 그들의 유일한 쾌락이나 주인의 성적 부도덕의 부산물로서 노예들의 수가 유지될 수 있었기 때문이다. 이러한 산업화된 농장에 공급할 생명을 가진 기계, 즉 노예를 만들어 내기 위해 지중해 전체가 로마의 침입 대상이 되었다. 전투에서 승리할 때마다 끌려온 전쟁 포로들 말고도 아시아의 해안 또는 해안 근처에서 해적들에게 붙잡힌 노예나 자유민 또는 지방 당국의 보호를 받지 못한 채 로마 관리들의 조직적인 인간 사냥으로 강제로 노예화되었던 속주민이 있었다.[1] 매주 노예 상인들이 아프리카, 스페인, 갈리아, 게르마니아, 다뉴브 강, 러시아, 아시아, 그리고 그리스에서 지중해와 흑해의 항구로 노예들을 데려왔다. 1만 명의 노예가 하루 만에 델로스 섬에서 경매되는 것은 흔히 볼 수 있는 광경이었다. 177년에 4만 명의 사르디니아인들이, 그리고 167년에 15만 명의 에피로스인들이 로마 군대에 사로잡혀 노예로 팔렸다. 에피로스인 노예들의 경우는 대략 한 명당 1달러에 팔렸다.[2] 도시에서 노예의 운명은 주인과의 인간적인 접촉과 해방에 대한 희망으로 완화되었다. 하지만 대농장에서는 어떤 인간관계도 착취를 방해하지 못했다. 대농장의 노예는 그리스나 초기 로마에서처럼 더 이상 가족의 구성원이 아니었다. 노예는 주인을 거의 보지 못했고, 노예 감독이 받는 보수는 그의 채찍에 맡겨진 노예들에게서 짜낼 수 있는 이익에 달려 있었다. 대농장에서 노예가 받는 임금은 가끔 있는 휴일을 제외하고 노쇠할 때까지 매일 해가 뜰 때부터 해가 질 때까지 혹사시킬 수 있을 만큼의 식량과 의복이 전부였다. 만약 노예가 불평하거나 복종하지 않는다면, 발목 주위에 사슬이 묶인 채 일했으며 대농장의 일부를 구성하고 있던 지하 감옥에서 밤을 보내야 했다. 대농장은 잔인한 제도였을 뿐 아니라 비경제적이기도 했다. 왜냐하면 대농장은 한때 자유민들과 동일한 경지 면적으로 살아가던 가족의 거의 20분의 1도 부양하지 못했기 때문이다.

적어도 이러한 노예들 중 절반이 한때 자유민이었다는 것을 기억한다면(왜냐하면 노예는 전쟁에서 거의 싸우지 않았기 때문이다.) 이러한 망가진 삶들의 쓰라림을 짐작할 수 있으며, 노예들의 반란이 드물었다는 사실에 의아해 하지 않을 수 없다. 196년에 에트루리아의 농촌 노예들과 자유민 노동자들이 반란을 일으켰다. 그들은 로마 군단에 진압되었고, 리비우스의 말에 따르면 "많은 사람들이 살해되거나 포로가 되었으며, 그 밖의 사람들은 채찍질 당하고 십자가에 못 박혔다."라고 한다.[3] 185년에 비슷한 반란이 아풀리아에서 발생했다. 7000명의 노예가 붙잡혔는데, 그들에게는 광산 노동이 선고되었다.[4] 새로운 카르타고(New Carthage)의 광산들에서만 4000명의 스페인 사람들이 노예로 일했다. 139년에 "1차 노예 전쟁"이 시칠리아에서 발생했다. 400명의 노예들이 에우누스의 명령에 따라 엔나 시의 자유민들을 학살했다. 노예들이 시칠리아의 농장들과 개인 지하 감옥에서 쏟아져 나오면서 반란자들의 수가 7만 명으로 늘어났다. 그들은 아그리겐툼을 점령했고, 로마의 법무관 군대를 무찔렀으며, 131년까지 시칠리아 섬 거의 전부를 차지했다. 131년에 집정관의 군대가 반란자들을 엔나에 가두고 굶주리게 해 항복을 받아 냈다. 에우누스는 로마에 압송되어 지하 감옥에 던져졌고, 배고픔과 기생충 때문에 죽도록 내버려졌다.[5] 133년에 발생한 소규모의 반란들로 로마에서 150명, 민투르나이에서 450명, 그리고 시누이사에서 4000명의 노예들이 처형당했다. 같은 해에 티베리우스 그라쿠스는 로마 혁명을 초래한 농지법을 통과시켰다.

2. 티베리우스 그라쿠스

티베리우스 그라쿠스는 관대한 통치로 스페인의 감사를 얻어 내고 두 번의 집정관과 한 번의 감찰관 직위를 역임하였으며, 동생을 구하고 스키피오 아프리카누스의 딸과 결혼한 티베리우스 셈프로니우스 그라쿠스(Tiberius Sempronius Gracchus)의 아들이었다. 티베리우스 셈프로니우스 그라쿠스는 코르넬리아(Cornelia)와의 사이에 열두 명의 아이를 두었지만, 세 명을 제외하고 모두 어린 나이에 죽었다. 그리고 남편의 죽음으로 코르넬리아는 티베리우스와 가이우스, 그리고 딸 한 명을 양육해야 할 짐을 떠안게 되었다. 코르넬리아의 딸도 코르넬리아로 불렸으며, 스키피오 아이밀리아누스의 아내가 되었다. 부모 모두 헬레니즘 문화를 공유했으며 스키피오 서클에 호감을 가졌다. 코르넬리아는 주위의 명사들을 문학 살롱에 끌어 모았으며, 라틴 문학에 대해 주목할 만한 공헌으로 평가받는 순수하고 격조 높은 문체의 문학 작품을 썼다. 플루타르코스의 말에 따르면 한 이집트 왕이 과부였던 그녀에게 청혼하고 왕위를 제안했지만 거절당했다고 한다. 코르넬리아는 스키피오 아프리카누스의 딸로, 스키피오 아이밀리아누스의 장모로, 그리고 그라쿠스 형제의 어머니로 남고 싶어 했다.

정치 수완과 철학의 분위기에서 자란 티베리우스 그라쿠스와 가이우스 그라쿠스는 로마 통치의 문제뿐만 아니라 그리스 사상의 사색도 알고 있었다. 그들은 특히 쿠마이 출신의 그리스 철학자 블로시우스의 영향을 받았다. 그는 그들에게서 로마에서 보수주의자들의 힘을 과소평가했던 열정적인 자유주의를 고취시키는 데 도움을 주었다. 그라쿠스 형제는 거의 똑같이 야심만만하고, 자부심이 강하며, 진지하고, 상식으로 이해하기 어려울 정도로 달변이며, 몸을 아끼지 않을 만큼 용감했다. 가이우스의 말에 따르면 티베리우스가 에트루리아를 여행하면서 "주민들의 참상을 목격하고, 토양을 경작하고 양 떼를 돌보던 사람들이 외국인 노예들이라는 사실을 알았을 때" 농민의 비극을 마음속 깊이 간직하게 되었다고 한다.[6] 그때 토지 소유자들만이 군대에 복무할 수 있다는 사실을 알게 된 티베리우스는 한때 로마 군단을 채웠던 강인한 소농들이 비참한 외국인 노예들로 대체된다면, 어떻게 로마가 지도력과 독립을 유지할는지, 스스로에게 질문을 던졌다. 토지를 소유하고 경작하는 자부심 강한 자작농들 대신에 빈곤으로 괴로워하는 도시의 무산대중들로 어떻게 로마인의 삶과 민주주의가 건강하게 지속될 수 있을까? 가난한 시민들에 대한 토지 분배는 세 가지 문제, 즉 농촌의 노예제, 도시의 혼잡과 타락, 그리고 군대의 쇠락을 막기 위해 필요한 분명한 해결책처럼 보였다.

133년 초에 평민 호민관으로 선출된 티베리우스 그라쿠스는 트리부스 평민회에 세 가지 제안을 함으로써 자신의 의도를 밝혔다. (1) 모든 시민은 국가로부터 매입하거나 임차한 333에이커(아들을 두 명 가진 시민의 경우에는 667에이커) 이상의 토지를 소유할 수 없다. (2) 개인들에게 매각되거나 임대되었던 다른 모든 공유지는 매입가 또는 임대 가격으로 국가에 반환되어야 한다. 그러나 토지의 비옥도가 개선된 경우 얼마간의 보조금이 지급된다. 그리고 (3) 반환된 토지는 20에이커로 나누어 가난한 시민들에게 분배해야 한다. 토지를 분배받은 가난한 시민들은 분할받은 토지를 결코 팔 수 없으며, 매년 국고에 분배받은 토지에 대한 세금을 납부해야 한다. 이것은 비현실적인 계획이 아니었다. 티베리우스 그라쿠스의 농지법은 결코 폐지되지도 않았고, 그렇다고 시행되지도 않았던 기원전 367년의 리키니우스 법을 시행하려는 시도에 불과했다. 티베리우스는 로마 역사에서 한 획을 긋는 유명한 연설에서 가난한 평민들에게 다음과 같이 말했다.

들판의 짐승들과 하늘의 새들에게는 굴과 은신처가 있습니다. 하지만 이탈리아를 위해 싸우고 죽은 사람들은 빛과 공기만을 누릴 뿐입니다. 로마의 장군들은 병사들에게 조상들의 무덤과 사원을 위해 싸우도록 촉구합니다. 이러한 호소는 사기이며 기만적인 선동입니다. 여러분은 아버지의 제단을 가리킬 수 없습니다. 여러분에게는 조상의 무덤이 없습니다. 여러분은 다른 사람들의 부와 사치를 위해 싸우며 죽어 가고 있는 것입니다. 여러분은 세상의 지도자들에게 부름을 받지만, 여러분이 마음대로 처분할 수 있는 땅은 한 걸음도 안 됩니다.[7]

원로원은 티베리우스의 제안을 가혹하다고 비난했고, 티베리우스가 독재관의 지위를 차지하려 한다고 기소했으며, 다른 호민관인 옥타비우스에게 티베리우스가 평민회에 법안을 제출하지 못하도록 거부권을 행사해 달라고 설득했다. 그러자 곧 티베리우스 그라쿠스는 선거구민들의 요구에 벗어나는 행동을 하는 호민관은 누구든지 즉각 해임되어야 한다는 법안을 제출했다. 평민회는 법안을 통과시켰으며, 옥타비우스는 티베리우스의 호위병들에 의해 호민관의 자리에서 쫓겨났다. 얼마 안 있어 티베리우스의 최초 제안들이 법으로 승인되었으며, 그라쿠스의 안전을 염려한 평민회가 그를 집까지 호위했다.[8]

평민회가 오래전에 절대적인 권력으로 만들었던 호민관의 거부권을 티베리우스가 불법적으로 파기했다. 따라서 티베리우스의 적들이 그를 좌절시킬 수 있는 기회를 갖게 되었다. 그들은 1년 임기가 끝난 티베리우스를 탄핵함으로써 자신들의 의도를 드러냈다. 티베리우스는 정체를 교란시키고 호민관에게 폭력을 사용했다는 이유로 탄핵되었다. 그는 자신을 방어하기 위해 한 발 더 나아가 132년에 호민관직 재선을 노림으로써 정체를 비웃었다. 그의 제안을 지지하던 아이밀리아누스와 라일리우스, 그리고 그 밖의 원로원 의원들이 지지를 철회했으므로, 티베리우스는 평민들에게 더 철저하게 의존했다. 그는 호민관에 재선될 경우에 군 복무 기간을 단축하고, 배심원에 대한 원로원의 배타적 독점권을 철폐하겠으며, 이탈리아 동맹국들에 로마 시민권을 부여하겠다고 약속했다. 그 사이에 원로원은 티베리우스의 법률을 시행하기 위해서 임명된 토지 위원회에 대한 자금 제공을 거부했다. 페르가몬의 아탈로스 3세가 자신의 왕국을 로마에 유증했을 때(133년), 그라쿠스는 아탈로스의 개인 재산과 동산을 매각해서 돈을 마련했으며, 국유지를 분배받은 사람들에게 농기구 구입 자금으로 나누어 주도록 평민회에 제안했다. 그라쿠스의 제안은 원로원을 격분시켰다. 원로원은 속주와 국고에 대한 자신의 권한이 대부분 노예와 외국인 혈통으로 구성된, 다루기 힘들고 대표성 없는 평민회에 넘어가는 것을 그저 바라만 보고 있었다. 선거 날이 되자, 선거에서의 패배가 탄핵이자 죽음을 의미하는 것임을 암시하기라도 하듯, 그라쿠스는 상복을 입고 무장 호위병을 거느린 채 광장에 모습을 드러냈다. 선거가 진행되고 있을 때, 양쪽 편에서 폭력 사태가 발생했다. 스키피오 나시카는 티베리우스가 스스로 왕이 되기를 원하고 있다고 외치면서 곤봉으로 무장한 원로원 의원들을 이끌고 광장으로 갔다. 귀족들의 관복에 압도당한 그라쿠스 지지자들이 퇴각했다. 티베리우스는 머리에 일격을 맞고 살해되었으며, 수백 명의 지지자들이 그와 함께 죽었다. 동생 가이우스가 형의 시신을 매장할 수 있도록 허락해 달라고 간청했지만 거절당했으며, 반란자들의 시신은 테베레 강에 내던져졌다. 그 사이 코르넬리아는 티베리우스의 죽음을 슬퍼했다.

원로원은 그라쿠스의 법을 시행하는 데 동의함으로써 분노에 찬 평민들을 달래려고 애썼다. 131~125년까지 시민 명부에 7만 6000명이 늘어났다는 것은 실제로 여러 차례 토지 할당이 이루어졌음을 암시한다. 하지만 토지 위원회는 많은 난관에 부딪혔다. 문제가 된 상당수 토지는 몇 년 또는 몇 세대 전에 국가가 획득한 토지였으며, 당시의 점유자들이 시간이 경과하면서 확립되고 정당화된 권리를 주장했다. 새로운 소유자들이 정부로부터 분할지를 값싸게 구입했던 사람들에게서 상당한 가격을 지불하고 매입했다. 토지 불법 점거자의 권리가 위태롭게 되었던 이탈리아 동맹국의 토지 소유자들이 스키피오 아이밀리아누스에게 토지 위원회로부터 자신들을 지켜 주고, 영향력을 발휘해 토지 위원회의 효력을 일시 정지시켜 줄 것을 호소했다. 스키피오 아이밀리아누스에 대한 반대 여론이 빠르게 확산되었다. 그는 그라쿠스의 신성한 기억을 배반한 자로 비난받았다. 그리고 129년 어느 날 아침, 스키피오 아이밀리아누스는 침대에서 죽은 채로 발견되었다. 누가 그를 암살했는지는 알려지지 않았다.

3. 가이우스 그라쿠스

코르넬리아가 불구이자 남편으로부터 사랑받지 못한 자신의 딸과 공모해 스키피오 아이밀리아누스를 살해했다고 비난하는 입에 담기도 힘든 험담이 나돌았다. 이러한 불행에 맞서 코르넬리아는 그녀의 "보석들" 중 마지막인 살아남은 아들에게 헌신하는 것으로 위안을 찾았다. 티베리우스의 살해는 동생 가이우스에게 단순한 복수심이 아닌 형의 과업을 완성하려는 결심을 불러일으켰다. 그는 영리하면서도 용감하게 누만티아에서 아이밀리아누스가 지휘하는 로마 군대에 복무했다. 그리고 그는 강직한 성품과 소박한 생활로 인해 모든 사람의 아낌없는 찬사를 받았다. 너무 오랜 기간을 통제받았으므로 가끔 더욱더 열정적이었던 가이우스는 키케로 이전의 로마 웅변가들 중 가장 위대했다. 용맹성 다음으로 웅변술이 출세에 기여하던 당시 사회에서 그에게는 거의 모든 관직이 열려 있었다. 124년 가을에 가이우스는 호민관에 선출되었다.

티베리우스보다 더 현실적이었던 가이우스는 국가의 경제적, 정치적 권력 균형에 위배되는 개혁은 지속될 수 없다는 사실을 알고 있었다. 그는 네 계급,

즉 소농, 병사, 무산자, 기사 계급을 자신의 지지 세력으로 끌어들일 작정이었다. 가이우스는 형 티베리우스의 농지법을 재개하고, 농지법의 적용을 속주의 국유지로 확대함으로써, 그리고 토지 위원회를 부활시키고 개인적으로 토지 위원회의 운영에 참여함으로써 소농 계급의 지지를 확보했다. 그는 카푸아, 타렌툼, 나르보, 그리고 카르타고에 새로운 식민시를 설립함으로써, 그리고 이들 식민시를 번영하는 교역의 중심지로 발전시킴으로써 중산 계급의 야심을 만족시켰다. 가이우스는 공공 경비로 병사들의 의복을 지급하게 하는 법안을 통과시켜 병사들을 기쁘게 했다. 그는 곡물법을 제정해 도시 대중들의 지지를 끌어냈다. 곡물법에 따라 당국에서는 곡물을 요구하던 모든 사람에게 시장 가격의 절반인 모디우스(modius)당 6과 3분의 1아스(1펙(peck)당 39센트)로 밀을 분배해야 했다. 이것은 로마인의 오래된 자립 관념과 비교해 볼 때 충격적인 조치로서, 로마 역사에서 중대한 역할을 수행하게 될 것이다. 가이우스는 곡물상들이 대중들에게 생산비의 두 배를 부과하고 있으며, 통합된 경제 운용을 통해 자신의 조치가 국가에 아무런 손실도 초래하지 않을 것으로 확신했다. 어쨌든 가이우스의 농지법은 나중에 마리우스와 카이사르의 경우에서처럼 로마의 가난한 자유민들을 귀족을 지지하는 피호민으로부터 그라쿠스 형제를 지지하는 자들로 바꾸어 놓았다. 더욱이 농지법은 클로디우스에게서 정점에 도달했다가 악티움 해전에서 사라질 민주화 운동의 초석이 되었다.

가이우스의 다섯 번째 조치는 켄투리아 민회에서 부유한 계급이 제일 먼저 투표하던 전통에 종지부를 찍음으로써 자신이 속해 있는 당파의 힘을 보장해 주려고 애썼다. 앞으로 백인조는 매번 추첨으로 결정된 순서에 따라 투표해야 했다. 가이우스는 기사 계급을 만족시키기 위해 그들에게 속주의 불법 행위에 대한 재판에서 배심원으로 복무할 수 있는 배타적 권리를 부여했다. 즉 그 후 기사 계급은 대부분 그들 자신을 재판할 수 있게 되었다. 가이우스는 소아시아의 전체 수확물에 대해 징수하는 세금의 10분의 1을 제안함으로써 기사 계급의 흥미를 불러일으켰다. 그는 이탈리아 도처에서 도로 건설을 계획해 청부업자들을 부유하게 만들었고 실업을 감소시켰다. 대체로 일부 법률이 정치적 책략에 영향을 받았음에도 불구하고 이러한 법률로 인해 카이사르 이전에 로마에서 제안된 가장 건설적인 입법 기관이 만들어졌다.

다양한 지원으로 무장한 가이우스는 관례를 깨고 두 번째로, 그리고 연속해서 호민관직에 선출될 수 있었다. 아마도 이것은 그가 기존의 300명 원로원 의원에 민회에서 기사 계급으로부터 선출된 300명을 더 추가함으로써 원로원을 "빽빽이 채우려고" 애썼기 때문이었을 것이다. 또한 가이우스는 라티움의 모든 자유민에게 완전한 시민권을, 그리고 이탈리아의 나머지 자유민들에게 부분적인 시민권을 확대하겠다고 제안했다. 좀 더 광범위한 민주주의를 향한 이렇듯 과감한 조치는 가이우스가 최초로 저지른 전략적 실수였다. 유권자들은 자신들의 특권을 공유하고 싶어 하지 않았으며, 심지어 유권자들 중에서도 소수만이 로마의 켄투리아 민회에 참석할 수 있었다. 원로원은 이 틈을 노려 행동을 개시했다. 가이우스에게 거의 무시당하고 눈에 띄게 무기력증에 빠져 버린 원로원은 명석한 호민관 가이우스에게서 국유지와 국가 기금을 무모하게 분배해 개인 권력을 확대하려는 선동적인 참주의 모습만을 보았다. 원로원은 질투심 많은 로마의 무산자들에게서 뜻밖의 동맹자를 발견했고, 가이우스가 카르타고에 식민시를 설립하려고 로마를 잠시 비워 둔 틈을 이용했다. 원로원은 다른 한 명의 호민관 마르쿠스 리비우스 드루수스에게 그라쿠스의 법안에서 새로운 소농 계급의 토지에 부과된 세금을 취소함으로써 무산자들의 지지를 이끌어 내도록 제안했다. 게다가 원로원은 로마에서 각각 3000명씩을 데려가 이탈리아에 열두 개의 식민시를 새롭게 편성함으로써 무산자들을 만족시키는 동시에 그들의 세력을 약화시켜야 한다고 드루수스에게 제안했다. 켄투리아 민회는 원로원이 제안한 법안을 즉시 통과시켰다. 로마로 돌아온 가이우스는 자신의 지배권이 대중적인 인기를 누리고 있는 드루수스에게 사사건건 도전받고 있다는 사실을 알게 되었다. 그는 세 번째 호민관직에 도전했지만 낙선했다. 그의 친구들은 투표 용지가 조작되었다고 비난했다. 가이우스는 지지자들에게 폭력을 쓰지 말 것을 당부하고 은둔 생활에 들어갔다.

이듬해에 원로원은 카르타고에 식민시 설립을 포기할 것을 제안했다. 모든 당파는 그 조치가 공개적 또는 비공개적으로 그라쿠스의 법률을 폐기하려는 첫 번째 싸움으로 해석했다. 가이우스의 일부 지지자들이 무장한 채 켄투리아 민회에 참석했으며, 그들 중 한 명이 가이우스에게 폭행을 가하려고 위협하던 보수주의자를 살해했다. 이튿날 원로원 의원들이 각각 두 명의 무장한 노예들을 동반하고 완전 전투 대형으로 나타났으며, 아벤티누스 언덕에 숨어 있던 민중파를 공격했다. 가이우스는 소요를 진정시키고 더 이상의 폭력을 피하기 위해 최선을 다했다. 모든 시도가 실패로 돌아가자 가이우스는 테베레 강을 건너 도망갔다. 추적자들에게 따라잡힌 그는 노예에게 자신을 죽이도록 명령했다. 주인의 명령에 따라 노예는 가이우스를 죽인 다음 자결했다. 가이우스의 한 친구가 그의 머리를 자르고, 머리를 용해된 납으로 가득 채운 다음 원로원에 가져다주었다. 원로원은 그에게 가이우스 머리 무게만큼의 금으로 보상했다.[9] 가이우스의 지지자들 중 250명이 싸우다가 죽었으며, 3000명 이상이 원로원의 칙령으로 사형에 처해졌다. 가이우스가 돌보아 주던 도시의 군중들은 가이우스와 그의 지지자들의 시체가 테베레 강에 내던져졌을 때, 아무런 항의도 하지 않았다. 군중들은 가이우스의 집을 약탈하느라 바빴다.[10] 원로원은 코르넬리아에게 죽은 아들을 위해 상복을 입지 말도록 명령했다.

4. 마리우스

승리에 도취해 의기양양해진 귀족들은 명석한 지능을 가이우스 입법에서 선동적인 요소보다는 오히려 건설적인 요소를 폐기하는 데 사용했다. 귀족들은 기사 계급을 배심원에서, 또는 청부업자들과 공공 업무 대행자들을 아시아의 행복한 사냥터에서 감히 물러나게 하지 못했다. 게다가 원로원은 곡물 분배를 혁명을 예방하기 위한 수단으로 사용하기까지 했다. 그 밖의 관심을 끄는 조치로서 원로원은 새로운 토지 수취인들이 토지를 매각할 수 있도록 허용하는 조항을 삽입했다. 얼마 안 있어 수천 명의 토지 소유자들이 대규모 노예 소유자들에게 토지를 매각했으며, 대농장이 다시 증가하기 시작했다. 118년에 토지 위원회가 폐지되었다. 수도 로마의 대중들은 아무런 이의도 제기하지 않았다. 그들은 도시에서 국가의 곡물을 먹는 것이 농촌에서 땀 흘려 일하거나 개척 식민시에서 열심히 일하는 것보다 더 낫다는 결론을 내렸다. 카이사르 때까지 이주를 통해 도시 빈곤을 완화시키려는 시도를 좌절시키려고 게으름을 미신과 결합시켰다.(카르타고의 토양이 저주받았기 때문이다.) 부는 늘어났지만 확산되지 않았다. 기원전 104년에 한 온건한 민주주의자는 불과 2000명의 로마 시민들만이 토지를 소유하고 있다고 추정했다.[11] 아피아누스의 말에 따르면 "빈민들의 상태는 전보다 훨씬 더 악화되었다. …… 평민들은 모든 것을 잃어버렸다. …… 시민들과 병사들의 수가 계속 감소했다."[12] 로마 군단은 더욱더 이탈리아 국가들에서 징집한 병사들로 채워져야 했다. 하지만 이들은 싸울 생각이 없었으며, 로마에 대한 애정도 없었다. 탈영이 증가했고, 규율은 저하되었으며, 공화정에 대한 방어가 최저 수준으로 떨어졌다.

　결국 로마 공화정은 곧 북쪽과 남쪽에서 거의 동시에 공격받았다. 113년에 게르만 부족인 킴브리족과 테우토네스족의 30만 전사들이 아내와 아이와 동물들을 거느리고 덮개 씌운 마차를 탄 채 게르마니아를 통과해 무서운 기세로 내려왔다. 이것은 마치 로마가 마지막 운명을 미리 경험하는 것처럼 보였다. 아마도 알프스 너머로 로마가 부에 푹 빠져 있으며, 전쟁에 지쳐 있다는 소문이 퍼져 있었던 것 같다. 새로 온 게르만 부족들은 키 크고 힘이 세며 겁이 없었다. 그리고 그들은 너무 금발이어서 이탈리아인들은 게르만족 아이들이 노인의 흰 머리를 갖고 있다고 말했다. 게르만 부족들은 노레이아(오늘날 카린티아의 노이마르크트)에서 로마군과 싸워 승리했다. 그들은 라인 강을 넘어 또 다른 로마군을 무찔렀다. 그리고 그들은 서쪽으로 이동해 갈리아 남부로 쇄도해 들어가 로마군을 상대로 세 번째, 네 번째, 그리고 다섯 번째 승리를 거두었다. 그리고 아라우시오(지금의 오랑주)에서 로마의 8만 군단병과 4만 명의 종군 민간인들이 전장에서 죽은 채 내버려졌다.[13] 이탈리아 전체가 게르만 부족 침입자들에게 무방비 상태로 노출되었다. 그리고 한니발 이후로 알려지지 않았던 공포가 로마에서 나타났다.

거의 동시에 누미디아에서 전쟁이 발생했다. 마시니사의 손자인 유구르타가 동생을 고문해 죽이고, 사촌들에게서 왕국의 몫을 빼앗으려고 했을 때, 로마 원로원은 누미디아를 속주로 만들고 누미디아가 로마의 교역과 자본에 도움이 될 수 있도록 유구르타에게 전쟁을 선포했다.(111년) 유구르타는 원로원 앞에서 자신의 대의와 범죄 행위를 항변하기 위해 귀족들을 매수했으며, 그와 싸우도록 파견된 로마 장군들을 매수해 피해를 주지 않도록 행동하거나 우호적인 평화를 맺게 했다. 로마에 소환된 유구르타는 자신의 왕실 재산을 아낌없이 내놓았으며, 아무런 제지도 받지 않고 누미디아 왕국의 수도로 돌아갈 수 있었다.[14]

단 한 명의 장교가 이 전투에서 명성을 드높이며 등장했다. 키케로처럼 아르피눔에서 일용 노동자의 아들로 태어난 가이우스 마리우스(Gaius Marius)는 이른 나이에 군대에 입대했고, 누만티아에서 상처를 입었으며, 카이사르의 숙모와 결혼했다. 그는 교양이나 예의범절이 부족했음에도 불구하고, 또는 부족했으므로 평민들의 호민관으로 선출되었다. 아프리카에서 무능한 퀸투스 메텔루스의 부관으로 복무하던 마리우스는 108년 가을에 돌아왔으며, 연단에서 자신이 메텔루스를 대신해 유구르타 전쟁을 승리로 마무리 짓겠다고 제안하며 집정관직에 출마했다. 마리우스는 집정관에 선출되었고, 지휘권을 장악했으며, 유구르타의 항복을 받아 냈다.(106년) 대중들은 승리의 주역이 무모하리만큼 용감한 젊은 귀족 루키우스 술라(Lucius Sulla)였다는 사실을 이때는 알지 못했다. 나중에 술라에게서 이 사실을 듣게 될 것이다. 마리우스는 눈부신 승리를 만끽했으며, 그를 총애했던 켄투리아 민회는 사멸해 가는 공화정의 국제(國制)를 무시하고 그를 5년 동안 매해 집정관으로 선출했다.(104~100년) 기사 계급은 부분적으로는 마리우스의 승리가 새로운 사업 분야를 개척해 주었으므로, 그리고 부분적으로는 그가 켈트족 무리를 격퇴할 수 있는 유일한 인물이었으므로 마리우스를 지지했다. 로마는 이미 카이사르의 숙부인 마리우스에게 전제 정치를 승인했다. 헌신적인 군대의 지지를 받는 민중파 지도자의 독재 권력은 지쳐 있는 수많은 로마인들에게 과두 정치의 자유 남용에 대한 유일한 대안이었던 것처럼 보였다.

아라우시오에서 승리한 뒤 킴브리족은 피레네 산맥을 넘어 스페인을 약탈하는 것으로 로마에 대한 형 집행을 유예했다. 하지만 102년에 전보다 훨씬 더 많은 수의 킴브리족이 갈리아로 돌아와 테우토네스족과 각각의 경로로 북부 이탈리아의 비옥한 평야 지대를 동시에 공격하자는 협정을 체결했다. 위험에 대처하기 위해 마리우스는 새로운 징집 방식을 채택했다. 이 방식은 처음에는 군대, 그리고 그 다음에는 국가에 엄청난 변화를 가져왔다. 마리우스는 재산 소유자이건 아니건 간에, 모든 시민의 병적 편입을 제안하고 구미가 당기는 급여를 제시했다. 그리고 전투가 끝나면 지원병들을 전역시키고 토지를 부여하겠다고 약속했다. 새롭게 편성된 군대는 주로 도시 무산자들로 구성되었으며, 귀족 공화정에 정서적으로 반감을 가지고 있었다. 새로운 군대는 국가가 아닌, 장군과 전리품을 위해 싸웠다. 이렇게 해서 마리우스는 아마도 자신도 모르게 카이사르 혁명의 군사적 기초를 놓았다. 그는 정치가가 아닌 병사였다. 그는 당장 알 수 없는 정치적 영향을 저울질할 시간이 없었다. 그는 신병들을 이끌고 알프스를 넘었고, 행군과 훈련으로 그들의 신체를 단련시켰으며, 쉽게 승리할 수 있는 목표를 공격해 병사들의 용기를 키워 주었다. 신병들이 숙달된 병사가 될 때까지 마리우스는 위험을 무릅쓰고 전투할 수는 없었다. 테우토네스족이 아무런 제지도 받지 않고 마리우스의 진영 옆을 지나가면서, 로마 병사들에게 로마의 아내에게 보낼 소식이 있는지 조롱하듯 물어보았다. 침입자들은 로마 병사들의 아내를 통해 원기를 되찾을 생각이었다. 테우토네스족의 숫자는 그들이 로마군 진영을 지나가는 데 걸린 6일의 기간으로 판단할 수 있었다. 그들이 모두 열을 지어 행군했을 때, 마리우스는 후방을 기습 공격하도록 명령했다. 아쿠아이 섹스티아이(지금의 엑상프로방스)에서 계속된 대규모 전투에서 로마의 새 군단은 10만 명의 테우토네스 병사들을 죽이거나 포로로 잡았다.(102년) 플루타르코스가 전하는 바에 따르면, "사람들은 마르세유의 주민들이 뼈로 그들의 포도원 둘레에 울타리를 만들었다고 말한다. 그리고 시체가 썩고 겨울비가 내린 뒤에 스며든 부패된 물질 덕분에 토양이 너무 비옥해졌고, 이듬해 봄에 전례 없는 수확을 올렸다고 한다."[15] 병사들에게 수개월 휴식을 취하게 한 다음, 마리우스는 그들을 이끌고 이탈리아로 돌아왔으며, 한니발이 로마와의 최초 전투에서 승리한 포 강 근처의 베르켈라이에서 킴브리족과 마주쳤다.(101년) 킴브리족은 힘과 용기를 과시하려고 눈길에서 맨발로 행군했고, 빙판 위와 깊은 여울을 지나 언덕 꼭대기에 올랐다. 그들은 그곳에서 방패를 썰매 삼아 가파른 경사면을 따라 즐겁게 활강했다.[16] 뒤 이은 전투에서 킴브리족은 거의 모두 살해되었다.

마리우스는 기뻐하는 수도 로마에서 켈트족 침입을 격퇴했던 "제2의 카밀루스", 그리고 로마를 다시 세웠던 제2의 로물루스로 환대받았다. 그가 가져온 전리품 중 일부는 개인적 보상으로 그에게 수여되었다. 따라서 그는 "왕국이라고 해도 손색이 없을 만큼 충분히" 거대한 농장을 소유한 부자가 되었다. 100년에 마리우스는 집정관에 여섯 번째로 선출되었다. 당시 호민관은 그라쿠스 형제의 목표를 가능하다면 법으로, 그렇지 않다면 강제로라도 달성하려고 결심하던 열정적 급진주의자 루키우스 사투르니누스였다. 그는 최근 전투의 퇴역 병들에게 식민시의 토지를 수여하는 법안으로 마리우스를 기쁘게 했다. 그리고 마리우스는 사투르니누스가 국가가 분배하는 곡물의 가격을 모디우스 또는 펙(peck) 당 6과 3분의 1아스(39센트)에서 6분의 5아스(5센트)로 낮추었을 때, 아무런 이의도 제기하지 않았다. 원로원은 다른 한 명의 호민관에게 이 법안에 투표하는 것을 거부하게 함으로써 국고와 원로원 자신을 지키려고 애썼다. 그럼에도 불구하고 사투르니누스는 계속해서 투표권을 행사했다. 양쪽에서 폭력이 돌발적으로 발생했다. 사투르니누스 일당이 가장 존경받는 귀족 중 한 명인 가이우스 멤미우스를 살해하자, 원로원은 마지막 수단을 꺼내 들었으며, "공화정 수호를 위한 원로원의 결의"로 마리우스에게 집정관으로서 반란을 진압하도록 명령했다.

마리우스는 자신의 생애에 가장 힘든 선택에 직면했다. 그가 이제 민중들의 지도자들과 옛 친구들을 공격해야 한다는 것은 로마 민중들에 대한 자신의 오랜 봉사 경력에 비참한 종말을 의미하는 것처럼 보였다. 그럼에도 불구하고 또한 그는 폭력에 대한 호소를 불신했으며, 혁명이 치유할 수 있는 것보다 더 많은 불행이 혁명 안에 있다는 것을 알았다. 마리우스는 병력을 이끌고 반란자들에 맞서 싸웠으며, 사투르니누스를 돌에 맞아 죽게 했다. 그 다음 그가 지켜 주던 민중들과 그가 구해 준 귀족들 모두에게 조롱을 받으며 우울한 은둔 생활에 들어갔다.

5. 이탈리아의 반란

이제 혁명은 내전의 양상으로 옮겨 가고 있었다. 원로원이 킴브리족에 맞서 로마와 동맹한 동방의 왕들에게 도움을 요청했을 때, 비티니아의 니코메데스는 자신의 왕국에서 군사적으로 쓸모 있는 모든 남성들이 로마 조세 징수업자들의 갈취 때문에 노예로 팔려 나갔다고 답했다. 잠시 군대를 선택한 원로원은 세금 미납으로 노예가 된 모든 남성들을 해방하도록 명령했다. 이 명령으로 시칠리아의 노예 수백 명이 (그들 중 많은 사람이 헬레니즘 동방 출신의 그리스인이었다.) 주인들 곁을 떠났으며, 로마 법무관의 대저택 앞에 집결해 자유를 요구했다. 주인들은 항의했고, 법무관은 법령의 시행을 연기했다. 노예들은 신앙심이 깊은 사기꾼 살비우스의 지휘 아래 조직되었으며, 모르간티아 시를 공격했다. 그곳의 시민들은 자신들의 노예가 공격을 막아 낸다면, 해방시켜 주겠다고 약속함으로써 노예들 대부분의 충성을 확보했다. 그들은 공격을 막아 냈지만 해방되지 않았다. 그리고 그들 중 많은 수가 반란에 합류했다. 대략 같은 시기(103년)에 시칠리아의 서쪽 끝에서 약 6000명의 노예가 교양 있고 결단력 강한 아테니온의 지휘 아래 반란을 일으켰다. 이들은 법무관이 파견한 군대를 잇달아 무찔렀으며, 동쪽으로 이동해 살비우스가 지휘하는 반란자들과 힘을 합쳤다. 그들은 함께 이탈리아에서 파견된 군대를 격파했지만, 승리를 눈앞에 두고 살비우스가 죽었다. 게다가 집정관인 마니우스 아퀼리우스가 지휘하는 로마의 다른 군단들이 해협을 건넜다.(101년) 아테니온이 아퀼리우스와의 일대일 결투에서 죽고, 지도자를 잃은 노예들은 궤멸되었다. 그들 중 수천 명은 전장에서 죽고, 수천 명은 주인들에게 돌려보내졌다. 그리고 수백 명은 아퀼리우스의 개선식을 축하하는 경기에서 야수들과 싸우도록 배로 로마에 수송되었다. 노예들은 싸우는 대신에 모두가 죽을 때까지 서로의 심장에 칼을 꽂았다.

    2차 노예 전쟁 이후 몇 년이 지나서 이탈리아 전체가 무기를 들고 일어섰다. 쿠마이와 카이레 사이에, 아펜니노 산맥과 바다 사이에 위치한 작은 국가였던 로마는 당시 이미 거의 2세기 동안 이탈리아의 나머지를 속국으로 지배해 왔다. 티부르와 프라이네스테처럼 로마에 인접한 몇몇 도시들조차 자신들을 지배했던 로마 정부에서 한 명의 대표자도 갖지 못했다. 원로원, 민회, 그리고 집정관들이 외국인과 정복된 속주들에게 했던 것과 똑같이 고압적으로 이탈리아 공동체에 명령과 법률을 부과했다. "동맹국들"의 자원과 인력은 전쟁으로 고갈되었다. 전쟁은 주로 로마의 소수 가문을 부유하게 만드는 결과를 가져왔다. 한니발에게서 경험했던 호된 시련에도 로마에 변함없이 충성하던 국가들이 충분한 보상을 받지 못했다. 어떤 식으로든 한니발을 도왔던 국가들은 대단히 가혹한 처벌을 받았으므로, 그들의 자유민 중 많은 수가 노예 반란에 가담했다. 도시의 소수 부자들이 로마 시민권을 부여받았다. 그리고 로마의 권력은 도처에서 빈민에 맞서 부자를 지원하기 위해 사용되었다. 126년에 켄투리아 민회는 이탈리아 도시의 주민들이 로마로 이주하는 것을 금지했다. 그리고 95년에는 질투심으로 가득한 수도 로마가 로마 시민권이 아닌 단지 이탈리아

시민권만을 가진 모든 주민을 추방하는 법령을 공포했다.

한 명의 귀족이 이러한 상황을 개선하는 데 자신의 생애를 바쳤다. 드루수스(M. Livius Drusus)는 티베리우스 그라쿠스와 경쟁하던 호민관의 아들이었다. 그의 양아들이 아우구스투스의 장인이 되었으므로, 드루수스 가문은 혁명의 시작과 끝에 얽매여 있었다. 91년 호민관에 선출된 드루수스는 세 개의 법안을 제출했다. 즉 (1) 빈민들 사이에 더 많은 국유지를 분배한다. (2) 원로원에 배타적 배심원 독점권을 되돌려주지만, 동시에 300명의 기사 계급을 원로원에 추가한다. 그리고 (3) 이탈리아의 모든 자유민에게 로마 시민권을 부여한다. 켄투리아 민회는 첫 번째 법안은 기꺼이, 두 번째 법안은 냉담하게 통과시켰다. 그리고 원로원은 두 법안을 모두 거부하고 무효 선언을 했다. 세 번째 법안은 표결에 부쳐지지 않았다. 왜냐하면 정체가 알려지지 않은 암살자가 드루수스를 그의 집에서 칼로 찔러 죽였기 때문이다.

드루수스의 법안에 대한 기대감으로 흥분하던, 그리고 그가 죽음으로써 원로원이건 켄투리아 민회이건 모두 특권을 나누어 갖는 데 결코 호락호락 동의하지 않을 것으로 확신하던 이탈리아 국가들이 반란을 준비했다. 연방 공화국이 구성되었고, 코르피니움이 수도로 명명되었으며, 공화국 합류를 거부하던 에트루리아인과 움브리아인을 제외하고 전체 이탈리아 부족들로부터 선출된 500명의 원로원에 통치권이 부여되었다. 로마는 즉시 분리주의자들에게 전쟁을 선포했다. 수도 로마의 모든 당파들이 힘을 합쳐 연방의 방어에 나섰다. 그리고 모든 로마인은 반란 도시들이 동족을 살해하는 "동맹시(同盟市) 전쟁"에서 승리한다면, 복수를 감행하게 될 것이라고 두려워했다. 마리우스가 은둔 생활을 끝내고 지휘권을 장악했으며, 계속해서 승리를 거두었다. 반면에 술라를 제외한 다른 모든 로마 장군들은 패배했다. 3년간의 전쟁에서 30만 명이 죽었으며, 중부 이탈리아가 황폐화되었다. 에트루리아와 움브리아가 반란자들에게 합류하기 직전에 로마는 완전한 로마 시민권을 부여해 그들을 회유했다. 그리고 90년에 로마에 충성을 맹세한 이탈리아의 모든 자유민과 해방 노예들에게 로마 시민권이 부여되었다. 이러한 때늦은 양보가 동맹국들을 약화시켰다. 도시들이 잇따라 무기를 버리고 항복했고, 89년에 잔인하고 엄청난 희생을 초래한 전쟁이 음울한 평화 속에 막을 내렸다. 로마인들은 새로운 시민들을 10개의 새 부족에 등록함으로써 그들이 부여했던 참정권을 무효로 했다. 10개의 새 부족들은 단지 기존의 35개 트리부스 뒤에 투표했으므로 아무런 소용이 없었다. 게다가 새로운 시민들 중에 소수만이 로마의 민회에 참석할 수 있었다. 기만당하고 버림받은 공동체들이 때를 기다렸다. 40년 후 그들은 사멸한 민주주의에서 자신들에게 시민권을 부여한 카이사르에게 환영의 뜻을 표하며 문을 열어 줄 것이다.

6. 행운아 술라

몇 년간의 평화가 끝나고 이탈리아인들 사이에 싸움이 재개되었다. 싸움의 명칭이 "동맹시 전쟁"에서 "내전(內戰)"으로, 싸움의 무대가 도시들에서 로마로 바뀌었을 뿐이다. 루키우스 코르넬리우스 술라(Lucius Cornelius Sulla)가 집정관 중 한 명으로 선출되었으며, 폰토스의 미트리다테스를 향해 진격할 준비를 하고 있던 군대를 지휘했다. 술라 같은 보수주의자에게 그렇게 강력한 군대의 지휘권을 맡기기를 꺼리던 호민관 술피키우스 루푸스가 켄투리아 민회를 설득해 마리우스에게 지휘권을 넘기게 했다. 마리우스는 비록 뚱뚱하고 69세의 나이였지만 여전히 군사적 야망으로 기력이 넘쳐 나고 있었다. 술라는 한 선동가에게 홀리고 마리우스를 좋아하던 상인들에게 매수된(술라는 그렇게 확신했다.) 민회의 변덕으로 자신이 지배권을 장악할 수 있는 절호의 기회를 그냥 흘려보내지 않으려 했다. 그는 놀라(Nola)로 피신해 군대의 지지를 받았으며, 군대의 선두에 서서 로마를 향해 진격했다.

술라는 혈통과 기질, 그리고 운명에서 독특한 인물이었다. 그라쿠스 형제, 드루수스 부자, 그리고 카이사르가 빈민의 지도자가 되었던 것처럼, 빈민으로 태어난 술라는 귀족 계급의 옹호자가 되었다. 그는 자신을 귀족이자 동시에 무일푼으로 만들었던 것에 대해 목숨을 걸고 복수했다. 돈을 정복한 술라는 양심의 가책 없이 또는 마음껏 자신의 욕망을 채워 나갔다. 그는 마치 "밀가루를 덮어쓴 뽕나무 열매"처럼 불같이 빨갛고 거칠거칠한 반점이 섞인 창백한 얼굴에 빛나는 푸른 눈을 가진, 호감을 주지 못하는 얼굴을 가졌다.[17] 그의 교양은 외모와는 상반되었다. 그는 로마 문학뿐만 아니라 그리스 문학에도 정통했고, 혜안을 가진 예술품 수집가였으며(대체로 군사적 수단에 의해), 자신의 가장 귀중한 전리품의 일부로 아리스토텔레스의 저작을 아테네에서 로마로 가져오게 했다. 술라는 기분 좋은 동료이자 너그러운 친구였으며 포도주, 여자, 전투, 그리고 노래에 몰두했다. 살루스티우스의 말에 따르면 "그는 사치스럽게 살았다. 하지만 남편으로서의 품행이 더 훌륭했을 것이라는 점을 제외하면, 쾌락 때문에 의무를 소홀한 적이 결코 없었다."[18] 술라는 무엇보다도 자신에게 가장 커다란 행운을 안겨다 준 군대에서 빠르게 출세했다. 그는 병사들을 동료처럼 다루었고, 병사들의 일과 행군, 그리고 위험을 함께 나누었다. "그가 유일하게 힘썼던 것은 어느 누구도 지혜나 용기에서 자신을 능가하도록 내버려 두지 않는 것이었다."[19] 그는 신을 믿지 않았지만 많은 미신을 믿었다. 그 밖의 점에서 술라는 로마인들 중 가장 무자비했을 뿐만 아니라 가장 현실주의적이었다. 그의 상상력과 감정은 항상 지성의 통제를 받았다. 그는 여우와 사자의 성격을 반씩 가진 인물로 알려졌으며, 그에게서는 여우의 성격이 사자의 성격보다 더 위험했다고 한다.[20] 자신의 생애 절반을 전장에서, 그리고 생애 마지막을 내전에서 보냈음에도 불구하고 술라는 끝까지 좋은 기분을 유지했고, 풍자시로 자신의 잔인성을 아름답게 꾸몄으며, 로마를 자신의 웃음으로 가득 채웠다. 그리고 그는 10만 명의 적을 만들었고, 모든 목적을 성취했으며, 제멋대로 살다가 죽었다.

술라와 같은 사람에게는 국내에서는 혁명, 그리고 국외에서는 미트리다테스를 진압하는 데 필요한 미덕과 악덕이 화학적으로 결합되어 있었던 것처럼 보인다. 3만 5000명의 숙련된 술라의 병사들은 마리우스가 로마에서 급하게 편성한 오합지졸의 보병대를 쉽게 무찔렀다. 스스로 어쩔 수 없는 상황에 처하게 된 마리우스는 아프리카로 도망갔다. 술피키우스는 배신한 자신의 노예에게 살해되었다. 그리고 술라는 호민관 술피키우스의 머리를 최근에 자신의 웅변으로 울려 퍼졌던 로스트룸(고대 로마에서 공공 광장 한 모퉁이에 설치했던 커다란 연단 - 옮긴이)에 내걸었다. 술라는 술피키우스의 노예에게 주인을 죽인 공로에 대해서는 자유로 포상했으며, 주인을 배신한 행위에 대해서는 죽음으로 벌했다. 병사들이 광장을 장악하는 동안, 술라는 이제부터 원로원의 동의 없이는 어떠한 법안도 켄투리아 민회에 제출되어서는 안 되며, 투표권 행사의 순서가 "세르비우스 법령"에서처럼 상층 계급에게 우선권과 이점을 주어야 한다고 선언했다. 술라는 속주 총독에 선출되었고, 그나이우스 옥타비우스와 코르넬리우스 킨나를 집정관에 선출되게 하였으며(87년), 그 다음 미트리다테스 대왕과 싸우기 위해 진격했다.

술라가 이탈리아를 떠나자마자 평민의 민중파(populares)와 귀족과 기사 계급의 벌족파(optimates) 사이에 싸움이 재개되었다. 옥타비우스를 지지하는 보수주의자들이 킨나를 지지하는 급진주의자들과 광장에서 싸웠으며, 하루 동안 1만 명이 죽었다. 옥타비우스가 승리했으며, 킨나는 인접한 도시들에서 반란을 조직하기 위해 도망했다. 은신하면서 겨울을 보낸 뒤에 마리우스는 배를 타고 이탈리아로 돌아와 노예들에게 자유를 선언했으며, 6000명의 병사를 이끌고 로마에서 옥타비우스와 맞섰다. 반란군이 승리했고, 수천 명이 학살되었으며, 살해된 원로원 의원들의 머리로 연단이 장식되었다. 그리고 반란군은 훗날 혁명에 대한 본보기로 긴 창에 귀족의 머리를 꽂고 거리를 행진했다. 관복을 입고 호민관의 의자에 앉아 있던 옥타비우스는 담담하게 죽음을 받아들였다. 5일 밤낮으로 대학살이 끊이질 않았으며, 반란군의 공포 정치는 1년 내내 계속되었다. 혁명 재판소는 귀족들을 소환했고, 마리우스에 반대하는 귀족들에게는 형을 선고했으며, 그들의 재산을 몰수했다. 사람들을 죽음으로 몰아넣는 데는 마리우스가 고개를 한 번 끄덕이는 것으로 충분했다. 술라의 친구들은 모두 살해되었고 그의 재산은 몰수되었다. 게다가 술라는 사령관 직위에서 파면되었으며 공공의 적으로 선언되었다. 시체는 매장이 금지되었고, 새와 개들이 먹어 치우도록 길거리에 버려졌다. 킨나가 해방노예들 중 4000명을 한곳에 모아 갈리아인 병사들로 포위해서 참살할 때까지, 해방노예들의 무차별적인 약탈과 강간, 그리고 살인이 계속되었다.[21]

86년에 킨나는 두 번째로, 마리우스는 일곱 번째로 집정관에 선출되었다. 온갖 고난과 폭력으로 지칠 대로 지친 71세의 마리우스는 새롭게 시작된 임기의 첫 달에 죽었다. 마리우스를 대신해 집정관으로 선출된 발레리우스 플락쿠스는 모든 부채의 75퍼센트를 말소하는 법안을 통과시킨 다음 술라의 지휘권을 박탈하기 위해 1만 2000명의 병사들을 이끌고 동방으로 떠났다. 로마에서 독점적인 권력을 누리던 킨나는 공화정을 독재정으로 바꾸어 놓았고, 출세한 모든 입후보자들을 중요 관직에 임명했으며, 자신은 4년 연속 집정관으로 선출되었다.

플락쿠스가 이탈리아를 떠났을 때, 술라는 미트리다테스와 동맹을 맺고 반란을 일으켰던 아테네를 포위 공격하고 있었다. 원로원으로부터 자신의 병사들에게 지급할 급여를 전혀 받지 못한 술라는 올림피아, 에피다우로스, 그리고 델포이의 신전과 보물을 약탈해 전투 비용을 조달했다. 86년 3월에 술라의 병사들이 아테네 성벽의 문을 돌파해 쇄도해 들어갔으며, 무차별적인 학살과 약탈로 오랫동안 그들의 성벽 진입을 지연시킨 아테네에 복수했다. 플루타르코스의 말에 따르면 "얼마나 많은 사람이 살해되었는지 알 수 없었다. …… 피가 거리를 지나 멀리 도시 밖까지 흘러갔다."[22] 결국 술라는 너그럽게도 "죽은 사람들을 위해 살아 있는 사람들을 용서하겠다."라고 말하면서 대량 학살의 중지를 선언했다. 그는 증원 병력을 이끌고 북쪽으로 진격해 카이로네아와 오르코메노스에서 대군을 무찔렀으며, 잔당들을 뒤쫓아 헬레스폰토스 해협을 넘어 아시아로 들어갔다. 그리고 폰토스의 왕 미트리다테스의 주력군과 싸울 준비를 했다. 하지만 그 사이에 플락쿠스와 그의 군단 또한 아시아에 도착했으며, 다시 한 번 술라는 지휘권을 포기하라는 지시를 받았다. 그는 플락쿠스에게 자신이 전투를 마무리할 수 있게 해 달라고 설득했다. 그 후 곧 플락쿠스는 자신의 부관 핌브리아에게 살해되었다. 이제 핌브리아는 자신을 로마군 전체의 사령관으로 선언했으며, 술라와 싸우기 위해 북쪽으로 진격했다. 핌브리아의 어리석은 짓에 직면한 술라는 미트리다테스와 평화 조약을 체결했다.(85년) 이 조약으로 미트리다테스 왕은 전쟁에서 획득한 모든 정복지를 되찾을 수 있게 되었고, 로마에 80척의 갤리선을 양도하고 2000탈렌트의 배상금을 지불해야 했다. 그 다음 술라는 남쪽으로 방향을 돌려 리디아에서 핌브리아와 마주쳤다. 핌브리아의 병사들이 술라에게 투항했고, 핌브리아는 자살했다. 이제 그리스 동방의 지배자가 된 술라는 이오니아의 반란 도시들로부터 배상금과 징수되지 않은 세금으로 2만 탈렌트를 강제로 거둬들였다. 그는 군대를 이끌고 그리스로 항해해 파트라이로 진격했으며, 83년에 브룬디시움에 도착했다. 킨나는 술라를 저지하려고 애썼지만, 자신의 병사들에게 살해되었다.

술라는 자신의 개인 이익이었던 돈과 예술 작품 이외에도 1만 5000파운드의 금과 11만 5000파운드의 은을 국고로 가져왔다. 하지만 여전히 로마에서 권력을 장악하고 있던 민중파 지도자들은 술라를 계속 공공의 적으로 낙인찍었으며, 그가 미트리다테스와 맺은 조약을 국가적 수치라고 비난했다. 마지못해 술라는 4만 명의 병사들을 이끌고 로마의 성문으로 갔다. 많은 귀족들이 그와 합류하기 위해 성문을 빠져나갔다. 그들 중 한 명인 그나이우스 폼페이우스가 아버지의 피호민들과 지지자들로부터 모집된 군단을 데리고 왔다. 마리우스의 아들이 군대를 이끌고 나와 술라와 맞서 싸웠지만 패했다. 그는 민중파 법무관에게 지금까지 수도 로마에 남아 있는 모든 주요 귀족들을 살해하라는 지시를 내린 뒤에 프라이네스테로 피신했다. 법무관은 원로원을 소집했는데 요주의 인물들이 현장에서 죽거나 도망가다가 죽었다. 그 다음 민중파의 군대가 로마에서 철수했으며, 술라는 아무런 제지도 받지 않고 로마에 입성했다. 하지만 그 사이에 동맹시 전쟁에 복수하려고 마음먹고 있던 10만 병력의 삼니움족 군대가 남쪽에서 진격해 들어와 민중파 잔당들과 합류했다. 술라는 그들과 싸우기 위해 성문 밖으로 나갔으며, 콜리네 성문에서 5만 명의 술라 병사들이 고대의 가장 피비린내 나는 승리 가운데 하나를 거두었다. 술라는 8000명의 포로를 화살로 쏘아 죽이라고 명령했다. 그는 죽어 있는 것보다 살아 있는 상태에서 더 고통스럽게 만들 수 있다고 생각했기 때문이다. 포로가 된 장군들의 잘려진 머리가 긴 창에 꽂인 채 프라이네스테의 성벽 앞에 전시되었다. 그곳에서 마지막 민중과 군대가 포위 공격에 맞서 싸우고 있었다. 프라이네스테가 함락되었고 마리우스의 젊은 아들이 자살했다. 그리고 그의 머리는 광장에서 못에 박힌 채 매달려 있었다. 이것은 너무나 많은 선례들 때문에 이제는 합법적인 절차가 되어 버렸다.

술라는 아무런 어려움 없이 원로원을 설득해 독재관이 되었다. 즉시 그는 40명의 원로원 의원과 2600명의 기사 계급에게 사형을 선고하는 처벌 대상자 목록을 공표했다. 기사 계급은 술라에 맞서 마리우스를 지지했으며, 급진적 체제에서 살해된 원로원의 재산을 싸게 사들였다. 술라는 밀고자들에게 보상금을 주고, 자신에게 생사에 관계없이 처벌 대상자로 공표된 자들을 데려오는 사람들에게는 최고 1만 2000데나리우스(7200달러)까지 상금을 제공했다. 광장은 살해된 사람들의 머리와 주기적으로 갱신되는 처벌 대상자 명부로 축제일처럼 장식되었다. 시민들은 처벌 대상자들이 아직도 살아 있는지 확인하기 위해서 처벌 대상자 명부를 자주 읽어야 했다. 대학살, 추방, 그리고 몰수가 로마에서 속주까지 공포를 확산시켰으며, 이탈리아 반란자들과 도처에 있는 마리우스 지지자들을 엄습했다. 귀족들의 이러한 테러 행위로 대략 4700명이 죽었다. 플루타르코스의 말에 따르면 "남편은 아내의 품안에서, 아들은 어머니의 양팔에 안겨 학살되었다." 중립적이었던 많은 사람들이나 심지어 보수주의자들마저 처벌 대상자로 공표되었고, 추방되거나 살해되었다. 전하는 바에 따르면 술라는 자신의 병사들과 쾌락을 위해, 또는 자신의 지지자들을 위해 그들의 돈이 필요했다고 한다. 몰수된 재산은 최고액 입찰자나 술라의 총애를 받는 사람들에게 매각되었으며, 크라수스와 카틸리나의 경우처럼 많은 재산의 토대가 되었다.

술라는 독재관의 권력을 사용해 일련의 칙령(코르넬리우스의 법처럼 그의 씨족 이름에서 알려진)을 공표했으며, 귀족 정체를 영구적으로 확립하기를 원했다. 죽은 시민들을 대체하기 위해 술라는 수많은 스페인 사람들과 켈트족과 전에 노예였던 일부 사람들에게 시민권을 부여했다. 그는 자신에게 은혜를 입은 새로운 구성원들을 민회에 추가함으로써, 그리고 원로원의 동의 없이는 어떤 법안도 켄투리아 민회에 제출해서는 안 된다고 재차 규정함으로써 민회를 약화시켰다. 가난한 이탈리아인들이 로마에 떼를 지어 모여드는 것을 막기 위해 술라는 국가의 곡물 배급을 연기했다. 동시에 그는 12만 명의 퇴역병에게 토지를 분배함으로써 도시에서의 인구 압박을 완화시켰다. 술라는 연속적인 집정관 자리가 실제로 독재권으로 사용되는 것을 막기 위해 동일인이 동일 관직을 두 번째 보유할 수 있기 전에 10년이 경과해야 한다는 오래된 규정을 다시 강조했다. 그는 호민관직의 거부권을 제한함으로써, 그리고 전(前) 호민관이 어떤 고위 관직에도 선출될 수 없게 함으로써 호민관직의 위엄을 떨어뜨렸다. 술라는 상설 법정에서 배심원으로 복무할 수 있는 배타적 권한을 기사 계급에게서 빼앗아 원로원에 되돌려주었다. 그리고 조세 징수 청부업자에게 세금의 징수를 맡기지 않고 속주가 직접 국고에 세금을 납부하게 했다. 그는 법정을 재편했고, 신속한 재판을 위해 법정의 수를 늘렸으며, 법정의 기능과 영역을 세밀하게 명시했다. 그라쿠스의 봉기 이전에 원로원이 누리던 입법적, 사법적, 행정적, 사회적 특권, 그리고 의복의 특권 등이 원로원으로 되돌아갔다. 왜냐하면 술라는 군주정이나 귀족정만이 제국을 현명하게 통치할 수 있다고 확신했기 때문이다. 원로원 의원들을 보충하기 위해 술라는 트리부스 평민회에 300명의 기사 계급을 원로원 의원으로 승격시키도록 했다. 이와 같이 철저한 복구 작업에 대한 확신을 입증해 보이기 위해 술라는 자신의 군단을 해산하고, 이탈리아에는 어떤 군대도 들어와서는 안 된다는 법령을 제정했다. 2년간의 독재권을 행사한 뒤에 술라는 모든 권력을 반환하고, 집정관 통치를 복구한 뒤 은둔 생활에 들어갔다.(80년)

술라는 자신에 대한 암살 계획을 세울 수 있는 거의 모든 사람을 살해했으므로 신변에 전혀 불안을 느끼지 않았다. 그는 호위병과 경호원을 해고하고 위해를 당하지 않고 광장에서 산책했으며, 원하는 시민 누구에게나 자신의 공식 업무에 대해 설명하겠다고 제안했다. 그 다음 술라는 말년을 보내기 위해 쿠마이의 별장으로 갔다. 전쟁, 권력과 명예, 그리고 아마도 사람들에게 싫증이 난 그는 가수, 무용수, 남녀 배우들에 둘러싸였다. 그리고 자신의 회고록을 썼고, 사냥하고 낚시질을 했으며, 먹고 마셨다. 사람들은 그 후 오랫동안 그를 "행운아 술라"로 불렀다. 왜냐하면 그는 모든 전투에서 승리했고, 모든 쾌락을 알았으며, 모든 권력에 도달했고, 두려움이나 후회 없이 살았기 때문이다. 그는 다섯 번 결혼했고, 네 번 이혼했으며, 아내들의 부족함을 정부들로 메웠다. 58세에 술라는 심한 결장 궤양에 걸렸다. 플루타르코스의 말에 따르면 "썩어 들어가는 몸이 갑자기 이로 덮였다. 밤낮으로 이를 박멸하려고 많은 사람들을 고용했다. 하지만 이가 너무 많이 늘어나면서 그의 옷, 욕실, 그리고 세면대뿐 아니라 음식까지도 불결해졌다."[23] 술라는 거의 1년간 은둔한 뒤에 장 출혈로 죽었다.(78년) 그는 다음과 같이 자신의 묘비를 받아쓰게 하는 것을 잊지 않았다. 즉 "어떤 친구도 나에게 봉사하지 않았고, 어떤 적도 나를 모욕하지 않았다. 나는 그들에게 빠짐없이 보답하지는 않았다."[24]

CAESAR AND CHRIST

7장　　　　　　　　　과두정의 반동
　　　　　　　　　　　　기원전 77~60

1. 통치

그래도 술라는 관대함의 측면에서 두 차례나 잘못을 저질렀다. 그는 적의 아들이자 조카인 쾌활하고 명석한 가이우스 율리우스 카이사르의 목숨을 살려주었다. 추방당해 있는 몇 년 동안 카이사르는 20대에 접어들고 있었다. 술라는 그에게 사형 선고를 내렸지만 저명한 친구들의 끈질긴 부탁으로 석방시켰다. 하지만 술라가 "그 젊은이에게는 수많은 마리우스들이 있다."라고 말했을 때, 그의 판단은 틀리지 않았다.[1] 그리고 그는 너무 빨리 은퇴하고 인생을 즐기다가 일찍 죽는 잘못을 저질렀던 것 같다. 만약 인내와 통찰력이 무자비함과 용기에 뒤지지 않았다면, 기원전 80년에 술라는 로마를 반세기의 혼란으로부터 구해 내고 아우구스투스가 악티움 해전에서 회복하게 될 평화와 안전, 질서와 번영을 로마에 가져다주었을 것이다. 새로운 것을 창조해야 했을 때, 술라는 옛것을 복원했다.

술라가 죽은 뒤 10년이 지나지 않아 그가 이루어 낸 성취는 쓸모없게 되었다. 승리를 무기로 느슨해진 귀족들은 사업으로 애써 얻은 부를 사치로 낭비하느라 통치하는 일에 소홀했다. 벌족파인 옵티마테스(optimates)와 민중파인 포풀라레스(populares) 사이의 싸움은 폭력에 대한 또 다른 기회를 손꼽아 기다리면서 격렬하게 계속되었다. 옵티마테스, 즉 "최선자들"은 귀족의 의무(noblesse oblige)가 아닌 훌륭한 통치란 주요 정무관직을 조상이 고위 관직에 있었던 사람들에 한해서 개방하는 것이라는 생각으로 존엄성(nobilitas)을 자신들의 신조로 삼았다. 마리우스와 키케로처럼 고위 관직을 지낸 조상이 없이 관직에 출마했던 사람이라면 누구든지 신인(novus homo), 즉 벼락출세한 자로 조롱거리가 되었다. 민중파는 "재능에 따른 능력"을 발휘할 수 있고, 민회에 전권을 부여하며, 퇴역병들과 빈민들에게 토지를 무상으로 제공할 것을 요구했다. 어떤 당파도 민주주의를 신뢰하지 않았다. 벌족파와 민중파 모두 독재 체제를 열망했으며, 분별없이 또는 노골적으로 협박과 부패를 일삼았다. 한때 상호 부조 단체였던 조합들은 평민 표를 대량으로 판매하기 위한 대행 기관이 되었다. 표를 매수하는 일은 고도의 전문화된 분업을 필요로 하는 수준에 이르렀다. 즉 표를 매수하는 자, 그 표를 중개하는 거간꾼, 그리고 표가 전달될 때까지 돈을 관리하는 자들이 있었다.[2] 키케로는 입후보자를, 손에 지갑을 들고 마르스 평원에서 유권자들 사이를 돌아다니는 사람으로 묘사했다.[3] 폼페이우스는 부족 지도자들을 정원에 초대해서 부족원들의 총 투표수에 대한 대가를 지불함으로써 자신의 평범한 친구인 아프라니우스를 집정관으로 만들었다.[4] 입후보에 필요한 자금을 조달하기 위해 너무 많은 돈을 차용했으므로 선거 운동 기간 중에는 이자율이 월 8퍼센트로 올라갔다.[5]

이제 원로원 의원들이 선점한 법정에서는 투표 못지않게 매수 행위가 이루어졌다. 법정 선서가 증언으로서의 모든 가치를 상실했다. 그리고 매수만큼 위증도 흔하게 발생했다. 집정관직 투표를 매수했다는 이유로 기소된 마르쿠스 메살라에게 친구들의 유죄 인정에도 불구하고 만장일치로 무죄가 선고되었다.[6] 키케로는 자신의 아들에게 쓴 글에서 "재판이 지나치게 돈에 좌우되고 있어서 이제부터는 어느 누구도 살인을 제외하고는 유죄 판결을 받지 않을 것"이라고 말했다.[7] 키케로는 어느 누구도가 아니라 "어느 부자도"라고 말했어야 했다. 왜냐하면 이 시기에 또 한 사람의 변호사가 "돈과 유능한 변호사가 없다면, 신분이 낮은 보통의 피고인은 자신이 저지르지 않은 어떤 범죄로도 기소될 수 있고, 분명히 유죄 선고를 받을 것"이라고 말했기 때문이다.[8] 두 표 차이로 무죄를 선고받은 렌툴루스 수라는 재판관을 한 명 더 매수하는 데 지출한 추가 비용에 아쉬워했다.[9] 원로원 의원 배심원단이 법무관인 퀸투스 칼리두스를 기소했을 때, 그는 "법무관 한 명에게 유죄 판결을 내리기 위해서는 배심원단이 30만 세스테르티우스보다 적은 액수를 요구할 수는 없었을 것"이라고 추정했다.[10]

배심원 법정의 보호를 받고 원로원 의원 총독들, 세금 징수원들, 대부업자들, 그리고 업무 대행자들이 속주를 착취했다. 이들의 속주 착취는 질투에 사로잡힌 전임자들을 화나게 할 정도였다. 존경할 만하고 유능한 속주 총독들이 여럿 있었지만, 대다수의 총독들에게서 무엇이 예상될 수 있었을까? 그들은 보통 1년 임기 동안 무보수로 복무했다. 1년이라는 짧은 기간 동안 그들은 빚을 갚기 위해, 또 다른 관직을 매수하기 위해, 그리고 평생 동안 위대한 로마인에게 어울리는 방식으로 살기 위해 충분한 돈을 모아야 했다. 총독들의 금품 수수를 견제할 수 있는 유일한 수단은 원로원이었다. 그러나 원로원 의원들은 야단법석을 떨지 않을 정도로 교양 있고 예의 바른 사람들로서 신뢰받을 수 있었다. 왜냐하면 그들 모두가 거의 금품을 수수했거나 머지않아 그렇게 하기를 원했기 때문이다. 카이사르가 61년에 총독으로 더 먼 스페인으로 갔을 때 750만 달러를 차용했다. 60년에 돌아온 카이사르는 단번에 빚을 청산했다. 키케로는 자신을 지나치리만큼 정직한 사람으로 생각했다. 그리고 그는 킬리키아 총독으로 복무하던 해에 11만 달러만을 벌었으며, 그의 편지는 자신의 절제에 대한 놀라움으로 가득 채워져 있었다.

　속주에서 가장 먼저 이익을 챙긴 부류는 속주를 정복한 장군들이었다. 동방에서의 전투 이후 루쿨루스(Lucullus)와 사치는 동의어가 되었다. 폼페이우스는 동방에서 국고로 1120만 달러를 가져왔고, 자신과 친구들을 위해서는 2100만 달러를 가져왔다. 그리고 카이사르는 갈리아에서 엄청난 액수를 탈취했다. 조세 징수 청부업자들이 장군들의 뒤를 이어 속주 착취에 나섰다. 그들은 로마에 보냈던 액수의 두 배를 속주민에게서 징수했다. 속주나 도시가 로마에 바칠 공물이나 세금을 충분히 거두어들일 수 없었을 때, 로마의 금융업자나 정치가들은 예속민들에게 12~48퍼센트까지 이자를 받고 필요한 자금을 빌려 주곤 했다. 필요하다면 로마 군대가 포위 공격, 정복, 그리고 약탈을 통해 징수할 수 있었다. 원로원은 의원들이 대부업에 뛰어드는 것을 금지했지만, 폼페이우스 같은 거만한 귀족들과 브루투스 같은 덕망 높은 사람들은 중개인들을 통한 대부업으로 법률을 비켜 갔다. 몇 년 동안 아시아의 속주들은 대부금에 대해 조세 징수 청부인들과 국고에 납부했던 것보다 두 배의 이자를 로마인들에게 납부했다.¹¹ 84년에 술라의 강제 징수에 따르기 위해 소아시아의 도시들이 차용한 돈에 대해 납부한 이자와 미납된 이자가 모두 해서 70년 무렵에 원금의 여섯 배로 늘어났다. 이러한 채무액을 납부하기 위해 지역 사회는 공공건물과 조각상을 팔았으며, 부모는 자식을 노예로 팔았다. 채무 불이행자는 고문을 당할 수 있었기 때문이다.¹² 만약 얼마간 부가 남아 있었다면, 다수의 청부업자들이 원로원에서 발급받은 속주의 광물, 목재 또는 그 밖의 자원 개발에 대한 계약서를 갖고 이탈리아, 시리아, 그리고 그리스에서 왔다. 그리고 로마의 깃발에 뒤이어 상거래가 시작되었다. 노예를 사는 사람이 있었는가 하면 상품을 팔거나 사는 사람도 있었다. 그리고 토지를 매입해서 이탈리아의 대농장보다 더 큰 농장을 속주에 만든 사람도 있었다. 69년에 키케로는 특유의 과장된 표현으로 "어떤 갈리아인도 로마 시민의 중재 없이는 사업을 하지 못한다. 그리고 로마인의 회계 장부를 통하지 않고서는 한 푼도 갈리아인의 수중으로 넘어가지 않는다."라고 말했다.

고대는 그렇게 부유하고, 그렇게 강력하고, 그렇게 타락한 통치를 경험해 본 적이 결코 없었다.

2. 대부호

기사 계급은 원로원의 지배를 감수하고 있었다. 왜냐하면 그들이 귀족보다 속주 개발에 더 잘 대비되어 있었기 때문이다. 키케로가 이상으로 부르짖게 될 "계급의 조화", 즉 원로원 계급과 기사 계급의 협력은 그가 젊었을 때 이미 현실이 되어 있었다. 그들은 협력해서 정복에 나서기로 했다. 기사 계급과 그들의 공격적인 대리인들이 로마의 바실리카와 거리를 가득 메웠고, 속주의 시장과 수도로 몰려들었다. 은행업자들은 속주에서 환전 증서를 발행했으며,[13] 모든 것, 심지어 정치 경력에 대해서도 돈을 빌려 주었다. 상인들과 금융업자들은 원로원이 제멋대로라는 판단이 들 때, 민중파에 강한 영향력을 행사했다. 하지만 민중파 지도자들이 선거 전에 무산 계층에게 내건 공약을 지키려고 했을 때, 상인과 금융업자들은 벌족파에게 돌아갔다.

크라수스, 아티쿠스, 그리고 루쿨루스는 세 단계로 이루어진 로마의 부, 즉 취득, 투기, 그리고 사치를 대표하는 인물들이다. 마르쿠스 리키니우스 크라수스는 귀족 혈통이었다. 유명한 웅변가이자 집정관이며 감찰관이었던 크라수스의 아버지는 술라 편에서 싸웠으며, 마리우스에게 항복하느니 자결을 택했다. 술라는 이에 대한 보답으로 아들 크라수스로 하여금 추방된 사람들에게서 몰수한 토지를 헐값으로 구입하게 했다. 젊었을 때 크라수스는 문학과 철학을 공부했고, 근면 성실하게 변호사 업무를 수행했다. 하지만 이제 돈 냄새가 그를 흥분시켰다. 그는 당시 로마에는 새로웠던 소방대를 창설했다. 소방대는 화재 현장으로 달려가 현장에서 진화 비용을 흥정하거나, 아니면 위험에 처한 건물을 아주 적은 금액에 매입한 다음 화재를 진압했다. 이렇게 해서 크라수스는 수백 채의 가옥과 공동 주택을 취득했으며, 높은 가격에 임대했다. 그는 술라가 민영화한 국영 광산을 매입했다. 머지않아 그의 재산은 700만 세스테르티우스에서 1년간 국고의 총 세입과 거의 맞먹는 금액인 1억 7000만 세스테르티우스(2550만 달러)으로 늘어났다. 자신의 군대를 징집해서 장비를 갖추게 하고 부양할 수 없는 사람이라면 스스로를 부자라고 생각해서는 안 된다고 크라수스는 말했다.[14] 크라수스의 정의에 따르면 죽는 것은 처음부터 정해져 있는 운명이었다. 그는 로마에서 가장 부유한 사람이 되었지만 여전히 불행했다. 그는 공직과 속주, 그리고 아시아 원정에서의 지휘권에 목말라 했다. 크라수스는 거리에서 비굴하게 표를 구걸했고, 셀 수 없이 많은 시민들의 이름을 암기했으며, 놀라우리만큼 소박하게 살았다. 그리고 그는 유력한 정치인들을 자신의 운명에 매어 두기 위해 무이자이지만 청구하는 즉시 갚도록 돈을 빌려 주었다. 열정적인 야심에도 불구하고 크라수스는 누구에게나 다가가기 쉬운 존재였고 친구들에게는 한없이 관대했으며, 타고난 기질인 쌍방을 배려하는 지혜로 벌족파와 민중파 모두에게 기부하던 인정 많은 사람이었다. 그는 자신의 꿈을 모두 이루었다. 즉 그는 70년에, 그리고 다시 55년에 집정관이 되었고, 시리아를 통치했으며, 자신이 지휘하던 대규모 파르티아 원정군을 징집하는 데 일조했다. 그는 카라이 전투에서 패배했고, 부하의 배신으로 붙잡혔으며, 잔인하게 살해되었다.(53년) 그의 머리는 잘렸고, 열로 녹인 금이 입안으로 퍼부어졌다.

 티투스 폼포니우스 아티쿠스는 기사 계급 출신이었지만 크라수스보다 더 고결한 귀족이자 더 높은 수준의 대부호였다. 다시 말하자면 아티쿠스는 로스차일드 가문의 메이어 안셀만큼 정직했고, 로렌쪼 드 메디치만큼 박식했으며, 볼테르만큼 재정적으로 빈틈이 없었다. 먼저 아티쿠스는 아테네에서 학자로 명성이 높았다. 그때 그의 대화와 그리스 및 라틴 시의 낭독에 매료된 피투성이의 지휘관 술라는 개인적인 벗으로 그를 로마에 데려가고 싶어 했지만 수포로 돌아갔다. 그는 학자이자 역사가였고, 세계사 개요를 썼으며,[15] 생애 대부분을 아테네의 철학자 모임에서 보냈다. 그리고 그는 아테네에 대한 박식함과 박애 덕분에 세 번째 이름인 아티쿠스를 얻게 되었다. 그의 아버지와 숙부는 그에게 약 96만 달러를 유산으로 남겼다. 그는 그것을 에피로스의 가축 농장에, 로마에서 주택을 구입하고 세놓는 데에, 검투사와 비서를 훈련시키고 대여하는 데에, 그리고 책을 펴내는 데에 투자했다. 좋은 기회가 오면 높은 이율로 돈을 빌려 주기도 했다. 하지만 아테네와 자신의 친구들에게는 무이자로 돈을 빌려 주었다.[16] 키케로, 호르텐시우스, 그리고 소(小)카토 같은 사람들은 저축한 돈과 업무에 대한 관리를 아티쿠스에게 맡겼으며, 신중함과 성실함, 그리고 예금 이자 때문에 그를 존경했다. 키케로는 주택을 구입하는 것뿐만 아니라 주택을 장식할 조각상과 서재에 채워 넣을 책을 고를 때에도 기꺼이 그의 조언을 구했다. 아티쿠스는 손님들을 검소하게 대접했으며, 진정한 에피쿠로스주의자처럼 소박하게 살았다. 하지만 온화한 우정과 교양 있는 대화 때문에 그의 로마 집은 정치적으로 유명한 모든 사람들이 사교적으로 만나는 곳이 되었다. 그는 모든 정파에 기부했으며 추방을 모면했다. 77세에 치료 불가능한 고통스러운 병을 앓고 있다는 것을 알게 된 아티쿠스는 굶어 죽었다.

    루키우스 리키니우스 루쿨루스는 고위 귀족 가문 출신으로 74년에 술라의 미트리다테스 전쟁을 마무리 짓기 위해 출정했다. 그는 8년 동안 무능한 병사들을 용감하고 능숙하게 지휘했다. 그 다음 자신의 출정이 완전한 승리로 끝나갈 즈음, 지친 병사들이 반란을 일으켰다. 그는 병사들을 이끌고 크세노폰에게 불후의 명성을 안겨 주었던 것만큼이나 힘난한 위험을 뚫고 아르메니아에서 이오니아로 퇴각했다. 정치적 음모로 지휘권을 박탈당한 루쿨루스는 로마로 돌아왔으며, 세습 재산과 약탈품을 이용해 여생을 평온하지만 화려하고 사치스럽게 보냈다. 그는 핀치오 언덕에 넓은 현관, 한쪽에 벽이 없는 트인 복도, 도서관, 그리고 정원을 갖춘 대저택을 지었다. 그리고 투스쿨룸에 위치한 농장은 수 마일 확대되었다. 그는 1000만 세스테르티우스(150만 달러)를 지불하고 미세눔에서 별장을 구입했고, 니시다 섬 전체를 자신의 여름 휴양지로 바꾸어 놓았다. 그의 다양한 정원은 원예 분야의 혁신으로 유명했다. 예를 들어서 폰토스에서 이탈리아로 버찌 나무를 들여온 사람이 바로 루쿨루스였다. 버찌 나무는 이탈리아에서 북유럽과 아메리카로 전해졌다. 그의 저녁 식사는 로마 시대의 요리 이벤트였다. 키케로는 루쿨루스가 혼자 있을 때 어떻게 먹는지 알고 싶었다. 그래서 키케로는 자신과 몇몇 친구들을 저녁 식사에 초대해 줄 것을 요청하면서, 루쿨루스에게 하인들에게는 사전에 통보하지 말 것을 부탁했다. 루쿨루스는 자신의 하인에게 "아폴로 실(室)"에서 식사할 것이라는 통보만을 할 수 있게 해 달라는 조건을 제시하며 키케로의 제안에 동의했다. 키케로와 그 밖의 사람들이 대저택에 도착했을 때, 호화로운 식사가 준비되어 있었다. 루쿨루스의 대저택에는 여러 개의 식당이 있었고, 연회의 화려함에 따라 식당이 선택되었다. 아폴로 실은 20만 세스테르티우스 또는 그 이상의 비용이 들어가는 식사를 위해 준비되었다.[17] 하지만 루쿨루스는 대식가가 아니었다. 그의 집은 정선된 예술 작품의 전시장이었고, 도서관은 학자들과 친구들이 자주 모이는 장소였다. 그리고 루쿨루스 자신은 고전 문학과 모든 철학에 정통했다. 물론 그가 에피쿠로스 철학을 편애하긴 했지만 말이다. 그는 폼페이우스의 부단히 노력하는 삶에 씁쓸하게 웃었다. 그에게는 일생 동안 한 번의 출정으로 충분했던 것 같다. 더 이상의 출정은 허영에 불과했다.

그의 선례는 그를 경험해 보지도 않은 로마의 부자들 사이에 퍼져 나갔다. 머지않아 귀족들과 유력자들은 경쟁적으로 사치를 과시하게 되었다. 반면에 파산한 속주에서는 반란이 임박했고 사람들은 빈민가에서 굶주림에 시달렸다. 원로원 의원들은 정오까지 침대에서 빈둥거렸고 원로원의 회기에 거의 참석하지 않았다. 원로원 의원들의 아들 중 일부는 매춘부처럼 옷을 입고 걸었고, 주름 장식을 단 옷과 여성용 샌들을 착용했으며, 보석으로 치장했고, 향수를 뿌렸다. 게다가 결혼을 미루거나 아버지가 되는 것을 피했으며, 한쪽으로 치우치지 않는 그리스인들의 양성애를 모방했다. 원로원 의원의 저택은 1000만 세스테르티우스까지 치솟았다. 평민 지도자인 클로디우스는 1480만 세스테르티우스의 값이 나가는 대저택을 지었다. 키케로와 호르텐시우스 같은 변호사들은 법정 수수료에 반대하는 킨키우스 법에도 불구하고 웅변뿐만 아니라 대저택에서도 경쟁했다. 호르텐시우스의 정원에는 이탈리아에서 동물에 관한 최대 규모의 소장품이 전시되어 있었다. 허세를 부리는 사람이라면 누구나 바이아이 또는 그 근처에 별장을 소유했다. 그곳에서 귀족들은 목욕 치료를 했고, 나폴리 만의 정취를 만끽했으며, 일시적으로 일부일처제에서 벗어났다. 실내 장식, 가구 또는 은 식기에 거금이 쓰였다. 키케로는 감귤류 나무로 만든 식탁에 50만 세스테르티우스를 지불했다. 그리고 사이프러스 나무로 만든 식탁에는 100만 세스테르티우스가 지불되었을 것으로 보인다. 금욕주의를 대표한 소(小)카토마저 바빌로니아산 식탁보 몇 개에 80만 세스테르티우스를 지불했다고 한다.[18]

다수의 전문화된 노예들이 시종, 편지 배달원, 등불을 켜는 사람, 음악가, 비서, 의사, 철학자, 그리고 요리사로 대저택에 고용되었다. 이제 식사는 로마 상층 계급에게 중요한 일이 되었다. 그리고 메트로도루스의 윤리학처럼 로마에서 "좋은 것은 모두 식욕과 관계가 있었다." 63년에 고위 신관이 제공하던 것과는 어울리지 않게 베스타 여신전의 신녀들과 카이사르가 참석하던 식사에서는 전채 요리로 홍합, 분홍꽃가리비, 아스파라거스를 곁들인 작은 새 요리, 살찐 닭, 해파리, 물고기 알 요리, 자주색 조개, 그리고 박새가 나왔다. 그 다음에 본격적인 저녁 식사로 암퇘지 젖통, 수퇘지 머리, 생선, 집오리, 쇠오리, 산토끼, 닭, 파이, 그리고 사탕 과자가 나왔다.[19] 제국의 도처와 그 너머에서 맛있는 요리들이 로마에 공수되었다. 즉 사모스에서 공작새 요리, 프리기아에서 뇌조 요리, 이오니아에서 두루미 요리, 칼케돈에서 다랑어, 가데스에서 곰치 요리, 타렌툼에서 굴, 그리고 로도스에서 철갑상어 요리가 수입되었다. 이탈리아산 음식은 평민들에게나 어울리는 다소 천한 것으로 여겨졌다. 배우인 아이소푸스는 5000달러의 비용이 지불된 박새 요리를 저녁 식사로 대접했다.[20] 사치 금지법들이 계속해서 값비싼 식사를 비난했지만 무시되었다. 키케로는 사치 금지법을 준수하려고 노력했고, 법적으로 허용된 채소를 먹었으며, 10일간 설사로

고생했다.[21]

일부 새로운 부는 규모가 커진 극장과 장기간에 걸친 경기에 사용되었다. 58년에 아이밀리우스 스카우루스는 8000석의 좌석, 360개의 기둥, 3000개의 조각상, 3층 무대, 그리고 각각 나무와 대리석과 유리로 만든 세 개의 줄기둥을 갖춘 극장을 세웠다. 강제 중노동에 반발하던 노예들이 그 후 곧 극장을 태워 없앴고, 그는 1억 세스테르티우스의 손실을 입었다.[22] 55년에 폼페이우스는 로마에 1만 7500개의 좌석과 막간에 산책할 수 있도록 주랑 현관이 있는 넓은 공원을 갖춘 상설 석조 극장을 최초로 건설하기 위한 자금을 마련했다. 53년에 카이사르의 장군 가운데 한 명인 스크리보니우스 쿠리오는 각각 반원형으로 서로 등을 맞대고 있는 두 개의 목조 극장을 세웠다. 아침이면 이곳의 두 개의 무대에서 연극이 상연되었다. 그 다음 관객들이 자리에 계속 앉아 있는 동안에, 두 개의 구조물이 회전축과 바퀴로 위치를 바꾸어 반원형 극장이 원형 경기장으로 바뀌었고, 하나로 결합된 무대에서 검투사 경기가 거행되었다.[23] 그러한 경기들이 꽤 자주, 많은 비용을 들여, 또는 장기간 지속된 적은 결코 없었다. 카이사르가 제공한 단 하루의 경기에 1만 명의 검투사가 참가했으며, 그들 중 상당수가 죽었다. 술라는 100마리, 카이사르는 400마리, 그리고 폼페이우스는 600마리의 사자가 포함된 싸움을 무대에 올렸다. 야수와 사람, 그리고 사람과 사람이 싸웠다. 그리고 엄청난 관중이 기대를 잔뜩 품고 죽음의 장면을 기다렸다.

3. 신여성

부의 증가는 정치의 부패와 긴밀하게 연결되었고 도덕과 결혼 관계를 느슨하게 했다. 여성과 남성의 경쟁이 늘어났지만 매춘은 계속 번창했다. 대체로 남성과 여성을 유숙시켰던 매춘굴과 선술집은 인기가 많아서 몇몇 정치가들은 포주들의 조합을 통해 표를 구했다.24 간통은 너무 흔해 정치적 목적으로 이용되지 않았다면 전혀 주목을 끌 수 없었다. 게다가 실제로 모든 부유한 여성들은 적어도 한 번은 이혼을 했다. 이것은 여성들의 잘못이 아니었다. 상층 계급에서는 결혼이 주로 돈과 정치에 종속되면서 이혼이 초래되었다. 풍부한 지참금을 획득하거나 유리한 연고를 맺기 위해 남성들은 아내를 선택했고, 청년들은 자신들을 위해 선택된 아내를 맞이했다. 술라와 폼페이우스는 다섯 번 결혼했다. 폼페이우스를 끌어들이기 위해 술라는 그에게 첫 번째 아내와 이혼하고 결혼해서 아이까지 두었던 자신의 양녀 아이밀리아와 결혼하도록 설득했다. 아이밀리아는 마지못해 승낙했지만, 폼페이우스의 집에 들어간 지 얼마 되지 않아 아이를 낳다가 죽었다. 카이사르는 삼두(三頭) 동맹의 한 조항으로 자신의 딸 율리아를 폼페이우스와 결혼시켰다. 카토가 투덜거렸던 것처럼 제국은 결혼상담소가 되어 버렸다. 이러한 결합은 정치적 결혼이었다. 이러한 결합이 효용을 상실하자마자, 남편은 더 높은 지위나 더 많은 부를 얻기 위한 디딤돌로 또 다른 아내를 찾아 나섰다. 그는 이러한 행위에 대해 구차하게 이유를 댈 필요가 없었다. 아내에게 그녀와 자신의 관계가 끝나 서로가 자유로워졌다는 것을 알리는 한 통의 편지만 보내면 되는 일이었다. 일부 남성들은 신여성의 뻔뻔스러움과 사치를 혐오한다고 말하면서 끝내 결혼하지 않았다. 많은 남성들이 첩 또는 노예들과 동거 상태로 살았다. 131년에 감찰관 메텔루스는 남성들에게 아내가 아무리 귀찮은 존재라 하더라도 국가에 대한 의무로 결혼하고 자녀를 낳도록 간곡하게 부탁했다.25 하지만 그의 간곡한 부탁에도 불구하고 독신자와 아이 없는 부모의 수가 더 빠르게 증가했다. 이제 아이는 가난한 사람들만이 누릴 수 있던 사치에 불과했다.

이러한 상황에서 여성들이 결혼 서약을 경시하고, 간통을 통해 정치적 결혼이 가져다주지 못하는 로맨스나 애정을 갈망했다고 비난할 수는 없는 노릇이었다. 물론 부자들 사이에서도 정숙한 여성들이 많이 있었다. 하지만 새로운 자유가 예전의 가부장권과 고대의 가족 규율을 무너뜨리고 있었다. 이제 로마 여성들은 거의 남성처럼 자유롭게 돌아다녔다. 그들은 인도와 중국에서 들여온 속이 비치는 실크 옷을 입었고, 향수와 장신구를 찾기 위해 아시아를 샅샅이 뒤졌다. 신부의 아버지가 딸에 대한 모든 권리를 포기한다는 의미에서 딸을 사위에게 넘겨주고 사위가 장인으로부터 넘겨받은 신부의 실제 주인이 되었던 정식 결혼은 사라졌다. 이제 남성들이 아내와 쉽게 이혼하던 것처럼 여성들도 남편과 쉽게 이혼했다. 문화적 취미를 표현하고 싶어 하는 여성들의 비율이 증가했다. 그들은 그리스어를 배웠고, 철학을 공부했으며, 시를 썼고, 공개 강연을 했다. 그리고 연극하고 노래 부르고 춤추었으며, 문학 살롱을 열었다. 일부 여성들은 사업에 뛰어들었으며, 몇몇 여성들은 의사나 변호사 업에 종사했다.

퀸투스 카이킬리우스 메텔루스의 아내 클로디아는 당대에 일련의 정부(情夫)들로 남편의 부족함을 채운 여성들 가운데 가장 두각을 나타낸 인물이었다. 그녀는 여성의 권리에 상당한 열정을 보였다. 그녀는 결혼 후에 수행인 없이 남성 친구들과 어울림으로써 기성세대에게 충격을 안겨 주었다. 정숙한 여성들에게 요구되었던 것처럼 마차에서 눈을 내리깔며 웅크리는 대신에 안면이 있는 사람들에게 다가가 공공연하게 입을 맞추는 경우도 간혹 있었다. 그녀는 남편이 집을 비운 사이에 남자 친구들을 저녁 식사에 초대했다. 신뢰할 수는 없지만 키케로는 "바이아이에서 육상과 해상을 가리지 않는 그녀의 사랑과 간통, 그리고 음탕함, 그녀의 노래와 교향곡, 그리고 저녁 식사와 주연"에 대해 묘사하고 있다.[26] 그녀는 뇌쇄적인 우아함으로 죄를 저지를 수 있는 영리한 여성이었지만 남성들의 이기심을 과소평가했다. 그녀의 정부들은 욕구가 시들 때까지 그녀를 독점하려 했으며, 그녀가 새로운 친구를 찾을 때면 충격을 받고 적으로 돌아섰다. 그래서 카툴루스는(만약 그녀가 그가 말하는 레스비아(Lesbia)였다면) 저속한 풍자시로 그녀를 욕되게 했다. 그리고 가장 빈곤한 매춘부에게 지불해야 할 액수를 언급하면서 카일리우스는 공개 법정에서 그녀를 "콰드란타리아(quadrantaria)", 즉 "4분의 1아스(1.5센트)의 여자"라고 불렀다. 그녀는 자신을 독살하려 했다는 이유로 카일리우스를 고발했다. 그는 키케로에게 자신의 변호를 맡겼으며, 위대한 웅변가인 키케로는 망설임 없이 그녀를 근친상간과 살인죄로 고발했다. 하지만 키케로는 카일리우스가 "여성들의 적이 아니었으며, 하물며 모든 남성들의 친구는 더욱 아니었다."라고 주장했다. 카일리우스에게는 무죄가 선고되었고, 클로디아는 로마에서 가장 급진적인 지도자이자 키케로의 인정사정없는 적이었던 푸블리우스 클로디우스의 여동생이라는 이유로 약간의 벌금을 납부했다.

4. 소(小)카토

이러한 모든 부패와 방종의 한복판에 고대 풍속의 모범이자 스승으로 두각을 나타낸 사람이 있었다. 마르쿠스 포르키우스 카토(Marcus Porcius Cato), 즉 소(小)카토는 그리스어를 공부함으로써 고조부의 가르침을 위반했다. 그리고 그는 그리스어를 공부해 스토아 철학을 이끌어 냈으며, 공화정에 대한 확신을 갖고 동요하지 않은 채 자신의 삶에 전념했다. 그는 120탈렌트(43만 2000달러)를 상속했지만 근면하고 검소하게 살았다. 그는 돈을 빌려 주었지만 이자는 한 푼도 받지 않았다. 소(小)카토는 자신의 조상인 대(大)카토와는 달리 꾸밈없는 유머가 부족했으며, 완고한 청렴결백과 원칙에 대한 때 아닌 집착으로 일반 대중들을 소름 끼치게 했다. 그의 삶에 비하자면 그들의 삶은 용서할 수 없는 비난거리였다. 일반 대중들은 그가 인류의 풍속을 존중했다고는 하지만, 조금이라도 죄를 저질러 주길 바랐을 것이다. 소(小)카토가 거의 냉소적으로 여성을 생물학적 도구로 보면서 자신의 아내를 친구인 호르텐시우스에게 "빌려 주었을" 때, 즉 아내와 이혼하고 그녀가 웅변가인 호르텐시우스와 결혼하도록 도와주었을 때, 그리고 나중에 호르텐시우스가 죽고 그녀를 다시 아내로 맞아들였을 때, 사람들은 기뻐했음에 틀림없다.[27] 소(小)카토는 인기가 있을 수 없었다. 왜냐하면 그는 모든 부정을 무자비하게 다루었고, 가부장권을 엄격하게 옹호했으며, 감찰관이었던 대(大)카토보다 더 가혹하게 도덕을 검열했기 때문이다. 소(小)카토는 좀처럼 웃거나 미소 짓지 않았고, 상냥해지려고 어떤 노력도 기울이지 않았으며, 그에게 감히 아첨하려던 사람은 누구든지 호되게 꾸짖었다. 키케로의 말에 따르면 소(小)카토는 "보잘것없는 로물루스의 자손들" 사이에서 살아가는 로마인 대신에 플라톤의 공화국에 등장하는 시민처럼 행동했으므로 집정관 직위에 오르지 못했다고 한다.[28]

재무관으로서 카토는 모든 무능함과 불법 행위에 단호하게 대처했으며, 모든 정치적 공격으로부터 강력하게 국고를 지켜 냈다. 임기가 끝났을 때, 그의 신중함은 약화되지 않았다. 그에 대한 기소는 당파를 가리지 않고 이루어졌고, 수많은 사람들이 그에게 찬사를 보냈다. 하지만 그에게는 거의 한 명의 친구도 남지 않았다. 카토는 법무관으로서 선거가 끝나자마자 원로원을 설득해 모든 입후보자들이 법정에 출석해 선서하고 선거 운동 기간의 경비와 활동에 대해 상세히 설명해야 한다는 법령을 공포했다. 대부분 뇌물에 의존해 온 많은 정치가들이 불안에 떨게 되었다. 따라서 카토가 다음에 광장에 나타났을 때, 그들과 그들의 피호민들이 욕설을 퍼붓고 돌을 던졌다. 그 뒤 카토는 연단에 올라가 이러한 패거리들에 단호하게 맞섰으며, 그들에게 법령에 복종하도록 설득했다. 호민관으로서 카토는 군단을 이끌고 마케도니아로 향했다. 수행원들은 말을 타고 갔지만, 그는 걸어서 갔다. 그는 기사 계급을 조롱했으며, 재산에 의한 지배인 금권정(金權政)에 대한 유일한 대안으로 혈통에 의한 지배인 귀족정을 옹호했다. 카토는 돈으로 로마의 정치, 그리고 사치로 로마인의 기질을 타락시키던 사람들과 중단 없이 싸웠다. 게다가 그는 폼페이우스이건 아니면 카이사르이건 간에, 독재 권력을 향한 모든 움직임에 맞서 최후의 순간까지 굴복하지 않았다. 카이사르가 공화정을 무너뜨렸을 때, 카토는 한 권의 철학 책을 곁에 두고 스스로 목숨을 끊었다.

5. 스파르타쿠스

이 즈음 국가의 역사에서 보기 드물게 실정은 최고조에 달했고, 민주주의는 밑바닥에 떨어졌다. 기원전 98년에 로마의 장군 디디우스는 술피키우스 갈바의 위업을 재현했다. 즉 그는 다루기 힘든 원주민 부족 전체를 토지 분배를 미끼로 등록하는 체함으로써 스페인의 로마군 진영으로 유인했다. 부족민들이 아내와 아이들을 데리고 나타났을 때, 카토는 모두를 학살하도록 명령했다. 로마로 돌아온 그를 위해 공개적인 개선식이 거행되었다.[29] 로마 제국의 잔학 행위에 충격을 받은 로마군의 사비니인 장교 퀸투스 세르토리우스는 스페인 사람들에게 가서 그들을 조직하고 훈련시켰다. 그리고 그들을 지휘해서 자신을 진압하기 위해 파견된 로마 군단들에 맞서 싸워 계속 승리했다. 8년 동안(80~72년) 세르토리우스는 로마에 반란을 일으킨 스페인 왕국을 공평하게 통치했고, 토착민 젊은이들을 교육하기 위해 학교를 설립함으로써 대중들의 사랑을 얻었다. 로마 장군 메텔루스는 세르토리우스를 살해하는 로마인에게 100탈렌트(36만 달러)와 2만 에이커의 토지를 내걸었다. 세르토리우스 진영의 로마인 피난민이었던 페르펜나가 그를 저녁 식사에 초대해 암살한 뒤에 세르토리우스 군대의 새로운 지휘관이 되었다. 로마에서 파견된 폼페이우스에게 쉽게 제압당한 페르펜나는 처형되었다. 스페인에 대한 로마의 착취가 재개되었다.

혁명의 제2막은 자유민이 아닌 노예로부터 시작되었다. 렌툴루스 바티아테스가 카푸아에 검투사 학교를 설립했다. 노예들이나 유죄 선고를 받은 죄수들이 공공 경기장이나 개인 집에서 죽을 때까지 동물들과 싸우거나 서로 싸우도록 훈련을 받았다. 200명이 탈출을 시도했다. 78명이 탈출에 성공해 무장했으며 베수비오스 산비탈을 점령했다. 그리고 그들은 먹을 것을 구하기 위해 인근 도시들을 습격했다.(73년) 그들의 지도자로 트라키아인 스파르타쿠스가 선출되었다. 플루타르코스의 말에 따르면 스파르타쿠스는 "혈기왕성하고 용감했을 뿐만 아니라 자신의 처지에 비해 훨씬 이해심이 많고 관대했다."[30] 스파르타쿠스는 이탈리아의 노예들에게 반란에 동참하도록 호소했으며, 얼마 안 있어 자유와 복수에 굶주린 7만 명이 그의 부하가 되었다. 스파르타쿠스는 그들에게 무기를 만드는 방법과 수년간 그들을 진압하기 위해 파견된 모든 병력보다 뛰어난 대형과 규율을 갖추고 싸우는 방법을 가르쳤다. 스파르타쿠스의 승리로 이탈리아의 부자들은 공포에 휩싸였지만, 노예들은 희망에 부풀어 올랐다. 너무 많은 노예들이 그에게 합류하려 했으므로, 12만 명으로 군대를 편성한 뒤에 스파르타쿠스는 더 이상 지원병을 받지 않았다. 왜냐하면 더 이상의 지원병을 돌보는 일이 어렵다는 것을 알았기 때문이다. 그는 알프스를 향해 진격했다. 스파르타쿠스는 알프스 산맥을 넘게 되면 자신의 모든 부하들이 저마다의 고향으로 갈 수 있을 것으로 생각했다.[31] 하지만 그의 추종자들은 이러한 고상하고 평화적인 생각에 관심이 없었다. 스파르타쿠스의 지도력에 대항해 반란을 일으킨 자들이 북부 이탈리아 도시들을 약탈하기 시작했다. 이제 원로원은 반란자들에 맞서 싸우도록 중무장 병력과 함께 두 명의 집정관을 파견했다. 집정관의 한 군대가 스파르타쿠스에게서 떨어져 나온 분견대를 대량 학살했으며, 또 다른 군대는 반란군의 주력 부대를 공격해 무찔렀다. 다시 알프스로 이동하는 중에 카시우스가 이끄는 세 번째 군대와 마주친 스파르타쿠스는 그들을 대량 학살했다. 하지만 여전히 다른 로마 군단들에 의해 자신의 진로가 차단되었음을 알게 된 스파르타쿠스는 남쪽으로 방향을 돌려 로마를 향해 진격했다.

이탈리아의 노예 가운데 절반이 반란 직전에 있었으며, 수도 로마에서는 어느 누구도 안방인 로마에서 언제 혁명이 발발할지 말할 수 없었다. 노예 제도가 생산할 수 있는 모든 사치를 누리던 부유한 사람들은 모든 것, 즉 지배력과 재산과 목숨을 잃을 것이라는 생각에 전율했다. 원로원 의원들과 대부호들은 더 유능한 장군을 간절히 필요로 했다. 아무도 나서려 하지 않았다. 왜냐하면 모두가 스파르타쿠스라는 낯설고 새로운 적을 두려워했기 때문이다. 마침내 크라수스가 나섰고 4만 명의 병사들과 함께 지휘권을 부여받았다. 그리고 자신이 속한 계급의 전통을 잊지 않은 많은 귀족들이 지원병으로 크라수스에 합류했다. 자신이 제국을 상대로 싸우고 있으며, 부하들이 제국이건 수도 로마이건 결코 통치할 수 없다는 사실을 잘 아는 스파르타쿠스는 로마를 그냥 지나쳐 투리이를 향해 남쪽으로 계속 진격했다. 그는 부하들을 시칠리아나 아프리카로 수송할 수 있으리라는 희망으로 이탈리아 전체를 관통하는 먼 거리를 진군했던 것이다. 4개월 동안 스파르타쿠스는 모든 공격을 격퇴했다. 하지만 재차 성급한 병사들이 그의 권위를 거부했으며 인근 도시들을 약탈하기 시작했다. 크라수스는 약탈자 무리를 급습해서 최후까지 항전하던 1만 2300명을 살해했다. 그 사이에 스페인에서 돌아온 폼페이우스 군단이 합류함으로써 크라수스 병력이 증강되었다. 이러한 대병력에 대해 승리를 단념한 스파르타쿠스는 크라수스 군대에 투항했으며 적의 한복판으로 뛰어들어 기꺼이 죽음을 받아들였다. 두 명의 백인대장이 그의 손에 쓰러졌다. 쓰러져서 일어설 수 없게 된 스파르타쿠스는 무릎을 꿇고 계속 싸웠다. 결국 조각조각 잘린 그의 몸은 나중에 형체를 알아볼 수 없게 되었다. 추종자들 대부분은 그와 함께 죽었다. 일부는 도망해서 이탈리아의 숲에서 쫓기는 신세가 되었다. 6000명의 포로가 카푸아에서 로마까지 아피아 가도를 따라 십자가에 못 박혔다.(71년) 모든 노예 소유주들이 위안을 삼도록, 그리고 모든 노예들이 마음에 새기도록 썩어 가는 포로들의 몸을 아피아 가도에 여러 달 동안 매달아 놓았다.

6. 폼페이우스

크라수스와 폼페이우스가 스파르타쿠스와의 전투에서 승리하고 돌아왔을 때, 그들은 원로원이 원하고 법률이 요구하던 대로 성문에서 군대를 해산하거나 무장을 해제하지 않았다. 성문 밖에서 야영하면서 로마 시(市)에 들어가지 않고 집정관 자리에 입후보할 수 있도록 허락해 줄 것을 요구했다. 이것은 또한 번 선례를 위반하는 것이었다. 게다가 폼페이우스는 병사들에게 나누어 줄 토지와 자신에 대한 개선식을 요구했다. 원로원은 두 장군이 서로 맞붙기를 바라면서 폼페이우스의 요구를 거부했다. 하지만 크라수스와 폼페이우스는 손을 잡았고, 민중파 및 기사 계급과 갑작스럽게 동맹을 맺었으며, 엄청난 매수 행위로 기원전 70년 집정관 선거에서 승리했다. 유력자들은 두 가지 당면 목표를 위해서 제휴했다. 하나는 그들을 재판했던 배심원에서 권력을 다시 장악하는 것이었고, 다른 하나는 사사로운 이익을 추구하지 않고 청렴하게 로마 동방을 지배했던 루쿨루스를 자신들과 같은 계급과 견해를 가진 사람으로 대체하는 것이었다. 폼페이우스가 바로 그들이 찾는 인물이었다.

폼페이우스는 당시 서른다섯 살이었으며, 이미 수많은 전투를 치른 베테랑이었다. 그는 부유한 기사 계급 가문에서 태어나 용기와 절제, 그리고 모든 분야의 운동 경기와 전쟁에서 발휘한 뛰어난 기량 덕분에 만인의 찬사를 받았다. 폼페이우스는 시칠리아와 아프리카에서 술라의 적을 소탕했으며, 그가 거둔 승리와 자부심으로 인해 유머 넘치는 독재관 술라로부터 "위대한 자(Magnus)"라는 별명을 얻었다. 폼페이우스는 수염이 채 나기도 전인 어린 나이에 승리를 거두었다.[32] 매춘부 플로라의 말에 따르면, 그는 너무 잘생겨서 한 번이라도 그를 유혹하지 않고 그냥 보낼 수 없었다고 한다.[33] 그는 예민하고 수줍어했으며, 공공 집회에서 연설해야 하는 경우에는 얼굴을 자주 붉혔다. 하지만 당시 그는 전투 중에 충동적일 정도로 용감했으며, 만년에 소심함과 비만은 그가 장군직을 수행하는 데 짐이 되었다. 게다가 그는 죽을 때까지 머뭇거렸다. 그의 지성은 탁월하지도 않았고, 그렇다고 깊이가 있지도 않았다. 그리고 그의 정책은 자신이 직접 만든 것이 아니었다. 즉 처음에는 민중파의 정치가들, 그 다음에는 원로원의 과두주의자들이 그를 위해 정책을 만들었다. 엄청난 부는 폼페이우스를 거친 정치 세계로 유인했다. 당대에 활개를 치던 이기심과 타락의 한복판에서 그는 애국심과 성실함으로 빛났다. 그리고 그는 자신의 이익뿐만 아니라 진심으로 공익을 추구했던 것처럼 보였다. 하지만 눈에 띄는 그의 결점은 자만심이었다. 그는 너무 일찍 출세해 스스로의 능력을 과대평가했으며, 왜 로마가 자신을 왕으로 부르는 것을 제외한 전부로 만들기 위해 그렇게 오래 기다렸는지 의아하게 생각했다.

술라의 총애를 받는 두 사람은 이제 집정관이 되었고 술라를 타도하기 위해 전력을 다했다. 폼페이우스와 크라수스는 호민관의 모든 권한을 부활시키는 법안을 통과시켜 민중파에게 진 빚을 갚았다. 그들은 루쿨루스에게 지시해 조세 징수 청부인들에게 동방에서의 세금 징수에 전권을 부여하게 함으로써 사업상의 제휴를 강화했다. 그리고 폼페이우스와 크라수스는 원로원, 기사 계급, 그리고 국고를 관리하는 호민관들로부터 공평하게 배심원을 선발하는 입법을 지지했다. 크라수스는 15년을 기다린 뒤에야 아시아에서 황금을 마시는 특권을 누리는 것으로 보상을 받았다. 그리고 폼페이우스는 67년에 켄투리아회의 결정으로 킬리키아의 해적을 고소할 수 있는 무제한에 가까운 권한을 부여받는 것으로 보상을 받았다. 한때는 로도스가 에게 해에서 약탈자인 해적들을 소탕했다. 하지만 로마와 델로스에게 굴욕감을 맛보고 위축된 로도스는 더 이상 해적 소탕에 필요한 함대를 유지할 수 없었다. 더욱이 원로원을 지배하던 토지 귀족들은 해상 교역로를 공고히 하는 데 열정적인 관심을 전혀 갖지 않았다. 상인들과 평민들은 결과를 더 심각하게 느꼈다. 즉 교역이 에게 해, 심지어 중부 지중해에서도 거의 불가능해졌다. 그리고 곡물 수입이 급격히 감소하면서 로마에서 밀 가격이 모디우스당 20세스테르티우스, 즉 펙(peck)당 3달러로 치솟았다. 해적들은 무수히 많은 배에 금박을 입힌 돛대, 자주색 돛, 그리고 은도금한 노를 장착함으로써 자신들이 거둔 성과를 과시했다. 해적들은 400개의 해안 도시를 점령해 차지했으며, 사모트라케, 사모스, 에피다우로스, 아르고스, 레우카스, 그리고 악티움에서 신전을 약탈했다. 그리고 아풀리아와 에트루리아의 해안마저 습격했다.

이러한 상황에 대처하기 위해 폼페이우스의 친구 가비니우스는 폼페이우스에게 로마의 전체 함대와 50마일 이내의 지중해 해안에 거주하는 모든 사람을 지배할 수 있는 절대적인 권한을 부여하는 법안을 발의했다. 카이사르를 제외한 모든 원로원 의원이 이 특별 법안에 반대했다. 하지만 겐투리아회는 열광적으로 법안을 통과시켰고, 폼페이우스가 12만 5000명의 육군과 500척으로 이루어진 해군의 지휘를 맡도록 의결했으며, 국고에 명령해 1억 4400만 세스테르티우스를 그의 처분에 맡기도록 했다. 실제로 이 법안은 원로원을 권력에서 물러나게 했고, 술라의 복귀에 종지부를 찍었으며, 카이사르에게 하나의 전주곡이자 교훈으로서 일시적인 군주정을 수립했다. 결과가 선례를 강화했다. 폼페이우스가 임명된 바로 다음날 밀 가격이 하락하기 시작했다. 3개월 이내에 폼페이우스는 자신의 예외적인 권한을 남용하지 않으면서 과업을 달성했다. 즉 그는 해적선을 나포했고, 해적들의 근거지를 점령했으며, 해적 지도자를 처형했다. 교역이 다시 활력을 띠었으며, 로마로 다량의 곡물이 유입되기 시작했다.

폼페이우스가 여전히 킬리키아에 있는 동안에, 친구 마닐리우스는 당시(66년) 루쿨루스가 지배하던 군대와 속주의 지휘권을 폼페이우스에게 양도하는 법안과 가비니우스 법에 따라 폼페이우스에게 부여된 권한을 연장하는 법안을 켄투리아회에 제출했다. 원로원은 법안에 저항했지만, 상인들과 대부업자들은 강력히 지지했다. 그들은 폼페이우스가 아시아 채무자들에게 루쿨루스보다 덜 관대하기를, 조세 징수 청부인들에게 조세 징수권을 되돌려주기를, 비티니아와 폰토스뿐만 아니라 카파도키아, 시리아, 그리고 유대를 정복하기를, 그리고 이렇게 풍요한 지역들이 로마 군사력의 보호 아래 로마의 교역과 금융에 활짝 개방되기를 원했다. 기사 계급의 도움으로 66년에 법무관으로 선출된 "신인" 마르쿠스 툴리우스 키케로(Marcus Tullius Cicero)는 마닐리우스 법을 변호했으며, 그라쿠스 형제 이후로 로마에서 들어 보지 못한 무모하다 싶을 정도의 웅변과 정치가에게서는 충격적인 솔직함으로 다음과 같이 원로원의 과두정을 공격했다.

이곳 로마에서의 신용과 금융 체계 전체는 아시아 속주들의 세입과 불가분하게 관련되어 있습니다. 만약 이러한 세입이 없어진다면, 우리의 신용 체계는 붕괴할 것입니다. …… 만약 어떤 사람이 전 재산을 잃는다면, 그 때문에 더 많은 사람들이 몰락할 것입니다. 그러한 재앙으로부터 국가를 구하십시오. …… 전력을 다해 미트리다테스와 싸우십시오. 그렇게 하면 로마의 명예, 동맹국의 안전, 가장 소중한 세입, 그리고 수많은 시민들의 재산이 효과적으로 보존될 것입니다.[34]

법안은 켄투리아회에서 즉시 통과되었다. 평민은 금융가들의 재산에는 전혀 관심이 없었다. 하지만 평민은 장군인 폼페이우스에게 특별 권한을 부여함으로써 술라의 입법을 폐지하고 예전의 적이었던 원로원을 권력에서 물러나게 하는 수단을 찾아내서 기뻐했다. 그때부터 공화정에 허락된 시간은 얼마 남지 않았다. 평민의 최대 적이었던 키케로의 웅변으로 도움을 받은 로마 혁명은 카이사르에 대해 다른 조치를 취했다.

7. 키케로와 카틸리나

플루타르코스는 마르쿠스 툴리우스가 조상들 중 한 사람의 코에 콩(cicer)처럼 생긴 사마귀가 있었기 때문에 키케로(Cicero)라고 불렸다고 생각했다. 하지만 그의 조상이 이름난 작물인 이집트 콩을 재배했으므로 키케로라는 별명이자 세 번째 이름을 얻었다고 생각하는 것이 더 그럴듯해 보인다. 『법률론』에서 키케로는 로마와 나폴리 중간으로 자신이 탄생한 아펜니노 산악 지대의 구릉지에 위치한 아르피눔 근처의 보잘것없는 별장을 애정 어린 시선으로 묘사한다. 그의 아버지는 아들이 당시 최상의 교육을 받게 할 만큼 충분히 부유했다. 아버지는 그리스 시인 아르키아스를 고용해 키케로에게 문학과 그리스어를 가르치게 했으며, 그 다음 당대 최고의 법학자였던 스카이볼라에게 아들을 보내 법률을 공부하게 했다. 키케로는 광장에서 재판과 토론을 열심히 경청했으며,

법정 연설의 기술과 기교를 빠르게 터득했다. 키케로는 다음과 같이 말했다. "변호사로 성공하기 위해서는 모든 쾌락을 포기해야 하고, 모든 유흥을 멀리해야 하며, 오락과 경기, 연회, 그리고 친구들과의 친교와도 작별을 고해야 한다."[35]

키케로는 곧 변호사 업무에 뛰어들었으며, 중산 계급과 평민은 탁월하고 용기 있는 그의 연설에 감사를 표했다. 그는 술라의 총애를 받고 있는 사람을 기소했으며, 술라의 공포 정치가 한창일 때 추방을 비난했다.(기원전 80년)[36] 아마도 독재관 술라의 보복을 피하기 위해서였는지 키케로는 곧 그리스로 갔고, 그곳에서 계속 웅변술과 철학을 공부했다. 아테네에서 행복한 3년을 보낸 뒤에 키케로는 로도스로 건너갔으며, 그곳에서 몰론의 아들 아폴로니우스에게서 수사학 강의를 듣고, 포세이도니우스에게서 철학 강의를 들었다. 처음부터 그는 도미문(掉尾文, 문장 끝에 이르러 비로소 글의 뜻이 완성되는 형식 – 옮긴이)과 언어의 순수성을 배웠으며, 이것이 그의 문체를 특징짓는 요소가 되었다. 그리고 그 다음부터 종교, 통치 체제, 우정, 그리고 노년에 관한 에세이에서 나중에 상세히 이야기할 온화한 스토아주의를 배웠다.

30세에 로마로 돌아온 키케로는 테렌티아와 결혼했는데, 그녀의 엄청난 지참금 덕분에 정계에 입문할 수 있었다. 75년에는 시칠리아에서 재무관직을 공정하게 수행함으로써 두각을 나타냈다. 변호사 업무를 재개한 70년에 키케로는 시칠리아의 도시들로부터 변호 의뢰를 받아들여 원로원 의원인 가이우스 베레스에게 소송을 제기함으로써 귀족 계급 사이에 분노를 불러일으켰다. 베레스가 받았던 혐의는 다음과 같았다. 그는 시칠리아에서 속주 법무관으로 재직하면서(73~71년) 자신의 지위와 판결을 팔아먹었고, 받은 뇌물에 비례하여 역으로 개인의 과세액을 낮추었으며, 시라쿠사로부터 거의 모든 조각상을 약탈했고, 한 도시 전체의 세입을 자신의 정부(情婦)에게 양도했다. 그리고 그의 부정행위, 갈취, 약탈 때문에 시칠리아는 두 번의 노예 전쟁 이후보다 더 황폐해졌다. 더 큰 문제는 베레스가 보통 조세 징수 청부인들의 몫으로 돌아가던 약탈품의 일부를 착복했다는 것이었다. 기사 계급이 베레스의 기소에서 키케로를 지원한 반면에, 로마 법조계의 귀족 지도자였던 호르텐시우스는 베레스를 변호했다. 시칠리아에서 증거를 수집할 수 있도록 약 100일 정도의 시간이 키케로에게 주어졌다. 그는 50일 만에 증거 수집을 끝냈지만, 개회 연설에서 베레스에게 대단히 불리한 증거를 제시했다. 따라서 베레스가 약탈한 조각상 중 일부로 자신의 정원을 장식하던 호르텐시우스는 의뢰인 베레스에 대한 변호를 포기했다. 4000만 세스테르티우스의 벌금형을 선고받고 베레스는 추방당했다. 키케로는 추가로 자신이 준비해 둔 다섯 번의 연설을 했다. 여기에서 그는 로마의 불법 행위를 가차 없이 공격했다. 그는 넘치는 활력과 용기로 지지를 받았으며, 기원전 63년 집정관 직위에 출마했을 때는 만장일치로 선출되었다.

평범한 기사 계급 혈통으로 태어난 키케로는 당연히 중산 계급의 편에 섰으며, 귀족 계급의 오만, 특권, 그리고 실정에 분노했다. 하지만 그는 폭민 지배로 소유권 전체를 위협하는 존재로 여겨지던 급진적 지도자들을 훨씬 더 강하게 두려워했다. 따라서 키케로는 자신이 관직에 있는 이상 되살아나는 반란의 기운에 맞서 "계급 간의 조화", 즉 귀족 계급과 기사 계급이 협력을 다져 나가는 것을 정책으로 추진했다.

하지만 불만의 원인과 힘이 너무 뿌리 깊고 다양해서 쉽게 해결할 수 없었다. 수많은 빈민들이 유토피아를 설교하는 사람들의 말에 귀 기울이고 있었으며, 그들 중 일부에게서 폭력이 무르익어 가고 있었다. 빈민들보다 조금 형편이 나은 사람들은 저당 잡힌 채무를 이행하지 않아 재산을 몰수당한 평민들이었다. 술라의 퇴역병 중 일부는 토지를 분배받지 못했으며, 힘들이지 않고 약탈품을 챙길 수 있는 폭동을 일으킬 준비가 되어 있었다. 상층 계급들 중에는 채무 이행에 대한 모든 희망을 상실한 지불 능력이 없는 채무자들과 파산한 투기꾼들이 있었다. 일부 정치적 야심을 가진 사람들은 죽기에는 너무 오랜 시간이 걸렸던 보수주의자들 때문에 출세로 향하는 길이 어수선해져 있다는 것을 알았다. 소수의 혁명가들은 순수한 이상주의자들로서 완전한 전복만이 로마 국가의 부패와 불공정을 완화시킬 수 있다고 확신하고 있었다.

이렇게 흩어져 있는 집단을 응집력 갖춘 정치적 힘으로 결집시키려는 사람이 있었다. 루키우스 세르기우스 카틸리나는 적들을 통해서만, 즉 대부호인 살루스티우스가 그의 활동을 기록한 역사를 통해서, 그리고 카틸리나 탄핵이라는 연설에서 카틸리나에 대한 키케로의 신랄한 질책을 통해서 알려지고 있을 뿐이다. 살루스티우스는 카틸리나를 다음과 같이 묘사했다. "신, 그리고 인간과 다투어 죄로 얼룩진 영혼으로 깨어 있을 때나, 아니면 잠잘 때나 휴식처를 찾지 못했다. 양심이 극도로 흥분된 그의 마음을 그토록 잔인하게 파괴했다. 따라서 그의 안색은 창백하고, 눈은 핏발 서 있으며, 걸음걸이는 빨랐다가 느렸다가 했다. 요컨대 그의 얼굴과 모든 눈짓에서 광인의 모습이 보였다."[37] 이러한 묘사는 목숨이나 권력을 위해 싸우는 사람들이 전쟁에서 적들을 생생하게 표현하는 것이다. 전투가 끝나면 생생한 묘사는 점차 수정되지만, 카틸리나의 경우에는 수정되지 않았다. 젊은 시절 카틸리나는 키케로의 첫 번째 아내의 이복자매인 베스타 신전의 신녀를 능욕했다는 이유로 기소되었다. 법정은 신녀에게 무죄를 선고했지만, 소문 때문에 카틸리나에게는 무죄를 선고하지 않았다. 그와는 반대로 카틸리나가 질투심 많은 자신의 정부를 만족시키기 위해 아들을 살해했다는 소문이 더해졌다.[38] 이러한 이야기들에 반대되는 것으로 카틸리나의 사망 이후 4년 동안 키케로가 "비참하고 찢어지게 가난한 어중이떠중이"라고 불렀던 로마의 평민들이 그의 무덤에 꽃을 뿌렸다는 말밖에 할 수 없다.[39] 살루스티우스는 키케로의 연설 중 하나로 알려져 있는 것을 다음과 같이 인용한다.

국가가 소수 유력자들의 지배하에 떨어진 이래로 줄곧 …… 모든 권력, 지위, 그리고 부가 그들의 수중에 장악되었다. 그들은 우리에게 위험, 패배, 기소, 빈곤을 남겨 놓았다. …… 생명의 기운만을 제외한다면, 도대체 우리에게 남아 있는 것은 무엇인가? …… 다른 사람의 오만함의 조롱거리가 되어 비참하고 불명예스러운 목숨을 잃는 것보다 용감하게 싸우다 죽는 것이 더 낫지 않은가?[40]

카틸리나가 이질적인 혁명 구성원들을 결집시키기 위해 제안한 계획은 단순한 것으로 "새로운 기록", 즉 모든 채무의 완전한 청산과 폐지였다. 그는 카이사르와 같은 넘치는 활력으로 이러한 목표를 달성하려고 노력했다. 실제로 한때 은밀한 지지까지는 아니라 하더라도, 카이사르에게 호감을 가졌다. 키케로의 말에 따르면 "그가 경험할 수 없는 것이란 아무것도 없었다. 그는 협력, 경계, 그리고 노고를 위해 온갖 노력을 기울였다. 그는 추위, 배고픔, 갈증을 참아낼 수 있었다."고 한다.[41] 카틸리나 적들의 증언에 따르면 그는 집정관들을 살해하고, 65년이 시작되는 첫날에 통치권을 장악하려고 400명의 패거리를 조직했다. 결국 그날이 다가왔지만 특이한 일은 전혀 일어나지 않았다. 64년 말에 카틸리나는 집정관 직위를 놓고 키케로와 맞섰으며 강력한 선거 운동을 감행했다.* 수도 로마는 두려움에 휩싸였으며, 이탈리아를 떠나기 시작했다. 상층 계급이 키케로를 지지하며 가세했다. 1년 동안 키케로가 요구해 온 계급 간의 조화는 현실의 문제였으며, 키케로는 계급 간의 조화를 완벽하게 대변했다.

정치적으로 봉쇄된 카틸리나는 전쟁에 의지했다. 비밀리에 그의 추종자들이 에트루리아에서 2만 병력의 군대를 조직했으며, 원로원에서부터 노예에 이르기까지 모든 계급의 대표자들과 두 명의 도시 법무관 케테구스와 렌툴루스가 포함된 일단의 음모자들이 로마에 집결했다. 이듬해 10월 카틸리나는 재차 집정관 직위에 출마했다. 보수주의자 역사가들에 따르면 확실한 당선을 위해 카틸리나는 선거 운동 기간에 경쟁자를 살해하고 동시에 키케로를 암살하려는 계획을 세웠다고 한다. 카틸리나의 계획을 알게 되었다고 주장한 키케로는 마르스 평원을 무장 호위병들로 가득 채우고 투표를 감독했다. 무산 계층의

---

* 키케로의 동생 퀸투스가 그를 위해 선거 운동 기술에 관한 입문서를 작성한 것은 이 선거 운동에서였다. 퀸투스는 "약속에 인색해서는 안 됩니다. 사람들은 단호한 거절보다는 거짓 약속을 더 좋아합니다. …… 당신의 경쟁자들에 맞서 범죄, 부패 또는 부도덕에 관한 어떤 새로운 추문을 사람들에게 알리도록 하십시오."라고 조언했다.[42]

열렬한 지지에도 불구하고 카틸리나는 또다시 패배했다. 키케로의 말에 따르면 11월 7일에 여러 명의 음모자들이 키케로의 집 문을 두드렸지만, 그의 호위병들에게 격퇴되었다고 한다. 다음날 원로원에서 카틸리나를 본 키케로는 한때 모든 어린아이들이 젠체하며 말했던 최고 수준의 격렬한 비난을 그에게 쏟아부었다. 연설이 진행되고 있을 때, 카틸리나 주위의 좌석이 하나씩 하나씩 비워졌고, 마침내 혼자만 남게 되었다. 카틸리나는 자신의 머리 위로 쏟아지는 비난 공세와 날카롭고 무자비한 구절들을 묵묵히 참아 냈다. 키케로는 모든 감정을 이용했다. 그는 국가를 공동의 아버지라고 말하고, 카틸리나를 부모 살해를 의도한 자라고 말했다. 키케로는 증거를 제시하지 않고 암시적으로, 그리고 넌지시 국가에 대한 음모, 도적질, 간통, 변태 성욕이라는 죄목으로 카틸리나를 기소했다. 마지막으로 키케로는 유피테르 신에게 로마를 지켜 달라고, 카틸리나를 영원한 형벌로 다스려 달라고 간청했다. 키케로가 연설을 끝냈을 때, 카틸리나는 아무런 제지도 받지 않고 걸어 나왔고, 에트루리아에 있는 자신의 군대에 합류했다. 카틸리나의 장군 만리우스는 원로원에 마지막으로 호소했다.

우리가 무장을 한 이유는 우리의 조국에 맞서려는 것도 아니며, 우리의 동료 시민들의 안전에 맞서려는 것도 아니라는 것을 신과 인간들이 증언해 주길 요구합니다. 고리대금업자들의 폭력과 잔인함 때문에 나라가 없는 우리 가엾은 빈민들은 경멸받고 빈곤하게 살아갈 운명입니다. 우리는 악으로부터 우리의 개인적 안전을 보장해 달라는 희망 하나만으로 행동할 뿐입니다. 우리는 인류의 투쟁에서 거대하고 외적인 원인들인 권력도, 부도 요구하지 않습니다. 우리는 어느 누구도 목숨 자체를 제외하고는 포기하지 않을 자유라는 보물을 요구할 뿐입니다. 원로원 의원 여러분, 가엾은 동료 시민들을 불쌍히 여겨 주십시오![43]

다음날 두 번째 연설에서 키케로는 반란자인 카틸리나의 추종자들을 향기로 가득 찬 변태 성욕자들의 무리 주위로 몰려든 자들로 묘사했으며, 무제한적인 풍자와 독설로 자신의 천재성에 푹 빠져들었다. 그리고 재차 종교적인 어조로 연설을 마무리했다. 다음 몇 주 동안 키케로는 카틸리나가 갈리아에서 혁명을 선동하려 했다는 혐의를 입증할 의도로 원로원에 증거를 제출했다. 12월 3일에 키케로는 렌툴루스, 케테구스, 그리고 다른 다섯 명의 카틸리나 지지자들을 체포하게 했다. 세 번째 연설에서 그는 그들의 죄를 선고하고, 투옥을 공포했으며, 원로원과 민중들에게 음모가 와해되었으므로 안전하고 평화롭게 집으로 돌아가도 좋다고 말했다. 12월 5일에 키케로는 원로원을 소집해서 죄수들을 어떻게 처리할지 물었다. 실라누스는 죄수들의 처형을 제안했다. 카이사르는 로마 시민의 처형이 셈프로니우스 법에서 금지되어 있음을 상기시키면서 투옥하는 것으로 끝낼 것을 조언했다. 네 번째 연설에서 키케로는 부드러운 어조로 죽음을 권고했다. 카토는 키케로의 스토아 철학의 입장을 지지했으며, 죄수들을 죽이는 것으로 결정했다. 일부 나이 어린 귀족들은 키케로가 원로원 회의실을 떠났을 때, 카이사르를 죽이려고 시도했다. 하지만 카이사르는 피신했다. 무장한 병사들을 대동하고 키케로는 감옥에 갔고, 되도록 시일을 늦추지 말고 사형을 집행하도록 지시했다. 키케로와 공동 집정관이자 후에 로마의 역사에 이름을 남기게 될 안토니우스의 아버지였던 마르쿠스 안토니우스가 카틸리나의 반란군을 토벌하도록 군대와 함께 북쪽에 파견되었다. 원로원은 모든 반란군 이탈자에게 사면과 함께 20만 세스테르티우스를 약속했다. 하지만 살루스티우스의 말에 따르면 "카틸리나의 진영에는 단 한 명의 탈영자도 없었다." 피스토이아 평원에서 전투가 벌어졌다.(61년) 월등하게 수적 열세였던 3000명의 반란군이 소중히 간직해 온 자신들의 군기, 즉 마리우스의 독수리 주위에서 최후까지 싸웠다. 어느 누구도 항복하거나 도망하지 않았다. 모두가 전장에서 죽었으며, 그들 중에 카틸리나가 있었다.

본래 행동하는 사람보다는 생각하는 사람이었던 키케로는 위험한 반란을 진압하면서 카틸리나가 보여 준 뛰어난 능력과 용기에 놀랐고 깊은 감명을 받았다. 키케로는 원로원에서 말했다. "그런 군사 원정을 지휘한다는 것은 단순히 인간의 지식을 초월한 위대한 사건이었다."⁴⁴ 키케로는 자신을 로물루스와 비교했지만, 로마를 세운 것보다 지키는 것이 더 위대한 행위라고 생각했다.⁴⁵ 원로원 의원들과 유력자들은 그의 말을 일소에 부쳤지만, 그가 자신들을 구했다는 사실을 알고 있었다. 카토와 카툴루스는 키케로를 조국의 아버지라고 부르며 찬사를 보냈다. 63년 말에 키케로가 집정관직에서 물러났을 때, 로마 공동체의 모든 유산 계층은 그에게 감사를 표했고, 그를 불후의 명성을 가진 자로 불렀으며, 존경하는 의미에서 그의 집까지 배웅했다.⁴⁶ 무산 계층은 이러한 집회에 합류하지 않았다. 이들은 로마 법률을 위반하면서 항소 없이 시민들을 사형에 처했다는 이유로 키케로를 용서할 수 없었다. 또한 키케로가 카틸리나 반란의 원인을 제거하거나 대중들의 빈곤을 완화하려는 어떠한 노력도 기울이지 않았다고 생각했다. 무산 계층은 마지막 날에 키케로가 켄투리아회에서 연설하지 못하게 했으며, 그가 로마 시(市)를 지켜 냈다고 엄숙히 선언했을 때 격분했다. 혁명은 끝나지 않았다. 카이사르가 집정관이 되면서 혁명은 다시 시작될 것이다.

8장 혁명기의 문학
기원전 145~30

1. 루크레티우스

경제, 정치, 그리고 도덕이 소용돌이치는 변화의 한복판에서 문학은 잊히지 않았으며, 당대의 열병과 자극에서 완전히 벗어나지는 못했다. 바로와 네포스는 골동품 연구나 역사 연구에서 피난처를 찾았다. 살루스티우스는 뛰어난 작품으로 자신의 당파를 지키고 품행을 위장하기 위해 전투를 그만두고 퇴역했다. 그리고 카이사르는 통치권에서 문법으로 기울었으며,『갈리아 전기(戰記)』에서 그의 전쟁은 계속되었다. 카툴루스와 칼부스는 정치에서 벗어나 사랑의 추구와 시에서 피난처를 찾았다. 루크레티우스 같은 소심하고 감수성이 예민한 사람들은 철학의 정원에 숨었다. 그리고 키케로는 이따금 책을 읽으면서 격정을 식히기 위해 광장의 열기에서 피신했다. 하지만 그들 중 어느 누구도 평화를 찾아내지 못했다. 전쟁과 혁명이 강력한 전염력으로 영향을 끼쳤다. 그리고 루크레티우스마저 다음에서 묘사하는 불안감을 알고 있었음에 틀림없다.

그들의 마음에 무거운 짐이 있고, 산더미 같은 고통이 그들의 마음속에 짐이 된다. …… 왜냐하면 자신이 원하는 것이 무엇인지도 알지 못한 채, 마치 각자가 자신의 짐을 내려놓을 수 있는 것처럼 항상 장소를 바꾸려 하기 때문이다. 여기 집에 있는 것을 죽을 만큼 지루해 한 나머지 가끔 자신의 대저택에서 나가는 한 사람이 있다. 하지만 집 밖에서 기분이 더 나아지지 않는다고 느끼고 갑자기 집으로 되돌아간다. 그는 예정한 방향에서 벗어나 급하게 서둘러 조랑말을 타고 시골집으로 간다. …… 그는 문지방을 넘자마자 곧 하품을 하거나, 아니면 깊은 잠 속에서 무의식에 빠지거나, 아니면 서둘러 도시로 돌아가기까지 한다. 이런 식으로 각자는 자신에게서 도피한다. 하지만 예상할 수 있는 것처럼 그에게서 벗어날 수 없는 자아는 본의 아니게 더욱더 그에게 달라붙는다. 그는 자신을 혐오한다. 왜냐하면 병자인 그는 불만의 원인을 알지 못하기 때문이다. 불만의 원인을 명확히 알 수 있는 사람은 누구나 자신의 일에서 벗어날 수 있을 것이고, 다른 모든 것에 앞서서 사물의 본성을 이해하려고 시도할 것이다.[1]

이 시는 티투스 루크레티우스 카루스의 현존하는 유일한 전기이다. 그의 시는 거만하게도 시의 저자에 대해 침묵한다. 그리고 로마의 문학은 이상하게도 시 말고는 루크레티우스에 대해 전혀 언급하지 않는다. 전승에 따르면 그는 기원전 99년 아니면 95년에 태어났고, 기원전 55년 아니면 51년에 죽었다. 즉 그는 내전과 마리우스의 대학살과 술라의 추방을 거치면서, 그리고 카틸리나의 음모와 카이사르의 집정관 취임을 거치면서 반세기 동안의 로마 혁명기를 살아왔다. 그가 속해 있었던 것으로 보이는 귀족 계급은 분명히 세력이 약화되고 있었다. 그리고 그가 살던 세상은 혼돈으로 쪼개지고 있었고, 생명이나 재산 등 어느 것 하나 안전하지 않았다. 그의 시는 육체적, 정신적 평화에 대한 갈망이다.

루크레티우스는 자연, 철학, 그리고 시에서 도피처를 찾았다. 아마도 그는 한 차례 사랑도 했던 것 같지만 실패했음에 틀림없다. 왜냐하면 그는 여성들에 대해 친절하지 않게 쓰고, 아름다움의 매력을 비난하며, 욕망에 못 견뎌 하는 젊은이에게 난잡하게 육체를 달래도록 조언하고 있기 때문이다.[2] 그는 숲과 들판에서, 식물과 동물에게서, 산과 강과 바다에서 철학에 대한 열정에 비견할 만한 기쁨을 찾았다. 그는 워즈워스(Wordsworth)만큼 감수성이 예민했고, 키츠(Keats)만큼 감각이 예리했으며, 셸리(Shelley)처럼 조약돌이나 나뭇잎에서 형이상학을 찾기 일쑤였다. 자연의 사랑스러움이나 공포는 그에게 전혀 영향을 끼치지 않았다. 그는 사물의 형태와 소리, 냄새와 맛에 자극받았다. 그는 남의 눈에 띄지 않는 은신처의 정적, 조용히 다가오는 밤, 느리게 깨어나는 낮을 느꼈다. 자연의 모든 것, 즉 쉼 없이 흐르는 물, 싹이 트는 씨앗, 끊임없이 변화하는 하늘, 꿈쩍도 않는 별들은 그에게 경이로움 그 자체였다. 루크레티우스는 호기심과 호감을 갖고 동물들을 관찰했고, 힘과 우아함을 지닌 그들의 모습을 사랑했으며, 그들의 고통을 느꼈다. 그리고 그들의 말 없는 철학에 놀랄 뿐이었다. 그 이전의 어떤 시인도 세상의 장엄함을 그렇게 상세하고 다양하게, 그리고 힘 있게 표현하지 못했다. 마침내 루크레티우스에게서 자연은 문학의 최후 안식처를 얻었으며, 자연은 자신을 노래한 시인에게 호메로스와 셰익스피어만이 능가했던 묘사 화법의 힘을 부여하는 것으로 보답했다.

그렇게 민감하게 반응하는 사람은 젊은 시절에 종교의 신비와 화려함에 깊은 영향을 받았음에 틀림없다. 하지만 한때 가족의 규율과 사회 질서에 공헌하던 고대의 신앙은 로마의 지식 계급에 대한 지배력을 상실했다. 카이사르는 대신관직(大神官職)을 수행했을 때 너그럽게 미소 지었으며, 신관들의 연회는 로마 쾌락주의자들의 축제일이었다. 소수의 사람은 공공연한 무신론자였다. 가끔씩 로마의 알키비아데스라는 사람이 매일 밤 신들의 조각상에서 손발을 잘라냈다.[3] 더 이상 공식 종교 의식으로 고무되거나 위안받지 못하는 많은 하층민들이 프리기아의 대모신(大母神), 아니면 카파도키아의 여신 마(Ma), 아니면 동방으로부터 병사들이나 포로들과 함께 이탈리아에 들어온 몇몇 오리엔트 신들의 피로 물든 신전으로 모여들고 있었다. 그리스나 아시아 종교 의식의 영향을 받고 옛 로마인들이 모든 부분별한 망자들이 거처하는 칙칙한 지하 세계로 생각했던 오르쿠스(Orcus)가 문자 그대로의 지옥에 대한 믿음으로 발전했다. 여기에서 지옥은 "다시 태어난" 소수를 제외한 모든 사람에게 영겁의 고통이었던 타르타로스(Tartarus) 또는 아케론(Acheron)이었다.[4] 해와 달이 신으로 여겨졌고, 일식과 월식은 외딴 마을들과 사람들로 득실거리는 빈민 지역 내의 공동 주택들에 공포를 가져다주었다. 칼데아의 점쟁이들과 점성술사들이 빈민들과 대부호들을 위해 천궁도(天宮圖)를 만들어 별점을 치면서, 숨겨진 보물과 앞으로 일어날 사건들을 계시하면서, 그리고 모호한 말과 감언이설로 전조와 꿈을 해석하면서 이탈리아로 급속히 퍼져 가고 있었다. 자연에서 발생하는 모든 특이한 사건은 신의 경고로 해석되었다. 루크레티우스가 종교로 알고 있었던 것이 이러한 미신, 의식에 대한 집착, 그리고 위선의 집합체였다.

루크레티우스가 종교에 반발하고 종교 개혁가의 열정으로 종교를 공격한 것은 전혀 놀라운 일이 아니다. 그의 신랄한 적개심으로부터 젊은 시절 그의 경건함의 깊이와 환멸의 고통을 판단할 수 있다. 어떤 대안적인 신앙을 찾던 그는 엔니우스의 회의론을 통해 엠페도클레스가 대립물의 발전과 충돌에 대해 상세히 설명했던 위대한 시로 옮겨 갔다. 에피쿠로스의 저작들을 발견했을 때, 그는 자신의 질문들에 대한 답을 찾은 것처럼 보였다. 물질주의와 자유 의지, 기쁨에 넘치는 신들과 신이 없는 세상의 이상한 혼합은 자유로운 한 인간의 의심과 공포에 대한 해답으로 루크레티우스의 마음에 와 닿았다. 초자연적 공포들로부터 해방되는 순간은 에피쿠로스의 정원에서 빠져나오는 것처럼 보였다. 이것은 어디에나 존재하는 법, 자연의 독립, 그리고 죽음의 자연스러움을 드러내는 것이었다. 루크레티우스는 에피쿠로스가 표현하던 볼품없는 산문에서 벗어나 이러한 철학을 받아들이고, 그것을 시의 형식으로 결합해서, 동시대인들에게 길과 진리와 생명을 제시하겠다고 결심했다. 그는 자신에게서 좀처럼 보기 힘든 이중의 힘, 즉 과학자의 객관적 인식과 시인의 주관적 감정을 느꼈다. 그리고 그는 철학과 시의 결합을 촉진하고 정당화하던 장엄함을 자연의 전체 질서 속에서, 그리고 아름다움을 자연의 일부에서 보았다. 루크레티우스의 원대한 목적은 그의 모든 힘을 분발시켰고, 놀랄 만한 지적 충만감을 북돋아 주었으며, 목적이 달성되기도 전에 그를 기진맥진하게, 그리고 아마도 미치게 했던 것 같다. 하지만 "오랜 기간에 걸친 즐거운 수고"는 그의 온 마음을 사로잡는 행복을 가져다주었으며, 그는 그것에 심오하게 종교적인 한 인간의 헌신적인 사랑을 쏟아부었다.

루크레티우스는 시적이라기보다는 철학적 제목인 『사물의 본성에 관하여』를 작품 제목으로 선택했다. 이 제목은 소크라테스 이전의 철학자들이 저작에 대한 통칭으로 흔하게 사용했던 "자연에 관하여"를 간단하게 번역한 것이었다. 그는 『사물의 본성에 관하여』를 58년에 법무관이었던 가이우스 멤미우스의 아들들에게 두려움에서 이해로 인도하는 안내자로 삼을 것을 권했다. 그는 엠페도클레스의 서사시를 설명 모형으로, 엔니우스의 별난 무뚝뚝함을 연설로, 그리고 고정되어 있지 않고 변하기 쉬운 6보격 시를 생각을 전달하는 수단으로 사용했다. 그런 다음 잠시 신들에 대한 냉담한 무관심을 잊어버리고, 엠페도클레스의 사랑처럼 창조적인 열망의 상징이자 평화로 가는 길로 생각되었던 베누스 여신에게 다음과 같이 강력한 돈호법(頓呼法)으로 시작했다.

아이네이아스의 자손들의 어머니이자 인간과 신들의 기쁨인 베누스 여신이여! …… 당신을 통해 모든 유형의 생명이 표현되고 태어나며, 태양을 바라봅니다. 당신 이전에, 그리고 당신이 오기 전에 바람은 사라지고, 하늘의 구름이 걷힙니다. 당신에게 기적의 땅이 향기로운 꽃들을 솟아오르게 합니다. 그리고 당신을 위해 바다의 파도가 웃으며, 가득 퍼진 빛으로 평화로운 하늘이 빛납니다. 오, 신성한 여신이시여, 봄철 낮의 표정이 모습을 나타내고 땅을 기름지게 하는 남풍이 만물을 신선하고 초록빛으로 물들이자, 먼저 공중의 새들이 당신을 찬미하고 당신의 등장은 심장을 관통했습니다. 그 다음 야생의 짐승 무리들이 기뻐하며 목초지를 뛰어다니고, 물살이 빠른 개울을 건넙니다. 이렇게 당신의 매력에 포로가 되어 버린 각자는 당신이 인도하는 곳이 어디든 뒤따라갑니다. 그 다음 산과 바다, 그리고 세차게 흐르는 강을 지나고, 잎으로 만들어진 새 둥지를 지나서, 그리고 초목으로 뒤덮인 들판을 지나서 당신은 모든 피조물의 가슴에 부드러운 사랑을 불어넣습니다. 그리고 당신은 피조물들로 하여금 자손들에게 그들의 본성을 전하게 합니다. 당신만이 사물의 본성을 지배하고 당신 없이는 화려한 빛의 나라에 아무런 빛도 떠오르지 않으며, 기쁨에 넘치거나 사랑스러운 것은 아무것도 탄생하지 않습니다. 따라서 간절히 바라건대 당신과 짝이 되어 이 시를 쓰고 싶습니다. …… 불멸의 아름다움을 지닌 여신이시여, 제 간절한 청을 들어주십시오. 그 사이에 야만적인 전쟁이 멈추게 해 주십시오. …… 마르스 신이 당신의 신성한 몸에 기댈 때, 그에게 몸을 구부려 당신의 입에서 내뱉는 달콤한 말로 당신의 로마인들을 위해 평화의 선물을 간청해 주십시오.[5]

2. 『사물의 본성에 관하여』

무질서하게 보이는 루크레티우스의 주장을 논리적인 형태로 축소하자면, 다음의 유명한 구절에 그의 초기 논제가 들어 있다.

> 그렇게 높은 악의 고지로 인간을 몰아갔던 것은 종교이다.[6]

루크레티우스는 아울리스의 이피게니아를 비롯해 셀 수 없이 많은 인간 제물에 대해, 그리고 인간 탐욕의 상징으로 신들에게 바쳐진 큰 희생에 대해 이야기한다. 그는 복수심에 불타는 신들의 미로 속에서 잃어버린 수수함과 젊음에 대한 공포, 번개와 천둥, 죽음과 지옥에 대한 공포, 그리고 에트루리아의 예술과 오리엔트의 비의(秘儀)에서 묘사된 지하의 공포를 상기시킨다. 그는 철학의 이

해보다 희생 의식을 좋아한다는 이유로 인간을 비난한다.

이러저러한 격렬한 분노와 같은 행동을 신의 탓으로 돌리는 불쌍한 인간들이여! (그러한 믿음으로) 사람들은 자신에게는 슬픔을, 우리에게는 상처를, 그리고 우리 아이들에게는 눈물을 가져다주었구나! 진정한 경건함이란 베일을 쓴 머리를 돌에게로 향하는 것에도, 모든 제단에 다가가는 것에도, 신들의 신전 앞에 엎드리는 것에도, 그리고 제단에 짐승들의 피를 뿌리는 것에도 있지 않다. …… 오히려 모든 사물을 평화로운 마음으로 바라볼 수 있는 것이 진정한 경건함이다.[7]

루크레티우스의 말에 따르면 신들은 존재하지만, 인간의 생각이나 관심에서 행복하게 고립되어 멀리 떨어져 산다고 한다. 인간의 희생제와 기도가 미치지 않는 "불타고 있는 세계의 성벽" 저편에서[8] 신들은 세속의 일들을 피해서 아름다움을 명상하고 우정과 평화를 실천하는 일에 만족하며 에피쿠로스의 추종자들처럼 살고 있다.[9] 신들은 창조자가 아니며 사건의 원인도 아니다. 누가 부당하게 신들을 세속적인 삶의 사치스러움, 무질서, 고통, 그리고 불공평으로 비난하려 드는가? 수많은 행성으로 이루어진 이 무한한 우주는 자기 충족적이다. 우주의 범위를 넘어선 곳에 법은 존재하지 않는다. 자연은 모든 것을 자발적으로 행한다. "누가 헤아릴 수 없이 광대한 영역인 우주를 지배할 만큼 충분히 강한가? 즉 누가 모든 하늘을 한 번에 회전시키고 …… 구름 한 점 없는 하늘을 천둥으로 흔들며, 신전을 파괴하는 번개를 일으키고, 그리고 죄 없는 사람을 죽이고 죄를 범한 사람을 지나쳐 버리는 번갯불을 던지는가?"[10] 법이야말로 유일한 신이다. 그리고 유일한 평화뿐만 아니라 가장 진정한 숭배는 그러한 법을 알고 사랑하는 데 있다. "이러한 마음의 공포와 어두움은 태양 빛이 아닌 …… 자연의 모습과 법으로 떨쳐 내야 한다."[11]

그래서 "뮤즈 신들의 달콤한 입에 발린 말로" 데모크리토스의 거친 유물론을 다루면서 루크레티우스는 "원자(原子)와 진공 상태를 제외하고는 아무것도 존재하지 않는다."¹²는 것을 자신의 기본적인 이론으로 선언하고 있다. 여기에서 말하는 원자와 진공 상태는 물질과 공간을 의미한다. 그리고 루크레티우스는 세상에서 물질과 운동의 양은 결코 변하지 않고, 어떤 물체도 무에서 발생하지 않으며, 파괴란 형태의 변화에 불과하다는 근대 과학의 기본 원리(그리고 가정)로 나아간다. 원자는 파괴할 수 없고, 변하지 않으며, 단단하고, 복원력이 있으며, 소리가 없고, 냄새가 없으며, 맛이 없고, 색깔이 없으며, 무한하다. 원자는 끊임없이 화합물과 여러 가지 특성을 만들어 내기 위해 서로 관통한다. 그리고 원자는 겉으로 보기에는 정지하고 있는 사물들의 부동 상태이지만 끊임없이 움직인다.

언덕 위에서 …… 털 많은 양들이 이슬 맺힌 풀이 유혹하는 곳이라면 어디든지 느릿느릿 움직인다. 그리고 살찐 새끼 양들은 장난삼아 자신들의 뿔로 들이받는 장난을 친다. 그렇지만 저 멀리에서 이 모든 것은 전체적으로 희미해지고 단지 푸른 언덕 위에 놓인 흰 물체처럼 보일 뿐이다. 가끔 대규모 군대가 전쟁을 흉내 내는 기동 훈련으로 광활한 들판을 가득 메운다. 반짝반짝 빛나는 병사들의 청동 방패가 시골을 밝게 비추고 하늘에 반사된다. 진군하는 병사들의 발과 질주하는 말들의 발굽 아래로 땅이 흔들리고 굉음이 울려 퍼진다. 그리고 그 소리에 뒤흔들린 산들이 소리를 별들에게 내던진다. 그럼에도 불구하고 산 정상에서는 이러한 군대가 움직임이 없는 것처럼 보이고, 평원에는 약간의 광채가 머무르는 것처럼 보인다.¹³

원자는* 부분들, 즉 "가장 작은 것들"을 가지고 있다. 각각의 부분은 단단하고, 분할할 수 없으며, 근원적인 존재이다. 아마도 이러한 부분들이 상이하게 배열됨으로써 원자는 크기와 모양이 다르고, 따라서 자연의 신선한 다양성이 가능해진다. 원자는 일직선이나 획일적으로 움직이지 않는다. 원자의 운동에는 무

---

* 루크레티우스는 이 단어를 결코 사용한 적이 없지만, 최초 입자를 프리모르디아(primordia), 엘레멘타(elementa) 또는 세미나(semina, 씨앗)로 부르고 있다.

수한 "일탈"이 있다. 이러한 일탈은 만물을 관통하고 인간의 자유 의지에서 절정에 이르는 근본적인 자발성이다.*

모든 것이 한때는 형태가 없었다. 하지만 움직이는 원자들을 크기와 모양에 따라 단계적으로 분류하면서 공기, 불, 물, 흙이 생겨났다. 그리고 이것들로부터 해와 달, 행성과 별이 생겨났다. 무한 공간 속에서 새로운 세계들이 끊임없이 탄생하고, 오래된 세계들은 쇠약해지고 있다. 별은 각각의 행성계를 에워싸고 있는 하늘의 고리(안개 같은 가장 얇은 원자들)에 고정된 불이다. 그리고 이 우주의 불의 벽으로 "불타고 있는 세계의 성벽"이 구성된다. 일부 태고의 안개가 덩어리에서 갈라져 따로따로 회전했으며, 식어서 지구가 만들어졌다. 지진은 신들이 으르렁거리는 소리가 아니라 지하의 가스와 흐름이 팽창한 것이다. 천둥과 번개는 신의 목소리와 숨이 아니라 응축되어 충돌하는 구름들의 자연스러운 결과이다. 비는 유피테르 신의 자비가 아니라 햇빛에 의해 흙에서 증발된 습기가 흙으로 되돌아간 것이다.

생명은 본질적으로 여느 물질과 다르지 않다. 생명은 개별적으로 죽어 있는 움직이는 원자들의 산물이다. 우주가 물질 고유의 법칙에 의해 모습을 갖추었던 것처럼, 지구는 순전히 자연 도태에 의해 모든 생명의 종(種)과 기관을 만들어 냈다.

> 우리가 사용할 수 있도록 몸에서는 아무것도 생겨나지 않지만, 생겨나는 것은 그 자체의 용도를 야기한다[14] …… 원자들로 하여금 스스로 예리한 지성으로 순서에 따라 정렬하도록 인도한 것은 원자들의 계획이 아니라 …… 많은 원자들이 모든 결합을 시도하면서 여러 방식으로 무한히 움직이면서 만났기 때문이다. …… 이렇게 해서 많은 물체들이 생겨났고 …… 생명체들이 나타났다.[15] …… 많은 생명체들이 이 세상이 만들려고 시도했던 괴물들이었다. …… 일부 괴물은 발이 없었고, 다른

---

* '불확정성'은 현대의 일부 물리학자들에 의해 전자(電子)로 여겨진다.

일부 괴물은 손이나 입 또는 얼굴이 없었거나 사지가 골격에 묶여 있었다. …… 괴물을 만들려는 시도는 수포로 돌아갔다. 자연은 괴물들이 자라는 것을 용납하지 않았고, 괴물들은 음식을 찾거나 사랑의 방식으로 맺어질 수도 없었다. …… 그때 많은 유형의 동물들이 생식력을 잃고 소멸했음에 틀림없다. …… 왜냐하면 자연으로부터 (방어하는) 특성을 전혀 부여받지 못했던 것들은 다른 것들의 처분에 맡겨졌고, 곧 파멸했기 때문이다.[16]

정신(mind, animus)은 정확히 발이나 눈 같은 기관이다. 발이나 눈처럼 정신은 육체 전체에 아주 가는 물질처럼 퍼져 있는, 그리고 모든 부분에 생명을 불어넣는 영혼(soul, anima)이나 생명에 없어서는 안 될 숨의 도구나 기능이다. 물체들의 표면에서 끊임없이 발생하는 상이나 얇은 막이 정신을 형성하는 고감도의 원자들에 맺힌다. 이것이 감각의 원천이다. 미각, 후각, 청각, 시각, 그리고 촉각은 물체들에서 비롯되고 혀나 입천장, 콧구멍, 귀, 눈 또는 피부를 때리는 입자들에 의해 생겨난다. 모든 감각은 촉각의 형태이다. 진실을 마지막으로 시험하는 것은 오감이다. 만약 오감이 틀린 것처럼 보인다면, 그것은 단지 오해 때문이며, 다른 감각만이 오감을 바로잡을 수 있다. 이성은 진실을 시험할 수 없다. 왜냐하면 이성이란 경험, 즉 감각 작용에 의존하기 때문이다.

영혼은 정신적이지도 않고 영원하지도 않다. 또한 영혼이 육체적이지 않다면 육체를 움직일 수 없다. 영혼은 육체와 더불어 자라고 나이를 먹는다. 그리고 영혼은 육체처럼 질병, 약 또는 포도주에 의해 영향을 받는다. 영혼의 원자는 육체가 사멸할 때 분명하게 사라진다. 육체 없는 영혼은 무의미해질 것이다. 촉각, 미각, 후각, 청각, 그리고 시각 기관이 없는 영혼이 무슨 쓸모가 있을까? 생명은 자유롭게 보유할 수 있는 것이 아니라 우리가 그것을 이용할 수 있는 동안 빌린 것이다. 우리의 힘이 다 소진될 때, 우리는 연회에 참석한 손님이 초대에 감사해 하며 자리를 뜨는 것처럼 정중하게 생명이라는 탁자에서 떠나야 한다. 죽음 자체는 무서운 것이 아니다. 내세에 대한 두려움만이 죽음을 두렵게 만든다. 하지만 내세는 존재하지 않는다. 무지, 욕정, 호전성, 그리고 탐욕에서 비롯되는 고통 속에 지옥이 있고, "현자들의 평화로운 신전들" 속에 천국이 있다.[17]

덕은 신들에 대한 두려움에도, 쾌락에 대한 소극적인 회피에도 있지 않다. 덕은 이성에 의해 인도되는 각감과 기능의 조화로운 작동에 있다. "어떤 사람들은 조각상과 명성을 위해 삶을 지치게 한다." 하지만 "진짜 부자는 단지 마음의 평화로움을 누리면서 살아가는 사람이다."[18] 황금빛으로 빛나는 호화로운 크고 넓은 방에서 딱딱하게 살아가는 것보다는 "옆으로 실개천이 흐르고 키 큰 나무들 아래에 있는 부드러운 풀밭 위에서 무리지어 누워 있는 것",[19] 아니면 부드러운 음악을 듣는 것, 아니면 자식들에 대한 사랑과 보살핌에 몰두하는 것이 더 낫다. 결혼은 좋은 것이지만, 격정적인 사랑은 정신으로부터 명쾌함과 이성을 빼앗아 가는 광기이다. "만약 누군가가(화살을 쏘는 소녀의 팔다리를 가진 소년이건 아니면 몸 전체에서 사랑을 퍼뜨리는 여인이건 간에) 베누스 여신의 화살로 상처를 입는다면, 그 사람은 최초로 타격이 가해진 곳으로 이끌려가며, 하나가 되기를 갈망한다."[20] 그러한 관능적인 혼란 속에서는 건전한 결혼과 교제가 성립될 수 없다.

철학에 열정을 다 쏟아부어 버린 루크레티우스가 낭만적인 사랑을 할 수 있는 여지를 찾지 못한 것처럼, 그는 원시생활을 찬미했던 그리스인 루소주의자들의 낭만적인 인류학을 거부한다. 확실히 원시 시대 사람들이 더 강인했다. 하지만 그들은 불 없는 동굴에 살았고, 결혼하지 않고 부부가 되었으며, 무법적으로 살인을 저질렀다. 그리고 그들은 문명인들이 과식으로 죽은 것처럼 자주 굶주림으로 죽었다.[21] 루크레티우스는 고대 인류학에 대한 훌륭한 요약에서 어떻게 문명이 발전해 왔는지 말하고 있다. 사회 조직은 인간에게 그 자신보다 훨씬 더 힘센 동물들보다 오래 살 수 있는 힘을 부여했다. 인간은 나뭇잎과 가지를 마찰시켜 불을 발견했고, 몸짓에서 언어를 발전시켰으며, 새들에게서 노래를 배웠다. 그리고 인간은 자신이 사용할 수 있도록 동물들을 길들였으며, 결혼과 법에 의해 유순해졌다. 인간은 토양을 경작했고, 옷을 만들었으며, 금속으로 도구를 만들었다. 그리고 인간은 천체를 관측하고 시간을 측정했으며 항해술을 익혔다. 인간은 살인 기술을 개선했고, 약자를 정복했으며, 도시와 국가를 세웠다. 역사는 국가와 문명의 발생, 성장, 쇠퇴, 사멸의 과정이다. 하지만 각각의 국가와 문명은 교대로 관습, 도덕, 그리고 예술의 문화유산을 물려준다. "경주에 참가하는 주자들처럼 국가와 문명은 생명의 등불을 건네준다."[22]

성장하는 만물, 즉 기관, 유기체, 가족, 국가, 민족, 행성, 별은 쇠퇴한다. 원자만이 결코 사멸하지 않는다. 창조와 발전의 힘은 삶과 죽음의 거대한 확장과 수축 속에서 파괴의 힘에 의해 균형이 유지된다. 자연에서는 선뿐만 아니라 악도 있다. 심지어 부당하더라도 고통은 모든 생명에게 나타난다. 그리고 소멸은 모든 발전 단계에서 발생한다. 우리가 사는 세상 자체가 사멸해 가고 있다. 즉 지진이 세상을 파괴하고 있다. 육지가 고갈되고, 비와 강이 육지를 침식해 마침내 산마저도 바다로 바꾸고 있다. 장차 우리의 행성계 전체가 사멸이라는 비슷한 운명을 겪을 것이다. "하늘의 성벽이 사방에서 습격을 받아 산산조각 폐허로 붕괴될 것이다."[23] 하지만 사멸의 순간에 세계의 불굴의 생명력이 나타날 것이다. "신생아의 울음소리가 망자에 대한 장송가와 섞인다."[24] 새로운 제도가 생겨나고, 새로운 별과 행성, 또 다른 대지, 그리고 더 새로운 생명이 나타난다. 발전이 다시 시작된다.

이와 같은 "전체 고대 문헌에서 가장 놀라운 성취"를 되돌아보다 보면,[25] 우리는 그것의 결점들을 제일 먼저 알아볼 수 있다. 즉 루크레티우스가 일찍 죽음으로써 수정되지 않은 채로 있었던 내용의 혼돈, 어구와 행, 그리고 전체 구절의 반복, 우리가 보는 것보다 더 크지 않은 태양과 달과 별들에 대한 생각, 죽은 원자가 어떻게 살아나서 의식을 갖게 되었는지 설명할 수 있는 체계의 부재,[26] 통찰력과 위안, 영감에 대한, 그리고 믿음에 바탕을 둔 감동적인 시와 종교의 도덕적이고 사회적 기능들에 대한 둔감함이야말로 그가 가졌던 결점이었다.

하지만 우주, 역사, 종교, 질병을 합리적으로 해석하려는 대담한 시도,* 물질과 운동이 결코 감소하거나 증가하지 않는 법칙 세계로서의 자연에 대한 묘사, 주제의 웅장함과 주제 취급의 고급스러움, 도처에서 "물체의 장엄함"을 느끼고 엠페도클레스의 통찰력과 데모크리토스의 지식, 그리고 에피쿠로스의 윤리를 모든 시대가 이제까지 알아 왔던 가장 고상한 시의 일부로 끌어올리는 지속적인 상상의 힘에 비한다면 루크레티우스의 결점은 그야말로 하찮은 것이다. 아직까지 철학적이거나 과학적인 용어가 거의 없어 언어는 여전히 거칠고 미숙했다. 하지만 루크레티우스는 한낱 새로운 어휘를 만들어 낸 것에 그치지 않고 오래된 언어에 운율과 세련된 표현 방식을 밀어 넣고 있다. 더욱이 6보격의 시로 전례 없는 남성성의 힘을 만들면서도 가끔씩 베르길리우스의 부드러운 유연함과 유창함에 도달하고 있다. 그의 시의 지속적인 생명력은 루크레티우스를 모든 고통과 낙담의 한복판에서 날 때부터 죽을 때까지 삶을 즐기고 소모해 버렸던 사람으로 나타낸다.

그는 어떻게 죽었는가? 성 히에로니무스가 전하는 바에 따르면 "루크레티우스는 미약(媚藥)에 미쳐 갔고, 여러 권의 책을 쓰고 난 이후 …… 마흔네 살의 나이에 자살했다."[28] 이것은 확인되지 않은 이야기로서, 많은 의문이 제기되어 왔다. 어떤 성인도 루크레티우스에 대해 객관적으로 설명하지 못했다. 일부 비평가들은 루크레티우스 시의 부자연스러운 긴장, 서투르게 정리된 시의 내용, 그리고 시의 갑작스러운 결말에서 이러한 이야기에 대한 증거를 찾아냈다.[29] 하지만 흥분 잘하고, 제멋대로인, 아니면 무감각해지려고 루크레티우스와 같은 사람이 될 필요는 없다.

에우리피데스처럼 루크레티우스도 요즈음 사람이다. 그의 생각과 감각은 기원전 세기보다는 요즘 시대에 더 맞는다. 호라티우스와 베르길리우스는 젊은 시절의 루크레티우스에게서 깊은 영향을 받았으며, 그들이 남긴 많은 멋진

---

* "우리의 생명을 지탱해 주는 물체들의 씨앗이 많이 있는 반면에, 질병과 죽음을 향해 날아다니는 많은 것들이 있음에 틀림없다."[27]

구절들은 이름을 부르지 않고서도 그를 생각나게 한다. 하지만 옛 신앙을 부활하려는 아우구스투스의 시도는 호라티우스와 베르길리우스처럼 제정기(帝政期)의 루크레티우스 추종자들이 노골적으로 그를 찬양하고 그에게 진 빚을 표현하는 것을 현명하지 못한 행위로 만들었다. 쾌락주의 관행이 루크레티우스 시대에 로마인의 취향에 적합했던 것처럼 에피쿠로스 철학은 로마인의 정신에는 적합하지 않았다.* 로마는 자연법보다는 신비적인 힘을 찬미할 형이상학을, 평온과 평화에 대한 인도주의적 애호가들보다는 남성적이고 강인한 사람을 만들어 줄 윤리를, 그리고 베르길리우스와 호라티우스의 정치 철학처럼 로마의 제국주의 지배권을 정당화해 줄 정치 철학을 원했다. 세네카 이후 신앙의 부활 속에서 루크레티우스는 거의 잊혔다. 포지오(Poggio)가 1418년에 그를 재발견하고 나서야 비로소 루크레티우스는 유럽의 사상에 영향을 끼치기 시작했다. 베로나의 내과 의사 지롤라모 프라카스토로(1483~1553년)는 시인 루크레티우스에게서 공기 중에 떠다니는 유독한 씨앗으로부터 질병이 유래한다는 이론을 받아들였다. 그리고 1647년에 가센디는 원자 철학을 부활시켰다. 볼테르는 『사물의 본성에 관하여』를 열심히 읽었으며, 지구가 존속하는 한 루크레티우스의 반항적인 시가 생명력을 잃지 않을 것이라고 주장했다는 점에서 오비디우스와 견해를 같이했다.[30]

동방의 "이상주의적"이고 위안이 되는 신앙과 서방의 "현실주의적"이고 물질주의적인 과학의 끊임없는 싸움 속에서 루크레티우스는 자신이 살았던 시대의 가장 격렬한 싸움을 혼자서 치러 냈다. 물론 그는 철학자 시인들 중 가장 위대하다. 카툴루스와 키케로에게서처럼 그에게서도 라틴 문학은 성년을 맞이했고, 문학의 주도권이 마침내 그리스에서 로마로 넘어갔다.

---

* 'Epicurean'과 'Stoic'이라는 단어는 이 책에서 에피쿠로스 또는 제논의 형이상학과 윤리를 신봉하는 사람을 의미하는 것으로 사용될 것이다. 'epicurean'과 'stoic'은 조용한 삶과 감각적 탐닉을 실천하거나 아니면 멀리하는 사람을 의미하는 것으로 사용될 것이다.

3. 레스비아의 연인

기원전 57년에 루크레티우스의 시를 헌정받은 가이우스 멤미우스가 전직 법무관으로 복무하기 위해 로마를 떠나 비티니아로 갔다. 로마 총독들의 관례에 따라 멤미우스는 한 명의 작가와 동행했다. 동행한 작가는 루크레티우스가 아니라 열정의 힘을 제외한다면 모든 점에서 여느 시인들과는 달랐던 시인이었다. 퀸투스(또는 가이우스) 발레리우스 카툴루스는 고향 베로나에서 대략 5년 전에 로마로 왔다. 베로나에서 그의 아버지는 카이사르를 자주 접대할 정도로 신분이 높은 사람이었다. 퀸투스 자신은 상당한 자산가였음에 틀림없다. 왜냐하면 그는 티부르 근처와 가르다 호수에 별장, 그리고 로마에 멋진 집을 가지고 있었기 때문이다. 그는 이러한 재산이 저당 잡혀 있어 숨이 막힐 지경이라고 말하고, 되풀이해서 자신이 빈곤하다고 말한다. 하지만 그의 시를 통해 볼 때 그는 세상 물정에 밝은 세련된 인물로, 생계를 꾸리려고 애쓰지 않고 수도 로마에서 더 격렬한 무리들 사이에 섞여 아낌없이 즐겼다. 가장 예리한 재사(才士)들, 가장 영리한 젊은 웅변가들, 그리고 정치가들이 이 무리에 속해 있었다. 즉 그들은 공산주의자가 될 운명을 안고 있었던 무일푼의 귀족 마르쿠스 카일리우스, 시와 법률에서 뛰어난 능력을 발휘한 리키니우스 칼부스, 그리고 안토니우스를 따르는 폭도들이 카이사르의 암살범 중 한 명으로 오인하고 때려 죽였던 시인 헬비우스 킨나였다. 그들은 자신들의 문학적 반란이 당대의 혁명을 초래했다는 사실을 의식하지 못한 채, 마음 내키는 대로 모든 풍자시에서 카이사르에 저항했다. 그들은 옛날의 문학 형식, 즉 나이비우스와 엔니우스의 조잡함과 허풍에 신물이 나 있었다. 게다가 그들은 새롭고 서정적인 운율, 그리고 한때 알렉산드리아에서 칼리마코스에게 알려져 있었지만 아직까지는 로마에서 볼 수 없었던 정교하고 섬세한 기법으로 젊은이의 감정을 노래 부르고 싶어 했다. 그들은 시대에 뒤진 도덕과 기진맥진한 연장자들이 끊임없이 설교해 온 조상 대대로의 관습에 분개했다. 그들은 본능의 신성함과 욕구의 무해함, 그리고 유홍의 위대함을 알렸다. 그들과 카툴루스는 당대와 다음 세대의 다른 빈틈없는 젊은 문인들보다 더 나쁘지는 않았다. 호라티우스, 오비디우스, 티불루스, 프로페르티우스, 심지어는 젊은 시절 수줍음 많았던 베르길리우스의 삶과 시 주위로 뜨내기 사랑으로 그들을 만족시켰던 여성(결혼했건 하지 않았건)들이 모여들었다.

이 무리에서 가장 활기 넘치는 여성은 클로디아였으며, 그녀는 지금도 황제들을 자식으로 두었던 자부심이 강한 오랜 전통의 클라우디우스 씨족에 속해 있었다. 아풀레이우스의 말에 따르면[31] 카툴루스가 사포를 추모하여 레스비아(Lesbia)로 이름 지었던 사람이 다름 아닌 클로디아였다고 한다. 아풀레이우스는 이따금 사포의 시를 번역했고, 자주 모방했으며, 항상 사랑했다. 스물두 살에 로마에 도착하자마자 카툴루스는 당시 남편이 갈리아 키살피나를 통치하던 레스비아와 우정을 돈독히 다지려고 애썼다. 그는 그녀가 "낡아 빠진 문지방에 빛나는 발을 들여놓은" 순간 매료되었다. 그리고 그녀를 "우아한 걸음걸이를 가진 매력적인 여신"으로 불렀다. 정말로 그녀의 목소리처럼 한 여인의 걸음걸이가 그 자체로 충분한 유혹이 될 수 있었다. 레스비아는 카툴루스를 그녀의 숭배자들 중 한 명으로 정중하게 받아들였다. 그리고 다른 방법으로는 경쟁자들과 겨룰 수 없었던 넋이 나간 시인 카툴루스는 라틴어로 씌어진 가장 아름다운 서정시를 그녀에게 바쳤다. 그녀를 위해 이제는 자신에게서 타오르던 연인의 격정을 완벽히 묘사한 사포의 글을 번역했다.[32] 그리고 그녀가 가슴에 꼭 껴안았던 참새에게 다음과 같이 시적으로 질투를 표현했다.

> 참새야, 나의 연인을 즐겁게 해 주는 참새야
> 그녀가 놀아 주는 이가, 가슴에 품어 주는 이가
> 바로 너구나.
> 사랑을 갈망하는 너에게 집게손가락을 내밀며
> 콕콕 쪼아 달라 유혹하는 이가 바로 나의 연인이구나.

나의 욕망을 알게 해 주기 위해

빛나는 그녀를 즐겁게 해 주는 욕망이 어떤 것인지

나는 모른다네! ……

잠시 카툴루스는 행복에 사로잡혔고, 매일 그녀를 찾아가 자신의 시를 읽어 주었으며, 그녀에게만 열중한 채 모든 것을 잊어버렸다.

나의 레스비아, 우리 한생 살아가오 그리고 서로 사랑하오.

성질 괴팍한 노인네들 우리더러 무슨 잔소리를 늘어놓든

다 한 귀로 듣고 한 귀로 흘려버려요.

저 하늘 태양 지평선 아래 가라앉았다 또다시 떠오르지만

우리에게는, 짧은 하루해 지고 나면

영원한 밤이 기나긴 잠을 잔다네.

그대여, 내게 입맞춤해 주오, 천 번을, 그리고 백 번 더

또다시 천 번을 해 주오, 그리고 다시 백 번 더

또다시 천 번 더, 그리고 다시 백 번 더.

그렇게 수천 번 입맞춤해서 우리도 헷갈리도록

몇 번의 입맞춤이 있었는지 우리도 모르도록

그렇게 많은 입맞춤 우리 사이에 있었다는 걸 알면

속 좁은 인간들 우리를 시샘하지 않곤 못 배길 테니.

이러한 황홀경이 얼마나 오래 지속되었는지는 알 수 없다. 그의 수천 번 입맞춤이 그녀를 지치게 했을지도 모른다. 그래서 카툴루스를 위해 남편을 배신했던 그녀는 다른 사람을 위해 그를 배신하는 것으로 위안을 찾았다. 이제 그녀에게 사랑받는 사람이 너무 많아졌으므로, 카툴루스는 그녀가 "한 번에 300명의 간통자들과 포옹하고 있는 극단적인 모습"을 상상했다.[33] 사랑이 한창일 때

에 카툴루스는 그녀를 미워하게 되었고[34], 키츠와 같은 시인의 표현으로 정절에 대한 그녀의 항변을 받아들이지 않았다.

> 사랑에 굶주린 한 여인의 말은 스쳐 지나가는 바람에,
> 그리고 빠르게 흘러가는 시냇물에 새겨질 텐데.[35]

강렬한 의심이 무딘 확신이 되었을 때, 카툴루스의 격정은 냉소와 야비한 복수로 바뀌었다. 그는 사실에서 벗어나서 선술집 단골들에게 몸을 팔았다는 이유로 레스비아를 고소했고, 그녀의 새로운 연인들을 음란한 방종으로 비난했으며, 자살을 기도했다. 동시에 그는 더 고상한 생각을 할 수 있었다. 즉 그는 결혼이라는 건전한 동료애, 가정의 안전과 안정성, 그리고 부모가 된다는 행복한 시련을 시샘하면서 만리우스에게 감동적인 혼인 축시 또는 축혼가를 보냈다. 그는 비티니아까지 멤미우스를 수행하면서 현장에서 모습을 감추었지만, 자신이 비티니아에서 활력이나 부를 되찾을 거라고 희망한다는 사실에 실망했다. 그는 트로아드에서 죽은 옛 형제의 무덤을 찾아서 길을 떠났다. 무덤 위에서 경건하게 조상의 장례 의식을 치렀으며, 곧이어 세상 사람들에게 유명한 구절로 알려진 애정이 듬뿍 담긴 시를 지었다.

> 사랑하는 형제여, 수많은 나라와 바다를 지나서
> 이곳 슬픈 희생의 장소에 찾아왔군요.
> 망자를 위한 마지막 선물을 가지고서 말입니다…….
> 형제의 눈물로 젖은 이 선물을 받아 주세요.
> 그리고 형제여, 만나자마자 이별이군요. 영원히 잘 있으세요.

카툴루스의 아시아 체류는 그를 온화하게 변화시켰다. 죽음을 "영원한 밤의 잠"으로 묘사한 회의론자 카툴루스는 동방의 오래된 종교와 의식에 감동받았

다. 화려하고 유려했던 자신의 가장 위대한 시 「아티스」에서 카툴루스는 생동감 넘치듯 강렬하게 키벨레 여신 숭배에 대해 묘사했고, 스스로 거세한 열광적 신자의 비애 속에 젊은 시절의 즐거움과 친구들에 대해 이국적인 열정에 사로잡혔다. 그는 「펠레우스와 테티스」에서 베르길리우스마저 좀처럼 필적하지 못했던 섬세한 선율의 6보격 시로 펠레우스와 아리아드네의 이야기를 되풀이했다. 그는 아마스트리스에서 구입한 작은 배로 흑해, 에게 해, 아드리아 해를 통과해 포 강 상류를 지나 가르다 호수와 시르미오에 있는 자신의 별장으로 항해했다. 카툴루스는 "세속의 걱정거리에서 벗어나기 위해 우리 자신의 집과 제단으로 돌아가 아주 좋아하는 침대에서 휴식을 취하는 것보다 더 행복한 방법이 있을까?"라고 물었다.[36] 사람들은 행복을 추구하는 것으로 시작해서 결국에는 평화에 만족한다.

우리는 대부분의 로마 시인들보다 카툴루스를 더 친숙하게 알고 있다. 왜냐하면 그가 다루는 주제가 거의 언제나 그 자신이었기 때문이다. 카툴루스가 서정시에서 외치는 사랑과 미움에서는 섬세하고 다정한 태도가 드러난다. 그는 친척들에 대해서는 관대했지만 적들에 대해서는 무뚝뚝하게 자기중심적이고, 일부러 저속하며, 그리고 무자비하다. 카툴루스는 적들의 개인적인 특성, 남색 성향, 그리고 몸 냄새를 밝혔다. 그들 중 한 명은 스페인의 옛 관습에 따라 소변으로 이를 닦았는데,[37] 다른 한 명이 입을 벌리면 옆에 있는 모든 사람이 쓰러져 죽을 정도로 입 냄새가 심했다.[38] 카툴루스는 사랑과 인간쓰레기, 입맞춤, 그리고 둔부 사이에서 쉽게 동요한다. 비록 그리스 문학에서 시로 표현되었다고는 하지만 마치 교양 있는 로마인들이 마구간과 막사를 전적으로 잊을 수 없었던 것처럼, 카툴루스는 로마의 길거리 모퉁이 비뇨기학의 선도자로서 마르티알리스에 필적하고, 같은 계급의 동시대인들에게서 문명화된 세련됨과 원시적인 조야함이 혼합되었다고 말한다. 마르티알리스처럼 카툴루스도 청중을 붙들기 위해 음담패설로 자신의 시에 짜릿한 맛을 더해야 한다고 주장한다.

카툴루스는 진지하게 시를 마무리하는 것으로 이러한 결점을 벌충했다. 그의 11음절 시는 호라티우스의 기만에서 벗어나고 가끔 베르길리우스의 세련됨을 능가하는 꾸밈없음과 자연스러움으로 도약한다. 그리고 그의 11음절 시는 기교를 감추기 위해 많은 기교를 받아들였다. 카툴루스는 몇 번이고 자신의 신속한 명료함과 명백한 평이함을 만들어 냈던 힘든 노고와 세심한 주의에 대해 언급한다. 그의 어휘는 이러한 목적을 달성하도록 도와주었다. 그는 대중 연설의 단어들을 시로 만들었으며, 문학 작품의 라틴어를 선술집의 속어뿐만 아니라 애정 어린 약칭들로 풍요하게 했다. 카툴루스는 도치법과 모호한 표현을 피했고, 들어서 기분 좋도록 자신의 시를 유창하게 표현했다. 그는 헬레니즘 시기의 알렉산드리아와 고대 이오니아의 시인들을 열심히 연구했다. 즉 그는 칼리마코스의 세련된 기교와 다양한 운율, 아르킬로코스의 생기 넘치는 단순 명쾌함, 아나크레온의 포도주와 같은 충만함, 그리고 사포의 사랑의 황홀경에 숙달했다. 실제로 이러한 시인들이 어떻게 썼는지는 대부분 그를 통해 추정할 수 있다. 그는 그들의 가르침을 완벽하게 터득했으므로, 제자에서 그들과 어깨를 나란히 하는 시인이 되었다. 카툴루스는 키케로가 라틴 산문에서 이루어 낸 것을 라틴 시에서 이루어 냈다. 즉 그는 라틴 시를 미완성의 잠재력으로 받아들였고, 베르길리우스만이 능가할 예술의 경지로 끌어올렸다.

4. 학자들

라틴 책들은 어떻게 쓰어지고, 삽화가 들어가고, 제본되고, 출간되고, 판매되었는가? 학교 수업과 단편 문학, 그리고 일시적인 상업 기록들을 위해 고대 내내 로마인들은 밀랍을 입힌 서판(書板)에 철필로 썼으며, 엄지손가락으로 지웠다. 우리에게 알려진 가장 오래된 문학적인 라틴어는 압착해서 접착제로 붙인 파피루스 나뭇잎으로, 이집트에서 제조된 종이 위에 깃대와 잉크로 쓰어졌다. 서기 1세기 동안에 동물의 말린 가죽으로 만든 양피지가 문헌과 중요한 문서들을 저장하는 수단으로 파피루스와 경쟁하기 시작했다. 접힌 한 장의 양피지로 공문서 하나를 만들어 냈다. 대체로 문학 작품 하나가 한 개의 두루마리로 나왔으며, 읽기가 발전하면서 펼쳐서 읽혀졌다. 텍스트는 대개, 절들에 구두점을 찍지 않거나 단어들을 분리하지 않고 통상적으로 한 페이지에 두 줄 내지 세 줄의 세로 행으로 씌어졌다. 일부 원고에는 잉크로 그린 삽화가 들어갔다. 예를 들어 바로의 『초상화집』은 700명의 유명인 초상화로 구성되었으며, 각각의 초상화에는 연보가 뒤따랐다. 누구나 사본을 만들기 위해 노예를 고용하고, 게다가 사본을 판매함으로써 원고를 펴낼 수 있었다. 부자들은 갖고 싶었던 책이라면 무엇이든 베낄 수 있도록 서기들을 보유하고 있었다. 필경사들은 급료보다는 음식을 제공받았으므로 책값은 쌌다. 최초에는 보통 1000부가 만들어졌다. 서적상들이 아티쿠스 같은 출판업자들에게서 도매로 책을 구입해서 지붕이 있는 노점의 책방에서 소매로 판매했다. 출판업자나 서적상은 책의 저자에게 정중한 대우를 했으며, 가끔씩 선물을 주는 것 말고는 아무런 대가를 부여하지 않았다. 사설 도서관은 대단히 많았다. 그리고 기원전 40년 무렵 아시니우스 폴리오가 엄청난 소장 도서로 로마에 최초 공립 도서관을 만들었다. 카이사르는 훨씬 더 규모가 큰 도서관 건립을 계획했고, 도서관장으로 바로를 임명했다. 하지만 도서관 건립 계획은 그의 다른 많은 계획들과 마찬가지로 아우구스투스에 의해 실현될 때까지 기다려야 했다.

이러한 시설에 고무된 로마의 문학과 학문은 알렉산드리아인들의 산업에 필적하기 시작했다. 시, 소책자, 역사서, 그리고 교과서의 방대한 양이 테베레 강의 홍수에 못지않았다. 모든 귀족들이 자신들의 분방한 행동을 시로 치장하고, 모든 귀부인들은 이야기와 음악을 창작하고, 모든 장군들은 회고록을 썼다. 그야말로 "요약"의 시대였다. 바쁘게 움직이는 상업 시대의 필요에 맞추기 위해 모든 주제들이 요약되었다. 수많은 군사 원정에도 불구하고 마르쿠스 테렌티우스 바로는 89년의 생애 동안(기원전 116~26년) 시간을 쪼개어 거의 모든 분야의 지식을 요약했다. 그의 책 620권(약 74종)은 당대에 한 사람이 쓴 백과사전이었다. 단어의 유래에 매료되었던 바로는 현재 로마의 초기 언어에 주요 안내자 역할을 하고 있는 『라틴어론』이라는 소론을 썼다. 아마도 아우구스투스의 목적에 부응해서 그는 『농업론』(기원전 36년)이라는 책에서 내전의 혼란에서 벗어날 수 있는 최상의 피난처인 시골로 되돌아갈 것을 권장했다. 그는 서문에서 "여든 살이 된 지금 짐을 꾸려서 이곳 생활에서 떠날 준비를 하라고 경고한다."라고 말했다.[39] 바로는 자신의 마지막 유언장을 시골 생활의 행복과 평화에 대한 안내자로 만들고자 했다. 그는 들판에서 아이를 낳고 곧바로 다시 일을 시작하던 강인한 여성들을 찬미했다.[40] 그는 로마의 주민을 변화시키고 있었던 낮은 출산율에 대해 "예전에는 아이들의 축복이 여성의 자부심이었다. 하지만 지금 여성은 '한 명의 아이를 낳는 것보다 세 번 전투하는 편이 낫다.'는 엔니우스의 말을 자랑스럽게 떠벌리고 있다."라며 한탄했다. 바로는 『신성한 고대』에서 한 국가의 풍요, 질서, 그리고 용기는 종교적 신념에 의해 지탱되는 도덕률을 필요로 한다는 결론에 도달했다. 두 가지 유형의 종교, 즉 철학자를 위한 종교와 대중을 위한 종교 사이에서[41] 위대한 법학자 스카이볼라의 차이를 받아들이면서, 그는 대중을 위한 종교가 지적인 결함을 가지고 있음에도 불구하고 보존되어야 한다고 주장했다. 그리고 비록 자신은 모호하게 범신론*을 받아들였다고는 하지만, 그는 로마의 고대 신들에 대한 숭배를 강력히 복원할 것을 제안했다. 카토와 폴리비오스의 영향을 받은 바로가 이번에는 아우구스투스의 종교 정책과 베르길리우스의 경건한 시골풍의 표현에 결정적인 영향을 끼쳤다.

　마치 모든 분야에서 대(大)카토의 저작을 완결하려는 듯이 바로는 로마 문명의 역사인 『로마인들의 삶』에서 대(大)카토의 『기원론』을 계속 이어 나갔다. 코르넬리우스 네포스의 학생 전기들은 보존되어 있는 반면에, 『로마인들의 삶』을 비롯해 바로의 거의 모든 저작이 완성되지 못한 채 무산된 것은 유감이다. 로마에서 역사는 예술 작품이었지, 절대 학문이 아니었다. 그리고 타키투스에게서도 역사는 출처에 대한 비판적인 정밀 조사와 요약의 수준으로 올라서지 못했다. 하지만 수사학으로서의 역사는 이 시대에 가이우스 살루스티우스 크리스푸스(기원전 86∼35년)라는 걸

---

* "세계의 영혼은 신이며, 영혼을 구성하고 있는 것들이 진정한 신들이다."[42]

출한 전문가를 배출했다. 그는 카이사르를 지지하는 정치가이자 전사로서 강력한 역할을 수행했고, 누미디아를 통치했으며, 숙련된 솜씨로 약탈했다. 그리고 여성들에게 많은 돈을 썼다. 그 다음 은퇴한 뒤 정원으로 유명할뿐더러 황제들의 휴식처가 될 로마의 별장에서 호화로운 생활을 하면서 저술 활동에 힘썼다. 정치와 마찬가지로 살루스티우스의 책들도 다른 수단에 의한 전쟁의 계속이었다. 그의 『역사』, 『유구르타 전쟁』, 그리고 『카틸리나』는 민중파의 훌륭한 방어 수단이었으며, "극단적 보수파들"에 대해서는 강력한 공격이었다. 그는 로마의 도덕적 타락을 폭로했고,* 인권보다 재산권을 중시한다고 원로원과 법정을 비난했으며, 마리우스의 말을 빌려 모든 계급의 천부적 평등을 주장하고 출생에 관계없이 재능에 따라 출세할 수 있는 길을 요구하는 연설을 했다.[43] 살루스티우스는 인물에 대한 철학적 논평과 심리적 분석으로 자신의 이야기에 깊이를 더했으며, 타키투스에게 하나의 본보기가 되었던 간결하고 정교한 치밀함과 생기 넘치는 민첩함이라는 새로운 표현 양식을 개척했다.

    살루스티우스가 살았던 세기와 그 다음 세기의 거의 모든 로마의 산문처럼 그러한 표현 양식은 광장과 법정의 웅변에서 그 색깔과 어조를 받아들였다. 변호사업이 발전하고 수다스러운 민주주의가 성장하면서 대중 연설의 수요가 확대되었다. 웅변술 학교들이 정부의 반대에도 불구하고 늘어 가고 있었다. 키케로의 말에 따르면 "웅변가들이 도처에 있었다." 웅변술의 대가인 마르쿠스 안토니우스와 루키우스 크라수스, 술피키우스 루푸스, 그리고 퀸투스 호르텐시우스가 기원전 1세기 전반부에 등장했다. 광장에서 근처 신전들과 발코니까지 가득 들어찬 청중들에 대한 이야기를 듣게 될 때, 웅변술 대가들의 우렁찬 목소리가 상상이 된다. 현란한 웅변과 뇌물이 통하는 양심 때문에 호르텐시우스는 귀족들의 총애를 받았을 뿐만 아니라 로마의 최대 부자들 중 한 명이 되었다. 그는 자신의 상속인들에게 1만 통의 포도주를 남겼다.[43b] 그의 연설은 너무 활기에 넘쳐서 로스키우스와 아이소푸스 같은 유명 배우

---

* 바로는 살루스티우스가 "간통하다가 안니우스 밀로에게 붙잡혀 가죽끈으로 심하게 매질당했으며, 어느 정도의 돈을 낸 뒤에야 비로소 풀려날 수 있었다."라고 주장한다.[43a] 하지만 이것 또한 정치였을 것이다.

들이 그가 변호한 재판에 참석했다. 그곳에서 그들은 숙달된 연기를 하기 위해 그의 몸짓과 연설을 연구했다. 대(大)카토의 선례에 따라 호르텐시우스는 자신의 연설을 수정해서 펴냈다. 이것은 경쟁자인 키케로를 숙달시켰고 로마의 모든 산문에 웅변술의 영향을 촉진시켰다. 라틴어가 화려한 달변과 남성적인 힘, 그리고 대체로 동방적인 우아함의 절정에 도달한 것은 웅변술 덕분이었다. 실제로 호르텐시우스와 키케로의 뒤를 이었던 젊은 웅변가들은 이른바 "아시아식" 표현 양식인 화려한 수식과 격렬한 감정의 동요를 비난했다. 게다가 카이사르, 칼부스, 브루투스, 그리고 폴리오는 더 차분하고 더 우아한, 그리고 더 여유로운 "아테네식" 연설을 다짐했다. 이곳에서 대단히 오래전에 "낭만주의"와 "고전주의" 사이에, 즉 삶과 표현 양식의 지배에 대해 감정적인 관점과 지적인 관점 사이에 전선이 형성되었다. 젊은 고전주의자들은 웅변술마저 동방이 로마를 정복하고 있다고 불평했다.

5. 키케로의 저술

자신의 연설에 자부심을 갖고, 연설이 모여 저술을 만들어 내고 있음을 의식한 키케로는 "아테네식" 표현 양식에 대한 비판을 통렬하게 깨닫고 웅변술에 관한 일련의 장편 글들에서 자신을 방어했다. 그는 박진감 넘치는 대화에서 로마 웅변술의 역사에 대해 개략적으로 썼으며, 작문과 산문의 표현 양식, 그리고 연설에 대한 규칙을 정했다. 그는 자신의 표현 양식이 "아시아적"이라는 점을 인정하지 않았다. 더욱이 자신이 데모스테네스의 표현 양식을 모방했다고 주장했다. 그리고 친(親)아테네주의자들에게 그들의 차갑고 열정 없는 연설 때문에 청중들이 잠들거나 자리를 박차고 떠났다는 점을 상기시켰다.

현존하는 키케로의 57개 연설문은 성공적인 웅변에 대한 모든 비법을 설명하고 있다. 키케로에 따르면 웅변이 성공하기 위해서는 어떤 문제나 인물의 한 면을 열정적으로 표현하고, 유머와 일화로 청취자들을 즐겁게 해 주며, 자만,

편견, 감정, 애국심, 경건함에 호소하고, 공개적이건 개인적이건 적 또는 의뢰인의 실제적이거나 알려진 결점을 무자비하게 폭로해야 한다. 그리고 불리한 순간에는 노련하게 관심을 다른 데로 돌리고, 대답하기 어렵도록 만들어지거나 통렬한 비난으로 가득한 도미문(掉尾文)에서 손상을 입히는 수사학적 질문들로 공세를 가해야 한다. 이러한 연설들은 공정한 것처럼 꾸미지 않는다. 그것들은 비록 무대에서는 금지되었지만 광장과 법정에서 허용되던 독설의 자유를 전적으로 이용한 것으로서, 낭독용 연설이라기보다는 명예 훼손이었다. 키케로는 자신의 피해자들에게 주저하지 않고 "돼지", "해충", "푸주한", 그리고 "쓰레기" 같은 용어를 사용한다. 키케로는 처녀들이 그의 호색에서 벗어나려면 자살해야 한다고 피소(Piso)에게 말하고, 공공연히 자신의 아내에게 애정을 가지고 있다는 이유로 안토니우스를 몹시 비난한다. 청중들과 배심원들은 그러한 비방에 즐거워했으며, 어느 누구도 그것을 심각하게 받아들이지 않았다. 키케로는 『피소 탄핵』에서 피소를 잔인하게 공격하고 몇 년이 지나서 피소와 우호적으로 소식을 주고받았다. 게다가 키케로의 연설은 도덕적 진실성, 철학적 지혜 또는 법률적 안목이나 깊이보다는 오히려 자만과 수사로 가득 차 있음을 인정하지 않을 수 없다. 하지만 그의 웅변은 얼마나 멋졌는가! 데모스테네스조차 그렇게 생생하고, 활기차고, 화려하게 기지에 넘치지 않았으며, 인간의 싸움에 대해 신랄함과 톡 쏘는 맛으로 가득 차지도 않았다. 분명히 키케로 이전이나 이후 라틴어를 그렇게 유혹하듯 매력적이고 유창하게, 그렇게 열정적으로 말한 사람은 아무도 없었다. 키케로야말로 라틴어 산문의 정점이었다. 도량이 넓은 카이사르는 『키케로와의 유사성』이라는 자신의 책을 키케로에게 헌정하면서 이렇게 말했다. "당신은 웅변술에 관한 모든 보물을 발견했습니다. 그리고 당신은 처음으로 그 보물들을 사용했습니다. 그럼으로써 당신은 로마인들에게 엄청난 은혜를 베풀었습니다. 그리고 당신은 당신 조국의 명예가 되었습니다. 당신은 가장 위대한 장군들이 거둔 승리보다 더 값진 승리를 거두었습니다. 왜냐하면 로마 제국의 경계보다 인간 지성의 경계를 넓히는 것이 더 고귀한 일이기 때문입니다."[44]

키케로의 연설은 정치가 카이사르를 드러낸다. 그리고 키케로의 서한들은 인간 카이사르를 드러내면서 정치가 카이사르마저 용서할 수 있게 만들어 준다. 키케로의 거의 모든 서한은 비서가 받아쓴 것으로 키케로가 결코 수정한 적이 없었다. 그리고 대부분의 서한은 출간할 의도 없이 씌어졌으므로 한 인간의 은밀한 마음이 좀처럼 노출되지 않았다. 네포스는 말했다. "이 서한을 읽는 사람에게는 당대의 역사가 그다지 필요하지 않을 것이다."[45] 키케로의 서한에서는 혁명적인 사건의 가장 중요한 부분이 내부로부터 보이고 모든 눈속임이 제거된다. 대체로 서한의 표현 양식은 꾸밈없고 솔직하며 유머와 기지로 넘쳐 난다.[46] 서한에서 사용되는 언어는 문학적인 우아함과 구어체의 여유로움이 매력적으로 혼합된 것이다. 서한은 키케로의 유작들 중에서, 그리고 실제로는 현존하는 모든 라틴어 산문들 중에서 가장 많은 관심을 끈다. 대단히 많은 서한에서 (864편 중에서 90편이 키케로가 쓴 서한이다.) 가끔씩 모순과 위선이 발견되는 것은 당연하다. 키케로가 신을 자신의 최후 수단으로 잘 이용한 소론이나 연설에서 무척 자주 나타나는 종교적 경건함과 신념의 흔적이 서한에서는 보이지 않는다. 여러 사람들, 특히 카이사르에 대한 키케로의 개인적 견해가 항상 그의 공적인 주장과 일치하는 것은 아니다.[47] 키케로의 터무니없는 허세는 연설보다는 서한에서 더 정감 있게 나타난다. 그는 연설하는 곳이 어디든 자신의 조각상을 같이 가지고 갔던 것 같다. 그리고 키케로는 소리 없이 웃으며 "나 자신에 대한 찬양이야말로 가장 중요하다."라고 고백한 바 있다.[48] 그는 매력적인 천진난만함으로 "설사 누군가가 허세를 모른다고 하더라도, 허세는 나 자신"이라고 장담한다.[49] 우리를 즐겁게 하는 것은 돈에 관한 대단히 많은 서한과 많은 집들에 대한 야단법석이다. 아르피눔, 아스투라이, 푸테올리, 그리고 폼페이에 있는 소규모 별장들 말고도 키케로는 포르미아이에 25만 세스테르티우스 상당의 농장과 투스쿨룸에 50만 세스테르티우스 상당의 또 다른 농장, 그리고 350만 세스테르티우스의 비용을 지불하고 구입한 팔라티누스 언덕의 대저택을 소유했다.* 그러한 안락함은 철학자인 키케로에게 도가 지나친 것처럼 보인다.

하지만 개인적인 서한의 출판보다 명성이 더 오래 살아남을 만큼 그렇게 덕망을 갖춘 사람이 과연 누가 있겠는가? 실제로 그의 서한을 계속 읽다 보면, 대체로 그 사람처럼 되어 버린다. 그의 결점은 우리가 안고 있는 결점보다 더 많지 않았고, 그의 허세는 아마도 우리가 부리는 허세보다 더 크지 않았던 것 같다. 키케로는 완벽한 산문으로 서한에 불후의 명성을 안겨 주는 실수를 저질렀다. 그는 전성기에 근면한 사람이었고, 온화한 아버지였으며, 좋은 친구였다. 그는 집에서 책과 아이들을 사랑했고, 류머티즘에 걸린 화를 잘 내는 아내 테렌티아를 사랑하려고 애썼다. 테렌티아의 부와 웅변술은 키케로에 필적했다. 부부는 너무 부유해서 행복할 수 없었다. 그들의 근심과 불화는 늘 심각한 수준이었다. 결국 노년에 이르러 키케로는 금전적인 말다툼으로 이혼했다. 곧 그는 푸브릴리아와 결혼했다. 그녀는 나이에 비해 많은 돈으로 그를 매혹했다. 하지만 그녀가 자신의 딸 툴리아를 미워하자, 키케로는 푸브릴리아도 쫓아냈다. 툴리아에 대한 키케로의 인간적인 사랑은 비상식적이었다. 그는 툴리아가 죽었을 때 거의 미친 듯이 슬퍼했으며, 그녀를 신으로 숭배할 신전을 짓고 싶어 했다. 더 흥미를 자아내는 것은 비서실장인 티로에게, 그리고 티로에 관해 쓴 서한이다. 티로는 키케로의 구술을 속기로 받아썼는데, 그의 재정을 대단히 훌륭하고 정직하게 관리했으므로 키케로는 그에게 자유를 주는 것으로 보상했다. 아티쿠스에게 보낸 서한이 가장 많은 양을 차지한다. 아티쿠스는 키케로의 저금을 투자했고, 재정적인 어려움으로부터 그를 구해 주었으며, 그의 저작을 펴내 주었다. 그리고 무시는 당했지만 키케로에게 뛰어난 조언을 하기도 했다. 혁명이 최고조에 달했을 때 현명하게도 그리스에 없었던 아티쿠스에게 키케로는 다음

---

* 마지막 금액인 350만 세스테르티우스는 한 피호민에게서 대부금 형식으로 조달되었다. 키케로가 그 돈을 갚았는지는 알 수 없다. 법으로 수수료를 받는 것이 금지되었으므로 변호인들은 대신에 대부금을 받았다. 또 하나의 자금 지불 방식은 피호민의 유언장에서 파악될 수 있다. 이러저러한 방식의 유증을 통해 키케로는 30년 동안 2000만 세스테르티우스를 상속했다.[50] 인간의 법이 언제나 국가들의 법을 다시 쓴다.

과 같이 특유의 진심과 매력이 담긴 서한을 보냈다.

> 나와 관련된 모든 것을 함께할 수 있는 그에 관해서 내가 느끼는 불만은 전혀 없습니다. 그는 나를 사랑하고, 사려 깊습니다. 나는 그에게 아첨하지 않고, 시치미 떼지 않고, 숨김없이 말할 수 있습니다. 너무나도 성실하고 친절한 나의 형제가 멀리 떨어져 있습니다. …… 그리고 조언으로 나의 근심과 불안을 자주 없애 주었던, 공적 문제에서 나의 친구가 되어 주곤 했던, 모든 개인적 문제에서 나의 믿을 만한 친구였던, 그리고 나의 모든 말과 생각의 동반자였던 당신은 어디에 있습니까?[51]

카이사르가 루비콘 강을 건너서 폼페이우스를 정복하고, 독재관이 되었던 격동의 시대에 키케로는 잠시 정계에서 은퇴했으며, 철학을 읽고 쓰는 것에서 위안을 찾았다. 그는 아티쿠스에게 다음과 같이 간곡하게 호소했다. "약속한 대로 당신의 책을 누군가에게 넘기지 말고 나를 위해 간직하고 있어야 한다는 것을 잊지 말아 주십시오. 나는 당신의 책에 강한 애정을 갖고 있습니다. 따라서 지금 나는 그 밖의 모든 것에 싫증을 느끼고 있습니다."[52] 젊은 시절 키케로는 자신의 연설 중에서 가장 품위 있고 우호적인 연설에서 시인 아르키아스를 변호하면서 문학 공부가 "청년들에게 영양분을 공급하고, 번영에 광채를 더하며, 노년을 즐겁게 해 준다."라는 찬사를 늘어놓았다.[53] 이제 그는 자신이 계획한 대로 2년이 지나지 않는 기간 동안 거의 철학 총서라고 부를 만한 것을 저술했다.* 상층 계급에서 종교적 신념이 해체되면서 도덕적 공백 상태가 초래되었다. 이로 인해 로마의 기질과 사회가 붕괴로 빠져드는 것처럼 보였다. 키케로는 철학이 상층 계급에게 건전한 삶에 대한 지침과 자극을 제공함으로써 신학을 대체할 수 있기를 꿈꾸었다. 그는 학문 체계를 더 만들어 내려 하지 않고 그리

---

* 기원전 54년에 『국가론』, 52년에 『법률에 관하여』, 45년에 『아카데미카』, 『위안에 관하여』, 『최고 선에 관하여』, 기원전 44년에 『신의 본성에 관하여』, 『운명론』, 『미덕에 관하여』, 『의무론』, 『우정에 관하여』, 『노년에 관하여』, 『명예에 관하여』, 『투스쿨룸의 대화』를 썼다. 45~44년까지 2년의 기간 동안 키케로는 웅변술에 관한 책도 다섯 권을 썼다.

스 현인들의 가르침을 요약해서 로마인들에게 자신의 마지막 선물로 주겠다는 결심을 했다.[54] 키케로는 자신이 파나이티우스, 포세이도니우스, 그리고 다른 최근 그리스인들의 작품을 대부분 개작하고, 때로는 번역하고 있었다고 고백할 만큼 정직했다.[55] 하지만 그는 자신의 본보기가 된 사람들의 지루한 산문을 명쾌하고 우아한 라틴어로 바꾸었고, 자신의 이야기를 대화체로 생기가 넘치게 했으며, 논리와 형이상학의 불모지를 넘어 재빠르게 처신과 정치 수완이라는 현존하는 문제로 옮겨 갔다. 루크레티우스처럼 키케로도 철학적 전문 용어를 만들어 내야 했다. 그는 성공했고, 언어와 철학에 많은 빚을 졌다. 플라톤 이후로는 지혜가 그러한 산문을 용인하지 않았다.

키케로의 생각은 무엇보다도 플라톤에게서 유래했다. 키케로는 에피쿠로스주의자들의 독단론이 마음에 들지 않았다. 에피쿠로스주의자들은 "여러분이 생각하는 대로 신성한 것들이 신들의 집회에서 직접 유래했다고 확신하고 그것들에 대해 말한다." 키케로는 스토아주의자들의 독단론 또한 마음에 들지 않았다. 스토아주의자들은 "여러분의 생각대로 신들조차 인간의 이익을 위해 만들어졌다."라는 주장을 대단히 장황하게 설명한다.[56] 즉 이것은 키케로 자신이 터무니없다는 것을 확인하려 들지 않았던 이론이다. 키케로는 신플라톤주의, 즉 모든 필연성을 부정하고 인간이 살아가는 데 충분한 개연성을 찾아냈던 관대한 회의론을 출발점으로 삼았다. 키케로는 "대부분의 경우 나의 철학은 의심의 철학입니다.[57] …… 내가 모르는 것을 모르도록 허락해 주시겠습니까?"[58]라고 쓰고 있다. 키케로의 말에 따르면 "나의 개인적 견해를 알고 싶어 하는 사람들이 터무니없는 호기심을 나타낸다."[59] 하지만 곧 그의 부끄럼은 사라지고 표현에 대한 재능이 그 자리를 대신한다. 그는 희생제, 신탁, 그리고 점치는 의식을 경멸하고, 글 전체에서 점의 오류를 입증한다. 널리 퍼진 점성술 의식에 맞서 키케로는 칸나이 전투에서 살해된 모든 병사들이 똑같은 별 밑에서 태어났는지 묻는다.[60] 심지어 그는 미래를 안다는 것이 큰 이익이 되지 않을 것이라고 생각한다. 미래는 우리가 대단히 무모하게 뒤쫓는 다른 많은 진실만큼 불편할 수 있다. 키케로는 옛 신앙을 일소에 부치고 재빨리 해치우려는 생각으로 다음과 같이 말했다. "우리가 곡물을 케레스(Ceres), 그리고 포도주를 바쿠스(Bacchus)로 부를 때, 우리는 똑같은 비유적 표현을 사용한다. 하지만 자신이 먹고 살고 있는 것이 신이라고 믿을 만큼 그렇게 제정신이 아닌 누군가가 있다고 생각하십니까?"[60a] 그럼에도 불구하고 그는 다른 어떤 교리에 대해서만큼 무신론에 대해서도 회의적이다. 키케로는 데모크리토스와 루크레티우스의 원자론을 거부한다. 알파벳 문자들이 자연스럽게 엔니우스의 『연대기』를 구성하는 것처럼 심지어 무한한 시간에서조차 인도를 받지 않은 원자들은 현존하는 세계 질서에 들어갈 수 있을 것 같지 않다.[61] 신들에 대한 무지가 그들이 존재하지 않는다는 것을 보증해 주지는 않는다. 그리고 실제로 신이 존재할 개연성에 대해서 인류의 전반적인 합의가 균형을 이루고 있다고 키케로는 주장한다. 그의 결론에 따르면 종교는 사리 분별이 있는 사람이라면 어느 누구도 공격하지 못할 개인적인 도덕과 공공의 질서에 꼭 필요한 것이다.[62] 따라서 그는 점에 반대하는 글을 쓰는 동안에 계속해서 복점관의 공식 직무를 수행했다. 그것은 완전히 위선적 행위는 아니었다. 키케로는 그것을 정치적 수완으로 생각했을 것이다. 로마의 도덕, 사회, 정체는 옛 종교와 밀접한 관련이 있었으며, 그것을 아무 탈 없이 사라지게 할 수는 없었다.(황제들은 그리스도교를 박해할 때 그렇게 판단하곤 했다.) 사랑하는 딸 툴리아가 죽었을 때, 키케로는 예전보다 더 강하게 신체의 불멸에 대한 희망으로 마음이 기울었다. 그는 여러 해 전에 『국가론』의 마지막 부분인 "스키피오의 꿈"에서 피타고라스, 플라톤, 그리고 에우독소스에게서 무덤을 벗어난 복잡하고 감동적인 생명의 신화를 차용했다. 거기에서는 훌륭한 위인들이 죽어서 영원한 행복을 누렸다. 하지만 그의 개인 서신, 심지어 죽은 친구들을 애도하는 서한에서도 내세에 대한 언급은 전혀 없다.

　당대의 회의론을 알고 있던 키케로는 도덕과 정치에 관한 저술들을 초자연적인 구속과는 관계없이 순전히 세속적인 근거에 바탕을 두었다. 그는 (『최고 선에 관하여』에서) 행복에 이르는 길을 묻는 것으로 시작해서, 덕만으로 충분하다는 스토아주의자들의 주장에 마지못해 동의한다. 따라서 (『의무론』에서) 그는 덕에 이르는 길을 고찰하고, 매력적인 문체로 잠시 의무를 흥미로운 것으로 만들었다. 키케로에 따르면 "모든 사람은 형제이고", "전 세계는 신과 인간의 공동 도시로 생각될 수 있다."[63] 가장 완벽한 도덕은 전 세계에 대한 양심적인 충성이어야 할 것이다. 좀 더 직접적으로 인간은 무엇보다도 자신과 사회에 대해 삶에 대한 건전한 경제적 기초를 확립하고, 그 다음 시민으로서 책임을 다해야 할 의무가 있다. 현명한 정치적 수완은 가장 섬세한 철학보다 더 고귀하다.[64]

군주정은 군주가 선할 때는 최상의 통치 형태이지만, 군주가 악할 때는 최악의 통치 형태이다. 이것은 머지않아 로마에서 입증될 것이다. 귀족정은 진정한 최선자들이 통치할 때 훌륭하다. 하지만 중산 계급에 속한 키케로는 예전의 견고한 가문들이 최상이었다는 것을 전적으로 인정할 수는 없었다. 민주정은 민중들이 덕을 갖추고 있을 때 훌륭하다. 키케로의 생각에는 민주정이 한 번도 성립된 적이 없으며, 더욱이 민주정은 결코 훌륭하지 않으며, 평등이라는 잘못된 전제 때문에 손상된다. 최상의 통치 형태는 그라쿠스 형제 이전에 로마가 경험한 것과 같은 혼합 정체이다. 여기에서 혼합 정체란 민회의 민주주의적 권력과 원로원의 귀족주의적 권력, 그리고 1년 동안 거의 왕의 권력이라고 해도 손색이 없는 집정관들의 권력이 혼합된 것이다. 견제와 균형이 없다면 군주정은 전제정이 되고, 귀족정은 과두정이 되며, 민주정은 폭민 지배와 혼돈, 그리고 독재정이 된다. 카이사르의 집정관 취임 이후 5년을 서술하면서 키케로는 그의 지시에 다음과 같이 가시 돋친 말을 던졌다.

사람들이 자유라고 부르는 지나친 방종으로부터 폭군들이 하나의 뿌리에서처럼 갑자기 생겨나며 …… 마침내 그러한 자유는 한 민족을 노예의 처지에 빠뜨린다고 플라톤은 말한다. 모든 것이 도가 지나치면 정반대로 변한다. …… 왜냐하면 그렇게 멋대로 날뛰는 대중으로부터 대개 한 사람이 지도자로 선출되기 때문이다. …… 그는 대담하고 부도덕하다. …… 그는 빼앗은 다른 사람들의 재산을 주는 것으로 대중들의 비위를 맞춘다. 그가 관직에 있지 않은 시민에 머문다면 두려워할 이유가 많기 때문에, 그러한 사람은 공직을 부여해 보호하고, 이것이 끊임없이 되풀이된다. 그는 무장 호위병으로 자신의 주위를 에워싸고, 그에게 권력을 부여한 바로 그 사람들 앞에 폭군으로 나타난다.[65]

그럼에도 불구하고 카이사르가 승리했다. 그리고 키케로는 법률, 우정, 명예, 그리고 노년에 관한 듣기 좋은 상투적인 말로 자신의 불만을 숨기는 것이 최선이라고 생각했다. 키케로는 "법률은 전시에 침묵한다."라고 말했다. 하지만 적어도 그는 법철학에 관해 깊이 생각할 수 있었다. 스토아주의자들에 뒤이어 그는 법을 "자연과 일치한 올바른 이성"으로 정의했다.[66] 즉 법은 사람들의 사회적 충동에서 시작된 관계들을 질서 있고 안정되게 만들려고 노력한다. "자연은 우리에게 사람들을 사랑할 마음이 들게 했으며", "이것이 법의 기초이다."[67] 우정은 상호 이익이 아니라 덕과 정의로 공고해지고 제한되는 공동의 이익에 입각해야 한다. 그리고 우정의 법칙에 따르면 "불명예스러운 일들을 부탁해서는 안 되며, 부탁 받더라도 해서는 안 된다."[68] 명예로운 인생이야말로 즐거운 노년을 가장 잘 보장해 준다. 관대하고 무절제한 젊은이는 노령에 너무 일찍 녹초가 되어 버린 육체를 넘겨준다. 하지만 잘 보낸 인생은 육체와 정신 모두를 백 살까지 건강하게 물려줄 수 있다. 마시니사의 경우를 보아라. 학문에 전념하다 보면 "살그머니 노년이 다가오는 것을 알아채지 못할 수도" 있을 것이다.[69] 젊은이뿐만 아니라 노인도 너그러운 지혜, 아이들에 대한 정중한 애정, 진정된 욕망과 야망의 열병을 갖는다. 노인은 죽음을 두려워할 수 있다. 하지만 철학으로 정신이 형성되었다면, 죽음을 두려워하지 않을 수 있다. 무덤 너머에는 기껏해야 새롭고 더 행복한 삶이 있을 것이다. 그리고 아무리 나빠도 평화가 있을 것이다.[70]

대체로 철학에 관한 키케로의 에세이들은 결론이 빈약하다. 그의 정치적 수완처럼 에세이들은 지나칠 정도로 정통성과 전통에 매달렸다. 키케로는 과학자의 호기심과 중산 계급의 소심함을 가지고 있었다. 심지어 철학 측면에서도 키케로는 여전히 투표에 의한 어떤 결정도 위반하기를 꺼리는 한 명의 정치가였다. 그는 다른 사람들의 생각을 모아 찬반양론의 균형을 너무나 잘 맞추었으므로, 우리는 들어간 곳과 똑같은 문으로 그의 법정에서 나온다. 그의 빈약한 철학 에세이들을 유일하게 보완해 준 것은 꾸미지 않은 아름다운 문체이다. 키케로의 라틴어는 즐거움을 가져다주고, 읽기가 쉬우며, 말의 흐름이 부드럽고 명료하다. 사건을 이야기할 때, 그는 자신의 연설이 어느 정도 힘이 넘쳐 났으므로 주목을 끌었다는 것을 알아챈다. 인물을 묘사할 때, 그는 자신의 솜씨로는 로마의 가장 위대한 역사가가 될 시간이 없다고 한탄한다.[71] 자제를 잃을 때면, 그는 이소크라테스에게서 배운 균형 잡힌 절과 완벽한 미문으로 장식하고, 그것으로 광장이 울려 퍼지게 했다. 그의 생각은 상층 계급과 같지만, 표현 양식은 대중들에게 다가가려고 노력한다. 그는 대중들을 위해 명확하게 표현하려고 하고 진부한 문구를 감동적으로 만들려고 애쓴다. 그리고 추상적 개념들에 일화와 재치로 양념을 친다.

 키케로는 라틴어를 재창조했다. 그는 라틴어 어휘를 확장하고, 라틴어를 철학을 위한 유연한 도구로 만들고, 라틴어를 1700년 동안 서유럽에서 학문과 문학에 적합한 수단으로 만들었다. 후손들은 그를 정치가보다는 작가로서 더 기억했다. 많은 것들이 그를 생각나게 했음에도 불구하고 그의 집정관직 명예가 거의 잊힐 때, 사람들은 그가 문학과 웅변술을 정복했다는 사실을 마음속에 소중히 간직했다. 그리고 세상 사람들이 내용뿐만 아니라 형식을, 지식과 권력뿐만 아니라 예술을 존중한 이래로 키케로는 모든 로마인들 중에 카이사르 다음가는 명성을 얻었다. 그가 결코 용서할 수 없었던 것은 특별 취급이었다.

CAESAR AND CHRIST

9장

카이사르
기원전 100~44

1. 난봉꾼

가이우스 율리우스 카이사르(Gaius Julius Caesar)의 혈통은 유피테르의 딸인 베누스, 베누스의 아들인 아이네이아스, 아이네이아스의 아들인 이울루스 아스카니우스(Iulus Ascanius)로 거슬러 올라간다. 비록 영락했지만 율리우스 씨족은 이탈리아에서 가장 오래된 명문 씨족 중 하나였다. 가이우스 율리우스란 사람이 기원전 489년에, 또 한 명의 가이우스 율리우스가 482년에, 보피스쿠스 율리우스가 473년에, 섹스투스 율리우스란 사람이 157년에, 그리고 또 한 명의 섹스투스 율리우스가 91년에 집정관이 되었다.[1] 카이사르는 고모부인 마리우스에게서 급진적 정치 성향을 물려받았다. 어머니 아우렐리아는 가게, 선술집, 매춘굴이 자리 잡은 평판이 좋지 않은 구역인 수부라(Subura)에서 작은 집을 검소하게 꾸려 나가면서 품위와 지혜를 겸비한 부인이었다. 그는 카이사르라는 이름을 탄생시킨 수술을 통해 그곳에서 기원전 100년에 태어났다고 전해진다.*

네덜란드의 수에토니우스 말에 따르면 "카이사르는 놀랄 만큼 가르치기 쉽고 이해력이 빠른 사람이었다." 그에게 라틴어, 그리스어, 수사학을 가르친 가정 교사는 갈리아인이었다. 그와 함께 카이사르는 무의식적으로 자신의 가장 위대한 정복을 준비하기 시작했다. 젊은 시절 카이사르는 웅변술에 몰두했으며, 저술에 거의 푹 빠져 있었다. 그는 아시아에서 마르쿠스 테르무스의 군사 참모가 되었다. 비티니아의 왕 니코메데스는 카이사르를 매우 좋아했다. 나중에는 "왕에게 카이사르가 동정(童貞)을 잃었다."는 식의 뜬소문이 돌 정도였다.[2] 84년에 로마로 돌아온 카이사르는 아버지의 바람대로 코수티아와 결혼했다. 아버지가 죽자 곧 그녀와 이혼하고 마리우스로부터 혁명을 계승한 킨나의 딸 코르넬리아와 결혼했다. 술라가 권력을 장악했을 때, 그는 카이사르에게 코르넬리아와 이혼하도록 명령했다. 카이사르가 거절하자 술라는 그의 전 재산과 코르넬리아의 지참금을 몰수했으며, 그를 사형수 명단에 포함시켰다.

카이사르는 이탈리아에서 달아나 킬리키아에서 군대에 들어갔다. 술라가 죽자 로마로 돌아왔지만(78년) 적들이 권력을 장악하고 있다는 사실을 알고 다시 아시아로 떠났다. 도중에 해적들이 그를 붙잡아 킬리키아에 있는 소굴로 데리고 간 뒤, 20탈렌트(7만 2000달러)의 몸값에 석방하겠다고 제안했다. 카이사르는 자신의 가치를 과소평가했다는 이유로 그들을 꾸짖었으며, 자진해서 몸값으로 50탈렌트를 주겠다고 제안했다. 하인들을 보내 몸값을 가져오도록 한 뒤에 시를 쓰고 그것을 해적들에게 읽어 주는 것으로 즐거운 시간을 보냈다. 해적들은 그의 시를 듣는 것을 좋아하지 않았다. 카이사르는 해적들을 우둔한 야만인들이라고 불렀으며, 기회가 닿는 대로 그들을 목매달아 죽이겠다는 다짐을 했다. 몸값이 도착했을 때, 그는 서둘러 밀레토스로 가서 함대와 승무원을

---

* 제왕 절개(帝王切開) 수술은 이미 누마(Numa) 때로 거슬러 올라가는 법률에서 언급되는 고대의 출산 방식이었다. 카이사르(Caesar)라는 이름은 이러한 수술에서 유래되지 않았다. 그보다 앞서 오래전에 율리우스 씨족 중에 여러 명의 카이사르가 있었다.

고용하고 해적들을 추적해 붙잡았다. 그리고 몸값을 되찾은 뒤에 그들을 십자가에 못 박았다. 하지만 관용을 베풀 줄 아는 카이사르는 맨 먼저 그들의 목을 자르게 했다.³ 그 다음 로도스에 가서 수사학과 철학을 공부했다.

다시 로마로 돌아온 카이사르는 정치와 사랑 사이에서 전력을 다했다. 그는 잘생겼지만, 빠져 가는 머리숱 때문에 걱정이 이만저만 아니었다. 코르넬리아가 죽었을 때(68년), 그는 술라의 손녀 폼페이아와 결혼했다. 이것은 순전히 정략적 결혼이었으므로 카이사르는 당대에 유행하던 간통을 저지르는 것에 양심의 가책을 느끼지 않았다. 하지만 쿠리오(나중에 카이사르의 장군이 된 쿠리오의 아버지)가 카이사르를 "모든 아내들의 남편이며, 모든 남편들의 아내"라고 불렀던 것처럼,⁴ 카이사르는 여러 차례, 그리고 남성과 여성을 가리지 않고 다양하게 간통을 저질렀다. 카이사르는 전투 중에도 습관적으로 간통하곤 했다. 그는 이집트에서 클레오파트라, 누미디아에서 에우노에 여왕, 그리고 갈리아에서 많은 부인들을 농락했으므로 병사들이 농담조로 그를 "대머리 오입쟁이"라고 불렀다. 갈리아 정복 이후 카이사르의 개선식에서 병사들은 모든 남편들에게 카이사르가 도시에 머무는 동안 자물쇠를 채워 아내들을 지키라고 경고하는 2행 연구(聯句)를 불렀다. 귀족들은 자신들의 특권을 약화시키는 것뿐 아니라 아내들을 유혹한다는 이유로 카이사르를 두 배로 증오했다. 폼페이우스는 자신의 아내가 카이사르와 육체적 관계를 맺었다는 이유로 이혼했다. 카이사르에 대한 카토의 격렬한 적대감은 전적으로 철학적인 것만은 아니었다. 즉 카토의 이복 여동생 세르빌리아가 카이사르의 정부들 중 가장 헌신적이었다. 카이사르가 카틸리나와 공모했을 것으로 의심한 카토가 카이사르에게 막 전달된 메모를 원로원에서 큰소리로 읽도록 요구했을 때, 카이사르는 아무 말 없이 그것을 카토에게 넘겨주었다. 그것은 세르빌리아가 보낸 연애편지였다.⁵ 카이사르에 대한 그녀의 애정은 그가 살아 있는 내내 계속되었고, 만년에 그녀가 딸 테르티아를 카이사르의 정욕의 대상으로 넘기려 한다고 비난하는 입에 담기도 힘든 뜬소문이 나돌았다. 내전 동안 공공 경매에서 카이사르는 화해할 수 없는 귀족들의 일부 몰수 재산을 아주 낮은 가격에 세르빌리아에게 "낙찰했다." 몇몇 사람들이 낮은 가격에 대해 놀라움을 표시했을 때, 키케로는 자신의 목숨을 앗아 갈지도 모르는 빈정거리는 투로 짤막하게 "테르티아가 공제받았다."라고 말했다. 이 말은 "3분의 1의 공제"를 의미하거나, 아니면 세르빌리아가 딸을 카이사르에게 데려왔다는 뜬소문과 관련되어 있다. 테르티아는 카이사르의 주요 암살자인 카시우스의 아내가 되었다. 그래서 남자들의 정사(情事)는 국가의 격동기와 섞인다.

아마도 이렇듯 다양한 투자가 카이사르의 몰락뿐 아니라 출세에도 영향을 끼쳤던 것 같다. 그가 쟁취한 모든 여성은 대개 적진에서 영향력 있는 친구였다. 그리고 그들 대부분은 그의 애정이 호의로 식었을 때조차 카이사르를 헌신적으로 추종했다. 크라수스는 비록 자신의 아내 테르툴라가 카이사르의 정부로 알려졌지만, 뇌물과 경기로 카이사르의 입후보를 재정적으로 지원하기 위해 막대한 금액을 빌려 주었다. 카이사르는 크라수스에게서 한 번에 800탈렌트(288만 달러)를 빌렸다. 그러한 대부금은 관대함이나 우정의 표현이 아니라 정치적 특권이나 군사적 전리품으로 되돌려받을 수 있는 전투 분담금이었다. 아티쿠스처럼 크라수스도 자신의 막대한 자금에 대한 보호와 기회를 필요로 했다. 당대의 로마 정치가들 대부분은 비슷한 빚을 지고 있었다. 비록 금액에 대한 보수적인 비방이라 할지라도, 마르쿠스 안토니우스는 4000만 세스테르티우스를, 키케로는 6000만 세스테르티우스를, 그리고 밀로는 7000만 세스테르티우스를 빚지고 있었다. 카이사르는 처음에는 파렴치한 정치가이자 앞뒤를 헤아리지 않는 난봉꾼이었지만, 성장해 가면서 책임감으로 서서히 역사상 가장 깊이가 있고 양심적인 정치가들 중 한 명으로 바뀌어 갔다. 우리가 그의 결점에 즐거워하는 것처럼, 그가 위대한 사람이었다는 사실 또한 잊어서는 안 된다. 그가 여성들을 유혹했고, 선거구 지도자들을 매수했으며, 그리고 책을 썼다는 것을 입증하는 것으로 우리 자신을 카이사르와 동일시할 수는 없다.

2. 집정관

카이사르는 카틸리나의 비밀 동맹자로 시작해서 결국에는 로마를 개조했다. 술라가 사망한 지 1년도 지나지 않아서 그는 술라파 반동의 앞잡이였던 그나이우스 돌라벨라를 기소했다. 배심원들은 카이사르에 반대표를 던졌지만, 민중들은 그의 민주주의적 공세와 탁월한 연설에 박수갈채를 보냈다. 그는 키케로의 열정과 기지, 강렬한 명문장, 그리고 수사적인 채찍질에 필적할 수 없었다. 실제로 카이사르는 이러한 "아시아적" 표현 양식을 싫어했으며, 『갈리아전기(戰記)』와 『내전기(內戰記)』에서 두드러지게 나타난 남성적인 간결함과 엄격한 단순함으로 스스로를 단련했다. 그럼에도 불구하고 카이사르는 곧 웅변술에서 키케로 다음 가는 지위를 차지했다.[6]

68년에 그는 재무관으로 선출되었고 스페인에서 복무하도록 임명되었다. 그는 군사 원정을 지휘해 원주민들과 싸워 도시를 약탈했으며, 자신의 빚 일부를 갚을 만큼 충분한 약탈품을 거두어들였다. 동시에 그는 로마 은행업자들에게 빌린 금액의 이자율을 낮춰 줌으로써 스페인 도시들로부터 감사를 받았다. 가데스의 알렉산드로스 대왕 조각상 앞에서 카이사르는 마케도니아 왕이 지중해 세계 절반을 정복한 나이에 자신은 아무것도 이루어 놓은 것이 없다고 자책했다. 그는 로마로 돌아와 다시 한 번 관직과 권력을 차지하기 위한 경쟁에 뛰어들었다. 65년에 조영관(造營官), 즉 공공사업을 집행하는 관리에 선출되었다. 그는 새로운 건물과 줄기둥으로 광장을 장식하는 데 자신의 돈, 다시 말하자면 크라수스의 돈을 썼으며, 아낌없이 경기를 제공해 민중들의 비위를 맞추었다. 술라는 카피톨리누스 언덕에서 마리우스의 전승 기념품들을 없앴다. 여기에는 예전의 급진주의자인 마리우스의 모습과 승리를 나타내는 깃발, 초상, 그리고 전리품들이 포함되어 있었다. 하지만 카이사르가 이것들을 다시 복원함으로써 마리우스의 퇴역병들을 기쁘게 했다. 그리고 그러한 행동만으로 카이사르는 자신의 반항적인 정책을 공표했다. 보수주의자들은 항의했고 카이사르는 타도

대상이 되었다.

64년에 살인 사건을 심리하도록 임명된 위원회의 의장으로서 카이사르는 술라의 추방 명령 집행관들을 법정에 소환한 뒤 그들 중 여러 명에게 추방형이나 사형을 선고했다. 63년에는 원로원에서 카틸리나의 공범자들에 대한 처형에 반대표를 던졌으며, 연설에서 죽음으로 인간의 성격이 바뀌는 것은 아니라고 말했다.[7] 그리고 그의 연설 중 이 부분만이 어느 누구의 비위도 거스르지 않았음에 틀림없다. 같은 해인 63년에 카이사르는 로마 종교의 우두머리인 최고 제사장에 선출되었다. 62년에는 법무관에 선출되어 한 유력한 보수주의자를 공금 횡령 혐의로 기소했다. 61년에는 스페인 속주의 장관으로 임명되었지만, 채권자들이 그의 출발을 저지했다. 그는 부채를 갚기 위해서 2500만 세스테르티우스가 필요하다는 것을 인정했다.[8] 카이사르를 구하러 온 크라수스가 그의 부채 전액을 보증했다. 카이사르는 스페인으로 향했고, 독립에 대한 열정으로 무장한 원주민들에 맞서 군사적으로 빛나는 전투를 지휘했으며, 전리품을 가지고 로마로 돌아왔다. 이때의 전리품은 카이사르의 빚을 청산하는 것은 물론이고 국고를 풍요하게 할 만큼 충분해서 원로원은 카이사르의 개선식에 찬성표를 던졌다. 원로원의 벌족파는 예민했던 것 같다. 그들은 카이사르가 집정관직에 입후보하고 싶어 했고, 로마 부재 시에 입후보는 법적으로 금지되었으며, 승리자인 카이사르가 법률에 따라 개선식이 거행되는 날까지 도시 바깥에 머물러야 한다는 것을 알고 있었다. 원로원은 개선식 거행 날짜를 집정관 선거 이후로 결정했다. 하지만 카이사르는 개선식을 포기하고 로마에 입성했으며, 압도적인 활력과 역량으로 선거 운동을 했다.

그는 영리하게 폼페이우스를 자유주의라는 대의에 귀속시킴으로써 승리했다. 폼페이우스는 일련의 군사적, 외교적 성과를 거둔 이후에 동방에서 막 돌아왔다. 그는 바다에서 해적들을 소탕해 지중해 교역에 안전을 회복했으며, 지중해 교역에 종사하던 도시들이 번영을 되찾게 했다. 폼페이우스는 비티니아, 폰토스, 그리고 시리아를 정복함으로써 로마의 자본가들을 기쁘게 했다. 그리고 그는 왕들을 폐위하고 새로운 왕들을 내세웠으며, 전리품으로 획득한 돈을 높은 이자율로 그들에게 빌려 주었다. 그는 이집트 왕에게서 반란을 진압해 달라는 부탁으로 엄청난 뇌물을 받았다. 그 후에는 그러한 행위가 불법이라는 이유로 협정 체결을 삼갔다.[9] 폼페이우스는 팔레스타인을 평정해서 로마의 속국으로 만들었다. 그리고 39개의 도시를 세웠으며 법, 질서, 평화를 확립했다. 대체로 그는 판단력과 정치적 수완을 갖고 자신에게 유리하게 행동했다. 이제 그는 세금과 공물, 약탈품, 그리고 몸값이 지불되거나 매각된 노예들로 이루어진 엄청난 부를 안고 로마로 돌아왔다. 그는 국고에 2억 세스테르티우스를 기부하고, 국고 세입에 3억 5000만 세스테르티우스를 추가하고, 자신의 병사들에게 3억 8400만 세스테르티우스를 나누어 줄 수 있었다. 그렇게 하고도 여전히 로마에서 가장 부유한 두 사람 중 한 명으로서 크라수스에 필적할 만큼의 돈을 수중에 간직할 수 있었다.

원로원은 폼페이우스의 이러한 성취에 기뻐하기보다는 놀랐다. 원로원은 폼페이우스가 헌신적인 군대와 브룬디시움에 상륙했다(62년)는 소식에 전율했다. 그의 군대는 지시가 내려지면 언제라도 폼페이우스를 독재관으로 만들 수 있었다. 폼페이우스는 대범하게 자신의 군대를 해산하고 전속 부관 이외에 어떤 수행원도 없이 로마에 입성함으로써 원로원의 두려움을 없애 주었다. 그의 개선식은 이틀 동안 계속되었지만, 모든 장식 수레에 승리를 생생하게 표현하고 획득물을 과시하기에는 이틀의 시간으로도 부족했다. 배은망덕한 원로원은 병사들에게 국유지를 제공해 달라는 폼페이우스의 요청을 거부했고, 정복지의 왕들과 그가 맺은 협정에 대한 비준을 거부했으며, 루쿨루스가 동방에서 체결하고 폼페이우스가 무시한 협정을 되돌려놓았다. 원로원의 이러한 행동은 키케로가 주장한 상층 계급들의 조화를 파기하는 결과를 낳았으며, 폼페이우스와 자본가들로 하여금 민중파에게 일시적 관심을 갖게 했다. 이러한 상황을 충분히 이용한 카이사르는 폼페이우스, 크라수스와 함께 제1차 삼두(三頭) 정치를 결성했으며(60년), 각자는 그들 중 어느 한 사람에게라도 만족스럽지 못한 입법에는 반대하기로 맹세했다. 폼페이우스는 카이사르의 집정관직 출마를 지원하기로 했으며, 카이사르는 집정관에 선출된다면 원로원이 좌절시킨 바 있는 폼페이우스의 법안들을 실행에 옮기겠다고 약속했다.

선거 운동은 격렬하게 진행되었으며, 양편에서 매수가 만연했다. 보수주의자들의 지도자 카토는 자신의 당파가 투표를 매수하고 있다는 말을 들었을 때, 이에 굴하지 않고 매수 행위를 귀족의 대의처럼 승인했다. 민중파는 카이사르, 벌족파는 비불루스를 집정관으로 선출했다. 카이사르는 집정관직에 취임하자마자 원로원에 폼페이우스가 요구한 법안들을 제출했다. 이 법안에는 폼페이우스의 병사들을 포함해 2만 명의 빈곤한 시민들에 대한 토지 분배, 동방에서 폼페이우스가 맺은 협정에 대한 비준, 그리고 조세 징수 청부인들이 아시아 속주들에서 거두어들이겠다고 약속한 금액의 3분의 1의 감소가 포함되어 있었다. 원로원이 모든 수단을 동원해 각각의 법안에 반대했을 때, 그라쿠스 형제처럼 카이사르도 민회에 직접 법안을 제출했다. 보수주의자들은 비불루스를 설득해서 투표를 금지하도록 거부권을 사용하게 했으며, 전조(前兆)들이 불리하다고 공표하게 했다. 카이사르는 전조들을 무시하고 민회를 설득해 비불루스를 탄핵하게 했다. 그리고 한 열정적인 민중파가 비불루스의 머리에 오물이 든 항아리를 쏟았다. 카이사르의 법안들이 통과되었다. 그라쿠스 형제의 경우에서처럼 그의 법안들은 농업 정책을 기사 계급을 만족시키는 재정 계획과 결합시켰다. 폼페이우스는 카이사르가 약속을 이행한 것에 감명받았다. 그는 카이사르의 딸 율리아를 네 번째 아내로 맞아들였으며, 평민과 중산 계급 사이의 협약이 사랑의 축제가 되었다. 삼두 정치가들은 자신들을 추종하는 급진 세력에게 59년 가을에 호민관직에 출마하는 푸블리우스 클로디우스를 지지하겠다고 약속했다. 그 사이에 그들은 유권자들을 계속 만족시키기 위해 오락과 경기를 아낌없이 제공했다.

4월에 카이사르는 캄파니아의 국유지를 자녀가 셋인 빈곤한 시민들에게 분배할 수 있도록 하는 두 번째 농지법을 제출했다. 다시 한 번 원로원은 무시되었고, 민회가 그 법안을 통과시켰으며, 한 세기에 걸친 노력 이후에 그라쿠스 형제의 정책이 결실을 거두는 순간이었다. 비불루스는 집에 틀어박혀서 이따금씩 전조들이 입법에 불리하다는 점을 공표하는 것에 만족했다. 카이사르는 비불루스와 상의하지 않고 공무를 집행했다. 그래서 도시의 기지 넘치는 사람들은 59년을 "율리우스와 카이사르의 집정관 정치의 해"라고 불렀다. 원로원을 공식적으로 감시하기 위해 카이사르는 최초의 신문을 도입했고, 서기들에게 원로원의 공식 의사록과 소식을 기록하게 했다. 이렇게 해서 일간 신문인 악타 디우르나(Acta Diurna)를 광장의 벽에 붙였다. 벽에 게재된 기사들은 그대로 베껴져 일반 배달원들에 의해 제국의 모든 지역에 보내졌다.[10]

이러한 역사적 집정관직의 임기가 끝날 무렵 카이사르는 뒤이은 5년 동안 갈리아 키살피나와 갈리아 나르본의 총독으로 임명되었다. 어떤 군대도 이탈리아에서 합법적으로 주둔할 수 없었으므로, 북부 이탈리아에 배치된 군단의 지휘권을 보유한 사람에게 이탈리아 반도 전체에 대한 군사적 지배권을 부여했다. 카이사르는 자신의 입법이 유지될 수 있도록 58년에 친구인 가비니우스와 피소가 집정관에 선출되도록 했으며, 피소의 딸 칼푸르니아와 결혼했다. 평민들의 계속적인 지원을 확보하기 위해 카이사르는 58년에 클로디우스가 호민관으로 선출되도록 결정적인 도움을 주었다. 카이사르는 최근에 클로디우스와의 간통 혐의로 세 번째 아내 폼페이아와 이혼했다는 사실 때문에 자신의 계획이 영향을 받지 않도록 했다.

3. 도덕과 정치

잘생긴 푸블리우스 클로디우스 풀케르는 클라우디우스 씨족에 속한 젊은 귀족이었다. 그의 용기는 두려움을 몰랐고 도덕은 거칠 것이 없었다. 카틸리나와 카이사르처럼 클로디우스도 빈민을 이끌고 부자에 맞서기 위해 귀족 지위를 내려놓았다. 그는 평민 호민관으로서의 자격을 갖추기 위해 평민 가문의 양자로 들어갔다. 로마의 집중된 부를 재분배하기 위해, 그리고 여동생 클로디아를 비방하고 소유권의 불가침을 위해 싸운 키케로를 파멸시키기 위해, 클로디우스는 권력을 장악할 때까지 카이사르의 참모로 복무했다. 그는 카이사르의 정책을 찬양하고 카이사르의 아내를 사랑했다. 그녀에게 접근하기 위해 클로디우스는 여자로 변장해서 카이사르의 집으로 들어갔다. 그 다음에는(62년) 고위 신관으로 변장해 여성들만이 참가해서 순결과 다산을 관장하는 여신인 데아(Dea)에게 봉헌하는 종교 의식에 참가해 발각된 뒤 기소되었다. 그리고 데아의 비밀 의식을 침해했다는 이유로 공개 재판을 받았다. 증인으로 소환된 카이사르는 자신이 클로디우스에게 불리한 진술을 할 의무가 없다고 말했다. 그때 클로디우스 기소자는 카이사르가 폼페이아와 이혼한 이유를 물어보았다. 카이사르는 "나의 아내에게 한 점의 의혹도 있어서는 안 되기 때문"이라고 대답했다. 이것은 카이사르가 아끼는 정치 참모인 클로디우스의 결백이 입증되지 않았을 뿐만 아니라 그가 유죄 판결 또한 받지 않게 한 현명한 대답이었다. 아마도 매수되었을 것으로 짐작되는 여러 증인들이, 클로디우스가 클로디아와 성적 관계를 맺었으며 여동생 테르티아가 루쿨루스와 결혼한 후에 그녀를 유혹했다고 재판관에게 말했다. 클로디우스는 자신이 아무런 증거도 없이 신성 모독 혐의를 받은 그날 로마에서 멀리 떨어져 있었다고 항변했다. 하지만 키케로는 클로디우스가 그날 자신과 함께 로마에 있었다고 증언했다. 로마 민중들은 사건 전체가 한 민중파 지도자를 파멸시키려는 원로원의 음모라고 생각했고, 클로디우스의 무죄 선고를 큰소리로 외쳤다. 카이사르의 간절한 부탁으로 크라수스가 클로디우스를 위해 다수의 재판관을 매수했다고 전해진다. 이번만큼은 급진파들이 더 많은 자금을 가지고 있었으며, 클로디우스는 풀려났다. 카이사르는 이 상황을 이용해 불편한 존재였던 보수적인 아내를 버리고 민중의 대의와 결합한 원로원 의원의 딸을 취했다.

　　카이사르가 관직에서 물러나자마자 몇몇 보수주의자들이 그가 제안한 입법의 완전 폐기를 발의했다. 카토는 율리우스의 법령들이 법령집에서 지워져야 한다는 생각을 숨기지 않았다. 원로원은 군단으로 무장한 카이사르와 호민관직을 행사하는 클로디우스에게 공개적으로 도전하기를 주저했다. 63년에 카토는 국가의 값싼 곡물 배급을 재개함으로써 보수주의자들을 대표해 민중들에게 다가갔다. 58년에 클로디우스는 민중들에게 무료로 곡물을 제공함으로써 카토에게 반격했다. 그는 입법 절차에 반대하는 종교적 거부권의 사용을 금지하고, 원로원이 해산하려고 애썼던 조합의 합법성을 복원시키는 법안들을 민회에서 통과시켰다. 그는 조합들을 투표 권역으로 재편했으며, 그들은 그에게 무장 호위대를 제공하는 것으로 충성했다. 호민관 임기가 끝난 뒤에 카토나 키케로가 카이사르의 성과를 원상태로 되돌리려 할지도 모른다는 두려움에 클로디우스는 민회를 설득해 카토를 키프로스에 판무관(辦務官)으로 파견했고, 법률이 정하는 대로 민회의 동의를 구하지 않고 로마 시민을 사형에 처하는 사람은 누구든지 추방한다는 법령을 통과시켰다. 키케로는 그 법안이 자신을 겨냥한 것임을 알아채고 그리스로 도망쳤는데, 그곳 도시들과 고위 인사들이 서로 앞 다투어 그를 환대하고 경의를 표했다. 민회는 키케로의 재산을 몰수하고 팔라티누스 언덕의 집을 완전히 파괴할 것을 명령했다.

성공에 도취된 클로디우스는 폼페이우스와 카이사르를 공격하기 시작했는데, 클로디우스 자신이 평민의 유일한 지도자가 되려고 계획했다는 것은 키케로에게는 분명 행운이었다. 폼페이우스는 키케로를 다시 불러 달라는 키케로의 동생 퀸투스의 청원을 받아들이는 것으로 클로디우스에게 보복했다. 원로원은 이탈리아의 로마 시민 전체에게 수도 로마에 와서 그 제안에 투표해 줄 것을 호소했다. 클로디우스는 투표를 감독하기 위해 무장 패거리를 마르스 평원에 데려왔고, 폼페이우스는 빈궁한 귀족 안니우스 밀로를 끌어들여 클로디우스의 패거리에 필적하는 패거리를 조직하게 했다. 폭동과 살육이 뒤따랐고, 많은 사람들이 살해되었으며, 퀸투스는 가까스로 도망쳐 목숨을 건졌다. 하지만 퀸투스의 법안은 통과되었고, 몇 달 동안의 추방 이후에 키케로는 의기양양하게 이탈리아로 돌아왔다.(57년) 브룬디시움에서 로마까지 그가 지나갈 때마다 군중들은 열렬히 환호했다. 로마에서의 환영 인파에 압도된 키케로는 자신이 이러한 영광스러운 복귀를 위해 의도적으로 추방당했다는 이유로 기소될지도 모른다고 두려운 체했다.

키케로는 자신을 다시 불러 주는 대가로 폼페이우스, 그리고 아마도 카이사르에게 맹세했음에 틀림없다. 카이사르는 자금을 벌충하도록 그에게 막대한 금액을 빌려 주었으며, 이자를 받으려 하지 않았다.[11] 이제 여러 해 동안 키케로는 원로원에서 삼두 정치가들을 옹호했다. 곡물 부족으로 로마가 위기에 처했을 때, 키케로는 폼페이우스에게 로마의 모든 식량 공급, 그리고 모든 항구와 교역에 대해 6년 동안 전권을 부여하는 비상 위원회를 확보해 주었다. 폼페이우스는 다시 한 번 자신의 책임을 잘 수행했지만, 공화정체가 또 한 번 타격을 입었으며, 계속해서 법률에 의한 통치가 사람에 의한 통치로 대체되었다. 56년에 키케로는 원로원을 설득해 갈리아에 주둔한 카이사르 군대의 급료로 상당한 액수를 지불하게 했다. 54년에 키케로는 삼두 정치가들의 친구인 아울루스 가비니우스의 강압적인 속주 통치를 옹호하는 데 실패했다. 55년에 그는 또 한 명의 속주 총독인 칼푸르니우스 피소를 모욕적으로 공격함으로써 카이사르에게서 얻었던 모든 호의를 잃어버렸다. 키케로는 피소가 자신의 추방에 찬성했다는 사실을 너무도 생생히 기억하고 있었다. 하지만 그는 피소의 딸이 카이사르의 아내였다는 사실을 잊고 있었다.

카이사르가 뛰어난 솜씨로 키프로스 문제를 해결하고 돌아오자마자(57년), 보수주의자들은 전열을 재정비했다. 이제 폼페이우스의 적이었던 클로디우스는 귀족의 제안을 받아들여 자신의 인기와 패거리로 귀족을 도왔다. 문헌은 반(反)카이사르 색채를 드러냈다. 칼부스와 카툴루스의 풍자시가 삼두 정치가들의 진영에 독화살처럼 날아들었다. 카이사르가 점점 더 갈리아 먼 쪽으로 이동하면서, 그가 직면한 많은 위험에 관한 소식이 들려왔고, 귀족들의 마음속에 다시 희망이 싹트기 시작했다. 키케로의 말에 따르면 결국 한 사람이 죽을 수 있는 방법에는 여러 가지가 있다고 한다. 카이사르의 말에 따르면 여러 보수주의자들이 카이사르 암살을 위해 게르만족 지도자인 아리오비스투스와 협상을 개시했다고 한다.[12] 집정관직에 출마한 도미티우스는 당선될 경우 즉시 카이사르 소환을 요구하겠다고 선언했다. 이 선언은 카이사르에 대한 기소와 재판을 의미하는 것이었다. 전세가 역전되면서 키케로는 56년 5월 25일에 카이사르의 농지법을 폐기하도록 원로원에 제안했다.

4. 갈리아 정복

58년 봄에 카이사르는 갈리아 키살피나(북부 이탈리아)와 갈리아 나르본(남부 프랑스)의 총독 임무에 착수했다. 71년에 아리오비스투스가 다른 갈리아 부족에 맞서 도움을 구하는 한 갈리아 부족의 요청에 따라 1만 5000명의 게르만족을 이끌고 갈리아에 왔다. 그는 갈리아 부족의 바람대로 도움을 제공했으며, 그 다음 갈리아 북동부의 모든 부족을 지배하기 위해 머물렀다. 이들 부족 중 하나인 아이두이족이 게르만족에 맞서 로마에 도움을 호소했다.(61년) 원로원은 갈리아 나르본의 로마 총독 카이사르에게 아이두이족 지원에 대한 권한을 부여했지만, 동시에 원로원은 아리오비스투스를 로마에 우호적인 지도자들 중 한 명으로 생각하고 있었다. 그 사이에 12만 명의 게르만족이 라인 강을 넘어 플랑드르에 정착했다. 강력한 세력을 형성한 아리오비스투스는 원주민들을 예속민처럼 다루었고, 갈리아 전체의 정복을 꿈꾸었다.[13] 동시에 제네바 주변에 집중되어 있던 36만 8000명의 헬베티족이 서쪽으로 이동하기 시작했으며, 카이사르는 그들이 프랑스 남서부로 가는 도중에 갈리아 나르본의 속주를 가로질러 가려 한다는 경고를 받았다. 몸젠(Mommsen)의 말에 따르면 "라인 강의 수원에서 대서양까지 게르만족이 이동하고 있었다. 라인 강 전선 전체가 그들의 위협을 받았다. 그것은 500년이 지나서 …… 알레만족과 프랑크족이 몰락해 가는 황제들의 제국을 공격했던 것과 유사한 이동이었다."[14] 로마가 카이사르에 반대하기 위한 음모를 꾸미는 동안, 그는 로마를 구하기 위한 계획을 세우고 있었다.

자신의 경비로, 게다가 원로원에게서 부여받아야 했던 권한 없이 카이사르는 이미 자신에게 제공된 네 개 군단 이외에 네 개의 특별 군단을 편성해 장비를 갖추었다. 그는 단호한 어조로 아리오비스투스에게 사태를 논의하러 올 것을 제안했다. 카이사르가 예상한 대로 아리오비스투스는 제안을 거부했다. 이제 여러 갈리아 부족의 사절단이 카이사르에게 보호를 요청했다. 카이사르는 아리오비스투스와 헬베티족 모두에게 전쟁을 선포하고, 북쪽으로 진격했으며, 오늘날의 오툉 근처인 아이두이족의 수도 비브락테에서 물 밀 듯이 밀려드는 헬베티족과 피비린내 나는 전투에 돌입했다. 카이사르의 군단이 간신히 승리했다. 이러한 사건들에 대해서는 대체로 카이사르의 설명을 따라야 한다. 헬베티족은 고국인 스위스로 돌아가겠다고 말했다. 카이사르는 그들의 영토가 로마의 지배를 받아들여야 한다는 조건으로 안전한 통과를 보장했다. 이제 갈리아 전체가 카이사르에게 갈리아의 해방에 감사해 했고, 아리오비스투스를 추방하는 데 도와줄 것을 간청했다. 카이사르는 오스트하임* 근처에서 게르만족과 싸웠으며, 그들 중 거의 모두를 죽이거나 사로잡았다.(카이사르가 그렇게 말하고 있다.)(58년) 아리오비스투스는 도망했지만 곧 죽었다.

카이사르는 자신의 갈리아 해방이 또한 갈리아 정복이었다는 것을 당연하게 생각했다. 다시 말해서 그는 다른 어떤 방법으로도 게르마니아에 맞서 갈리아를 방어할 수 없다는 구실을 내세워 갈리아를 로마의 지배 아래 재편하기 시작했다. 카이사르에게 확신을 갖지 못했던 일부 갈리아인들은 반란을 일으켰고, 센 강과 라인 강 사이의 북부 갈리아에 거주하는 게르만족과 켈트족 중에 강력한 벨가이족의 도움을 요청했다. 카이사르는 엔 강 기슭에서 벨가이족의

---

* 라인 강 서쪽으로 10마일, 콜로뉴 남쪽으로 160마일 떨어진 곳에 위치해 있다.

군대를 격파했다. 그 다음 적들이 연합하지 못하도록 신속하게 이동했고, 계속해서 수에시오네스족, 암비아니족, 네르비족, 그리고 아두아티키족을 향해 진격해서 그들을 정복하고 약탈했다. 그리고 포로들을 이탈리아의 노예 상인들에게 팔아넘겼다. 다소 너무 이르게 카이사르는 갈리아 정복을 선언했다. 그리고 원로원은 갈리아를 로마 속주로 공표했으며(56년), 여느 장군 못지않게 제국주의적이었던 로마의 평민들은 멀리 떨어져 있는 자신들의 대변자 카이사르를 소리 높여 찬미했다. 카이사르는 알프스를 다시 가로질러 갈리아 키살피나로 갔고, 그곳의 내부 관리로 바삐 움직였으며, 군단을 보충했다. 그리고 폼페이우스와 크라수스를 초대해 루카에서 회동을 가졌으며, 보수주의자의 반동에 맞서 연합 방어계획을 세웠다.

삼두 정치가들은 도미티우스의 기선을 제압하기 위해 폼페이우스와 크라수스가 기원전 55년 집정관직에 출마해야 하고, 5년 동안(54~50년) 폼페이우스가 스페인 총독이 되고 크라수스가 시리아 총독이 되어야 하며, 카이사르가 다시 한 번 5년 동안(53~49년) 계속해서 갈리아 총독이 되어야 하고, 갈리아 총독의 임기가 끝나면 카이사르가 두 번째 집정관직에 출마할 수 있어야 한다는 데 동의했다. 카이사르는 갈리아의 전리품으로 동료들과 친구들에게 선거 운동 자금을 제공했다. 그는 공공 건축 계획으로 실업자들에게는 일자리를 제공하고 지지자들에게는 권한을 부여하면서 자신은 명성을 얻기 위해 막대한 금액을 로마에 보냈다. 그리고 카이사르는 전리품을 맛보려고 찾아온 원로원 의원들을 매수함으로써 자신의 법률을 폐기하려는 시도를 좌절시켰다. 폼페이우스와 크라수스는 항상 그래 왔듯이 매수로 집정관에 선출되었으며, 카이사르는 평화가 자유보다 더 달콤하다는 사실을 갈리아인들에게 설득하려고 되돌아갔다.

콜로뉴 아래 라인 강에서 분쟁이 일어날 조짐을 보이고 있었다. 게르만의 두 부족이 리에주에서 멀리 떨어진 벨기에 갈리아로 건너갔으며, 갈리아의 민족주의 당파가 로마인들에 맞서 싸우기 위해 그들의 도움을 구하고 있었다. 크산

텐 근처에서 침입자들과 마주친 카이사르는(55년), 그들을 라인 강으로 내쫓았으며 남자들뿐만 아니라 여자들과 아이들까지 강에 빠지지 않은 이들을 모두 살해했다. 당시 그의 공병들은 10일 동안 폭이 1400피트에 달하는 라인 강 위로 다리를 건설했다. 카이사르의 군단은 다리를 건넜으며, 라인 강을 난공불락의 국경으로 자리 잡게 하려고 게르만족의 땅에서 오랜 기간 동안 싸웠다. 2주 후에 카이사르는 갈리아로 되돌아갔다.

당시 그가 왜 브리타니아를 침공했는지는 알 수 없다. 아마도 그곳에 금이나 진주가 풍부하다는 소문에 이끌렸던 것 같다. 그것이 아니라면 로마에 대한 수출품으로 브리타니아에 매장된 주석과 철을 획득하고 싶어 했을 수도 있다. 그것도 아니라면 브리타니아인들이 갈리아인들에게 보낸 지원에 분개한 것으로 보이며, 갈리아에서 로마의 지배가 사방팔방으로 공고해져야 한다고 생각한 것 같다. 카이사르는 소규모 병력을 이끌고 영국 해협의 가장 좁은 곳을 건넘으로써 공격에 전혀 대비가 되어 있지 않았던 브리타니아인들을 쉽게 무찔렀으며, 약간의 기록을 남기고 돌아왔다.(55년) 1년 후에 카이사르는 다시 영국 해협을 건너 카시벨라우누스가 지휘하는 브리타니아인들을 정복하고 템스 강에 도달했으며, 공물 납부의 약속을 받아 낸 다음 배를 타고 갈리아로 돌아갔다.

아마도 카이사르는 반란이 한 번 더 갈리아 부족들을 동요케 한다는 말을 들었던 것 같다. 그는 에부로네스족의 반란을 진압하고 게르마니아로 다시 진격했다.(53년) 돌아오면서 그는 주력군을 북부 갈리아에 남겨 두었으며, 남은 병사들과 함께 북부 이탈리아에서 겨울을 나기 위해 갔다. 그는 몇 달 동안 로마에서 지지 기반을 다지고 싶었다. 하지만 52년 초에 갈리아 족장들 중 가장 뛰어난 베르킨게토릭스가 독립 전쟁을 위해 거의 모든 부족들과 연합했다는 소식이 카이사르에게 전해졌다. 카이사르는 극도로 위태로운 상황에 처해 있었다. 그의 군단 대부분은 북쪽에 있었고, 그들과 카이사르 사이의 나라들은 반란군 수중에 있었다. 그는 소규모 분견대를 이끌고 눈으로 뒤덮인 세벤 산맥을 넘어 오베르뉴를 향했다. 베르킨게토릭스가 오베르뉴를 방어하기 위해 병사들을 투입했을 때, 카이사르는 데키무스 브루투스에게 지휘권을 맡겼으며, 소수의 기병들을 거느리고 변장한 채 말을 타고 남에서 북으로 갈리아 전체를 가로질러 갔다. 그 다음 자신의 주력군과 다시 합류한 뒤 그들을 이끌고 즉시 공격에 나섰다. 카이사르는 아바리쿰(부르주)과 케나붐(오를레앙)을 포위 공격하고, 점령하여 약탈했다. 그리고 그곳 주민들을 학살했으며, 그들에게서 빼앗은 보물로 고갈된 병참을 보충했다. 그는 계속 이동해 게르고비아를 공격했다. 하지만 그곳에서 갈리아인들의 완강한 저항에 부딪혀 철수할 수밖에 없었다. 카이사르가 게르만족으로부터 구해 주고 이제까지 동맹자로 남아 있던 아이두이족이 그를 배신하고 수아송에 있는 기지와 식량 창고를 점령했다. 그리고 그들은 카이사르를 갈리아 나르본으로 몰아낼 준비를 했다.

이때 카이사르의 운은 가장 밑바닥까지 떨어졌으며, 잠시 그는 자신이 패했다고 생각했다. 그는 베르킨게토릭스가 3만 명의 병사를 모았던 알레시아를 포위 공격하는 데 승부를 걸었다. 카이사르가 알레시아 주위에 비슷한 수의 병사들을 배치하자마자 25만 명의 갈리아인이 북쪽에서 그를 향해 진격해 오고 있다는 소식을 듣게 되었다. 그는 병사들에게 알레시아 주위에 두 개의 동심원 흙벽, 즉 그들 앞에 하나, 그리고 그들 뒤에 다른 하나를 쌓도록 명령했다. 이렇게 쌓은 성벽과 필사적인 로마인들에 맞서 베르킨게토릭스와 그의 동맹군이 반복해서 공격했지만 헛수고였다. 일주일 후 증원군이 규율과 병참의 부족으로 혼란에 빠져 해체되었으며, 차츰 무력한 무법자로 변해 갔다. 바로 그때 로마군의 비축 식량이 바닥을 드러냈다. 얼마 안 있어 굶주림으로 지친 도시 알레시아는 베르킨게토릭스의 제안에 따라 카이사르에게 그를 포로로 보냈으며, 그 다음 카이사르의 자비에 굴복했다.(52년) 반란을 일으킨 도시 알레시아는 사면되었지만, 알레시아의 모든 병사들은 로마 군단병들에게 노예로 넘겨졌다. 베르킨게토릭스는 쇠사슬에 묶여 로마로 압송되었고, 나중에 그곳에서 카이사르의 개선식을 빛냈으며, 자유에 헌신한 대가로 목숨을 빼앗겼다.

알레시아에 대한 포위 공격은 갈리아의 운명과 프랑스 문명의 성격을 결정

지었다. 그것은 로마 제국에 이탈리아 두 배 크기의 나라를 더해 주었으며, 로마의 교역에 500만 명의 지갑과 시장을 열어 주었다. 알레시아에 대한 포위 공격은 4세기 동안 야만족의 침략으로부터 이탈리아와 지중해 세계를 구해 주었으며, 카이사르로 하여금 파산 직전에서 명성과 부와 권력의 절정을 맛볼 수 있게 해 주었다. 카이사르가 평소와는 달리 가혹하게 진압했던 또 한 번의 산발적인 반란의 해가 끝난 뒤, 갈리아 전체가 로마에 예속되었다. 일단 승리가 확실해지자 카이사르는 다시 관대한 정복자가 되었다. 그가 갈리아 부족들을 너무 관대하게 다루었으므로 뒤이은 내전에서 그들은 예속의 멍에를 벗어던지려는 어떤 행동도 취하지 않았다. 내전에서 카이사르와 로마가 갈리아 부족들에게 보복한다는 것은 쓸모없는 짓이었을 것이다. 300년 동안 갈리아는 로마의 속주로 남게 되었고, 로마의 평화 아래 번영을 누렸으며, 라틴어를 배우고 변형시켰다. 그리고 갈리아는 고대의 문화가 북유럽으로 전달되는 경로가 되었다. 물론 카이사르와 그의 동시대인들 어느 누구도 피로 얼룩진 승리가 가져다준 엄청난 결과를 예견하지 못했다. 카이사르는 자신이 이탈리아를 구했고, 속주를 획득했으며, 군대를 만들어 냈다고 생각했다. 하지만 그는 자신이 프랑스 문명의 창조자라고는 생각하지 않았다.

   카이사르를 낭비벽이 심한 사람, 난봉꾼, 정치가, 개혁가로만 알고 있던 로마는 그가 지칠 줄 모르는 행정가이자 지략이 뛰어난 장군이기도 하다는 사실을 알고 놀랐다. 동시에 그는 뛰어난 역사가이기도 했다. 로마로부터의 공격으로 불안해 하던 카이사르는 전투 중에 『갈리아 전기』에서 자신의 갈리아 정복을 기록하고 옹호했다. 『갈리아 전기』는 군사적 간결함과 기교가 넘치는 평이함 때문에 당파적인 소책자에서 라틴 문학의 걸작으로 끌어올려졌다. 키케로마저 다시 한 번 입장을 바꾸어 다음과 같이 카이사르를 찬미하면서 역사의 판단을 기대했다.

   내가 갈리아인과 게르마니아의 야만족의 침입에 대항하는 진정한 방패이자 방벽으로 생각하는 것은 알프스의 성벽도 아니고 거품을 내며 흐르고 범람하는 라인 강도 아니다. 그것은 카이사르의 군대이자 통솔력이다. 산이 평지로 평평해지고 강이 말라붙는다면, 우리는 자연의 방벽이 아닌 카이사르의 공훈과 승리에 의해 이탈리아에 대한 방비를 계속 강화해 나가야 한다. 우리는 카이사르에게 빚지고 있다.[15]

키케로의 찬사에 한 위대한 독일인의 찬사가 덧붙여져야 한다.

그리스와 로마의 과거 영광을 더 자랑스러운 근대사의 구조와 연결하는 다리가 있다면, 서유럽이 고대 로마인에서 유래하고, 게르만족의 유럽이 고대 그리스와 로마에서 유래한다면 …… 이 모든 것은 카이사르가 이루어 낸 성과이다. 그리고 동방에서 카이사르 선조의 창조물이 중세의 대혼란으로 파괴되었지만, 카이사르의 구조물은 종교와 국가를 변화시켰던 수천 년의 세월에도 살아남았다.[16]

5. 민주주의의 타락

갈리아에서 카이사르가 두 번째로 5년간 머무는 동안 로마의 정치는 부패와 폭력으로 전례 없는 혼돈에 빠져들고 있었다. 집정관인 폼페이우스와 크라수스는 투표 매수와 배심원 협박, 그리고 가끔 살인을 통해 정책을 추진했다.[17] 집정관 임기가 끝났을 때, 크라수스는 대규모 군대를 모집하고 징집해서 시리아로 출항했다. 그는 유프라테스 강을 건너 카라이에서 파르티아인과 싸웠다. 파르티아인들의 탁월한 기병이 크라수스를 무찔렀으며, 전투 중에 크라수스의 아들이 전사했다. 크라수스는 파르티아 장군이 회담을 요구했을 때, 병사들을 순조롭게 철수시키는 중이었다. 그는 회담장에 나갔지만 파르티아 측의 배신으로 살해되었다. 그의 잘린 머리는 파르티아 궁전에 보내져서 에우리피데스의 「바카이(Bacchaw)」 상연 때 펜테우스(Pentheus)의 역할을 하게 되었다. 그리

고 지휘관을 잃고 오랜 전투로 지친 크라수스의 군대는 혼란 속에서 참패했으며 흔적 없이 사라졌다.(53년)

그 사이에 폼페이우스 또한 스페인 정복을 마무리하기 위해 군대를 소집했던 것 같다. 만약 카이사르의 계획에 빈틈이 없었더라면 폼페이우스가 더 먼 쪽의 스페인을 편입하고, 크라수스가 아르메니아와 파르티아를 로마 지배권 안에 편입시켰을 것이다. 그리고 동시에 카이사르는 국경선을 템스 강과 라인 강으로 확대하고 있었다. 군단을 이끌고 스페인으로 가는 대신에 폼페이우스는 갈리아 반란의 위기 때 카이사르에게 빌려 주었던 한 개 군단을 제외하고 이탈리아에 군단들을 남겨 두었다. 54년에 아내 율리아가 분만 중에 죽음으로써 폼페이우스를 카이사르에게 묶어 두던 가장 강력한 연대가 깨져 버렸다. 카이사르는 가장 가까운 여자 친척인 조카딸 옥타비아를 폼페이우스에게 권했고, 자신은 폼페이우스의 딸에게 구혼했다. 하지만 폼페이우스는 두 가지 제안 모두 거절했다. 다음 해에 크라수스와 그의 군대가 참패함으로써 균형을 잡아 주던 또 하나의 힘이 제거되었다. 왜냐하면 크라수스가 승리했더라면, 카이사르이든 폼페이우스이든 어느 누구의 독재관직에도 반대했을 것이기 때문이다. 이제부터는 폼페이우스가 공공연히 보수주의자들과 동맹을 맺었다. 합법적인 방식으로 최고 권력을 장악하려 한 그의 계획에는 카이사르의 야망과 군대라는 한 가지 장애물만 남아 있을 뿐이었다. 카이사르의 지배권이 49년에 만료되는 것으로 알고 있던 폼페이우스는 46년 말까지 자신의 지배권을 계속 유지하고, 무기를 휴대할 수 있는 모든 이탈리아인들에게 개인적으로 충성을 맹세하도록 요구하는 법령을 통과시켰다. 이렇게 해서 그는 시간이 지나면 자신이 자연스럽게 로마의 지배자가 될 것으로 믿어 의심치 않았다.[18]

잠재적 독재관들이 지위를 차지하려고 책략을 꾸미는 동안에, 수도 로마는 죽어 가는 민주주의의 악취로 가득 찼다. 평결, 관직, 속주, 속국의 왕이 최고 입찰자에게 팔렸다. 53년에 민회의 최초 선거구가 투표에 1000만 세스테르티우스를 받았다.[19] 돈이 힘을 발휘하지 못할 경우에는 살인이 유용한 수단이 될 수 있었다.[20] 아니면 한 사람의 과거가 샅샅이 파헤쳐졌으며, 공갈이 그를 굴복시켰다. 도시에서는 범죄가 판을 쳤고, 시골에서는 약탈이 만연했다. 혼란을 통제하기 위한 치안력이 전혀 존재하지 않았다. 부자들은 검투사 무리를 고용해 보호를 받거나 민회에서 자신들을 지지하게 했다. 이탈리아의 최하층민들은 돈 냄새 아니면 곡물 증여 때문에 로마에 유인되었으며, 민회의 모임을 신성 모독 행위로 만들었다. 유급으로 투표한 사람이라면 누구나 시민이건 아니건 간에, 선거인 명부에 등록될 수 있었다. 가끔 투표했던 사람들 중 소수에게만 투표권이 부여되었다. 민회에서 연설할 수 있는 특권은 많은 경우에 전력으로 돌진해 연단을 차지함으로써 차지해야 했다. 입법은 변화가 심한 경쟁 집단들의 힘의 우세를 통해 결정되었다. 투표를 잘못한 사람들은 이따금 죽기 직전까지 매질을 당한 뒤 그들의 집은 불태워졌다. 그러한 모임 하나를 주시하면서 키케로는 다음과 같이 썼다. 즉 "테베레 강은 시민들의 시체로 넘쳐 났고, 공공 하수구는 시체로 가득 찼으며, 노예들은 광장에서 흘러나오는 피를 스펀지로 닦아 내야 했다."[21]

클로디우스와 밀로는 이러한 모임에서 가장 두각을 나타냈다. 그들은 정치적 목적을 위해 경쟁하는 악당 패거리를 조직했으며, 자신들의 힘을 시험하지 않고서는 단 하루도 그냥 보내지 않았다. 어느 날에는 클로디우스가 거리에서 키케로를 공격했고, 다른 날에는 그의 병사들이 밀로의 집을 전소시켰다. 결국 클로디우스는 밀로의 패거리에게 붙잡혀 살해되었다.(52년) 그의 모든 음모와 관련되지 않은 무산자들은 클로디우스를 순교자로 숭배했고, 성대한 장례식을 거행해 주었으며, 그의 시신을 원로원 의사당으로 운반해서 화장했다. 폼페이우스는 자신의 병사들을 동원해 폭도들을 해산시켰다. 폭도 해산에 대한 보답으로 원로원은 폼페이우스를 카토가 "독재관"보다 더 기분 좋은 표현으로 추천했던 "단독 집정관"에 임명했다. 그 다음 폼페이우스는 자신의 병사들로 위협을 가하면서 정치적 부패를 겨냥한 여러 법안과 로마에 부재중일 때 집정관 직에 입후보할 수 있는 권리(이것은 폼페이우스의 55년 법안이 카이사르에게 부여했던 권리이다.)를 폐지하는 또 다른 법안을 민회에서 통과시켰다. 폼페이우스는 군사력으로 법정의 운영을 공정하게 감독했다. 그리고 밀로는 클로디우스의 살인 혐의로 재판받았으며, 키케로의 변호에도 불구하고* 유죄 선고를 받고 마르세유로 도망했다. 키케로는 킬리키아를 통치하러 떠났으며(51년), 그곳에서 친구들을 놀라게 하고 기분 상하게 할 정도로 능숙하고 성실하게 자신의 임무를 완수했다. 수도 로마의 모든 재산가들과 상층 계급이 폼페이우스의 독재 관직을 순순히 받아들인 반면에, 빈곤한 하층 계급은 희망을 버리지 않고 카이사르의 도착을 기다렸다.

6. 내전

한 세기에 걸친 혁명으로 이기적이고 편협한 귀족정은 무너졌지만, 다른 어떤 정체도 귀족정을 대신하지 못했다. 실업, 뇌물 수수, 빵과 서커스 때문에 민회는 제국은 말할 것도 없이 자신마저 다스릴 수 없었던 정보에 어둡고 격정에 지배된 폭도로 타락해 갔다. 자유가 방종이 되었고, 무질서가 자유의 종말을 바랐다는 플라톤의 상투적인 문구대로[23] 민주주의가 붕괴했다. 카이사르와 폼페이우스는 공화정이 몰락했다는 데에 의견을 같이했다. 카이사르의 말대로 이제 민주주의는 "몸체와 형태가 없는 이름에 불과했다."[24] 독재관직은 불가피했다. 하지만 카이사르는 개혁 지향적이며, 현상 유지가 아닌 민주주의를 타락시키는 악습, 불공정, 빈곤을 줄일 지도력을 확립하고 싶어 했다. 이제 그의 나이 54세였고, 갈리아에서의 오랜 전투로 쇠약해져 있었다. 그는 동료 시민들과 옛 친구들에 맞서 싸우는 것을 내켜 하지 않았다. 하지만 그는 함정이 기다리고 있

---

* 우리에게 전해진 연설은 많은 부분이 수정된 것이다. 그것은 실제 연설과는 크게 달랐다. 밀로가 키케로의 연설을 읽었을 때, "오, 키케로여! 당신이 씌어져 있는 대로만 연설을 했다면, 나는 지금 마르세유의 맛있다는 그 생선을 먹지 않아도 되었을 텐데."라고 외쳤다.[22]

다는 것을 알았으며, 그러한 함정이 이탈리아를 구했던 사람에게 내리는 보상치고는 가혹했다는 사실에 분개했다. 그의 갈리아 총독 임기는 49년 3월 1일에 끝날 것이다. 카이사르는 그해 가을까지 집정관직에 출마할 수 없었다. 그 사이에 그는 관직 보유자의 면책 특권을 상실할 것이고, 로마의 파벌 싸움에서 가장 인기 있는 무기들 중 하나인 법률 보호의 박탈 없이는 로마에 들어갈 수 없었다. 이미 마르쿠스 마르켈루스는 카이사르가 임기 만료 전에 총독직에서 면직되어야 한다고 원로원에 제안한 바 있었다. 그것은 망명이나 재판을 의미하는 것이었다. 평민 호민관들이 거부권을 행사해 그를 지켜 주었지만, 원로원은 마르켈루스의 제안에 분명한 찬성 입장을 표명했다. 카토는 카이사르가 기소되어 재판받고, 이탈리아에서 추방되어야 한다는 희망을 숨김없이 드러냈다.

카이사르는 화해를 위해 전력을 다했다. 폼페이우스의 제안에 따라 원로원이 카이사르와 폼페이우스 모두에게 파르티아와의 전쟁을 위해 원로원에 한 개 군단을 양도할 것을 요청했을 때, 카이사르는 비록 자신의 병력이 적었지만 즉시 동의했다. 그리고 폼페이우스가 카이사르에게 1년 전에 파견한 군단의 복귀를 요청했을 때, 카이사르는 지체 없이 그의 요구에 따랐다. 하지만 카이사르의 친구들은 군단이 파르티아에 파견되지 않고 카푸아에 머무르는 중이라고 알려 주었다. 원로원에서 자신을 지지하는 의원들을 통해 카이사르는 부재중에 집정관직에 입후보할 수 있도록 허용했던 민회의 초기 법령을 부활해 달라고 요청했다. 원로원은 법안 제출을 거부했고, 카이사르에게 병사들을 해산할 것을 요구했다. 카이사르는 군단이야말로 자신의 유일한 방어 수단이라는 점을 알고 있었다. 아마도 그는 이러한 위기를 고려해 병사들의 개인적인 충성을 강화시켰던 것 같다. 그럼에도 불구하고 그는 자신과 폼페이우스 둘 다 권한을 내려놓아야 한다고 원로원에 제안했다. 이 제안은 로마 민중들에게 너무 합리적인 것으로 보였으므로, 그들은 카이사르의 전령에게 화환을 씌워 주었다. 원로원은 370 대 22로 카이사르의 제안에 찬성했지만, 폼페이우스는 주저했다. 50년 마지막 며칠 동안 원로원은 7월 1일까지 지휘권을 포기할 때까지는 카이사르를 공공의 적으로 선포했다. 49년 새해 첫날 쿠리오는 카이사르가 48년까지 총독직을 보유할 수 있다면, 그의 열 개 군단 중 두 개 군단을 제외하고 모두 해산하는 데 동의했다는 서한을 원로원에 공개했다. 하지만 쿠리오는 제안에 대한 거절을 전쟁 선포로 간주할 것이라는 말을 덧붙임으로써 카이사르의 제안을 망쳐 놓았다. 키케로는 카이사르의 제안을 대변했고, 폼페이우스는 그 제안을 받아들였다. 하지만 집정관 렌툴루스가 개입해서 카이사르의 부관 쿠리오와 안토니우스를 원로원 의사당에서 쫓아냈다.[25] 오랜 논쟁 끝에 렌툴루스, 카토, 그리고 마르켈루스에게 설득당한 원로원은 마지못해 폼페이우스에게 "국가에 어떤 손해도 발생하지 않도록 확인하는"(이것은 독재관직과 계엄령에 대한 로마의 표현법이다.) 지휘권과 권력을 부여했다.

카이사르는 평소에 하던 버릇 이상으로 주저했다. 법률적으로는 원로원이 옳았다. 카이사르에게는 지휘권 포기에 대해 조건을 제시할 권한이 없었다. 그는 내전이 갈리아에 반란을 가져오고 이탈리아에 파멸을 안겨 주리라는 것을 알고 있었다. 하지만 원로원에 굴복하는 것은 제국을 무능하고 반동적인 세력에게 넘겨주는 행위였다. 생각에 잠겨 있는 사이에 카이사르는 자신의 가장 가까운 친구 중 하나이자 가장 유능한 부관 가운데 한 명인 티투스 라비에누스가 폼페이우스 편으로 넘어갔다는 것을 알게 되었다. 그는 가장 신임하는 제13군단 병사들을 소집해서 상황을 설명했다. "동지들이여!"라는 그의 첫 마디가 그들의 마음을 움직였다. 그가 너무 쉽게 위험을 무릅쓰는 것이 못마땅했지만 그들과 고통과 위험을 함께 나누는 모습을 보아 온 병사들은 카이사르가 그 말을 할 자격이 있다고 인정했다. 그는 덜 인자한 지휘관들이 사용하는 "병사들이여!"라는 무뚝뚝한 말보다는 항상 "동지들이여!"라는 말로 연설했다. 그의 병사들 대부분은 그가 로마 시민권을 확대했던 갈리아 키살피나 출신이었다. 그들은 원로원이 자신들에 대한 시민권 부여를 거부했으며, 한 원로원 의원이 카이사르의 선거권 부여를 경멸하기 위해 한 갈리아 키살피나인을 채찍질했다는 사실을 알고 있었다. 로마 시민을 채찍질하는 것은 불법이었다. 그들은 수많은 전투에서 카이사르를 존경할 수 있게 되었고, 심지어 그들의 세련되지 않은 무언의 방식으로 그를 사랑할 수 있게 되었다. 카이사르는 비겁함과 기강 해이에 대해서는 가혹했지만, 인간적 실수에 대해서는 관대했고, 성적 분방함은 못 본 체했으며, 그들을 필요 이상의 위험에 노출시키지 않았다. 그리고 탁월한 통솔력으로 그들을 지켜 주었고, 급여를 두 배로 올려 주었으며, 자신의 전리품을 그들 사이에 아낌없이 분배했다. 카이사르는 자신이 원로원에 했던 제안들에 대해서, 그리고 이러한 제안들이 어떻게 처리되었는지 병사들에게 말해 주었다. 그는 로마에 질서, 정의, 그리고 번영을 가져다주기 위해서는 게으르고 타락한 귀족정이 부적합하다는 것을 상기시켰다. 과연 그들이 카이사르를 따르려고 했을까? 그들은 단 한 명도 카이사르를 거부하지 않았다. 카이사르가 그들에게 지불할 돈이 전혀 없다고 말했을 때, 그들은 모아 둔 돈을 꺼내어 자금으로 사용하게 했다.

49년 1월 10일 카이사르는 한 개 군단을 이끌고 작은 개울인 아리미눔 근처의 루비콘 강을 건넜다. 루비콘 강은 갈리아 키살피나의 남쪽 국경에 자리 잡고 있었다. 그는 "주사위는 던져졌다."라고 말했다고 한다.[26] 그것은 어리석은 행동처럼 보였다. 왜냐하면 그의 군대 중 남아 있는 아홉 개 군단이 여전히 갈리아에서 멀리 떨어져 있었고, 다가올 몇 주 동안 그와 합류할 수 없었기 때문이다. 반면에 폼페이우스는 열 개 군단, 즉 6만 명의 병력과 그가 바랐던 것보다 훨씬 더 많은 병사들을 소집할 수 있는 권한뿐 아니라 그들을 무장시키고 부양할 자금마저 보유한 상태였다. 카이사르의 제12군단은 피케눔에서, 그리고 제8군단은 코르피니움에서 합류했다. 그리고 카이사르는 죄수, 자원병, 그리고 주민들을 징집해 세 개 군단을 더 편성했다. 그는 신병을 모집하는 데 전혀 어려움이 없었다. 이탈리아는 내전(88년)을 잊지 않았으며, 카이사르가 이탈리아의 권리를 위해 싸울 것으로 생각했다. 이탈리아의 도시들이 차례로 그에게 성문을 열어 주었으며, 일부 도시들은 그를 환영하기 위해 대규모로 모여들었다.[27] 키케로는 "도시 주민들이 그를 신으로 경배한다."라고 말했다.[28] 코르피니움은 잠시 저항하다가 항복했다. 카이사르는 병사들에게 그곳을 약탈하지 못하게 했고, 붙잡힌 장교들 모두를 풀어 주었으며, 라비에누스가 남겨 둔 돈과 짐을 폼페이우스의 진영에 보냈다. 거의 무일푼이었지만 카이사르는 자신의 손안에 떨어진 적들의 재산을 몰수하려 들지 않았다. 이것은 대단히 현명한 조치로서, 대부분의 중산 계급이 중립을 지켰다. 카이사르는 중립적인 사람은 누구나 친구로 생각한다고 말했다. 진군할 때마다 재차 화해를 시도했다. 그는 화해를 위해 집정관의 영향력을 행사할 수 있도록 부탁하는 전갈을 렌툴루스에게 보냈다. 키케로에게 보낸 서한에서 카이사르는 안전하게 살고 싶으면 은퇴하고 전투는 폼페이우스에게 맡기라고 제안했다.[29] 키케로는 화해를 성사시키려고 노력했지만 혁명에 대한 경쟁자들의 독단적 주장 앞에서 자신의 논리가 무기력하다는 것을 알았다.[30]

비록 카이사르의 병력보다 훨씬 수가 많았다고는 하지만, 폼페이우스는 자신의 병력과 함께 수도 로마에서 철수했으며 끊임없이 이어지는 무도한 귀족들이 그의 뒤를 따랐다. 그들은 아내와 아이들을 카이사르의 자비에 맡겼다. 모든 화해 제의를 거부한 폼페이우스는 로마를 떠나지 않고 자신의 진영에 합류하지 않은 원로원 의원은 누구든지 적으로 간주하겠다고 선언했다. 대부분의 원로원 의원은 로마에 남았으며, 폼페이우스의 우유부단을 경멸하면서 망설이던 키케로는 그의 시골 농장을 나누어 가졌다. 폼페이우스는 브룬디시움으로 진군했으며, 군대와 함께 아드리아 해를 건넜다. 그는 훈련되지 않은 자신의 군대가 카이사르의 군단과 용감히 맞서기 전에 더 많은 훈련이 필요하다는 것을 알고 있었다. 그동안 폼페이우스는 자신이 지휘하는 로마 함대가 이탈리아를 굶주림으로 괴롭혀 경쟁자인 카이사르를 파멸시킬 수 있기를 바랐다.

카이사르는 군대를 근처 도시들에 남겨 두고 비무장 상태로 아무런 저항도 받지 않고 로마에 입성했다.(3월 16일) 그는 일반 사면을 선포하고 지방 행정과 사회 질서를 복원했다. 호민관들이 원로원을 소집했다. 카이사르는 원로원에 자신을 독재관으로 임명해 줄 것을 요청했지만 거부당했다. 그리고 원로원에 평화 협상을 위해 폼페이우스에게 사절을 파견해 줄 것을 요청했지만 거부당했다. 그는 국고에서 자금을 구하려고 했다. 호민관 루키우스 메텔루스는 카이사르를 저지했지만, 위협을 실행에 옮기기보다는 위협하는 말을 하는 것이 더 어렵다는 카이사르의 한마디에 굴복했다. 이제부터 그는 국가의 돈을 자유로이 사용했다. 하지만 그는 염치없이 자신이 공명정대하다는 것을 보여 주기 위해 나중 전투에서 획득해 온 전리품을 국고에 맡겼다. 그 다음 그는 자신의 병사들에게 돌아갔으며, 폼페이우스의 병사들이 그리스, 아프리카, 스페인에서 편성하고 있던 세 개 군대와 싸울 준비를 했다.

이탈리아의 생존이 달려 있던 곡물 공급처를 확보하기 위해 카이사르는 성미 급한 쿠리오에게 두 개 군단을 내어 주면서 시칠리아를 점령하게 했다. 카토는 시칠리아를 넘겨주고 아프리카로 철수했다. 쿠리오는 레굴루스처럼 무모하게 카토를 추적해 너무 일찍 전투에 돌입한 나머지 패배했다. 그리고 그는 자신의 죽음이 아니라 카이사르에게 입혔던 상처를 한탄하면서 전투 중에 사망했다. 그 사이에 카이사르는 부분적으로 이탈리아에 대한 곡물 수출 재개를 확실하게 하고 부분적으로 폼페이우스와의 싸우기 위해 진격했을 때, 배후 공격의 기선을 제압하기 위해 스페인을 향해 나아갔다. 갈리아에서처럼 스페인에서도 카이사르는 중요한 전략적 실수를 저질렀다.[31] 한때 수적으로 압도했던 그의 군대는 기아와 패배에 직면했다. 하지만 여느 때처럼 그는 탁월한 임시변통과 개인적 용맹으로 자신의 목숨을 건졌다.[32] 그는 강의 흐름을 바꾸어 봉쇄를 역봉쇄로 바꾸어 놓았다. 비록 그의 병사들이 전투에 목말라 있었지만, 카이사르는 인내심을 갖고 함정에 빠진 군대가 항복하기를 기다렸다. 마침내 폼페이우스의 병사들이 항복했고, 스페인 전체가 카이사르 지배 아래 들어갔다.(49년 8월) 육로를 통해 이탈리아로 돌아오는 길에 카이사르는 마르세유에서 루키우스 도미티우스가 지휘하는 군대에게 봉쇄되었다. 그는 도미티우스를 사로잡았다가 코르피니움에서 풀어 주었다. 카이사르는 격렬한 포위 공격으로 코르피니움을 점령하고, 갈리아의 행정을 재편하고 나서 12월경 로마로 돌아왔다.

이 전투는 수심으로 가득하던 수도 로마의 탐욕을 안심시켰으며, 카이사르의 정치적 지위를 강화시켰다. 원로원은 그를 독재관으로 임명했지만, 그는 48년 두 명의 집정관 중 한 명으로 선출된 후에 독재관 칭호를 포기했다. 통화의 비축으로 화폐 가치가 하락하고, 채무자들이 값싸게 빌린 돈을 값비싸게 상환하는 것을 거부하고 있었으므로 이탈리아는 신용 위기에 처하게 되었다. 따라서 카이사르는 국가가 중재하는 전쟁 이전 가격으로 평가된 현물로 채무를 상환하게 하는 법령을 공포했다. 카이사르는 이 법령을 "채무자들의 명예를 지켜 주는 동시에 전쟁에 뒤이어 일어나곤 하는 전면적인 채무 상환 거부에 대한 공포를 없애 주거나 줄여 주는 가장 적절한 방법"으로 생각했다.[33] 이것은 카이사르가 다시 한 번 채무로 인한 예속을 금지하지 않으면 안 되었을 정도로 로마에서 개혁이 얼마나 더디게 진행되었는지를 보여 주는 사례였다. 그는 이미 채무로 상환된 이자를 원금에서 공제해 주도록 했으며, 매달 10퍼센트로 이자를 제한했다. 몰수를 두려워하던 대부분의 채권자들은 이러한 조치에 만족했다. 따라서 카이사르가 카틸리나를 계승해서 모든 채무를 폐지하고 토지를 재분배해 주길 희망하던 급진주의자들은 이러한 조치에 실망했다. 카이사르는 빈궁한 사람들에게 곡물을 배급하고 밀로의 경우를 제외하고 모든 추방형을 취소했으며, 되돌아온 귀족 모두를 사면했다. 이러한 그의 온건한 행동에 아무도 감사해 하지 않았다. 사면받은 보수주의자들은 그를 죽이려는 음모를 재개했다. 그리고 그가 테살리아에서 폼페이우스와 맞서고 있었을 때 급진주의자들은 카이사르를 버리고 카일리우스를 지지했다. 카일리우스는 급진주의자들에게 채무의 완전한 폐지, 막대한 재산의 몰수, 모든 토지의 재분배를 약속했다.

49년 말 가까이에 카이사르는 부관들이 브룬디시움에서 모집한 병사들과 함대에 합류했다. 당시만 해도 군대가 겨울에 아드리아 해를 건넌다는 것은 전례 없는 일이었다. 그의 마음대로 움직일 수 있었던 12척의 배는 한 번에 그의 6만 병사들 중 3분의 1만을 건너게 해 줄 수 있었다. 게다가 폼페이우스의 뛰어난 소함대가 반대편 해안을 따라 모든 섬과 항구를 정찰하고 있었다. 그럼에도 불구하고 카이사르는 2만 명의 병사들과 함께 출항해서 에피로스로 건너갔다. 이탈리아로 되돌아가는 도중에 함선들이 난파되었다. 나머지 병력을 지체시키는 원인이 무엇인지 알고 싶은 카이사르는 소형 경무장 범선을 타고 다시 건너가려고 했다. 병사들이 밀려드는 파도에 맞서 노를 저어 나갔으며 하마터면 익사할 뻔했다. 공포에 떨고 있는 병사들에게 카이사르는 아마도 전설처럼 내려오는 충고처럼 담대하게 "두려워하지 마라. 너희들은 카이사르와 그의 운명을 실어 나르고 있다."라고 격려했다.[34] 하지만 바람과 파도에 흔들린 배가 다시 해안으로 밀려갔으므로 카이사르는 포기해야 했다. 그 사이에 4만 명의 병사를 이끌고 폼페이우스가 디르하키움과 그곳의 풍부한 저장품을 강탈했다. 그러나 폼페이우스는 자신이 너무 비만해진 시기에 두드러지게 드러내곤 하던 우유부단함이 재차 도져서, 탈진하고 굶주린 카이사르의 군대를 공격하는 데 실패했다. 이렇게 지체하는 동안 마르쿠스 안토니우스가 또 다른 함대를 모아서 카이사르의 나머지 병력을 데려왔다.

이제 전투에 합류할 준비가 되었지만 여전히 로마인끼리의 싸움을 꺼리던 카이사르는 폼페이우스에게 사절을 보내 지휘권을 함께 내려놓자고 제안했다. 폼페이우스에게서는 아무런 회답도 없었다.* 카이사르는 공격했고 격퇴당했다. 하지만 폼페이우스는 추격으로 자신의 승리를 이어 나가는 데 실패했다. 폼페이우스의 충고를 듣지 않고 장교들은 모든 포로를 살해했지만, 카이사르는 병사들의 목숨을 살려 주었다.[36] 이것은 카이사르 병사들의 사기를 높였지만 폼페이우스 병사들의 사기는 저하시키는 대조적인 결과를 초래했다. 카이사르 병사들은 로마 군단과 맞서 싸운 최초의 전투에서 보여 준 병사들의 비겁함을 처벌해 달라고 요청했다. 카이사르가 거절하자 그들을 다시 전투로 이끌어 줄 것을 간청했다. 하지만 그는 테살리아로 퇴각해서 병사들에게 휴식을 취하게

---

* 이 사절에 대한 유일한 전거는 카이사르이다.[35]

하는 것이 더 현명하다고 생각했다.

　이제 폼페이우스는 자신의 목숨을 잃게 했던 결정을 내렸다. 아프라니우스가 폼페이우스에게 무방비 상태의 이탈리아로 돌아가 다시 점령할 것을 권했다. 하지만 그에게 조언하던 사람들 대부분은 카이사르를 추적해서 절멸시킬 것을 권했다. 폼페이우스 진영의 귀족들은 디르하키움의 승리를 너무 과장했으며, 그곳에서 가장 큰 문제가 해결되었다고 생각했다. 마침내 그들과 합류한 키케로는 그들이 수도 로마를 되찾은 뒤에 차지하게 될 각자의 몫을 놓고 논쟁하고 있는 것을 들으면서, 그리고 그들이 전쟁이 한창일 때에 얼마나 사치스럽게 생활했는지 알게 되면서 충격에 빠졌다. 즉 그들은 은 쟁반에 제공된 식사를 했으며, 양탄자가 깔려 있어 안락하고 벽걸이 천으로 눈부신데다가 꽃으로 장식된 막사에서 생활하고 있었다.

　　(키케로의 말에 따르면) 폼페이우스 자신을 제외하고 폼페이우스 지지자들은 탐욕스럽게 전쟁을 수행했으며, 그들의 대화 속에서는 잔혹함이 묻어 나왔다. 따라서 심지어 그들의 승리에 대해 생각할 때조차 전율을 느끼지 않을 수 없었다. …… 그들의 대의를 제외한다면 그들에게서 좋은 것이라곤 아무것도 없다. …… 개인적으로뿐만 아니라 집단적으로 추방이 제안되었다. …… 렌툴루스는 호르텐시우스의 집과 카이사르의 정원, 그리고 바이아이(Baiae)를 기대했다.[37]

폼페이우스는 파비우스의 전략을 더 선호했을 것이다. 하지만 자신을 향해 쏟아진 비겁하다는 조롱 때문에 진격 명령을 내렸다.

　48년 8월 9일 파르살로스에서의 결정적인 전투가 쓰라린 결과를 가져왔다. 폼페이우스의 병력은 보병 4만 8000과 기병 7000이었으며, 카이사르의 병력은 보병 2만 2000과 기병 1000이었다.[38] 플루타르코스의 말에 따르면 "전투 밖에서 방관자로 있던 꽤 많은 수의 로마 귀족들은 …… 개인의 야심이 제국에 가져올 위기가 어떤 것일지 곰곰이 생각하지 않을 수 없었다. …… 이곳 로마에서 충돌하게 될 모든 세력들로부터 열정에 눈뜬 인간의 본성이 얼마나 맹목적이고 무모할 수 있는지 분명히 알 수 있었다."[39] 가까운 친척, 심지어 형제들조차 반대편 군대에서 싸웠다. 카이사르는 자신의 병사들에게 항복한 로마인들은 모두 용서해 주도록 명령했다. 그는 젊은 귀족 마르쿠스 브루투스에 대해서 상처를 입히지 말고 사로잡거나 이것이 불가능하다면 도망하게 내버려 두라고 지시했다.[40] 폼페이우스의 병사들은 탁월한 지도력, 훈련, 사기에 압도되었다. 그들 중 1만 5000명이 살해되거나 부상당했고, 2만 명이 항복했으며, 나머지는 도망했다. 폼페이우스는 자신의 옷에서 지휘관 표지를 뜯어내고 나머지 병사들처럼 도망했다. 카이사르가 자신의 병사는 불과 200명이 죽었을 뿐이라고 말하지만[41], 이것은 그가 쓴 모든 책을 의심하게 만든다. 카이사르 군대는 대단히 화려하게 장식된 적들의 막사와 승리를 축하하기 위한 성찬으로 가득한 적들의 식탁을 보고 즐거워했다. 카이사르는 폼페이우스의 막사에서 저녁 식사를 했다.

폼페이우스는 저녁 내내 말을 타고 달려 라리사에 도착했다. 그곳에서 바다로 가서 알렉산드리아로 가는 배를 탔다. 아내와 그가 합류했던 미틸레네에서 시민들은 폼페이우스가 머물기를 원했다. 그는 정중히 거절하면서, 그들에게 두려워하지 말고 정복자 카이사르에게 복종할 것을 권했다. 왜냐하면 그의 말에 따르면 "카이사르는 대단히 자애롭고 관대한 사람이었기" 때문이다.[42] 브루투스도 라리사로 도망했지만, 그곳에서 꾸물거리면서 카이사르에게 편지를 썼다. 승리자 카이사르는 브루투스가 안전하다는 소식을 듣고 대단히 기뻐하면서 그를 쾌히 용서했으며, 그가 요청한 대로 카시우스마저 용서했다. 상층 계급의 지배를 받고 폼페이우스를 지지하던 동방의 국가들에게 카이사르는 마찬가지로 관용을 베풀었다. 그는 폼페이우스가 비축해 둔 곡물을 그리스의 굶주린 주민들에게 나누어 주고, 용서를 구하는 아테네인들에게 책망하는 미소를 지으며 "얼마나 자주 너희 조상의 명예가 너희를 자멸로부터 구해 줄까?"라고 응답했다.[43]

아마도 카이사르는 폼페이우스가 이집트의 군대와 자원, 그리고 카토, 라비에누스, 그리고 메텔루스 스키피오가 우티카에서 편성 중이던 병력으로 전투를 재개하려 한다는 경고를 받았던 것 같다. 하지만 폼페이우스가 알렉산드리아에 도착했을 때, 어린 프톨레마이오스 12세의 환관 대신 포티누스가 하인들에게 폼페이우스를 죽이라고 명령했다. 아마도 그는 카이사르에게서 보상을 기대했던 것 같다. 폼페이우스는 해안에 발을 내딛는 순간 칼에 찔려 죽었으며, 그 사이 그의 아내는 겁에 질린 채 타고 온 배에서 무기력하게 바라보고 있을 뿐이었다. 카이사르가 도착했을 때, 포티누스의 부하들이 그에게 잘린 폼페이우스의 머리를 바쳤다. 카이사르는 오싹하여 얼굴을 돌린 채 흐느꼈다. 그는 프톨레마이오스 왕가의 궁전 안에 자신의 막사를 세웠으며, 고대 왕국 이집트의 상황을 바로잡는 일에 매진했다.

7. 카이사르와 클레오파트라

프톨레마이오스 6세가 죽은(145년) 이후로 이집트는 빠른 속도로 쇠퇴했다. 왕들은 더 이상 사회 질서나 국가의 자유를 유지할 수 없었다. 로마 원로원은 점점 더 자신들의 정책을 지시했고, 알렉산드리아에 로마 군대를 주둔시켰다. 폼페이우스와 가비니우스가 왕위에 앉혔던 프톨레마이오스 11세의 유언에 따라 통치권이 그의 아들 프톨레마이오스 12세와 딸 클레오파트라에게 계승되었다. 그들은 서로 결혼해서 이집트를 함께 통치하기로 되어 있었다.

클레오파트라는 마케도니아 혈통의 그리스인으로 머리카락이 갈색보다는 금발에 더 가까웠던 것 같다.[44] 그녀는 특별히 아름답지는 않았다. 하지만 우아한 몸가짐, 생기 넘치는 육체와 정신, 다재다능한 소양, 정중한 예법, 그리고 아름다운 선율의 목소리가 여왕의 지위와 결합되어 로마의 장군조차 홀리게 했다. 그녀는 그리스 역사, 문학, 그리고 철학에 정통했다. 게다가 그리스어, 이집트어, 시리아어, 그리고 그 밖의 언어들을 능숙하게 구사한 것으로 알려졌다. 그녀는 자유로운 여성의 매혹적인 방종에 아스파시아(Aspasia, 아테네의 장군 페리클레스의 애인 – 옮긴이) 같은 여성의 지적인 매력을 동시에 지녔다. 전승은 화장품에 관한 소론과 이집트의 도량형, 그리고 주화의 매력적인 주제에 관한 또 다른 소론에서 클레오파트라에게 공을 돌리고 있다.[45] 그녀는 유능한 통치자이자 행정가였고, 이집트의 교역과 산업을 효과적으로 증진시켰으며, 사랑을 나눌 때조차도 유능한 재정가였다. 이러한 자질들이 동방적인 관능성, 고통과 죽음을 가했던 충동적인 잔인성, 그리고 제국을 꿈꾸었고 성공 말고는 어떤 것도 숭배하지 않았던 정치적 야망과 어우러졌다. 만약 후기 프톨레마이오스 왕조의 난폭한 기질이 그녀의 피 속에 흐르지 않았더라면, 그녀는 통일된 지중해 왕국의 여왕이 되려는 목적을 달성했을 것이다. 클레오파트라는 이집트가 더 이상 로마에게서 독립할 수 없다는 것을 알았으며, 그녀가 로마와 이집트의 통합을 좌우해서는 안 되는 이유를 몰랐다.

카이사르는 포티누스가 클레오파트라를 추방했고, 지금은 어린 프톨레마이오스의 섭정으로 통치하고 있다는 것을 알고 기분이 좋지 않았다. 그는 은밀하게 사람을 보내 클레오파트라를 불렀는데, 그녀 역시 조용히 그에게 다가왔다. 그를 만나러 오기 위해 그녀는 시종인 아폴로도로스가 카이사르의 숙소로 가져갔던 담요에 몸을 숨겼다. 전장에서의 승리가 사랑의 정복보다 절대 많아지지 않도록 애쓰던 카이사르는 놀랐고, 그녀의 용기와 기지에 넋을 잃었다. 그는 그녀를 프톨레마이오스와 화해시켰으며, 그녀의 남동생과 함께 이집트 왕위에 복위시켰다. 카이사르는 자신의 이발사에게서, 포티누스와 이집트 장군 아킬라스가 그를 죽이고 그가 데리고 온 소규모 병력을 학살하려는 음모를 꾸미고 있다는 이야기를 듣고 포티누스를 암살하기 위해 치밀한 계획을 세웠다. 아킬라스는 이집트 군대로 도망해서 반란을 일으켰다. 곧 알렉산드리아 전체가 카이사르를 죽이겠다고 맹세한 병사들로 북적거렸다. 원로원에 의해 알렉산드리아에 배치되었던 로마 주둔군 장교들이 병사들에게 카이사르에 맞서 반란에 합류하도록 선동했다. 카이사르는 대담하게도 프톨레마이오스 왕가의 왕위 계승권을 해결하고, 심지어 미래의 상속인을 보려고까지 했다.

이러한 비상사태에 카이사르는 여느 때와 마찬가지로 지략을 발휘했다. 그는 왕궁과 인근 극장을 자신과 병사들을 위한 요새로 바꾸었으며, 소아시아와 시리아와 로도스에 증원군을 부르러 보냈다. 무방비 상태에 놓인 그의 함대가 곧 적들의 수중에 넘어갈 것으로 판단되자, 카이사르는 함대를 불태우도록 명령했다. 그리고 화재로 알렉산드리아 도서관의 확실히 알 수 없는 부분이 불타버렸다. 그는 필사적인 반격으로 증원군이 진입하는 데 절대 필요한 파로스 섬을 점령하고, 빼앗기고, 다시 점령하기를 반복했다. 한번은 교전 중에 이집트 병사들이 그와 그의 병사 400명을 바다로 연결하는 방파제로 몰아넣자, 카이사르는 빗발치는 화살을 뚫고 필사적으로 헤엄쳐 살아남은 적도 있었다. 반란군들이 승리했다고 생각한 프톨레마이오스 12세는 왕궁을 떠나 그들과 합류했으며, 역사에서 자취를 감추었다. 증원군이 도착했을 때, 카이사르는 나일 강 전투에서 이집트 군대와 원로원의 주둔군을 궤멸시켰다. 이러한 위기에서 보여준 클레오파트라의 충성에 대한 보답으로 남동생인 프톨레마이오스 13세와 그녀가 이집트를 공동 통치하도록 했다. 이것으로 그녀는 이집트의 실질적인 최고 통치자가 되었다.

우티카 근처에서 적군들이 편성되는 동안, 그리고 카일리우스와 밀로가 주도한 급진적 반란으로 동요하는 로마가 카이사르의 관리 능력을 간절히 원하는 동안에, 왜 카이사르가 알렉산드리아에 9개월 동안 머물렀는지 이해하기 어렵다. 아마도 그는 10년 동안의 전쟁 이후에 자신이 어느 정도 휴식과 여흥을 누릴 자격이 있다고 생각했던 것 같다. 수에토니우스의 말에 따르면 그는 종종 "동틀 녘까지 클레오파트라와 연회로 시간을 보냈다. 만약 그의 병사들이 반란으로 위협을 가하지 않았더라면, 그는 왕실 거룻배를 타고 그녀와 함께 이집트를 빠져나가 거의 에티오피아까지 갔을 것이다."[46] 카이사르의 병사들 모두가 매춘부를 찾은 것은 아니었다. 그는 당당하게 그녀와 출산의 고통을 함께 나누기 위해 기다린 것 같다. 47년에 클레오파트라에게서 아이가 태어났으며, 카이사리온(Caesarion)이라는 이름으로 불렸다. 마르쿠스 안토니우스에 따르면 카이사르는 이 사내아이를 자신의 아들로 인정했다고 한다.[47] 아마도 클레오파트라는 카이사르를 왕으로 만들어 결혼한 다음, 한 침대 아래에서 지중해 세계를 통합하겠다는 즐거운 생각을 그에게 속삭였는지도 모른다.

하지만 이것은 언어도단일 뿐만 아니라 추측에 불과하다. 단지 정황 증거만이 존재할 뿐이다. 분명히 카이사르는 미트리다테스의 아들 파르나케스가 폰토스, 소(小)아르메니아, 그리고 카파도키아를 재점령했고 분열된 로마에 맞서 동방에 한 번 더 반란을 일으키도록 요구하고 있었다는 것을 알았을 때 전장으로 달려갔다. 카이사르가 폼페이우스와 싸우기 전에 스페인과 갈리아를 "평정했던" 조치가 지혜로웠음이 이제 분명해졌다. 만약 서방이 동방과 동시에 반란을 일으켰더라면, 아마도 제국은 붕괴되었을 것이고, "야만족들이" 남쪽으로 이동했을 것이다. 그리고 로마는 결코 아우구스투스 시대를 알지 못했을지도 모른다. 세 개의 군단을 재편성한 카이사르는 47년 6월에 출발해서 빠른 속도로 이집트 해안을 따라 시리아와 소아시아를 거쳐 폰토스로 진격했으며 젤라에서 파르나케스를 물리쳤다.(8월 2일) 그리고 로마의 한 친구에게 "왔노라, 보았노라, 이겼노라."라는 짤막한 말을 전했다.[48]

타렌툼에서 카이사르는 키케로의 마중을 받았으며(9월 26일), 키케로는 자신과 다른 보수주의자들에 대한 용서를 구했다. 카이사르는 이들을 쾌히 용서해 주었다. 그는 로마에 부재중이었던 12개월 동안 내전이 사회 혁명으로 발전했다는 것을 알고 충격받았다. 즉 키케로의 사위 돌라벨라가 카일리우스와 힘을 합쳐 모든 채무를 폐지하는 법안을 민회에 제출했다. 그리고 안토니우스는 자신의 병사들에게 돌라벨라의 무장한 무산 계층 사람들을 마음대로 처리하게 했으며, 800명의 로마인이 광장에서 살해되었다. 법무관 자격으로 카일리우스가 밀로를 소환했다. 그들은 함께 남부 이탈리아에서 군대를 편성했으며 노예들에게 힘을 합쳐 전면적인 혁명에 나설 것을 요구했다. 그들이 거둔 성공은 하찮은 것이었지만, 그들의 정신은 널리 퍼져 있었다. 로마에서 급진주의자들이 카틸리나의 기억을 기리고 있었고, 그의 무덤을 다시 화환으로 장식하고 있었다. 그 사이에 아프리카의 폼페이우스 군대는 파르살로스에서 패배할 당시의 군대만큼 커다란 규모로 성장했다. 폼페이우스의 아들 섹스투스가 스페인에서 새로운 군대를 편성하고, 이탈리아에 대한 곡물 공급이 한 번 더 극히 불안정한 상태에 직면하고 있었다. 이때가 클레오파트라와 카이사리온을 데리고 카이사르가 로마와 아내 칼푸르니아 곁으로 도착한 47년 10월의 상황이었다.

　전투 중간에 그에게 허락된 몇 달 동안 카이사르는 질서 회복에 착수했다. 독재관으로 다시 임명되어 술라의 마지막 법령을 폐기하고 1년 동안 로마에서 2000세스테르티우스 이하의 모든 집세를 취소함으로써 잠깐 동안 급진주의자들을 달랬다. 동시에 그는 마르쿠스 브루투스를 갈리아 키살피나의 총독으로 임명했고, 키케로와 아티쿠스에게 소유권에 맞서 전쟁을 부추기지 않겠다고 보장함으로써, 그리고 무산 계층 사람들이 때려 부쉈던 술라의 조각상들을 다시 세우라고 명령함으로써 보수주의자들을 달래려고 애썼다. 카이사르가 폼페이우스 병사들에게 관심을 기울이고 있었을 때, 자신이 가장 신뢰하는 군단들이 장기간 지급되지 않은 급여 때문에 반란을 일으키고 아프리카로의 출항을 거부하고 있다는 소식을 듣고 낙담했다. 국고가 거의 고갈되었으므로 반란 귀족들의 재산을 몰수하고 매각해 자금을 모았다. 카이사르의 말에 따르면 병사들이란 돈에 의존하고, 돈이란 권력에 의존하며, 권력이란 병사들에 의존한다고 한다.[49] 그는 갑자기 반란 군단들 사이에 나타나 그들을 불러 모았다. 그러고는 그들이 병역에서 해제되었으니 집으로 돌아가도 좋다고 조용히 말했다. 여기에 덧붙여 카이사르는 "다른 병사들로" 아프리카에서 승리한다면, 그들에게 미지급금 전액을 보상해 주겠다고 말했다. 아피아누스의 말에 따르면 "카이사르의 이 말을 듣고 모두가 부끄러움에 사로잡혔다. 그들은 적이 사방에서 그를 에워싸고 있던 순간에 자신들의 지휘관을 버리고 있었다. …… 그들은 반란을 후회한다고 소리 높여 말했으며, 계속 군대에서 복무할 수 있게 해 달라고 그에게 간청했다."[50] 카이사르는 마지못해 그들의 간청을 받아들였으며, 그들과 함께 아프리카로 출항했다.

  46년 4월 6일에 탑수스에서 카이사르는 메텔루스 스키피오, 카토, 라비에누스, 그리고 누미디아 왕 유바 1세의 연합군과 마주쳤다. 그는 또 한 번 첫 번째 전투에서 패배했다. 그 다음 전열을 정비하고 공격을 시도해 승리를 거두었다. 파르살로스에서 카이사르가 보여 주었던 관대함을 비난하면서 피에 굶주린 병사들이 8만 명의 폼페이우스 병사들 중 1만 명을 무자비하게 학살했다. 그들은 다시는 폼페이우스 병사들과 싸울 생각이 없었다. 유바는 자살했고, 스키피오는 도망하다가 해상 전투에서 사망했다. 그리고 카토는 소규모 군대와 함께 우티카로 도망했다. 장교들이 카이사르에 맞서 우티카를 방어하자고 했을 때, 카토는 방어가 불가능하다는 것을 납득시켰다. 그는 도망을 계획한 사람들에게 자금을 제공했지만, 아들에게는 카이사르에게 항복하라고 충고했다. 그는 철학적 토론을 벌이면서 저녁 시간을 보낸 다음 방으로 돌아가 플라톤의 『파이돈』을 읽었다. 그가 자살하지는 않을까 염려가 된 친구들은 머리맡에서 칼을 없앴다. 친구들의 감시가 소홀한 틈을 타 카토는 하인에게 자신의 칼을 다시 가져오도록 명령했다. 그는 잠시 잠을 자는 척했다. 그 다음 갑자기 칼을 빼들고 자신의 배를 찔렀다. 친구들이 뛰어 들어왔으며, 의사가 배에서 빠져나온 내장을 다시 집어넣고 꿰맨 뒤, 상처에 붕대를 감아 주었다. 그들이 방에서 나가자마자 카토는 붕대를 풀고, 상처를 찢어 구멍을 냈으며, 자신의 내장을 끄집어낸 다음 죽었다.

  카이사르는 자신에게 카토를 용서할 기회가 없었다는 것을 한탄했다. 그는 카토의 아들을 용서할 수 있을 뿐이었다. 우티카 주민들은 마치 그들이 거의 500년 역사를 자랑하던 공화정을 땅에 묻고 있다는 사실을 알고 있기라도 하듯 죽은 스토아 철학자 카토에게 장엄한 장례식을 거행해 주었다.

8. 정치가 카이사르

살루스티우스를 누미디아의 총독으로 임명하고, 아프리카 속주들을 재편한 이후인 46년 가을에 카이사르가 로마로 돌아왔다. 군주정의 출현을 감지한 겁먹은 원로원은 로마가 전에 결코 경험한 적이 없던 승리에 그를 10년 임기의 독재관으로 임명했다. 카이사르는 병사들 각각에게 약속한 액수보다 훨씬 더 많은 5000아테네 드라크마(3000달러)를 지급했다. 그는 2만 2000개의 식탁을 이용해 시민들에게 성찬을 대접했으며, 1만 명의 병사들이 참가한 모의 해전을 통해 즐거움을 제공했다. 45년 초에 카이사르는 스페인으로 떠났으며, 문다에서 마지막 남은 폼페이우스 잔당을 무찔렀다. 그가 10월에 로마에 도착했을 때, 이탈리아 전체가 혼란에 빠져 있었다. 과두 정치의 실정과 한 세기에 걸친 혁명이 농업, 산업, 재정, 교역을 혼란시켰다. 속주의 고갈, 자본의 비축, 투자의 불안정성이 돈의 흐름을 방해했다. 수천 개의 농장이 황폐화되었다. 10만 명의 병사들이 생산 현장에서 전쟁에 동원되었다. 헤아릴 수 없을 만큼 많은 소농들이 외국의 곡물이나 대농장의 노예들 때문에 도시의 무산 계층과 합류하도록, 그리고 전도유망한 선동가들의 주장에 열심히 귀 기울이도록 내몰렸다. 카이사르의 관용으로 기세가 약화된 살아남은 귀족들은 클럽과 대저택에서 그를 상대로 음모를 꾸몄다. 원로원에서 카이사르는 그들에게 독재관 직위의 필요성을 승인해 줄 것과 로마의 혼란을 치유하는 재건 작업에서 그에게 협조해 줄 것을 호소했다. 그들은 권력을 강탈한 카이사르의 제안을 비웃었으며, 그의 손님으로 로마에 출현한 클레오파트라를 비난했다. 그리고 그가 왕이 되려고 계획하고 있으며 제국의 본거지를 알렉산드리아나 일리움으로 옮기려 한다고 소곤거렸다.

따라서 비록 55세의 나이에 너무 일찍 늙어 버렸지만, 카이사르는 혼자 힘으로 로마인 특유의 활력을 발휘해 로마 국가를 개조하기 시작했다. 카이사르는 자신이 말끔히 치워 버린 잔해보다 더 나은 무언가를 만들어 낼 수 없다면, 승리가 무의미해질 것으로 생각했다. 44년에 10년 기한의 독재관직이 종신으로 확대되었을 때, 그는 차이가 그다지 크지 않다고 보았다. 하지만 그는 5개월 후에 자신이 살해당할 것이라고는 꿈에도 생각한 적이 없었을 것이다. 원로원은 왕이라는 이름 자체를 싫어하던 로마 민중들에게 카이사르를 혐오스러운 존재로 만들기 위해 그를 극찬하는 한편 지나치게 많은 지위를 부여했다. 원로원은 카이사르가 대머리를 감추는 데 사용하던 월계관을 씌워 주었으며, 심지어 평시에도 황제권(imperator)의 권한을 지닐 수 있게 했다. 이러한 권한으로 그는 국고를 관리했으며, 대신관(大神官) 자격으로 신관단을 통제했다. 그리고 집정관 자격으로 법률을 발의하고 집행할 수 있었으며, 감찰관 자격으로 원로원 의원을 임명하거나 면직할 수 있었다. 민회는 발의된 법령을 투표로 결정할 권리를 보유했지만, 카이사르의 부관 돌라벨라와 안토니우스가 민회를 조종했으며, 민회는 대체로 카이사르의 정책을 지지했다. 카이사르는 다른 독재관들처럼 민중들로부터의 인기가 자신의 권력 근거가 되게 하려고 노력했다.

카이사르는 원로원을 거의 자문 위원회 역할로 종속시켰다. 그는 원로원 의원 수를 600명에서 900명으로 증원했으며, 원로원 의원 400명은 영구적으로 임명하는 방식으로 바꾸었다. 이들 중 상당수가 기사 계급이었으며, 이탈리아나 속주 도시들의 유력 시민들도 많았다. 그리고 일부는 백인대장, 병사 노예의 아들이었다. 귀족들은 정복된 갈리아의 족장들이 원로원에 들어가 제국의 지배 계층에 합류한 것을 보고 놀랐다. 수도 로마의 익살꾼들조차 이것에 분개했으며, 다음과 같은 풍자적인 2행 연구(聯句)를 퍼뜨렸다.

> 카이사르는 갈리아인들을 지휘해 승리한 뒤, 그들을 원로원으로 끌어들인다. 갈리아인들은 그들의 반바지를 벗고, 원로원 의원들이 입는 테두리가 넓은 토가를 입는다.[51]

아마도 카이사르는 의도적으로 새로운 원로원을 효율적인 심의나 통일된 반대를 위해 너무 다루기 어려운 집단으로 만들었던 것 같다. 그는 발부스, 오피우스, 마티우스, 그리고 그 밖의 친구들로 비공식 집행 내각을 구성했다. 그리고 통치에 관한 사무적인 세부 사항과 행정에 관한 세부 사항을 자신의 세대 구성원인 해방노예와 노예에게 위임함으로써 제국의 관료 정치를 시작했다. 카이사르는 민회에게 시 행정관의 절반을 선출하도록 했으며, 나머지는 민회가 정기적으로 승인하던 추천을 통해 선출했다. 그는 호민관 자격으로 다른 호민관이나 집정관의 결정에 거부권을 행사할 수 있었다. 그리고 시정 업무와 재판 업무를 신속히 처리하기 위해 법무관을 16명으로, 그리고 재무관을 40명으로 늘렸다. 그는 로마 시(市)의 업무를 모든 측면에서 개인적으로 관리했으며, 무능함이나 낭비에 대해서는 일절 관용을 베풀지 않았다. 시 헌장에서 카이사르는 선거 부정과 공무상의 부정행위를 엄히 금지하고 처벌했다. 로마 정치를 지배하던 조직적인 매표 행위를 끝내기 위해, 그리고 아마도 무산 계층의 반란에 맞서 자신의 권력을 지키기 위해 카이사르는 고대에 기원을 둔 일부 조합과 본질적으로 종교적인 유대인들의 단체를 제외하고 조합을 폐지했다. 그는 배심원 업무를 두 상층 계급으로 제한하고, 자신은 가장 중대한 사건들을 재판할 수 있는 권리를 가졌다. 그리고 종종 재판관의 자리에 앉았으며, 어느 누구도 그의 판결에 대한 분별력과 공정성을 부정할 수 없었다. 그는 당대의 법학자들에게 기존 로마법의 체계적인 성문화를 제안했지만, 그가 뜻하게 않게 빨리 죽음으로써 그 계획은 좌절되었다.

 그라쿠스 형제의 작업을 재개하면서 카이사르는 퇴역병과 빈민에게 토지를 분배했다. 아우구스투스가 계승한 이 정책으로 인해 여러 해 동안 농민 동요가 진정되었다. 토지 소유권이 다시 빠르게 집중되는 것을 미연에 방지하기 위해 카이사르는 새로운 토지를 20년 안에 매각할 수 없다고 규정했다. 그리고 농촌의 노예제를 억제하기 위해 대농장 노동자들 중 3분의 1은 자유민이어야 한다는 법안을 통과시켰다. 빈둥거리는 수많은 무산 계층을 병사들로, 그리고 그 다음에는 소자작농으로 전환시킨 카이사르는 더 나아가 8만 명의 시민을 카르타고, 코린트, 세빌리아, 아를, 그리고 그 밖의 중심 지역에 식민자로 파견함으로써 무산 계층의 숫자를 줄여나갔다. 로마에 남아 있는 실업자들에게 일자리를 제공하기 위해 대규모 건축 계획에 1억 6000만 세스테르티우스를 지출했다. 그는 기존 민회를 대신해 새롭고 더 넓은 회합 장소를 마르스 평원에 세웠으며, 광장 근처에 이울리우스 광장을 추가로 건설함으로써 업무 혼잡을 완화했다. 그 밖에도 카이사르는 이탈리아, 스페인, 갈리아, 그리고 그리스의 많은 도시들을 아름답게 꾸몄다. 빈곤에 대한 압력을 완화하기 위해 국가 보조 곡물 수령인의 자격 확인을 위한 자산 조사를 실시하기도 했다. 국가 보조 곡물의 신청자 숫자가 32만 명에서 15만 명으로 즉시 감소했다.

이제까지 카이사르는 민중파의 투사로서 자신의 역할을 충실히 수행해 왔다. 하지만 로마 혁명이 산업적이라기보다 농업적인 성격을 가졌으므로, 그리고 주로 노예를 혹사하는 토지 귀족을, 그 다음에는 대금업자를, 그리고 단지 조심스럽게 기사 계급을 겨냥했으므로, 카이사르는 상인들에게 농업 및 재정 혁명을 지원해 줄 것을 요청한 그라쿠스 형제의 정책을 계속 추진해 나갔다. 키케로는 중산 계급을 귀족 계급과 결합하려고 노력했지만, 카이사르는 중산 계급을 평민과 결합시키려고 애썼다. 많은 대자본가들이 아메리카와 프랑스 혁명을 지원한 것처럼 크라수스에서 발부스까지 많은 대자본가들이 카이사르를 재정적으로 지원했다. 그럼에도 불구하고 카이사르는 재정적으로 부당 이득을 챙길 수 있는 가장 값진 출처 가운데 하나에 종지부를 찍었다. 그것은 다름 아닌 조세 징수 청부인 협회를 통한 속주세의 징수였다. 그는 부채를 축소했고, 과도한 이자율에 맞서 엄격한 법률을 제정했으며, 본질적으로 오늘날과 똑같은 파산법을 제정함으로써 지불 불능이라는 극단적 사례들을 완화했다. 카이사르는 금본위제에 입각해 구매력에서 19세기 영국의 파운드화에 상당하는 금화 아우레우스(aureus)를 발행함으로써 통화 안정을 되찾았다. 카이사르 통치기에 동전에는 카이사르 자신의 얼굴이 새겨졌고, 로마에는 새로운 예술가적 기교로 동전이 도안되었다. 체계적이고 효율적으로 제국의 재정이 운영됨으로써 카이사르가 죽었을 때, 국고에는 7억 세스테르티우스, 그리고 그의 개인 금고에는 1억 세스테르티우스가 남아 있었다.

과세와 행정을 위한 과학적 기초로서 카이사르는 이탈리아에 대해 국세 조사를 했으며, 제국에 대해서도 비슷한 국세 조사를 계획했다. 그는 전쟁으로 대량 학살된 시민을 보충하기 위해 광범위하게, 즉 무엇보다도 로마의 의사들과 교사들에게 로마 시민권을 부여했다. 출산율 저하로 오랫동안 걱정하던 카이사르는 59년에 세 자녀의 아버지에게 우선적으로 토지를 할당했다. 이제 그는 대가족에 대한 보상책을 공표했으며, 45세 이하의 아이 없는 여성들이 가마를 타고 가거나 보석으로 치장하는 것을 금지했다. 이것은 그의 여러 입법 중에서 가장 설득력이 떨어지고 쓸모없는 것이었다.

비록 미신에서 그리 벗어나지 않았다고 할지라도[52] 여전히 불가지론자였던 카이사르는 국교의 고위 신관으로서 통상적인 자금을 국교에 제공했다. 그는 무엇보다도 자신의 거룩한 성모인 베누스 여신을 숭배하면서 옛 신전을 복원했으며 새 신전을 건립했다. 하지만 그는 양심과 숭배의 완전한 자유를 허용했고, 오래된 이시스(Isis) 숭배 의식의 금지를 철회했으며, 유대인들의 종교 의식을 보호해 주었다. 신관들의 역법이 계절과 전혀 일치하지 않았다는 것에 주목한 카이사르는 알렉산드리아의 그리스인 소시게네스에게 이집트 역법을 본보기로 "율리우스력(曆)"을 고안하도록 위임했다. 이제부터는 1년이 365일로 구성되었고, 4년마다 2월에 한 번 하루가 추가되었다. 키케로는 카이사르가 지구를 통치하는 데 만족하지 못하고, 이제 항성을 통제하려 한다고 불평했다. 하지만 원로원은 역법 개혁을 정중하게 받아들였고, 3월에 한 해가 시작되었을 때 다섯 번째 달이었던 퀸크틸리스에 독재관의 성(姓) 율리우스를 부여했다.

카이사르에 의해 시작되거나 계획되었지만 암살로 연기된 일들이 인상적으로 처리되었다. 그는 대극장과 마르스 신의 탐욕에 비례하는 신전의 기초를 쌓았다. 그는 바로에게 공공 도서관 설립을 위한 기구를 지휘하도록 했다. 그리고 푸키누스 호수와 폰티네 습지에서 물을 빼내 경작지로 개간함으로써 로마를 말라리아의 공포에서 벗어나게 하려고 계획했다. 카이사르는 테베레 강의 홍수를 통제하기 위해 제방을 쌓을 것을 제안했다. 그리고 테베레 강의 흐름을 바꾸어 침적토 때문에 정기적으로 황폐화되던 오스티아 항구를 개선하고 싶어했다. 그는 토목 기술자들에게 중부 이탈리아를 가로지르는 도로 건설과 코린트 운하 건설을 위한 계획을 마련하도록 지시했다.

그가 착수한 일 중에서 가장 많은 분노를 초래한 것은 이탈리아의 자유민을 로마의 자유민과 동등한 시민으로, 그리고 궁극적으로 속주를 이탈리아와 동등하게 만든 것이었다. 49년에 카이사르는 갈리아 키살피나에 참정권을 부여했다. 그리고 이제(44년) 분명하게 이탈리아의 모든 도시들이 로마 시와 대등한 권리를 갖게 하는 시(市) 헌장을 작성했다. 아마도 카이사르는 이탈리아의 모든 도시들이 자신의 입헌 군주정에서 민주적인 역할을 하게 될 일종의 대의제 정부를 계획하고 있었던 것 같다.[53] 그는 부패한 원로원의 수중에서 속주 총독 임명권을 빼앗았으며, 능력이 검증된 사람을 자신이 직접 속주 총독에 임명했다. 이제 카이사르는 매 순간마다 자신이 원할 때는 언제든지 속주 총독을 소환할 수 있었다. 카이사르는 속주세를 3분의 1로 줄였고, 속주세의 징수를 자신에게 보고할 의무가 있는 특별 관리들에게 위임했다. 그는 카푸아, 카르타고, 코린트를 재건하기 위해 고대의 저주를 무시했다. 이것은 그라쿠스 형제의 작업을 다시 완성하는 것이었다. 지브롤터 해협에서 흑해까지 20개의 도시를 설립하거나 식민하도록 파견한 식민자들에게 카이사르는 로마인 또는 라틴 민족의 권리를 부여했으며, 로마 시민권을 제국의 모든 자유민 성인 남성들에게 확대하기를 희망했다. 따라서 원로원은 로마의 한 계급이 아닌 모든 속주의 의견과 의지를 대표할 수 있었다. 이러한 통치 개념과 카이사르에 의한 로마와 이탈리아 재편은 기적을 완성했다. 이 기적으로 방탕하며 흥청거리던 젊은 카이사르가 정치사를 통틀어 가장 유능하고, 용감하고, 공정하고 가장 계몽된 사람들 중 한 명이 되었다.

알렉산드로스처럼 카이사르도 어디에서 멈추어야 할지 몰랐다. 재정비된 나라를 계획하던 카이사르는 그것이 유프라테스 강, 다뉴브 강, 그리고 라인 강에 대한 공격에 노출되자 분개했다. 그는 파르티아를 정복하기 위해, 그리고 그의 옛 자금줄이었던 크라수스의 죽음에 복수하기 위해 대규모 원정을 시도했으며 흑해를 빙 돌아 진격해 스키타이를 평정하려 했다. 그리고 다뉴브 강의 실지 답사와 게르마니아의 정복을 시도했다.[54] 그는 제국을 안정시킨 다음 경제적 침체를 종식시킬 만큼 충분히 풍부한, 모든 적대 세력을 무시할 만큼 충분히 강력한, 그리고 마침내 자유롭게 후계자를 임명하고 세상 사람들에게 자신의 최고 유산으로서 로마의 평화와 함께 죽을 만큼 명예와 전리품으로 가득 찬 로마로 돌아가려 했다.

9. 브루투스

이러한 계획과 관련된 소식이 로마에 두루 전해졌을 때, 영광을 좋아하는 평민들은 박수갈채를 보냈고 전쟁 명령과 속주 약탈의 냄새를 맡은 기사 계급은 입맛을 다셨다. 그리고 카이사르가 돌아오면 절멸할 것이라고 예상한 귀족 계급은 그가 행동에 나서기 전에 살해하려고 결심했다.

카이사르는 키케로의 웅변을 칭찬할 정도로 귀족 계급을 관대하게 다루었다. 그는 항복하는 적들을 모두 용서했으며, 패배하고 용서받았지만 다시 카이사르와 싸웠던 몇 명의 장교들만을 사형에 처했다. 그는 폼페이우스와 스키피오의 막사에서 발견된 서신을 읽지 않고 불태웠다. 카이사르는 사로잡힌 폼페이우스의 딸과 손자들을 아직까지 그에게 맞서 무장하고 있던 폼페이우스의 아들 섹스투스에게 보냈다. 그리고 자신의 지지자들이 넘어뜨린 폼페이우스의 조각상들을 복원했다. 그는 브루투스와 카시우스를 총독 직위에, 그리고 다른 많은 귀족 계급을 고위 관직에 임명했다. 카이사르는 무수한 비방을 묵묵히 견디어 냈으며, 자신의 목숨을 노리는 음모를 꾸민다고 의심받던 사람들에게 소송을 제기하지 않았다. 그는 편의에 따라 의견을 바꾼 키케로를 용서해 주었을 뿐만 아니라 명예까지 부여했다. 그리고 키케로가 그 자신 또는 그의 폼페이우스 친구들에 대해 부탁한 것은 무엇이든 거절하지 않았다. 심지어 카이사르는 키케로의 거듭되는 권유에도 뉘우치지 않는 마르쿠스 마르켈루스 조차 용서해 주었다. 『마르켈루스를 위한 변론』(46년)에서 키케로는 카이사르의 "믿기 어려울 정도의 관대함"에 찬사를 보냈으며, 승리를 거둔 폼페이우스가 더 복수심에 불탔을 것이라고 인정했다. 키케로는 말했다. "'난 세계를 위해서건 명성을 위해서건 충분히 살았다.'는 당신의 유명하면서도 대단히 철학적인 말을 듣고 유감스럽게 생각했습니다. …… 부탁하건대 그러한 현자의 지혜는 그만두십시오. 우리를 위험하게 하면서까지 지혜로워지지 마십시오. …… 당신은 아직도 당신이 해야 할 가장 위대한 일을 완성하지 못하고 있습니다. 그리고 당신은 아직까지 그 일의 기초도 닦지 않았습니다." 그리고 키케로는 카이사르에게 원로원이 그의 안전을 돌볼 것이며 그에 대한 모든 공격을 온몸으로 막아 낼 것이라고 원로원 전체를 대신해서 엄숙하게 약속했다.[55] 이제 키케로는 술라의 대저택 못지않은 또 다른 대저택을 구입하려고 계획할 정도로 성공했다. 그는 안토니우스와 발부스, 그리고 카이사르의 다른 부관들이 초대한 만찬을 즐겼다. 그의 서한이 그렇게 생기 넘치던 때는 없었다.[56] 카이사르는 현혹되지 않았고 마티우스에게 "만약 누군가가 정중하다면, 그건 다름 아닌 키케로이다. 하지만 그가 날 극도로 미워한다는 것을 믿어 의심치 않는다."라고 썼다.[57] 자신감을 되찾은 폼페이우스 지지자들이 저항을 재개했을 때, 말주변 좋은 키케로는 그들의 희망에 부합해 카이사르를 경계하던 소(小)카토에게 찬사의 글을 썼다. 카이사르는 「안티 카토」라는 반론을 쓰는 것으로 만족했다. 이것은 독재관 카이사르의 참모습을 보여 주지 못했다. 이 싸움에서 카이사르는 키케로에게 무기의 선택권을 주었으며, 웅변가 키케로가 승리했다. 여론은 키케로의 표현법, 그리고 사형 집행 영장에 서명했을지도 몰랐을 때 소책자를 썼던 카이사르의 온화함에 찬사를 보냈다.

9장 카이사르: 기원전 100~44

자신에게 익숙하던 권력을 빼앗긴 사람들은 저항을 용서받는 것으로 위로받을 수 없다. 상처를 입힌 사람들을 용서하는 것이 어려운 만큼 용서를 용서하는 것 또한 어렵다. 귀족들은 카이사르가 합법적으로 제출한 법안들을 감히 거부하지 못한 원로원에서 초조해 했다. 그들은 자신들의 지갑을 살찌웠던 자유가 파괴되는 것을 비난했으며, 질서의 회복으로 그들의 자유가 제한되는 것을 인정하려 들지 않았다. 그들은 로마에서 클레오파트라와 카이사리온의 존재를 두려운 마음으로 바라보았다. 카이사르가 아내 칼푸르니아와 서로 애정을 갖고 산다는 것은 분명한 사실이었다. 하지만 매력적인 클레오파트라에게 향하는 잦은 발걸음 때문에 일어나던 일을 누가 말하지 않으려 하겠는가? 카이사르가 스스로 왕이 되려고 하며, 클레오파트라와 결혼해서 연합 제국의 수도를 동방에 세우려 한다는 소문이 끊이질 않았다. 만약 그가 카피톨리누스 언덕에 로마 고대 왕들의 조각상들 가까이 자신의 조각상을 세우라고 명령하지 않았더라면? 만약 그가 로마의 동전에 자신의 초상을 새기지 않았더라면? 동전에 초상을 새기는 것은 전례 없는 오만함의 극치였다. 그는 보통 왕들을 위해 마련된 자줏빛 예복을 입지 않았던가? 44년 2월 15일 루페르칼리아 축제에서 집정관 안토니우스는 신관 신분으로 벌거벗고 불경스럽게 술을 마셨으며, 카이사르의 머리에 세 번이나 왕관을 씌우려고 시도했다. 카이사르는 세 번 모두 거절했다. 하지만 거절한 이유가 군중들이 작은 소리로 반대했기 때문 아니었는가? 카이사르는 친구들이 자신의 조각상에 놓았던 왕관을 없앴다는 이유로 호민관들을 관직에서 해고하지 않았던가? 베누스 신전에 앉아 있던 그에게 원로원 의원들이 다가왔을 때, 그는 그들을 맞아들이려고 자리에서 일어나지 않았다. 누군가는 그가 간질 발작으로 꼼짝할 수 없어서 그랬다고 설명했다. 그리고 다른 누군가는 그가 설사로 힘들어 하고 있었으며 그렇게 힘든 순간에 장에 무리를 주지 않기 위해 앉아 있었다고 설명했다.[58] 하지만 많은 귀족들은 얼마 안 있어 카이사르가 왕으로 선언되는 순간을 보게 될지도 모른다고 두려워했다.

루페르칼리아 축제가 끝난 직후 플루타르코스가 묘사한 것처럼 "창백하고 여원"⁵⁹ 가이우스 카시우스가 마르쿠스 브루투스에게 다가와 카이사르 암살을 제안했다. 카시우스는 이미 여러 명의 원로원 의원들, 카이사르의 제한으로 속주 약탈이 감소한 일부 자본가들, 그리고 심지어는 카이사르의 일부 장군들마저 자신의 계획에 끌어들였다. 카이사르의 일부 장군들은 그들이 세운 공훈에 못 미치는 전리품과 관직을 제공받았다고 느꼈다. 브루투스는 명목상의 간판 인물로 필요했다. 왜냐하면 그는 가장 고결한 사람으로 광범위한 평판을 누리고 있었기 때문이다. 그는 아마도 464년 전에 왕들을 능가하던 브루투스 가문의 자손이었던 것 같다. 그의 어머니 세르빌리아는 카토의 이복 누이였다. 그리고 아내 포르티아는 카토의 딸이자 카이사르의 적인 비불루스의 미망인이었다. 아피아누스의 말에 따르면 "브루투스가 태어날 무렵, 카이사르가 세르빌리아의 정부(情夫)였으므로, 브루투스는 카이사르의 아들로 생각되었다."⁶⁰ 여기에 덧붙여 플루타르코스의 말에 따르면 카이사르는 브루투스를 자신의 아들일 것으로 믿었다고 한다.⁶¹ 아마도 브루투스 자신은 이러한 생각을 공유했던 것으로 보이며, 자신의 어머니를 유혹하고 자신을 로마의 뜬소문에서 한 명의 브루투스가 아닌 사생아로 만들었다는 이유로 독재관 카이사르를 증오했다. 브루투스는 마치 은밀하게 못된 짓을 하려고 곰곰이 생각하는 사람처럼 항상 변덕스럽고 말이 없었다. 동시에 그는 자신에게 귀족의 피가 흐르고 있는 것처럼 거만하게 처신했다. 그는 그리스어에 정통했고 철학에 헌신적으로 몰두했다. 그는 형이상학에서 플라톤의 지지자였고, 윤리학에서 제논의 지지자였다. 그리스인과 로마인의 생각처럼 스토아주의가 참주 살해를 인정했다는 것이 그에게 영향을 끼쳤다. 그는 한 친구에게 "우리 조상들은 설사 참주가 우리 자신의 아버지라 할지라도, 그를 용납해서는 안 된다고 생각했다."라고 썼다.⁶² 브루투스는 미덕에 관한 글을 썼으며 나중에 그러한 추상적 개념에 혼란스러워했다. 중개인들을 통해 그는 키프로스의 살라미스 시민들에게 48퍼센트의 이자로 돈을 빌려 주었다. 그들이 누적 이자 지불을 주저했을 때, 당시 킬리키아 총독이던 키케로에게 로마 군대를 동원해 세금 징수를 집행해 줄 것을 촉구했다.⁶³ 브루투스는 성실하고 유능하게 갈리아 키살피나를 통치했으며, 로마로 돌아온 뒤에 카이사르에 의해 시 법무관으로 임명되었다.(45년)

　브루투스의 성격에서 관대한 부분이 카시우스의 제안에 반발하게 했다. 카시우스는 브루투스에게 반란자의 피가 흐르고 있음을 상기시켰다. 그리고 아마도 브루투스는 반란자의 피를 흉내 내 보고 싶은 기분이 들었던 것 같다. 감수성이 예민한 젊은 브루투스는 자신의 조상인 노(老)브루투스의 조각상에 찍힌 "브루투스여, 당신은 죽었나요?" 다시 말해, "당신의 후손은 당신답지 못하군요."라는 비문을 보고 얼굴을 붉혔다.[64] 키케로는 그 당시에 씌어진 여러 글을 그에게 헌정했다. 그 사이에 귀족들 사이에는 3월 15일에 열리는 다음 원로원 모임에서 루키우스 코타가 시빌의 신탁에 따라 왕만이 파르티아인들을 정복할 수 있을 것이라는 이유로 카이사르를 왕으로 만들려는 법안을 제출할 것이라는 소문이 나돌았다.[65] 카시우스는 카이사르가 임명한 의원들이 절반을 차지하는 원로원에서 그 법안이 통과될 것이며, 공화정 복원에 대한 모든 희망이 사라질 것이라고 말했다. 브루투스는 포기했으며, 이번에는 음모자들이 구체적이고 분명한 계획을 세웠다. 포르티아는 어떤 신체적 상해에도 입을 다물 것이라는 확신을 심어 주기 위해 자신의 넓적다리를 찔러 남편으로부터 비밀을 알아냈다. 예측 불가능한 한순간의 감정으로 브루투스는 안토니우스의 목숨을 살려 주어야 한다고 주장했다.

　3월 14일 저녁에 집에서 가진 모임에서 카이사르는 "어떻게 죽는 것이 가장 잘 죽는 것인가?"를 대화의 주제로 삼았다. 그의 대답은 "갑작스럽게 죽는 것"이었다. 이튿날 아침 카이사르의 아내는 꿈에서 피범벅이 되어 있는 카이사르를 보았다고 말하면서 원로원에 나가지 말 것을 간청했다. 같은 생각을 하고 있던 하인이 조상의 초상 하나가 벽에서 떨어진 것을 불길한 전조로 받아들이고 카이사르를 단념시키려 했다. 하지만 카이사르의 가장 친한 친구들 가운데 하나이자 음모자들 중 한 명이기도 했던 데키무스 브루투스가 직접 그에게 원로원에 출석할 것을 정중히 권했다. 음모를 미리 알고 있던 친구가 위험을 경고하러 찾아왔지만 카이사르는 이미 떠나고 없었다. 원로원으로 가는 도중에 카이사르는 일찍이 그에게 귓속말로 "3월 15일을 조심하십시오."라고 속삭이던 점쟁이를 만났다. 카이사르는 미소를 지으면서, 3월 15일이 왔으며 만사가 순탄하다고 말했다. "하지만 3월 15일이 아직 다 지나가지 않았습니다."라고 스푸린나가 대답했다. 카이사르가 원로원이 모임을 갖기로 예정되어 있던 폼페이우스 극장 앞에서 여느 때처럼 원로원 회기가 시작되기에 앞서 제물을 바치고 있었을 때, 음모를 알리는 서판이 그의 수중에 들어왔다. 그런데 전승에 따르면 카이사르는 이것을 무시했으며, 그 서판은 그가 죽고 나서 그의 손에서 발견되었다.*

    카이사르의 총애를 받던 장군으로서, 음모자였던 트레보니우스는 안토니우스가 모임에 나가지 못하도록 붙들어 두려고 대화를 나누었다. 카이사르가 극장에 입장해 자리에 앉았을 때, "해방자들"은 전혀 머뭇거림 없이 그에게 달려들었다. 수에토니우스는 "마르쿠스 브루투스가 달려들었을 때, 카이사르는 그리스어로 '내 아들아, 너 마저.'라고 말했다고 누군가가 썼다."라고 전하고 있다.[67] 아피아누스의 말에 따르면 브루투스가 그에게 일격을 가했을 때, 카이사르는 저항을 포기했다. 그리고 얼굴과 머리 위로 자신의 옷을 끌어당기며 공격에 굴복하고 폼페이우스 조각상의 발밑에 쓰러졌다.[68] 고대가 배출했던 가장 완벽한 인물에게 갑작스러운 죽음이라는 소망이 실현되는 순간이었다.

---

* 이러한 3월 15일의 이야기는 수에토니우스, 플루타르코스, 그리고 아피아누스에게서 등장한다.[66] 하지만 그럼에도 불구하고 이러한 이야기는 전설로 추정된다.

CAESAR AND CHRIST

10장

안토니우스
기원전 44~30

1. 안토니우스와 브루투스

카이사르 암살은 역사의 주요 비극 중 하나였다. 위대한 정치 수완이 발휘되는 것을 가로막았으며, 15년간의 혼돈과 전쟁을 더 초래했다는 의미에서만은 아니었다. 문명은 살아남았으며, 아우구스투스는 카이사르가 시작한 일들을 완성했다. 카이사르 암살은 아마도 두 파벌, 즉 카이사르가 군주정을 기도했다고 생각한 음모자들과 무질서와 제국이 군주정을 불가피하게 만들었다고 생각한 카이사르 모두 옳았을지도 모른다는 의미에서도 비극이었다. 사람들은 원로원 의원들이 카이사르 암살에 경악해서 잠시 꼼짝 않고 있었으며, 그 후 혼란과 공포 속에서 의사당에서 도망친 이후로 줄곧 그 문제로 갈라졌다. 카이사르 암살 이후 도착한 안토니우스는 용기에 대한 판단이 필요하다는 것을 알았으며 집에서 용기를 북돋고 있었다. 단도를 손에 쥔 브루투스가 키케로를 "조국의 아버지"라고 찬사를 보냈을 때조차 키케로의 웅변은 말문이 막혔다. 모습을 드러낸 음모자들은 광장에서 흥분한 군중들을 발견했다. 그들은 자유와 공화국이라는 슬로건으로 군중의 지지를 얻으려고 애썼지만 망연자실한 군중은 오랫동안 탐욕을 감추기 위해 사용된 자유와 공화국이라는 구절에 어떠한 경의도 표하지 않았다. 신변에 두려움을 느낀 암살자들은 카피톨리누스 언덕의 건물로 피신했으며, 그곳을 그들의 개인 검투사 호위병들에게 에워싸도록 했다. 저녁 무렵 키케로가 그들과 합류했다. 그들의 사절을 맞아들인 안토니우스는 우호적인 회답을 보냈다.

다음날 더 많은 군중이 광장에 모여들었다. 음모자들은 군중의 지지를 매수하고 군중을 합법적인 집회로 조직하기 위해 대리인들을 파견했다. 그 다음 위험을 무릅쓰고 카피톨리누스 언덕에서 내려와, 브루투스가 원로원을 대신해 준비해 둔 연설을 했다. 연설은 청중들의 마음을 움직이는 데 실패했다. 카시우스가 연설을 시도했지만 냉담한 침묵에 부딪혔다. 해방자들은 카피톨리누스 언덕으로 돌아왔으며, 군중이 차츰 줄어들자 살그머니 집으로 향했다. 자신이 카이사르의 후계자라고 생각한 안토니우스는 망연자실한 칼푸르니아로부터 독재관 카이사르가 대저택에 남겨 둔 모든 문서와 자금을 손에 넣었다. 동시에 비밀리에 카이사르의 퇴역병들을 로마에 불러들였다. 3월 17일에 호민관의 권한으로 안토니우스는 원로원을 소집했으며, 온화함과 침착함으로 모든 당파를 놀라게 했다. 그는 키케로의 일반 사면 제안을 받아들였고, 원로원이 카이사르의 모든 법령, 입법, 임명을 비준해야 한다는 조건으로 브루투스와 카시우스에게 속주 총독직(이것은 안전하게 권력을 갖고 도피하는 것이었다.)을 부여하는 데 동의했다. 대다수 원로원 의원들은 관직이나 급여에서 카이사르의 법령에 빚지고 있었으므로, 이러한 조건에 동의했다. 그리고 원로원이 휴회되었을 때, 안토니우스는 위기일발의 전쟁 상황에서 평화를 구해 낸 정치가라는 격찬을 받았다. 그날 저녁 안토니우스는 카시우스를 만찬에 초대했다. 3월 18일에 원로원이 다시 회합을 갖고 카이사르의 유언을 승인했으며, 국민장을 투표로 결정했다. 그리고 안토니우스에게 고인을 기리는 통상적인 연설을 하도록 결정했다.

3월 19일에 안토니우스는 베스타 신전의 신녀들에게 맡겨져 있던 카이사르의 유언장을 확보했으며, 처음에는 소규모 군중집회에서, 그 다음에는 대규모 군중집회에서 유언장을 낭독했다. 유언장에 따르면 카이사르는 개인 재산을 세 명의 조카 손자들에게 유증했으며, (안토니우스를 놀라게 하고 분노케 했던 것으로) 그들 중 한 명인 가이우스 옥타비우스(Gaius Octavius)를 양자이자 상속인으로 지명했다. 독재관 카이사르는 자신의 정원을 로마 민중들에게 공공 공원으로 유증했으며, 로마 시민 모두에게 300세스테르티우스를 유산으로 남겼다. 이러한 자선 소식은 빠르게 로마 시(市)로 퍼져 나갔다. 그리고 3월 20일에 그의 집에서 방부 처리된 카이사르의 시신이 마지막 의식을 치르기 위해 광장으로 운구되었다. 카이사르의 퇴역병을 포함해 대규모 민중들이 경의를 표하기 위해 모여들었다. 안토니우스는 처음에는 조심스럽게 감정을 억누르며 연설을 했던 것 같다. 하지만 연설이 계속되면서 억눌려 있던 감정이 고조되어 웅변으로 변했다. 그가 상아로 만든 관에서 칼에 찔려 찢기고 피로 얼룩진 카이사르의 옷을 들어 올렸을 때, 군중들의 감정은 통제 불가능할 정도로 흥분 상태에 도달했다. 으스스한 울부짖음과 광적인 외침이 난무하는 가운데 사람들은 어디에선가 장작을 모아서 시신 밑에 불을 피웠다. 퇴역병들은 화장용 장작더미 위에 제물로서 무기를, 배우들은 의상을, 음악가들은 악기를, 그리고 여성들은 가장 아끼는 장신구를 내던졌다. 일부 카이사르 열광자들은 불에 타는 장작을 꺼내 음모자들의 집을 불태우려 했다. 하지만 그들의 집은 철통같은 경비가 이루어졌으며, 집 주인들은 로마에서 도망했다. 대부분의 군중은 연기 나는 화장용 장작더미 옆에서 밤을 지새웠다. 카이사르의 호의적인 입법에 고마워하는 많은 유대인들이 고대 장례 노래를 부르면서 3일 동안 그곳에 머물렀다. 그 기간 내내 수도 로마로 소요가 파도처럼 밀려들었다. 마침내 안토니우스가 자신의 병사들에게 질서를 회복하고 무법적인 약탈자들을 타르페이아 성벽에서 내던져 죽이도록 지시했다.

안토니우스는 카이사르가 가졌던 것의 절반이었고, 아우구스투스가 다른 절반이 될 것이었다. 안토니우스는 뛰어난 장군이었고 아우구스투스는 최고의 정치가였지만 둘 다 양쪽 모두에 해당되지는 않을 것이다. 기원전 82년에 태어난 안토니우스는 생애 많은 부분을 군 막사에서 보냈으며, 더 많은 부분을 포도주, 여자, 좋은 음식, 즐거움을 찾아 보냈다. 비록 명문가의 잘생긴 용모를 가졌다고는 하지만, 그는 서민 특유의 장점, 즉 강한 신체, 동물적 본능, 온순한 성격, 관대함, 용기, 충성심을 가지고 있었다. 안토니우스는 로마에서 남녀 하렘(harem)을 보유함으로써, 그리고 그리스인 매춘부와 함께 자신의 가마를 타고 여행함으로써 카이사르마저 분노케 했다.[1] 그는 경매로 폼페이우스의 집을 사들여 거주했으며, 그런 다음 집값 지불을 거부했다.[2] 그는 폼페이우스의 집에 있었다고 전해지는 카이사르의 문서에서 자신에게 적합한 것이라면 무엇이든, 즉 그의 친구들에 대한 임명, 그의 목적에 부합되는 법령들, 그리고 그 자신을 위한 특권들을 찾아냈다. 안토니우스는 2주에 걸쳐 150만 달러의 빚을 청산했고, 부자가 되었다. 그는 카이사르가 오프스 신전에 맡겨 둔 2500만 달러를 강탈했으며, 별도로 카이사르의 개인 금고에서 500만 달러를 탈취했다. 카이사르가 갈리아 키살피나의 총독으로 임명했던 데키무스 브루투스는 카이사르 암살에 참여했음에도 불구하고 수지맞는 관직을 차지했다. 이것에 주목한 안토니우스는 자신을 전략적 속주인 갈리아 키살피나의 총독으로 임명하고 데키무스는 마케도니아 총독으로 임명해서 위로하는 법안을 민회에서 통과시켰다. 게다가 마르쿠스 브루투스와 카시우스는 데키무스에게 마케도니아, 그리고 돌라벨라에게 시리아를 양도해야 했으며, 키레네와 크레타를 나눠 갖는 것으로 만족해야 했다.

안토니우스의 권력이 확대되어 가는 것에 깜짝 놀란 원로원은 카이사르의 양자를 로마에 불러들였다. 자신을 로마 역사에서 가장 위대한 정치가로 만들어 나갈 가이우스 옥타비우스는 44년에 18살이 되었다. 관례에 따라 그는 양부의 이름을 사용했다. 따라서 그가 17년 후 몇 세기에 걸쳐 알려졌던 아우구스투스(Augustus)라는 고상한 이름을 받기 전까지 그의 이름은 자신의 이름을 수식어로 덧붙인 가이우스 율리우스 카이사르 옥타비아누스(Gaius Julius Caesar Octavianus)가 되었다. 그의 조모는 카이사르의 여동생인 율리아였으며, 조부는 라티움의 벨리트라이에서 평민 가문의 은행업자였다. 그리고 그의 아버지는 평민 조영관으로, 그 다음엔 법무관으로, 그 다음엔 마케도니아 총독으로 복무했다. 옥타비아누스는 스파르타의 소박함, 그리고 그리스와 로마의 문학과 철학을 교육받았다. 최근 3년 동안 그는 대부분의 시간을 카이사르의 대저택에서 살았다. 카이사르 인생에서 슬픔 가운데 하나는 그에게 적자가 없었다는 것이었다. 그리고 그가 보여 준 가장 심오한 통찰력 중 하나는 옥타비아누스를 양자로 삼았다는 것이다. 45년에 카이사르는 옥타비아누스를 스페인에 데리고 갔으며, 허약하고 겁 많고 병약한 옥타비아누스가 전투의 위험과 고통을 견디어 내는 용기를 보고 기뻐했다. 그는 옥타비아누스에게 전쟁과 통치의 기술을 정성들여 가르쳤다.[3] 많은 조각상이 옥타비아누스의 생김새를 친밀하게 만들어 주었다. 즉 그는 세련되고 섬세했으며 진지했다. 그리고 소심하면서도 단호했으며, 온순하면서도 강인했다. 그리고 그는 어쩔 수 없이 현실주의자가 되었던 이상주의자였으며, 많은 노력을 기울여 행동하는 사람이 되기 위해 노력하는, 생각하는 사람이었다. 그는 야위고 창백했으며 소화 불량으로 고통스러워했다. 그는 아주 적게 먹었고, 술을 적게 마셨으며, 절제와 규칙적인 생활로 주위의 건강한 사람들보다도 오래 살았다.

44년 3월 말에 한 해방노예가 일리리아의 아폴로니아에 도착했다. 그곳에서 옥타비아누스는 군대와 함께 주둔했고, 카이사르의 죽음과 유언 소식을 들었다. 감수성이 예민한 옥타비아누스는 사람들의 배은망덕에 큰 충격을 받았다. 옥타비아누스는 자신을 소중히 돌보아 주고 산산조각 난 국가를 재건하기 위해 몸을 아끼지 않고 열심히 일했던 종조부(從祖父) 카이사르에 대한 사랑이 용솟음쳤다. 그는 카이사르의 과업을 완수하고 그의 죽음에 복수하겠다는 결심을 했다. 그는 말을 몰아 바다로 가서 브룬디시움으로 건너갔다. 그리고 로마로 서둘러 갔다. 로마에 사는 친척들은 안토니우스에게 살해되지 않도록 숨어 지내도록 충고했다. 더욱이 그의 어머니는 아무런 활동도 하지 말 것을 권고했다. 하지만 그렇게 처신하는 것을 부끄럽게 여겼을 때, 어머니는 기뻐했으며 가능하면 언제든지 공공연히 싸우기보다는 인내심을 갖고 명민하게 행동하라고 충고했을 뿐이다. 그는 끝까지 어머니의 현명한 충고를 가슴에 새기고 따랐다.

그는 안토니우스를 방문해서 카이사르의 적들에게 어떻게 대처하고 있는지 물었다. 그는 안토니우스가 군대를 이끌고 갈리아 키살피나를 양도하려 들지 않았던 데키무스 브루투스와 싸울 계획을 세우느라 바쁘다는 사실을 알고 놀랐다. 그는 안토니우스에게 유언에 따라 카이사르의 유산, 특히 모든 시민에게 유증된 45달러를 분배하도록 요구했다. 안토니우스는 유산 분배를 지연시키기 위한 여러 가지 이유를 찾고 있었다. 그러자 곧 옥타비아누스는 카이사르의 친구들에게서 빌린 자금으로 카이사르의 퇴역병들에게 돈을 나누어 주었으며, 그들을 자신의 군대로 조직했다.

이 "놈"(안토니우스는 옥타비아누스를 그렇게 불렀다.)의 오만함에 격분한 안토니우스는 자신에 대한 암살 시도가 있었으며, 암살 미수자가 암살 계획의 교사자로 옥타비아누스를 지목했다고 발표했다. 옥타비아누스는 무죄를 주장했다. 키케로는 둘 사이의 싸움을 이용해 옥타비아누스에게 안토니우스를 타도해야 할 불한당으로 믿게끔 했다. 키케로의 판단에 동의한 옥타비아누스는 자신의 두 개 군단을 집정관인 히르티우스와 판사(Pansa)의 군단에 합류시켰으며, 그들과 함께 안토니우스와 싸우기 위해 북쪽으로 진격했다. 키케로는 새롭게 시작된 내전을 지원하기 위해 14편의 강력한 연설인 「필리피카이(Philippics)」에서 안토니우스의 공공 정책과 사생활에 대해 독설을 퍼부었다. 이 연설 중 일부는 원로원이나 민회에 전해졌고, 나머지는 전쟁을 거부하는 최상의 방식인 선전 책자로 출간되었다. 뒤이은 무티나(모데나) 전투에서 안토니우스는 패해 도망했다.(44년) 하지만 히르티우스와 판사는 전사했으며, 자신의 군단뿐만 아니라 원로원 군단의 지휘관으로 로마로 돌아간 사람은 옥타비아누스가 유일했다. 이러한 병력을 배경으로 그는 원로원에 자신을 집정관으로 임명하고 카이사르 살해 음모자들에 대한 사면을 철회하도록, 그리고 음모자들 모두에게 사형을 선고하도록 강제했다. 키케로와 원로원이 자신의 적이며, 자신을 단지 안토니우스에 맞서기 위해 일시적인 도구로 사용하고 있다는 것을 알게 된 옥타비아누스는 안토니우스와의 불화를 수습했으며, 안토니우스와 레피두스가 참여하는 2차 삼두 정치를 결성했다.(43~33년) 그들의 연합군은 로마로 진격해 별다른 저항 없이 로마를 점령했다. 많은 원로원 의원들과 보수주의자들이 남부 이탈리아와 속주로 도망했다. 민회는 2차 삼두 정치를 비준했으며, 5년 동안 전권을 부여했다.

병사들에게 급여를 지불하고 금고를 다시 채우기 위해, 그리고 카이사르 암살자들에게 복수하기 위해 세 명의 삼두 정치가는 어느 누구의 통제도 받지 않고 로마 역사상 가장 피비린내 나는 공포 정치를 실시했다. 그들은 사형을 집행할 300명의 원로원 의원과 2000명의 기사 계급 명단을 작성했으며, 처형자 명단에 기록된 사람의 머리 하나를 가져오는 자유민과 노예에게는 각각 2만 5000드라크마(1만 5000달러)와 1만 드라크마를 주었다.[4] 돈을 가지고 있는 것은 사형 죄가 되었다. 재산을 물려받은 아이들은 형을 선고받거나 살해되었다. 그리고 미망인들은 유산을 빼앗겼다. 1400명의 부유한 여성들은 재산의 대부분을 삼두 정치가들에게 양도해야 했다. 마침내 베스타 신전의 신녀들에게 맡겨졌던 저금들마저 몰수되었다. 아티쿠스는 안토니우스의 아내 풀비아를 도와주었으므로 용서받았다. 이러한 호의에 사의를 표하는 사이에 그는 거액을 브루투스와 카시우스에게 보냈다. 삼두 정치가들은 병사들에게 로마 시(市)의 모든 출구를 지키게 했다. 처형자 명단에 기록된 사람들은 우물, 하수구, 다락방, 굴뚝 속에 숨었다. 일부는 저항하다 죽었고, 일부는 말없이 살해자들에게 몸을 맡겼다. 그리고 일부는 굶어 죽거나 목매달아 죽었으며, 아니면 강에 몸을 던져 죽었다. 일부는 지붕에서 뛰어내리거나 불 속에 뛰어들었다. 일부는 실수로 죽었다. 그리고 처형자 명단에 기록되지 않은 일부는 살해당한 친척의 시체 위에서 자살했다. 자신의 운명이 다했다고 생각한 호민관 살비우스는 친구들에게 마지막 만찬을 베풀었다. 삼두 정치가의 사절들이 만찬장에 들어와 그의 목을 잘랐고, 잘려진 몸은 탁자 위에 남겨 두었다. 그리고 만찬을 계속 진행하도록 명령했다. 노예들은 가혹한 주인들을 제거할 절호의 기회를 맞이했다. 하지만 많은 노예들이 주인을 지키기 위해 최후까지 싸웠다. 어떤 노예는 주인으로 변장해서 주인 대신에 참수를 당하기도 했다. 아들들은 아버지를 지키다가 죽었지만, 일부 아들들은 재산 일부를 상속하기 위해 아버지를 배신했다. 간통자나 간통한 남편의 아내는 남편을 넘겨주었다. 코포니우스의 아내는 안토니우스와 동침함으로써 남편의 목숨을 건졌다. 안토니우스의 아내 풀비아는 이웃에 살던 루푸스의 대저택을 구입하려고 애썼다. 하지만 루푸스는 팔려고 하지 않았다. 이제 루푸스가 그녀에게 선물로 자신의 대저택을 주었다고는 하지만, 그녀는 루푸스를 처형자 명단에 올리게 했고, 잘린 머리를 그의 집 정문에 못을 박아 붙여 놓았다.⁵

　안토니우스는 키케로를 처형자 명단 앞부분에 놓았다. 안토니우스는 클로디우스의 미망인 남편이자 키케로가 감옥에서 살해했던 카탈리나 일당인 렌툴루스의 의붓아들이었다. 그리고 그는 「필리피카이」의 무제한적인 독설에 분개했다. 옥타비아누스는 항의했지만, 그리 오래 가지 않았다. 안토니우스는 카이사르 암살자들에 대한 키케로의 찬양과 보수주의자들에게 카이사르의 상속인과 빈둥거리며 놀아났다고 변명하던 키케로의 말장난을 잊을 수 없었다.* 키케로는 도망을 시도했다. 바다에서 부대끼고 구역질이 난 그는 배에서 내려 자신의 포르미아이 별장에서 밤을 보냈다. 다음날 그는 그곳에 머물면서 사형 집행인들을 기다렸으면 했다. 즉 그는 삼각파도가 이는 바다보다 사형 집행인들을

---

* 키케로는 옥타비아누스에 대해 다음과 같이 말했다. "그 사내놈은 칭찬하고, 훈장을 수여하고, 그리고 찬양해야 한다.(laudandum adolescentem, ornandum, tollendum.)" 하지만 'tollendum'은 '죽어야 한다'를 의미하기도 했다.⁶

택한 것이었다. 하지만 안토니우스의 병사들이 다가왔을 때, 키케로의 노예들은 그를 가마에 태워 바다로 나르고 있었다. 노예들은 저항하고 싶었지만 키케로는 그들에게 가마를 내려놓고 항복하라고 명령했다. 그때, "그의 몸은 먼지로 뒤덮여 있었고, 수염과 머리카락은 손질되어 있지 않았으며, 얼굴은 고통으로 수척해 있었다."[7] 그는 병사들이 자신의 목을 더 편하게 벨 수 있도록 머리를 밖으로 쑥 내밀었다.(43년) 안토니우스의 명령에 따라 키케로의 오른손 또한 절단되어 머리와 함께 삼두 정치가인 안토니우스에게 전달되었다. 안토니우스는 의기양양하게 웃었고, 암살자들에게 25만 드라크마를 주었으며, 키케로의 머리와 손을 광장에 매달아 놓게 했다.[8]

    42년 초 삼두 정치가들은 병력을 이끌고 아드리아 해를 건너 마케도니아를 지나서 트라키아로 진격했다. 그곳에서 브루투스와 카시우스가 로마에서 전례를 찾을 수 없는 가혹한 세금으로 자금을 조달했던 마지막 공화국 군대를 집결시켰다. 그들은 제국의 동방 도시들로부터 10년치 세금을 선불로 요구하고 징수했다. 로도스인들이 주저하자 카시우스는 로도스 항을 습격해 모든 시민들에게 재산을 양도하도록 명령했다. 그리고 그는 망설이는 시민들을 죽였고 1000만 달러를 가져가 버렸다. 킬리키아에서 카시우스는 타르수스가 자신에게 떠나 달라고 900만 달러를 지불할 때까지, 그곳의 집들에 병사들을 숙박시켰다. 이러한 금액을 모으기 위해 시민들은 모든 시유지를 경매했고, 신전의 모든 그릇과 장신구를 녹였으며, 자유민들을 노예로 팔았다. 처음에는 사내아이들과 여자아이들, 그 다음에는 여자들과 노인들, 그리고 마지막으로 젊은이들이 노예로 팔려 나갔다. 그들이 노예로 팔렸다는 사실을 알게 되자마자 많은 사람들이 스스로 목숨을 끊었다. 유대에서 카시우스는 420만 달러를 징수했으며, 도시 네 곳의 주민을 노예로 팔았다. 또한 브루투스도 강제로 돈을 조달할 수 있었다. 리키아의 크산투스 시민들이 그의 요구를 거절했을 때, 브루투스는 굶주림에도 완강하게 저항하던 그들이 집단적으로 자살할 때까지 그들을 포위 공격했다.[9] 철학을 사랑한 브루투스는 대부분 아테네에 머물렀다. 하지만 아테네에는 공화정 복원을 위한 전쟁을 외치는 로마의 젊은 귀족들로 넘쳐 나고 있었다. 충분한 자금이 조달되었을 때, 브루투스는 책을 덮고 자신의 병사들을 카시우스의 병사들과 합류시켰으며, 전투를 개시했다.

42년 9월 양쪽 군대가 필리피에서 마주쳤다. 브루투스의 측면 부대가 옥타비아누스의 군사들을 밀고 나가 그의 진지를 점령했다. 하지만 안토니우스의 군대가 카시우스의 군단을 패주시켰다. 카시우스의 명령을 받은 방패지기가 그를 죽였다. 안토니우스는 곧바로 여세를 몰아 공격할 수 없었다. 왜냐하면 옥타비아누스가 병으로 막사에 틀어박혀 있었으며, 그의 병사들이 혼란에 빠져 있었기 때문이다. 안토니우스는 전군을 재편성했고, 며칠간의 휴식 이후에 군대를 이끌고 브루투스를 향해 진격했으며, 공화국 군대의 마지막 생존자들이 도주했다. 자신의 병사들이 항복하는 것을 보면서 브루투스는 모든 것을 잃었음을 깨닫고, 아마도 안도했던 것 같다. 그는 친구의 칼 위에 몸을 던져 죽었다. 안토니우스는 브루투스의 시신을 자신의 자줏빛 예복으로 덮어 주었다. 그들은 한때 친구였다.

2. 안토니우스와 클레오파트라

구 귀족들이 필리피에서 마지막 육상 전투를 치렀다. 그들 중 많은 수, 즉 카토의 아들, 호르텐시우스의 아들, 퀸틸리우스 바루스, 그리고 퀸투스 라베오가 브루투스와 카시우스처럼 자살을 택했다. 승자들은 제국을 나누어 가졌다. 레피두스는 아프리카를 차지했고, 옥타비아누스는 서방을 차지했으며, 선택권이 있던 안토니우스는 이집트와 그리스와 동방을 차지했다. 항상 돈이 필요했던 안토니우스는 동방의 도시들이 적들에게 바쳤던 세금과 거의 같은 액수, 즉 1년 안에 10년치의 세금을 납부한다는 조건으로 그들을 용서했다. 승리로 되살아난 예전의 다정다감함이 그를 겉보기에 난공불락의 존재로 만들었다. 그는 디오니소스 신도처럼 옷을 입은 에페소스의 여성들이 자신을 디오니소스 신처럼 환영해 맞이했을 때, 에페소스인들에 대한 요구를 낮추었다. 하지만 안토니우스는 요리사에게 뛰어난 만찬에 대한 보상으로 마그네시아 유력자의 집을 주었다. 그는 에페소스에서 이오니아 도시들의 회합을 소집했으며, 10년 후에 아우구스투스가 전혀 바꿀 필요가 없을 정도로 이들 국가의 경계와 문제를 해결했다. 그는 카이사르 살해에 가담한 사람들을 제외하고 자신과 싸운 모든 사람을 용서했다. 그는 카시우스와 브루투스로부터 가혹하게 고통받던 도시들을 구제하고, 그중 일부 도시는 로마의 모든 세금으로부터 면제해 주고, 음모자들에 의해 노예로 팔려 나간 많은 사람들을 해방했다. 그리고 민주주의를 전복했던 전제 군주들로부터 시리아의 도시들을 자유롭게 했다.[10]

꾸밈없는 성격으로 관용을 베풀었다고는 하지만 안토니우스는 예속민들이 그의 권위에 대한 존중을 철회할 정도로 과도하게 호색에 빠져들었다. 그는 무용수, 음악가, 매춘부, 그리고 으스대는 사람들로 둘러싸였으며, 아름다운 여성이 마음에 들 때면 언제든지 아내와 첩으로 맞아들였다. 안토니우스는 사자들을 보내 클레오파트라에게 타르수스에서 만날 것을 요구하고, 그녀가 돈과 군대를 조달하기 위해 카시우스를 도왔다는 혐의에 답해 줄 것을 제시했다. 클레오파트라는 나름대로 사정이 허락할 때 타르수스에 모습을 나타냈다. 안토니우스가 탄원하고 재판받는 그녀의 모습을 기대하면서 광장의 왕좌에 앉아 있었을 때, 클레오파트라는 자줏빛 돛과 금박을 입힌 선미(船尾), 은을 입힌 노와 함께 피리와 파이프, 그리고 하프 연주에 박자를 맞춘 유람선을 타고 키드누스강 상류로 항해하고 있었다. 바다 요정과 미의 여신처럼 옷을 입은 시녀들이 승무원이었다. 반면에 베누스 여신처럼 옷을 입은 그녀 자신은 금빛 천으로 만든 차양 아래에 누워 있었다. 클레오파트라의 매혹적인 출현 소식이 타르수스 사람들 사이에 퍼졌을 때, 그들은 안토니우스를 왕좌에 외롭게 남겨 두고 해안가에 모여들었다. 클레오파트라는 선상 식사에 안토니우스를 초대했다. 그는 위압적인 수행원을 대동하고 도착했다. 그녀는 온갖 호사스러움으로 그들을 환대했으며, 선물과 미소로 안토니우스의 장군들을 매수했다. 한때 안토니우스는 알렉산드리아에서 소녀 시절의 그녀와 하마터면 사랑에 빠질 뻔했었다. 이제 그는 스물아홉 살의 성숙한 매력을 뽐내는 그녀를 보았다. 그는 그녀를 책망하는 것으로 시작해서 그녀에게 페니키아, 코엘레시리아, 키프로스, 그리고 아라비아 지역들, 킬리키아, 유대를 선물로 주는 것으로 끝냈다.[11] 클레오파트라는 안토니우스의 요청에 따라 그를 알렉산드리아에 초대하는 것으로 보답했다. 그는 여왕 클레오파트라의 사랑을 황홀하게 만끽하면서, 무세움에서 강연을 들으면서, 그리고 자신에게 통치할 제국이 있다는 사실도 잊어버린 채 알렉산드리아에서 한가로이 겨울을 보냈다.(41~40년) 클레오파트라 자신은 사랑에 빠지지 않았다. 그녀는 부유하지만 힘이 약한 이집트가 곧 전능한 로마의 탐욕을 끌어당길 것으로 생각했다. 그녀의 조국과 왕위를 구해 줄 수 있는 유일한 수단은 로마의 지배자와 결혼하는 것이었다. 그녀는 과거에 카이사르에게서 이것을 얻으려고 노력했으나, 이제는 안토니우스에게서 얻으려고 했다. 그리고 카이사르의 정책 말고는 이렇다 할 정책이 전혀 없던 안토니우스는 로마와 이집트를 통합하고 매혹적인 동방에 자신의 수도를 만들려는 꿈을 실현하고 싶어 했다.

안토니우스가 알렉산드리아에서 즐거운 시간을 보내는 사이에 아내 풀비아와 동생 루키우스는 로마에서 옥타비아누스의 권력을 전복하기 위한 음모를 꾸미고 있었다. 옥타비아누스는 로마에서 전혀 행복을 찾지 못했다. 원로원은 모험가들과 장군들의 잔당으로 넘쳐 났고, 실업에도 불구하고 일은 멈추지 않았으며, 민중파는 와해되었고, 섹스투스 폼페이우스는 식량 수입을 봉쇄하고 있었다. 거래는 공포로 얼어붙었고, 과세와 약탈로 거의 모든 부가 파괴되었다. 그리고 많은 사람들이 당장 다음날 통화가 지불 거절될 수 있고, 아니면 더 나아가 약탈이나 죽음이 엄습할지도 모른다는 이유로 무모하고 도덕적으로 방탕한 소요로 살아가고 있었다. 옥타비아누스 자신은 당시 고결함의 본보기가 결코 아니었다. 혼란을 부추기기 위해 풀비아와 루키우스는 군대를 편성했으며,

옥타비아누스를 축출하기 위해 이탈리아에 도움을 요청했다. 옥타비아누스의 장군인 마르쿠스 아그리파는 페루시아에서 루키우스를 포위 공격해 굶겨 죽였다.(40년 3월) 풀비아는 질병과 야망의 좌절, 그리고 안토니우스에게 무시당한 것에 대한 슬픔 때문에 죽었다. 옥타비아누스는 안토니우스와 화합을 유지하겠다는 바람으로 루키우스를 용서했지만, 안토니우스는 바다를 건너 브룬디시움에서 옥타비아누스 군대를 포위 공격했다. 지도자들보다 더 뛰어난 판단력을 보여 준 양쪽 병사들은 서로 싸우기를 거부했으며, 안토니우스와 옥타비아누스에게 평화 협정을 체결하도록 압박했다.(40년) 안토니우스는 근신에 대한 증표로 옥타비아누스의 상냥하고 정숙한 여동생 옥타비아와 결혼했다. 모두가 잠시 행복했다. 그리고 이제 네 번째 전원시를 쓰고 있던 베르길리우스는 사투르누스의 이상적 통치로의 복귀를 예측했다.

38년에 옥타비아누스는 티베리우스 클라우디우스 네로의 임신한 아내 리비아와 사랑에 빠졌다. 그는 자신의 첫 번째 아내 스크리보니아와 이혼했고, 네로에게 리비아를 놓아주도록 설득했으며, 마침내 그녀와 결혼했다. 그리고 리비아의 설득력 있는 조언과 클라우디우스 가(家) 사람이라는 귀족적인 연고에서 유산 계층과 화해하기 위한 통로를 발견했다. 옥타비아누스는 세금을 낮추었고, 3만 명의 도망 노예를 주인들에게 되돌려 보냈으며, 인내심을 갖고 이탈리아에서 질서를 회복하려고 애썼다. 아그리파의 도움과 안토니우스가 제공한 120척의 배로 옥타비아누스는 섹스투스 폼페이우스의 함대를 격파했고, 로마의 식량 공급을 확보했으며, 폼페이우스 지지자들의 저항을 종식시켰다.(36년) 원로원은 박수로 옥타비아누스를 종신 호민관으로 임명했다.

로마의 국가 예식에서 옥타비아와 결혼한 안토니우스는 그녀와 함께 아테네로 갔다. 그곳에서 잠시 지적인 여성과 생활하는 신선한 경험을 즐겼다. 그는 정치와 전쟁을 제쳐 두고, 자신의 옆에 옥타비아를 대동하고 철학자들의 강연에 참석했다. 하지만 그 사이에 카이사르가 파르티아를 정복하기 위해 떠났던 계획을 세밀히 연구했다. 카이사르 휘하 장군의 아들인 라비에누스가 파르티아 왕에게 고용되었는데, 그는 파르티아 군대를 지휘해 로마의 수지맞는 속주였던 킬리키아와 시리아에 승리했다.(40년) 이러한 위협에 맞서기 위해 안토니우스는 병사들이 필요했다. 그리고 병사들에게 급료를 지불하기 위해 돈이 필요했다. 그런데 클레오파트라는 충분한 돈을 갖고 있었다. 갑자기 선행과 평화에 싫증 난 안토니우스는 옥타비아를 로마로 돌려보낸 뒤 클레오파트라에게 안티오크에서 만나자고 요구했다. 그녀는 약간의 병력을 그에게 데려왔다. 하지만 그의 원대한 계획에 찬성하지 않았으며, 분명히 그에게 막대한 자금을 전혀 제공하지 않았다. 안토니우스는 10만의 병사들로 파르티아를 침공했지만(36년), 성채 점령 시도가 수포로 돌아갔다. 그리고 그는 300마일의 적국을 관통하는 영웅적인 퇴각에서 병력의 거의 절반을 잃었다. 도중에 그는 아르메니아를 제국에 병합했다. 그는 자신에게 개선식을 수여했으며, 알렉산드리아에서 개선식을 거행함으로써 이탈리아에 충격을 안겨 주었다. 안토니우스는 옥타비아에게 이혼 편지를 보내고(32년) 클레오파트라와 결혼했으며, 그녀와 카이사리온을 이집트와 키프로스의 공동 통치자로 승인했다. 그리고 그는 제국의 동방 속주들을 자신과 클레오파트라 사이에서 태어난 아들과 딸에게 유증했다. 곧 옥타비아와의 감정을 풀어야 한다는 사실을 알면서도 안토니우스는 1년간의 장난 같은 놀이와 쾌락에 빠져들었다. 클레오파트라는 그에게 전능함을 시험할 수 있는 마지막 도박을 해보도록 부추겼으며, 그를 도와 군대와 함대를 조달했다. 그리고 그녀는 늘 되뇌던 것처럼 "맹세하노니, 언젠가는 내가 카피톨리누스 언덕에서 판결을 내리겠어."라고 말했다.[12]

3. 안토니우스와 옥타비아누스

옥타비아는 자신이 거절당한 것을 묵묵히 견뎌 내면서 로마의 안토니우스 집에서 조용히 살았다. 그리고 그가 풀비아와의 사이에 낳은 아이들과 그녀 자신이 그와의 사이에 낳은 두 딸을 정성껏 키웠다. 옥타비아누스는 말없이 외로워하는 옥타비아의 모습을 매일 지켜보면서, 만약 안토니우스의 계획이 성공할 경우 이탈리아는 물론이고 자신도 불운할 것이라는 확신이 들었다. 옥타비아누스는 이탈리아로 하여금 그 상황을 깨닫도록 했다. 즉 안토니우스가 이집트의 여왕과 결혼했고, 그녀와 사생아들에게 가장 많은 공물을 가져다주는 로마의 속주들을 양도했으며, 알렉산드리아를 제국의 수도로 만들려 하고 있었다. 그리고 로마와 이탈리아를 예속적인 역할로 떨어뜨리려 했다. 안토니우스가 원로원(그는 몇 년 동안 원로원을 무시했다.)에 자신과 옥타비아누스가 은퇴해야 하며 공화정의 제도들이 복원되어야 한다는 서신을 보냈을 때, 옥타비아누스는 자신이 안토니우스의 유언장이라고 주장한 것을 원로원에서 낭독함으로써 곤란한 상황을 모면했다. 이 유언장은 옥타비아누스가 베스타 신전의 신녀들에게서 강제로 빼앗은 것이었다. 유언장에서는 안토니우스가 클레오파트라에게서 얻은 아이들을 그의 유일한 상속인으로 지명했으며, 여왕 클레오파트라를 알렉산드리아에 묻어 주도록 지시했다.[13] 유언장의 마지막 조항은 의심스러운 부분이 판명되어야 했을 만큼 원로원에게는 결정적이었다. 로마에 제출된 유언장이 그러한 조항들을 만들었어야 했다는 것에 의혹을 제기하는 대신에, 원로원과 이탈리아에 클레오파트라가 안토니우스를 통해 제국을 흡수하려는 계획을 세우고 있다는 것을 확신시켰다. 특유의 치밀함으로 옥타비아누스는 안토니우스가 아닌 클레오파트라에게 오히려 전쟁을 선포했으며(32년), 그 싸움을 이탈리아의 독립을 위한 성전으로 만들었다.

32년 9월, 500척의 대규모 전함으로 구성된 안토니우스와 클레오파트라의 함대가 이오니아 해로 출항했다. 아직까지 그러한 대규모 함대가 편성된 적은 없었다. 로마로부터 해방되기를 바라던 대부분의 동방 제후들과 왕들이 제공한 10만 명의 보병과 1만 2000명의 기병으로 이루어진 군대가 함대를 지원했다. 옥타비아누스는 400척의 배, 8만 명의 보병, 그리고 1만 2000명의 기병을 거느리고 아드리아 해를 건넜다. 거의 1년 동안 양쪽 군대는 전쟁을 준비했고 기동 훈련을 했다. 얼마 안 있어 31년 9월 2일에 역사적인 전투 가운데 하나인 암브라시아 만의 악티움 전투에서 양쪽이 맞붙었다. 아그리파는 뛰어난 전술가임을 입증해 보였으며, 그의 경무장 함선은 육중한 망루가 설치된 안토니우스의 거함들보다 다루기 쉬웠다. 여러 척의 거함들이 옥타비아누스의 선원들이 던진 횃불에 타서 파괴되었다. 디오 카시우스는 다음과 같이 말한다.

> 몇몇 선원들은 불길이 덮치기 전에 연기에 질식되어 죽었다. 다른 몇몇 선원들은 갑옷을 입은 채로 불에 타 죽었다. 그리고 그들의 갑옷은 시뻘겋게 달구어졌다. 다른 몇몇 선원들은 화덕 속에 있는 것처럼 그들의 배 안에서 구워졌다. 많은 선원들이 바다로 뛰어들었다. 이들 중 일부는 바다 괴물들에게 갈기갈기 찢겼으며, 일부는 화살을 맞았다. 그리고 일부는 익사했다. 서로를 죽인 사람들만이 견딜 만한 죽음에 이를 수 있었다.[14]

안토니우스는 자신이 패하고 있다는 것을 알았으며, 클레오파트라에게 미리 준비한 퇴각계획을 실행에 옮기자고 신호했다. 그녀는 소함대를 지휘해 남쪽으로 가서 안토니우스를 기다렸다. 기함(旗艦)을 구해 낼 수 없었던 안토니우스는 기함을 버리고 노를 저어 그녀에게 다가갔다. 그들이 알렉산드리아로 항해했을 때, 안토니우스는 모든 것, 심지어 명예마저 잃었음을 자각하고 머리를 두 손 사이에 고정시킨 채 뱃머리에 혼자 앉아 있었다.

옥타비아누스는 악티움에서 아테네로 갔다. 그곳에서 이집트 약탈을 요구하던 병사들의 반란을 진압하려고 이탈리아로 건너갔다. 그리고 안토니우스의 지지자들을 면직하고 처벌하려고, 그리고 장기간 고통받는 도시들로부터 새로운 자금을 조달하려고 아시아로 갔다. 그 다음 알렉산드리아로 갔다.(30년) 안토니우스는 클레오파트라를 떠나 파로스 근처의 섬에서 머무르고 있었다. 그곳에서 평화 회담을 제안하는 서한을 보냈지만, 옥타비아누스는 묵살했다. 클레오파트라는 안토니우스 몰래 옥타비아누스에게 복종의 표시로 황금 홀(笏),

왕관, 왕좌를 보냈다. 디오 카시우스의 말에 따르면 옥타비아누스는 그녀와 이집트를 내버려 두겠다고 답했다고 한다.[15] 패배한 삼두 정치가 안토니우스는 옥타비아누스에게 둘 사이의 예전 우정과 "그들이 젊었을 때 함께한 모든 악의 없는 장난"을 상기시키면서 다시 서한을 보냈다. 게다가 안토니우스는 만약 승자인 옥타비아누스가 클레오파트라의 목숨을 살려 준다면, 자살하겠다고 동의했다. 옥타비아누스는 또다시 아무런 회답도 주지 않았다. 클레오파트라는 이집트 국고에서 왕궁 탑으로 가능한 모든 것을 끌어모았다. 그리고 만약 명예로운 평화를 허락하지 않는다면, 모든 것을 파괴하고 자신은 자살할 것이라고 옥타비아누스에게 알렸다. 안토니우스는 남아 있는 소규모 병력을 이끌고 마지막 전투에 나섰다. 그는 필사적으로 용기를 발휘해 잠깐 승리를 거두었다. 하지만 다음날 클레오파트라의 용병들이 항복한 것을 알고, 그리고 클레오파트라가 죽었다는 소식을 듣고 자신을 칼로 찔렀다. 클레오파트라의 사망 소식이 잘못된 것임을 알고 나서, 안토니우스는 여왕과 그녀의 시종들이 갇혀 있던 왕궁 탑의 위쪽 방으로 자신을 데려다 줄 것을 간청했다. 창문을 통해 방으로 들어간 안토니우스는 그녀의 팔에 안겨 숨을 거두었다. 옥타비아누스는 클레오파트라에게 밖으로 나와 연인 안토니우스를 묻어 주도록 허락했다. 그 다음 그녀에게 알현을 허락했다. 실의에 빠진 서른아홉 살의 여인에게 남아 있는 매력이란 없었다. 옥타비아누스는 그녀에게 조건을 제시했으며, 한때 여왕이었던 사람의 삶을 볼품없이 만들었다. 옥타비아누스가 로마에서의 개선식을 장식하기 위해 자신을 포로로 잡아가려 한다고 확신한 클레오파트라는 왕실 예복을 차려 입고, 작은 독사에게 자신의 가슴을 물게 해 죽었다. 시녀인 샤르미온과 이리스가 그녀를 따라 자살했다.[16]

옥타비아누스는 클레오파트라가 안토니우스 곁에 묻히도록 허락했다. 그는 카이사리온을 죽이고, 풀비아와 안토니우스 사이에서 태어난 장남을 살해했다. 그리고 안토니우스와 클레오파트라 사이에서 태어난 아이들을 살려 주었고 이탈리아로 보냈다. 그곳에서 옥타비아가 이들을 자신의 아이들처럼 양육했다. 승자인 옥타비아누스는 이집트의 보물이 고스란히 그대로 있으며, 자신이 상상했던 만큼 풍부하다는 것을 알게 되었다. 이집트는 로마의 속주로 지명되는 모욕을 피했다. 옥타비아누스는 단지 프톨레마이오스 왕가의 왕좌에 올랐고, 그들의 부를 상속했다. 그리고 행정 장관에게 이집트를 독자적으로 통치하게 했다. 카이사르의 상속인이었던 옥타비아누스가 알렉산드로스의 상속인들을 정복했으며, 알렉산드로스의 왕국을 흡수했다. 마라톤 전투와 마그네시아 전투에서처럼 서방이 다시 동방에게 승리했다. 거인들의 전투가 끝났으며 한 병약자가 승리했다.

 공화정은 파르살로스 전투에서 목숨을 다했다. 그리고 혁명은 악티움 해전에서 막을 내렸다. 로마는 플라톤과 우리들에게 알려진 숙명적인 순환, 즉 군주정, 귀족정, 과두정의 착취, 민주정, 혁명의 혼돈, 그리고 독재정을 완성했다. 역사의 거대한 수축과 이완 속에서 한 번 더 자유의 시대가 막을 내렸고 통제의 시대가 시작되었다.

원수정

기원전 30~서기 192년

CAESAR AND CHRIST

11장 아우구스투스의 정치 수완
기원전 30~서기 14

1. 군주정으로 가는 길

옥타비아누스는 알렉산드리아에서 아시아로 건너가 왕국과 속주를 계속 재분배했다. 기원전 29년 여름에야 비로소 이탈리아에 도착했다. 그곳에서 거의 모든 계급이 그를 구원자로 환영하고 축하했으며, 3일 동안 계속된 개선식에 참가했다. 잠시 전쟁의 신 마르스가 충분히 배를 불렸다는 표시로 야누스 신전이 닫혔다. 생기 넘치던 이탈리아 반도가 20년간의 내전으로 녹초가 되어 버렸다. 이탈리아 농장은 방치되었고, 도시는 약탈되거나 포위 공격을 받았으며, 이탈리아의 많은 부가 강탈당하거나 파괴되었다. 행정과 방위가 붕괴되었다. 강도들로 인해 모든 거리가 밤중에 위험해졌다. 노상강도들이 길을 배회하면서 여행자들을 납치했으며, 그들을 노예로 팔아넘겼다. 교역이 감소했고, 투자는 멈추었으며, 이자율이 치솟았고, 재산 가치가 하락했다. 부와 사치로 느슨해지

357

던 도덕이 빈곤과 혼란 때문에 호전되지 않았다. 왜냐하면 부에 뒤따르는 빈곤보다 더 사기를 꺾는 상황은 좀처럼 존재하지 않기 때문이다. 로마는 경제적 기반을 잃고 그 다음에는 도덕적 안정을 잃은 사람들, 모험을 경험하고 죽이는 법을 배운 병사들, 자신들의 저축액이 세금과 전쟁의 인플레이션으로 탕진되는 것을 지켜보면서 다시 부유한 상태로 되돌아가기를 빈둥거리면서 기다리는 시민들, 그리고 자유와 늘어 가는 이혼, 낙태, 간통으로 어찌할 바 모르는 여성들로 넘쳐 났다. 자식을 갖지 않는 것이 쇠퇴해 가는 활력의 전형처럼 확산되어 가고 있었다. 그리고 얕은 지식이 비관주의와 냉소주의를 자랑했다. 이것이 로마에 대한 전체 모습은 아니었지만 로마의 활력에서 타오르던 위험한 질병이었다. 바다에서는 해적들이 되살아나 국가들의 자멸 행위를 기뻐하고 있었다. 도시와 속주가 술라, 루쿨루스, 폼페이우스, 가비니우스, 카이사르, 브루투스, 카시우스, 안토니우스, 옥타비아누스가 잇따라 부과하던 가혹한 세금 이후 다시 일어섰다. 전쟁터였던 그리스는 황폐화되었으며, 이집트는 약탈되었다. 근동은 다수의 군대를 먹여 살렸으며, 여러 장군들을 매수했다. 근동 사람들은 로마를 안전이나 평화를 주지 않은 채 자유를 파괴한 지배자로 미워했다. 그들 사이에 어떤 지도자가 나타나서, 이탈리아가 기진맥진해 있음을 발견하고, 그들의 힘을 결집해서 로마에 대항한 또 다른 해방 전쟁을 일으켰다면 어떻게 되었을까?

만약 활력이 넘친 원로원이었다면 이러한 위험에 대담하게 맞서 강력한 군단을 편성했을 것이다. 그리고 원로원을 대표하는 유능한 지휘관들을 찾아내서 통찰력 있는 정치 수완을 갖도록 인도했을 것이다. 하지만 원로원은 이제 한낱 이름에 불과했다. 한때 힘 있던 유력 가문들이 대립이나 불임으로 대가 끊겼으며, 정치 수완의 전통이 그들을 계승하던 기사 계급, 병사, 그리고 속주민에게 전해지지 않았다. 새로운 원로원은 계획을 세우고, 책임지고, 지도하려는 사람에게 기꺼이 주요 권력을 양도했다.

옥타비아누스는 낡은 정체를 청산하기에 앞서 주저했다. 디오 카시우스는 마이케나스, 아그리파와 함께 그 문제를 상세히 토론하는 그의 모습을 그리고 있다. 그들은 모든 정체가 과두정이라고 판단했으므로, 군주정과 귀족정과 민주정 중에서 하나를 선택하는 것은 문제가 될 수 없었다. 그들은 시간과 공간이라는 주어진 상황에서 과두정이 군대에 기반을 둔 군주정 형태로 더 선호될 수 있는지, 아니면 세습에 뿌리박은 귀족정 형태로 더 선호될 수 있는지, 아니면 기사 계급의 부에 의존하는 민주정 형태로 더 선호될 수 있는지 결정해야 했다. 옥타비아누스는 키케로의 이론과 폼페이우스의 선례, 그리고 카이사르의 정책을 혼합한 "원수정(元首政, principate)"에서 모든 것을 하나로 결합했다.

로마 대중들은 그의 해결책을 냉정하게 받아들였다. 그들은 더 이상 자유에 마음을 빼앗기지 않았지만 지친 나머지 안전과 질서를 갈망했다. 경기와 빵을 보장할 수 있다면 누구든지 그들을 통치할 수 있었다. 그들은 부패로 꽉 막혀 있고 폭력이 장악하고 있던 어설픈 민회로는 제국을 통치할 수 없고, 이탈리아에 활력이 되살아나게 할 수 없으며, 심지어 로마를 통치할 수조차 없다는 것을 막연하게 이해하고 있었다. 자유에 대한 불평은 자유가 포용하는 범위와 일치해서 늘어난다. 로마가 도시 국가가 아니게 되었을 때, 제국이 로마로 하여금 이집트, 페르시아, 마케도니아를 모방하도록 가차 없이 내몰았다. 자유가 개인주의와 혼란에 굴복함으로써 확대된 영역에 새로운 질서를 구축하기 위해 새로운 정체가 만들어지지 않으면 안 되었다. 지중해 세계 전체가 옥타비아누스의 정치 수완을 기다리면서 그의 발밑에 무질서하게 자리 잡고 있었다.

옥타비아누스는 카이사르가 실패한 곳에서 성공을 거두었다. 그는 더 참을성 있고 교활했으며, 말과 형식의 전략을 이해했으므로 성공했다. 그리고 자신의 종조부(從祖父)가 짧은 시간 때문에 당대의 전통에 상처를 입히고 한 세대의 변화를 반년의 생에 담아내야 했던 반면에, 신중하게, 그리고 서서히 움직이는 것을 마다하지 않았으므로 성공할 수 있었다. 게다가 옥타비아누스에게는 돈이 있었다. 수에토니우스의 말에 따르면 그가 이집트의 보물을 로마로 가져왔을 때 "돈이 너무 많아져서 이자율이 (12퍼센트에서 4퍼센트로) 떨어졌으며", "부동산 가격이 엄청나게 상승했다." 재차 옥타비아누스가 소유권은 신성한 권리이며 추방과 몰수를 끝내겠다고 분명하게 밝히자 돈이 모습을 나타냈고, 투자가 활성화되었으며, 교역이 확대되었다. 그리고 부가 다시 축적되었으며, 부의 일부가 노동자들과 노예들에게 흘러들어 갔다. 이탈리아의 모든 계층은 이탈리아가 수익자로 변모하고 로마가 제국의 수도로 남게 되었고, 되살아난 동방의 위협이 잠시 가라앉았으며, 그리고 카이사르가 꿈꾸던 동등한 권리를 갖는 연방 대신에 지배자 민족의 특권으로 조용히 되돌아갔다는 사실을 알고 기뻐했다.

풍부하게 강탈한 부로 옥타비아누스는 제일 먼저 자신의 병사들에게 진 빚을 갚았다. 그는 개인적으로 자신에게 충성을 맹세한 20만 명의 병사를 현역에 복무하게 했으며, 나머지 30만 명은 농지를 분배해서 전역시켰다. 그리고 각각의 병사에게 상당한 액수의 돈을 증여했다. 그는 장군들과 지지자들과 친구들에게 아낌없이 선물했다. 여러 차례 부족한 공적 자금을 자신의 개인 자금으로 채워 넣기도 했다. 옥타비아누스는 정치적 강탈이나 신의 이름을 빌려 이루어진 행위로 고통을 겪은 속주들에게 1년간 공물을 면제하고 막대한 구제금을 보냈다. 그는 재산 소유자들에게 체납세 전액을 탕감해 주고 공공연하게 그들이 국가에 진 빚의 기록을 불태워 버렸다. 그는 곡물을 나눠 주고 사치스러운 구경거리와 경기를 제공했으며, 모든 시민에게 현금을 나누어 주었다. 실업을 해결하고 로마를 장식하기 위해서 대규모 공공사업에 착수했으며, 공공사업 대금을 자신의 돈으로 지급했다. 따라서 로마 대중들이 그를 신으로 간주한 것은 전혀 놀랄 만한 일이 아니었다.

모든 돈이 자신의 수중에서 빠져나가는 사이에 부자 황제는 귀족들의 사치와 관직에서 생기는 이득을 멀리하고, 자신의 집에서 시녀들이 짠 옷을 입으며, 호르텐시우스의 대저택이었던 작은 방 한 켠에서 항상 잠을 자며 검소하게 살았다. 28년간 거주하던 이 대저택이 불에 전부 타 버렸을 때, 옥타비아누스는 옛 설계에 따라 대저택을 다시 지었으며, 예전과 똑같은 작은 방에서 잠을 잤다. 심지어 시민들의 눈에서 멀어질 때조차 군주보다는 철학자처럼 살았다. 그가 유일하게 탐닉한 것은 공무에서 벗어나 캄파니아 해안을 따라 여유롭게 항해하는 것이었다.

옥타비아누스는 한 걸음 한 걸음 착실하게 원로원과 민회가 자신을 이름만이 아닌 실질적인 왕으로 만들어 주는 권력을 부여하도록 설득해 나갔다. 그는 항상 국가 전체 군대의 총사령관으로서 임페라토르(imperator)라는 칭호를 보유했다. 군대가 대부분 수도 로마 바깥에, 그리고 보통은 이탈리아 바깥에 머물러 있었으므로, 시민들은 몇 마디 말로 통치가 이루어지고 있는 한은 힘이 숨겨져 있는 군사 군주정 밑에서 살아간다는 점을 잊을 수 있었다. 옥타비아누스는 43년과 33년, 그리고 31~23년까지는 매년 집정관에 선출되었다. 36년과 30년, 그리고 23년에 호민관의 권한을 부여받은 그는 종신토록 호민관에 대한 불가침 권한과 원로원이나 민회에서 법률을 발의할 수 있는 권한, 그리고 모든 관리들의 결정에 거부권을 행사할 수 있는 권한을 가졌다. 어느 누구도 호감을 주는 이러한 독재권에 항의할 수 없었다. 기회를 잘 이용하고 있던 기사 계급, 옥타비아누스의 이집트 약탈품을 냄새 맡은 원로원 의원들, 옥타비아누스의 하사금으로 토지나 지위를 보유하던 병사들, 카이사르의 법률과 임명과 유언의 수혜자들 모두는 이제 한 사람에 의한 지배가 최선이라는 호메로스의 주장에 동의했다. 적어도 그 한 사람이 옥타비아누스처럼 자신의 돈을 지출하는 일에 인색하지 않고, 대단히 근면하고 유능하며, 국가의 이익에 헌신적일 경우에 한해서 그러했다.

28년에 아그리파와 공동 감찰관으로서 옥타비아누스는 호구 조사를 한 뒤에, 원로원 의원 수를 개정해서 600명으로 줄였으며, 자신을 영구적으로 "원로원의 제일인자(princeps senatus)"로 명명했다. 이 호칭은 "원로원에서 첫 번째로 호명된다."라는 것을 의미했다. 그리고 옥타비아누스가 죽을 때까지 보유한 임페라토르라는 호칭이 "황제(皇帝, emperor)"를 의미하게 되었듯이 머지않아 원로원의 제일인자라는 호칭은 통치자의 의미에서 "원수(元首, prince)"를 의미했다. 당연히 역사에서는 그의 정체와 2세기 동안 그의 계승자들의 정체를 엄밀한 의미에서 군주정(monarchy)이라기보다는 원수정(principate)이라 부르고 있다. 왜냐하면 콤모두스가 죽을 때까지 적어도 이론적으로는 모든 "황제들"이 스스로를 원로원의 지도자로만 인정했기 때문이다. 권한의 입헌적 외관을 좀 더 위압적인 것으로 만들고자 옥타비아누스는 27년에 자신의 모든 관직을 내놓고 공화정의 복원을 선언했으며, 서른다섯 살의 나이에 공직에서 은퇴하겠다는 열망을 밝혔다. 아마도 이 극적인 사건은 미리 계획되었던 것 같다. 옥타비아누스는 정직이 최상의 방책이기는 하나 차별적으로 행해져야 한다고 생각한 신중한 사람이었다. 원로원은 그의 관직 사퇴에 원로원 의원직 사퇴로 맞섰고, 그의 권한 거의 모두를 되돌려주었으며, 국가를 계속 지도해 줄 것을 간청했다. 더욱이 원로원은 역사에서 그의 이름으로 오해되어 왔던 "아우구스투스(Augustus)"라는 호칭을 그에게 부여했다. 이제까지 아우구스투스라는 단어는 신성한 물건과 장소, 그리고 어떤 창조적이거나 늘어나는 신들에게만 적용되었다. 그런데 옥타비아누스에게 적용된 아우구스투스라는 단어는 그에게 신성의 후광과 종교와 신들의 보호를 부여했다.

로마 대중들은 잠시 공화정의 "복원"이 사실이며, 그들이 공화정을 돌려받고 있었다고 생각했던 것 같다. 원로원과 민회가 여전히 법률을 제정했고, 행정관을 선출하지 않았는가? 사실이 그랬다. 아우구스투스나 그의 대리인들은 단지 법률을 "발의했고", 더 유력한 입후보자를 "지명했을" 뿐이다. 임페라토르와 집정관으로서 아우구스투스는 군대와 국고를 장악하고 법률을 집행했다. 그리고 호민관의 특권으로 다른 모든 통치 행위를 통제했다. 그의 권력은 페리클레스나 폼페이우스의 그것 또는 어떤 강력한 미국 대통령의 권력보다 훨씬 더 크지는 않았다. 하지만 차이는 권력의 영속성에 있었다. 23년에 그는 집정관직에서 사임했지만 원로원으로부터 모든 속주 관리들을 통제할 수 있는 "전(前) 집정관의 권한"을 부여받았다. 또다시 어느 누구도 반대하지 않았다. 오히려 곡물 부족으로 위협받은 대중들이 원로원을 포위해 아우구스투스를 독재관으로 임명할 것을 요구했다. 그들은 원로원의 과두정 지배에서 독재권으로 마음이 기울었을 정도로 고되게 살아가고 있었다. 독재권은 아마도 부의 힘을 돋보이게 함으로써 대중들의 지지를 즐길 수 있었을 것이다. 아우구스투스는 거절했지만, 식량 공급의 책임을 떠맡고 신속하게 식량 부족 문제를 해결했다. 그가 자신의 이미지대로 로마의 제도들을 개조했을 때, 로마는 만족하며 고마워했다.

2. 새로운 질서

원수정이야말로 여러 가지 면에서 역사상 가장 절묘한 정치적 성취 중 하나이므로 어느 정도 자세히 살펴볼 필요가 있다.

원수의 권력은 입법, 행정, 사법 전 분야에 걸쳐 있었다. 즉 원수는 민회나 원로원에 법률이나 법령을 발의할 수 있었고, 시행하고 집행할 수 있었으며, 해석할 수 있었다. 그리고 그것들을 위반할 경우에는 처벌할 수 있었다. 수에토니우스의 말에 따르면 아우구스투스는 정기적으로, 그리고 이따금 해 질 녘까지 재판관 자리에 앉아 있었다. 그리고 "몸이 아플 경우에는 가마를 법정에 가져다 놓도록 지시했다. …… 그는 대단히 양심적이고 관대했다."[1] 대단히 많은 관직의 직무를 명심하면서 아우구스투스는 마이케나스와 같은 조언자, 아그리파와 같은 행정가, 티베리우스와 같은 장군, 그리고 주로 그의 해방노예와 노예로 구성된 초기의 사무 및 행정 관료로 비공식 내각을 조직했다.

가이우스 마이케나스는 전쟁과 평화, 정치와 외교, 그리고 마지막으로 마지못해 사랑에서 아우구스투스를 돕는 데 생애 절반을 바친 부유한 기사 계급이었다. 에스퀼리누스에 있는 그의 대저택은 정원과 온수 수영장으로 유명했다. 정적들은 그를 유약한 쾌락주의자로 묘사했다. 왜냐하면 그는 비단옷과 보석을 과시하고 로마 미식가의 모든 지식을 알고 있었기 때문이다. 마이케나스는 문학과 예술을 즐겼고 아낌없이 후원했으며, 베르길리우스의 농장을 그에게 돌려주고 또 다른 농장을 호라티우스에게 되돌려주었다. 거의 모든 공직을 가질 수 있었음에도 거절했다. 그는 여러 해 동안 행정 및 외교 정책의 원리와 세부 사항에 몰두했다. 그리고 심하게 잘못되었다는 생각이 들었을 때에는 아우구스투스를 꾸짖었을 정도로 용감했다. 그리고 마이케나스가 죽었을 때(기원전 8년), 아우구스투스는 그의 죽음을 돌이킬 수 없는 것으로 애도했다.

아마도 자신이 중산 계급 출신이면서 교역에 대한 귀족의 경멸로부터 자유로웠던 아우구스투스가 대단히 많은 기사 계급을 고위 행정 관직, 심지어는 속주 총독직에 임명한 것은 마이케나스의 조언에 따른 것이었다. 아우구스투스의 혁신에 불쾌해 하던 원로원에게 아우구스투스는 여러 차례 경의를 보내는 것으로, 원로원 위원회에 예외적인 권한을 부여하는 것으로, 그리고 자신의 주위로 대부분이 원로원 의원인 대략 20명으로 구성된 최고 협의회를 소집하는 것으로 보상했다. 시간이 경과하면서 최고 협의회의 결정은 원로원의 명령에 해당하는 효력을 갖게 되었다. 그리고 최고 협의회의 권한은 원로원의 권한이 약화되면서 강화되었다. 비록 아우구스투스가 최고 협의회에 지나치리만큼 호의적이었다고 하더라도, 원로원은 단지 그의 최고 기관에 지나지 않았다. 그는 감찰관으로서 네 차례 원로원 의원 자격을 개정했다. 그는 관직 부적격이나 개인적인 부도덕을 이유로 개개 원로원 의원들을 원로원에서 물러나게 할 수 있었으며, 또 실제로 물러나게 했다. 새로운 원로원 의원들 대부분은 아우구스투스에 의해 지명되었다. 그리고 관직 임기가 종료된 후에 원로원에 들어가는 재무관, 법무관, 집정관은 그에 의해 또는 그의 동의로 선출되었다. 이탈리아의 가장 부유한 기사 계급은 원로원에 등록되었다. 그리고 두 계급, 즉 원로원 계급과 기사 계급은 키케로가 제안한 바 있었던 연합 지배의 조화 속에서 어느 정도 화해했다. 부의 힘이 혈통의 자부심과 특권을 견제했으며, 세습 귀족이 부의 남용과 무책임을 견제했다.

아우구스투스의 제안으로 원로원의 모임이 매달 1일과 15일로 제한되었고, 보통 하루만으로 충분했다. 원로원의 일인자가 주재했을 때, 어떤 법안도 그의 동의 없이는 제출될 수 없었다. 그리고 실제로 제출된 모든 법안은 그 자신 또는 보좌관들에 의해 입안되었다. 원로원의 사법 및 행정 기능이 입법 기능을 능가하게 되었다. 원로원은 최고 법정의 역할을 수행했고, 위원회를 통해 이탈리아를 통치했으며, 다양한 공공사업의 실행을 감독했다. 원로원은 광범위한 군사적 통제가 전혀 필요 없던 속주들을 통치했지만, 외교 관계는 원수에 의해 통제되었다. 이렇게 예전의 권한을 빼앗긴 원로원은 제한된 기능들에 대해서조차 무관심해졌으며 황제와 참모들에게 더욱더 많은 책무를 양도했다.

비록 횟수가 줄어들었다고는 하지만 민회는 여전히 개최되었다. 민회는 원수가 승인한 법안이나 임명에 한해서 계속 투표했다. 40만 세스테르티우스(6만 달러)나 그 이상의 재산을 가진 사람들로 관직을 제한하는 법률로 인해 평민의 관직 보유권이 실제로 기원전 18년에 종료되었다.[2] 아우구스투스는 집정관직에 열세 번 출마했으며 그 밖의 사람들처럼 투표를 호소하기 위해 유세하고 다녔다. 그것은 극적인 방식에 정중하게 양보하는 것이었다. 부패를 방지하기 위해 선거 전에 모든 입후보자에게 매수를 삼가도록 금전상의 담보를 맡기도록 요구했다.[3] 하지만 아우구스투스는 자신의 트리부스 투표권자 각각에게 한 번에 1000세스테르티우스를 나누어 주었다.[4] 호민관과 집정관은 서기 5세기까지 계속해서 선출되었다.[5] 하지만 그들의 주요 권한이 원수에게 넘어갔으므로 호민관직과 집정관직은 행정직이라기보다는 관리직이었으며, 결국에는 단순한 명예직에 머물게 되었다. 아우구스투스는 로마에 대한 실질적인 통치를 로마 시(市) 치안국장 밑에 3000명의 치안 병력을 갖춘 유급 지역 관리들에게 맡겼다. 더 나아가 자신이 바라던 질서를 확립하고 권력을 유지하기 위해 아우구스투스는 선례를 심각하게 훼손하면서 로마 근처에 각각 1000명의 병사들로 구성된 6개의 보병대, 그리고 로마 내부에 3개의 보병대를 보유했다. 이들 9개의 보병대가 친위대가 되었다. 서기 41년에 클라우디우스를 황제로 만들고 로마 정부를 군대에 종속시키기 시작한 것이 바로 친위대였다.

아우구스투스의 행정적인 관심이 로마에서 이탈리아와 속주들로 옮겨 갔다. 그는 로마의 시민권, 즉 제한적인 "라틴 시민권"을 이집트와의 전쟁에서 역할을 분담하던 이탈리아의 모든 공동체에 부여했다. 그는 증여로 이탈리아 도시들을 원조하고 새로운 건물들로 장식했으며, 지역 참사 회원들이 로마의 민회 선거에서 우편으로 투표할 수 있도록 했다. 그는 속주를 적극적인 방어가 필요한 곳과 그렇지 않은 곳의 두 유형으로 나누었다. 아우구스투스는 적극적인 방어가 필요하지 않던 속주(시칠리아, 바이티카, 갈리아 나르본, 마케도니아, 아카이아, 소아시아, 비티니아, 폰토스, 키프로스, 크레타와 키레네, 그리고 북아프리카)는 원로원이 통치하도록 했다. 그리고 나머지 속주, 즉 "황제 속주"는 아우구스투스 자신의 사절, 공공 업무 대행자 또는 행정 장관에 의해 통치되었다. 그는 이런 만족할 만한 조정으로 대부분 "위험에 처한" 속주에 주둔하던 군대를 장악할 수 있었으며, 이집트의 풍부한 세입을 손에 넣을 수 있었다. 그리고 모든 속주에서 세금을 징수하도록 임명된 공공 업무 대행자들이 원로원 총독들을 감시할 수 있었다. 이제 총독은 고정된 급여를 받았다. 따라서 예속민들을 강탈하려는 유혹으로부터 제법 멀어질 수 있게 되었다. 더욱이 다수의 관리들이 임기 동안 잠깐 머무르는 상관들의 불법 행위를 지속적으로 관리하고 견제했다. 예속국의 왕들은 관대하게 다루어졌고, 아우구스투스에게 충성을 다했다. 그는 그들 대부분에게 아들을 자신의 궁전에 보내 로마 교육을 받도록 권고했다. 이러한 관용적인 해결책으로 젊은이들이 왕위를 계승할 때까지 인질로서, 그리고 그 다음에는 자신도 모르게 로마화의 수단으로서 역할을 수행했다.

악티움 해전의 영향으로 활력이 넘치면서, 그리고 막강한 육군과 해군을 보유하게 되면서 아우구스투스는 로마 제국을 대서양, 사하라 사막, 유프라테스 강, 흑해, 다뉴브 강, 엘베 강 등지로 확대하려는 계획에 착수했다. 로마의 평화는 국경 전체에서 수동적인 방어가 아닌 공격적인 정책으로 유지될 수 있었다. 아우구스투스 황제가 직접 스페인 정복을 마무리했으며, 거의 한 세기에 걸쳐 평화를 유지할 정도로 훌륭하게 갈리아 통치를 재조직했다. 파르티아의 경우에는 53년 크라수스가 빼앗겼던 군기와 살아남은 포로들을 반환받는 것으로 만족했다. 하지만 그는 로마에 호의적인 티그라네스라는 사람을 아르메니아 왕위에 복귀시켰다. 그는 에티오피아와 아라비아를 정복하기 위해 실패로 끝난 원정대를 파견했다. 기원전 19~9년까지 10년 동안 의붓아들인 티베리우스와 드루수스가 일리리아, 판노니아, 그리고 라에티아를 정복했다. 게르만족의 갈리아 침입에 자극받은 아우구스투스는 드루수스에게 라인 강을 건너도록 명령했으며, 그가 뛰어난 전투력으로 엘베 강으로 진격했다는 소식을 듣고 기뻐했다. 하지만 드루수스는 낙마로 내상을 입었으며, 30일 동안 고통스럽게 목숨을 부지하다가 죽었다. 드루수스를 몹시도 사랑했던 차분하지만 열정적이었던 티베리우스가 갈리아에서 게르마니아로 말을 타고 달려와 마지막 순간까지 동생을 팔에 안아 주었다. 그 다음 동생 드루수스의 시신을 로마로 운구했으며, 줄곧 장례행렬 앞에서 걸었다.(기원전 9년) 게르마니아로 돌아오자마자 티베리우스는 두 차례 전투에서(기원전 8~7년, 서기 4~5년) 엘베 강과 라인 강 사이에서 게르만 부족들의 항복을 이끌어 냈다.

거의 동시에 다가온 두 번의 끔찍한 불행이 팽창의 열병을 평화 정책으로 바꿔 놓았다. 서기 6년에 최근 획득한 판노니아와 달마티아 속주가 반란을 일으켰고, 자신들의 영토에서 모든 로마인을 학살했으며, 20만 병사로 구성된 군대를 조직해 이탈리아 침공으로 위협했다. 티베리우스는 신속히 게르만 부족들과 화해했으며, 기진맥진한 자신의 병력을 이끌고 판노니아로 갔다. 그는 꾸준하고 무자비한 전략으로 적의 수중에 들어갈 수 있는 농작물을 약탈하거나 파괴했다. 그리고 게릴라전으로 새로운 농작물 재배를 막았지만, 자신의 병사들은 잘 먹도록 신경 썼다. 3년 동안 티베리우스는 국내 도처에서의 비판에도 불구하고 이러한 방식을 고수했다. 마침내 그는 굶어 죽어 가는 반란자들의 해산과 로마 지배력의 복원을 보는 것으로 만족했다. 하지만 같은 해(서기 9년)에 아르미니우스가 게르마니아에서 반란군을 조직해 로마 총독 바루스의 세 개 군단을 함정으로 유인했다. 그리고 바루스처럼 자결한 사람들을 제외하고 모든 로마 군단병을 살해했다. 수에토니우스의 말에 따르면 이 소식을 들은 아우구스투스는 "깊은 감명을 받은 나머지 여러 달 동안 수염도 머리카락도 자르지 않았다. 그리고 가끔씩 문에 머리를 부딪치곤 했으며, '퀸틸리우스 바루스여, 내게 군단을 돌려주게.'라고 외쳤다."[6] 티베리우스는 서둘러 게르마니아로 가서 군대를 재편성해 게르만족을 격퇴했다. 그리고 아우구스투스의 명령으로 로마 국경을 라인 강으로 물러나게 했다.

그것은 황제의 자존심에 상처를 주는 결정이었지만 그의 판단은 시의 적절했다. 게르마니아는 "야만 상태", 즉 고전적인 문화에 흡수되지 못했으며, 로마에 맞서 늘어나는 인구를 자유롭게 무장시킬 수 있었다. 하지만 게르마니아 정복에 찬성했던 똑같은 이유로 러시아 남부의 스키타이 정복을 요구했을 것이다. 어디에선가 제국은 멈추어야 했다. 그리고 라인 강은 우랄 산맥의 다른 어떤 서쪽보다 더 뛰어난 국경이었다. 스페인 북부와 서부, 라에티아, 노리쿰, 판노니아, 모에시아, 갈라티아, 리키아, 팜필리아를 병합한 후에 아우구스투스는 자신이 "점점 강해지는 신"의 칭호를 충분히 받을 만하다고 생각했다. 그가 죽었을 때 제국의 강역은 미합중국보다 큰 334만 제곱마일에 도달했으며, 포에니 전쟁 이전 로마 권역의 백 배 이상이었다. 아우구스투스는 자신의 계승자에게 이제껏 보아 왔던 가장 위대한 제국에 만족하도록, 그리고 제국을 외부로 확대하기보다는 내부를 결속하고 강화하는 데 힘쓰도록 충고했다. 아우구스투스는 "알렉산드로스는 제국을 획득하는 것보다 획득한 제국에 질서를 가져오는 것을 더 위대한 과업으로 여기지 않았다."라는 말로 자신의 놀라움을 표현했다.[7] 로마의 평화(Pax Romana)가 시작되었다.

3. 태평성대

아우구스투스가 사막을 만들어 놓고 그것을 평화라고 불렀다고는 말할 수 없다. 악티움 해전 이후 10년 안에 지중해에는 어떠한 전승도 필적할 수 없을 만큼 경제적 활력이 넘쳐 났다. 질서의 회복 자체가 회복을 자극했다. 해상 안전이 부활되었고, 통치가 안정되었으며, 아우구스투스는 보수적 경향을 드러냈다. 그리고 이집트에 비축된 부가 소비되었으며, 새로운 광산과 조폐소가 개장되었다. 통화에 대한 신뢰가 구축되고 통화의 유통이 가속화되었으며, 농지 분배와 식민으로 과잉 인구가 완화되었다. 이러한 상황에서 어떻게 번영하지 않을 수 있겠는가? 아우구스투스가 근처에 있었을 때 푸테올리에 상륙한 일단의 알렉산드리아 선원들이 축제 의상을 입고 있는 그에게 다가와 신에 대한 경의를 바쳤다. 그들은 자신들이 안전하게 항해할 수 있고, 자신 있게 교역할 수 있으며, 평화롭게 살 수 있었던 것은 다름 아닌 아우구스투스 덕분이었다고 말했다.[8]

아우구스투스는 은행업자의 손자가 되었을 때처럼 자유와 안전을 결합시키는 것이 최상의 경제라고 확신했다. 그는 법을 공정하게 집행함으로써 모든 계급을 보호했고, 주요 교역 경로들을 지켜 주었으며, 채무 상환 능력이 있는 토지 소유자들에게 이자 없이 돈을 빌려 주었다.[9] 그리고 국가 곡물과 복권, 이따금 선물 등으로 빈민들을 달랬다. 그 밖에 그는 사업, 생산, 교역이 전보다 더 자유로워지게 했다. 그렇다고 하더라도 국가의 감독을 받는 일들이 전례를 찾아볼 수 없을 정도로 규모가 커졌고, 경제생활 회복에 어느 정도 역할을 했다. 82개의 신전이 세워졌고, 금융과 법정의 기능을 촉진하기 위해 새로운 광장과 바실리카가 추가되었다. 새로운 원로원 의사당이 클로디우스를 화장했던 의사당을 대체했다. 햇볕의 양을 줄이기 위해 줄기둥이 세워졌다. 카이사르가 건립하기 시작한 극장이 완공되었으며, 아우구스투스의 사위인 마르켈루스의 이름을 따서 명명되었다. 그리고 황제는 부자들에게 바실리카, 신전, 도서관, 극장, 그리고 도로로 이탈리아를 장식하는 데 재산의 일부를 쓰도록 촉구했다. 디오 카시우스의 말에 따르면 "그는 승리를 축하했던 사람들에게 그들의 공적을 기념할 수 있게 약탈품으로 어떤 공공 건축물을 세우도록 명령했다."[9a] 아우구스투스는 로마의 위엄을 강화하고 로마의 힘과 자신의 힘을 상징화하고 싶었다.

생애 말 무렵에 그는 자신이 벽돌의 도시 로마를 대리석의 로마로 만들었다고 말했다.[9b] 그것은 용서할 수 있는 과장된 말이었다. 즉 로마에는 전에 대단히 많은 대리석이 있었으며, 많은 벽돌이 남아 있었다. 하지만 어느 누구도 하나의 도시를 위해 그렇게 많은 일을 하지는 않았다.

로마의 재건에 절대로 빼놓을 수 없는 아우구스투스의 측근은 마르쿠스 빕사니우스 아그리파였다. 어디 하나 나무랄 데 없는 이 완벽한 친구는 마이케나스와 함께 아우구스투스의 정책을 지도했다. 조영관(造營官) 시절(기원전 33년) 아그리파는 170개의 공중목욕탕을 개장하고 기름과 소금을 무료로 나누어 줌으로써, 그리고 55일 연속해서 경기를 제공하고 1년 동안 모든 시민이 무료로 이발할 수 있게 해 줌으로써 로마 대중을 옥타비아누스에게 끌어들였다. 모든 경비는 아그리파 자신의 호주머니에서 나왔음에 틀림없다. 그의 능력은 제2의 카이사르를 만들 수 있게 해 주었다. 그는 한 세대 동안 아우구스투스를 위해 일하는 것을 택했다. 우리가 아는 한 그의 생애는 공적 또는 사적 추문으로 얼룩지지 않았다. 머잖아 다른 모든 사람을 더럽힌 로마의 뜬소문은 그에게 영향을 주지 않았다. 그는 해군력의 중요성을 인식한 최초의 로마인이었다. 그는 함대를 설계, 건조, 지휘했고, 섹스투스 폼페이우스를 무찔렀으며, 해적질을 진압했다. 그리고 악티움 해전에서 아우구스투스를 위해 하나의 세계를 손에 넣었다. 이러한 승리와 스페인, 갈리아, 보스포루스 왕국의 평정 이후에 아그리파는 세 번이나 개선식을 제안받았지만 모두 거절했다. 감사의 뜻을 나타낸 아우구스투스에 의해 부유해진 아그리파는 계속 검소하게 살았으며, 국가를 유지하기 위해 착수한 공공 토목 공사에 몰두했다. 그는 도로, 건물, 하수도를 수리하기 위해, 그리고 마르키우스 수로를 재개하기 위해 자신의 돈으로 수백 명의 노동자를 고용했다. 그는 새롭게 율리우스 수로를 건설했을 뿐만 아니라 700개의 우물, 500개의 샘, 그리고 130개의 저수지로 로마에 대한 물 공급을 개선했다. 로마 대중들이 높은 포도주 가격을 불평했을 때, 아우구스투스는 "나의 사위 아그리파가 로마가 목이 마르지 않도록 조치했다."라고 장난스럽게 말했다.[10]

로마의 가장 위대한 공학자 아그리파는 루크리누스 호수와 아베르니우스 호수를 바다와 연결해 거대한 항구와 선박 건조 시설을 만들었다. 그는 로마를 다른 도시들과 차별지을 수 있었던 웅장한 공중목욕탕 중 최초의 것을 건설했다. 아그리파는 다시 한 번 자신의 돈으로 우리에게 판테온으로 알려져 있으며, 여전히 주랑에 "아그리파가 …… 만들었다."라는 말이 새겨져 있는 베누스와 마르스의 신전을 세웠다. 이 신전은 하드리아누스에 의해 재건되었다. 그는 제국의 30년을 개관하고, 지리에 관한 글을 쓰고, 색칠한 대리석에 세계 지도를 그렸다. 그는 레오나르도 다빈치처럼 과학자이자 공학자였으며 군사용 발사체의 발명자였다. 그리고 예술가이기도 했다. 쉰 살에 그의 때 이른 죽음(기원전 12년)은 아우구스투스의 만년에 어두운 그림자를 던져 준 많은 슬픔 가운데 하나였다. 아우구스투스는 딸 율리아를 그와 결혼시켰으며, 제국을 정직하고 훌륭하게 통치하기에 가장 적합한 사람으로 보았던 그에게 제국을 유증하고 싶어 했다.

비용이 많이 드는 공공 토목 공사가 전례 없이 국가 지출을 늘리려는 광범위한 정부 공공 업무와 결합되었다. 이제 속주와 자치시의 관료, 치안 관리에게 급여가 지급되었다. 헤아릴 수 없을 정도로 많은 건물이 세워지거나 복원되었다. 그리고 곡물과 경기가 대중들을 매수해 입을 다물게 했다. 모든 경비가 당시의 세입으로 지출되었으므로 아우구스투스 치하에서 과세는 하나의 과학이자 끊임없는 산업이 되었다. 아우구스투스는 무자비하지 않았다. 그는 약탈에 시달린 개인과 도시에게 자주 세금을 면제해 주거나 개인 자금으로 세금을 납부해 주었다. 그는 자치시의 시민들이 자신의 다섯 번째 집정관직 취임을 축하하는 성대한 의식에서 "선물"로 바친 3만 5000파운드의 금을 그들에게 되돌려주었다. 그리고 다른 많은 기증품을 거절했다.[11] 그는 내전 기간에 이탈리아에 부과된 토지세를 폐지했다. 그 대신 제국의 전체 시민들에게 가까운 친척과 빈민 이외의 모든 사람들에 대한 유증에 5퍼센트의 세금을 부과했다.[12] 경매에는 1퍼센트, 노예 매매에는 4퍼센트, 노예 해방에는

5퍼센트의 세금이 부과되었다. 그리고 대부분의 입항 항구에는 2와 2분의 1~5퍼센트의 사용세가 징수되었다. 모든 시민들은 자치시 세금도 납부해야 했으며, 로마의 부동산은 이탈리아와는 다르게 토지세를 면제받지 못했다. 수원에서 공급된 물에 대해서는 세금이 부과되었다. 공유지와 광산과 어장의 임대, 국가의 소금 전매, 그리고 법정이 부과한 벌금 등으로 막대한 세입이 확보되었다. 속주는 토지세와 인두세를 납부했다. 세금은 신전에 보관된 로마의 두 개 금고, 즉 원로원이 관리하던 공공 금고(aerarium)와 황제가 소유하고 관리하던 황제 금고(fiscus)로 유입되었다.* 황제의 막대한 개인 재산뿐만 아니라 지지자들과 친구들로부터의 유증도 황제 금고로 흘러들어 갔다. 아우구스투스의 생애에 그러한 유증은 14억 세스테르티우스에 달했다.

대체로 원수정 시기의 과세는 강압적이지 않았으며, 콤모두스 때까지 결과는 비용의 값어치가 있었다. 속주는 번영했으며 신(神) 아우구스투스에게 감사하거나 기대하는 제단을 세웠다. 지적으로 수준 높은 로마에서조차 대중들의 무절제한 찬사를 검열하지 않으면 안 되었다. 한 열렬한 지지자가 거리를 뛰어다니며 사람들에게 아우구스투스에게 "헌신하도록", 즉 그가 죽을 때 자살하겠다고 약속할 것을 요구했다. 필리피 전투에서 옥타비아누스 진영을 점령한 바 있던 메살라 코르비누스가 기원전 2년에 아우구스투스에게 조국의 아버지라는 칭호를 부여할 것을 제안했다. 명예와 부를 보유한 반면에 책임을 전혀 지지 않는 것에 만족한 원로원은 황제 아우구스투스에게 수많은 찬사의 칭호들을 기꺼이 부여했다. 이제 예전보다 더 부유한 기사 계급은 매년 이틀간의 축제로 그의 생일을 축하했다. 수에토니우스의 말에 따르면[13] "새해 첫날 각계각층의 사람들이 그에게 선물을 가져왔다." 그의 옛 궁전이 불에 타 파괴되었을 때, 제국의 모든 도시, 분명히 모든 부족과 조합이 그에게 재건 기금을 보냈다. 아

---

* 공화정 시기에 'fiscus'는 밀봉된 광주리였다. 속주에서 화폐로 거두어들인 세금을 로마로 가져왔던 밀봉된 광주리였다.

우구스투스가 어떤 개인에게든 1데나리우스 이상을 받지 않았음에도 불구하고, 기금은 궁전을 재건하고도 남을 만큼 충분했다. 오랜 기간 시련을 겪고 난 지중해 세계 전체는 행복해 보였다. 아마도 아우구스투스는 인내와 노력으로 자신의 위대한 과업이 성취되었다고 생각했을 것이다.

4. 아우구스투스의 개혁

아우구스투스는 자신의 행복을 등한시한 채 대중들이 행복할 뿐 아니라 만족하도록 노력했다. 로마가 그를 용서하지 못한 것은 세금이었다. 정치 수완을 발휘하는 데 가장 어렵고 세심한 주의를 필요로 하는 부분은 도덕 개혁이었다. 감히 도덕 개혁을 시도하려 나선 통치자는 좀처럼 찾아보기 힘들었다. 대부분의 통치자들은 도덕 개혁을 위선자와 성인에게 맡겼다.

아우구스투스는 대단히 신중하게 로마의 민족 변화를 억제하기 위해 노력하는 것으로 시작했다. 로마의 인구는 줄어들지 않고 있었으며, 반대로 집단과 실업 수당의 유인, 그리고 부와 노예의 수입으로 늘어나고 있었다. 해방노예가 실업 수당 수혜자에 포함되었으므로, 많은 시민들이 늙거나 병든 노예를 해방해서 국가의 부양을 받도록 했다. 보다 관대한 이유로 더 많은 노예가 해방되었으며, 많은 노예들이 자신들의 자유를 돈으로 살 정도로 충분히 저축했다. 해방노예의 아들은 자동적으로 시민이 되었으므로, 로마의 민족 성격을 변화시킬 정도로 노예 해방과 이방인들의 다산이 토착 민족의 낮은 출산율과 결합되었다. 아우구스투스는 이질적인 주민들에게서 안정이 존재할 수 있을지, 그리고 혈관에 예속민의 피가 흐르고 있던 사람들에게서 제국에 대한 충성이 기대될 수 있을지 궁금했다. 그의 촉구로 제정된 푸피우스-카니니우스 법은 다음 사항들을 규정했다. 2명 이하의 노예를 소유한 사람은 모두를, 3~10명의 노예를 소유한 사람은 절반을, 11~30명의 노예를 소유한 사람은 3분의 1을,

101~300명의 노예를 소유한 사람은 5분의 1을 해방해야 한다. 그리고 어떤 주인도 100명 이상을 해방해서는 안 된다.

사람들은 아우구스투스가 자유보다는 노예제를 제한하기를 원했을지도 모른다. 하지만 고대는 노예제를 당연한 것으로 여겼으며, 오늘날 고용주들이 안전으로 인한 게으름을 두려워하는 것처럼 대규모 노예 해방이 가져올 경제적, 사회적 결과를 두려워했을 것이다. 아우구스투스는 민족과 계급의 관점에서 생각하고 있었다. 그는 옛 로마인, 특히 구 귀족의 특징이었던 기질, 용기, 그리고 정치 수완 없는 강한 로마를 생각할 수 없었다. 상층 계급 사이에 고대 신앙이 쇠퇴하면서 결혼, 정절, 혈통에 대한 신의 후원이 사라졌다. 농가에서 도시로 이주하면서 아이들이 상속할 유산은 더 적어졌고, 책임과 장난감은 더 많아졌다. 여성들은 어머니로서 아름다워지기보다는 오히려 성적으로 아름다워지기를 바랐다. 대체로 개인적 자유에 대한 갈망이 민족의 절박한 욕구에 역행하는 것처럼 보였다. 유산(遺産) 사냥이 이탈리아에서 가장 수지맞는 일이 되었다.[14] 자식이 없는 사람들은 노령에 관망 중인 시신 도둑들의 구애를 받았음에 틀림없다. 그리고 대단히 많은 로마인들이 시신 도둑들의 탐욕스러운 호의를 즐겼으며, 이것이 자식을 갖지 않는 이유로 추가되었다. 장기간 계속되는 군역 탓에 상당수의 젊은이들이 결혼 적령기를 지나쳤다. 대다수의 토착 혈통 로마인은 아내보다는 매춘부나 첩을 선호하면서 전적으로 결혼 생활을 기피했다. 결혼한 사람들 중 대다수는 낙태, 영아 살해, 질외 사정, 피임을 통해 가족 수를 제한했던 것 같다.[15]

아우구스투스는 이러한 문명의 표지들 때문에 불안해 했다. 그는 옛 신앙과 도덕으로 되돌아가는 것이 필요하다고 느끼기 시작했다. 고령으로 통찰력이 사라지고 기력이 쇠해지면서 조상 대대로의 관습에 대한 경외심이 되살아났다. 그는 현재가 과거와 너무 급격하게 단절하는 것은 좋지 않다고 생각했다. 인간이 기억을 가져야 하는 것처럼 국가는 합리적인 전통의 연속성을 가져야 한다. 아우구스투스는 고령의 진지함으로 로마의 역사가들을 읽었으며, 고대인들에게서 비롯된 미덕을 부러워했다. 그는 결혼에 관한 퀸투스 메텔루스의 연설을 좋아했고, 그것을 원로원에 읽어 주었으며, 황제의 공포로 대중들에게 추천했다. 대부분의 구세대는 아우구스투스의 견해에 동의했다. 구세대는 법률로써 도덕을 개혁하기를 갈망한 일종의 청교도적인 집단을 형성했다. 그리고 아마도 리비아(Livia)는 구세대에게 그녀의 영향력을 빌려 주었던 것 같다. 감찰관과 호민관의 권한으로 아우구스투스는 지금 연대와 순서를 확실히 알 수 없는 일련의 법률을 공포하거나 민회에서 통과시켰다. 그는 이러한 법률을 통해 도덕, 결혼, 정절, 혈통, 그리고 더 소박한 삶을 회복하고자 했다. 법률로 청소년이 친척 어른의 동행 없이 공공 오락 행사에 참가하지 못하게 했고, 체육 시합에서 여성들을 배제했으며, 검투사 경기에서 여성들의 좌석을 위쪽으로 제한했다. 그리고 집, 하인, 연회, 결혼식, 보석, 옷에 대한 지출을 제한했다. 이러한 율리우스 법* 중에서 가장 중요한 것은 "정절과 억압적인 간통에 관한 율리우스 법"이었다.(기원전 18년) 여기에서 로마 역사상 처음으로 혼인이 가부장권(patria potestas)에 맡겨지는 대신에 국가의 보호를 받게 되었다. 아버지는 간통한 딸과 딸의 공범을 발견한 즉시 죽일 수 있었다. 만약 남편의 집에서 아내의 정부(情夫)가 붙잡혔다면, 남편은 그를 죽일 수 있었다. 하지만 남편의 집에서 아내의 간통이 발각되었을 경우에만, 남편은 아내를 죽일 수 있었다. 아내의 간통을 발각하고 60일 이내에 남편은 그녀를 법정에 세워야 했다. 만약 남편이 이렇게 하지 못했을 경우에는 여자의 아버지가 딸을 고발해야 했다. 만약 아버지도 고발하지 못했을 경우에는 시민이라면 누구든지 그녀를 고발할 수 있었다. 간통한 여자는 영원히 추방될 수 있었고, 재산의 3분의 1과 지참금의 절반을 잃을 수 있었으며, 재혼할 수 없었다. 아내의 간통을 눈감아 준 남편에 대해서는 비슷한 처벌이 규정되었다. 하지만 아내는 남편의 간통을 고발할 수 없었으며, 남편은 법적 처벌을 받지 않고 등록된 매춘부와 관계를 가질 수 있었

---

* 아우구스투스가 입양에 의해 율리우스 씨족에 속하게 되었으므로 그렇게 불렸다.

던 것 같다. 이 법은 로마 시민들에게만 적용되었다.

아마도 동시에 아우구스투스는 두 상층 계급의 혼인에 관한 장에서 보통 율리우스 정식혼인법으로 명명된 또 하나의 법을 통과시켰던 것 같다. 이 법의 목적은 세 가지로, 혼인을 권장하면서도 제한하고, 이방인의 피로 로마인의 피가 희석되는 것을 늦추며, 혼인을 혈통을 위한 결합으로 보는 예전의 혼인관으로 되돌아가는 것이었다. 결혼 적령기의 60세 이하 남성들과 50세 이하의 여성들은 모두 의무적으로 결혼해야 했다. 미혼의 유산 수령인에 대한 증여는 무효가 되었다. 독신자는 처벌을 받았다. 즉 유언자가 죽은 뒤 백 일 이내에 결혼하지 않은 독신자는 친척에서 제외되어 상속할 수 없었다. 게다가 그는 공공 축제나 경기에도 갈 수 없었다. 과부와 이혼녀는 남편이 사망하거나 이혼한 지 6개월 이내에 재혼할 경우에만 상속할 수 있었다. 독신 여성과 아이가 없는 부인은 50세 이후에는 상속할 수 없었으며, 5만 세스테르티우스(7500달러)를 소유하고 있었을 경우에는 50세 이전에도 상속할 수 없었다. 원로원 계급 남성들은 여자 해방노예, 여배우 또는 매춘부와 결혼할 수 없었다. 더구나 배우나 해방노예는 원로원 의원의 딸과 결혼할 수 없었다. 2만 세스테르티우스를 소유한 여성들은 결혼할 때까지 해마다 1퍼센트의 세금을 납부해야 했다. 결혼 후에 이 세금은 세 번째 아이까지 각 아이가 태어날 때마다 줄어들었다. 세 번째 아이가 태어나면 세금 납부는 면제되었다. 두 명의 집정관 중에 아이가 더 많은 집정관이 다른 집정관보다 우위에 설 수 있었다. 관직 임명 시에 최대 규모 가족의 아버지가 가능한 한 경쟁자들보다 선호될 수 있었다. 세 아이의 어머니는 특별한 옷을 입을 수 있었으며, 남편의 권한으로부터 벗어날 수 있었다.

이러한 법률들에 모든 계급, 심지어 엄격한 금욕주의자들조차 분노했다. 즉 그들은 "세 아이의 권리"가 어머니를 남성의 권한으로부터 위험스럽게 해방시켰다고 불평했다. 그 밖의 사람들은 독신 생활을 변명하기 위해서 "요즘" 여성들이 지나치게 독립적이고, 도도하며, 변덕스럽고, 사치스럽다는 이유를 들었다. 공적인 볼거리에서 총각들을 배제하는 것은 지나치게 가혹하고 시행 불가능한 것으로 생각되었다. 아우구스투스는 기원전 12년에 그 조항을 폐기했다. 더 나아가 서기 9년에 파피아 포파이아 법은 독신자가 상속할 수 있는 조건을 완화함으로써, 과부와 이혼녀가 상속하기 위해 재혼해야 하는 기간을 두 배로 늘림으로써, 그리고 아이가 없는 상속인이 받을 수 있는 상속 액수를 늘림으로써 율리우스 법을 완화했다. 세 아이의 어머니는 여성들에 대한 증여를 제한했던 보코니우스 법(기원전 169년)에서 벗어났다. 한 시민이 여러 관직에 입후보할 수 있는 나이가 가족의 규모에 비례해서 낮아졌다. 그 법률이 통과된 후에 사람들은 법안을 만들어 자신의 이름을 붙였던 집정관들이 아이가 없는 독신자였다는 사실에 주목했다. 여기에 아이가 한 명도 없었던 마이케나스가 아이가 한 명뿐이었던 아우구스투스에게 개혁 법률을 제안했고, 법률이 제정되는 동안에 마이케나스가 호사스러운 사치 생활을 하고 있었으며, 아우구스투스가 마이케나스의 부인을 유혹하고 있었다는 뜬소문이 더해졌다.[16]

고대에 가장 중요한 이러한 사회 입법의 효용성을 평가하기란 어렵다. 법률들이 느슨하게 입안되었으며, 이러한 법률에 저항하는 사람들은 많은 허점을 발견했다. 일부 남성들은 법률에 따라 결혼했고 곧바로 그들의 아내와 이혼했다. 다른 일부 남성들은 관직이나 유산을 얻기 위해 아이들을 입양한 후 그들을 "가부장권에서 해방했다."[17] 한 세기가 지나 타키투스는 이러한 법률들이 실패작이라고 선언했다. "결혼과 아이들의 양육은 흔히 볼 수 있는 것이 아니었고, 따라서 아이가 없는 국가의 매력은 강력하다."[18] 외설은 계속되었지만 예전보다는 더 세련되었다. 오비디우스에게서 외설은 전문가들이 초보자들에게 신중하게 가르치는 주제로 하나의 세련된 예술이 되어 가고 있었다. 아우구스투스 자신은 그가 제정한 법률의 효능을 의심했으며, 마음이 바뀌지 않는다면 법률은 무용지물이라는 호라티우스의 생각에 동조했다.[19] 그는 대중들의 마음에 도달하기 위해서 의연하게 노력했다. 경기장의 좌석에서 아우구스투스는 모범적인 게르마니쿠스의 여러 아이들을 자랑해 보였고, 대가족의 부모들에게

1000세스테르티우스를 주었으며,[20] 아마도 애국적으로 미리 계획하지 않은 상태에서 세쌍둥이를 낳은 한 여자 노예에게 기념비를 세워 주었다.[21] 그리고 그는 한 농부가 8명의 아이와 36명의 손자, 그리고 19명의 증손자를 거느리고 로마로 행진해 들어왔을 때 기뻐했다.[22] 디오 카시우스는 "산아 제한에 의한 인구 감소"를 비난하는 대중 연설을 하는 아우구스투스를 묘사하고 있다.[23] 아우구스투스는 리비우스의 『로마 건국사』의 도덕적인 서문을 즐겼으며, 아마도 고무했던 것 같다. 그의 영향력 밑에서 당대의 문학은 교훈적이고 실용적으로 되었다. 마이케나스를 통해서, 아니면 아우구스투스 자신이 직접 베르길리우스와 호라티우스에게 도덕과 종교 개혁의 선전에 그들의 시적 영감을 빌려 줄 것을 설득했다. 베르길리우스는 로마인들에게 『농경시(農耕詩)』에서 농장으로, 그리고 『아이네이스』에서 옛날의 신들에게 되돌아가도록 노래했다. 그리고 세상의 쾌락을 마음껏 맛본 후에 호라티우스는 자신의 서정시를 금욕의 주제들에 맞추었다. 기원전 17년에 아우구스투스는 사투르누스의 황금 시대로의 복귀를 축하하는 3일간의 의식과 경기, 그리고 볼거리들로 이루어진 백년제(百年祭, ludi saeculares)*를 제공했다. 그리고 호라티우스는 소년과 소녀가 똑같이 27명씩 행렬을 지어 노래하게 될 찬가를 쓰도록 의뢰받았다. 예술마저도 도덕을 강조하기 위해 사용되었다. 즉 멋진 평화의 제단은 돋을새김에서 로마의 삶과 통치를 보여 주었다. 그리고 제국의 힘과 영광을 나타내기 위해 장엄한 공공건물이 세워졌으며, 거의 사라졌던 신앙을 다시 소생시키기 위해 수십 개의 신전이 건립되었다.

결국 종교적 회의론자이자 현실주의자였던 아우구스투스는 도덕 개혁이 종교 부흥을 기다렸다고 확신하게 되었다. 루크레티우스, 카툴루스, 그리고 카이사르의 불가지론자 세대는 자연히 소멸했으며, 그 자손들은 신들에 대한 두려움이 지혜의 청년기에 해당한다는 것을 알았다. 머지않아 냉소적인 오비디우

---

*문자 그대로 단지 오랜 간격을 두고 열렸기 때문에 백년제로 불렸다.

스마저 종교적 회의론자인 볼테르(Voltaire)식으로 "신들이 존재해야 하며, 그리고 신들이 존재한다고 생각하는 것이 편리하다."라고 쓰곤 했다.[24] 보수주의자들은 내전과 내전이 가져온 고통을 거슬러 올라가 종교에 대한 경시와 그로 인한 신의 노여움을 찾았다. 이탈리아 전역에서 신으로부터 벌을 받은 사람들이 고대의 제단으로 되돌아가 행복한 종교 부흥을 위해 자신들을 용서해 주었다고 생각한 신들에게 감사할 준비가 되어 있었다. 기원전 12년 열의 없는 레피두스가 죽는 것을 인내심을 갖고 기다리던 아우구스투스가 그의 뒤를 이어 대신관(大神官)이 되었을 때, "로마에서 전례를 찾을 수 없을 정도로 엄청난 군중들이 이탈리아 전역에서 나의 대신관 선출을 보기 위해 모여들었다."라고 황제 아우구스투스가 전하고 있다.[25] 그는 정치와 도덕의 재건을 신들과 관련시킬 수 있다면, 재건은 더 쉽게 받아들여질 것으로 기대했다. 그는 종교의 부흥을 이끌면서 동시에 뒤따랐다. 네 개의 신관 조합에 전례 없는 위엄과 부를 가져다주었고, 자신을 각각의 조합에 임명했으며, 새로운 조합원들의 임명을 책임졌다. 그리고 그는 조합의 모임에 성실히 출석했으며 장엄하고 화려한 행사에 참가했다. 아우구스투스는 로마에서 이집트와 아시아의 종교 의식을 금지했지만, 예외적으로 유대인들에게는 호의를 베풀었으며, 속주의 종교적 자유를 허용했다. 그는 신전에 아낌없이 선물을 주었으며 옛날의 종교적 의식과 행렬과 축제를 복원했다. 백년제는 세속적이지 않았다. 백년제가 열리는 매일매일은 종교적 의식과 노래가 눈에 띄었다. 백년제가 갖는 주요 의미는 신들과의 행복한 우정으로 되돌아가는 것이었다. 군주의 지원으로 장려된 고대의 종교 의식은 새로운 활기를 띠었으며, 대중들의 놀라운 추진력과 영적인 희망에 다시 한번 영향을 주었다. 아우구스투스 이후 로마에 경쟁적으로 유입되던 신앙들의 혼돈 속에서 3세기 동안이나 더 혼돈은 꺾이지 않았다. 더욱이 혼돈은 사라진 즉시 새로운 상징들과 새로운 이름들로 부활되었다.

아우구스투스 자신은 신들의 주요 경쟁자 중 한 명이 되었다. 일찍이 그의 종조부인 카이사르가 선례를 세웠다. 즉 살해된 지 2년이 지나 카이사르는 원로원에 의해 신으로 승인되었으며, 그의 숭배가 제국 전역으로 확산되었다. 기원전 36년 초 일부 이탈리아 도시들이 판테온에 옥타비아누스를 위한 장소를 마련했다. 기원전 27년 무렵 그의 이름이 로마의 공식 찬가에서 신들의 이름에 덧붙여졌다. 그리고 그의 생일은 휴일은 물론이고 성일(聖日)이 되었다. 그가 죽은 후에 원로원은 그의 신령이 공식 신들 중 한 명으로 숭배되어야 한다고 선언했다. 이 모든 것이 고대에는 너무나 당연하게 여겨졌다. 고대에는 신과 인간 사이의 극복 불가능한 차이점이 결코 인정되지 않았다. 신은 자주 인간의 형상을 취했으며, 헤라클레스, 리쿠르고스, 알렉산드로스, 카이사르 또는 아우구스투스와 같은 사람의 창조적인 신령은 특히 종교적인 동방인들에게 초자연적이고 신성한 것으로 보였다. 이집트인들은 파라오와 프톨레마이오스 왕가, 그리고 심지어 안토니우스조차 신으로 간주했다. 따라서 그들에게 아우구스투스는 좀처럼 하찮게 볼 수 없는 존재였다. 고대인들은 이러한 경우에 요즈음 사람들이 믿고 싶어 할 만큼 그렇게 얼간이들이 아니었다. 고대인들은 아우구스투스가 인간이라는 것을 충분히 잘 알고 있었다. 그들은 그의 신령 또는 다른 사람들의 신령을 신격화하는 데 오늘날의 "시성(諡聖)된 성인"에 해당하는 데우스(deus)나 테오스(theos)를 사용했다. 실제로 시성은 로마의 신격화에서 유래되었다. 그리고 당시 그러한 신격화된 인간에게 기도하는 것은 오늘날 성인에게 기도하는 것만큼이나 어리석어 보였다.

이탈리아 가정에서 아우구스투스 황제의 신령에 대한 숭배는 가정의 수호신과 가부장들의 신령에 대한 숭배와 결합되었다. 이것과 관련해서 몇 세기 동안 줄곧 죽은 부모를 신격화하고, 그들에게 제단을 세워 주며, 조상의 묘에 신전의 이름을 부여하던 사람들에게는 아무런 어려움도 없었다. 기원전 21년 소아시아를 방문한 아우구스투스는 그곳에서 자신에 대한 숭배 의식이 대단히 빠른 속도로 확산되어 가는 것을 보았다. 봉헌과 연설에서 그는 "구세주", "기쁜 소식을 가져다주는 자", "하느님의 성자"로 환영받았다. 어떤 사람들은 그를 통해 오랫동안 기다려 온 메시아가 나타나 인류에게 평화와 행복을 가져다주었다고 주장했다.²⁶ 대규모 속주 협의회에서는 그에 대한 숭배를 가장 중요한 의식으로 만들었다. 새로운 신관직인 아우구스탈레스(Augustales)는 속주와 지방 도시에서 새로운 신에 대한 의식을 담당했다. 아우구스투스는 이 모든 것에 눈살을 찌푸렸지만, 결국에는 원수정에 대한 영적 강화로, 교회와 국가의 값진 결합으로, 그리고 다양하고 분열된 종파들을 하나로 통합하는 공통의 숭배로 받아들였다. 대부업자의 손자인 아우구스투스는 신이 되는 것을 승낙했다.

5. 아우구스투스

18세에 카이사르의 후계자, 31세에 세계의 지배자가 되고, 반세기 동안 로마를 통치하고, 그리고 고대 역사에서 가장 위대한 제국을 건설한 아우구스투스는 어떤 사람이었는가? 그는 둔하면서도 매력적이었다. 어느 누구도 그보다 재미없지는 않았지만 세상 사람의 절반이 그를 숭배했다. 그는 신체가 허약했고 특별히 용맹스럽지 않았지만 모든 적을 압도할 수 있고, 왕국을 통제할 수 있었다. 그리고 그는 거대한 왕국에 200년 동안 전례 없는 번영을 가져다준 통치 체제를 만들 수 있었다.

조각가들이 그의 조각상을 만드는 데 엄청난 양의 대리석과 청동을 사용했다. 각각의 조각상들은 세련되고 진지한 젊은이의 소심한 자부심, 신관의 엄숙한 모습, 권력의 휘장으로 반쯤 뒤덮인 모습, 그리고 군복을 입은 모습을 표현했다. 즉 그는 마지못해, 그리고 불안한 듯이 장군의 역할을 완수한 철학자였다. 가끔씩 암시되는 경우도 있다고는 하지만 이러한 조각상들에서는 질병이 드러나지 않는다. 그는 혼란에 맞서 싸워야 할 전쟁에서, 질병 때문에 매번 위태롭게 자신의 건강을 걱정해야만 했다. 그는 매력적이지 못했다. 그는 엷은 갈색 머리카락, 기괴하게 생긴 삼각형 머리, 구분이 안 되게 어우러진 눈썹, 그리고 맑고 날카로운 눈을 가지고 있었다. 그럼에도 불구하고 수에토니우스의 말에 따르면 그의 표정이 너무 차분하고 온화해서 그를 죽이러 온 갈리아인이 마음을 바꾸었을 정도였다고 한다. 그는 민감한 피부를 가졌으며 일종의 버짐 때문에 간헐적으로 가려워했다. 류머티즘으로 왼쪽 다리가 쇠약해졌고 약간 절었다. 관절염과 유사한 경직된 관절 때문에 가끔 오른손을 못 쓰는 경우도 있었다. 그는 기원전 23년에 다른 수많은 로마인들처럼 발진 티푸스와 유사한 전염병에 걸렸다. 그는 방광 결석으로 고생했고, 잠자기가 힘들다는 것을 알았다. 그는 봄마다 "횡격막의 확장"으로 피로워했으며, "남풍이 불어왔을 때 감기에 걸렸다." 그는 추위를 못 견뎌 했으므로 겨울에 "양털로 만든 가슴받이, 넓적다리와 정강이 가리개, 내복, 웃옷 네 벌, 그리고 두꺼운 겉옷을 입었다." 그는 감히 머리를 햇볕에 드러내지 못했다. 말을 타는 행위는 그를 지치게 했으며, 가끔 전장에 가마를 타고 등장했다.[27] 역사에서 가장 강렬한 극적 사건 중 하나를 견뎌 내면서 35세에 그는 이미 늙어 버렸다. 즉 그는 신경질적이고, 병약하며, 쉽게 지쳤다. 어느 누구도 그가 40년을 더 살 것이라고는 꿈에도 생각하지 못했다. 그는 시험 삼아 여러 의사들의 진료를 받았으며, 원인 불명의 병(간의 농양이 아닐까?)을 냉찜질과 목욕으로 치료해 주었다는 이유로 안토니우스 무사 (Antonius Musa)에게 충분한 보상을 해 주었다. 그는 무사에게 경의를 표하기 위해 로마의 모든 의사들의 세금을 면제해 주었다.[28] 하지만 그는 대부분 자가 치료를 했다. 그는 류머티즘을 치료하기 위해 뜨거운 소금물과 유황 목욕을 택했다. 그리고 소량씩 거친 빵, 치즈, 생선, 과일과 같이 가장 소박한 음식만을 먹었다. 그리고 식이 요법에 무척 신경을 썼으므로, "가끔 그는 만찬 이전이든 아니면 이후이든 혼자서 먹었다. 그리고 만찬 중에는 아무것도 먹지 않았다."[29] 일부 중세의 성인들처럼, 그에게서도 정신이 십자가처럼 육체를 지탱했다.

그는 본질적으로 신경질적인 활력, 경직된 결단력, 그리고 예민하고, 빈틈없으며, 지략이 풍부한 두뇌를 가진 자였다. 그는 전대미문의 수많은 관직을 수락했으면서도, 카이사르의 경우보다 관직에 따른 책임을 덜 떠맡았다. 그는 지위가 요구하는 임무를 양심적으로 완수하고, 정기적으로 원로원을 주재하고, 열거하기 어려울 정도로 많은 회의에 참석하고, 여러 재판에서 판결을 내렸다. 그리고 의식과 연회로 힘들어 하고, 원거리 출정을 계획하며, 군단과 속주를 통치하고, 거의 모든 군단과 속주를 방문하고, 셀 수 없이 많은 행정적인 세부 사항들에 주의를 기울였다. 그는 수많은 연설을 했는데, 명쾌함과 평이함, 그리고 표현 방식에 주의를 기울이며 당당하게 연설을 준비했다. 그는 후회할 만한 말을 하지 않으려고 즉흥적으로 말하지 않고 연설문을 낭독했다. 수에토니우스의 말에 따르면 똑같은 이유로 아우구스투스는 미리 연설문을 상세하게 썼으며, 중요한 내용을 개인들, 그리고 심지어는 자신의 아내와 함께 낭독했다.[30]

당대 대부분의 회의론자들처럼 아우구스투스도 믿음을 잃고 오랫동안 미신에 빠져 있었다. 그는 번개에 대비해 바다표범의 모피를 가지고 다녔다. 그는 징후와 전조(前兆)를 중시했으며 때때로 꿈에서 얻은 경고를 따랐다. 그리고 불길하다는 판단이 드는 날에는 여행하지 않았다.[31] 동시에 그는 객관적인 판단과 실용적인 생각으로 주목받았다. 그는 젊은이들에게 책에서 배운 생각들이 생활의 경험과 필요에 의해 단련될 수 있도록 활동적인 일에 착수할 것을 충고했다.[32] 아우구스투스는 마지막까지 중산 계급의 분별력, 보수주의, 지나친 검약, 신중함을 유지했다. 그가 가장 좋아하는 격언은 "천천히 서둘러라."였다. 아우구스투스는 자신과 같은 권력을 지녔던 대부분의 사람들보다 훨씬 더 겸허하게 충고를 받아들이고 비난을 견뎌 낼 수 있었다. 여러 해 동안 그와 함께 생활한 후에 아테네로 돌아오던 철학자 아테노도로스는 그에게 "화가 날 때는 언제든지 아무 말도 하지 마십시오. 아니면 알파벳 문자 스물네 개를 반복해서 말하기 전에 무언가를 하십시오."라고 이별의 조언을 남겼다. 아우구스투스는 그의 조언에 고마워하면서 "침묵이 가져다주는 보상에는 어떠한 위험도 따르지 않는다."라는 말과 함께 아테노도로스에게 1년 더 머물러 줄 것을 간청했다.[33]

카이사르가 허세 부리는 정치가에서 위대한 장군이자 정치가로 발전해 간 것보다 훨씬 더 놀라운 것은 무자비하고 자기중심적인 옥타비아누스가 겸손하고 도량이 넓은 아우구스투스로 변화해 간 것이었다. 아우구스투스는 성장해 갔다. 그는 안토니우스에게 광장에 키케로의 머리를 내걸라고 허락했고, 거리낌 없이 당파를 옮겼으며, 온갖 성적 탐닉에 몰두했고, 우정이나 기사도에 구애받지 않고 죽을 때까지 안토니우스와 클레오파트라를 추적했다. 이처럼 고집 세고 사랑스러운 데라곤 찾아볼 수 없는 젊은이 아우구스투스는 권력에 의해 독살당하지 않고 생애 마지막 40년 동안 정의, 절제, 성실함, 관대함, 관용의 본보기가 되었다. 그는 재기 넘치는 사람들과 시인들이 자신에 관해 썼던 풍자를 비웃었다. 그는 티베리우스에게 적대적인 행위를 저지르거나 기소하는 것에 만족하고 적대적인 말을 억누르려고 애쓰지 말 것을 충고했다. 아우구스투스는 다른 사람들에게 자신처럼 소박하게 살 것을 요구하지 않았다. 만찬에 손님들을 초대했을 때, 그는 그들이 부담 없이 마음껏 먹고 유쾌한 시간을 보내도록 일찍 자리를 뜨곤 했다. 그는 허세 부리지 않았으며, 유권자들의 표를 얻기 위해 그들을 붙들고 이야기를 길게 늘어놓지 않았다. 그는 법정에서 자신의 변호사 친구들의 대리 역할을 했다. 겉치레를 혐오한 그는 비밀리에 로마를 드나들었다. 평화의 제단 돋을새김에서 그는 어떤 차별성으로 시민들과 구별되지 않았다. 그의 아침 식사는 시민 모두에게 개방되었으며, 모든 시민들의 진심 어린 환대를 받았다.

　실의에 빠져 괴로워하고 전능함에, 심지어 신이 되는 것에 익숙해져 가던 노년에 아우구스투스는 불관용에 빠져들고, 적대적인 작가들을 박해하며, 지나치게 비판적인 역사를 억압했다. 그리고 오비디우스의 참회하는 시에 귀를 기울이지 않았다. 한번은 공용 서신의 내용을 누설하는 대가로 500데나리우스를 받은 자신의 비서 탈루스의 두 발을 부러뜨리게 했다고 한다. 게다가 그는 로마의 기혼녀와 간통죄를 범한 자신의 해방노예들 중 한 명에게 자살하게 했다. 대체로 그를 사랑하기란 어려운 일이었다. 우리의 마음이 살해된 카이사르와 패배한 안토니우스에게처럼 그에게 끌리기 전에 그의 신체 결함과 노년의 비애를 한 번 생각해 보아야 한다.

6. 신으로 보낸 마지막 나날들

아우구스투스의 실패와 비극은 대부분 가정 안에서 이루어졌다. 그는 세 명의 아내, 즉 클라우디아, 스크리보니아, 리비아에게서 한 명의 아이만을 얻었다. 스크리보니아는 부지불식간에 율리아를 낳아 주는 것으로 이혼에 복수했다. 아우구스티누스는 자신이 통치를 위해 훈련시키고 교육시킬 수 있는 아들을 리비아가 낳아 주기를 바랐다. 비록 그녀가 첫 번째 남편과의 사이에서 티베리우스와 드루수스라는 두 명의 훌륭한 아이를 낳았다고는 하지만, 아우구스투스와의 결혼은 실망스럽게도 아이를 못 낳는 것으로 판명되었다. 아이가 없다는 것만을 뺀다면 그들의 결합은 행복했다. 리비아는 우아한 아름다움과 한결같은 성격, 그리고 뛰어난 지성을 가진 여성이었다. 아우구스투스는 중대한 조치들을 그녀에게 낱낱이 말했으며, 그녀의 충고를 그의 가장 사려 깊은 친구들의 충고만큼 높이 평가했다. 어떻게 아우구스투스에게 그러한 영향력을 행사했는가 하는 질문에 리비아는 "용의주도하게 정숙하고 …… 결코 그의 일에 간섭하지 않으며, 그와 통정한 여성들에 대해서 듣는 척도 않고 아는 척도 하지 않는 것이다."라고 응답했다.[34] 그녀는 예전 미덕의 본보기와 같은 존재였으며, 아마도 그것을 지속적으로 자세히 설명했던 것 같다. 그녀는 한가할 때 대가족의 부모를 원조하면서, 가난한 신부들에게 지참금을 제공하면서, 그리고 자신의 경비로 많은 고아들을 부양하면서 자선 활동에 전념했다. 그녀의 궁전은 고아원이나 다름없었다. 왜냐하면 그곳에서, 그리고 여동생 옥타비아의 집에서 아우구스투스가 손자, 조카, 조카딸, 심지어 살아 있는 여섯 명의 안토니우스 아이들의 교육을 관리하고 있었기 때문이다. 그는 일찍감치 사내아이들은 전쟁에 내보냈고, 여자아이들에게는 실을 잣고 천을 짜는 방법을 배우도록 했으며, "숨기지 않는 경우를 제외하고는 어떤 것이든 하거나 말하지 못하게 했다."[35]

아우구스투스는 리비아의 아들 드루수스를 사랑하게 되었고, 그를 입양해

양육했으며, 그에게 자신의 재산과 권력을 기꺼이 물려주려 했다. 드루수스의 너무 빠른 죽음은 황제 아우구스투스가 겪은 첫 번째 사별 중 하나였다. 그는 티베리우스를 배려했지만 사랑할 수는 없었다. 왜냐하면 장차 그를 계승할 후계자가 무뚝뚝하고 은밀한 경향이 있는 적극적이고 고압적인 기질을 가지고 있었기 때문이다. 하지만 어여쁘고 쾌활한 딸 율리아의 유년 시절은 아우구스투스에게 많은 행복한 순간들을 가져다주었다. 율리아가 14세가 되었을 때, 아우구스투스는 옥타비아를 설득해 그녀의 아들 마르켈루스를 이혼시킨 뒤 율리아와 결혼시켰다. 2년 후 마르켈루스가 죽자 남편의 죽음을 잠깐 애도한 뒤에 율리아는 오랫동안 갈망해 온 자유를 만끽하기 시작했다. 하지만 곧 후계자가 될 손자를 갈망하던 결혼 중매 황제 아우구스투스는 망설이는 아그리파를 구슬려서 아내와 이혼하게 한 뒤에 방탕한 과부 율리아와 결혼하게 했다.(기원전 21년) 당시 율리아는 18세였고, 아그리파는 42세였다. 하지만 그는 훌륭하고 멋진 사람이었고 상당한 부자였다. 율리아는 아그리파의 도시 주택을 쾌락과 재치로 넘쳐 나는 살롱으로 만들었으며, 수도 로마에서 리비아를 능가하는 철저한 금욕주의자들과 비교해 더 어리고 방탕한 사람들을 대표하는 인물이 되었다. 소문은 율리아가 새 남편 아그리파를 속였다고 비난했으며, 간통에도 불구하고 왜 그녀가 아그리파에게 낳아 준 다섯 명의 아이가 그를 닮았는가라는 믿기지 않는 의문에 "나는 배에 사람이 가득 차지 않으면 절대 승객을 태우지 않아."라고 믿기지 않는 대답을 했다.³⁶ 아그리파가 죽었을 때(기원전 12년), 아우구스투스는 율리아의 나이 많은 두 아들 가이우스와 루키우스에게 희망을 걸고 애정과 교육을 쏟아부었다. 이것은 그들을 당황하게 만들었으며, 나이에 비해 법적으로 보장된 것보다 훨씬 이른 나이에 승진시켰다.

예전보다 더 부유해지고 사랑스러워진 율리아는 또다시 과부가 되었으며, "율리우스 법" 때문에 안절부절못하던 한 로마인의 추문이자 동시에 즐거움이 되었던 계속되는 간통에 뻔뻔스러울 정도로 자유분방하게 빠져들었다. 이러한 소문을 잠재우고, 아마도 자신의 딸을 부인과 화해시키기 위해서 아우구스투스는 세 번째로 율리아 중매에 나섰다. 그는 리비아의 아들 티베리우스를 아그리파의 딸이자 임신 중이었던 부인 빕사니아 아그리피나와 강제로 이혼시켰고, 예전처럼 망설이던 율리아와 결혼시켰다.(기원전 9년) 나이는 들었지만 젊어 보였던 티베리우스는 좋은 남편이 되기 위해 최선을 다했다. 하지만 곧 율리아는 자신의 쾌락적인 생활 방식을 금욕적인 생활 방식에 맞추려는 노력을 포기하고 다시 간통을 시작했다. 티베리우스는 잠시 분노로 가득 찬 침묵으로 치욕을 견뎌 냈다. 율리우스 간통법은 남편에게 간통한 아내를 법정에 고발하도록 규정했다. 티베리우스는 간통법의 입안자인 아우구스투스와 아마도 자신을 보호하려고 간통법을 따르지 않았다. 왜냐하면 티베리우스와 리비아는 아우구스투스가 그를 양자로 삼아 제국의 지배권을 물려줄 것으로 기대했기 때문이다. 하지만 아우구스투스 황제가 율리아가 아그리파에게서 낳은 아이들을 총애한다는 사실이 분명해졌을 때, 티베리우스는 관직을 사임하고 로도스로 물러났다. 그는 그곳에서 7년 동안 고독감, 철학, 그리고 점성술에 빠져들어 보통 시민으로 살았다. 예전보다 더 자유분방하게 율리아는 정부(情夫)를 바꿔 나갔으며, 그녀를 따르는 무리들의 주연으로 광장이 밤중에 소란으로 가득 찼다.[37]

이제(기원전 2년) 60세로 병약한 아우구스투스는 한 명의 아버지이자 통치자로서 자신의 가족과 명예와 법률이 동시에 몰락하는 것으로부터 견뎌 낼 수 있는 모든 고통을 경험했다. 이 법률에 의하면 간통 여성의 아버지는 사위가 고발하지 않을 경우에 자신이 딸을 공개적으로 고발해야 했다. 딸 율리아의 간통 증거들이 아우구스투스 앞에 제출되었으며, 티베리우스의 친구들은 아우구스투스가 고발하지 않으면, 자신들이 율리아를 법정에 고발하겠다는 뜻을 밝혔다. 아우구스투스는 선수를 칠 결심을 했다. 중매가 절정에 달하고 있었을 때, 그는 캄파니아 해안에서 멀리 떨어진 불모의 바위섬인 판다테리아 섬으로 율리아를 추방하는 법령을 공포했다. 그녀의 정부 중 한 명인 안토니우스의 아들이 자살하도록 내몰렸으며 다른 여러 정부들은 추방되었다. 율리아의 여자 해방노예였던 포이베는 그녀에게 불리한 증언을 하느니 차라리 목매 자살하는 쪽을 택했다. 포이베의 자살 소식을 듣고 마음이 산란해진 황제는 "난 율리아의 아버지가 될 바에야 차라리 포이베의 아버지가 되고 싶다."라고 말했다. 로마 대중들이 아우구스투스에게 딸을 용서해 줄 것을 간청했고, 티베리우스는 여기에 자신의 간청을 덧붙였다. 하지만 용서에 대한 간청은 결코 받아들여지지 않았다. 제위에 오른 티베리우스가 율리아의 유배지를 레기움의 덜 협소한 곳으로 바꿔 주었을 뿐이다. 16년간의 투옥으로 쇠약해지고 사람들의 기억에서 잊혀 가던 율리아는 그곳에서 생을 마감했다.

율리아의 두 아들 가이우스와 루키우스는 그녀보다 오래전에 죽었다. 루키우스는 마르세유에서 질병으로 죽었고(서기 2년), 가이우스는 아르메니아에서 입은 상처로 죽었다.(서기 4년) 게르마니아, 판노니아, 그리고 갈리아가 반란의 위협을 받고 있었을 때, 참모나 후계자 없이 홀로 남겨진 아우구스투스는 마지못해 티베리우스를 불러들여(서기 2년) 양자이자 공동 통치자로 삼았으며, 반란을 진압하도록 파견했다. 5년에 걸친 힘겨운 전투를 성공적으로 완수하고 티베리우스가 돌아왔을 때(서기 9년), 그의 엄격한 금욕주의를 증오하던 로마 전체는 비록 아우구스투스가 여전히 원수이지만, 티베리우스가 통치를 시작했다는 사실을 기꺼이 받아들였다.

인생의 마지막 비극은 마지못해 계속 살아가는 것, 즉 자신의 목숨보다 더 오래 살고 죽는 것이 어렵게 되는 것이다. 율리아가 추방되었을 때, 아우구스투스는 노년의 나이가 아니었다. 다른 사람들은 60세에 여전히 활력이 넘쳤다. 하지만 카이사르의 살해에 복수하고 그의 유언을 집행하기 위해서 로마에 왔을 때, 아우구스투스는 18세의 소년이었으므로 너무 오래 살았던 것이다. 파란만장한 40년 동안 그는 수많은 전쟁과 전투와 아슬아슬한 패배를 경험했고, 수많은 고통과 질병을 겪었으며, 수많은 음모와 위험에 직면했다. 그리고 고귀한 목표들이 실패로 끝나는 쓰라린 경험도 했다. 그리고 한번은 희망을 다른 한번은 협력자를 차례로 앗아 갔다. 이제 마지막으로 완고한 티베리우스만이 남았을 뿐이다. 아마도 안토니우스처럼 인생의 절정기에 연인의 팔에 안겨 죽는 것이 더 현명했을지도 모른다. 돌이켜 보면 율리아와 아그리파가 행복하던, 그리고 손자들이 궁전 바닥에서 신명나게 장난치며 놀던 때가 정말로 즐거운 시절처럼 보였음에 틀림없다. 이제 아우구스투스의 손녀딸이었던 또 다른 율리아가 성장해서 마치 자신의 친구 오비디우스가 시에서 노래하던 모든 사랑의 기술을 실제로 보여 주려고 결심이라도 한 듯 어머니 율리아의 자유분방함을 뒤쫓고 있었다. 서기 8년에 손녀딸 율리아의 간통 증거를 입수한 아우구스투스는 그녀를 아드리아 해의 작은 섬으로 추방했으며, 동시에 오비디우스도 흑해의 토미로 추방했다. 기력이 쇠하고 보기 흉하게 쪼그라든 아우구스투스 황제는 "내가 결혼하지 않았더라면, 또는 내가 후손을 남기지 않고 죽는다면 얼마나 좋을까!"라고 한탄했다. 가끔 그는 굶어 죽는 것에 대해 생각했다.

아우구스투스가 세운 모든 위대한 구조물이 폐허가 되어 버린 것 같았다. 그가 질서를 회복하기 위해 원로원과 민회로부터 빼앗은 권력이 그들을 무력하게 만들었다. 승인과 아첨에 넌더리가 난 원로원 의원들이 더 이상 모습을 드러내지 않았고, 소수의 시민들만이 민회에 모였다. 이제 유능한 사람들은 한때 권력에 대한 야망을 자극하던 관직을 무의미하고 비용이 많이 드는 보잘것없는 것으로 기피했다. 아우구스투스가 체계화한 평화와 로마를 위해 획득한 안전이 대중들의 기질을 느슨해지게 했다. 어느 누구도 군에 입대하거나 지나치리만큼 자주 발생하는 전쟁을 인정하고 싶지 않았다. 사치가 소박함을 대신했으며, 성적 방종이 혈통을 대신하고 있었다. 의지 자체가 바닥나면서 위대한 민족 로마인은 사멸해 가기 시작했다.

연로한 황제 아우구스투스는 이 모든 것을 예리하게 간파했고 안타깝게 생각했다. 아우구스투스가 확립해 온 낯설고 교묘한 원수정은 많은 결함을 안고 있었고 여섯 명의 얼간이 황제들이 차례로 제위에 올랐다. 그럼에도 불구하고 당시에는 어느 누구도 원수정이 이제까지 인류에게 알려진 가장 오랜 기간의 번영을 제국에 가져다줄 것이며, 아우구스투스의 평화(Pax Augusta)로 시작된 로마의 평화(Pax Romana)가 시간이 지나 정치 수완이 이룩해 낸 최고의 성취로 간주될 것이라고 그에게 말할 수 없었다. 레오나르도 다빈치처럼 그도 자신이 실패했다고 생각했다.

놀라(Nola)에서 그의 나이 76세에 죽음이 조용히 찾아왔다.(서기 14년) 그는 침대 곁에 있는 친구들에게 로마 희극의 막을 내리기 위해 종종 사용되었던 대사인 "제 역을 잘했으니 박수를 쳐 주세요. 여러분의 박수로 무대에서 저를 떠나게 해 주세요."라고 말했다. 그는 아내를 포옹하면서 "우리의 오랜 결혼 생활을 기억해 주시오, 리비아. 그럼 안녕."이라고 말했다. 이렇게 간단하게 작별을 고하고 그는 죽었다.[38] 며칠 후 그의 시신은 원로원 의원들의 어깨에 들려 로마시(市)를 관통해 마르스 평원으로 옮겨졌다. 그리고 그곳에서 명문가의 아이들이 망자를 위한 슬픔을 노래하는 사이에 화장되었다.

CAESAR AND CHRIST

12장

황금 시대
기원전 30~서기 18

1. 아우구스투스의 자극

　문학과 예술의 생산에 평화와 안전이 전쟁보다 더 유리하다고는 하더라도, 전쟁과 심각한 사회 혼란은 생각의 묘목들 주위에서 흙을 파서 뒤엎고 편히 잘 익는 씨앗들에 영양분을 준다. 조용한 삶은 위대한 사상이나 위대한 사람을 만들어 내지 못한다. 하지만 위기의 강제, 즉 생존에 대한 명령이 죽은 것들을 뿌리째 뽑아내고 새로운 사상과 방식의 성장을 더 빠르게 한다. 전쟁의 승리 후에 찾아오는 평화는 신속한 회복을 자극한다. 그때 사람들은 생존만으로도 기뻐하고, 이따금씩 갑자기 노래하기 시작한다.

　비록 대수술을 통해서였다고는 하지만 아우구스투스가 시민 생활을 파괴하던 혼란이라는 암을 치료했으므로 로마인들은 그에게 고마워했다. 그들은 스스로가 폐허를 극복하고 그렇게 빨리 풍요해진 것을 보고 놀랐다. 더욱이 최근

무방비의 무질서에도 불구하고 그들이 여전히 세상의 지배자라는 사실을 알고 의기양양했다. 로마인들은 최초의 로물루스에서 제2의 로물루스인 아우구스투스까지, 즉 창조자에서 복원자까지의 역사를 돌이켜 보았으며, 자신들의 역사가 서사시적으로 뛰어나다고 평가했다. 게다가 로마인들은 베르길리우스와 호라티우스가 감사와 영광과 자부심을 시로, 그리고 리비우스가 산문으로 지었을 때 전혀 놀라지 않았다. 그보다 더 좋았던 것은 그들이 정복한 지역이 부분적으로만 야만적이었다는 사실이다. 정복 지역 대부분은 헬레니즘 문화, 즉 세련된 언어, 섬세한 문학, 계몽적인 과학, 원숙한 철학, 장엄한 예술의 영역이었다. 이러한 정신적인 재산이 이제 로마로 쏟아져 들어오고 있었고, 모방과 경쟁을 자극하고 있었으며, 언어와 문학을 한결 돋보이게 하고 성장시키고 있었다. 1만 개의 그리스어 단어가 라틴어 어휘로 빨려들어 갔으며, 1만 개의 그리스 조각상들이나 그림들이 로마의 광장, 신전, 거리, 가정으로 들어갔다.

이집트 보물을 손에 넣은 사람들과 이탈리아 토지의 부재지주들로부터, 그리고 제국의 자원과 교역을 이용한 사람들로부터 심지어 시인들과 미술가들에게로 돈이 전해지고 있었다. 작가들은 지속적인 작품 활동을 위한 재원을 마련할 목적으로 부자들에게 작품을 헌정했다. 그래서 호라티우스는 살루스티우스, 아일리우스 라미아, 만리우스 토르쿠아투스, 무나티우스, 플란쿠스에게 자신의 송가를 보냈다. 메살라 코르비누스는 자신의 주위에 티불루스라는 거물이 속해 있는 작가 무리를 끌어모았으며, 마이케나스는 베르길리우스, 호라티우스, 프로페르티우스를 후원했다. 신경질적으로 변해 갔던 말년까지 아우구스투스는 문학에 호의적이었다. 그는 정치를 문란하게 했던 힘을 문학과 예술이 차지하는 것에 기뻐했다. 책이 국가를 통치하도록 해 준다면, 아우구스투스는 사람들에게 돈을 주어 책을 쓰게 하곤 했다. 아우구스투스가 시인들에게 무척 호의적이었으므로, 그가 어디를 가든 시인들이 무리를 지어 주위에 몰려들었다. 매일 계속해서 궁전을 빠져나온 그에게 한 그리스인이 시를 내밀자, 아우구스투스는 멈춰 서서 직접 시를 지었으며, 수행원에게 그 시를 그리스인에게 건네주라고 지시했다. 그리스인은 황제에게 몇 푼 안 되는 돈을 건네면서 더 많이 줄 수 없어서 유감이라고 말했다. 아우구스투스는 시가 아닌 그의 재치에 10만 세스테르티우스로 보상했다.[1]

이제 예전과는 비교가 안 될 정도로 책이 넘쳐 났다. 멍청이에서 철학자까지 모두가 시를 썼을 정도이다.[2] 모든 시와 대부분의 문학적 산문이 큰소리로 읽도록 의도되었으므로, 작가들이 초대받은 사람이나 일반 청중들에게, 또는 인내가 필요한 드문 경우였지만 작가들 서로에게 작품을 읽어 주는 모임이 만들어졌다. 에우베날리스가 시골에서 살고 싶어 한 결정적인 이유는 로마에 만연한 시인들을 벗어나려는 것이었다.[3] 아르길레툼으로 불리는 구역에 가득 들어찬 서점에서 작가들이 문학적 재능을 시험해 보려고 모여들었다. 그 사이에 무일푼의 서적 애호가들이 살 수 없는 단편들을 몰래 읽었다. 벽보에는 신간 도서의 제목과 가격이 고지되어 있었다. 작은 책은 4~5세스테르티우스, 그리고 보통의 책은 10세스테르티우스(1.50달러)에 팔렸다. 대체로 작가의 초상이 실려 있는 마르티알리스의 풍자시 같은 품격 있는 책의 가격은 대략 5데나리우스(3달러)였다.[4] 책은 제국의 모든 지역으로 수출되었거나, 아니면 로마, 리옹, 아테네, 그리고 알렉산드리아에서 동시에 나왔다.[4a] 마르티알리스는 자신의 책이 브리타니아에서 매매되었다는 것을 알고 기뻐했다. 이제는 시인들마저 개인 도서관을 소유했다. 오비디우스는 애정을 담아 자신의 도서관을 묘사했다.[5] 마르티알리스를 통해서 희귀본을 수집하던 도서광들이 이미 존재하고 있었다는 것을 알 수 있다. 아우구스투스는 두 개의 공공 도서관을 건립했다. 그리고 티베리우스, 베스파시아누스, 도미티아누스, 트라야누스, 그리고 하드리아누스가 다른 공공 도서관을 건립했다. 서기 4세기 무렵 로마에 스물여덟 개의 공공 도서관이 있었다. 외국인 학생과 작가들이 이러한 도서관과 공공 기록 보관소에 연구하러 왔다. 그래서 디오니시오스가 할리카르나소스에서, 그리고 디오도로스가 시칠리아에서 왔다. 로마는 이제 서구 세계의 문학 중심지로서 알렉산드리아와 어깨를 나란히 했다.

이러한 개화기는 문학과 사회 모두를 변화시켰다. 문학과 예술이 새로운 품격을 갖게 되었다. 문법학자들이 당대의 작가들에게 강의했으며, 사람들은 거리에서 작가들의 단편을 노래했다. 작가들이 프랑스의 개화기에 가서야 다시 알려졌던 화려한 살롱에서 정치가, 상류층 여성들과 어울렸다. 귀족은 문학적으로 되었고, 문학은 귀족적으로 되었다. 엔니우스와 플라우투스, 루크레티우스와 카툴루스의 생기 넘치는 활력이 표현과 생각에서 섬세한 아름다움에 자리를 내주었다. 작가들이 대중들과 어울리는 것을 끝냈다. 따라서 그들은 대중들의 행동 방식을 묘사하거나 대중들의 언어를 말하는 것을 그만두었다. 마지막으로 라틴 문학에서 생기와 활력을 얻던 문학과 삶이 완전히 분리되기 시작했다. 표현 형식은 그리스 식으로, 그리고 주제는 그리스의 전통에 따르거나 아우구스투스의 궁정식으로 정해졌다. 테오크리투스의 양치기나 아나크레온의 사랑으로부터 시간의 힘을 빌리지 않아도 되었을 때, 시는 농경의 기쁨, 조상들의 도덕, 로마의 명예, 로마 신들의 영광을 교훈적으로 노래할 수 있었다. 문학은 정치 수완의 시녀, 즉 운율의 변화를 갖고 로마 민족에게 아우구스투스의 생각에 대해 말하는 설교가 되었다.

이렇게 국가가 문학을 징발하는 것에 두 세력이 반대했다. 그중 한 세력은 호라티우스가 증오하던 "불경스러운 군중들"이었다. 그들은 새로운 풍자시의 향기 나는 아름다움보다는 오히려 예전 풍자시와 희곡의 신랄한 맛과 독립적 성격을 좋아했다. 다른 한 세력은 클로디아와 율리아가 속해 있던 흥청거리고 죄를 저지르던 수상쩍은 무리였다. 이 젊은 무리는 율리우스 법에 전면적으로 저항했고, 어떤 도덕 개혁도 원하지 않았으며, 자체적으로 시인들과 집단과 규범을 가지고 있었다. 삶에서처럼 문학에서도 두 세력이 서로 싸웠다. 그들은 티불루스와 프로페르티우스에서 엇갈렸고, 베르길리우스의 정숙한 경건함을 오비디우스의 외설적인 대담함과 경쟁시켰으며, 두 명의 율리아와 시인 오비디우스를 추방으로 파멸시켰고, 그리고 마침내 은(銀)의 시대에 서로 기진맥진해졌다. 하지만 떠들썩한 큰 사건, 부와 평화로 인한 여유로움, 로마의 지배권을 인정하는 세상의 장엄함이 국가 보조금의 소모를 막아 냈고, 인간의 전체 기억 속에 형식과 표현력에서 가장 완벽한 황금 시대를 낳았다.

2. 베르길리우스

로마인들 중에서 가장 사랑스러운 사람이 만투아 근처 농장에서 기원전 70년에 태어났다. 만투아에서는 민키오 강이 포 강을 향해 천천히 구불구불 흘러간다. 이제부터는 수도 로마에서 위대한 로마인들이 거의 나오지 않을 것이다. 대신 그들은 그리스도의 탄생으로 갈라진 서기 1세기에는 이탈리아에서, 그리고 그 후에는 속주에서 나올 것이다. 아마도 베르길리우스의 혈관 속에는 켈트인의 피가 포함되어 있었던 것 같다. 만투아에서는 오래전부터 갈리아인들이 살고 있었기 때문이다. 엄밀히 말하자면 그의 혈통은 갈리아인이었다. 왜냐하면 단지 21년 후에야 비로소 갈리아 키살피나가 카이사르에게서 로마 시민권을 부여받았기 때문이다. 로마의 위엄과 운명을 호소력 있게 노래하던 베르길리우스는 로마인 혈통의 강렬한 남성성을 결코 보여 주지 못할 것이다. 하지만 그는 로마인 혈통에서 찾아보기 힘든 켈트족 혈통의 신비주의, 온유함, 우아함을 표현할 것이다.

법정 서기였던 그의 아버지는 농장을 사고 꿀벌을 기를 만큼 충분히 저축했다. 그러한 잔잔한 고요함 속에서 시인 베르길리우스는 소년기를 보냈다. 관개 시설이 잘된 북쪽의 무성한 나뭇잎이 그의 나중 기억에 오래 남아 있었으며, 그는 들판과 개울을 떠나서는 정말 행복하지 않았다. 열두 살에는 크레모나에 있는 학교에, 열네 살에는 밀라노에, 그리고 열여섯 살에는 로마에 가게 되었다. 그곳에서 그는 옥타비아누스를 가르치게 될 사람 밑에서 수사학과 연관 과목들을 공부했다. 아마도 그 다음에는 나폴리에서 에피쿠로스 철학자였던 시로(Siro)의 강의에 출석했던 것 같다. 베르길리우스는 쾌락주의 철학을 받아들이려고 무척 노력했지만, 자신의 시골 배경이 걸림돌이 되었다. 그는 교육을 마친 뒤에 북쪽으로 되돌아갔던 것 같다. 왜냐하면 기원전 41년에 아버지의 농장을 강탈했던 한 병사를 피해서 필사적으로 도망쳤기 때문이다. 옥타비아누스와 안토니우스가 적을 편들었다는 이유로 그 지역을 몰수한 것이다. 갈리아 키살피나의 학구적인 총독 아시니우스 폴리오는 그 농장을 되돌려받으려 했지만 실패했다. 총독은 청년 베르길리우스를 후원하는 것으로, 그리고 그가 계속해서 전원시를 쓸 수 있도록 격려하는 것으로 보상했다.

기원전 37년 무렵에 베르길리우스는 로마에서 명성에 도취되어 가고 있었다. 『전원시(田園詩)』(선집)가 막 나왔고 좋은 반응을 얻었다. 어떤 시는 한 여배우에 의해 암송되어 열광적인 박수갈채를 받기도 했다.[6] 베르길리우스의 시는 문체와 운율에서 아름다운 테오크리투스의 형식을 빌린 목가적인 단편들이었으며, 이제까지 로마에서 들었던 가장 아름다운 6보격 시로 애수에 잠긴 부드러움과 낭만적인 사랑으로 가득했다. 수도 로마의 젊은이들은 시골 생활을 낭만적으로 바라보기에는 너무 오랫동안 흙에서 떨어져 있었다. 모두가 자신의 양 떼를 데리고 아펜니노 산악 지대를 오르락내리락하며 짝사랑에 가슴 아파하는 양치기의 모습을 상상하는 것으로 만족했다.

이러한 테오크리투스의 환상보다 시골의 모습은 더 현실적이었다. 또한 베르길리우스는 시골의 모습을 낭만적으로 그렸지만, 모방할 필요는 없었다. 그는 나무꾼의 생기 넘치는 노래와 허공을 부산하게 맴도는 벌들의 소리를 들은 적이 있었다.[7] 더욱이 그는 당시 수많은 사람들처럼 자신의 토지를 빼앗긴 농부의 허탈한 절망감을 알고 있었다.[8] 무엇보다도 그는 파벌 싸움과 전쟁을 끝내는 시대를 강렬히 희망하고 있었다. 시빌의 신탁집은 철(鐵)의 시대가 끝나면 사투르누스의 황금 시대가 되살아날 것이라고 예견했다. 기원전 40년에 베르길리우스의 후원자인 아시니우스 폴리오에게 아들이 태어났을 때, 시인 베르길리우스는 네 번째 전원시에서 이러한 탄생이 지상 낙원의 도래를 알릴 것이라고 말했다.

이제 쿠마이의 시빌의 신탁집에서 노래한 마지막 시대가 다가오고 있다. 위대한 시기들이 연속적으로 새롭게 태어나고 있다. 이제 정의의 여신이 되돌아오고, 사투르누스의 통치가 재개된다. 이제 새로운 민족이 높은 곳 천상에서 내려온다. 정숙한 출산의 여신이여! 방금 태어난 사내아이에게 미소 지어 주세요. 출산의 여신 시대에 철의 민족이 맨 먼저 사라질 것이다. 그리고 황금의 민족이 온 세상에서 나타날 것이다. 이제 여러분의 아폴로 신이 왕이다.

10년 후 이러한 예언은 실현되었다. 철제 무기를 벗어 던지고, 황금으로 무장하고 황금에 열광한 새로운 세대가 등장했다. 얼마 남지 않은 베르길리우스의 생애 동안 줄곧 로마는 더 이상 혼란에 빠지지 않을 것이다. 번영과 행복이 증가했으며, 아우구스투스는 비록 아폴로 신과 같은 존재는 아니라 하더라도 구원자로 환영받았다. 왕의 궁전과 유사한 궁전은 베르길리우스의 시에서 표현되는 낙관론을 환영했다. 마이케나스는 그를 초대했고, 좋아했으며, 그를 옥타비아누스 개혁의 인기 있는 도구로 보았다. 이러한 판단에는 통찰력이 엿보였다. 왜냐하면 어느 모로 보나 이제 서른세 살인 베르길리우스는 말을 더듬는 순간에 부끄러워했고, 자신의 신분이 드러나 관심받는 모든 공공장소를 회피했으며, 수다스럽고 지나치게 사교적인 로마 사회에 불편해 하던 서투른 시골 뜨기였기 때문이다. 게다가 베르길리우스는 옥타비아누스보다 훨씬 더 두통, 인후통, 위장 장애, 빈번한 각혈로 고통받아 온 병약자였다. 베르길리우스는 한 번도 결혼한 적이 없으며, 자신의 작품에 등장하는 아이네이아스를 사랑에 가장 자유분방했던 존재에 지나지 않는다고 생각했던 것 같다. 분명히 그는 잠시 한 소년 노예를 사랑하는 것에 만족했다. 그 외에는 나폴리에서 "숫총각"으로 알려졌다.[9]

마이케나스는 청년 베르길리우스를 호의적으로 대했고, 옥타비아누스에게 그의 농장을 되돌려주도록 부탁했으며, 농촌 생활을 예찬하는 몇 편의 시를 써 달라고 제안했다. 그 당시(기원전 37년) 이탈리아는 대단히 많은 농경지를 방목지와 과수원과 포도원으로 바꾼 것에 대해 혹독한 대가를 치르는 중이었다. 섹스투스 폼페이우스는 시칠리아와 아프리카로부터 식량 수입을 봉쇄하고 있었으며, 곡물 부족으로 또 다른 혁명의 조짐이 보였다. 도시 생활은 이탈리아의 젊은 남성들을 무기력하게 만들고 있었다. 모든 관점에서 국가의 건강은 농경의 부활을 필요로 하는 것처럼 보였다. 베르길리우스는 쾌히 승낙했다. 그는 시골 생활을 잘 알고 있었다. 그리고 비록 지금은 너무 허약해서 시골 생활의 고통을 참아 낼 수 없었다고 하더라도, 베르길리우스야말로 애정 어린 기억을 더듬어 시골 생활의 매력적인 특징들을 생생하게 묘사하는 데 적합한 사람이었다. 그는 나폴리에 은둔했으며, 7년간의 퇴고 끝에 가장 완벽한 농경시(農耕詩)를 들고 나타났다. 마이케나스는 기뻐하며 베르길리우스를 데리고, 클레오파트라에게 승리를 거두고 돌아오던(기원전 29년) 옥타비아누스를 만나기 위해 남쪽으로 갔다. 작은 도시 아텔라에서 지친 옥타비아누스 장군은 휴식을 취하며 마법에 걸린 듯 4일 동안 2000개의 시구에 귀를 기울였다. 이 시구는 마이케나스가 예견했던 것보다 더 철저하게 옥타비아누스의 정책을 지지했다. 때문에 이제 마이케나스는 옥타비아누스를 위해 세상을 얻었던 대규모 병력의 절반 이상을 해산해서 농촌에 정착시킬 것을, 그리고 농촌 노동으로 퇴역병을 달래고, 도시를 먹여 살리는 것뿐만 아니라 국가를 지켜 낼 것을 제안했다. 그때부터 베르길리우스는 자유롭게 시만을 생각할 수 있었다.

위대한 예술가 베르길리우스는 『농경시』에서 가장 숭고한 기술, 즉 대지의 경작을 다루고 있다. 그는 헤시오도스, 아라투스, 카토, 그리고 바로의 글을 빌려다 썼다. 하지만 그는 그들의 다듬어지지 않은 산문이나 운율이 흐트러진 시구를 정교한 시로 다듬었다. 그는 농업의 다양한 분야, 즉 토양의 종류와 관리, 파종과 수확을 위한 계절, 올리브 나무와 포도나무의 재배, 소와 말과 양의 사육, 꿀벌의 관리에 대해 상세하게 말한다. 농업의 모든 측면이 그의 관심을 끌고 매료한다. 더욱이 그는 성공하기 위해 주의하지 않으면 안 된다.

하지만 이럭저럭 하는 동안 돌이킬 수 없는 시간들이 쏜살같이 흘러간다. 그 사이에 (우리의 주제인) 사랑에 도취된 우리는 하나하나의 사소한 것에서 떠나기 싫어 꾸물거린다.[10]

베르길리우스는 동물들의 질병과 그것을 치료하는 방법에 대해 짧게 이야기한다. 그는 이해와 동정으로 보통의 농장 동물들을 묘사한다. 그는 동물들의 단순한 본능과 정열적인 힘, 그리고 완벽한 외형을 찬미하는 것으로 끝내지 않는다. 그는 농촌 생활을 이상적인 것으로 그리지만 고난과 부침, 무력하게 만드는 노역, 벌레들과의 끝없는 싸움, 몹시 괴롭히는 가뭄과 폭풍우를 간과하지 않는다. 그럼에도 불구하고 노동은 모든 것을 정복한다.[11] 그러한 노역에는 고귀한 목적과 결과가 있다. 어떤 로마인도 쟁기 끄는 것을 부끄럽게 여길 필요가 없다. 베르길리우스는 도덕적 품성이란 농장에서 성장한다고 말한다. 로마를 위대하게 만든 모든 옛 미덕은 농장에서 길러졌다. 파종, 경작, 잡초 제거, 수확의 과정 모두는 영혼의 발전에 견줄 만하다. 그리고 영혼은 도시보다는 성장의 기적과 하늘의 심술이 수많은 신비로운 힘을 나타내는 경작지에서 더 쉽게 창조적 삶의 존재를 느끼며, 종교적 직관과 겸손과 경건함으로 영혼의 깊이가 깊어진다. 여기에서 갑자기 베르길리우스는 자신의 유명한 시구를 말한다. 이 시구는 품위 있게 루크레티우스를 흉내 내는 것으로 시작해서 순전히 베르길리우스 자신의 화법으로 옮겨 간다.

> 사물의 원리를 깨달을 수 있고, 모든 두려움과 냉혹한 운명, 그리고 탐욕스러운 지옥의 소음을 자신의 발아래에 굴복시킨 사람은 행복하다. 하지만 농촌의 신들, 즉 판(Pan) 신과 옛날의 실바누스 신, 그리고 여동생 님프를 아는 사람 또한 행복하다.[12]

농민들은 당연히 희생제로 신들의 비위를 맞추고, 그들의 호의를 얻으려 한다. 이러한 경건한 의식은 되풀이되는 노역을 축제로 즐겁게 하고, 의미, 연극, 시로 대지와 삶을 뒤덮는다.

드라이든(Dryden)은 베르길리우스의『농경시』를 "최고 시인의 최고 시"로 간주했다.[13]『농경시』는『사물의 본성에 관하여』와 더불어 드물게 교훈적이면서 동시에 아름답다. 로마는 이 시를 농업 입문서로 진지하게 받아들이지 않았다. 우리는 그것을 읽은 누군가가 광장을 농장으로 바꾸었다는 말을 들어 본 적이 없다. 세네카가 생각했던 대로 실제로 베르길리우스는 도시의 취향을 만족시키기 위해 이러한 농촌의 황홀경에 대해 썼을 것이다. 어쨌든 아우구스투스는 베르길리우스가 마이케나스의 과제를 믿을 수 없을 만큼 잘 수행했다고 생각했다. 그는 베르길리우스를 자신의 궁전에 불러들여 더 힘든 과제, 즉 더 큰 주제를 제시했다.

3.『아이네이스』

처음에 계획은 옥타비아누스의 전투를 노래하는 것이었다.[14] 하지만 베누스와 아이네이아스로부터 추정되는 그의 양부 혈통이 시인 베르길리우스에게(아마도 황제에게) 로마 건국에 관한 서사시를 구상하게 했다. 주제가 전개되면서 서사시는 예언에 의한 예고편으로 로마가 아우구스투스의 제국과 평화로 팽창해 가는 것을 포함하게 되었다. 또한 서사시는 이러한 성취에서 로마인의 기질이 수행하던 역할을 보여 주고 고대의 미덕을 대중적인 것으로 만들 것이다. 그리고 서사시는 신들을 숭배하고 신들의 인도를 받는 영웅을 그릴 것이며, 아우구스투스의 도덕 및 종교 개혁을 지지할 것이다. 베르길리우스는 이탈리아의 여러 은신처로 은둔했으며, 다음 10년(29~19년)을『아이네이스』를 집필하면서 보냈다. 그는 플라우베르트의 헌신적인 도움을 받아, 상쾌한 아침에 몇 개의 시구를 구술하고 오후에 고쳐 쓰는 방식으로 천천히 써 나갔다. 아우구스투스는 인내심을 갖고 베르길리우스의 완성본을 기다렸고, 되풀이해서 진척 상황을 물었으며, 완성된 단편이 있으면 보내 달라고 성가시게 졸라댔다. 베르길리우스는 가능한 한 오래 그를 기다리게 했지만 결국에는 두 번째와 네 번째, 그리고 여섯 번째 권을 읽어 주었다. 안토니우스의 미망인 옥타비아는 죽은 지 얼마 되지 않은 그녀의 아들 마르켈루스를 묘사하는 구절에서 실신했다.[15] 베르길리우스의 서사시는 결코 완성되지 않았으며, 결국 수정되지도 않았다. 기원전 19년 베르길리우스는 그리스를 방문해 아테네에서 아우구스투스를 만났고, 메가라에서 일사병에 걸려 집으로 출발했으며, 브룬디시움에 도착한 지 얼마 지나지 않아서 죽었다. 숨을 거두기 직전 그는 친구들에게 서사시를 완성하기까지는 적어도 3년이 더 필요할지도 모른다고 말하면서, 자신의 원고를 파기해 달라고 간청했다. 아우구스투스는 그들에게 그의 간청을 받아들이지 말 것을 요구했다.

학생이라면 누구나 『아이네이스』 이야기를 안다. 트로이가 불에 탈 때, 살해당한 헥토르의 망령이 트로이 동맹자들의 지도자인 "경건한 아이네이아스"에게 나타나고, 그리스인들에게서 트로이의 "성물(聖物)들과 가정 신들", 특히 아테나 여신상을 되찾아 달라고 부탁한다. 트로이인들의 보호가 아테나 여신상에 달려 있다고 생각되었다. 헥토르는 "이 신성한 상징물들을 위해 너희들이 바다 위를 배회했을 때, 마침내 정착할 도시를 찾아라." 하고 말한다.[16] 아이네이아스는 나이 든 아버지 안키세스와 아들 아스카니우스를 데리고 트로이를 탈출한다. 항해를 시작하고 나서 여러 곳에 멈춘다. 하지만 언제나 신들의 음성은 그들에게 계속 항해할 것을 명령한다. 바람 때문에 그들은 페니키아 출신의 여왕 디도(Dido)가 도시를 건립한 카르타고 근처 해안가에 도착한다.(베르길리우스가 이것을 썼을 때, 아우구스투스는 카이사르가 계획했던 카르타고 재건에 나서는 중이었다.) 아이네이아스는 디도와 사랑에 빠진다. 적시에 불어온 폭풍우로 그들은 같은 동굴로 피신하고, 디도가 결혼이라고 생각한 것을 완성할 수 있게 된다. 잠시 아이네이아스는 그녀의 생각에 공감하고, 그녀와 적극적인 그의 부하들이 건설 과업에 동참한다. 하지만 무자비한 신들(그들은 고전 신화에서 결혼을 그다지 좋아하지 않았다.)이 아이네이아스에게 카르타고를 떠나도록 경고한다. 이곳은 그가 만들어야 하는 수도가 아니다. 아이네이아스는 신들의 경고에 복종하고, 다음 주제가를 부르며 슬퍼하는 디도 여왕 곁을 떠난다.

> 여왕이여, 당신이 최대의 찬사를 받을 만하다는 것을 부정하지 않아요. …… 난 신랑의 사랑의 불꽃을 내민 적도 없을뿐더러 결혼 서약도 하지 않았어요. …… 하지만 이제 아폴로 신이 내게 항해하도록 명령하네요. …… 당신과 내 마음이 불만으로 사무치게 하지 맙시다. 나는 내 멋대로 이탈리아로 가는 것이 아니라오.[17]

"나는 내 멋대로 이탈리아로 가는 것이 아니라오."라는 구절은 이야기의 비밀을 푸는 열쇠이다. 8세기에 걸친 감상 문학 이후 베르길리우스와 그의 영웅 아이네이아스를 감상적인 기준에서 파악한 우리는 그리스이건 로마이건 어느 쪽이 했던 것보다 낭만적인 사랑과 혼외정사에 훨씬 더 중요성을 둔다. 고대인들에게 결혼은 육체와 정신의 결합이라기보다는 가족의 결합이었다. 그리고 종교나 조국에 대한 요구가 개인의 권리나 일시적 기분보다 우선했다. 베르길리우스는 디도를 동정적으로 다루고, 자신의 가장 멋진 구절들 중 하나에서 어떻게 그녀가 화장용 장작더미에 몸을 던져 산 채로 불에 타 죽는가를 말한다. 그다음 베르길리우스는 아이네이아스를 따라 이탈리아로 간다.

쿠마이에 상륙한 트로이인들은 라티움으로 진군해서 라티누스 왕의 환영을 받는다. 그의 딸 라비니아는 이웃한 루툴리족의 잘생긴 부족장 투르누스와 약혼 중이다. 아이네이아스는 그녀의 사랑과 그녀의 아버지를 멀어지게 만든다. 투르누스는 그와 라티움에 전쟁을 선포하고, 대규모 전투가 뒤이어 발생한다. 아이네이아스를 기운 나게 하고 격려하기 위해 쿠마이의 무녀가 그를 아베르누스 호수의 동굴을 지나 타르타로스(지옥)로 데려간다. 베르길리우스가 아이네이아스의 방랑에 대해 『오디세이』와 같은 작품을 쓰고 그의 전쟁에 대해 짧은 『일리아드』와 같은 작품을 쓴 것처럼, 이제 그는 오디세우스의 지옥 여행의

예를 따르고 결국에는 단테의 본보기이자 안내자가 된다. 베르길리우스는 "지옥으로 내려가기는 쉽다."라고 말한다.[18] 하지만 아이네이아스는 지옥으로 내려가는 길이 구불구불하며, 저승이 혼란스러울 정도로 복잡하다는 것을 알게 된다. 저승에서 아이네이아스는 디도를 만나고, 그녀는 사랑에 대한 그의 주장을 비웃는다. 그곳에서 그는 이승의 죄가 처벌되는 갖가지 고문과 악마 같은 반항적인 반신반인(半神半人)들이 고통받는 감옥을 본다. 그 다음 쿠마이의 무녀가 그를 신비로운 동굴을 지나 더없이 행복한 숲으로 데려간다. 그 숲에서는 선량하게 살았던 사람들이 신록의 계곡과 무한한 기쁨을 누린다. 도중에 죽었던 아이네이아스의 아버지 안키세스는 저승에서 그에게 오르페우스의 천국, 연옥, 지옥의 교리를 자세히 설명한다. 그리고 연속적으로 바뀌는 환영에서 장차 로마의 영광과 영웅들을 그에게 보여 준다. 이보다 늦게 베누스는 아이네이아스에게 악티움 전투와 아우구스투스의 승리에 대한 환영을 보여 준다. 기력을 회복한 아이네이아스는 현세로 돌아가 투르누스를 죽이고, 영웅적인 행위로 그의 주위에서 살인을 없앤다. 그는 라비니아와 결혼하고, 그녀의 아버지가 죽자 라티움의 왕위를 상속한다. 얼마 안 있어 전투 중에 쓰러져 천국으로 옮겨진다. 그의 아들 아스카니우스는 새로운 수도로 알바롱가를 건설한다. 그리고 그곳에서 후손 로물루스와 레무스가 로마를 세우러 떠난다.

나라와 황제에게 감사하는 이러한 아첨 때문에 베르길리우스를 온순한 사람이라고 비판하는 것, 그리고 아마도 그가 결코 쓰고 싶어 하지 않았으며 생전에 완성하지 않았던 것으로 추정되는 작품인 『아이네이스』에서 결함을 찾는 것은 예의 없어 보인다. 물론 『아이네이스』는 그리스의 방식을 모방한 것이다. 실제로 풍자시와 에세이를 제외한 모든 로마 문학도 마찬가지이다. 전투 장면은 『일리아드』의 요란한 싸움을 약하게 모방하고, 새벽의 여신 아우로라(Aurora)가 호메로스의 장밋빛 손가락을 가진 새벽처럼 자주 나타난다. 나이비우스, 엔니우스, 루크레티우스는 베르길리우스에게 에피소드와 표현을, 그리고 가끔은 전체 시구를 제공한다. 게다가 로도스의 아폴로니오스는 자신의 아르고(Argo) 호(號) 모험을 통해 디도의 비련에 대한 모형을 제공한다. 그러한 모형 빌리기는 셰익스피어 시대에서처럼 베르길리우스 시대에도 정당한 것으로 여겨졌다. 지중해 문학 전체가 모든 지중해 정신의 유산이자 보고로 간주되었다. 우리가 우리 자신을 만들어 가기 때문에 신화적 배경은 우리를 지치게 한다. 하지만 신의 암시와 개입은 로마의 시에 회의적인 독자들에게조차 친숙하고 흥미로웠다. 우리는 병약한 베르길리우스의 잔잔한 서사시에서 억수같이 쏟아지는 호메로스의 이야기, 즉 『일리아드』의 위대한 영웅들이나 가정적인 이타카 사람들을 움직인 삶과 살육의 실체를 보지 못한다. 베르길리우스의 이야기는 자주 시들해지고, 등장인물들은 아이네이아스가 버리거나 죽인 사람들을 제외하고 거의 모두가 무기력하다. 디도는 우아하고, 섬세하며, 정열적인 활기가 넘치는 여성이다. 그리고 투르누스는 라티누스에게 배신당하고 어리석은 신들에게 부당하게 죽게 되어 있는 수수하고 정직한 전사이다. 우리는 10편의 장편 시 뒤에 오는 아이네이아스의 "경건함"에 분개한다. 경건함 때문에 그는 자신의 의지를 전혀 남기지 못하고, 그의 배신은 용서받으며, 신이 개입해야만 성공하게 된다. 우리는 아이네이아스가 수사적인 지루함을 더하면서 선량한 사람들을 죽인 공허한 연설을 즐기지 않는다.

『아이네이스』를 이해하고 올바르게 평가하기 위해서는 베르길리우스가 연애 소설이 아니라 로마를 위해 신성한 경전을 쓰고 있었다는 것을 언제나 상기하지 않으면 안 된다. 그가 어떤 분명한 신학을 제시한 것은 아니다. 그의 각본에서 배후를 조종하는 신들은 호메로스의 신들만큼 사악하고 익살맞을 정도로 인간적이지는 않다. 사실 『아이네이스』에 등장하는 모든 짓궂은 행동과 고통은 인간이 아닌 신들이 초래한 것이다. 아마도 베르길리우스는 이러한 신들을 시적 장치, 즉 가혹한 상황과 파괴적인 위험의 상징으로 생각했다. 대체로 그는 만물의 지배자인 제우스와 비인간적인 운명 사이에서 동요한다. 그는 올림포스의 신들보다는 촌락과 들판의 신들을 더 좋아한다. 그는 그러한 신들과 그들의 의식을 묘사하는 기회를 놓치지 않는다. 그리고 동포들이 원시 시대부터 내려온 농촌의 신앙으로 길러졌던 경건함, 즉 부모와 조국과 신들에 대한 공경을 회복할 수 있기를 바란다. 그는 "슬프구나, 옛날의 경건함과 신앙이여!"라고 탄식한다. 하지만 그는 모든 망자들이 똑같이 음울한 운명을 경험하는 전통적인 지옥의 개념을 거부한다. 그는 환생과 내세에 대한 오르페우스교와 피타고라스학파의 생각을 가볍게 다루는 반면에 보상이 있는 천국, 죄를 정화하는 연옥, 처벌하는 지옥에 대한 생각을 가능한 생생하게 표현한다.

『아이네이스』의 진짜 종교는 애국심이고, 가장 위대한 신은 로마이다. 로마의 운명은 줄거리로 이동하고, 이야기에 등장하는 모든 고난은 "로마 민족을 정착시키는 힘든 과업"에서 의미를 찾는다. 제국에 대한 시인 베르길리우스의 자부심은 대단해서 그리스인들의 우월한 문화를 시샘하지 않는다. 다른 민족에게 살아 있는 인물을 대리석과 청동상으로 바꾸게 하고, 별들의 진로를 기록하게 하라. 즉

> 로마인이여, 여러분은 다른 민족을 통치해야 합니다. 여러분의 기술은 평화의 길을 가르칠 것이고, 겸허한 사람들에게 자비를 베풀 것이며, 자만하는 자들을 무너뜨릴 겁니다.[19]

베르길리우스는 공화정의 멸망에 분개하지 않는다. 그는 카이사르가 아니라 계급 전쟁이 공화정을 멸망의 길로 이끌었다는 것을 알고 있다. 그는 시의 매 단계에 아우구스투스의 복원 통치를 예견하고, 복원 통치를 사투르누스의 통치가 부활한 것으로 갈채를 보내며, 그 보상으로 아우구스투스를 신들의 집단에 들어갈 수 있게 하겠다고 약속한다. 어느 누구도 베르길리우스보다 더 완벽하게 문학의 임무를 완수하지 못했다.

왜 우리는 경건하고, 도덕주의적이며, 광신적 애국주의자이자 제국주의 선전자인 베르길리우스에게 따뜻한 애정을 간직하고 있는가? 부분적으로 매 페이지마다 그의 온유한 품성이 드러나기 때문이다. 그리고 나무랄 데 없는 자신

의 조국 이탈리아에서 모든 사람, 심지어 모든 생명체에까지 그의 공감이 확산되었다고 판단되기 때문이다. 그는 지위가 낮은 사람과 높은 사람의 고통, 전쟁의 유쾌하지 못한 섬뜩함, 귀족들에게 슬그머니 다가가는 순식간의 죽음, 슬픔과 괴로움, "불행에 흘리는 눈물"을 알고 있다. 베르길리우스가 "포플러 나무 그늘 밑에서 새끼를 잃고 나이팅게일이 슬퍼한다. 어떤 냉혹한 농부가 나이팅게일 둥지에서 아직 깃털이 다 나지 않은 새끼를 보고 낚아챘다. 저녁 내내 어미 새는 울어대고, 작은 가지 위에 앉아 계속 구슬프게 노래한다. 숲 속이 어미 새의 슬픈 비탄으로 가득하다."라고 쓰고 있을 때,[20] 그는 단순히 루크레티우스를 모방한 것이 아니다. 하지만 우리가 베르길리우스에게 몇 번이고 끌리는 것은 그가 사용한 언어의 변치 않는 사랑스러움 때문이다. 그가 "어미 곰이 새끼들에게 하는 것처럼 모든 시구를 완전한 것으로 만들기 위해" 모든 시구에 열중한 것이 헛된 수고로 끝난 것은 아니다.[21] 그리고 써 보려고 시도한 독자만이 이야기를 세련되게 만든다는 것이, 그리고 두 페이지마다 인용을 필요로 하고 이야기를 끌어내는 격조 높은 선율의 구절로 이야기를 장식한다는 것이 얼마나 힘든 일인지를 짐작할 수 있을 것이다. 아마도 그 시는 지나치게 한결같이 아름다운 것 같다. 만약 시의 풍부한 표현이 늘어지면 아름다움마저 시들해진다. 베르길리우스에게는 섬세한 여성의 매력이 있지만, 루크레티우스의 남성적인 힘과 생각 또는 호메로스를 불러들였던 "파도가 굽이치는 바다"의 밀려오는 조류는 거의 찾아볼 수 없다. 결코 되찾을 수 없는 신앙을 호소하고, 10년 동안 모든 에피소드와 시구가 인위적인 기교를 필요로 했던 한 편의 서사시를 쓰면서, 그리고 자신이 실패했다는 잊을 수 없는 생각으로 죽어 가는 모습을 통해 베르길리우스의 애수를 이해할 수 있다. 이러한 애수 때문에 어떤 자발성의 불꽃도 그의 상상력에 불을 지피거나 등장인물에게 활력을 불어넣지 못했다. 하지만 비록 주제를 통해서는 아니라고 하더라도 중개를 통해서 베르길리우스는 완전한 승리를 거두었다. 기교로는 좀처럼 더 눈부신 기적을 이루어 내지 못했다.

베르길리우스가 죽은 지 2년 후 그의 유언 집행자들이 『아이네이스』를 세상에 내놓았다. 일부의 혹독한 비판이 잇따랐다. 어떤 비평가는 그의 결함을 다룬 선집을 펴냈고, 다른 비평가는 그의 절도 행위를 열거했으며, 또 다른 비평가는 베르길리우스의 시와 더 앞선 시기의 시 사이에 유사성을 다룬 여덟 권의 책을 펴냈다.[22] 하지만 로마는 이러한 문학의 공산주의를 용서했다. 호라티우스는 베르길리우스에 대한 깊은 애정으로 그를 호메로스와 어깨를 겨루게 했으며, 1900년에 걸쳐 학교에서 『아이네이스』 암기가 시작되었다. 평민과 귀족은 그를 되풀이해 말했다. 그리고 직공들과 가게 주인들, 묘비와 낙서되어 있는 벽들이 그를 인용했다. 신전 신탁은 그의 서사시에 등장하는 모호한 시구로 응답했다. 무작위로 베르길리우스의 책을 펴고 눈에 띄는 첫 구절에서 어떤 권고나 예언을 찾는 관행이 르네상스 때까지 계속되었다. 중세에 그가 마법사이자 성인으로 생각될 때까지 그의 명성은 높아 갔다. 『전원시』 제4권에서 그가 구원자의 도래를 예언하지 않았던가? 『아이네이스』에서 로마를 종교의 힘이 세상에 들어 올려질 신성한 도시로 묘사하지 않았던가? 그가 저 끔찍한 책 제6권에서 최후의 심판, 악인들의 고통, 죄를 정화하는 연옥의 불 고문, 축복받은 천국의 행복을 묘사하지 않았던가? 플라톤처럼 베르길리우스도 자신의 이교(異敎) 신들에도 불구하고 타고난 그리스도교도였다. 단테(Dante)는 그의 시의 우아함을 사랑했고, 그를 지옥과 연옥을 통과하는 안내자뿐 아니라 유창하게 이야기하고 아름다운 언어를 쓰는 기술의 인도자로 받아들였다. 밀턴(Milton)은 『실낙원』과 악마와 인간에 대한 과장된 연설을 쓰면서 베르길리우스를 생각했다. 그리고 더 혹독한 판단이 기대되었던 볼테르(Voltaire)는 『아이네이스』를 고대로부터 전해진 가장 뛰어난 문학적 기념비로 평가했다.[23]

4. 호라티우스

문학의 세계(여기에서는 사랑의 세계에서보다는 질투가 덜 만연해 있다.)에서 가장 뜻밖의 상황 중 하나는 베르길리우스가 호라티우스를 마이케나스에게 소개한 것이다. 두 시인, 즉 베르길리우스와 호라티우스는 기원전 40년에 만났다. 그때 베르길리우스는 서른 살이었고 호라티우스는 스물다섯이었다. 베르길리우스는 1년 뒤에 마이케나스에게 호라티우스를 소개했다. 그리고 세 명 모두는 죽을 때까지 우정이 변치 않았다.

1935년에 이탈리아는 퀸투스 호라티우스 플라쿠스의 2000번째 생일을 축하했다. 그는 아풀리아의 베누시아라는 작은 마을에서 태어났다. 그의 아버지는 해방노예로서 고위 세금 징수인의 지위에 올랐다. 하지만 어떤 사람은 그의 아버지가 생선 장수였다고 말했다.[24] 플라쿠스는 귀가 늘어진 사람이라는 의미였다. 호라티우스는 아마도 아버지가 모시던 주인의 이름에서 유래한 것 같다. 아무튼 해방노예인 아버지는 퀸투스를 수사학을 배우도록 로마에, 그리고 철학을 배우도록 아테네에 보냈다. 아테네에서 청년 호라티우스는 브루투스의 군대에 들어갔고, 군단 지휘권을 부여받았다. "조국을 위해 죽는 것은 기분 좋고 명예로운" 일이었다.[25] 하지만 자주 아르킬로코스를 흉내 내던 호라티우스는 전투 중에 방패를 떨어뜨리고 도망쳤다. 전쟁이 끝난 후에 그는 모든 소유지와 세습 재산을 박탈당했다. 그는 "극한의 빈곤 때문에 시를 쓰지 않으면 안 되었다."라고 말했다.[26] 하지만 실제로 그는 재무관의 서기가 되어 생계를 꾸려 갔다.

호라티우스는 작은 키에 뚱뚱했고, 자부심이 강하고 소심했으며, 평민들을 싫어했음에도 불구하고 교양 수준이 자신과 필적하던 집단에 접근하기에는 외관이나 재력을 갖추지 못했다. 지나치게 신중해서 결혼할 수 없었던 호라티우스는 고급 매춘부에 만족했다. 고급 창부는 아마도 실제로 존재했거나 성숙을 드러내기 위해서 고안된 파격적인 시적 표현 방식이었을 것이다. 그는 학자적인 신중함과 복잡한 운율로 매춘부에 대해 썼으며, 자신이 기혼녀를 유혹하지 않은 것은 좋은 평가를 받을 만하다고 생각했다.[27] 성적으로 타락하기에는 너무 가난하던 호라티우스는 책에 몰두했고 가장 난해한 그리스식 운율로 그리스와 라틴 서정시를 지었다. 베르길리우스는 마이케나스에게 자신이 보았던 호라티우스의 시 하나를 찬미했다. 호라티우스는 소심하게 더듬거리며 친절한 쾌락주의자 마이케나스에게 찬사를 보냈으며, 마이케나스는 호라티우스의 정교한 생각에서 간교한 낌새를 발견했다. 37년에 마이케나스는 베르길리우스, 호라티우스, 그리고 그 밖의 몇몇 사람을 운하용 배, 마차, 가마, 도보로 이탈리아를 가로질러 브룬디시움까지 가는 나들이에 데려갔다. 곧 마이케나스는 옥타비아누스에게 호라티우스를 소개했고, 옥타비아누스는 호라티우스에게 자신의 비서가 되어 줄 것을 제안했다. 호라티우스는 일에 대한 열정이 없었으므로 도중에 자리를 떴다. 34년에 마이케나스가 그에게 집 한 채와 우스티카의 사비네 계곡에 있는 수익이 보장되는 농장을 제공했다. 이 농장은 로마에서 대략 45마일 떨어져 있었다. 이제 호라티우스는 도시나 농촌에서 자유롭게 살 수 있었으며, 더욱이 글쓰기를 꿈꾸는 작가들처럼 자유롭게 쓸 수 있었다. 그는 유유자적하고 무척 신중하게 글을 썼다.*

잠시 그는 로마에 머물면서 분주하게 움직이는 세상을 흥미롭게 관망하며 즐겁게 생활했다. 그는 로마를 이루고 있던 유형들을 연구하면서, 그리고 수도 로마의 바보짓들과 악덕들을 기꺼이 객관적으로 들여다보면서 모든 계층의 사람들과 어울렸다. 그는 이런 유형들 중 일부를 처음에는 루킬리우스를 흉내 내서, 그리고 다음에는 더 온화하고 관대한 화법으로 두 권의 『풍자시』에서 묘사했다.(기원전 34년과 30년) 그는 자신의 시를 설교가 아닌 대부분 구어체의 6보격 시로 이루어진 격식 없는 대화, 그리고 가끔은 친밀한 대화로 불렀다. 그리

---

* 1932년에 발굴된 호라티우스의 소유지는 폭이 363피트, 길이가 142피트로 24개의 방, 3개의 욕실, 모자이크로 장식된 여러 개의 마루, 그리고 지붕이 있는 주랑으로 둘러싸인 대규모 정원을 갖춘 대저택으로 드러났다. 이 너머로 8명의 노예와 다섯 가족의 소작인이 일하던 광대한 농장이 있었다.[28a]

고 그는 이 시가 운율을 제외한다면 모든 면에서 산문이라고 시인했다. 그는 "왜냐하면 여러분은 나처럼 산문에 더 가까운 시를 쓰는 사람을 시인으로 부르려 들지 않기 때문입니다."라고 말했다. 이러한 생동감 넘치는 시에서 우리는 마치 살아 있는 듯한 로마의 남성과 여성을 만나고, 마치 로마인들이 말하던 것처럼 그들이 말하는 것을 듣게 된다. 즉 그들은 베르길리우스의 양치기, 농민, 그렇다고 영웅도 아니며 오비디우스의 전설적인 호색가도 아니고 여걸도 아니다. 그들은 건방진 노예, 우쭐대는 시인, 거만한 강연자, 탐욕스러운 철학자, 말이 너무 많은 지겨운 사람, 열정적인 유대인, 사업가, 정치인, 매춘부이다. 결국 이것이 우리가 생각하는 로마이다. 호라티우스는 농담조로 유산(遺産) 사냥꾼에게 그러한 잔혹한 경기에서 성공하기 위한 규칙들을 정하고 있다.[28] 그는 진미를 즐기고 맛에 말문이 막힌 미식가들을 비웃는다.[29] 그는 "지나간 시절에 대한 찬미자들"에게 "만약 어떤 신이 당신을 과거로 데려가려 한다면, 그럴 때마다 당신은 거절할 것"이라고 상기시킨다.[30] 과거가 지닌 최고의 매력은 그것을 다시 살 필요가 없다는 것이다. 호라티우스는 루크레티우스처럼 도시에서 시골을 갈망하고, 시골에서 도시를 갈망하는 안절부절못하는 사람들에게 놀란다. 그들은 스스로가 가지고 있는 것에 결코 만족할 수 없다. 왜냐하면 더 많이 가진 누군가가 있기 때문이다. 그들은 아내들에게 만족하지 못하고 대단히 많은 것 같지만 대단히 적은 상상력으로 다른 남자들에게는 평범한 존재가 되어 버린 다른 여자들의 매력을 갈망한다. 그는 돈에 대한 광기야말로 로마의 근본적인 질병이라고 결론 내린다. 그는 황금을 못 찾아 안달하는 사람에게 "왜 당신은 목이 마를 때마다 항상 그의 입술에서 물이 멀어져 가는 탄탈로스(Tantalus)를 비웃는가? 탄탈로스를 당신의 이름으로 바꾸어라. 그러면 그건 바로 당신 이야기이다."라고 말한다.[31] 그는 스스로를 풍자하기도 한다. 즉 그는 자신의 노예가 면전에서 도덕주의자인 자신이 성질이 불같고, 자신의 생각이나 목적을 전혀 알지 못하며, 그 밖의 모든 사람들처럼 걱정에서 헤어나지 못하고 있다고 말한다고 묘사하고 있다. 다른 사람들뿐 아니라 자신에게도 그는 분명히 중용을 권장하고 있다.³² 그는 "사물에는 한계가 있다."라고 말한다.³³ 이 말은 지혜로운 사람이란 모자라지도 넘치지도 않는 법이라는 뜻이다.『풍자시』제2권을 펴내면서 호라티우스는 한 친구에게 제1권이 너무 세련되지 못하고 표현력이 약하다는 비판을 받았다고 투덜댄다. 조언을 구한 그는 "휴식을 취하게."라는 대답을 듣는다. 호라티우스가 이것에 맞서 "뭐라고? 시를 전혀 쓰지 말라고?" 하자 친구는 "그렇다네."라고 대답한다. 그러자 호라티우스는 "하지만 난 잠을 잘 수 없을 거야."라고 말한다.³⁴

호라티우스가 잠시 충고를 받아들였으면 좋았을 것이다. 다음으로 그가 발표한 서정시는(기원전 29년) 그의 작품들 가운데 가장 가치가 떨어진다. 그의 서정시는 거칠고 조악하며, 관대하지 못하고, 운치도 없을뿐더러 양성애로 음란하며, 아르킬로코스의 단장격(短長格) 운율에 대한 실험으로서만 허용될 뿐이다. "로마의 연기와 부(富), 그리고 소음"에 대한 혐오감은³⁵ 더 심해져 냉소로 변했던 것 같다. 그는 "무지하고 사악한 군중"의 압력을 견뎌 낼 수 없었다. 수도 로마의 인간 부랑자들 속에서 한편으로는 떠밀리면서 다른 한편으로는 떠밀고 있는 자신의 모습을 묘사하며 "오, 나의 시골집이여! 언제쯤이나 널 보게 될까? 때로는 고대인들의 책을 읽느라, 또 때로는 잠자고 빈둥거리느라 언제쯤 인생의 근심을 기분 좋게 단숨에 다 잊어버릴 수 있을까? 언제쯤 피타고라스학파의 형제단이 먹었던 콩, 그리고 기름기 많은 베이컨이 들어 있는 채소를 먹을 수 있을까? 오, 멋진 밤과 축제여!"라고 외치고 있다.³⁶ 로마에서의 체류는 더 짧아졌다. 그가 사비네 별장에서 너무 많은 시간을 보냈으므로, 그의 친구들(마이케나스마저)은 그가 자신의 인생에서 친구들을 제외시키려 한다고 불평했다. 로마의 더위와 먼지를 피해 농장의 맑은 공기와 평화로운 일상, 그리고 소박한 일꾼들에게서 몸과 마음을 정화시켜 주는 기쁨을 발견했다. 건강이 나빴던 호라티우스는 아우구스투스처럼 대부분 채식으로 식이 요법을 했다. 그는 "맑은 물이 흐르는 개울과 몇 에이커의 삼림지, 그리고 곡물 수확에 대한 믿음이야말로 비옥한 아프리카의 호화로운 군주의 땅보다 더 많은 축복을 가져다준다."라고 말한다.[37] 아우구스투스 시대의 다른 시인들처럼 그에게서도 그리스 문학에서는 보기 드문 애정 어린 표현을 발견할 수 있다.

> 사업의 근심에서 멀어져 있는 사람은 행복하네.
> 먼 옛날에도 사람들은 조상 대대로 내려온 땅을
> 자신의 소로 경작했다네.
> 빚에서도 자유로웠지. ……
> 오래된 털가시 나무 아래, 아니면 엉클어진
> 풀밭 위에 누워 있으면 얼마나 기분 좋을까!
> 높은 강둑들 사이로 개울이 흐르고
> 숲 속에서는 새들이 노래하네.
> 튀어 오르는 물로 샘이 철썩철썩 소리를 내고
> 아늑한 잠자리로 초대하네![38]

도시의 한 대부업자는 이 시구를 호라티우스의 풍자와 함께 자신의 입으로 낭송한다. 그는 호라티우스의 시구를 말함과 동시에 잊어버리고 자신의 돈에 몰두한다.

아마도 자주 다니는 한적한 곳에서 호라티우스는 "공들인 적절한 표현"*으로 자신의 명성이 살아남거나 사라질 수도 있을 것으로 생각한 송시(頌詩)에 몰두했던 것 같다. 그는 한결같은 음보로 쉼 없이 진행되다가 무자비한 기요틴처럼 중간에서 급격하게 시구를 쪼개 버리는 6보격 시의 운율에 싫증 나 있었다. 그는 젊은 시절에 사포, 알카이오스, 아르킬로코스, 아나크레온의 섬세하고 활기찬 운율을 즐겨 사용했다. 그는 산뜻하게 새롭고, 풍자시에 걸맞게 간결하며, 음악을 위해 만들어진 운율로 사랑과 포도주, 종교와 국가, 삶과 죽음에 대

---

* 이것은 페트로니우스가 호라티우스에게 사용하던 구절이다.[39]

한 생각을 표현하려 했다. 그러기 위해 이제 그는 단장격의 11음절로 된 사포와 알카이오스의 운율을 로마의 서정시 형식에 접목시킬 것을 제안했다. 호라티우스는 단순하거나 서둘러대는 사람들을 위해 새로운 운율을 의도한 것이 아니었다. 실제로 그는 그러한 사람들이 접근하지 못하도록 경고하는 의미에서 세 번째 부문을 다음과 같이 청교도적인 머리말로 시작했다.

난 불경한 군중을 증오하고 멀리한다. 조용히 하라! 뮤즈 신들의 신관인 나는 청춘 남녀들을 위해 전에 들어 보지 못했던 노래를 부르겠다.

만약 처녀들이 호라티우스의 장난기 섞인 말과 의도의 정반대 사이를 헤집고 다니느라 애썼다면, 그들은 이러한 송시에서 나타난 분명한 쾌락주의에 기뻐하며 놀랐을 것이다. 호라티우스는 우정, 음식과 음주, 성관계의 쾌락을 찬미한다. 이러한 찬미로부터 호라티우스가 아주 적게 먹고 그보다 더 적게 술을 마시던 은둔자였음을 짐작해 내기란 불가능해 보인다. 그는 무엇 때문에 로마의 정치와 원거리 전쟁을 걱정하는가 하고 묻는다. 무엇 때문에 비웃음을 당할 미래를 그렇게 신중하게 설계하는가? 젊음과 아름다움은 잠깐 스치며 멀리 달아나 버린다. 지금 당장 젊음과 아름다움을 즐기자. "소나무 아래에 누워 장미로 장식되고 시리아산 감송(甘松) 향기가 나는 희끗희끗한 머리카락을 즐기자."[40] 우리가 말하고 있을 때조차도 시샘하는 시간은 사라진다. 기회를 놓치지 말자. "현재를 즐기자."[41] 호라티우스는 자신이 사랑했다고 주장하는 몸가짐이 헤픈 여성들, 즉 랄라게, 글리케라, 네아이라, 이나카, 키나라, 칸디아, 리케, 피라, 리디아, 틴다리스, 클로에, 필리스, 미르탈레에 대해 장황하게 이야기한다. 그의 모든 주장이 비난할 만하다고 생각할 필요는 없다. 이러한 주장은 당시의 시인들 사이에서는 의무에 가까운 문학적 의식 행위였다. 다른 작가들이 동일한 여성이나 이름을 다루었다. 이제 덕망 높은 아우구스투스는 이러한 단장격 풍자시의 간통들에 현혹되지 않았다. 그는 그것들 사이에서 자신의 통치와 승리, 즉

근, 도덕 개혁, 아우구스투스의 평화에 대한 장엄한 칭송을 찾아내고 기뻤다. 호라티우스가 술자리에서 부른 유명한 노래 「한잔 합시다」[42]는 클레오파트라가 죽고 이집트가 점령되었다는 소식을 들은 즉시 만들어졌다. 그의 세련된 영혼마저 전에는 볼 수 없을 정도로 제국이 승리하고 팽창해 간다는 생각에 전율했다. 그는 독자들에게 새로운 법이 옛날의 도덕을 대신할 수 없을 것이라고 경고했다. 그리고 사치와 간통, 경박함, 냉소적인 불신이 확산되어 가는 것에 탄식했다. 그는 최근의 전쟁을 언급하면서 "아, 슬프다! 우리의 상처와 죄악, 그리고 형제 살해가 수치스럽구나! 이 냉혹한 세대의 무엇이 우리를 이토록 움츠리게 했는가? 무엇이 우리를 이토록 사악함에 눈감게 했는가?"라고 말한다.[43] 고대의 소박하고 한결같은 방식으로 되돌아가지 않고서는 로마를 구할 수 없다. 무언가를 믿기가 어렵다는 것을 알았던 회의론자 호라티우스는 고대의 제단 앞에 백발의 머리를 조아렸고, 신화를 갖지 못한 민족은 사멸한다는 것을 인정했으며, 병약한 신들에게 정중하게 글을 썼다.

세상의 문학에서 어떠한 시도 섬세하면서도 힘 있는, 세련되면서도 남성적인, 미세하면서도 난해한, 완벽한 기교로 기교를 숨기고 그럴듯한 평이함으로 노고를 숨긴 호라티우스의 시와 전적으로 유사하지는 않다. 호라티우스의 시는 또 다른 기준에서 베르길리우스의 시와는 다른 노래로 덜 선율적이고 더 지적이며, 청춘 남녀가 아닌 예술가와 철학자를 겨냥한 것이다. 여기에서는 좀처럼 열정이나 미문(美文)을 찾아볼 수 없다. 모든 수단을 다 동원해 씌어진 문장에서조차 문체는 단순하다. 하지만 더 위대한 송시에서는 마치 황제가 문학 속에서가 아닌 청동 조각상에서 말하는 것처럼 생각의 자부심과 당당함이 존재한다.

나는 청동보다 영속하는 기념비를 건립했노라.
그것은 피라미드의 제일 높은 곳보다 더 우뚝 솟아 있노라.
날카로운 폭풍우도, 무력한 북풍의 신도, 셀 수 없을 만큼 연속되는 세월도,
순식간에 흘러가는 시간도 기념비를 쓰러뜨릴 수 없다네.

난 완전히 죽지는 않을 거라네.[44]

비방받은 군중은 『송시』를 무시했고, 비평가들은 넌더리 나는 책략으로 비난했으며, 금욕주의자들은 사랑의 노래들을 통렬히 비난했다. 아우구스투스는 『송시』를 불후의 시로 선언했고, 게르마니아에서 드루수스와 티베리우스의 위업을 찬양할 네 번째 부문을 요구했으며, 호라티우스에게 백년제(百年祭)를 위한 찬가를 쓰게 했다. 호라티우스는 승낙했지만 전혀 감동받지 않았다. 그는 『송시』에 쏟아부은 노고로 탈진했다. 마지막 작품에서 호라티우스는 대화체의 6보격 풍자시로 긴장을 풀었으며, 안락의자에 앉아 있는 것처럼 『서한집』을 썼다. 그는 항상 철학자가 되길 원했다. 여전히 수다쟁이였다고는 하지만 이제 그는 지혜에 몰두했다. 철학자라는 존재는 죽은 시인이고 죽어 가는 신학자이므로, 마흔다섯 살의 나이로는 늙어 보인 호라티우스는 신과 인간, 도덕과 문학, 예술에 관해 토론할 수 있을 만큼 노련했다.

이러한 서한 중에서 가장 유명한 것은 후기 비평가들에 의해 "시의 기예(技藝)"로 명명된 것으로 피소(Piso) 삼부자, 즉 몇몇 확실치 않은 피소 집안사람들에게 보낸 서한이었다. 그것은 정식 작품이 아닌 글 쓰는 방법에 대한 친절한 조언이었다. 호라티우스는 능력에 맞는 주제를 선택하라고 말한다. 지나치게 큰 주제를 선택해서 하찮은 결과를 낳지 않도록 하라.[45] 이상적인 책이란 정보와 재미를 동시에 주는 것이다. "유익함을 재미와 섞는 사람이 성공한다."[46] 새롭고, 시대에 뒤진 말 또는 1피트 반이나 되는 "장황한 말"은 피해라. 의미를 명확하게 전달하려면 간결하게 말해라. 곧바로 사물의 핵심으로 들어가라. 시를 쓰는 동안 감정이 전부라고 생각하지 마라. 사실 독자가 감정을 느끼길 원한다면 당신이 직접 감정을 느껴야 한다.[47] 하지만 예술은 감정이 아니다. 예술은 형식이다.(여기에 다시 낭만파의 표현 양식에 대한 고전파의 도전이 있다.)* 형식을 얻

---

* 중세에는 거의 잊힌 호라티우스는 근대 고전주의 시대인 17세기와 18세기에 명예를 차지했다. 근대 고전주의 시대에는 특히 영국에서 모든 정치가와 소책자 집필자들이 호라티우스의 구절을 상투적인 산문으로 바꾸었다. 부알로

으려면 밤낮으로 그리스인들을 연구해라. 거의 쓴 것만큼 지워라. "성공적인 시기"는 모두 잊어라. 유능한 비평가에게 작품을 넘겨라. 그리고 친구들을 조심해라. 그런데도 작품이 살아남는다면, 8년 동안 치워 두어라. 그 다음 기억에서 사라지지 않는다면 펴내라. 하지만 작품이란 시간에 의해서만 기억될 수 있다는 것을 기억해라. 즉 말은 날아가도 글은 남는다. 만약 희곡을 쓴다면 말이 아닌 행동이 이야기하게 하고 등장인물들을 묘사해라. 무대에서 공포를 나타내지 마라. 행동과 시간과 장소를 일치시켜라. 이야기가 하나가 되게 하고 단시간 안에 한 장소에서 나타나게 해라. 인생과 철학을 공부해라. 왜냐하면 관찰과 이해 없이는 완벽한 표현 방법마저도 공허한 것에 지나지 않기 때문이다. 감히 알려고 해라.

호라티우스는 이 모든 가르침에 따랐지만, 눈물을 흘리는 것만은 배우지 않았다. 그의 감정은 너무 메말랐거나 침묵 속에서 억눌려 있었으므로 진지한 감동, 즉 "평온 속에 기억되는 감정"을 만들어 내는 뛰어난 기교를 좀처럼 발휘하지 못했다. 그는 지나칠 정도로 세련되었다. "어떠한 것에도 마음이 움직이지 않는다."라는 것은[48] 보잘것없는 조언이었다. 그를 매일 맞이하는 일출이나 나무마저도 호라티우스에게는 모든 것이 기적이다. 호라티우스는 삶을 관찰했지만, 그다지 깊이 관찰하지는 않았다. 그리고 그는 철학을 공부했지만 "평정"을[49] 지속적으로 유지했다. 단지 그의 『송시』만이 "중용"을 넘어선다.[50] 그는 스토아학파처럼 덕을 공경했으며, 에피쿠로스학파처럼 쾌락을 중시했다. 그는 제논처럼 "그렇다면 누가 자유로운가? 그건 바로 빈곤도 죽음도 속박도 두려워하지 않고 자신을 지배하는 사람, 열정을 무시하고 야망을 경멸하며, 그 자체로 완전체인 지혜로운 사람"이라고 묻고 답한다.[51] 가장 뛰어난 시 가운데 하나에서 호라티우스는 스토아학파의 중압감을 노래한다.

(Boileau)의 『시의 기술』은 호라티우스의 피소 삼부자에게 보낸 서한을 부활시켰고, 위고(Hugo) 때까지 프랑스 희곡을 형성하고 얼어붙게 했다. 그리고 교황의 『비평론』은 영국에서도 희곡을 얼어붙게 했지만 바이런(Byron)의 불길로 해빙되었다.

만약 어떤 사람이 정의롭고 결의에 차 있다면, 세상 사람들 모두는 그를 제압하고 공격할 것이다. 그리고 폐허 속에서도 낙담하지 않는 그를 발견할 것이다.[52]

하지만 이 모든 것에도 불구하고 호라티우스는 자신을 솔직하고 애교 있게 "에피쿠로스 돼지우리의 돼지"라고 부른다.[53] 그는 에피쿠로스처럼 사랑보다는 우정을 더 중시했으며, 베르길리우스처럼 아우구스투스의 개혁을 찬양하면서 독신으로 살았다. 그는 최선을 다해 종교를 설교했지만, 자신은 종교를 갖지 않았다. 그는 죽음이 모든 것의 끝이라고 생각했다.[54]

이러한 생각으로 그의 말년은 우울해졌다. 복통, 류머티즘, 그리고 그 밖의 많은 고통에 시달렸으며 "지나가는 세월은 하나씩 하나씩 모든 즐거움을 앗아 간다."라고 탄식했다.[55] 그리고 다른 한 친구에게 "아, 슬프구나! 포스투무스여, 어느덧 세월이 흘러가 버렸어. 경건함도 우리의 주름, 거역할 수 없는 노령, 아니면 죽음을 되돌려놓지는 못하겠지."라고 말한다.[56] 호라티우스는 첫 번째 『풍자시』에서 임종이 다가왔을 때, 그가 어떻게 "실컷 배불리 먹었던 손님처럼"[57] 만족스럽게 생을 마감하고 싶어 했는지 회상했다. 이제 그는 자신에게 다음과 같이 말했다. "넌 충분히 놀고, 충분히 먹었으며, 충분히 마셨어. 이제 떠날 시간이야."[58] 호라티우스가 마이케나스에게 그보다 더 오래 살지 못할 것이라고 말한 지 15년이 지났다.[59] 기원전 8년 마이케나스가 죽었고, 몇 달 뒤에 호라티우스가 그의 뒤를 따랐다. 그는 자신의 재산을 황제에게 유산으로 남겼으며, 마이케나스의 무덤 근처에서 잠들도록 매장되었다.

5. 리비우스

아우구스투스의 산문은 시에 비견될 만한 성공을 거두지 못했다. 법률과 판결의 결정권이 실제로 원로원과 민회에서 원수(元首)의 비밀 협의회로 옮겨 가면서 웅변이 퇴조했다. 학문은 영적인 것에 대한 관심으로 당장의 혼란을 피해 가면서 계속 순항했다. 당시에는 역사 저술에서만 산문의 걸작이 나왔다.

59년에 파타비움(지금의 파두아)에서 태어난 티투스 리비우스(Titus Livius)는 수도 로마로 가서 웅변술과 철학에 몰두했으며, 생애 마지막 40년(기원전 23년~서기 17년)을 『로마 건국사』 저술에 바쳤다. 이상이 그에 대해 우리가 아는 전부이다. "로마의 역사가에게는 역사가 없다."[60] 그는 베르길리우스처럼 포 강 지역 출신으로 소박함과 경건함의 옛 미덕을 간직하고 있었다. 그리고 아마도 로마에 대한 거리감 때문에 영원한 도시 로마에 대해 열렬한 외경심을 나타냈던 것 같다. 리비우스의 저작은 웅장한 규모로 계획되어 완성되었지만 142권 중에 35권만이 전해질 뿐이다. 그런데 현존하는 35권이 6권으로 합본되어 있으므로 전체의 규모를 판단할 수 있다. 분명히 『로마 건국사』는 각각이 개개의 표제로, 그리고 모두가 "로마 시(市)의 창건으로부터(Ab urbe condita)"라는 전체 제목 아래 나누어 출간되었다. 아우구스투스는 로마 공화정의 정서와 영웅들을 너그러이 봐줄 수 있었다. 왜냐하면 공화정의 종교, 도덕, 애국적 논조가 황제 아우구스투스의 정책과 일치했기 때문이다. 아우구스투스는 리비우스를 친구로 받아들였으며, 그를 산문 분야의 베르길리우스로 격려했다. 그는 베르길리우스가 중단했던 곳에서 시작했다. 기원전 753~9년까지의 긴 여행 도중에 리비우스는 자신이 이미 불후의 명성을 얻었으므로 『로마 건국사』 집필을 그만둘까도 생각했다. 하지만 집필은 계속되었다. 왜냐하면 리비우스가 직접 말한 대로 집필을 중단했을 때, 안절부절못하는 자신의 모습을 보았기 때문이다.[61]

로마의 역사가들은 역사를 웅변술과 철학의 혼혈아로 간주했다. 그들의 말대로라면 로마의 역사가들은 능란한 이야기로 윤리적 규범을 설명하기 위해, 즉 도덕을 이야기로 장식하기 위해 썼다. 리비우스는 웅변가로 훈련받았다. 텐(Taine)의 말대로 웅변술이 비난받고 위험하다는 것을 알게 된 "그는 계속해서 웅변가로 남아있을 수 있기 위해 역사에 몰두했다."[62] 그는 당시의 부도덕, 사치, 그리고 나약함을 비난하면서 단호한 어조로 서문을 시작했다. 그는 "질병 뿐 아니라 치료 방법도 참을 수 없는" 당시의 온갖 악을 잊으려고 과거에 몰두했다. 리비우스는 역사를 통해 로마를 위대하게 만들어 준 미덕, 즉 가족생활의 화합과 신성함, 아이들의 경건함, 매 순간 신과 인간의 신성한 관계, 엄숙한 맹세의 존엄함, 금욕적인 자제력과 진지함을 이야기하려 했다. 그는 금욕적인 로마를 장엄하게 만들려고 했으므로 로마의 지중해 정복은 동방의 혼란과 서방의 야만성을 덮어 버리는 도덕적 명령이자 신성한 질서와 법으로 나타날 것이다. 폴리비오스는 로마의 승리를 통치 방식에서 찾았다. 리비우스는 로마의 승리를 로마인의 기질이 가져온 당연한 결과로 만들려고 했다.

그의 저작에서 드러난 주요 결함은 이러한 도덕적 의도에 기인한다. 그가 개인적으로 합리주의자라는 여러 징후들이 드러난다. 하지만 그는 종교를 지나치게 존중한 나머지 거의 모든 미신을 받아들인다. 그리고 베르길리우스에게서처럼 여기에서도 실제 배우가 신이라고 느낄 수 있을 때까지 리비우스의 지면 곳곳에 징조와 전조, 그리고 신탁이 어지럽게 널려 있다. 리비우스는 초기 로마의 신화들을 의심한다. 그는 신뢰가 덜 가는 신화들에 대해서는 미소로 답한다. 하지만 글을 계속 써 나가면서 전설과 역사를 구별하지 않고, 전임자들처럼 충분한 차별성을 보이지 않으며, 앞선 역사가들이 조상을 고귀한 존재로 찬양했던 이야기를 액면 그대로 받아들인다.[63] 그는 좀처럼 원전이나 기념비를 참고하지 않는다. 그리고 결코 현장을 찾아가려고 애쓰지 않는다. 가끔 그는 지면마다 폴리비오스를 알기 쉽게 바꾸어 말한다.[64] 리비우스는 집정관 직위가 수행한 사건들을 이야기하면서 옛 신관의 연대기 방식을 채택한다. 결국 도덕적 주제와는 별개로 그에게서는 원인들을 찾으려는 시도는 보이지 않고, 단지 멋진 에피소드만이 연속될 뿐이다. 그는 초기 공화정의 세련되지 않은 선조들과 당시의 귀족들 사이뿐 아니라 로마의 민주주의를 만든 강인한 평민과 그것을 파괴한 매수되기 쉬운 폭도 사이를 전혀 구별하지 않는다. 그는 언제나 귀족적인 편견에 사로잡혀 있다.

리비우스의 위대함은 로마는 영원히 옳다는 애국적인 자부심에서 찾을 수 있다. 애국적인 자부심은 오랜 노역에 그를 끊임없이 행복하게 해 주었다. 어떤 작가도 그렇게 엄청난 계획을 성실하게 해내지 못했다. 애국적인 자부심은 독자들에게 로마의 장엄함과 운명을 의식하게 했으며, 그것은 현재의 우리에게도 마찬가지이다. 이러한 당당한 의식은 활력 넘치는 문체, 등장인물에 대한 활기찬 성격 묘사, 탁월하고 힘찬 서술, 그리고 장엄하게 전개되는 산문에 기여했다. 리비우스의 역사에 풍부하게 등장하는 허구의 언어는 웅변술의 걸작들이다. 그의 저작은 예법의 매력으로 가득하다. 리비우스는 결코 소리 지르지도 않고, 혹독하게 비난하지도 않는다. 그의 동정은 학문보다 폭넓고 생각보다 더 깊이가 있다. 한니발에 이르러서 그의 동정은 허용되지 않는다. 하지만 그는 2차 포에니 전쟁을 묘사할 때 정점에 도달하는 부드럽고 화려한 이야기로 보상한다.

그의 독자들은 부정확함이나 편견에 개의치 않았다. 독자들은 그의 문체와 이야기를 좋아했으며, 그들의 과거에 대한 생생한 묘사에 기뻐했다. 그들은 리비우스의 『로마 건국사』를 아우구스투스 시대와 분위기의 가장 뛰어난 기념비 중 하나인 산문 서사시로 받아들였다. 그때부터 1800년 동안 로마의 역사와 성격을 규정하는 개념에 영향을 준 것은 다름 아닌 리비우스의 책이었다. 로마에 예속된 나라의 독자들조차 이러한 전례 없는 정복과 거대한 위업의 엄청난 기록에 감명을 받았다. 소(小)플리니우스는 리비우스의 저작에 크게 감명받은 나머지 그를 만나 보기 위해 멀리 카디즈에서 로마까지 여행해 온 스페인 사람에 대해 이야기한다. 자신의 목적을 달성하고 리비우스를 예찬하던 그 여행자는 만족한 채 로마의 다른 명소는 거들떠보지도 않고 고국 스페인으로 되돌아갔다.[65]

6. 사랑의 반란

그 사이에 시는 계속 번창했지만, 아우구스투스의 열망과 부합되지는 않았다. 베르길리우스나 호라티우스 같은 최고의 예술가들만이 통치상의 필요에 어울리는 시를 쓸 수 있다. 더 지위가 높은 사람들은 거부할 것이고, 더 지위가 낮은 사람들은 응할 수 없다. 시의 세 가지 중요한 출처인 종교, 자연, 사랑 중에 두 가지는 황제의 지배를 받았지만, 세 번째인 사랑은 호라티우스의 『송시』에서마저 여전히 제멋대로였다. 이제 티불루스와 프로페르티우스에게서는 조심스럽게, 오비디우스에게서는 무모하리만큼 시가 선전의 역할에서 벗어나 흥겨움이 더해지며 비극적인 결말에 이르는 반란을 계획했다.

베르길리우스처럼 알비우스 티불루스(Albius Tibullus, 54~19년)는 자신이 태어난 티부르 근처의 작은 마을 페둠에 내전이 영향을 끼쳤을 때 조상에게서 물려받은 토지를 잃었다. 메살라가 그를 빈곤에서 구해 주고 동방에 데려갔지만, 도중에 병에 걸린 티불루스는 로마로 되돌아왔다. 그는 전쟁과 정치에서 벗어나게 되어 행복했다. 이제 그는 알렉산드리아의 그리스인 방식으로 성에 구애받지 않는 사랑과 애가조(哀歌調)의 시를 세련되게 다듬는 것에 몰두했다. 티불루스는 델리아(Delia, 아마도 많은 사람들에게 붙인 하나의 이름이었던 것 같다.)에게 "굳게 닫혀 있는 그녀의 문 앞에 문지기처럼 앉아서",[66] 그리고 아주 많은 처녀들이 생각했던 것처럼 젊음이란 단 한 번 찾아와 이내 슬그머니 사라진다는 것을 상기시키며 늘 하던 대로 애원했다. 델리아가 결혼했다는 사실이 그를 당황하게 하지는 않았다. 그리고 그는 희석되지 않은 포도주로 그녀의 남편을 잠재웠다. 하지만 그녀의 새 정부(情夫)가 자신에게 똑같은 속임수를 썼을 때 화가 나서 씩씩댔다.[67] 이러한 고대의 주제들은 아우구스투스를 괴롭히지 않았을 것이다. 신병 징집에 어려움을 겪던 있던 차에 티불루스와 프로페르티우스, 그리고 오비디우스에게 정말로 불쾌했던 것은 사랑에 분방한 무리들의 설득력 있는 반(反)군국주의였다. 티불루스는 여성들을 유혹하고 있어야 할 때 죽음을

찾아 돌아다니는 전사들을 비웃는다. 그는 사투르누스 시대를 한탄한다. 그가 상상하는 사투르누스 시대에는,

> 군대도, 증오도, 그리고 전쟁도 없었다. …… 사람들이 나무 잔으로 술을 마셨을 때에는 전쟁이 없었다. …… 내게 사랑만을 주고, 다른 사람들을 전쟁에 보내세요. …… 아이가 태어났을 때, 초라한 오두막집에서 노년을 갑자기 맞이한 사람이 영웅이다. 그는 자신의 양을 따라가고, 아들은 새끼 양을 따라간다. 그 사이에 착한 아내는 남편의 지친 몸을 위해 물을 데운다. 백발이 빛날 때까지 살게 해 주세요. 그러면 아버지 방식으로 지나간 시절을 이야기하겠소.[68]

섹스투스 프로페르티우스(49~15년)는 덜 평이하게, 그리고 덜 감미롭게, 게다가 더 학문적으로 치장해 평화로운 호색에 대해 똑같은 목가적 이야기로 노래했다. 움브리아에서 태어나 로마에서 교육받은 그는 곧 시에 빠져들었다. 그리고 비록 독자들이 현학의 샘에서 그의 생각을 끄집어낼 수 없었다고는 하지만, 마이케나스는 에스퀼리누스 언덕에 있는 자신의 서클에 그를 데리고 갔다. 프로페르티우스는 자랑스럽게, 그리고 즐겁게 그곳 테베레 강둑에서의 만찬을 묘사한다. 그때 그는 위대한 예술가들이 조각한 잔으로 레스보스산 포도주를 마시곤 했으며, "즐거워하는 여인들에 둘러싸여 마치 왕좌에 앉아 있는 것처럼" 강 아래로 미끄러져 가는 배를 바라보곤 했다.[69] 자신의 후원자와 군주를 기쁘게 해 주려고 프로페르티우스는 이따금씩 리라를 연주하며 타며 전쟁을 찬미했다. 하지만 또 다른 시에서 자신의 정부(情婦)인 킨티아에게 "왜 내가 파르티아의 승리를 위해 아들을 양육해야 하지? 어느 아이도 병사가 되게 하지 않을 거야."라고 노래했다.[70] 그는 세상 모든 전쟁의 영광이 킨티아와의 하룻밤에 필적할 수는 없을 거라고 장담했다.[71]

걱정과 골칫거리가 없이 베누스의 산을 오르내리며 삶을 보내던 이러한 모든 쾌락주의자들 중에 푸블리우스 오비디우스 나소(Publius Ovidius Naso)는 행

복한 본보기이자 뛰어난 시인이었다. 그는 로마에서 동쪽으로 대략 90마일 떨어진 아펜니노 산악 지대의 쾌적한 계곡에 자리 잡은 술모(지금의 솔로마)에서 태어났다.(기원전 43년) 말년에 가혹하게 추방당한 그에게 술모의 포도원, 올리브 나무숲, 곡물 밭, 그리고 개울은 얼마나 아름다워 보였을까! 부유한 중산 계층이었던 아버지는 그를 로마로 보내 법률을 공부시켰으며, 아들이 시인이 되고 싶어 한다는 말을 듣고 충격을 받았다. 아버지는 눈이 멀어 가난하게 살다 죽었다고 알려진 호메로스의 끔찍한 운명을 아들이 겪게 했다. 그렇게 경고받은 오비디우스는 가까스로 법무관의 법정에서 재판관 지위에 올라섰다. 그 다음 오비디우스는 재무관직(이 관직에서 원로원 의원으로 부상했을 것이다.) 출마를 거부하고 문학과 사랑에 몰두하려고 은퇴했다. 그는 "내가 혀 짧은 소리로 시구를 말하자 시구가 입 밖으로 나왔다."[72]라고 말하면서 자신이 시인이 될 수밖에 없었다고 항변했다.

오비디우스는 아테네, 근동, 시칠리아로 한가로이 여행했으며, 돌아와서는 수도 로마에서 가장 문란한 서클들에 가입했다. 매력, 기지, 교양, 돈을 가지고 있던 그는 환영받을 수 있었다. 그는 성년 초기에 두 번 결혼하고 두 번 이혼했으며, 잠시 공공 목장에서 가축을 돌보았다. 그는 "과거는 다른 사람들에게 즐기게 하자. 이 시대에 태어난 게 자랑스러워. 이 시대의 도덕은 나와 너무 잘 맞아."라고 노래했다.[73] 오비디우스는 『아이네이스』를 비웃었으며, 베누스의 아들이 로마를 건국한 이후로 비록 경건함 때문이라고는 하더라도 로마가 사랑의 도시가 되어야 한다고 결론 냈을 뿐이다.[74] 그는 아름다운 한 고급 매춘부에게 푹 빠졌으며, 그녀의 익명이나 다중성을 코린나라는 이름으로 숨겨 준다. 그녀를 노래한 독특한 풍미가 있는 2행 연구(聯句)는 출판업자를 찾는 데 전혀 어려움이 없었다. 「사랑도 가지가지」라는 제목의 2행 연구는(기원전 14년) 곧 활기찬 젊음의 로마에서 모두의 관심을 받았다. "도처에서 사람들은 내가 노래하는 코린나가 누구인지 알고 싶어 한다."[75] 그는 「사랑도 가지가지」 두 번째 시리즈에서 성적인 문란을 선언하는 글을 쓰는 것으로 사람들을 당혹시켰다.

나의 열정을 끌어내는 것은 변치 않는 아름다움이 아니다. 수많은 이유가 나를 늘 사랑에 빠져 있게 한다. 만약 그 이유가 무릎 위로 고상하게 눈을 내리깔고 있는 어떤 멋진 여자라면, 난 사랑에 불타오르고 그녀의 청순함은 나를 유혹한다. 만약 그 이유가 어떤 음탕한 닳고 닳은 여자라면, 난 그녀가 순박하지 않고 아늑한 소파에서 그녀를 부드럽게 포옹할 수 있다는 희망 때문에 매료된다. 만약 그녀가 금욕적으로 보이고 뻣뻣한 사비니족 여인인 척한다면, 짐작건대 그녀는 굴복하겠지만 자부심에 젖어 있을 것이다. 만약 당신이 책에 조예가 깊다면, 비할 데 없는 당신의 교양으로 나를 갖게 될 겁니다. …… 누군가 부드럽게 걸어온다. 그녀의 발걸음이 날 사랑에 빠지게 한다. 또 다른 누군가는 도도해 보인다. 하지만 사랑의 접촉으로 부드러워질 수 있다. 이 여인은 달콤하게 노래 부른다. …… 난 그녀가 노래 부를 때 입맞추고 싶다. 다른 여인이 민첩한 손가락 놀림으로 구슬픈 소리를 내는 현악기를 연주한다. 누가 그러한 여인과 사랑에 빠지지 않을 수 있을까? 또 다른 여인은 율동에 맞춰 팔을 흔들면서, 그리고 부드러운 옆구리를 유연하게 구부리면서 나를 매혹시킨다. 나 자신은 말할 것도 없이 그녀의 몸짓에 모두가 넋을 빼앗긴다. 히폴리토스가 내 입장이 되게 해보라. 그러면 그는 프리아포스(Priapus, 그리스 신화의 다산과 번식의 신 - 옮긴이)가 되지 않을까! …… 키가 크고 작은 것은 내게 문제가 되지 않는다. …… 나의 연인은 모두의 사랑을 받기에 부족함이 없다.[76]

오비디우스는 전쟁의 영광을 노래하지 않은 것에 사과한다. 큐피드가 와서 그의 시에서 음보를 앗아 갔으며, 그의 시를 절름발이로 만들어 버렸다.[77] 그는 일반에게 인정되었지만 사라져 버린 희곡 「메데이아」를 썼다. 하지만 대부분 그는 "빈둥거리는 베누스의 망령"을 선호했으며, 자신이 "보잘것없는 잘 알려진 가수로" 불리는 것에 만족했다.[78] 여기에 기혼녀들에게 낭송되고 연애를 인생의 주요 관심사로 만들었던 1000년 전 음유 시인들의 서정시가 있다. 오비디우스는 그녀가 남편의 침대에 누워 있을 때 자신과 신호로 대화하는 방법을 가르친다.[79] 그는 자신이 그녀에게 영원히 충실할 것이며 엄격히 한 여자와만 사랑을 나눌 것이라는 확신을 심어 준다. 오비디우스는 "난 변덕스러운 바람둥이가 아니오. 난 한 번에 수많은 여인들과 사랑을 나누는 사람이 아니오."라고 말한다. 마침내 그는 그녀의 사랑을 얻고 승리의 찬가를 부른다. 그는 그녀가 그렇게 오랫동안 자신을 거부한 것에 찬사를 보내고, 자신이 그녀를 영원히 사랑할 수 있도록 이따금 자신을 다시 거부해 줄 것을 조언한다. 그는 그녀와 말다툼하고, 때리고, 후회하며, 슬퍼한다. 그리고 전보다 더 격렬하게 그녀를 사랑한다. 그는 로미오처럼 새벽이 늦게 찾아오도록 탄원한다. 그리고 어떤 신성한 바람이 새벽의 여신 아우로라의 전차 차축을 망가뜨려 주기를 바란다. 이번에는 코린나가 오비디우스를 속인다. 그는 자신의 시에서 충분한 경의를 표했음에도 불구하고, 그녀가 몸을 허락하지 않으려는 것을 알고 분노한다. 그녀는 그에게 입 맞추며 용서를 빌지만 그녀의 새로운 사랑의 기술을 용서할 수 없다. 어떤 다른 사랑의 대가가 그녀를 가르치고 있었다.[80] 몇 페이지 뒤에 가서 그는 "각자 아름답고 옷과 소양에서 우아한 두 명의 처녀와 동시에 사랑에 빠진다."[81] 얼마 안 있어 두 여인을 동시에 사랑한다는 것이 그를 파멸로 이끌 것이라고 두려워한다. 하지만 그는 사랑의 들판에서 죽는 것에 행복해 할 것이다.[82]

오비디우스의 시는 율리우스 개혁 법률들이 통과된 지 4년이 지나 로마 사회에서 관대하게 받아들여졌다. 파비우스 가(家), 코르비니우스 가, 그리고 폼포니우스 가와 같은 위대한 원로원 가문이 계속해서 그들의 집에서 오비디우스를 환대했다. 성공에 들뜬 오비디우스는 『사랑의 기술』이라는 유혹 입문서를 펴냈다.(기원전 2년) 그는 "난 베누스에 의해 애정 어린 사랑을 가르치는 가정 교사로 임명되었다."라고 말한다.[83] 그는 독자들에게 순수하게 자신의 가르침이 매춘부들과 노예들에게만 적용되어야 한다고 경고한다. 하지만 속삭이는 비밀, 밀회, 연애편지, 농담과 기지, 기만당한 남편들, 기지 넘치는 하녀들에 대한 묘사는 로마의 중산 계층과 상류층을 암시한다. 자신의 교훈이 지나치게 숙련을 요하는 것이 되지 않도록 오비디우스는 『사랑의 치유』라는 또 하나의 저작을 추가로 펴냈다. 최상의 치유는 근면이고, 그 다음이 사냥이며, 마지막이

12장 황금 시대: 기원전 30~서기 18

결핍이다. 그는 "아침에 아내가 화장을 끝내기 전에 불시에 들이닥치는 것도 도움이 된다."라고 말한다.[84] 마침내 그는 균형을 맞추기 위해 그리스인들로부터 슬쩍 훔쳐 내어 운율이 있는 화장품 입문서를 썼다. 이러한 소책자가 너무 잘 팔려서 오비디우스의 명성은 거만한 수준까지 치솟았다. 그는 "내가 세상 모든 사람들에게 찬양받는 한, 한 명 또는 두 명의 궤변가들이 나에 대해 무슨 말을 하든 문제 되지 않는다."라고 말한다.[85] 그는 이러한 궤변가 중 한 명이 아우구스투스였고, 자신의 시가 율리우스 법을 모욕한 것 때문에 아우구스투스가 분개했으며, 그가 경솔하게 황제의 추문을 다루었을 때 받은 모욕감을 아우구스투스가 잊지 않을 것이라는 점을 알지 못했다.

서기 3년 무렵 오비디우스는 세 번째 결혼을 했다. 새 부인은 로마에서 가장 저명한 가문 중 하나에 속해 있었다. 이제 46세가 된 시인 오비디우스는 가정생활에 전념했고 파비아와 상호 신뢰 속에 행복하게 살았던 것 같다. 법률이 해낼 수 없었던 것을 나이가 해낸 셈이었다. 나이가 들어가면서 그의 열정은 식어 갔고, 시는 품위를 갖게 되었다. 『여류(女流)의 편지』에서 오비디우스는 재차 유명한 여인들, 즉 페넬로페, 파이드라, 디도, 아리아드네, 사포, 헬렌, 그리고 헤로의 사랑 이야기를 노래했다. 그리고 그는 너무 장황하게 이야기했던 것 같다. 왜냐하면 반복은 사랑마저 귀찮은 것으로 만들 수 있기 때문이다. 하지만 파이드라가 오비디우스의 철학을 표현하면서 "제우스가 쾌락을 가져다주는 것이라면 무엇이든 고결한 것으로 정했다."라고 말한 문장은 놀랄 만하다.[86] 서기 7년경 오비디우스는 가장 위대한 작품인 『변신 이야기』를 펴냈다. 15권의 책으로 이루어진 『변신 이야기』는 매력적인 6보격 운율로 널리 알려진 무생물, 동물, 인간, 그리고 신의 변신을 이야기했다. 그리스와 로마의 전설에서 거의 모든 것이 형태를 바꾸었으므로 『변신 이야기』의 구성은 오비디우스에게 세상의 창조에서 카이사르의 신격화까지 고전 신화의 전 영역을 두루 섭렵할 수 있게 해 주었다. 이것은 한 세대 전까지 모든 대학에서 유행하던 옛 이야기이다. 그리고 이러한 이야기에 대한 기억은 우리 시대의 혁명에 의해 아직까지는 지워지지 않았다. 즉 파이톤의 전차, 피라무스와 티스베, 페르세우스와 안드로메다, 페르세포네의 겁탈, 아레투사, 메데이아, 다이달로스와 이카로스, 바우키스와 필레몬, 오르페우스와 에우리디케, 아탈란타, 베누스와 아도니스, 그리고 더 많은 이야기에 대한 기억이 남아 있다. 『변신 이야기』라는 보물 창고에서 수십만 개의 시, 그림, 조각상들이 주제를 끄집어냈다. 여전히 옛 신화들을 알아야 한다면 인간과 신에 대한 만화경인 『변신 이야기』를 읽는 것만큼 어렵지 않은 방법도 없다. 『변신 이야기』는 의심하는 듯 해학적, 호색적으로, 그리고 어떤 단순한 농담가도 결코 도달할 수 없을 정도의 끈기 있는 기교로 이야기했다. 결국 자신만만해 하던 시인 오비디우스가 "난 영원히 살 것이다."라는 말로 자신의 불후의 명성을 선언했다는 것은 전혀 놀라운 일이 아니다.

그가 『변신 이야기』를 쓰자마자 아우구스투스가 자신을 흑해 연안의 춥고 잔혹한 토미로 추방했다는 소식을 들었다. 지금의 콘스탄차인 토미는 오늘날에도 마음을 끌지 못하는 곳이다. 이러한 소식은 어림잡아 51세였던 오비디우스가 전혀 대비하지 못한 충격 그 자체였다. 그는 『변신 이야기』의 집필이 끝날 무렵 곧바로 황제 아우구스투스에게 바치는 격조 높은 찬사의 글을 썼다. 이제야 오비디우스는 아우구스투스의 정치 수완을 자신의 세대가 누렸던 평화, 안전, 사치의 출처로 인정했던 것이다. 그는 로마 한 해의 종교 축제를 찬양하면서 「달력」이라는 제목으로 경건한 시를 절반쯤 완성했다. 이러한 시를 통해 그는 달력으로 한 편의 서사시를 만들려던 참이었다. 그는 그리스 신화와 로마의 사랑에 바친 것과 똑같은 번뜩이는 유창함, 단어와 구의 정교함, 그리고 심지어 생동감 넘치는 서사의 흐름을 옛 종교에 대한 이야기와 신전과 신에 대한 숭배에 적용했다. 오비디우스는 그 작품을 종교 복원에 대한 공헌과 자신이 한때 조롱하던 신앙에 대한 사죄로서 아우구스투스에게 헌정하고 싶어 했다.

황제 아우구스투스는 자신의 추방 명령에 대한 이유를 전혀 제시하지 않았으며, 오늘날 어느 누구도 그 원인을 확신을 갖고 헤아릴 수 없다. 하지만 그는 동시에 손녀인 율리아를 추방하고 게다가 오비디우스의 작품을 공공 도서관에서 없애도록 명령함으로써 어느 정도 원인을 암시했다. 분명히 오비디우스는 목격자와 공범자, 아니면 주범으로서 율리아의 불륜에 어느 정도 역할을 했다. 그는 자신이 "도덕적인 잘못"과 시 때문에 처벌받았다고 말했으며, 본의 아니게 어떤 음탕한 장면을 지켜보았음을 암시했다.[87] 그는 그해(서기 8년) 남아 있는 달에 개인적인 일을 처리해야 했다. 아우구스투스의 명령은 오비디우스에게 재산을 보유하도록 허용한 점에서 추방보다는 너그럽고, 한 도시에 머물도록 명령했다는 점에서는 더 가혹한 유배였다. 그는 자신의 『변신 이야기』 원고를 불태웠지만, 일부 독자들이 사본을 만들어 보존했다. 대부분의 친구들은 그를 외면했지만,[88] 소수의 친구들은 그가 유배를 떠날 때까지 같이 있어 주는 것으로 용감히 맞섰다. 그리고 그가 시키는 대로 뒤에 남아 있던 부인은 애정과 정절로 그의 용기를 북돋아 주었다. 그 밖의 경우에 로마에서의 즐거움을 뒤로 하고 자신이 사랑하던 모든 것에서 벗어나 오스티아 항을 빠져나가는 시인에게 로마는 아무런 관심도 기울이지 않았다. 항해 내내 바다는 거칠었고, 시인 오비디우스는 파도가 배를 집어삼킬지도 모른다고 생각한 적도 있었다. 토미가 시야에 들어왔을 때, 그는 살아 있다는 사실을 후회하며 슬픔에 잠겼다.

    항해 중에 그는 「비가(悲歌)」로 알려진 시를 쓰기 시작했다. 그는 계속해서 「비가」를 썼으며, 그 시를 자신의 아내, 딸, 의붓딸, 친구들에게 보냈다. 아마도 예민한 로마인이었던 오비디우스는 새로운 주거에 대한 공포를 다음과 같이 과장했던 것 같다. 즉 그곳에는 아무것도 자라지 않고 게다가 흑해의 안개로 햇빛이 차단된 나무 하나 없는 바위산, 몇 년 동안 여름 내내 눈이 녹지 않고 남아 있을 정도로 매서운 추위, 음울한 겨우내 얼음으로 가득한 흑해, 그리고 칼을 휴대한 게타이인과 반(半) 혼혈의 그리스인들이 뒤섞여 있는 도시에 내륙의 야만족들이 침입하는 데 전혀 장애가 되지 않는 꽁꽁 얼어붙은 다뉴브 강이 있었다. 오비디우스가 로마의 하늘과 술모의 들판을 생각할 때 심장은 찢어졌고, 형식과 어구가 여전히 아름다운 그의 시는 전에는 결코 헤아리지 못하던 생각의 깊이를 드러냈다.

이러한 「비가」와 친구들에게 보내는 「흑해에서의 편지」는 그의 위대한 작품에서 볼 수 있는 거의 모든 매력, 즉 평이한 어휘, 통찰력과 비유적인 묘사를 통해 생생하게 표현된 장면, 심리적인 치밀함으로 활력 넘치는 등장인물, 경험이나 생각으로 꽉 채워진 구절, 그리고 변하지 않는 우아한 말투와 유려한 시구를 가지고 있다. 즉 이 모든 것이 유배 중에 그와 함께했으며, 초기 시에서는 볼 수 없던 진지함과 부드러움이 가미되었다. 성격의 강인함은 그에게서 결코 나타나지 않았다. 한때 그가 자신의 시를 천박한 음란함으로 망친 것처럼, 이제 그는 자신의 시를 눈물과 황제 아우구스투스에게 매달리다시피 하는 아첨으로 가득 채웠다.

그는 이러한 시가 로마로 갈 수 있다는 것에 부러워했다. 그는 "가거라, 나의 책이여. 내 이름으로 내가 사랑하는 곳들과 사랑하는 조국 땅에 경의를 표하라."라고 말한다.[89] 아마도 그는 어떤 용기 있는 친구가 자신의 책을 노여움이 풀린 황제에게 건네줄 것으로 믿고 이렇게 말한 것 같다. 모든 편지에서 그는 여전히 용서에 대한 희망을 버리지 않거나, 아니면 적어도 좀 더 아늑한 집을 간청한다. 그는 매일 아내를 생각하고 밤중에 그녀의 이름을 부른다. 그는 자신이 죽기 전에 그녀의 백발에 입 맞출 수 있도록 기원한다.[90] 하지만 사면 소식은 들리지 않았다. 9년의 유배 생활 이후 쇠약해진 60세의 오비디우스는 죽음을 받아들였다. 그의 간청에 따라 유골은 이탈리아로 가져와 수도 로마 근처에 매장되었다.

불후의 명성에 대한 오비디우스의 예측은 시간이 지나면서 옳았음이 입증되었다. 그는 중세에 베르길리우스 못지않은 영향력을 가졌다. 그의 『변신 이야기』와 『여류의 편지』는 중세 기사 이야기의 풍부한 출처가 되었다. 그리고 보카치오와 타소(Tasso), 초서와 스펜서는 그에게 절대적으로 의존했다. 더욱이 르네상스 화가들은 그의 감각적인 시에서 귀중한 주제를 발견했다. 그는 고전 시대의 위대한 낭만주의자였다.

그의 죽음으로 문학의 역사에서 위대한 전성기 중 하나가 막을 내렸다. 아우구스투스 시대는 페리클레스 시대나 엘리자베스 시대처럼 문학 시대의 절정기는 아니었다. 심지어 절정기 때마저도 아우구스투스 시대의 산문에는 과장된 수사, 그리고 시에는 형식에 치우친 완벽함이 존재한다. 따라서 좀처럼 영혼에서 영혼으로 전달되지 않는다. 아우구스투스 시대에는 아이스킬로스, 에우리피데스, 소크라테스, 그리고 심지어 루크레티우스나 키케로 같은 인물조차 보이지 않는다. 황제의 후원은 로마의 문학을 한편에서는 고무하고 영양분을 주었지만, 다른 한편에서는 억누르고 제한했다. 아우구스투스 시대나 루이 14세 시대, 또는 18세기 영국과 같은 귀족 시대는 절제와 품위를 찬미하고, 문학은 이성과 형식이 감정과 삶을 지배하는 "고전적" 방식으로 나아간다. 그러한 문학은 대단히 창조적인 시기 또는 창조적인 사람들의 문학보다 더 세련되고 덜 감동적이며, 더 성숙하고 덜 활력이 넘친다. 하지만 고전적인 영역 안에서 아우구스투스 시대는 이름에 걸맞은 찬사를 받을 만하다. 냉정한 판단이 그렇게 완벽한 예술의 모습으로 나타나지 않았다. 오비디우스의 무모할 정도의 환락조차도 고전적인 틀 속에서 식혀졌다. 그와 베르길리우스, 그리고 호라티우스에게서 라틴어는 시적 매개체로서 정점에 도달했다. 라틴어가 그렇게 풍부해지고 반향을 일으키던, 그렇게 섬세하고 간결하던, 그렇게 유연하고 선율적인 때는 결코 다시 돌아오지 않을 것이다.

CAESAR AND CHRIST

13장 군주정의 이면
서기 14~96[*]

1. 티베리우스

위인들이 감상에 치우칠 때 세상 사람들은 그들을 더 좋아하게 된다. 하지만 감상이 정책을 좌우할 때 제국은 비틀거린다. 아우구스투스는 현명하게 티베리우스를 선택했지만, 너무 늦었다. 티베리우스가 끈기 있는 지휘력으로 국가를 구하고 있었을 때, 아우구스투스 황제는 그에게 거의 푹 빠져 있었다. 그의 편지 중 하나는 "사람들 중에 가장 호감 가고 …… 가장 용감하며, 지휘관들 중에 가장 양심적인 그대여, 잘 지내게."라는 말로 끝났다.[1] 그때 아우구스투스는 나중에 아우렐리우스가 그랬던 것처럼 근친에 대한 연민에 눈이 멀었다. 그는 자신의 귀여운 손자들을 위해 티베리우스를 제쳐 두었다. 그리고 티베리우스에게 행복한 결혼 생활을 포기하고 부정한 율리아의 남편이 될 것을 강요했다.

---

[*] 앞으로의 모든 연대는 다르게 표시되는 경우를 제외하고 모두 기원후임을 밝혀 둔다.

아우구스투스는 티베리우스의 분노에 격분했으며, 그가 로도스에서 철학을 연구하며 세월을 보내게 했다. 마침내 원수(元首)가 되었을 때 이미 55세였던 티베리우스는 권력에서 아무런 행복도 찾지 못하고 환멸을 느끼는 염세주의자였다.

그를 이해하려면 그가 클라우디우스 가문 사람이었다는 것을 기억해야 한다. 네로에게서 끝났던 율리우스-클라우디우스 왕조에서 클라우디우스 가문의 통치가 티베리우스와 함께 시작되었다. 그는 부모 모두로부터 이탈리아에서 가장 고귀한 혈통, 가장 적은 편견, 가장 강한 의지력을 물려받았다. 그는 큰 키에 힘이 세고 잘생겼다. 하지만 그의 얼굴에 난 여드름이 수줍음, 어색한 예법, 시무룩한 소심함, 은둔 생활을 부추겼다.² 보스턴 박물관에 전시되어 있는 티베리우스의 멋진 두상은 넓은 이마와 깊게 패인 눈, 그리고 깊은 생각에 잠긴 표정을 가진 한 젊은 신관(神官)을 보여 준다. 그는 젊은 시절에 너무 진지해서 익살꾼들이 그를 "노인"이라고 부를 정도였다. 그는 로마, 그리스, 주위의 환경, 그리고 직책이 가져다줄 수 있는 모든 교육을 받았다. 게다가 그는 두 개의 고전 언어와 문학을 배웠고, 서정시를 썼으며, 점성술에 잠깐 손을 댔다. 그리고 "신을 무시했다."³ 그는 자신보다 더 많은 인기를 누리던 동생 드루수스를 사랑했으며, 빕사니아에게는 헌신적인 남편이었다. 그리고 너무 인심이 좋아서 친구들은 그에게 네 배의 보답을 바라고 안전하게 선물을 줄 수 있었다. 당대의 가장 유능하면서도 가장 엄격한 장군이었던 티베리우스는 병사들의 찬사와 애정을 한 몸에 받았다. 왜냐하면 그는 세세한 부분까지 병사들의 복지를 돌보았으며, 유혈 전투보다는 책략으로 전투에서 승리했기 때문이다.

그를 파멸시킨 것은 다름 아닌 미덕이었다. 그는 조상 전래의 관습에 대한 이야기를 믿었으며 새로운 향락과 알력의 도시 로마에서 부활한 옛 로마의 엄격한 특성을 보고 싶어 했다. 그는 아우구스투스의 도덕 개혁에 찬성했으며 그것을 시행할 의도를 분명히 했다. 티베리우스는 로마라는 큰 가마솥에서 김을 내뿜으며 여러 인종들이 뒤죽박죽 섞여 있는 것을 좋아하지 않았다. 그는 그들에게 빵을 주었지만 재미있는 구경거리는 제공하지 않았으며, 부자들이 제공한 경기에 참석하지 않음으로써 그들을 화나게 했다. 그는 귀족들의 금욕적인 행동과 세련된 취향에 의해서만 로마를 천박한 타락으로부터 구해 낼 수 있다고 확신했다. 하지만 귀족들은 대중들과 마찬가지로 티베리우스의 완고함과 근엄한 표정, 긴 침묵과 느린 말투, 자기 자신에 대한 눈에 띄는 우월 의식, 그리고 무엇보다 나쁜 것은 공적 자금에 대한 엄격한 절약을 참을 수 없었다. 그는 쾌락주의 시대에 잘못 태어난 금욕주의자였으며, 냉정하리만큼 정직해서 금욕주의 원칙은 멋진 말로 설교하고 쾌락주의 원칙은 한결같이 품위 있게 실천하는 세네카의 기교를 배울 수 없었다.

아우구스투스의 사망 4주 후에 티베리우스는 원로원 앞에 나타나 공화정의 부활을 요구했다. 그는 자신이 그렇게 거대한 국가를 통치할 적임자가 아니라고 말했다. 그는 "훌륭한 인격자들이 적재적소에 배치된 도시에서 …… 공공 업무를 담당하는 여러 부서들이 가장 뛰어나고 유능한 시민들로 채워질 수 있었다."라고 말한다.[4] 그의 말을 감히 받아들일 엄두를 내지 못한 원로원은 결국 그가 권력을 "비참하고 성가신 고역으로" 수용할 때까지, 그리고 언젠가는 그가 사생활과 자유를 위해 은퇴하는 것을 원로원이 허락하게 될 것으로 기대하며 그와 인사를 주고받았다.[5] 이러한 거래는 양쪽 모두에게 만족할 만한 것이었다. 티베리우스는 원수정(元首政)을 원했거나, 그렇지 않으면 그것을 피하기 위한 어떤 방법을 찾았을 것이다. 원로원은 티베리우스를 두려워하고 혐오했지만 예전의 공화정처럼 이론적으로 민회가 통치권을 갖는 공화정의 재건을 피했다. 원로원은 더 큰 민주주의가 아닌 더 작은 민주주의를 원했다. 그리고 티베리우스로부터 켄투리아 민회의 공직자 선출권을 인수하도록 권유받았을 때(서기 14년) 원로원은 기뻐했다. 시민들은 투표하면서 받았던 금액을 잃는 것에 탄식하며 잠시 불평했다. 이제 평민들에게 남은 유일한 정치적 힘은 암살로써 황제를 선출하는 것이었다. 티베리우스 이후 민주주의는 민회에서 군대로 옮겨 갔으며, 투표는 무력으로 행해졌다.

티베리우스는 진심으로 군주정을 싫어했으며, 자신을 원로원의 행정 수반으로 생각했다. 그는 제권(帝權)의 냄새가 나는 모든 칭호를 거부했고, 원로원의 수장이라는 칭호에 만족했으며, 자신을 신격화하거나 자신의 비범한 재능에 경배하려는 모든 노력을 저지했다. 그리고 아첨에 대한 혐오감을 분명하게 표현했다. 원로원이 카이사르와 아우구스투스에게 했던 것처럼 한 달을 그의 이름을 따서 명명하려고 했을 때, 티베리우스는 "황제가 열세 명이라면 어떻게 하겠소?"라는 유머를 섞어 천연덕스럽게 말하면서 원로원의 찬사를 피해 갔다.[6] 그는 원로원 의원 명부를 개정하라는 제안을 거부했다. 그 어떤 것도 원로원에 대한 티베리우스의 정중함을 능가할 수 없었다. 그는 원로원 모임에 참석해서 단지 회원으로서만 발언했다. 그는 대체로 소수파였으며, 자신의 의사에 반해 법률이 통과되었을 때 전혀 항의하지 않았다.[7] 수에토니우스의 말에 따르면 "티베리우스는 모욕, 중상, 그리고 자신과 가족에 대한 풍자에 자제하고 인내했다. 그는 자유로운 나라에서는 말과 생각의 자유가 있어야 한다고 말한다."[8] 티베리우스에게 적대적이었던 타키투스가 인정한 바에 따르면,

> 그는 분별 있게 지명했다. 집정관과 법무관은 그들의 지위에서 비롯되는 예전의 명예를 누렸다. 하위 관리들은 황제의 통제에서 벗어나 역할을 수행했다. 모반죄에 대한 법률을 제외한다면 법률은 정식 경로에서 나왔다. …… 세입은 눈에 띌 정도로 정직한 사람들에 의해 관리되었다. …… 속주에서는 새로운 세금이 전혀 부과되지 않았고, 예전 세금은 가혹함이나 갈취 없이 징수되었다. …… 그의 노예들 사이에 훌륭한 질서가 널리 퍼져 있었다. …… 황제와 개인 사이의 권리에 대한 모든 쟁점을 다루기 위해 법정이 열렸고, 거기에서 법률이 결정되었다.[9]

티베리우스의 이러한 밀월 관계는 9년간 계속되었다. 그 사이 로마, 이탈리아, 속주는 역사상 최상의 통치를 맛보았다. 고통받는 가족과 도시에 대한 수많은 자선, 모든 공공 재산에 대한 정성 들인 수리, 전리품을 가져다주는 전쟁의

부재, 그리고 아이나 가까운 친척이 있는 사람들이 티베리우스 황제에게 제공하는 유산에 대한 거부에도 불구하고 티베리우스는 추가적인 세금 없이 27억 세스테르티우스를 국고에 물려주고 죽었다. 처음에 그가 물려받은 금액은 1억 세스테르티우스였다. 티베리우스는 법률이 아닌 모범을 보이는 것으로 사치를 규제하려 했다. 그는 신중하게 모든 부문의 국내와 국외 문제에 주력했다. 세금을 더 많이 징수하기를 갈망하는 속주 총독들에게 "훌륭한 양치기에게 꼭 필요한 자질은 양의 가죽을 벗기는 것이 아니라 털을 깎아 주는 것이다."라고 말했다.[10] 설령 전쟁을 수행하는 기술에서 뛰어났다고 하더라도 그는 원수로서 전장의 영예를 자제했다. 그리고 오랜 통치의 세 번째 해에 제국을 평화롭게 유지했다.

티베리우스 통치의 발전을 훼손한 것은 다름 아닌 이러한 평화적 정책이었다. 드루수스가 죽었을 때 그가 아들로 입양한 잘생기고 인기 있는 조카 게르마니쿠스가 게르마니아에서 몇 차례 승리했으며, 게르마니아 정복을 계속 수행할 수 있기를 원했다. 하지만 티베리우스는 반대했으며 제국주의적인 대중들의 반감을 초래했다. 게르마니쿠스는 마르쿠스 안토니우스의 손자였으므로, 여전히 공화정 복원을 꿈꾸던 사람들은 그를 자신들의 대의를 실현하기 위한 상징적인 존재로 이용했다. 티베리우스가 그를 동방으로 전속시켰을 때, 로마의 절반이 젊은 지휘관 게르마니쿠스를 티베리우스 황제의 질투에 순교당한 사람으로 불렀다. 그리고 게르마니쿠스가 갑자기 병들어 죽었을 때(19년), 로마의 대부분은 티베리우스에게 독살 당했을 것으로 의심했다. 티베리우스에 의해 소아시아에 임명된 그나이우스 피소가 게르마니쿠스 살해 죄로 기소되어 원로원의 재판을 받았다. 사형 선고를 예상한 피소는 가족을 위해 재산을 지키려고 자결했다. 어떤 사실도 티베리우스의 무죄 또는 유죄를 암시하지 않은 듯하다. 그가 원로원에 피소를 공정하게 재판해 줄 것을 요구했으며, 게르마니쿠스의 어머니 안토니아가 죽을 때까지 티베리우스의 가장 신뢰할 수 있는 친구로 남았다는 것만을 알 수 있을 뿐이다.[11]

피소가 기소된 사건에 흥분한 대중들이 참여하고, 황제에 대한 악의적인 이야기들이 유포되자, 그리고 이제 황제에 맞서 게르마니쿠스의 미망인 아그리피나가 선동을 자극하자 티베리우스는 카이사르가 국가에 적대하는 범죄를 규정하기 위해 통과시킨 모반법을 이용했다. 로마에는 검사나 법무 장관, 그리고 (아우구스투스 이전에는) 치안대도 없었으므로 모든 시민은 법률을 위반했다고 생각되는 사람은 누구든지 법정에 고소할 수 있었다. 만약 피고가 유죄 판결을 받으면, 고소인이나 밀고자가 유죄 선고를 받은 피고의 재산 가운데 4분의 1을 받았다. 반면에 국가는 나머지 재산을 몰수했다. 아우구스투스는 자신의 혼인법을 시행하기 위해 이러한 위험한 소송 절차를 사용했다. 이제 티베리우스에 대한 음모가 늘어나면서 음모를 고발해 이득을 챙기려는 고소인들의 수가 갑자기 늘어났다. 게다가 원로원의 티베리우스 지지자들은 언제라도 그러한 고발 사건을 기세등등하게 기소할 수 있었다. 티베리우스는 고발을 규제하기 위해 애썼다. 그는 아우구스투스의 기억이나 조각상들을 훼손해서 고발된 사람들의 경우에 모반법을 엄격하게 해석했다. 하지만 타키투스의 말에 따르면 "자신에게 퍼부어진 인신공격은 불문에 부쳐졌다."라고 한다. 티베리우스는 원로원에게 어머니 리비아도 그녀의 명성을 공격한 사람들에게 자신과 비슷한 관대함을 보여 주었다고 확신시켰다.[12]

리비아는 이제 국가에서 다루기 어려운 존재였다. 재혼에 실패한 티베리우스에게는 자신에게 영향력을 행사하는 데 익숙한, 결단력 있는 어머니에게 맞설 방어 수단이 전혀 없었다. 그녀는 티베리우스가 자신의 대리인 자격으로만 제위를 보유한다는 것을 이해하게 만들었다.[13] 비록 60세에 다가가고 있었다고는 하지만 티베리우스의 통치 초기에 그의 공식 서한에 서명한 사람은 어머니 리비아였다. 디오 카시우스의 말에 따르면 "하지만 동등한 조건으로 통치하는 것에 만족하지 못한 리비아는 그에 대한 우위를 주장하고 싶어 했다. …… 그리고 모든 것을 단일 통치자처럼 처리하려 했다."[14] 티베리우스는 이런 상황을 인내심을 갖고 오랫동안 참아 냈다. 하지만 리비아가 아우구스투스보다 15년 더 살았으므로, 결국 티베리우스는 자신의 궁전을 따로 세웠으며, 어머니에게는 당연히 아우구스투스가 세운 궁전을 소유하게 했다. 어머니에게 잔혹했으며, 추방당한 아내를 굶겨 죽였다는 뜬소문이 그를 비난에 시달리게 했다. 그 사이에 아그리피나는 아들 네로에게 티베리우스를 계승하도록(가능하다면 대체하도록) 밀어붙이고 있었다.[15] 그는 "사랑하는 딸아, 네가 황후가 아닐진대, 부당한 짓을 하고 있다고 생각하지 않느냐?"라는 그리스어로 된 한 인용문에서 아그리피나를 꾸짖으며 대단한 인내심을 발휘했다.* 그가 견디기 가장 힘들었던 것은 첫 번째 아내와의 사이에서 낳은 유일한 아들 드루수스가 난봉꾼이고, 잔인하며, 무례하고, 그리고 호색한이었다는 것을 깨닫는 것이었다.

티베리우스가 이러한 시련을 지탱하던 자제력은 그를 신경과민 상태로 내몰았다. 그는 더욱더 두문불출했고, 침울해진 표정과 신랄한 말투 때문에 그가 가장 큰 희망을 걸고 있는 친구들을 제외하고 모든 사람이 그의 곁을 떠났다. 한 사람, 즉 루키우스 아일리우스 세야누스가 변치 않고 충성했던 것 같다. 세야누스는 친위대장으로서 티베리우스 황제를 지키는 것이 자신의 의무라고 공언했다. 곧 교활한 세야누스의 힘을 빌리지 않고서는, 그리고 그의 감시를 받지 않고서는 어느 누구도 황제를 알현할 수 없게 되었다. 점차 티베리우스는 그에게 더욱더 통치를 맡겼다. 세야누스는 안전을 위해 친위대장인 자신이 더 가까이서 황제를 모실 수 있도록 설득했다. 아우구스투스는 아홉 개 보병 부대 가운데 여섯 개를 로마 시(市) 경계 외곽에 주둔시켰다. 이제 티베리우스는 아홉 개 보병 부대 모두에게 팔라티누스 언덕과 카피톨리누스 언덕에서 불과 몇 마일 밖에 떨어져 있지 않은 비미날리스 언덕 입구에 진지를 구축하도록 허용했다. 그곳에서 그들은 처음에는 황제의 보호자가 되었고, 그 다음에는 황제의 지배자가 되었다. 그들의 지원을 받은 세야누스는 점점 더 대담하게, 그리고 돈에

---

* 율리아와 아그리파 사이에 태어난 아그리피나는 티베리우스가 율리아와 결혼함으로써 그의 의붓딸이 되었고, 게르마니쿠스를 양자로 받아들이면서 그의 며느리가 되었다. 아그리피나의 딸 소(小)아그리피나는 황제 네로의 어머니였으므로 아그리피나의 아들 네로는 황제 네로의 외삼촌이었다.

좌우되어 자신의 권력을 행사했다. 사람들에게 관직을 추천하는 것으로 시작한 세야누스는 최고가의 입찰자에게 관직을 팔아 재산을 불려 나갔으며, 원수의 지위를 갈망하다가 종말을 맞이했다. 진정한 로마인의 원로원이었다면 그를 타도했을 것이다. 많은 예외가 있지만 원로원은 한 쾌락주의자의 동호회가 되었으며, 티베리우스가 보유하도록 권했던 권한마저 능숙하게 행사하는 것에 귀찮아했다. 세야누스를 공직에서 추방하는 대신에 원로원은 그를 기리는 조각상들로 로마를 가득 채웠으며, 그의 제안대로 아그리피나의 지지자들을 차례로 추방했다. 티베리우스의 아들 드루수스가 죽었을 때, 로마는 세야누스가 그를 독살했다고 숙덕거렸다.

실망과 비통함에 잠긴 외롭고 우울한 67세의 티베리우스는 정신없이 분주한 수도 로마를 떠나 접근하기 어려운 카프리로 운둔했다. 하지만 소문이 거침없이 그의 뒤를 따랐다. 사람들은 그가 여윈 모습과 연주창(連珠瘡)에 걸린 얼굴을 감추고 싶어 했으며, 술과 불가사의한 부도덕적 행위에 빠져들고 싶어 했다고 말했다.[16] 티베리우스는 술을 굉장히 많이 마셨지만 주정뱅이는 아니었다. 그의 부도덕한 행위에 대한 이야기는 아마도 중상모략이었던 것 같다.[17] 타키투스의 말에 따르면 카프리에서 그의 동료들 대부분이 "단지 문학에서만 걸출한 그리스인이었다."라고 한다.[18] 티베리우스는 세야누스를 통해 관리들과 원로원에 자신의 견해와 소망을 알리는 경우를 제외하고는 제국의 업무를 계속 신중하게 처리했다. 더욱더 세야누스, 즉 근처를 배회하는 친위대장을 두려워하던 원로원은 티베리우스 황제의 소망을 명령으로 받아들였다. 그리고 정체(政體)에 아무런 변화도 없고 티베리우스 측에서 어떤 불성실함도 찾아볼 수 없었던 원수정은 공화정의 복원을 제안한 티베리우스 치하에서 군주정이 되었다.

세야누스는 자신의 지위를 이용해 "모반법"으로 다수의 적들을 추방했다. 그리고 지친 황제는 더 이상 간섭하지 않았다. 수에토니우스의 말에 따르면 티베리우스가 자주 잔혹한 짓을 했다고 한다.[19] 그리고 포파이우스 사비누스가 음모를 꾸미고 있다는 밀정들의 정보에 따라 세야누스가 사형을 요구하고, 그 요구가 받아들여졌다는 타키투스의 말은 신뢰하기 어렵다.[20] 1년 후(27년) 리비아가 전 남편의 집에서 슬픔에 잠겨 외롭게 죽었다. 로마를 떠난 이후로 단 한 번 그녀를 보았던 티베리우스는 장례식에 참석하지 않았다. 이제 "로마의 어머니"인 리비아가 행사하던 구속에서 해방된 세야누스는 티베리우스에게 아그리피나와 그녀의 아들 네로가 사비누스 음모에 연루되어 있다는 확신을 심어 주었다. 아그리피나는 판다테리아, 그리고 네로는 폰티아 섬으로 추방되었다. 네로는 얼마 안 있어 그곳에서 자살했다.

모든 것을 손에 쥔 세야누스는 이제 제위를 차지하려 했다. 티베리우스가 원수정의 계승자로 아그리피나의 아들 가이우스를 추천하면서 원로원에 보낸 편지에 초조해진 세야누스는 황제를 살해하려는 음모를 꾸몄다.(31년) 티베리우스는 생명의 위험을 무릅쓰고 음모에 대해 경고하던 게르마니쿠스의 어머니 안토니아의 도움으로 목숨을 구했다. 은밀하게 새로운 친위대장을 자리에 앉힌 나이 든 티베리우스 황제는 결심을 굳힌 채 세야누스 체포를 명령한 뒤 그를 원로원에 고발했다. 황제의 요구에 원로원이 그렇게 흔쾌히 응한 적이 없었다. 원로원은 신속히 세야누스에게 형을 선고하고, 바로 그날 밤 질식사시켰다. 공포 정치가 뒤를 이었다. 일부분은 자신들의 이익, 친척 또는 친구들이 세야누스에게 피해를 입었던 원로원 의원들이, 그리고 일부분은 티베리우스가 공포 정치를 주도해 나갔다. 쌓여 가는 환멸을 뛰어넘는 공포와 분노가 티베리우스를 맹렬한 복수에 빠져들게 했다. 세야누스의 유력한 대리인이나 지지자 모두가 처형되었다. 세야누스의 어린 딸마저 형을 선고받았지만, 처녀의 처형이 법적으로 금지되어 있었으므로 처음에는 순결을 빼앗겼고, 그 다음에는 질식사 당했다. 세야누스의 이혼한 아내 아피카타는 자살했다. 하지만 그때는 안토니아의 딸 리빌라가 세야누스와 공모해 남편이자 티베리우스 황제의 아들인 드루수스를 독살하려 했음을 알리는 편지를 티베리우스에게 보낸 지 불과 얼마 지나지 않은 뒤였다. 티베리우스는 리빌라에게 재판을 받도록 명령했지만, 그녀는 죽을 때까지 음식을 거부했다. 2년 후(33년) 아그리피나는 유배 중에 자살했다. 그리고 그녀의 아들 중 투옥되어 있던 다른 한 명은 굶어 죽었다.

티베리우스는 세야누스가 몰락한 이후 6개월 동안 간신히 목숨을 부지했다. 아마도 정신 착란 상태에 빠져 있었던 것 같다. 이제 그는 모반에 대한 고발을 억누르는 대신에 지지하는 것으로 돌아섰다. 그의 치세에 대략 모반 혐의로 63명이 기소되었다. 그는 "나이 들고 외로운" 자신을 보호해 줄 것을 원로원에 간청했다. 37년에 티베리우스는 9년 동안 은둔하던 카프리를 떠나 캄파니아의 몇몇 도시를 방문했다. 그는 미세눔의 루쿨루스 별장에 머무는 동안 기절했었는데, 마치 죽은 것처럼 보였다. 즉시 궁정의 조신들이 곧 황제가 될 가이우스 주위에 모여들었다. 그 다음 티베리우스가 회복 중에 있다는 사실을 알고 충격에 빠졌다. 이때 관계자들 중 한 명이 티베리우스를 베개로 질식시킴으로써 곤란한 상황에 종지부를 찍었다.(37년)[21]

몸젠(Mommsen)의 말에 따르면 티베리우스는 "이제까지 제국이 배출해 낸 가장 유능한 통치자"였다.[22] 살아 있는 동안 거의 모든 불행이 그에게 닥쳤으며, 죽은 뒤에 그는 타키투스의 글로 공격받았다.

2. 가이우스

대중들은 "티베리우스를 테베레 강으로!"라고 외치며 나이 든 황제의 죽음을 축하했으며, 가이우스 카이사르 게르마니쿠스(Gaius Caesar Germanicus)를 티베리우스의 계승자로 승인한 원로원의 결정에 환호했다. 게르마니쿠스가 북쪽으로 출정했을 때 동행한 아그리피나에게서 태어난 가이우스는 병사들 사이에서 자랐고, 그들의 옷을 흉내 냈으며, 군대에서 신던 반장화(半長靴, caliga) 때문에 칼리굴라(Caligula), 즉 작은 장화라는 애정 넘치는 이름으로 불렸다. 이제 그는 아우구스투스의 정책을 따를 것이고, 모든 문제를 원로원과 정중하게 협력해서 처리할 것이라고 선언했다. 그는 리비아와 티베리우스가 시민들에게 유증한 9000만 세스테르티우스를 분배했으며, 20만 명의 국가 곡물 수령인들 각각에게 300세스테르티우스를 추가로 증여했다. 그는 민회에 정무관 선출권을 되돌려주었고, 낮은 세금과 풍부한 경기를 약속했으며, 티베리우스에게 추방당한 피해자들을 불러들였다. 그리고 경건하게 자신의 어머니 유골을 로마로 가져왔다. 가이우스는 모든 점에서 전임자인 티베리우스와는 확연히 달랐던 것 같다. 즉 그는 낭비벽이 심하고, 활력이 넘치며, 인정이 많았다. 제위를 계승한 지 석 달 만에 대중들은 매력적이고 인정 많은 군주에게 감사하는 마음에서 신들에게 16만 명의 희생자를 제물로 바쳤다.[23]

대중들은 가이우스의 혈통에 개의치 않았다. 그의 친조모는 안토니우스의 딸이었고, 외조모는 아우구스투스의 딸이었다. 그의 혈통에서 안토니우스와 옥타비아누스 사이의 전쟁이 재개되었으며, 안토니우스가 승리했다. 칼리굴라는 결투사, 검투사, 전차 전사(戰車戰士)로서의 자신의 기량에 자랑스러워했다. 하지만 그는 "간질로 고통스러워했으며" 가끔은 "좀처럼 걷거나 자신의 생각을 가다듬을 수 없었다."[24] 그는 천둥 칠 때 침대 밑에 숨었으며, 아이트나 화산의 불길을 볼 때면 무서워서 도망쳤다. 그는 잠자는 것에 힘들어 했으며 밤중에 새벽을 외치면서 넓은 궁전을 배회하곤 했다. 그는 큰 키에 몸집이 거대하고 정수리가 벗겨진 것을 제외하고는 털투성이였다. 그에게는 기쁘게도 움푹 들어간 눈과 관자놀이가 그를 무섭게 보이게 했다. 그는 "거울 앞에서 무서운 표정이라면 무엇이든 연습했다."[25] 그는 훌륭한 학교 교육을 받았고, 유창한 웅변가였으며, 어떤 양심의 가책과 법도 몰랐던 예리한 기지와 유머 감각을 소유했다. 연극에 푹 빠진 칼리굴라는 많은 연기자에게 장려금을 지급했으며 은밀하게 직접 연기하고 춤췄다. 관객이 보아 주기를 갈망하면서 마치 어떤 중요한 회의나 되는 것처럼 원로원의 지도자들을 소집한 뒤에 그들 앞에서 자신의 스텝을 과시했다.[26] 책임이 따르는 일에서 오는 단조로운 삶이 그를 진정시켰지만, 권력의 독이 그를 미치게 만들었다. 통치 조직과 마찬가지로 온전한 정신에도 견제와 균형이 필요하다. 어떤 인간도 전능하고 온전해질 수 없다. 할머니인 안토니아가 충고했을 때, 칼리굴라는 "내가 어느 누구에게나 어떠한 짓도 할 수 있다는 것을 잊지 마세요."라고 말하면서 비난했다. 한창 연회가 진행 중일 때 손님들에게 기대어 누워서는 그들 모두를 죽일 수 있다는 것을 상기시켰다. 그리고 자신의 아내 혹은 정부를 껴안고 있는 사이에 "내가 명령만 내리면 언제든지 이 아름다운 머리도 단숨에 잘려 나갈 것이오."라고 속삭이곤 했다.[27]

따라서 원로원을 그렇게 존중하던 젊은 황제 칼리굴라는 곧 원로원에 명령을 내려 동방식 복종을 강요하기 시작했다. 그는 원로원 의원들에게 충성의 맹세로 자신의 발에 입 맞추게 했으며, 원로원 의원들은 그러한 영광을 안겨 준 그에게 감사했다.[28] 그는 이집트와 이집트의 관습을 찬양하고 이집트의 많은 관습을 도입했으며, 파라오처럼 신으로 숭배받기를 갈망했다. 칼리굴라는 이집트의 이시스 신앙을 로마의 공식 종교 의식 중 하나로 만들었다. 그는 자신의 증조부가 동방적 군주정의 이름으로 지중해 세계를 통합하려 했다는 것을 잊지 않았다. 또한 그는 알렉산드리아에 수도를 만들려고 생각했지만, 알렉산드리아 사람들의 기지를 신뢰하지 않았다. 수에토니우스는 그가 "상습적으로 자신의 모든 누이들과 근친상간을 했다."라고 말한다.[29] 그에게 근친상간은 이집트의 훌륭한 관습이었다. 그는 누이 드루실라를 제위 계승자로 만들었다. 그는 드루실라가 결혼했을 때 남편과 이혼시켰으며, "그녀를 합법적인 아내처럼 다루었다."[30] 그가 원하는 다른 여성들에게는 그들 남편의 이름으로 이혼 편지를 보냈으며, 그들을 초대해 사랑을 나누었다. 그는 거의 모든 계층의 여성들에게 접근했다. 이러한 사랑과 동성애적인 사랑을 나누는 바쁜 와중에도 그는 네 번이나 결혼했다. 리비아 오레스틸라와 가이우스 피소의 결혼식에 참석한 그는 신부를 자신의 집에 데려가 결혼하고 나서 며칠 후에 이혼했다. 롤리아 파울리나가 매우 아름답다는 이야기를 들은 칼리굴라는 그녀를 부르러 보내고 나서 남편과 이혼시킨 뒤 그녀와 결혼하고 곧바로 이혼했다. 그리고 파울리나로 하여금 그 후 어떤 남자와도 성적 관계를 맺지 못하게 했다. 그의 네 번째 아내 카이소니아는 결혼하기 전에 이미 전 남편의 아이를 임신한 상태였다. 그는 젊지도 않고 아름답지도 않은 그녀를 충실하게 사랑했다.

황제의 이러한 장난으로 통치가 소홀해지면서, 대체로 능력이 떨어지는 사람들에게 통치가 맡겨졌다. 칼리굴라는 기사 계급 명부를 교묘하게 개정해 최상위 기사들을 원로원에 승진시켰다. 하지만 곧 사치 때문에 티베리우스가 남긴 자금 모두가 고갈되었다. 그는 물이 아닌 향수 속에서 목욕했던 것이다. 한 번의 연회에 1000만 세스테르티우스를 소비했다.[31] 그는 줄기둥, 연회 홀, 목욕탕, 정원, 과수, 그리고 보석이 촘촘히 박힌 선미를 갖춘 대형 유람선을 건조했으며, 수많은 작은 배들을 연결해 바이아이 만에 다리를 놓았다. 그런데 로마는 곡물을 수입하기 위한 배가 없어서 기아를 겪는 상황이었다. 다리가 완성되었을 때 오늘날의 방식으로 투광 조명이 밝게 비추면서 대규모 축하연이 베풀어졌다. 연회 참석자들이 즐겁게 술을 마셨는데, 작은 배들이 뒤집혀 많은 사람이 익사했다. 그는 율리아 바실리카의 지붕에서 아래쪽에 있는 사람들에게 금화와 은화를 뿌렸으며, 돈을 차지하기 위해 필사적으로 다투는 그들의 모습을 기쁘게 바라보곤 했다. 그는 전차 경주에서 녹색파(綠色派)에 너무 열중한 나머지 한 전차 기사에게 200만 세스테르티우스를 주었다. 그는 경주마인 인키타투스에게 대리석 마구간과 상아 구유를 만들어 주었을 뿐 아니라 저녁 식사에 초대해 집정관 직위를 제안하기도 했다.

평생에 걸쳐 거행할 사투르누스 축제를 위한 자금을 모으기 위해 칼리굴라는 황제에게 증여하는 관습을 되살렸다. 그는 자신이 직접 궁전 테라스에 나아가, 증여하기 위해 모인 모든 사람들에게서 증여를 받았다. 그는 시민들에게 유언장을 작성할 때 자신을 상속인으로 정하도록 권고했다. 그는 모든 것에 세금을 부과했다. 즉 모든 음식에 판매세, 모든 법률 소송에 세금, 그리고 짐꾼의 임금에 12와 2분의 1퍼센트의 세금을 부과했다. 수에토니우스의 증언에 따르면 "그는 매춘부들의 소득에 대해 각 매춘부가 한 번의 성교로 받은 만큼의 액수를 세금으로 부과했다. 그리고 이전에 매춘부였던 사람은 결혼한 이후까지도 이 세금에 종속된다고 법에서 규정했다."³² 칼리굴라는 국고에 도움을 주기 위해 부자들을 모반죄로 고발해 사형을 선고하게 했다. 그는 개인적으로 검투사와 노예를 경매에 부쳤고, 귀족들에게 경매에 참석해 입찰하도록 강제했다. 경매에 참석한 귀족들 중 한 명이 자고 있었을 때, 칼리굴라는 그가 졸려서 고개를 끄덕이는 모습을 입찰한 것으로 해석했다. 그래서 잠에서 깨어난 귀족은 자신이 늘어난 열세 명의 검투사 때문에 더 부자가 되었지만, 경매 입찰에 지출된 900만 세스테르티우스 때문에 더 가난해졌다는 것을 알게 되었다.³³ 칼리굴라는 원로원 의원들과 기사들에게 경기장에서 검투사처럼 싸우도록 강요했다.

  3년 후에 이러한 굴욕적인 광대놀음에 종지부를 찍으려는 음모가 진행되었다. 칼리굴라는 음모를 간파하고 공포 정치로 보복했다. 이러한 공포 정치는 고통을 가해서 즐거움을 얻는 그의 병적인 증세로 강화되었다. 그는 사형 집행인들에게 "희생자들에게 자신들이 죽어 가고 있다는 것을 느끼도록 조금씩 여러 곳에 수많은 상처를 내어" 서서히 죽이도록 지시했다.³⁴ 디오 카시우스의 말에 따르면 칼리굴라는 성스러운 조모인 안토니아를 자살로 내몰았다고 한다.³⁵ 수에토니우스의 이야기에 따르면 검투사 경기를 위해 준비된 야수들에게 먹일 고기가 부족해졌을 때, 칼리굴라는 공익을 위해 "모든 대머리" 죄수들을 야수들의 먹이로 바치도록 명령했다고 한다. 그리고 수에토니우스는 칼리굴라가 높은 지위에 있는 사람들을 인두로 낙인찍게 하고, 광산으로 보냈으며, 야수들에게 던지도록 하거나 아니면 우리에 가두게 한 다음 톱으로 두 토막으로 자르게 했다고 이야기한다.³⁶ 이러한 이야기들에 대해서는 반박할 수 있는 수단이 전혀 없으므로 전승으로 기록해야 한다. 하지만 수에토니우스는 소문을 좋아했고, 원로원 의원인 타키투스는 황제들을 증오했으며, 디오 카시우스는 그 사건이 있은 지 2세기가 지나서 썼다.³⁷ 칼리굴라가 카리나스 세쿤두스를 추방하고 다른 두 명의 스승에게 사형을 선고했으니, 원수정과 철학 사이에 전쟁이 시작되었다는 소문은 더 신뢰할 만하다. 세네카는 사형 집행이 예정되어 있었지만, 병약했고 재촉하지 않아도 죽을 수밖에 없었으므로 사면되었다. 칼리굴라의 숙부인 클라우디우스는 죽음을 모면했다. 왜냐하면 그는 책에 빠져 있는 보잘것없는 얼간이였거나 얼간이인 척했기 때문이다.

칼리굴라의 마지막 익살맞은 짓은 자신을 유피테르에 필적하는 신으로 선언한 것이었다. 유피테르와 다른 신들의 유명한 조각상들의 목이 잘려 나갔고, 그 자리에 칼리굴라 황제의 머리가 얹어졌다. 그는 카스토르와 폴룩스의 신전에서 옥좌에 앉아 신의 경배를 받는 것을 즐겼다. 가끔 그는 유피테르의 조각상과 질책하는 말로 대화를 나누곤 했다. 그리고 유피테르의 천둥과 번개에 맞서 굉음에는 굉음으로, 그리고 벼락치기에는 벼락치기로 응수할 수 있는 장치를 만들어 내게 했다.[38] 그는 일단의 신관들과 엄선된 희생 제물들로 자신의 신격에 맞는 신전을 세웠으며, 총애하는 말[馬]을 신관들 중 한 명으로 임명했다. 그는 달의 여신이 자신을 포옹하기 위해 내려온 것처럼 꾸몄으며, 비텔리우스에게 달의 여신을 볼 수 없었느냐고 물었다. 지혜로운 신하는 "볼 수 없었습니다. 당신 같은 신들만이 서로 볼 수 있는 거 아닌가요."라고 대답했다.[39] 대중들은 속지 않았다. 한 갈리아인 구두 수선공이 유피테르로 변장한 칼리굴라를 보았는데, 황제를 무엇이라고 생각하느냐는 질문을 받았을 때 그는 "대단한 사기꾼이오."라고 짤막하게 대답했다. 이 대답을 들은 칼리굴라는 보기 드문 용기를 보인 그를 처벌하지 않았다.[40]

29세의 나이에 칼리굴라라는 신은 노인이나 다를 바 없었다. 그는 폭음과 폭식으로 지칠 대로 지쳐 있었고, 아마도 성병에 걸려 있는 것 같았으며, 뚱뚱한 몸에 머리는 작고 절반 정도의 대머리였고, 창백한 안색과 움푹 들어간 눈과 불길한 눈빛을 가지고 있었다. 그의 죽음은 갑자기, 그리고 그에게서 증여받고 오랫동안 그를 지지해 오던 친위대로부터 찾아왔다. 칼리굴라가 매일같이 암호로 말하던 음탕한 표현에 모욕감을 느낀 친위대장 카시우스 카이레아가 궁전의 비밀 통로에서 그를 살해했다.(41년) 칼리굴라 살해 소식이 알려졌을 때, 로마 시(市)는 그것을 믿는 데 머뭇거렸다. 사람들은 그의 죽음에 기뻐할 사람이 누군지 알아내려는 황실 장난꾼의 속임수일 것이라고 두려워했다. 논란을 잠재우기 위해 암살자들이 칼리굴라의 마지막 아내를 살해하고 벽에 대고 딸의 머리를 부숴 버렸다. 디오 카시우스의 말에 따르면 그날 칼리굴라는 자신이 신이 아니라는 것을 알았다.[41]

3. 클라우디우스

칼리굴라는 제국을 위태로운 상황에 놓이게 했다. 즉 국고는 텅 비었고, 원로원 의원들은 대다수 살해되었으며, 대중들은 소외감을 느꼈고, 마우레타니아는 반란을 일으켰다. 그리고 예루살렘 신전에 자신의 조각상을 두겠다는 칼리굴라의 주장에 유대가 무장 봉기를 일으켰다. 이러한 문제에 대담하게 맞설 통치자를 어디에서 찾을 수 있을지 아무도 몰랐다. 구석에 숨어 있는 외관상 얼간이처럼 보이는 클라우디우스를 발견한 친위대는 그를 황제로 선언했다. 군대를 두려워하고, 아마도 무모한 미치광이 대신에 천진한 현학자를 다룬다는 예상에 안도한 원로원은 친위대의 선택을 받아들였다. 이렇게 해서 티베리우스 클라우디우스 카이사르 아우구스투스 게르마니쿠스(Tiberius Claudius Caesar Augustus Germanicus)가 머뭇거리며 제위에 올랐다.

그는 안토니아와 드루수스의 아들이었고, 게르마니쿠스와 리빌라의 동생이었으며, 옥타비아와 안토니우스, 그리고 리비아와 티베리우스 클라우디우스 네로의 손자였다. 그는 루그두눔(지금의 리옹)에서 기원전 10년에 태어났으며 이제 50세였다. 그는 큰 키에 뚱뚱했으며, 흰 머리와 호감을 주는 얼굴을 가졌다. 하지만 소아마비와 그 밖의 질병으로 신체가 허약했다. 다리는 위태로울 정도로 가늘고 걸음걸이는 느릿느릿했으며, 걸을 때마다 머리가 흔들거렸다. 그는 맛 좋은 포도주와 기름진 음식을 좋아했으며 통풍에 시달렸다. 약간 말을 더듬었고, 황제에게 어울리지 않게 웃음소리가 너무 떠들썩해 보였다. 인정사정없는 수다쟁이의 말에 따르면 화가 났을 때 "그는 입에 거품을 물고 콧물을 흘리곤 했다."라고 한다.[42] 그는 여성들과 해방노예들의 손에 자랐는데, 통치자에게 전혀 유리하지 않은 소심함과 민감함을 나타냈으며, 통치를 행할 기회를 전혀 갖지 못했다. 친척들은 그를 마음이 연약한 병약자로 간주했다. 옥타비아의 우아함을 이어받은 그의 어머니는 클라우디우스를 "미완의 괴물"로 불렀다. 그리고 어떤 사람의 우둔함을 강조하고 싶을 때면 그녀는 그 사람을 "내 아들 클라우디우스보다 못한 바보"로 부르곤 했다. 모두에게 조롱받은 그는 도박, 책, 술에 탐닉한 채 조용히 세상에 묻혀 살았다. 그는 고대의 예술, 종교, 과학, 철학, 법률에 해박한 문헌학자이자 골동품 연구가가 되었다. 그는 에트루리아, 카르타고, 로마에 대한 역사책, 도박과 알파벳에 관한 소론, 희곡, 그리고 자서전을 썼다. 과학자와 저명한 학자들이 그와 서신을 교환했으며 그에게 책을 헌정했다. 대(大)플리니우스는 네 번에 걸쳐 그를 출처로 인용하고 있다. 황제로서 그는 대중들에게 뱀에 물린 상처의 치료 방법을 전해 주고, 자신의 생일에 일식을 예측하고 그 원인을 설명함으로써 미신에 사로잡힌 두려움을 미연에 방지했다. 그는 그리스어를 훌륭하게 구사했으며, 자신의 수많은 작품을 그리스어로 집필했다. 그는 지성의 소유자였다. 그가 원로원 의원들에게 살아남기 위해 바보인 척했다고 말했을 때, 아마도 그의 말은 진심에서 우러나온 솔직한 표현이었던 것 같다.

그가 황제로서 첫 번째 수행한 일은 자신을 제위에 오르게 한 친위대 병사들에게 보답하는 뜻으로 각각에게 1만 5000세스테르티우스를 증여하는 것이었다. 칼리굴라는 그러한 증여를 했지만, 분명히 통치권에 대한 보수로서가 아니었다. 이제 클라우디우스는 군대의 통치권을 인정했다. 반면에 그는 재차 민회의 정무관 선출권을 철회했다. 더 지혜로운 관대함으로 그는 모반죄에 대한 고발을 폐기하고 그러한 혐의로 투옥된 사람들을 풀어 주었다. 그리고 모든 추방을 철회하고, 몰수된 재산을 되돌려주고, 가이우스가 강탈한 조각상들을 그리스에 반환하고, 가이우스가 도입한 세금을 폐지했다. 하지만 그는 황제 살해를 용서하는 것은 위험하다는 개인적인 견해에 따라 칼리굴라 암살자들을 사형에 처했다. 그는 부복(俯伏)의 관행을 없앴으며 자신이 신으로 숭배될 수 없다는 것을 솔직하게 선언했다. 아우구스투스처럼 그도 신전을 보수했으며, 골동품 수집가의 열정으로 옛 종교를 소생시키려고 애썼다. 그는 개인적으로, 그리고 꼼꼼하게 공무에 전념했다. 심지어 그는 "물건을 팔고 건물을 세놓은 사람들을 차례차례 방문하고 다니면서 악습이라고 생각되는 것이라면 무엇이든 바로잡았다."[43] 비록 그가 아우구스투스의 관용에 필적했다고는 하지만, 사실 그의 실제 정책은 아우구스투스의 신중한 보수주의를 뛰어넘어 카이사르의 대담하면서도 다양한 계획을 실행에 옮겼다. 즉 행정과 법률을 개혁했고, 공공 토목 공사와 용역을 구축했으며, 속주의 지위를 승격시켰고, 갈리아에 참정권을 부여했다. 그리고 브리타니아를 정복하고 로마화했다.

클라우디우스는 학식과 지성뿐만 아니라 의지력과 인격을 보여 줌으로써 모두를 놀라게 했다. 카이사르와 아우구스투스처럼 그도 지방 행정관들의 수가 너무 적고 미숙하며, 원로원이 너무 자존심이 강하고 참을성이 없어서 지방과 제국을 통치하는 복잡한 일을 할 수 없을 것으로 확신했다. 그는 원로원에 굴복하고 많은 권력과 더 많은 위엄을 원로원에 부여했다. 하지만 클라우디우스 자신과 그가 임명한 고위 관료들, 그리고 카이사르와 아우구스투스와 티베리우스 치하에서처럼 차츰 황실의 해방노예들로 구성된 관리들이 통치 업무를 맡았다. 그리고 서기 업무와 지엽적인 업무에 대해서는 공공 노예를 사용했다. 네 명의 고위 관리, 즉 의사소통을 담당하는 국무 장관, 회계를 담당하는 재무 장관, 청원을 담당하는 또 한 명의 비서, 그리고 법률 소송을 담당하는 법무 장관이 클라우디우스의 관료제를 이끌었다. 유능한 해방노예인 나르키소스, 팔라스, 그리고 칼리스투스가 세 개의 최고위직을 차지했다. 그들의 권력과 부가 증대했다는 것은 해방노예 계급의 지위가 광범위하게 높아졌음을 상징하는 것이었다. 이러한 지위 상승은 몇 세기에 걸쳐 계속되어 왔으며 클라우디우스 치세에 정점에 도달했다. 귀족 계급이 벼락출세한 해방노예들의 권한에 항의했을 때, 클라우디우스는 감찰관직을 부활해 선출되었으며, 원로원 의원에 선출될 자격이 있는 사람들의 명부를 수정했다. 그리고 그의 정책에 대한 주요 반대자들을 제거했으며, 기사 계급과 속주민들로부터 새로운 원로원 의원을 추가했다.

행정 조직을 완비한 클라우디우스는 야심차게 건설과 개혁 프로그램에 착수했다. 그는 법정의 소송 절차를 개선했고, 재판의 지연에 대한 처벌을 규정했으며, 매주 많은 시간 꾸준히 재판관 자격으로 법정에 출석했다. 그리고 어떤 시민에 대해서건 고문을 금지했다. 아펜니노 산악 지대의 나무가 없어 벌거벗게 되면서 더욱더 자주 로마를 위기로 몰아넣던 홍수를 막기 위해 테베레 강 하류를 위해 추가적으로 물이 흐르는 깊은 곳을 파게 했다. 곡물 수입을 촉진시키기 위해 클라우디우스는 오스티아 근처에 널찍한 창고와 부두, 바다의 거센 파도를 막아 내기 위한 두 개의 거대한 방파제, 그리고 침적토로 막힌 강어귀 위로 테베레 강과 연결시키는 수로를 갖춘 새로운 항구(포르투스)를 건설하게 했다. 그는 칼리굴라가 시작한 클라우디우스 수도교(水道橋)를 완공했으며, 대규모 토목 공사일 뿐만 아니라 우뚝 솟은 아치의 아름다움으로 유명한 또 하나의 수도교 아니오 노부스(Anio Novus)를 건설했다. 푸키누스 호수의 범람으로 마르시인들의 땅이 정기적으로 물에 잠긴다는 것을 알게 된 클라우디우스는 11년 동안 3만 명의 노동자들에게 국가 기금을 제공했다. 그들은 푸키누스 호수에서 산을 통과해 키리스 강까지 3마일의 터널을 팠다. 호수의 물을 방출하기 전에 클라우디우스는 1만 9000명의 사형 선고를 받은 죄수들이 탄 두 척의 함대 사이에 모의 해전을 연출했다. 이탈리아 전역에서 온 관중들이 주위 구릉지의 경사면에 모여들었다. 전투원들은 역사상 유명한 구절이 되어 버린 "황제 폐하 만세! 죽음을 기다리는 자들이 황제 폐하에게 인사드립니다."라는 말로 황제에게 경의를 표했다.[44]

속주는 아우구스투스 시절에서처럼 클라우디우스 치세에도 번영했다. 그는 유대의 행정 장관 펠릭스의 경우를 제외하고 관리들의 부정행위를 단호하게 처벌했다. 사도 바울을 심문한 자의 동생인 팔라스가 펠릭스의 실정을 클라우디우스가 알지 못하도록 숨겼다. 황제는 속주의 모든 업무를 처리하느라 바쁘게 일했다. 제국 전역에서 발견된 칙령과 비문은 클라우디우스 특유의 까다로움과 장황함 때문에 눈에 띄지만, 현명하게 공익에 헌신한 정신과 의지를 보여준다. 그는 통신과 교통을 개선하고, 여행자를 약탈로부터 보호하기 위해, 그리고 지역 사회에 보내는 공무상 우편 비용을 줄이기 위해 노력했다. 카이사르처럼 로마 연방에서 속주를 이탈리아 수준으로 끌어올리고 싶어 했다. 클라우디우스는 갈리아 트란살피나에 완전한 시민권을 부여하려는 카이사르의 계획을 실행에 옮겼다. 만약 자신의 생각대로 했더라면, 클라우디우스는 제국의 모든 자유민에게 참정권을 부여했을 것이다.[45] 1524년 리옹에서 발굴된 청동 서판에 클라우디우스의 장황한 연설 가운데 일부가 보존되었다. 이 연설에서 그는 로마 시민권을 보유한 갈리아인들에게 원로원 의원직과 제국의 관직을 원로원이 허락해 주도록 권유했다. 그 사이에 그는 군대가 질적으로 저하하거나 국경 지역의 권리가 침해되도록 내버려 두지 않았다. 그의 군단은 바쁘게 지냈으며, 코르불로, 베스파시아누스, 그리고 파울리누스 같은 위대한 장군들이 그의 선택과 격려로 나타났다. 재차 카이사르의 계획을 완성하기로 결심한 클라우디우스는 43년에 브리타니아를 침공해 정복했으며, 출발한 지 6개월 안에 로마로 돌아왔다. 그는 개선식에서 포로로 잡은 브리타니아 왕 카락타쿠스를 사면함으로써 선례를 위반했다. 로마 대중들은 좀 별난 황제를 조롱했지만 사랑했다. 그리고 한번은 그가 수도 로마에서 자리를 비웠을 때, 그가 살해되었다는 거짓 소문이 퍼졌다. 슬픔으로 인한 엄청난 동요가 로마를 휩쓸고 지나갔으므로 원로원은 클라우디우스가 안전하며 곧 로마로 돌아올 것이라고 공식적으로 확인해 주어야 했다.

통치 조직을 개인적으로 감독하기에 너무 복잡하게 만들었고, 상냥한 성격 때문에 자신의 해방노예들과 가족에게 쉽게 속았으므로 클라우디우스는 절정에서 추락했다. 관료제로 행정이 개선되었으며 부패가 가능한 수많은 틈이 새롭게 만들어졌다. 나르키소스와 팔라스는 뛰어난 행정가였다. 그들은 자신들이 받는 급료가 공적에 비해 충분치 않다고 생각했다. 이들은 그 차액을 메우기 위해 관직을 팔고, 협박해 뇌물을 요구하고, 몰수하고 싶은 농장의 주인을 고발했다. 그들은 고대 전체에서 가장 부유한 개인이 되는 것으로 끝났다. 나르키소스는 4억 세스테르티우스(6000만 달러)의 재산가였다. 팔라스는 3억 세스테르티우스만을 가졌기 때문에 불행했다.[46] 클라우디우스가 황실 금고의 적자를 불평했을 때, 로마의 익살꾼들은 만약 그가 자신의 해방노예 두 명과 제휴했더라면, 남아돌 만큼 충분히 가졌을 것이라고 말했다.[47] 이제는 비교적 가난한 예전의 귀족 가문들이 이러한 재산 축적과 권력을 두려움을 갖고 바라보았으며, 클라우디우스 황제와 한마디 대화를 나누기 위해 해방노예들의 비위를 맞추어야 했을 때 분노에 치를 떨었다.

클라우디우스는 피임명자들과 학자들에게 글을 쓰느라, 칙령과 연설을 준비하느라, 그리고 아내의 욕구에 관심을 갖느라 바빴다. 그런 사람은 수도승처럼 살아야 했고 사랑에 방어벽을 쳐야 했다. 그의 아내들은 파멸을 가져오는 기분 전환의 대상이었고, 국내 정책은 대외 정책만큼 성공적이지 못했다. 칼리굴라처럼 그도 네 번 결혼했다. 첫 번째 아내는 결혼식 날 죽었으며, 다음 두 명과는 이혼했다. 그 다음 48세의 나이에 클라우디우스는 16세인 발레리아 메살리나와 결혼했다. 그녀는 눈에 띌 정도로 예쁘지는 않았다. 즉 머리는 납작했고 얼굴은 불그스레했으며, 가슴은 기형이었다.[48] 하지만 여성이 간통을 저지르는 데 아름다울 필요는 없다. 클라우디우스가 황제가 되었을 때 메살리나는 황후의 권리와 예법을 간직했고, 황제의 개선식에 마차를 타고 등장했으며, 제국 전역에서 자신의 생일을 축하하게 했다. 그녀는 무용수인 므네스테르와 사랑에 빠졌다. 그런데 므네스테르가 자신의 접근을 거부하자, 메살리나는 남편 클라우디우스에게 그가 자신의 요구에 더 순종하게 해 달라고 간청했다. 클라우디우스는 그녀의 요구를 받아들였고, 그 뒤 므네스테르는 그녀의 요구에 적극적으로 응했다. 메살리나는 이렇게 단순하고 상투적인 수법을 좋아했고, 다른 남자들에게도 똑같은 방법을 적용했다. 끝까지 그녀를 거부한 남자들은 그녀의 영향력 아래 있던 관리들이 꾸며 낸 범죄로 고발당했다. 게다가 그들은 재산과 자유를 박탈당했고, 간혹 목숨을 잃는 경우도 있었다.[49]

아마도 클라우디우스 황제는 자신의 성적 탐닉을 위해 메살리나의 부정한 행실을 묵인했을 것이다. 수에토니우스는 "여성들에 대한 그의 열정은 도를 지나칠 정도였다."라고 말하고, 여기에 덧붙여 클라우디우스가 놀라울 정도로 "부자연스러운 성적 부도덕에 전혀 얽매이지 않았다."라고 증언한다.[50] 디오 카시우스의 말에 따르면 메살리나는 "몇몇 매력적인 하녀에게 그와 잠자리를 같이하게 했다."[51] 성적인 분방함을 위해 자금이 필요한 황후는 관직, 추천장, 계약서를 팔아먹었다. 에우베날리스가 전하는 이야기에 따르면 그녀는 변장하고 매춘굴에 들어가 모든 고객을 받았으며, 화대를 받는 데 주저하지 않았다고 한다. 이 이야기는 메살리나의 계승자이자 적이었던 소(小)아그리피나의 유실된 회고록에서 인용한 것으로 추정된다. 타키투스의 말에 따르면 클라우디우스가 로마의 도덕을 감독하고 개선하는 일을 포함해서 "쉬지 않고 감찰관직 임무에 전념하던"[52] 기간 동안에 메살리나는 "거리낌 없이 사랑을 표현했으며" 결국에는 남편이 오스티아에 있는 틈을 이용해서 "늘 하던 대로 화려한 예식으로"[53] 잘생긴 청년 가이우스 실리우스와 정식으로 결혼했다. 나르키소스가 실리우스의 첩들을 통해 황제에게 이 소식을 알렸으며,[54] 황제를 죽이고 실리우스를 제위에 앉히려는 반란이 계획되고 있다고 말했다. 클라우디우스는 서둘러 로마로 돌아와 친위대장을 소환해 실리우스와 메살리나의 다른 연인들을 살해하도록 지시했다. 그런 다음 신경을 너무 곤두세웠는지 기진맥진해서 자신의 방으로 물러갔다. 황후 메살리나는 쾌락을 즐기기 위해 몰수한 루쿨루스의 정원에 몸을 숨겼다. 클라우디우스는 그녀에게 정당한 이유를 진술하도록 요구하는 전갈을 보냈다. 나르키소스는 병사 몇 명을 파견해 그녀를 죽이라는 지시를 내렸다. 그들은 메살리나가 어머니와 함께 외롭게 있는 것을 발견하고 일격에 살해했다. 그리고 그녀의 시체를 어머니의 팔에 안겨 주었다.(48년) 클라우디우스는 자신이 다시 결혼한다면, 자신을 죽여도 좋다고 친위대에 말했다. 그는 다시는 메살리나를 언급하지 않았다.*

1년이 지나지 않아 클라우디우스는 롤리아 파울리나와 결혼할지 아니면 소(小)아그리피나와 결혼할지 망설이고 있었다. 칼리굴라의 전처였던 롤리아는 부자였다. 이따금 그녀가 4000만 세스테르티우스 상당의 보석을 착용했다고 알려진다.[58] 아마도 클라우디우스는 그녀의 기품보다는 돈을 동경한 것 같다. 소(小)아그리피나는 대(大)아그리피나와 게르마니쿠스의 딸이었다. 또한 그녀에게는 옥타비아누스와 안토니우스의 화해되지 않는 피가 흐르고 있었다. 그리고 그녀는 어머니에게서 아름다움, 능력, 결단력, 물불 안 가리는 복수심을 이어받았다. 소(小)아그리피나는 이미 두 번 남편과 사별했다. 그녀는 첫 번째 남편인 그나이우스 도미티우스 아헤노바르부스와의 사이에서 아들 네로를 얻었다. 네로의 황제 즉위는 그녀의 삶을 지배하는 열망이 되었다. 그리고 두 번째 남편과의 사이에서 가이우스 크리스푸스를 얻었다. 그녀는 그에 대한 소문 때문에 독살 혐의로 고발당했으며, 자신의 목표에 힘을 북돋아 주던 부를 상속했다. 그녀의 당면 과제는 클라우디우스의 아내가 되어 그의 아들 브리타니쿠스를 제거하고, 네로를 입양시켜 제국의 상속자로 만드는 것이었다. 자신이 클라우디우스의 질녀였다는 사실이 그녀를 단념시키지 못했으며, 삼촌을 대하는 방식이 아니라 다정한 애정 표현으로 연로한 황제를 흔들었다. 갑자기 클라우디우스가 원로원에 나타나 국가의 이익을 위해 다시 결혼하도록 명령해 줄 것을 요구했다. 원로원은 요구에 응했고, 친위대는 웃었으며, 아그리피나는 황후의 자리를 차지했다.(48년)

그녀의 나이 32세였고, 클라우디우스는 57세였다. 그의 정력이 쇠약해지는 반면에 그녀의 정력은 최고조에 이르렀다. 자신의 매력을 총동원해 그를 자극한 아그리피나는 클라우디우스가 네로를 아들로 입양해 줄 것과 그의 열세 살

---

* 페레로(Ferrero)[55]와 버리(Bury)[56]는 메살리나의 중혼(重婚)을 잘 해명했지만, 타키투스는 그 이야기가 "그 시기의 작가들과 당시에 살면서 모든 상황을 잘 알고 있던 나이가 지긋한 사람들에 의해 잘 입증되었다."라고 단언했다.[57]

짜리 딸을 열여섯 살의 네로와 결혼시킬 것을 설득했다.(53년) 그녀는 매년 더욱더 많은 정치적 권한을 차지했으며, 마침내 황제의 연단에서 그의 곁에 앉게 되었다. 그녀는 클라우디우스에게 형을 선고받고 유배 중이던 철학자 세네카를 불러들여 네로의 가정 교사로 삼았다.(49년) 그리고 그녀는 친구인 부루스를 친위대장에 임명케 했다. 만반의 태세를 갖춘 아그리피나는 남성다운 수완으로 지배해 나갔으며 황실에서 질서와 재정을 확립했다. 만약 그녀가 탐욕과 복수에 빠지지 않았더라면, 그녀의 지배는 로마에 이익이 되었을 것이다. 그녀는 클라우디우스가 무심결에 우아한 롤리아의 모습에 대해 언급하자, 롤리아 파울리나를 사형에 처하게 했다. 아그리피나는 클라우디우스가 마르쿠스 실라누스를 상속인으로 임명할까 봐 두려워한 나머지 그를 독살시켰다. 그녀는 팔라스와 공모해 나르키소스를 타도하려 했으며, 부패했던 것만큼 신의가 두터웠던 부유한 유력자 나르키소스는 지하 감옥에서 생을 마감했다. 클라우디우스는 좋지 못한 건강, 수많은 일, 그리고 성적 방종으로 쇠약해졌으므로 팔라스와 아그리피나가 또 하나의 공포 정치를 실시할 수 있는 길이 열렸다. 국고가 공공 토목 공사와 경기로 고갈되어 몰수된 재산으로 보충할 필요가 있었으므로 사람들이 고발되고 추방되거나 살해되었다. 클라우디우스의 치세 13년 동안 35명의 원로원 의원과 300명의 기사가 사형을 선고받았다. 실제 음모나 범죄 때문에 이러한 처형 중 일부는 정당화될 수 있을지도 모른다. 하지만 우리는 알 수 없다. 나중에 네로는 자신이 클라우디우스의 모든 문서를 검토했으며, 단 하나의 기소도 황제의 명령으로 이루어지지 않았던 것 같다고 주장했다.[59]

　다섯 번째 결혼한 지 5년이 지나서야 클라우디우스는 아그리피나가 무슨 짓을 하고 있었는지 알아차렸다. 그는 그녀의 권력에 마침표를 찍고, 브리타니쿠스를 상속인으로 지명함으로써 네로를 위한 그녀의 계획을 방해할 결심을 했다. 하지만 아그리피나는 더 많이 결심하고 더 적게 망설였다. 황제의 의도를 간파한 그녀는 모든 위험을 감수했다. 즉 그녀가 클라우디우스에게 독버섯을 먹여, 그는 열두 시간의 몸부림 이후에 한마디도 할 수 없는 채로 죽었다.(54년)

원로원이 클라우디우스를 신격화했을 때, 이미 제위에 앉은 네로는 독버섯이 신들의 음식임에 틀림없다고 말했다. 왜냐하면 그것을 먹고 클라우디우스가 신이 되었기 때문이다.[60]

4. 네로

네로는 모계 쪽으로 도미티우스 아헤노바르부스(Domitius Ahenobarbus) 가문에 속해 있었다. 가문의 이름은 대대로 유전되던 황갈색 턱수염에서 유래되었다. 500년 동안 이 가문은 로마에서 능력, 무모함, 거만함, 용기, 잔인함으로 명성이 높았다. 네로의 친조부는 경기와 연극을 매우 좋아했고, 경주에서 전차를 몰았으며, 야수와 검투사 쇼에 통 크게 돈을 썼다. 그리고 자신의 고용인과 노예에 대한 야만적인 취급 때문에 아우구스투스의 비난을 받아야 했다. 그는 안토니우스와 옥타비아의 딸인 안토니아와 결혼했다. 그들의 아들인 그나이우스 도미티우스는 간통, 근친상간, 잔혹함, 모반으로 가문의 명성을 높였다. 서기 28년에 도미티우스는 당시 열세 살이었던 소(小)아그리피나와 결혼했다. 아내와 자신의 혈통을 알게 된 그는 "어떤 훌륭한 사람도 우리에게서 태어날 수 없을 것 같다."라고 결론 내렸다.[61] 그들 사이에 태어난 유일한 아이를 루키우스(Lucius)라 불렀으며, 사비니어로 용감하고 강하다는 의미로 네로(Nero)라는 별명을 덧붙였다.

그리스어를 가르친 스토아학파의 철학자 카이레몬, 철학이 아닌 문학과 도덕을 가르친 세네카가 주로 네로의 교육을 담당했다. 아그리피나는 네로가 통치하는 데 적합하지 않다는 이유로 철학을 금지했다.[62] 이것이 결국 철학에는 명예가 되었다. 많은 스승들처럼 세네카도 자신의 노력이 어머니에 의해 좌절되었다고 불평했다. 즉 사내아이는 야단을 맞을 때면 어머니에게 달려가곤 했으며, 그럴 때마다 반드시 위로를 받았다. 세네카는 네로를 겸손하고 예의 바르며, 순수하고 금욕적인 사람으로 교육시키고 싶어 했다. 만약 그가 네로에게 철학자들의 가르침과 논쟁을 들려줄 수 없었다면, 적어도 그는 자신이 쓰고 있던 설득력 있는 철학 저술을 네로에게 헌정할 수 있었으며, 게다가 언젠가는 제자인 네로가 읽어 주기를 바랄 수 있었다. 어린 황제는 훌륭한 학생이었고, 용납될 만한 시를 썼으며, 스승처럼 품위 있게 원로원에서 연설했다. 클라우디우스가 죽었을 때, 아그리피나가 아들을 황제로 승인받는 데는 큰 어려움이 없었다. 왜냐하면 특별히 그녀의 친구 부루스가 네로에게 친위대의 전폭적인 지지를 보냈기 때문이다.

네로는 병사들에게 기부금으로 보답하고, 시민 각자에게 400세스테르티우스를 주었다. 그는 올림포스에서 죽은 클라우디우스 황제의 추방을 이야기하는 무자비한 풍자시, 즉「바보 만들기」라는 찬사를 전임 황제에게 바쳤다.[63] 이것은 세네카가 익명으로 펴낼 예정이었다. 네로는 원로원에 일상적인 경의를 표하고 겸허하게 자신의 혈기를 변명했으며, 이제까지 황제가 차지해 온 권력 중에 군대에 대한 지휘권만을 보유하겠다고 선언했다. 이것은 철학자의 제자에게 걸맞은 대단히 현실적인 선택이었다. 그 약속은 진심에서 우러나온 듯했다. 왜냐하면 네로는 5년 동안 약속을 충실히 지켰기 때문이다.[64] 여기에서 말하는 5년은 나중에 트라야누스가 황제 통치의 역사에서 최고의 시기로 여겼던 "네로의 5년"이었다.[65] 원로원이 그를 기려 금과 은으로 조각상을 세우자고 제안했을 때, 열일곱 살 황제는 거부했다. 그리고 브리타니쿠스에게 호의를 보였다는 이유로 두 사람이 기소되었을 때, 네로는 기소를 철회하게 했다. 그리고 원로원에 대한 연설에서 통치 기간 내내 당시 세네카가『관용에 대하여』라는 에세이에서 찬양하였던 자비의 미덕을 지킬 것이라고 맹세했다. 사형 선고를 받은 한 죄수의 사형 집행 영장에 서명할 것을 요구받은 네로는 한숨 지으며 "차라리 쓰는 것을 알지 못했더라면!"이라고 말했다. 그는 가혹한 세금을 폐지하거나 낮추고, 유명하지만 영락한 원로원 의원들에게 연금을 주었다. 자신의 미숙함을 인정한 네로는 아그리피나가 자신의 업무를 관리하도록 내버려 두었다. 그녀는 사절을 영접하고, 제국의 주화에 자신의 초상을 황제 옆에 각인하게 했다. 이러한 모권 지배에 놀란 세네카와 부루스는 네로의 자존감을 자극함으로써 그의 권력에 대한 관리를 그녀에게서 빼앗아 오려고 공모했다. 격분한 어머니는 브리타니쿠스를 정당한 제위 상속인으로 선언하고, 그녀가 아들 네로를 만들었던 것만큼 단호하게 그를 원상태로 되돌리겠다고 위협했다. 네로는 브리타니쿠스를 독살시키겠다는 것으로 반격을 가했다. 아그리피나는 자신의 별장으로 물러나 마지막 복수의 일격으로 『회상록』을 썼다. 그녀의 『회상록』은 자신과 어머니의 모든 적들에게 오명을 씌웠으며, 타키투스와 수에토니우스에게 증오의 자료관을 제공했다. 그들은 티베리우스와 클라우디우스, 그리고 네로를 묘사하기 위해 더 암울한 색깔들을 그녀의 회고록에서 끌어왔다.

최고의 철학자인 세네카의 지도와 이미 고안된 행정 조직의 힘으로 제국은 안팎에서 모두 번영했다. 국경 지역은 잘 방어되었고, 흑해에서는 해적이 소탕되었으며, 코르불로는 아르메니아를 재차 로마의 보호령을 되돌려놓았다. 그리고 파르티아는 50년간 지속된 평화 조약에 서명했다. 법정과 속주에서 부패가 줄어들었고, 관료의 수준이 향상되었으며, 국고가 검소하고 지혜롭게 관리되었다. 아마도 세네카의 제안에 따라 네로는 모든 간접세, 특히 국경 지역과 항구에서 징수된 관세를 폐지함으로써 제국 전역에 자유 교역을 확립하려는 광범위한 제안을 했던 것 같다. 그러한 조치는 징세 조합들의 영향력 때문에 원로원에서 좌절되었다. 이러한 패배로 원수정이 여전히 입헌 정치의 한계를 인식하고 있었음을 알 수 있다.

네로의 관심을 국가 업무에 대한 개입으로부터 다른 데로 돌리기 위해 세네카와 부루스는 네로가 마음껏 호색에 탐닉하도록 내버려 두었다. 타키투스는 "성적 부도덕이 모든 계급에 속한 사람들의 마음을 사로잡고 있었을 때, 어느 누구도 통치자가 금욕적이고 자제하는 삶을 살아야 한다고 기대하지 않았다."라고 말한다.[66] 신앙심도 네로에게 도덕을 권유할 수 없었다. 어설픈 철학 지식은 그의 판단을 성숙하게 만들지 못하고 지성에서 벗어나게 했다. 수에토니우스에 따르면 "그는 모든 종교 의식을 경멸했으며, 가장 존경했던 키벨레 여신의 조각상에 방뇨했다."[67] 그는 본능적으로 과식, 이국적인 욕망, 그리고 꽃 장식으로만 400만 세스테르티우스가 지출된 사치스러운 연회에 이끌렸다.[68] 네로는 구두쇠만이 얼마나 지출했는지 센다고 말했다. 그는 가이우스 페트로니우스를 찬양하고 부러워했다. 왜냐하면 그 부유한 귀족이 자신에게 성적 부도덕과 품위를 결합시킬 수 있는 새로운 방법을 가르쳐 주었기 때문이다. 쾌락주의자였던 페트로니우스의 이상에 대한 고전적인 묘사에서 타키투스는 다음과 같이 말한다.

페트로니우스는 낮에 잠을 자고 밤을 일과 즐거움과 환락 속에서 보냈다. 나태함은 그의 열정이자 동시에 명성으로 가는 길이었다. 다른 사람들이 활력 넘치고 근면하게 하던 일을 그는 쾌락과 사치스러운 여유를 즐기며 해냈다. 사교적인 즐거움을 아는 체하다가 파산한 사람들과는 다르게 그는 낭비하지 않고 지출하는 삶을 영위했다. 쾌락주의자였음에도 불구하고 낭비하지 않았다. 식욕에 탐닉했지만 세련되고 판단력을 갖추고 있었다. 그는 교양 있고 품격을 갖춘 쾌락주의자였다. 대화를 할 때 쾌활하고 생동감에 넘치는 그는 일종의 품격 있는 태만 때문에 매력적이었고, 그것이 타고난 솔직함에서 우러났을 때는 더 매력적이었다. 섬세함과 자연스러운 여유에도 불구하고 비티니아 총독이었을 때, 그리고 다시 집정관이었을 때 페트로니우스는 정신의 활력과 몸가짐의 부드러움이 한 사람에게서 일치를 이룰 수 있다는 것을 보여 주었다. …… 공직을 마치고 그는 일상적인 기쁨, 성적 부도덕, 아니면 쾌락으로 되돌아갔다. …… 네로와 그의 동료들의 가슴 속에 소중히 간직된 채 …… 그는 품위와 우아함의 중재자가 될 수 있었다. 그가 손을 대지 않으면 어떤 것도 세련되지 못했고, 어떤 것도 즐겁거나 진귀하지 않았다.[69]

네로는 이러한 예술적인 쾌락주의를 성취할 만큼 충분히 섬세하지 못했다.

그는 변장하고 매춘굴을 찾아갔다. 그리고 마음이 맞는 친구들과 밤중에 거리를 배회하면서 선술집을 자주 방문했다. 그들은 가게를 털고, 여자들을 모욕했으며, "사내아이들에게 음탕한 짓을 했고, 마주친 사람들의 옷을 벗기고, 때리고, 상처 입히고, 살해했다."[70] 변장한 황제에 격렬하게 맞서 자신을 방어하던 한 원로원 의원은 곧 자살할 수밖에 없었다. 세네카는 해방노예인 클라우디아 아크테와의 성적 관계를 눈감아 줌으로써 황제의 성욕을 다른 데로 돌리려 했다. 하지만 아크테가 네로에게 너무 정숙했으므로 둘 사이에 애정이 지속될 수 없었다. 네로는 곧 아크테를 버리고 사랑의 방식에서 더할 나위 없이 세련된 여성을 취했다. 포파이아 사비나는 명문가의 여성으로 엄청난 부자였다. 타키투스의 말에 따르면 "그녀는 정직한 마음을 빼고 모든 것을 가졌다." 그녀는 하루 종일 몸을 꾸미면서 시간을 보내고, 욕정의 대상이 될 때에만 존재하는 여성 중 한 명이었다. 포파이아의 남편 살비우스 오토는 네로에게 아내의 아름다움에 대해 자랑했다. 황제는 즉시 그에게 루시타니아(포르투갈)를 통치할 권한을 부여한 뒤, 포파이아를 끈질기게 유혹했다. 그녀는 네로의 정부가 되기를 거부했지만, 그가 옥타비아와 이혼한다면 아내가 되겠다고 승낙했다.

옥타비아는 네로의 일탈을 묵묵히 견디고, 그녀가 태어날 때부터 살도록 강요당한 성적 방종의 흐름에 둘러싸여 정숙함과 정절을 지켜 냈다. 아그리피나가 포파이아로부터 옥타비아를 지키다가 죽었다는 것은 그녀에게는 명예로운 일이다. 타키투스의 말에 따르면 아그리피나는 네로가 옥타비아와 이혼하는 것에 분명하게 반대했으며, 심지어 아들에게 자신의 매력을 보여 주기까지 했을 정도였다. 포파이아의 젊음이 아그리피나의 매력과 싸워서 이겼다. 포파이아는 네로가 어머니를 두려워하고 있다고 조롱했으며, 아그리피나가 그를 죽이려는 음모를 꾸미고 있다고 믿게 했다. 마침내 포파이아에게 미혹되어 광기를 부리게 된 네로는 자신을 낳고 세상의 절반을 준 어머니를 살해하는 데 동의했다. 그는 어머니를 독살하려고 생각했지만, 그녀는 상습적으로 해독제를 사용해 독살에 대비했다. 그는 어머니를 익사시키려 했지만, 그가 계획한 조난 사고로부터 안전하게 헤엄쳐 살아났다. 그의 부하들이 그녀의 별장까지 추적했다. 그들에게 붙잡힌 아그리피나는 옷을 벗으며 "내 자궁에 칼을 찔러라."라고 말했다. 그녀를 죽이는 데는 여러 번의 타격이 필요했다. 아무것도 덮여 있지 않은 어머니의 시신을 바라본 황제는 "어머니가 이렇게 아름다운 줄은 미처 몰랐네."라고 말했다.[71] 세네카는 음모에 가담하지 않은 것으로 알려진다. 하지만 철학사를 통틀어 가장 슬픈 시에서 세네카는 네로가 원로원 의원들에게 아그리피나가 황제에 맞서 어떻게 음모를 꾸몄으며, 음모가 간파되자 어떻게 자살했는지를 설명하는 편지를 썼다고 말한다.[72] 원로원은 네로의 설명을 정중하게 받아들였고, 로마로 돌아오는 네로를 다 함께 환영했으며, 그를 안전하게 지켜 준 신들에게 감사했다.

이러한 어머니 살해의 범인이 시, 음악, 미술, 연극, 운동 경기에 열정을 가진 스물 두 살의 젊은이였다는 것은 믿기 어렵다. 그는 신체적, 예술적 능력을 다투는 다양한 경연 대회 때문에 그리스인들을 찬양했으며, 비슷한 경연 대회를 로마에 도입하려고 애썼다. 59년에 네로는 젊은이의 경기를 실시했으며, 1년 후에는 말 경주, 운동 경기, 그리고 음악 경연 대회로 이루어진 4년마다 열리는 올림피아 제전을 모방해 네로 제전(Neronia)을 개시했다. 네로 제전에는 웅변과 시가 포함되었다. 그는 원형 경기장, 체육관, 화려한 공중목욕탕을 건설했다. 그는 노련한 솜씨로 체조를 했고, 열정적인 전차 기사가 되었으며, 결국에는 경기에 직접 참가할 결심을 했다. 그리스 문화 애호가인 네로에게 이것은 적합할 뿐만 아니라 고대 그리스의 최상의 전통을 따르는 것처럼 보였다. 세네카는 그것을 우스꽝스러운 짓으로 생각했으며, 황제가 민간 경기장에 등장하는 것을 제한하려고 했다. 네로는 세네카를 제압하여 대중들을 초대해 자신의 연기를 보게 했다. 대중들이 와서 열렬한 박수갈채를 보냈다.

하지만 거리낌 없는 호색가인 네로가 진정으로 원한 것은 위대한 예술가가 되는 것이었다. 모든 권력을 가진 네로는 또한 모든 것을 성취하고 싶어 했다. 그가 진지하게 판화, 그림, 조각, 음악, 시에 몰두한 것은 그에게는 명예로운 것이다.[73] 노래 솜씨를 향상시키기 위해 "그는 무거운 납 접시를 가슴 위에 얹고 벌렁 드러눕곤 했고, 관장이나 구토로 장을 비웠으며, 목소리에 해로운 과일과 모든 음식을 거부하곤 했다."[74] 동일한 목적을 위해 특정한 날에 그는 마늘과 올리브유만을 먹었다. 어느 날 저녁 네로는 최고위 원로원 의원들을 궁전에 불러들여 새로운 물 오르간을 보여 주고, 그들에게 물 오르간의 원리와 구조에 대해 강의했다.[75] 네로는 테르프노스가 하프로 연주하는 음악에 너무 매료되어 밤을 꼬박 새워 그와 함께 하프 연습을 했을 정도였다. 그는 자신의 주위에 예술가와 시인을 불러 모았고, 그들과 궁전에서 경연했으며, 자신의 그림을 그들의 그림과 비교했다. 그리고 그들의 시를 경청하며 자신의 시를 낭송했다. 네로는 그들의 칭찬에 현혹되었다. 한 점성술사가 그가 제위에서 물러날 것이라고 예측했을 때, 그렇게 되면 예술로 생계를 이어 갈 것이라고 기분 좋게 응수했다. 그는 하루에 물 오르간, 피리를 공개적으로 연주한 다음 베르길리우스의 「투르누스」에서 배우와 무용수로 출연하는 꿈을 가졌다. 59년에 네로는 테베레 강변의 자신의 정원에서 하프 연주자로 반(半)공개 연주회를 개최했다. 5년 동안 더 그는 대규모 청중에 대한 갈망을 억눌렀다. 마침내 그는 나폴리에서 대규모 청중과 만나게 되었다. 그곳은 그리스 정신이 지배하고 있었고, 사람들은 그를 너그럽게 봐주고 이해해 주었다. 청중석은 그의 연주를 보러 온 사람들로 초만원이 되어서 그들이 떠난 뒤에 곧 산산조각 나 버렸다. 용기를 얻은 어린 황제는 로마의 폼페이우스 대극장에서 가수와 하프 연주자로 출연했다.(65년) 이 연주회에서 네로는 자신이 직접 지은 시를 노래했다. 일부 단편들이 남아 있으며, 그의 시적 기량이 보통 수준을 넘지 못했음을 알 수 있다. 수많은 서정시 말고도 그는 트로이에 대한 장편 서사시(파리스를 영웅으로 묘사하는)를 썼으며, 로마에 대한 훨씬 더 긴 서사시를 쓰기 시작했다. 자신의 다재다능함을 완벽하게 만들기 위해 네로는 오이디푸스, 헤라클레스, 알크마이온, 그리고 심지어 어머니를 살해한 오레스테스의 역을 연기하면서 배우로서 무대에 올랐다. 대중들은 자신들을 즐겁게 해 주고 관례적으로 대중들의 박수갈채를 요청하기 위해 무대에서 무릎을 꿇는 황제의 모습에 기뻐했다. 대중들은 네로가 불렀던 노래를 배우기 시작했고 선술집과 거리에서 되풀이해서 불렀다. 음악에 대한 네로의 열정은 모든 계층에 퍼져 나갔다. 그의 인기는 시들지 않고 높아졌다.

원로원은 궁전에 널리 퍼진 성적 방종과 성도착에 대한 뜬소문보다는 이러한 능력의 발휘를 더 두려워했다. 네로는 체육 경연과 예술 경연을 시민 계층으로 제한하는 그리스의 관례가 이러한 경연을 노예에게 맡기는 로마의 관례보다 더 낫다고 응수했다. 물론 경연이 죄수들을 서서히 죽이는 방식을 취해서는 안 된다. 어린 살인자 네로는 자신이 통치하는 동안 경기장에서의 어떤 싸움도 죽을 때까지 계속되어서는 안 된다고 선언했다.[76] 그리스의 전통을 복원하고 자신의 연기가 위엄 있어 보이게 하기 위해 네로는 일부 원로원 의원들에게 배우, 음악가, 운동선수, 검투사, 전차 기사로서 대중 앞에서 경연하도록 설득하거나 강제했다. 트라세아 파이투스처럼 일부 귀족들은 네로가 연설하러 왔을 때 원로원에 출석하지 않는 것으로 그의 처신에 불만을 표시했다. 헬비디우스 프리스쿠스처럼 일부 다른 귀족들은 언론 자유의 마지막 도피처가 되었던 귀족 모임에서 그를 격렬히 비난했다. 그리고 로마의 스토아 철학자들은 황제의 자리에 있는 이 짓궂은 쾌락주의자에게 항상 노골적으로 반대 의견을 말했다. 그를 폐위시키기 위한 음모들이 계획되었다. 밀정들이 음모를 밝혀냈고, 전임 황제들처럼 네로도 공포 정치로 반격했다. 모반법이 부활되었으며(62년), 저항이나 재산 때문에 그들의 죽음이 문화적으로나 재정적으로 바람직했던 사람들이 고발되었다. 왜냐하면 칼리굴라처럼 네로도 이제 사치, 증여, 경기로 국고를 탕진했기 때문이다. 그는 황제인 자신에게 불충분한 액수를 유산으로 남긴 시민들의 재산을 남김없이 몰수하겠다는 의도를 밝혔다. 그는 수많은 신전에서 공물을 강탈했으며, 은이나 금으로 만든 신전의 조각상들을 녹였다. 세네카가 그의 처신에(그의 시에 대해서는 더 호되게) 항의하고 개인적으로 비난하자, 네로는 그를 궁전에서 추방했으며(62년), 연로한 철학자는 3년의 남은 생애를 자신의 별장에서 은둔하며 보냈다. 부루스는 몇 달 전에 죽었다.

이제 네로는 대부분 더 비천한 혈통의 새로운 측근들로 둘러싸였다. 로마 총독인 티겔리누스는 주요 보좌관이 되었으며, 네로 황제가 모든 탐닉에 빠져들 수 있는 길을 닦았다. 62년에 네로는 아이를 낳지 못한다는 이유로 옥타비아와 이혼하고 쫓아냈으며, 12일 후에 포파이아와 결혼했다. 대중들은 네로가 포파이아를 위해 세운 조각상들을 쓰러뜨리고 옥타비아의 조각상을 꽃으로 장식함으로써 무언의 항의를 했다. 격분한 포파이아는 옥타비아가 재혼하려고 계획 중이며, 더욱이 옥타비아의 새로운 배우자로 황제를 교체하려는 혁명이 조직되고 있다는 점을 네로에게 확신시켰다. 타키투스가 전하는 바에 따르면 네로는 아그리피나를 살해한 아니케투스에게 옥타비아와의 간통을 자백하고 네로 황제를 타도하려는 음모에 그녀를 연루시키도록 간청했다. 아니케투스는 지시받은 대로 자신의 역할을 수행한 뒤에 사르디니아로 추방되었으며, 여생을 안락하고 부유하게 보냈다. 옥타비아는 판다테리아로 유배를 떠났다. 그곳에 도착한 며칠 뒤에 황제의 밀정들이 그녀를 살해하러 왔다. 그녀는 여전히 스물두 살에 불과했고, 무고한 사람의 생이 그렇게 빨리 막을 내려야 한다는 것을 믿을 수 없었다. 그녀는 이제 자신이 네로의 여동생에 불과하고 그에게 어떤 위해도 가할 수 없다고 말하면서 살해자들에게 애원했다. 그들은 그녀의 목을 잘라 보상을 받기 위해 포파이아에게 가져왔다. 옥타비아의 죽음을 알게 된 원로원은 네로 황제를 지켜 준 것에 대해 다시 한 번 신들에게 감사했다.[77]

네로 자신은 이제 신이었다. 아그리피나가 죽은 뒤에 집정관 당선자가 "신격화된 네로에게" 신전을 제안했다. 63년에 포파이아가 네로와의 사이에서 머잖아 죽을 딸을 낳았을 때, 그 아이는 신으로 인정되었다. 티리다테스가 아르메니아의 왕관을 받으러 왔을 때, 그는 무릎을 꿇고 네로 황제를 미트라 신으로 숭배했다. 네로가 자신의 황금 궁전을 지었을 때, 120피트 높이의 거대한 상으로 시작했다. 이 거상은 그를 아폴로 신으로 인정한 태양 광선을 머리에 둘러싸는 흉내를 냈다. 실제로 스물두 살인 네로는 이제 부풀어 오른 배, 허약하고 가느다란 팔다리, 살찐 얼굴, 얼룩진 피부, 노란 곱슬머리, 그리고 흐리멍덩한 회색 눈을 가진 타락한 사람이었다.

　신이자 예술가로서 네로는 상속받았던 궁전들에 대해 초조해 했으며, 자신의 궁전을 지을 계획을 세웠다. 하지만 팔라티누스 언덕은 혼잡했고, 맨 아래 부분의 한쪽에는 전차 경주장, 다른 한쪽에는 광장, 그리고 또 다른 한쪽에는 빈민굴이 있었다. 그는 로마가 알렉산드리아나 안티오크처럼 과학적으로 설계되지 않고 너무 무계획적으로 성장했다고 한탄했다. 그는 로마를 재건하고, 제2의 로마 설립자가 되며, 그리고 로마를 네로폴리스(Neropolis)로 개명하는 것을 꿈꾸었다.

　64년 7월 18일에 전차 경주장에서 화재가 발생해 빠른 속도로 확산되었으며, 9일 동안 불탔다. 그리고 로마 시(市)의 3분의 2가 철저히 파괴되었다. 화재가 발생했을 때 네로는 안티움에 있었다. 그는 로마로 서둘러 가서 팔라티누스 언덕의 궁전들이 파괴되는 것을 볼 수 있을 만큼 늦지 않게 도착했다. 그가 자신의 궁전을 마이케나스의 정원과 연결하기 위해 막 세운 트란시토리아 궁전은 쓰러진 첫 번째 건축물 중 하나였다. 광장과 카피톨리누스 언덕, 그리고 테베레 강 서쪽 지역은 화재로 인한 파괴를 모면했다. 그리고 로마 시의 나머지 지역 전체의 무수히 많은 집, 신전, 귀중한 책들, 예술품이 파괴되었다. 무수히 많은 사람들이 혼잡한 거리에서 무너지는 가옥 사이에서 목숨을 잃었다. 수십만 명이 밤중에 오갈 데가 없어 방황했다. 그들은 네로가 화재를 명령했고, 화재를 재개하려고 방화범들을 사방으로 흩어지게 하고 있으며, 트로이 약탈에 관한 시를 리라 반주에 맞춰 노래하면서 마이케나스 망루에서 화재를 바라보고 있다는 소문을 듣고 두려움에 날뛰었다.* 네로는 불길을 억제하거나 국지화하고 구호물자를 제공하려고 동분서주했다. 그리고 그는 모든 공공건물과 황제 정원을 빈민들에게 개방하도록 명령했다. 그는 마르스 평원에 천막으로 이루어진 도시를 세우고 주변 농촌에서 식량을 징발했으며, 사람들의 먹을거리

---

* 타키투스(XV, 38), 수에토니우스(네로, 38), 그리고 디오 카시우스(LXII, 16)는 모두 네로가 로마를 재건하려고 화재를 일으켰다고 비난한다. 그의 유죄나 무죄에 대한 증거는 전혀 없다.

를 마련했다.[78] 네로는 자신을 비난하는 격분한 대중들의 풍자시와 비문을 두 말없이 견뎌 냈다. 타키투스에 따르면(그가 원로원 의원으로서 편견을 가졌다는 점을 항상 기억해야 한다.),

> 네로는 희생양을 찾아다녔고, 사악한 관습 때문에 미움을 받던 한 무리의 사람들을 발견했다. 그들은 보통 그리스도인으로 불렸다. 그 이름은 티베리우스 치세에 유대 총독 폰티우스 필라투스 밑에서 고통받던 그리스도에게서 유래되었다. 로마의 화재 사건으로 그리스도가 창시했던 종파가 타격을 입었으며, 잠시 위험한 미신의 증가가 저지되었다. 하지만 그리스도교는 곧 되살아났고, 유대뿐 아니라 …… 심지어 로마 시에도 강력하게 확대되었다. 대중들은 세상 도처에서 흘러드는 악명 높고 혐오스러운 모든 것에 빠진다. 네로는 일상적인 술책을 계속했다. 그는 방탕하고 버림받은 비천한 사람들의 무리를 발견했다. 그들에게 자신의 죄를 고백하도록 유도했다. 그리고 그러한 사람들을 근거로 하여 수많은 그리스도인들이 로마 시에 방화했다는 분명한 증거 없이 전 인류에 대한 그들의 증오심 때문에 기소되었다. 그리스도인들은 잔혹하게 처형되었으며, 그들의 고통에 네로는 조롱과 비웃음을 더했다. 일부 그리스도인들은 야수들의 가죽을 둘러썼고 개에게 게걸스레 먹히도록 방치되었다. 일부 다른 그리스도인들은 십자가에 못 박혔다. 그리고 많은 그리스도인들이 산 채로 화형당했다. 불붙기 쉬운 물질로 뒤덮인 많은 그리스도인들 몸에 불을 질러 밤중 내내 횃불로 쓰게 했다. …… 결국 이렇듯 잔인한 조치들은 모든 사람의 마음에 연민이 들게 했다. 그리스도인을 동정하는 인간애가 나타났다.[79]

화재의 잔해가 말끔히 치워졌을 때 네로는 자신이 꿈꾸던 것과 비슷한 도시를 복원하는 일에 착수했다. 이를 위해 제국의 모든 도시로부터 기부금을 간청하거나 끌어냈다. 그리고 파괴된 집들을 이러한 기금으로 복구할 수 있었다. 새로운 거리는 널따랗고 직선으로 만들어졌으며, 새로운 집은 정면과 1층을 돌로 짓도록, 그리고 화재 확산에 대비한 방어 간격으로 다른 건물들과 충분한 거리

13장 군주정의 이면: 서기 14~96 **465**

를 두도록 규정했다. 장차 화재에 대비한 예비 물 공급을 위해 도시 아래로 흐르던 샘이 수로를 통해 보내졌다. 네로는 황실 금고를 동원해 주요 도로들을 따라 주랑 현관을 세웠고, 수많은 집들에 그늘진 현관을 제공했다. 노인들은 옛 로마 시의 그림같이 아름다운 고래의 광경을 그리워했다. 하지만 곧 모든 사람은 건강에 더 좋고, 더 안전하고 더 멋진 로마가 화재로부터 생겨났다고 인정했다.

만약 네로가 자신의 수도를 다시 세운 것을 본받아 자신의 삶을 만들어 나갔다면, 그의 범죄는 용서받았을 것이다. 하지만 포파이아가 임신이 꽤 진행된 상태에서 65년에 죽었다. 전해지는 바에 따르면 그녀는 배를 차여서 죽었다고 한다. 경주 때문에 집에 늦게 들어온 네로에게 그녀가 잔소리를 퍼붓자 포파이아에게 네로가 보복했다는 소문이 퍼졌다.[80] 그는 상속인을 간절히 기다리고 있었으므로 그녀의 죽음에 몹시 슬퍼했다. 그는 진기한 향료로 그녀의 시신을 방부 처리하고 성대한 장례식을 치렀으며, 시신에 추도 연설을 했다. 포파이아와 꼭 닮은 스포루스라는 젊은 사내를 발견한 네로는 그를 거세시킨 다음 정식으로 결혼했으며, "모든 면에서 그를 여자처럼 다루었다." 그 결과 기지 넘치는 한 사람이 네로의 아버지가 그러한 아내를 가졌으면 좋았을 것이라는 바람을 표현했다.[81] 같은 해에 그는 황금 궁전을 짓기 시작했다. 그리고 황금 궁전의 사치스러운 장식, 비용, 그리고 크기(한때 수천 명의 빈민에게 피난처를 제공하던 면적을 포함해서)는 귀족의 분노와 평민의 의심을 되살렸다.

갑자기 네로의 밀정들이 칼푸르니우스 피소를 제위에 앉히려는 광범위한 음모가 진행 중이라는 소식을 가져왔다.(65년) 밀정들이 음모에서 그다지 중요하지 않은 인물들을 붙잡아서, 고문과 협박으로 무엇보다도 시인 루키아노스와 세네카가 연루되었다는 자백을 끌어냈다. 조금씩 음모의 전체 계획이 드러나게 되었다. 네로의 복수는 너무 잔혹해서 로마는 그가 원로원 계급 전체를 일소할 것이라는 소문을 믿게 되었다. 자살하라는 명령에 세네카는 잠시 언쟁한 뒤에 받아들였다. 마찬가지로 루키아노스도 혈관을 가르고 자신의 시를 암송하면서 죽었다. 네로의 총애를 받은 페트로니우스의 인기를 시샘한 티겔리누스는 쾌락주의자인 페트로니우스의 노예들 중 한 명을 매수해서 주인에게 불리한 증언을 하게 했다. 그리고 네로에게 페트로니우스의 죽음을 명령하도록 권유했다. 페트로니우스는 혈관을 자른 뒤에 다시 닫았으며, 평소처럼 가볍게 친구들과 대화를 나누고 그들에게 시를 읽어 주면서 서두르지 않고 천천히 죽어 갔다. 산책하고 낮잠을 잔 뒤에 그는 혈관을 다시 갈랐고 조용히 숨을 거두었다.[82] 원로원에서 스토아 철학의 지도적 인물인 트라세아 파이투스는 음모에 가담했기 때문이 아니라 황제에 대한 열정 부족이라는 이유로, 네로의 노래를 즐기지 않았다는 이유로, 그리고 카토의 일생을 찬미하는 글을 썼다는 이유로 형을 선고받았다. 그의 사위인 헬비디우스 프리스쿠스는 단지 추방당하는 것으로 끝났지만, 다른 두 명은 그들을 찬미하는 글을 썼다는 이유로 사형에 처해졌다. 스토아 철학자인 무소니우스 루푸스와 위대한 법학자 카시우스 롱기누스는 추방당했다. 세네카의 두 동생, 즉 루키아노스의 아버지인 안나이우스 멜라와 코린트에서 사도 바울을 풀어 준 안나이우스 노바투스는 자살을 명령받았다.

네로는 66년에 올림피아 경기에 참가하기 위해, 그리고 그리스로 연주 여행을 하기 위해 떠났다. 그는 "그리스인들은 음악을 아는 유일한 사람들이다."라고 말했다.[83] 올림피아에서 그는 네 마리의 말이 끄는 이륜마차를 몰고 경주에 나섰다. 그리고 그는 마차에서 떨어져 압사당할 뻔했다. 마차로 되돌아온 그는 잠시 경주에 계속 뛰어들었지만, 경주가 끝나기 전에 포기했다. 하지만 심판관들은 황제와 경기자를 구별해서 네로에게 승리의 왕관을 수여했다. 관중들이 그에게 박수갈채를 보냈을 때 행복감에 도취된 네로는 그때부터 아테네와 스파르타뿐만 아니라 그리스 전체가 로마에 대한 공물을 면제받을 것이라고 선언했다. 그리스 도시들은 1년 동안 올림피아 경기, 피티아 경기, 네메아 경기, 그리고 코린트 지협 경기를 운영하는 것으로 네로를 환대했다. 그리고 그는 모든 경기에 가수, 하프 연주자, 배우, 아니면 운동선수로 참가하는 것으로 반응했다. 네로는 다양한 경연 규칙을 꼼꼼히 준수했고, 경쟁자들을 정중하게 다루었으며, 언제나 자신의 승리가 예정되어 있었으므로 경쟁자들에게 로마 시민권을 부여하는 것으로 위로했다. 여행 중에 네로는 유대가 반란을 일으켰으며 서방 전체가 반란으로 뜨겁게 달아올랐다는 소식을 듣게 되었다. 그는 탄식을 했고 여행을 계속했다. 수에토니우스의 말에 따르면 그가 극장에서 노래했을 때, "아무리 긴급한 이유가 있더라도 어느 누구도 극장을 빠져나갈 수 없었다. 이 때문에 일부 여성들은 그곳에서 출산한 데 반해 일부 여성들은 죽은 체해서 밖으로 끌어내어졌다."[84] 코린트에서 네로는 카이사르가 계획한 대로 코린트 지협을 파내어 운하를 만드는 일에 착수하도록 명령했다. 그 일은 시작되었지만 다음 해 소요 중에 중지되었다. 반란과 음모에 대한 추가적인 보고에 놀란 네로는 이탈리아로 돌아왔고(67년), 공식 개선식으로 로마에 입성했으며, 그가 그리스에서 우승 기념품으로 받은 1808개의 상을 과시했다.

비극이 빠른 속도로 네로의 희극을 따라잡고 있었다. 68년 3월에 리옹의 갈리아인 총독 율리우스 빈덱스는 갈리아의 독립을 선언했다. 그리고 네로가 그의 머리에 250만 세스테르티우스를 제안했을 때, 빈덱스는 "나에게 네로의 머리를 가져온 사람에게 답례로 내 머리 값을 주겠소."라는 말로 되받아쳤다.[85] 이와 같이 강력한 적대자에 맞서 전투를 준비하던 네로의 첫 번째 관심사는 그와 함께 악기와 무대 효과 장치를 나를 마차를 고르는 것이었다.[86] 하지만 4월에 스페인의 로마군 사령관 갈바가 빈덱스와 운명을 함께했으며, 로마를 향해 진격해 오고 있다는 소식이 전해졌다. 친위대가 적절한 보상에 네로를 버릴 준비가 되어 있다는 이야기를 듣고 원로원은 갈바를 황제로 선포했다. 네로는 조그마한 상자 속에 약간의 독을 집어넣고, 무장한 채로 자신의 황금 궁전에서 오스티아로 가는 길에 세르빌리우스 정원으로 도망했다. 그는 궁전의 친위대 장교들에게 자신과 동행하자고 간청했지만 모두가 거부했다. 한 명이 그에게 베르길리우스의 시구를 인용하면서 "죽는 것이 그렇게 힘든 일이란 말인가?"라고 답했다. 네로는 스스로를 파멸시킨 전능함이 갑자기 끝나 버렸다는 것을 믿을 수 없었다. 그는 여러 친구들에게 도움을 요청했지만, 아무도 반응을 보이지 않았다. 그는 물에 빠져 죽으려고 테베레 강으로 갔지만, 용기가 나지 않아 실패했다. 네로의 해방노예인 파온이 살라리아 가도에 있는 자신의 별장에 숨도록 제안했다. 네로는 그 제안을 받아들여 어둠을 뚫고 로마의 중심부에서 4마일 떨어진 곳으로 향했다. 그는 때 묻은 속옷을 입고 잠 못 이루고 배고픈 채로, 그리고 소리 하나하나에 벌벌 떨면서 파온의 지하실에서 밤을 보냈다. 파온의 밀정이 원로원이 네로를 공공의 적으로 선포했고, 그의 체포를 명령했으며, "고대의 방식에 따라" 그를 처벌할 것을 선언했다는 전갈을 가져왔다. 네로는 고대의 방식이 무엇인지 물었다. 그는 "사형수는 벌거벗겨지고, 목을 통과한 쇠스랑으로 기둥에 단단히 고정되며, 죽을 때까지 매질당한다."라는 대답을 들었다. 겁을 먹은 네로는 자신을 찌르려고 했다. 하지만 처음에는 단검의 끝을 시험하는 실수를 저질렀고 당황스럽게도 칼끝이 날카롭다는 것을 알게 되었다. 그는 "예술가인 내가 죽다니!"라고 탄식했다.

  새 날이 밝아 왔을 때 네로는 말발굽 소리를 들었다. 원로원의 병사들이 그를 바짝 쫓아왔던 것이다. "잘 들어! 기민한 밀정들의 쿵쿵거리는 소리가 내 귀를 때린다."라는 시의 한 구절을 인용하면서 네로는 자신의 목을 단검으로 찔렀다. 그러자 그의 손이 흔들렸고, 그의 해방노예인 에파프로디투스가 칼날이 더 깊숙이 급소를 찌르도록 도와주었다. 네로는 동료들에게 자신의 시신이 사지 절단되지 않게 해 달라고 간청했는데, 갈바의 밀정들이 그의 소원을 들어 주었다. 예전 유모들과 이전 정부였던 아크테가 도미티우스 가문의 지하 납골당에 그를 매장했다.(68년) 수많은 대중들이 그의 죽음을 기뻐했으며 자유를 상징하는 삼각 두건을 머리에 쓰고 로마를 바삐 뛰어다녔다. 하지만 더 많은 사람들이 그의 죽음을 애도했다. 그는 지위 높은 사람들에게 무모하리만큼 잔혹했듯이, 빈민들에게는 관대했기 때문이다. 그들은 네로가 실제로는 죽지 않았으며 난관을 무릅쓰고 로마로 돌아오기 위해 싸우고 있다는 소문에 진지하게 귀를 기울였다. 그리고 그들은 네로의 죽음을 받아들인 뒤 몇 개월 동안 그의 무덤에 헌화하러 왔다.[87]

5. 3인의 황제

세르비우스 술피키우스 갈바(Servius Sulpicius Galba)가 68년 6월 로마에 도착했다. 그는 귀족 혈통이었다. 왜냐하면 그의 혈통은 부계 쪽으로 유피테르, 그리고 모계 쪽으로 미노스와 황소의 부인 파시파에로 거슬러 올라갔기 때문이다. 기고만장하던 68년에 이미 그의 머리는 벗겨졌고, 손과 발은 통풍으로 굽어 있어 신발을 신거나 책을 쥘 수 없을 정도였다.[88] 그는 정상적이면서 동시에 비정상적인 흔히 볼 수 있는 결함을 지녔지만, 그의 통치 기간이 그렇게 짧았던 것은 이러한 결함 때문이 아니었다. 군대와 대중에게 충격을 주었던 것은 공공 기금에 대한 절약과 엄정한 재판 관리였다.[89] 그가 네로에게서 증여와 연금을 받은 사람들에게 국고에 10분의 9를 반환해야 한다고 규정했을 때, 다수의 새로운 적들이 나타났으며 갈바의 시대는 끝났다.

파산한 원로원 의원 마르쿠스 오토(Marcus Otho)는 그가 황제가 되어야만 자신의 부채를 상환할 수 있다고 공표했다.[90] 친위대는 오토에 대한 지지를 표명했으며, 광장으로 진격해서 가마에 타고 있던 갈바와 마주쳤다. 갈바는 저항하지 않고 친위대의 칼에 자신의 목을 내밀었으며, 친위대는 그의 머리, 팔, 입술을 잘랐다. 그들 중 한 명이 갈바의 머리를 오토에게 가지고 갔다. 하지만 숱이 적고 피범벅이 된 갈바의 머리카락을 잘 잡을 수 없었으므로, 오토는 자신의 엄지손가락을 입 속으로 밀어 넣었다. 원로원은 서둘러서 오토를 황제로 받아들였다. 지금 막 게르마니아와 이집트의 로마 군대는 그들 각자의 장군인 아울루스 비텔리우스와 티투스 플라비우스 베스파시아누스를 황제로서 열렬히 환호하고 있었다. 비텔리우스는 용맹스러운 군단을 이끌고 이탈리아를 침입해 북부 주둔군과 친위대의 힘없는 저항을 물리쳤다. 오토는 95일간의 통치를 끝으로 자살했고, 비텔리우스가 제위에 올랐다.

갈바처럼 고령자가 스페인에서, 아니면 비텔리우스처럼 쾌락주의자가 게르마니아에서 지휘해야 했다는 것은 로마 군사 제도의 우수함을 증명하지 않는다. 비텔리우스는 원수정을 향연으로 간주하던 대식가였으며, 식사 때마다 진수성찬을 내놓았다. 그는 틈틈이 통치했으며, 통치 간격이 더 짧아지면서 국가 업무를 자신의 해방노예인 아시아티쿠스에게 맡겼다. 그는 넉 달 후에 로마에서 가장 부유한 사람 중 한 명이 되었다. 비텔리우스가 베스파시아누스의 장군 안토니우스가 자신을 폐위시키기 위해 군대를 이끌고 이탈리아로 향하고 있다는 사실을 알았을 때, 그는 부하들에게 자신을 방어하게 하고 계속 향연을 즐겼다. 69년 10월에 안토니우스의 병사들이 고대의 가장 피비린내 나는 전투 중 하나인 크레모나 전투에서 비텔리우스의 방어자들을 무찔렀다. 그들은 로마로 진격했으며, 그곳에서 비텔리우스가 궁전에 피신해 있는 동안 비텔리우스 군단의 생존자들이 그를 위해 용맹스럽게 싸웠다. 타키투스의 말에 따르면 대중들은 "싸움을 지켜보려고 떼를 지어 몰려들었다. 마치 살육 장면이 대중들의 즐거움을 위해 공개된 공적인 볼거리에 지나지 않은 것처럼 보였다." 전투가 격렬하게 계속되는 사이에 일부 대중들이 가게와 집을 약탈했고, 매춘부들은 장사에 열중했다.[91] 안토니우스의 병사들이 승리했고, 인정사정없이 살해했으며, 무제한으로 약탈했다. 게다가 역사처럼 승자에게 박수갈채를 보낼 준비가 된 군중들은 안토니우스의 병사들이 적을 찾아내도록 도와주었다. 은신처에서 질질 끌려 나온 비텔리우스를 목에 올가미를 씌운 채 반나체로 로마 시내를 샅샅이 끌고 다녔고, 똥을 퍼부었으며, 서두르지 않고 천천히 고문했다. 그리고 마침내 연민이 고개를 들 순간에 비텔리우스는 살해되었다.(69년 12월) 그의 시신은 거리에서 갈고리로 끌어올려져 테베레 강에 던져졌다.[92]

6. 베스파시아누스

분별력 있고 유능하며 명예를 중시하는 사람을 만난다는 것은 얼마나 위안이 되는 일인가! 유대와의 전쟁을 지휘하느라 바빴던 베스파시아누스는 자신의 병사들이 쟁취하고 원로원이 급히 승인해 준 위험한 명성을 서둘러 차지하려 하지 않았다. 로마에 도착했을 때(70년 10월), 베스파시아누스는 활력 넘치는 기운으로 생활의 모든 측면에서 동요하던 사회에 질서를 회복하려고 노력했다. 자신이 아우구스투스의 과업을 되풀이해야 한다는 것을 감지한 베스파시아누스는 아우구스투스 황제의 태도와 정책을 본보기로 삼았다. 그는 원로원과 화해했으며 입헌 정치를 재확립했다. 그리고 네로, 갈바, 오토, 비텔리우스 치하에서 모반죄로 기소된 사람들을 자유롭게 해 주거나 불러들였다. 그리고 군대를 재편했고, 친위대의 수와 권한을 제한했으며, 속주에서 반란을 진압하기 위해 유능한 장군들을 임명했다. 그리고 곧 평화의 표시이자 서약으로 야누스 신전을 폐쇄할 수 있었다.

　베스파시아누스는 60세의 나이에도 불구하고 강인한 신체에 약화되지 않은 활력을 가졌다. 그는 넓고, 벗겨진, 그리고 커다란 머리, 거칠지만 위엄 있는 용모, 모든 속임수를 꿰뚫어 보는 작고 날카로운 눈을 가진 강인한 신체와 기질의 소유자였다. 그에게서는 천재성의 흔적이라고는 전혀 찾아볼 수 없었다. 그는 의지가 굳고 지적인 사람에 지나지 않았다. 그는 레아티 근처의 사비네 촌락에서 순전히 평민 혈통으로 태어났다. 그의 제위 계승은 네 부분으로 이루어진 혁명 같은 것이었다. 평민이 제위에 도달했고, 속주 군대가 친위대를 무력화한 뒤 후보자를 제위에 앉혔으며, 플라비우스 가문이 율리우스-클라우디우스 가문을 계승했다. 그리고 황제의 궁전에서 이탈리아 중산 계층의 검소한 습관과 미덕이 도시에서 자란 아우구스투스와 리비아 후손들의 쾌락주의적인 낭비를 대체했다. 베스파시아누스는 자신의 평범한 혈통을 결코 잊지 않았다. 다시 말하자면 숨기려고 애썼다고 보는 것이 맞을 것이다. 형세를 관망하던 계보학자들이 그의 가문을 헤라클레스의 친구로 거슬러 올라갔을 때, 베스파시아누스는 웃음으로 그들을 침묵시켰다. 그는 주기적으로 시골의 방식들과 음식을 즐기기 위해 고향 집으로 돌아갔으며, 그곳에서 어떤 것이 바뀌도록 내버려 두지 않으려 했다. 그는 사치와 나태함을 경멸했고, 농부의 음식을 먹었으며, 한 달에 하루는 단식했다. 그리고 사치와의 전쟁을 선포했다. 그가 관직에 임명한 한 로마인이 향수 냄새를 풍기면서 알현하러 왔을 때, 베스파시아누스는 "네게서 마늘 냄새를 맡고 싶다."라고 말하면서 임명을 철회했다. 그는 자신을 대중들과 대등한 입장에서 쉽게 만나서 이야기하며 살아갈 수 있는 존재로 만들었고, 자신을 희생해 가면서까지 농담을 즐겼으며, 모든 사람이 거리낌 없이 자신의 행동과 성격을 비난하도록 허락했다. 자신에 대한 음모가 발각되었을 때, 베스파시아누스는 음모자들이 통치자가 지고 있는 근심의 무거운 짐을 깨닫지 못하는 얼간이들이라고 말하면서 용서해 주었다. 그는 단 한 번만 화를 냈을 뿐이었다. 네로 황제 때 추방되어 망명 중이던 헬비디우스 프리스쿠스가 원로원에 복귀해 공화정의 부활을 요구했으며, 베스파시아누스를 노골적으로, 그리고 마음껏 비방했다. 베스파시아누스는 비방을 계속할 생각이라면 원로원에 참석하지 말 것을 요구했다. 헬비디우스가 거부하자 베스파시아누스는 그를 추방하고 사형에 처하도록 명령함으로써 훌륭한 통치에 오점을 남기게 되었다. 나중에 그는 자신의 행동을 후회했지만, 수에토니우스의 말에 따르면 그 밖의 것에 관해서는 "친구들의 노골적인 말과 …… 철학자들의 무례함에 엄청난 인내를 발휘했다."[93] 여기에서 말하는 철학자들은 스토아학파라기보다는 모든 통치를 기만적인 행위라고 생각하고 모든 황제를 공격하던 철학적 무정부주의자인 키니코스학파(견유학파)였다.

가문의 제한과 내전으로 고갈된 원로원에 신선한 피를 공급하기 위해 베스파시아누스는 감찰관 자격으로 원로원 의원 임명권을 확보하고 이탈리아와 서부 속주로부터 로마에 다수의 유력한 가문을 데려왔으며, 그들을 귀족 또는 기사 계급의 명부에 올렸다. 그리고 격렬한 항의에 맞서 베스파시아누스는 원로원을 그들로 메웠다. 그의 모범에 자극받아 새로운 귀족 계급이 로마의 도덕과 사회를 개선했다. 새로운 귀족은 아직까지는 아무런 일도 하지 않는 상태에서 부를 누리는 것에 우쭐하지 않았을 뿐더러 삶과 통치라는 판에 박힌 일을 가치 없다고 생각할 만큼 노동과 농업에서 동떨어져 있지도 않았다. 게다가 새로운 귀족은 황제처럼 어느 정도 품위 있는 삶을 영위했다. 새로운 귀족으로부터 도미티아누스 이후에 한 세기 동안 로마에서 선정을 베풀던 통치자들이 나타났다. 해방노예들을 황제의 행정관으로 사용하면서 생겨난 해악들을 의식한 베스파시아누스는 그들 대부분을 속주민과 확대되어 가는 로마의 기사 계급으로 대체했다. 그들의 도움을 받아 황제는 9년 동안 부흥의 기적을 이루어 냈다.

베스파시아누스는 파산 상태를 지불 가능한 상태로 바꾸기 위해 400억 세스테르티우스가 필요할 것으로 추산했다.[94]* 이 돈을 조달하기 위해 그는 거의 모든 것에 과세하고 속주세를 올렸으며, 그리스에 속주세를 다시 부과했다. 그리고 공유지를 다시 빼앗아 임대하고, 황제의 궁전들과 농장을 매각하는 한편, 시민들이 그를 구두쇠 농부라고 비난할 정도로 절약을 주장했다. 지금의 로마처럼 고대의 로마를 장식하던 공중화장실의 사용에 대해서도 세금이 부과되었다. 그의 아들 티투스가 품격이 떨어지는 그러한 세입에 항의했지만, 늙은 황제는 동전 몇 개를 아들의 코에 내밀면서 "자, 아들아. 동전에서 냄새가 나느냐."라고 말했다.[95] 수에토니우스는 관직을 팔아서, 그리고 속주의 피임명자들 중에 가장 탐욕스러운 자를 승진시켜 황제의 수입을 늘리려 한다고 비난한다. 그것은 그가 갑자기 그들을 소환해 업무를 조사하고 이익금을 몰수했을 때, 그들이 약탈품으로 우쭐해지도록 하기 위해서였다. 하지만 솜씨가 뛰어난 재정가인 베스파시아누스는 어떠한 수입도 자신을 위해 쓰지 않았으며, 수입 전부를 로마의 경제 회복, 건축 장식, 문화 발전에 쏟아부었다.

이 무뚝뚝한 군인에게 고전 고대에 최초로 공교육 제도를 확립하는 문제가 남아 있었다. 그 후 베스파시아누스는 일정한 자격을 갖춘 라틴 및 그리스의 문학과 수사학 교사들에게 공공 기금에서 급여를 지불하고 20년간 복무한 뒤에는 연금을 지급하도록 지시했다. 아마도 연로한 회의론자였던 베스파시아누스는 교사들이 어느 정도 여론 형성에 관여하고, 수지를 맞추었던 궁정에 좋은 평

---

* 수에토니우스가 제시한 숫자는 종종 믿을 수 없는 것으로 거부된다. 하지만 아마도 그 숫자는 가치가 저하된 통화로 계산되었던 것 같다.

가를 내릴 것으로 생각했던 것 같다. 아마도 비슷한 이유에서 그는 시골 지역에서마저 수많은 고대 신전을 복원했다. 그는 비텔리우스가 병사들의 이해를 구하지 않고 전소시켰던 유피테르, 유노, 그리고 미네르바 신전을 재건했다. 그리고 평화의 여신 팍스(Pax)를 위해 웅장한 신전을 세웠다. 게다가 로마의 건물 중 가장 유명한 콜로세움을 건설하기 시작했다. 상층 부류의 사람들은 국가를 위한 공공 토목 공사와 무산 계층을 위한 임금으로 사용하기 위해 그들의 재산에 세금이 부과되는 것을 한탄했다. 노동자들은 특별히 감사해 하지 않았다. 베스파시아누스는 대중들에게 최근 전쟁으로 남겨진 잔해를 말끔히 제거하는 일에 분발하도록 격려했으며, 자신이 첫 번째 짐을 날랐다. 한 발명가가 이러한 제거와 건설 사업에서 인간 노동력의 필요를 크게 줄여 주게 될 들어 올리는 기계에 대한 계획을 설명했을 때, 베스파시아누스는 "난 빈민들을 먹여 살려야 한다네."라고 말하면서 거부했다.[96] 이렇게 발명을 일시적으로 중지하면서 베스파시아누스는 기술적 실업의 문제를 인식했고 산업 혁명에 반대되는 결정을 내렸다.

속주는 전례 없는 번영을 누렸다. 이제 속주의 부는 적어도 통화 기준으로 아우구스투스 치하에서보다 두 배는 커졌으며, 늘어난 세금을 손해를 입지 않고 부담했다. 베스파시아누스는 유능한 아그리콜라를 파견해 브리타니아를 통치하도록 했으며, 티투스에게 유대인들의 반란을 종식시키는 과업을 맡겼다. 티투스는 예루살렘을 점령하고 위대한 승리에 걸맞게 모든 명예를 안고 로마로 돌아왔다. 포로와 전리품의 기다란 행렬이 거리를 지나가는 화려한 개선식이 거행되었고, 승리를 기념하는 유명한 개선문이 세워졌다. 베스파시아누스는 아들의 성공이 자랑스러웠지만, 티투스가 유대의 아름다운 공주 베레니케를 그의 정부로 집에 데려왔고, 그녀와 결혼하고 싶어 했다는 사실에 마음이 뒤숭숭했다. 다시 한 번 그리스가 자신의 정복자 로마를 정복했던 것이다. 황제는 왜 정부와 결혼해야 하는지를 이해할 수 없었다. 베스파시아누스 자신은 아내가 죽은 뒤에 결혼 문제로 걱정하지 않으려고 여성 해방노예인 카이니스와 동거했다. 그리고 그녀가 죽었을 때 여러 첩들에게 자신의 사랑을 나누어 주었다.[97] 그는 자신이 죽기 전에 무정부 상태를 초래하지 않으려면 제위 계승 문제가 해결되어야 한다고 확신했다. 원로원은 동의했지만 그가 "최고 중의 최고", 즉 원로원 의원을 제위 계승자로 지명해 받아들일 것을 요구했다. 베스파시아누스의 응답은 티투스가 최고 적임자라고 판단했다는 것이었다. 상황을 원만하게 해결하기 위해 젊은 정복자 티투스는 베레니케를 떠나게 하고 상대를 가리지 않는 성적 방종에서 위안을 찾았다.[98] 그러자 곧 베스파시아누스 황제는 티투스를 동료로 제위에 참여시켰으며, 그에게 역할이 늘어난 통치를 위임했다.

79년에 베스파시아누스는 레아티를 다시 방문했다. 그는 사비네의 시골에 있는 동안 변을 잘 볼 수 있게 해 주는 쿠틸리아 호수의 물을 너무 많이 마신 나머지 심한 설사에 시달렸다. 비록 침상에 한정되기는 했지만 그는 계속해서 사절을 맞이하고 황제로서 다른 임무들도 수행했다. 죽음의 손길이 다가오고 있음을 느꼈음에도 불구하고 그는 "아! 내가 신이 되어 가고 있구나."라는 유머로 허세를 부렸다.[99] 거의 실신한 베스파시아누스는 시종들의 부축을 받고 "황제란 서서 죽어야 해."라고 말하면서 일어서려고 애썼다. 이러한 말들을 남기고 그는 69년의 전 생애와 10년간의 선정을 마감했다.

7. 티투스

그 자신처럼 티투스 플라비우스 베스파시아누스라고 명명된 베스파시아누스 황제의 나이 든 아들 티투스는 황제들 중에 가장 행운아였다. 티투스는 통치 2년차인 42세의 나이에 죽었지만, 그는 여전히 "인류의 특별한 사랑을 받고 있는 사람"이다. 권력이 부패하거나 욕망의 미몽에서 깨어나기에는 시간이 그에게 충분치 않았다. 젊은 시절 그는 무자비한 전쟁으로 이름을 떨쳤으며 무절제한 생활로 오점을 남겼다. 그리고 이제 전능함에 중독되는 대신에 자신의 도덕을 개혁하고 자신의 통치를 지혜와 명예의 본보기로 만들었다. 그가 저지른 가장 큰 잘못은 제어하기 힘든 관대함이었다. 그는 누군가를 선물로 행복하게 해 주지 않은 날은 쓸모없게 된 하루로 간주했다. 그는 볼거리와 경기에 너무 많은 돈을 지출했다. 그리고 그는 다시 가득 채워진 국고를 아버지가 발견하던 때만큼이나 낮은 수준으로 남겨 놓았다. 그는 콜로세움을 완공했고 또 하나의 도시 욕장(浴場)을 건설했다. 어느 누구도 그의 짧은 치세 동안 사형으로 처벌받지 않았다. 오히려 그는 밀고자들을 매질하고 추방했다. 그는 살해하는 것보다는 살해당하는 편이 더 낫다고 단언했다. 그를 폐위하려는 음모에 가담한 두 명의 귀족이 발각되었을 때, 티투스는 그들에게 경고하는 것으로 만족했다. 그 다음 그는 특사를 파견해 한 음모자의 어머니에게 그녀의 아들이 안전하다고 말함으로써 근심을 덜어 주었다.

그의 불운은 그가 전혀 통제할 수 없던 재난이었다. 79년에 발생한 3일간의 화재로 수많은 중요한 건물이 파괴되었다. 특히 유피테르, 유노, 그리고 미네르바 신전이 다시 파괴되었다. 같은 해에 베수비오스 화산의 폭발로 폼페이인들과 수많은 이탈리아인들이 잿더미에 묻혔다. 그리고 1년 뒤 로마는 이제까지 로마 역사에서 기록된 그 어떤 것보다 더 치명적인 전염병에 휩싸였다. 티투스는 이러한 재난으로 초래된 고통을 줄이기 위해 자신이 할 수 있는 모든 일을 했다. "그는 황제로서의 근심뿐만 아니라 아버지와 같은 둘도 없는 사랑을 보여 주었다."[100] 그는 81년에 자신의 아버지가 최근에 사망한 곳과 동일한 농가에서 열병으로 죽었다. 그의 제위를 계승한 동생을 제외하고 로마 전체가 그의 죽음을 애도했다.

8. 도미티아누스

도미티아누스에 대해서는 심지어 네로에 대해서보다 객관적인 묘사가 더 힘들다. 그의 치세를 알 수 있는 출처는 타키투스와 소(小)플리니우스이다. 그들은 도미티아누스 치하에서 성공했지만, 거의 상호 절멸에 가까운 전쟁에서 그와 교전한 원로원 당파에 속해 있었다. 이러한 적대적인 증언들 반대편에 시인 스타티우스와 마르티알리스가 있다. 그들은 도미티아누스의 빵을 먹었거나 갈망했으며, 실제로 그를 극구 치켜세웠다. 아마도 앞에서 말한 네 명 모두가 옳았을는지 모른다. 왜냐하면 율리우스 - 클라우디우스 황실의 많은 황제들처럼 플라비우스 황실의 마지막 황제인 도미티아누스도 천사처럼 시작해서 악마처럼 끝났기 때문이다. 이 점에서는 도미티아누스의 정신이 그의 육체와 보조를 맞추었다. 요컨대 젊은 시절에 그는 겸손하고 품위 있었으며, 잘생겼고 키가 컸다. 그런데 말년에 그는 "배가 튀어나왔고, 다리는 가늘고 길었으며, 머리는 벗겨졌다." 한때 그는 『두발 관리에 관하여』라는 책을 쓴 적도 있었다.[101] 그는 젊은 시절에 시를 썼으며, 노년에는 자신의 산문을 불신하면서 다른 사람들에게 자신의 연설과 성명서를 쓰게 했다. 만약 티투스가 그의 동생이었더라면, 그는 더 행복했을는지 모른다. 하지만 가장 고귀한 영혼을 가진 사람만이 친구들의 성공에 평정심을 유지할 수 있는 법이다. 도미티아누스의 질투심은 말 없는 우울함으로, 그 다음에는 형에 대한 은밀한 음모로 비뚤어졌다. 티투스는 아버지에게 남동생을 용서해 달라고 간청해야 했다. 베스파시아누스가 죽었을 때, 도미티아누스는 황제의 유언장이 위조되지 않았다면, 자신이 황제 권력에서 동료로 남게 되었을 것이라고 주장했다. 티투스는 도미티아누스에게 자신의 동료이자 계승자가 되어 달라고 요청했다. 도미티아누스는 거절했으며, 음모를 멈추지 않았다. 디오 카시우스의 말에 따르면 티투스가 병에 걸려 아프게 되었을 때, 도미티아누스는 눈[雪]으로 온몸을 찜질해 형의 죽음을 재촉했다고 한다.[102] 우리는 이 이야기의 진실을 판단할 수 없을 뿐더러 우리에게 전해진 성적 방종의 이야기, 즉 도미티아누스가 매춘부들과 함께 수영을 하고, 티투스의 딸을 자신의 첩들 중 한 명으로 삼고, "여성들과 사내아이들에게 똑같이 대단히 방탕하고 음탕했다."고 하는 이야기의 진실을 판단할 수 없다.[103] 모든 라틴 역사 서술은 당면한 정치, 즉 당대의 목적에 가세한 당파적인 싸움이다.

도미티아누스의 실제 정책과 관련해서 처음 10년 동안 그는 놀라울 정도로 청교도적이고 유능했다. 베스파시아누스가 아우구스투스를 본보기로 삼은 것처럼 도미티아누스는 티베리우스의 정책과 예법을 이어받은 것처럼 보였다. 종신 감찰관이 된 그는 악의적인 풍자시의 출간을 중단시키고(하지만 그는 마르티알리스의 풍자시는 눈감아 주었다.), 간통에 반대해 율리우스 법을 시행했으며, 어린아이 매춘을 끝내고 비정상적인 성적 부도덕을 줄이려고 애썼다. 그리고 음탕하다는 이유로 무언극 연기를 금지하고, 근친상간이나 간통으로 기소된 베스타 신전의 신녀에 대한 처형을 명령하고, 환관 노예의 몸값이 증가하면서 확산된 거세 관행에 종지부를 찍었다. 그는 모든 형태의 유혈 살육, 심지어 황소를 희생 제물로 바치는 의식마저 피했다. 그는 고결하고 관대했으며, 탐욕을 부리지 않았다. 그는 아이들을 가졌던 사람들로부터 유산을 거부했고, 5년 이상의 체납세는 모두 무효로 했으며, 밀고에 반대했다. 도미티아누스는 엄격하지만 공정한 재판관이었다. 그에게는 해방노예 비서들이 있었지만, 그들에게 얌전히 처신하게 했다.

그의 치세는 로마 건축의 위대한 시대 가운데 하나였다. 79년과 82년의 화재가 엄청난 파괴와 빈곤을 초래했으므로 도미티아누스는 일자리를 제공하고 부를 분배하기 위한 공공 토목 공사 계획에 착수했다.[104] 또한 그는 신전을 아름답게 장식하거나 늘려서 옛 신앙을 소생시키고 싶어 했다. 그는 한 번 더 유피테르, 유노, 미네르바 신전을 세웠고, 그 신전의 금박 입힌 문과 지붕에 2200만 달러를 지출했다. 로마는 결과에 찬사를 보냈지만 사치스러움에 한탄했다. 도미티아누스가 자신과 자신의 행정 참모를 위해 도무스 플라비아라는 궁전을 지었을 때, 시민들이 비용에 대해 불평한 것은 무리가 아니었다. 하지만 그들은 많은 비용이 들어가는 경기에 대해서는 어떤 반대의 목소리도 내지 않았다. 도미티아누스가 이렇게 막대한 비용이 들어가는 경기를 제공한 목적은 자신이 본보기로 삼은 티베리우스처럼 인기가 하락하는 것을 완화하려는 이유에서였다. 그는 아버지와 형에게 신전을 봉헌했다. 그리고 아그리파의 욕장과 판테온, 옥타비아의 주랑 현관, 이시스와 세라피스 신전을 복원했다. 그리고 여기에 콜로세움을 더했고, 티투스 욕장을 완공했으며, 트라야누스 치세에 완공되었던 욕장을 건설하기 시작했다.

동시에 그는 예술과 문학을 장려하기 위해 혼신의 힘을 다했다. 플라비우스가의 인물 조형은 도미티아누스의 원수정 시기에 정점에 도달했다. 그의 주화는 눈에 띌 정도로 탁월하다. 86년에는 시를 자극하기 위해 카피톨리누스 경기를 창설했다. 여기에서는 문학과 음악 경연이 포함되었다. 그리고 그는 경연을 위해 마르스 평원에 경기장과 음악당을 세웠다. 그는 스타티우스의 겸손한 재능에 알맞고 마르티알리스의 자만하는 재능에 알맞은 도움을 주었다. 그는 화재로 파괴된 공공 도서관을 다시 세웠으며, 알렉산드리아에 서기를 파견해 원고를 베끼게 함으로써 내용을 보충하게 했다. 이것은 알렉산드리아의 대규모 도서관이 카이사르가 일으킨 화재로 장서의 적은 부분만을 잃었다는 또 하나의 증거이기도 하다.

도미티아누스는 제국을 잘 경영했다. 그는 행정가로서 티베리우스의 단호한 결단력을 가졌고, 횡령을 맹렬히 비난했으며, 모든 피임명자와 사건의 전개를 엄밀히 감시했다. 티베리우스가 게르마니쿠스를 제지한 것처럼 도미티아누스는 군대를 이끌고 국경을 돌진해 스코틀랜드까지 진격한 모험심 많은 장군 아그리콜라를 브리타니아에서 철수시켰다. 분명히 아그리콜라는 더 멀리까지 가기를 원했지만 도미티아누스는 반대했다. 아그리콜라의 소환에는 그의 질투심이 작용했으며, 황제는 아그리콜라의 소환에 엄청난 대가를 치러야 했다. 왜냐하면 도미티아누스 치세에 대한 역사를 기술한 인물이 다름 아닌 아그리콜라의 사위였기 때문이다. 도미티아누스는 전쟁에서도 똑같이 불운했다. 86년에 다키아인들이 다뉴브 강을 넘어 로마 속주인 모에시아를 침공했으며, 도미티아누스의 장군들을 무찔렀다. 황제가 지휘해서 전투 계획을 세웠고, 다키아에 막 입성하려던 참이었다. 바로 그때 남부 게르마니아의 로마 총독 안토니누스 사투르니누스가 마인츠의 두 개 군단에게 자신을 황제로 선언하도록 설득했다. 도미티아누스의 부관들에 의해 반란이 진압되었지만, 반란은 적에게 대비할 시간을 허용함으로써 그의 전략에 혼란을 가져왔다. 도미티아누스는 다뉴브 강을 넘었고, 다키아인들과 싸웠지만 패배했다. 황제는 다키아의 왕 데케발루스와 강화 조약을 체결하고 나서 그에게 해마다 선물을 보냈다. 그 후 그는 라인 강과 다뉴브 강 사이, 그리고 다뉴브 강의 북쪽 모퉁이와 흑해 사이에 방벽을 건설하는 것에 만족했다.

사투르니누스의 반란은 도미티아누스 치세에 전환점, 즉 그의 좋은 쪽 성격과 나쁜 쪽 성격의 경계선이었다. 그는 항상 냉정할 정도로 엄했지만 이제 잔혹함에 빠져들었다. 그는 전제 군주로서만 선정을 행할 수 있었다. 원로원은 그의 치하에서 순식간에 권력을 상실했다. 게다가 감찰관으로서 그의 완강한 권위는 원로원을 비굴하게, 그리고 동시에 복수심에 불타게 만들었다. 겸손한 도미티아누스에게서도 맹위를 떨치던 자만심은 도미티아누스의 지위에서 어떤 견제 수단도 갖지 못했다. 즉 그는 유피테르 신전에 자신의 조각상들을 가득 채웠고, 자신은 말할 것도 없이 아버지, 형, 아내, 여동생들의 신성을 공표했다. 그리고 새로운 신관 집단인 플라비알레스(Flaviales)를 조직해서 새로운 신들에 대한 숭배를 돌보게 했으며, 관리들에게 공문서에서 그를 "우리의 군주이자 신"이라고 말하도록 요구했다. 그는 제위에 앉아 방문객들에게 자신의 무릎을 껴안도록 요구했으며, 화려하게 장식된 궁전에서 동방의 궁정 예법을 확립했다. 원수정은 군대의 힘과 원로원의 쇠락으로 비합법적인 군주정이 되었다.

이러한 새로운 전개에 맞서 귀족뿐만 아니라 철학자들 사이에서도, 그리고 동방에서 로마로 흘러들어 오고 있던 종교들에서도 반란이 발생했다. 유대인과 그리스도교도는 도미티아누스의 신성 숭배를 거부하고 키니코스학파는 모든 정부를 비난했으며, 왕을 인정했던 스토아학파마저 전제 군주에 반대하고 폭군 살해를 명예롭게 여겼다. 도미티아누스는 89년에 로마에서, 그리고 95년에 이탈리아에서 철학자를 추방했다. 앞선 칙령이 점성술사에게도 적용되었다. 황제 죽음에 대한 그들의 예언은 신앙이 없고 미신에 노출된 사람에게 새로운 공포를 가져다주었다. 93년에 도미티아누스는 자신의 조각상 앞에 희생 제물을 바치지 않는다는 이유로 그리스도교도 몇 명을 처형했다. 전승에 따르면 처형된 사람들 중에 그의 조카 플라비우스 클레멘스가 포함되어 있었다고 한다.[105]

치세 말년에 음모에 대한 도미티아누스 황제의 공포는 거의 정신 착란의 수준에 도달했다. 그는 뒤에서 무슨 일이 일어나는지 비춰 볼 수 있도록 자신이 걸어가는 주랑 현관의 벽에 번쩍이는 돌을 세웠다. 그는 음모가 성공하지 않았을 경우에는 통치자들이 음모를 주장하더라도 아무도 믿지 않았으므로 그들의 운명이 비참하다고 불평했다. 티베리우스처럼 그도 나이가 들어감에 따라 밀고자들의 말에 더 귀를 기울였다. 그리고 밀고자들이 늘어났을 때, 아무리 신분이 높은 시민이라도 집에서마저도 밀정으로부터 안전하다고 느낄 수 없었다. 사투르니누스의 반란 이후에 기소와 유죄 판결이 빠르게 증가했다. 귀족들은 추방당하거나 살해당했다. 혐의자들은 고문당했으며, 심지어 "생식기를 불 속에 넣을 정도였다."[106] 이러한 사건들을 몹시 비통하게 이야기한 타키투스를 포함해 공포에 질린 원로원은 황제의 대리자로 재판과 유죄 판결을 담당했다. 그리고 사형을 집행할 때마다 원로원은 황제를 지켜 준 신들에게 감사했다.

도미티아누스는 자신의 가족을 겁먹게 만드는 실수를 저질렀다. 96년에, 27년 전에 네로가 자살하도록 도와주었다는 이유로 자신의 비서인 에파프로디투스의 사형을 명령했다. 또 황제 가족의 구성원인 또 다른 해방노예들이 위협받고 있음을 느꼈다. 그들은 자신을 방어하기 위해 도미티아누스를 살해할 결심을 하고, 황제의 아내 도미티아는 음모에 가담했다. 죽기 전날 밤 도미티아누스는 놀라서 침대에서 뛰어올랐다. 정해진 시간이 다가왔을 때, 도미티아의 시종이 첫 번째 타격을 가했다. 다른 네 명이 공격에 가세했으며, 미친 듯이 몸부림치던 도미티아누스는 그의 나이 45세, 황제 즉위 15년 만에 죽음을 맞이했다.(96년) 황제의 죽음 소식을 접한 원로원 의원들은 원로원 의사당에서 그의 모든 조각상을 허물고 산산조각 내었다. 그리고 그의 모든 조각상과 그의 이름을 언급하는 모든 비문을 제국 전역에서 파괴하도록 명령했다.

역사는 이러한 "전제 군주들의 시대"에 불공평하다. 왜냐하면 이 시대가 주로 가장 탁월하고 가장 편견에 사로잡힌 역사가들의 입을 통해 증언되었기 때문이다. 사실 수에토니우스의 험담은 타키투스의 독설을 확인하거나 모방한 것에 지나지 않는다. 하지만 문학과 비문에 대한 연구는 타키투스와 수에토니우스의 주장을 열 명 황제의 악덕을 하나의 제국과 한 세기의 역사로 혼동한 것이라고 비난해 왔다. 이러한 최악의 통치자들에게서도 좋은 면은 있었다. 즉 티베리우스의 헌신적인 정치 수완, 칼리굴라의 매력적인 쾌활함, 클라우디우스의 한결같은 지혜, 네로의 활기 넘치는 미적 취향, 도미티아누스의 단호한 능력이 바로 그것이다. 간통과 살해 배후에서 전제 군주들의 시대 전 기간에 걸쳐 고도의 속주 통치 체제를 제공한 행정 조직이 생겨났다. 황제들은 주로 자신들의 권력에 희생당했다. 문란한 욕망의 열정으로 불붙은 가문 대대로 내려오는 어떤 질병이 아트레오스의 자식들처럼 치명적으로 율리우스-클라우디우스 가문 황제들을 따라다니며 괴롭혔다. 그리고 어떤 제도의 결함이 인내심 있는 정치 수완에서부터 공포에 질린 잔혹함에 이르기까지 한 세대 동안 플라비우스 가문 황제들의 품위를 저하시켰다. 이러한 열 명의 황제들 중 일곱 명이 비명횡사했다. 그리고 황제들 거의 모두가 음모, 속임수, 계략에 둘러싸인 채 불행했다. 그들은 국내의 무정부 상태에서 세상을 지배하려고 했다. 그들은 식욕에 탐닉했다. 왜냐하면 자신들의 전능함이 그리 오래가지 않을 것으로 생각했기 때문이다. 또한 그들은 일찍, 그리고 갑작스럽게 사형 선고를 받은 사람들이 매일 느끼는 공포 속에서 살아갔다. 그들은 법률 위에 군림했으므로 파멸했다. 그리고 권력이 그들을 신으로 만들어 주었으므로 부하들보다 덜 중요한 인물이 되었다.

하지만 원수정의 불명예스러운 행위와 범죄가 용서되어서는 안 된다. 원수정은 제국에 평화를 가져다주었지만 로마에는 공포를 가져다주었다. 그리고 원수정은 잔혹함과 성적 욕망으로 도덕을 손상시켰으며, 카이사르와 폼페이우스의 내전보다 더 흉포하게 이탈리아를 내전으로 분열시켰다. 원수정은 섬을 망명자로 가득 채웠으며 가장 뛰어나고 용맹한 사람들을 대량 살상했다. 원수정은 탐욕스러운 밀정들에게 보상함으로써 친척과 친구의 배신을 교사했다. 로마에서 원수정은 법률에 의한 통치를 인간들의 폭정으로 대체했다. 원수정은 공물을 거두어들여 거대한 건물들을 세웠지만, 재능 있고 창조적인 사람들을 위협해 추종하거나 침묵하게 함으로써 영혼을 위축시켰다. 무엇보다도 원수정은 군대를 최고의 권력으로 만들었다. 원로원에 대한 원수의 권력은 그의 탁월한 천재성, 관습, 그렇다고 위엄에도 있지 않았다. 그것은 친위대의 창에 의지했다. 속주 군대가 황제 만드는 방법을 알게 되고, 수도 로마가 기부금과 약탈품으로 넘쳐 나고 있다는 사실을 알게 되자, 그들은 친위대를 해산시키고 자신들이 직접 황제를 만드는 일에 착수했다. 머지않아 한 세기 동안 세습, 폭력 또는 부(富)가 아닌 양자(養子) 결연으로 선출된 위대한 통치자들의 지혜가 군대를 억누를 것이고 국경을 안전하게 유지할 것이다. 하지만 마르쿠스 아우렐리우스라는 한 철학자의 자식 사랑 때문에 얼간이가 다시 제위에 올랐을 때, 군대는 폭동을 일으킬 것이고, 깨지기 쉬운 질서의 얇은 층을 혼란이 뚫고 지나갈 것이며, 내전이 기다리고 있는 이방인들과 손을 잡을 것이다. 그렇게 되면 아우구스투스의 천재성이 만들어 낸 웅장하면서도 위태로운 통치 구조가 붕괴될 것이다.

CAESAR AND CHRIST

14장

은의 시대
서기 14~96

1. 예술 애호가들

전승에 따르면 14~117년까지의 라틴 문학은 은(銀)의 시대로 불렸다. 은의 시대는 문화적으로 뛰어난 아우구스투스 시대가 퇴락했음을 암시한다. 전승은 세월을 담아낸 목소리이다. 신중한 사람은 젊은이의 판단을 존중할 것이다. 왜냐하면 2000년의 세월을 젊은이만큼 잘 아는 사람이 드물기 때문이다. 하지만 루키아노스, 페트로니우스, 세네카, 대(大)플리니우스, 켈수스, 스타티우스, 마르티알리스, 퀸틸리아누스(그리고 더 뒤쪽 장(章)의 타키투스, 에우베날리스, 소(小)플리니우스, 그리고 에픽테토스)에게 공정한 발언 기회를 주기 위해 판단을 미룰 수 있다. 그리고 마치 그들이 추락해 가는 시기에 활동하고 있었다는 것을 들어 본 적이 없는 것처럼 그들을 즐길 수 있다. 어느 시대이건 쇠퇴하는 것이 있으면 성장하는 것이 있다. 은의 시대가 사실적인 조각과 대규모 건축

485

에서 로마 예술의 전성기를 대표하는 것처럼 경구, 풍자시, 소설, 역사, 철학에서 로마 문학은 전성기를 맞는다.

음조의 변화를 줄이고, 구문에 힘을 뺀, 그리고 갈리아인처럼 무례하게 마지막 자음을 빠뜨린 평민의 언어가 문학에 다시 등장한다. 1세기 중엽에 라틴어 'V'(영어의 'W'처럼 발음되었던)와 'B'(모음 사이에서)는 둘 다 영어의 'V'처럼 부드럽게 발음되었다. 그래서 'habere'(영어의 'have')는 'havere'(하베레)로 발음되었고, 이탈리아어 'avere'와 프랑스어 'avoir'를 낳았다. 반면에 'vinum'(포도주)은 소리가 변하는 마지막 자음을 느리게 똑똑지 않게 발음하면서 이탈리아어 'vino'와 프랑스어 'vin'에 가까워지기 시작했다. 라틴어는 이탈리아어, 스페인어, 그리고 프랑스어를 낳을 준비를 하고 있었다.

이제 수사학은 웅변을 희생하고 문법은 시를 희생해서 성장했다. 유능한 사람들이 전례 없이 언어의 형태, 변화, 세밀한 점을 연구하는 것에, 이미 고전이 된 텍스트를 편집하는 것에, 문학 작문, 법정 연설, 시의 운율, 그리고 산문 운율의 규칙을 정하는 데 전념했다. 클라우디우스는 알파벳을 개정하기 위해 노력했다. 네로는 거의 일본식으로 시를 유행에 맞게 만들었다. 그리고 세네카는 웅변이 모든 힘을 두 배로 만들어 준다는 이유로 수사학 입문서를 썼다. 웅변이 없었다면 장군들만이 로마에서 출세할 수 있었을 것이다. 게다가 장군들마저 웅변가가 되어야 했다. 수사학에 대한 열광이 모든 형태의 문학을 장악했다. 즉 시는 수사학적으로 되었고, 산문은 시적으로 되었으며, 플리니우스는 여섯 권으로 된 『자연사』에 웅변에 관한 글을 넣기도 했다. 사람들은 문구의 조화와 절의 음률에 대해 걱정하기 시작했다. 역사가들은 낭송용 시문을 썼고, 철학자들은 풍자시를 쓰고 싶어 안달 났으며, 모든 사람은 농축된 지혜의 알약인 격언을 썼다. 상류 사회 전체가 시를 쓰고 있었으며, 임대한 회관이나 극장에서, 식사 중에, 그리고 심지어는 (마르티알리스가 불평했던 것처럼) 목욕장에서 친구들에게 읽어 주고 있었다. 시인들은 공개경쟁에 참가해 상을 받았으며 시 당국의 축하를 받았다. 그리고 황제에 의해 머리 장식이 씌워졌다. 귀족들은 헌정이나 찬사를 기꺼이 받아들였으며, 만찬이나 금전으로 보답했다. 시에 대한 열정은 성적 방종과 간헐적인 공포로 음산해진 시대와 도시에 아마추어 저술이라는 즐거운 면을 가져다주었다.

공포와 시가 루키아노스의 삶에서 마주쳤다. 대(大)세네카는 그의 조부였고, 철학자 세네카는 숙부였다. 39년에 코르도바에서 태어나 마르쿠스 안나이우스 루키아노스로 불렸던 그는 유년 시절에 로마에 와서 귀족 사회에서 성장했다. 귀족 사회에서는 시와 철학이 삶의 중심으로서 호색적이며 정치적인 음모들과 경쟁했다. 스물한 살에 루키아노스는 네로의 경기에서 「네로를 찬미하며」라는 시로 경연 대회에서 상을 받았다. 세네카는 그를 궁전에 소개했고, 곧 루키아노스와 네로 황제는 서사시를 주고받았다. 루키아노스는 황제와의 시 경연 대회에서 일등상을 받는 실수를 저질렀다. 네로는 그에게 더 이상 시를 발표하지 못하도록 명령했으며, 루키아노스는 강렬하지만 수사학적인 서사시 「파르살리아」로 은밀히 복수하기 위해 물러났다. 「파르살리아」는 내전을 폼페이우스의 귀족 정치라는 관점에서 바라보았다. 루키아노스는 카이사르에게 공정했고, 이해를 돕는 다음 한 구절에서 카이사르에 대해 "해야 할 일이 남아 있는 한, 다 끝난 일에 대해서는 일절 생각하지 않는다."라고 썼다.[1] 하지만 「파르살리아」의 진짜 영웅은 루키아노스가 "신은 승자를 위해 존재하고, 카토는 패자를 위해 존재한다."라는 유명한 시구에서 신들과 어깨를 나란히 한다고 보았던 소(小)카토이다.[2] 또한 루키아노스는 패자의 대의명분을 좋아했으며 그것을 위해 죽었다. 그는 네로를 피소(Piso)로 대체하려는 음모에 가담해서 체포되었으며 좌절했다.(그때 그는 스물여섯에 불과했다.) 그리고 그는 다른 음모 가담자들, 심지어 자신의 어머니의 이름까지 폭로했다고 알려지고 있다. 네로가 그의 사형 선고를 승인했을 때, 루키아노스는 다시 용기를 내서 친구들을 연회에 초대해 배불리 먹었다. 그리고 그는 혈관을 드러냈으며, 피 흘리며 죽을 때까지 폭정에 저항해 자신의 시를 낭송했다.(65년)

2. 페트로니우스

지금도 많은 독자들을 확보하고 있는 『사티리콘』을 쓴 페트로니우스가 루키아노스가 죽은 지 1년 후에 네로의 명령으로 죽었던 가이우스 페트로니우스였는지는 확실치 않다. 그 책에는 해결의 열쇠가 될 만한 단서가 한마디도 등장하지 않는다. 게다가 간결한 미사여구로 『취미의 심판자』를 쓴 타키투스는 평판이 나쁜 걸작 『사티리콘』에 대해 전혀 언급하지 않는다. 대략 40개의 풍자시가 페트로니우스의 작품으로 여겨지고 있다. 여기에는 거의 루크레티우스를 요약한 것이나 다름없는 "두려움이 세상에 처음으로 신들을 창조했다."라는 시구도 포함되어 있다.[3] 하지만 이러한 단편들 또한 작가의 정체에 대해 침묵하고 있다.

『사티리콘』은 열여섯 권으로 이루어진 풍자 모음집이었던 것 같다. 열여섯 권 중에 마지막 두 권만이 미완성된 상태로 전해질 뿐으로, 시와 산문, 모험과 철학, 미식과 성적 쾌락의 추구가 뒤섞인 라틴적 의미에서의 풍자 시집이다. 형식은 메니푸스가 기원전 60년 무렵 가다라에서 쓴 풍자시와 헬레니즘 세계에서 인기를 끌던 애정 소설 『밀레토스 이야기』에 어느 정도 신세를 지고 있다. 이것들 중에 현존하는 것 모두가 페트로니우스보다 후대의 것에 속하기 때문에, 『사티리콘』은 이미 알려진 가장 오래된 소설이라는 영예를 안게 된다.

호사스러운 귀족의 우두머리이자 고상한 취미의 대가가 『사티리콘』처럼 지나치리만큼 천박한 책을 만들었을 것이라고는 좀처럼 믿기 어렵다. 실제 등장인물 모두가 평민, 해방노예, 아니면 노예이다. 그리고 모든 장면은 비천한 삶의 현장이다. 여기에서는 아우구스투스가 상층 부류의 사람들과 함께 문학에 심취하지 않는다. 이야기의 주인공 엔콜피우스가 자신과 친구들에 대해 말한 것에 따르면 "우리는 공동 자금을 늘리기 위해 기회가 온다면 언제든지 손에 넣을 수 있는 것은 무엇이든 슬쩍 훔칠 것이라고 서로 이야기해 왔다."[4] 이야기는 매춘굴에서 시작된다. 엔콜피우스는 철학 강의에서 벗어나 매춘굴에서 위안을 찾던 아스킬토스를 만난다. 남부 이탈리아의 도시들과 타락한 여자들 사이에서 벌이는 방탕한 행동이 종잡을 수 없는 이야기의 줄거리를 이룬다. 잘생긴 소년 노예 기톤을 두고 벌이는 둘 사이의 경쟁이 피카레스크(악한(惡漢)) 소설에서 그들을 결합하고 갈라놓는다. 마침내 그들은 트리말키오라는 상인의 집에 도착한다. 현존하는 작품의 나머지는 문학에서 가장 놀랄 만한 만찬인 트리말키오의 향연을 묘사한다.

트리말키오는 해방노예로 부자가 되었고, 엄청난 규모의 농장들을 구입했으며, 대저택의 시설과 매춘굴의 분위기로 벼락부자처럼 사치스럽게 살고 있다. 농장의 규모가 너무 컸으므로 소득을 정확히 파악하기 위해서는 매일 기록을 남겨야 할 정도였다. 그는 손님들에게 술을 마시도록 권유한다.

> 포도주가 마음에 들지 않으면 다른 것으로 바꿔 드리지요. 전 포도주를 살 필요가 없답니다. 신들에게 감사할 따름이죠. 여러분의 군침을 흘리게 하는 여기에 있는 모든 것은 제 시골 농장 가운데 한 곳에서 생산된 거랍니다. 전 아직까지 그곳을 본 적이 없답니다. 하지만 사람들은 그곳이 테라키나와 타렌툼 아래쪽에 있다고 제게 말해 준답니다. 시칠리아를 또 하나의 작은 농장으로 추가할 생각입니다. 그래서 아프리카로 가고 싶을 경우에는 제 소유의 해안을 따라 항해할 수 있겠죠. …… 은 식기류에 관해 말하자면 전 감정가입니다. 전 포도주 병처럼 커다란 술잔을 가지고 있답니다. …… 뭄미우스가 제 보호자에게 남긴 수많은 그릇을 가지고 있지요. …… 전 싸게 사서 비싸게 팔아요. 하지만 다른 사람들은 다르게 생각할 수도 있겠지요.⁵

게다가 트리말키오는 친절하기까지 하다. 그는 노예들에게 큰소리치지만 주저 없이 용서한다. 그는 너무 많은 노예를 소유하고 있어서 그들 중 10분의 1만이 그를 본 적이 있을 뿐이다. 자신이 노예 출신임을 잊지 않으면서 그는 "노예는 인간이다. 그들은 우리와 똑같은 우유를 마셨다. …… 나의 노예들은 살아 있다면 자유의 물을 마실 것이다."라고 말한다. 자신의 의도를 입증해 보이기 위해 그는 유언장을 가져오게 해서 손님들에게 읽어 준다. 유언장에는 그의 비문에 상세하게 기록된 내용이 포함되어 있다. 비문은 그가 "아무것도 갖지 않은 상태에서 부자가 되었고, 3000만 세스테르티우스를 유산으로 남겼으며, 한 명의 철학자의 말도 경청하지 않았다."라는 자부심 강한 주장으로 끝을 맺는다.[6]

40페이지에 걸쳐 만찬이 묘사되고 있다. 몇 문장에서 만찬의 향기가 전해진다. 즉

> 황도 12궁의 표시들이 펼쳐져 있는 원형 접시가 있었다. 그리고 12궁도 각각에 연회 담당자가 최상의 음식을 놓았다. 백양궁 자리에는 숫양의 야생 완두를 놓았고, 황소자리에는 소고기를 …… 처녀자리에는 새끼를 낳지 않은 암퇘지의 자궁을 놓았으며 …… 천칭자리에는 한쪽 납작한 냄비에는 과일이 든 파이, 그리고 다른 쪽 냄비에는 케이크를 놓아 균형을 잡았다. …… 네 명의 무용수가 음악에 맞춰 뛰어들어 접시의 윗부분을 치웠다. 접시 아래쪽에는 …… 속이 가득 채워진 거세한 수탉과 암퇘지의 몸통이, 그리고 중앙에는 산토끼가 있었다. 모퉁이에 있는 네 개의 마르시아스 조각상의 방광에서 향신료가 곁들인 소스가 헤엄쳐 다니던 물고기 위에 내뿜어졌다. …… 멧돼지를 대접하기 위해 접시 하나가 뒤따라 나왔다. 멧돼지의 엄니에 대추야자 열매로 가득한 광주리들이 매달려 있었다. 멧돼지 주위에 가루 반죽으로 만들어진 작은 새끼 돼지들이 있었다. …… 고기를 떼어 나누어 주던 사람이 멧돼지의 옆구리에 칼을 꽂아 넣자 개똥지빠귀들이 밖으로 나왔으며, 손님 한 사람당 한 마리씩 돌아갔다.[7]

흰 돼지 세 마리가 연회장으로 들어왔으며, 손님들은 자신들을 위해 요리될 한 마리를 선택한다. 그들이 먹는 동안, 흰 돼지가 구워진다. 구워진 흰 돼지가 다시 들어온다. 흰 돼지를 썰자 소시지와 돼지고기 푸딩이 배에서 나온다. 디저트가 나올 때 엔콜피우스는 마음이 내키지 않는다. 하지만 트리말키오는 디저트가 순전히 돼지로만 만들어졌다는 것을 확신시킴으로써 손님들을 앞자리로 유

도한다. 광주리 하나가 천장에서 내려와 각 손님에게 향기로 가득한 매끄럽고 하얀 단지를 하나씩 건넨다. 그 사이에 노예들이 오래된 포도주로 빈 잔을 채운다. 트리말키오는 술에 취해 한 사내아이와 사랑을 나눈다. 그의 뚱뚱한 아내가 항의하자 그는 아내의 머리에 컵을 집어 던진다. 그는 그녀에 대해 "춤추는 이 시리아인 매춘부는 기억력이 좋지 않아요. 그녀를 경매대에서 데려와 여인으로 만들었는데, 이제 와서 개구리처럼 숨을 헐떡이는군요. …… 하지만 그게 바로 인생인 거죠. 다시 말하자면 다락방에서 태어났으면 대저택에서 잘 수는 없는 거지요."라고 말한다.[8] 그리고 그는 집사에게 그녀의 조각상을 자신의 무덤 가까이 두지 못하게 명령한다. "그렇게 하지 않으면 난 죽어서도 귀찮게 들볶이겠지."

『사티리콘』은 강력하고 세련되지 못한 풍자이다. 세부적인 묘사에서만 사실적이고 아마도 로마의 삶에서 단지 작은 부분에 해당될 뿐이다. 만약 네로의 페트로니우스가 그걸 썼다면, 그것은 곤궁하던 한 귀족이 벼락부자 해방노예를 냉혹하게 풍자한 것이었다. 『사티리콘』에는 자비도, 다정함도, 이상도 없다. 부도덕과 타락이 당연시되고, 저승의 삶이 활기차게, 분노 없이, 그리고 아무런 비평 없이 소개된다. 여기에서는 빈민굴 자체의 견해와 취향, 그리고 생기 넘치는 어휘와 들뜬 활력을 가져오면서 빈민굴이 고전 문학 안으로 들어온다. 가끔 『사티리콘』의 이야기에서는 가르강튀아(Gargantua)와 팡타그뤼엘(Pantagruel)의 서사시를 장식하는 허튼소리, 음란함, 그리고 혹평이 최고조에 오른다. 아풀레이우스의 『황금 당나귀』는 『사티리콘』에서 소재를 빌릴 것이다. 그리고 1700년 후에 사실주의 소설 『질 블라스(Gil Blas)』는 『사티리콘』에 필적할 것이다. 『트리스트럼 섄디(Tristram Shandy)』와 『톰 존스(Tom Jones)』는 『사티리콘』의 두서없이 말하는 전통을 이어갈 것이다. 『사티리콘』은 로마 문학에서 가장 생소한 책이다.

3. 철학자들

자유가 지나치게 제한되었고 삶이 너무 자유로웠던 이러한 무절제하고 복잡한 시대에 철학은 호색과 나란히 번성했으며, 둘은 제휴하는 것을 꺼리지 않았다. 토착 종교의 쇠퇴는 철학이 채우기를 갈망하던 도덕적 공백을 남겼다. 부모는 이성적인 문명화된 행동 규범 또는 노골적인 욕망에 정식 복장을 제공하겠다고 제안한 사람들의 강의를 들으러 아들들을 보냈으며, 그들 자신이 직접 가는 경우도 자주 있었다. 여유가 있는 사람들은 철학자들에게 부분적으로는 교육자, 부분적으로는 영적인 조언자, 그리고 부분적으로는 학식 있는 동료로서 자신들과 함께 살도록 돈을 지불했다. 그래서 아우구스투스는 아레우스를 받아들였고, 거의 모든 문제에 그의 조언을 구했으며, 그를 위해서 알렉산드리아에 너그러웠다. 세네카의 말에 따르면 드루수스가 죽었을 때 리비아는 "슬픔을 견디는 데 도움을 받으려고 남편의 철학자를 방문했다."[9] 네로, 트라야누스, 그리고 물론 아우렐리우스도 철학자들로 하여금 궁전에서 거주하게 했다. 지금은 왕들이 성직자들과 함께 거주하고 있다. 인생의 마지막 순간에 사람들은 철학자들을 불러들여 자신들의 죽음을 기록하게 했다. 몇 세기 후에 사람들은 사제를 찾았다.[10]

대중들은 급여나 보수를 받으려는 이러한 지혜의 교사들을 결코 용서하지 않았다. 철학은 음식물에 대한 충분한 대체재로 여겨졌으며, 그들의 직업에 대해 덜 우쭐하던 철학자들은 대중들의 조롱, 퀸틸리아누스의 비판, 루키아노스의 풍자, 그리고 황제의 적대감의 표적이었다. 많은 철학자들이 그러한 표적이 되어도 하등 이상할 게 없었다. 왜냐하면 그들은 폭식, 탐욕, 허영에 학자적인 태도를 보이기 위해 조잡한 옷을 입었고, 덥수룩한 수염을 길렀기 때문이다. 루키아노스의 작품에 등장하는 한 등장인물의 말에 따르면,

삶을 간단히 돌이켜 보면 어리석음과 천박함으로 가득 찼다. …… 그것이 모든 세속의 문제들에 널리 퍼져 있다. …… 이러한 마음 상태에서 내가 최선으로 생각할 수 있는 것은 철학자들로부터 모든 것의 진실에 도달하는 것이었다. 그래서 나는 철학자들 중 최고를 선택했다.(비록 진지한 얼굴, 창백한 안색, 그리고 긴 수염이 기준이라고 하더라도…….) 철학자들에게 나 자신을 맡겼다. 상당한 금액을 받고 그들이 나의 지혜를 완성해 주었을 때, 난 우주의 질서에 정통할 수 있었다. 불행히도 예전의 나의 무지를 떨쳐 버렸다기보다는 철학자들이 매일 억수같이 쏟아 내는 시작과 끝, 원자와 진공, 질료와 형상의 문제에 더욱더 당황해했다. 비록 철학자들이 그들 사이에서도 생각이 달랐고, 그들이 말하던 모든 것이 모순으로 가득했다고 하더라도, 나의 가장 큰 어려움은 내가 그들을 믿을 것으로 철학자들이 기대했다는 것이다. 그들은 각자 나를 자신의 방향으로 끌어당겼다. …… 가끔 그들 중 한 명은 당신에게 메가라에서 아테네까지의 상당한 거리를 정확히 말해 줄 수 없었지만, 태양에서 달까지의 거리에 대해 말하는 것은 주저하지 않았다.[11]

대부분의 로마 철학자들은 스토아주의를 신봉했다. 에피쿠로스주의자들은 포도주, 여자, 그리고 음식에 푹 빠져 있어서 이론에 전념할 시간이 그다지 많지 않았다. 사색을 무시하고 사람들에게 검소하고 더러운 생활을 요구하는 키니코스 철학의 탁발 설교사들이 로마 도처에 있었다. 그들은 철학자들은 가난해야 한다는 대중의 요구에 따랐으며, 그 결과 철학 학파들 중에 가장 적은 존경을 받았다. 하지만 세네카는 키니코스 철학자와 절친한 친구 사이가 되었다. 그는 "왜 내가 데메트리오스를 존경해서는 안 되는가?"라고 물었다. "난 그가 아무것도 필요로 하지 않는다는 것을 알았다." 그리고 백만장자의 현인 세네카는 거의 벌거벗은 키니코스 철학자 데메트리오스가 칼리굴라의 20만 세스테르티우스의 증여를 거부했을 때 놀랐다.[12]

로마의 스토아주의자인 세네카는 명상가라기보다는 행동가였으므로 형이상학에서 희망을 찾지 않았다. 그는 스토아주의에서 초자연의 감시와 명령에 관계없이 인간의 예의 바름, 가족의 유대, 사회 질서를 지탱하는 행동의 철학을 추구했다. 그의 규범의 정수는 자제력이다. 즉 그는 열정을 이성에 종속시켰고, 정신의 평화가 외적 재산에 의존하지 못하도록 자신의 의지를 훈련시켰다. 정치와 관련해 세네카는 신(神)의 부권(父權) 아래에서 인간의 보편적인 형제애를 인정했다. 동시에 그는 자신의 조국을 사랑했으며, 조국의 불명예 또는 자신의 불명예를 피하기 위해 어느 때라도 죽을 자세를 취했다. 인생 자체는 항상 그의 선택의 범위 안에 머물러 있었다. 그는 자신의 선택이 이익보다 해악이 되었을 때는 언제든지 선택을 버리는 데 주저하지 않았다. 한 사람의 양심이 어떤 법률보다 더 고귀할 수 있다. 군주정은 불행하게도 광대하고 다양한 세계를 통치하기 위해서 불가피했다.

로마의 스토아주의는 처음에는 원수정으로부터 이득을 보았다. 정치적 자유에 대한 제한이 사람들을 광장에서 서재로 내몰았으며, 가장 세련된 사람들이 정열적인 왕보다는 자제력이 있는 국민들에게 더 많은 권력을 갖게 했던 철학으로 마음을 돌렸다. 정부는 철학자들이 황제, 황제의 가족 또는 공식 신들을 공개적으로 공격하지 않는 한 생각이나 말의 자유를 억압하지 않았다. 하지만 철학자들과 그들의 원로원 의원 후원자들이 폭정을 비난하기 시작했을 때, 철학과 독재정 사이에 전쟁이 발생했다. 이 전쟁은 양자(養子) 관계의 황제들이 철학과 독재정을 결합해 제위에 오를 때까지 지속되었다. 네로가 트라세아에게 죽으라고 명령했을 때(65년), 동시에 그는 서기 1세기 로마에서 스토아 철학자들 중에 가장 성실하고 언행이 일치하던 트라세아의 친구 무소니우스 루푸스를 추방했다. 루푸스는 철학을 올바른 처신에 대한 탐구로 정의했으며, 진지한 자세로 탐구에 임했다. 그는 축첩이 합법적이었음에도 불구하고 비난했으며, 여성들에게 요구되던 것과 동일한 기준의 성적 도덕을 남성들에게도 요구했다. 고대의 톨스토이(Tolstoy) 추종자였던 루푸스의 말에 따르면 성관계는 결혼 중, 그리고 출산을 위해서만 허용되었을 뿐이다. 그는 남성과 여성 모두에게 동등한 교육의 기회를 믿었으며 자신의 강의에 여성들을 환영했다. 하지만 그는 여성들이 교육과 철학으로부터 여성으로서 완전해지기 위한 수단을 찾지 못하게 했다.[13] 노예들도 그의 강의에 참석했으며, 그들 중 한 명인 에픽테투스는 스승을 능가하면서 명예를 안겨 주었다. 네로 사후에 로마에서 내전이 발발했을 때, 무소니우스는 공격하는 군대에 가서 평화의 축복과 전쟁의 공포에 대해 강의했다. 안토니우스의 군대가 그를 비웃었으며 최후의 중재가 재개되었다. 로마에서 철학자들을 추방하면서 베스파시아누스는 루푸스를 제외했다. 하지만 루푸스는 첩들과 어울리고 있었다.

4. 세네카

스토아 철학은 루키우스 안나이우스 세네카의 삶 속에서 가장 모호하게, 그리고 그의 저작들에서 가장 완벽하게 표현되었다. 기원전 4년 무렵 코르도바에서 태어난 세네카는 곧 로마로 왔고 가능한 모든 교육을 받았다. 그는 아버지에게서 수사학, 아탈로스에게서 스토아 철학, 소티온에게서 피타고라스주의를, 그리고 로마의 이집트 총독인 숙모의 남편에게서 현실 정치를 배웠다. 그는 1년 동안 채식을 시도한 다음 포기했지만 항상 음식물을 절제했다. 그는 성향 때문이라기보다는 주위의 상황 때문에 대부호였다. 세네카는 천식과 약한 폐 때문에 무척 고생했으므로 자주 자살을 생각했다. 그는 변호 업무를 개시했고, 서기 33년 무렵 재무관으로 선출되었다. 그리고 2년 후에 폼페이아 파울리나와 결혼해 백년해로했다.

아버지의 재산을 상속하자마자 그는 변호 업무를 그만두고 저술에 몰두했다. 칼리굴라가 크레무티우스 코르두스에게 자살을 강제했을 때(40년), 세네카는 코르두스의 딸 마르키아에게 위로의 말을 전했다. 이것은 수사학과 철학 학교에서 통상적인 위로 형식으로 사용되었다. 칼리굴라가 무례함을 이유로 세네카를 처형하고 싶어 했지만, 어쨌든 폐결핵으로 곧 죽을 것이라고 주장하던 친구들 덕분에 목숨을 구했다. 얼마 안 있어 클라우디우스는 게르마니쿠스의 딸 율리아와 부적절한 관계를 맺었다는 이유로 세네카를 고발했다. 원로원은 세네카에게 사형을 선고했지만, 클라우디우스가 사형을 코르시카 섬에서의 유배로 경감했다. 바위투성이의 험한 섬에서 오비디우스가 유배 생활을 하던 토미에서처럼, 난폭한 주민들에 둘러싸여 철학자 세네카는 8년 동안 외롭게 보냈다.(41~49년) 처음에 세네카는 자신의 불행을 냉철한 평정심으로 받아들였으며, 「헬비아에 대한 위로」라는 감동적인 편지로 어머니를 위로했다. 하지만 비탄의 세월이 느리게 흘러가면서 사기가 꺾인 세네카는 클라우디우스의 비서에게 「폴리비오스에 대한 위로」라는 편지를 보내면서 겸허하게 용서를 빌었다. 용서가 받아들여지지 않자 그는 비극 작품을 집필하는 것으로 고통을 완화시켜 보려고 애썼다.

등장인물 대부분이 웅변가인 이러한 이상한 작품들은 아마도 무대에 올리기보다는 오히려 연구를 목적으로 했던 것 같다. 어떤 작품도 상연되었다는 이야기를 들어 본 적이 없다. 기껏해야 일부 멋진 에피소드나 널리 알려진 연설에 곡이 붙여지고 무언극으로 무대에 올려졌을 뿐이다. 고상한 철학자 세네카는 마치 극장에서 경기장의 피의 향연과 경쟁이라도 하고 싶어 하는 듯 무대를 폭력으로 붉게 물들인다. 이러한 대담한 노력에도 불구하고 훌륭한 극작가가 되기에는 생각이 너무 많았다. 다시 말해서 그는 사람보다는 생각을 더 좋아하고, 성찰과 감상에 대한 기회를 놓치지 않는다. 멋진 시가 몇 편 포함되어 있다는 점을 제외한다면 그의 희곡은 쉽게 잊힐 수 있다. 하지만 덧붙이자면 수많은 훌륭한 감정가들이 이러한 판단에 동의하지 않았다. 르네상스 시대의 비평가 중 대가인 스칼리게르(Scaliger)는 에우리피데스보다 세네카를 더 좋아했다. 고대의 문학이 부활했을 때, 근대 언어로 된 최초 희곡의 모범이 된 사람이 다름 아닌 세네카였다. 그에게서 코르네유(Corneille)와 라신(Racine)의 희곡을 눈에 띄게 한, 그리고 19세기까지 프랑스 연극을 지배한 고전적 형식과 통일성이 나왔다. 세네카의 영향력을 덜 느꼈던 영국에서 헤이우드(Heywood)의 세네카 희곡 번역(1559년)은 영국의 최초 비극인 「고보덕(Gorboduc)」에 모범을 제시했으며, 셰익스피어에게 강한 영향을 끼쳤다.

48년에 소(小)아그리피나가 클라우디우스와 로마에 행사하던 메살리나의 권력을 대신했다. 열한 살짜리 아들 네로를 알렉산드로스와 같은 인물로 만들고자 갈망한 소(小)아그리피나는 아리스토텔레스와 같은 사람을 찾아다니다 코르시카에서 세네카를 발견했다. 그녀는 세네카를 소환해 원로원에 복귀시켰다. 그는 5년 동안 어린 네로를 가르쳤으며 5년 더 황제 네로와 국가를 이끌었다. 10년 동안 그는 네로를 교화시키기 위한 글을 썼으며, 스토아 철학에 대해 설명하는 다양한 글, 즉 「분노에 관하여」, 「인생의 덧없음에 관하여」, 「영혼의 평정에 관하여」, 「관용에 관하여」, 「행복한 생활에 관하여」, 「현자의 절개에 관하여」, 「은혜에 관하여」, 「섭리에 관하여」를 썼다. 이러한 딱딱한 글들은 세네카의 진면목을 보여 주지 못한다. 그의 희곡들처럼 다양한 저술들도 경구적인 표현으로 번쩍인다. 하지만 페이지마다 단음적(斷音的)으로 설명되는 글들은 결국 사람들을 지루하게 하고 매력을 잃게 만든다. 하지만 세네카의 독자들은 그의 글을 간격을 두고 읽었으며, 진지한 퀸틸리아누스에게 불쾌감을 주던 쾌활한 위트나 프론토의 고풍스러운 취향을 해치곤 하던 "감언"과 "화려한 부분들"에 분개하지 않았다.[14] 독자들은 세네카가 매우 다정하게 말하고, 제자인 네로처럼 그들의 박수갈채를 받으려고 무척 노력했다는 사실에 만족해 했다. 여러 해 동안 세네카는 뛰어난 작가, 정치가였으며, 이탈리아의 포도 재배자였다.

세네카는 자신의 공적 지위와 지식을 충분히 이용한 투자를 통해 조상 대대로 물려받은 재산을 늘려 갔다. 디오 카시우스의 말에 따르면 세네카는 매우 높은 이자로 속주민들에게 돈을 빌려 주었다고 한다. 따라서 그가 4000만 세스테르티우스의 대부금을 갑자기 회수했을 때, 브리타니아에서 공황 상태와 폭동이 발생했다.[15] 그의 재산은 3억 세스테르티우스(3000만 달러)로 늘어났다고 전해진다.[16] 58년에 밀고자인 메살리나의 옛 친구 푸블리우스 수일리우스가 세네카를 "위선자이자 간통자이며 바람둥이, 궁전 신하들을 비난하면서 결코 궁전을 떠나지 않는 사람, 사치를 비난하면서 삼나무와 상아로 만든 500개의 식탁을 과시하는 사람, 그리고 부를 비난하면서도 고리대로 속주의 단물을 다 우려

먹는 사람"으로 공개적으로 비난했다.[17] 카이사르처럼 세네카도 강제 집행할 수 있었을 때 반박하는 것으로 만족했다. 「행복한 생활에 관하여」라는 글에서 세네카의 비난은 되풀이되었으며, 현자가 반드시 빈곤할 필요는 없다고 답했다. 만약 정당하게 얻은 재산이라면 가져도 좋다. 하지만 언제라도 후회 없이 재산을 포기할 수 있어야 한다.[18] 그 사이에 그는 멋진 가구에 둘러싸여 금욕적으로 살았고, 딱딱한 침상에서 잠을 잤으며, 물만 마셨다. 그리고 너무 적게 먹었으므로 그가 죽었을 때 영양실조로 몸이 야위었다.[19] 세네카는 "남아돌아 갈 만큼 많은 음식은 의식을 무디게 하고, 과도한 음식은 영혼을 질식시킨다."라고 썼다.[20] 성적 난잡함에 대한 비난은 아마도 그의 젊은 시절에 해당되었던 것 같다. 하지만 그는 아내에 대한 변치 않는 애정으로 유명했다. 솔직히 그는 철학이나 권력, 지혜나 쾌락 중에 어느 것을 더 좋아했는지 결정을 내리지 않았다. 게다가 그는 그것들이 대립하는 것인지에 대해서도 확신하지 못했다. 그는 자신이 불완전한 현자라는 것을 인정했다. "나는 고집스럽게 내가 이끌었던 삶이 아니라 내가 이끌어야 하는 삶을 찬양한다. 나는 멀리 떨어져서 서서히 움직이며 삶을 따라간다."[21] 우리들 중에 누가 여기에 해당되는가? 만약 그가 "자비는 어느 누구에게도 왕이나 군주만큼 잘 어울리지 않는다."라고 한 말이 진심에서 우러난 것이 아니라면,[22] 그는 적어도 거의 포르티아만큼 잘 감정을 표현한 것이다. 그는 죽을 때까지 검투사 싸움을 비난했는데,[23] 네로는 이를 금지했다. 타키투스가 말한 대로 세네카는 "지혜를 나누어 주는 자비로움"으로 많은 비판을 무력화시켰다.[24] 그는 자신이 행한 것 이상의 완벽함을 요구하지 않았다.

그는 네로가 저지른 죄악 중 최악의 것을 눈감아 줌으로써, 즉 "약간의 선행을 행할 힘을 갖도록 수많은 죄악을 너그럽게 봐줌으로써" 자신의 기록에 오점을 남겼다.[25] 그는 수치스럽게 생각했고, 황제에 대한 예속으로부터 벗어나기를 갈망했다. 그는 네로 황제의 궁전을 "노예들의 불행한 감옥"으로 묘사했다. 그는 지혜의 연구에 모든 생애를 바치고 권력의 어두운 미로에서 벗어났고 싶어 했다. 가끔씩 그는 기꺼이 정치의 걱정거리를 잠시 잊고, 60세에 진지한 젊은이처럼 메트로낙스의 철학 강의에 참석하곤 했다.[26] 62년에 66세의 세네카는 약화된 자신의 직위에서 사직할 수 있도록 허락을 청했다. 하지만 네로는 그가 떠나게 내버려 두고 싶지 않았다. 64년의 대화재 이후 네로가 제국 전체에 로마 재건을 위한 기부금을 요구했을 때, 세네카는 자신의 재산 대부분을 기부했다. 점차 그는 궁전에서 물러나는 데 성공했다. 그는 거의 수도사의 생활에 가까운 은둔 생활로 황제의 관심과 밀정들에게서 벗어나기를 바라면서, 자신의 캄파니아 별장에서 살았다. 잠시나마 그는 음식에 독이 들어 있을까 두려워 야생 사과와 수돗물을 주식으로 살았다.

세네카가 자연 과학에 대한 연구인 『자연의 의문들』과 그의 작품 중 가장 호감을 주는 『도덕 서한』을 쓴 것(63~65년)은 이러한 여유 속의 공포 분위기에서였다. 『자연의 의문들』과 『도덕 서한』은 시칠리아의 부유한 총독이자 시인이며 철학자이자 솔직한 에피쿠로스주의자인 친구 루킬리우스에게 생각나는 대로 써서 보낸 사적인 잡담이었다. 로마 문학에서 스토아주의를 대부호의 필요에 맞춰 쓰려는 이러한 세련된 시도보다 더 흥미로운 책을 찾아보기란 거의 불가능하다. 여기에서 경수필(輕隨筆)이 시작된다. 이것은 플루타르코스와 루키아노스, 몽테뉴(Montaigne)와 볼테르(Voltaire), 베이컨(Bacon)과 에디슨(Addison), 그리고 스틸(Steele)이 특히 좋아하는 매개체가 될 것이다. 이러한 서한을 읽는 것은 계몽되고 자비로우며 관용적인 로마인 세네카와 서신을 주고받는 것이다. 그는 문학과 정치 수완과 철학의 정점에 도달했고, 그 깊이를 알았다. 이러한 서한은 에피쿠로스의 관대함, 그리고 플라톤의 매력과 이야기를 나누는 제논이다. 세네카는 루킬리우스에게 "내 서한이 마치 당신과 내가 함께 앉거나 걷고 있는 것처럼 대화도 그러했으면 하고 바랍니다."라고 말하면서 표현법의 경솔함을 사과한다.(그럼에도 불구하고 그의 표현법은 매력이 넘치는 라틴어이다.)[27] 그는 "난 많은 사람들을 위해서가 아니라 당신을 위해서 이 편지를 씁니다. 당신과 나는 서로에게 독자가 되어 주기에 충분합니다."라고 덧붙인다.²⁸ 물론 나이 든 외교관 세네카가 후손들이 자신의 이야기를 엿들어 주기를 바랐을 것이라는 점에는 의심의 여지가 없다. 그는 자신의 천식을 생생하게, 그러나 자기 연민 없이 묘사한다. 그는 천식을 1시간 동안 "숨을 헐떡거림으로써 죽는 연습을 하는 것"이라고 기분 좋게 말한다. 그는 이제 67세이지만 신체상의 나이만 그렇다. 즉 그의 말에 따르면 "나의 정신은 강하고 기민하다. 그리고 노년을 주제로 나 자신과 논쟁한다. 나의 정신은 내게 말한다. 노년은 개화기라고."²⁹ 세네카는 마침내 오랫동안 제쳐 두었던 좋은 책들을 읽을 수 있는 시간을 갖게 되어 기뻐한다. 그는 에피쿠로스를 다시 읽었다. 왜냐하면 스토아주의자에게는 불명예스럽게도 에피쿠로스를 빈번히, 그리고 열정적으로 인용하기 때문이다. 그는 칼리굴라, 네로, 그리고 수많은 사람들에게서 과도한 개인주의와 자기 방종 때문에 놀란다. 그는 도덕적 성숙에 앞서 해방된 정신을 포위하는 유혹에 어떤 평형추를 제안하고 싶어 한다. 그리고 그는 대가의 입으로 에피쿠로스주의자들을 논박하기로 결심한 듯하다. 에피쿠로스주의자들은 그의 이름을 비방했으며, 그의 이론을 이해하려 들지 않았다.

철학의 첫 번째 가르침은 우리가 모든 것에 현명해질 수는 없다는 것이다. 우리는 무한 속의 파편이고 영원 속의 순간이다. 왜냐하면 우주, 즉 절대자(신)를 묘사하기 위해 두 갈래 진 원자들이 행성을 흥겹게 떨리도록 해야 하기 때문이다. 따라서 세네카에게는 형이상학이나 신학을 사용할 용도가 전혀 없다. 그의 저작을 통해 그가 일신론자, 다신론자, 범신론자, 물질주의자, 플라톤주의자, 일원론자, 그리고 이원론자였음이 입증될 수 있다. 그에게 가끔 신은 모든 것을 돌보고, "선인들을 사랑하며",³⁰ 그들의 기도에 응답하고, 신의 은총으로 그들을 돕는³¹ 개인적인 섭리이다. 다른 구절에서 신은 원인과 결과의 깨어지지 않는 사슬에서 제1원인이며, 궁극적인 힘은 운명이다. 이것은 인간과 신의 문제에 똑같이 영향을 주고 …… 자발적인 것을 이끌고 비자발적인 것을 끌어내는 돌이킬 수 없는 원인이다.³² 비슷한 우유부단함이 정신에 대한 그의 개념을 모호하게 한다. 즉 정신은 육체에 생명을 주는 정교한 육체의 호흡이다. 하지만 정신은 인간의 육체 속에 "손님으로 거주하는 신"이기도 하다.[33] 그는 내세의 삶을 희망적으로 말한다. 그곳에서는 지식과 덕이 완성될 것이다.[34] 그리고 그는 재차 불멸을 "아름다운 꿈"으로 부른다.[35] 사실 세네카는 이러한 문제를 일관된 결론으로 생각해 낸 적이 결코 없었다. 그는 모든 사람의 견해에 동의하는 정치가의 모순된 언행으로 이러한 문제에 대해 이야기한다. 그는 아버지의 웅변 교습을 성공적으로 따랐으며 모든 관점을 압도적인 웅변으로 표현한다.

똑같은 우유부단함이 그의 도덕 철학을 훼손하기도 하고 빛이 나게도 한다. 그는 너무 스토아적이어서 현실적일 수 없고, 너무 관대해서 스토아적일 수 없다. 그는 자신의 주위에서 육체를 기진맥진하게 하고 정신의 가치를 저하시켜서 결코 어느 한쪽도 만족시켜 주지 못하는 부도덕을 본다. 탐욕과 사치는 평화와 건강을 파괴했고, 권력은 인간을 더 능력 있는 짐승으로 만들었을 뿐이다. 어떻게 인간이 이러한 불명예스러운 불안으로부터 벗어날 수 있을까?

난 오늘 에피쿠로스를 읽는다. "진정한 자유를 누리고 싶다면 철학의 노예가 되어야 한다." 철학에 복종하는 사람은 즉시 자유로워진다. …… 치유된 육체는 자주 다시 아프다. …… 하지만 일단 치유된 정신은 영원히 치유된다. 난 건강의 뜻으로 말하려는 것이다. 만약 정신이 만족하고 있고 확신하고 있다면, 그리고 모든 사람이 기도하는 것들, 즉 추구되거나 주어진 모든 이득이 행복한 삶과 관련해 전혀 중요하지 않다는 것을 정신이 이해한다면 …… 네 자신과 네 발전을 판단할 수 있는 규칙을 주겠다. 성공한 사람이 모든 사람들 중에 가장 불행한 사람이라는 것을 깨닫게 될 그날이 되면 넌 인정받을 것이다.[36]

철학은 지혜의 과학이며, 지혜는 생활의 기술이다. 행복은 목표이지만, 쾌락이 아닌 덕은 목표를 향해 가는 길이다. 조롱받던 옛날의 격언들이 옳다는 것이 경험을 통해 계속 확인된다. 결국 정직, 정의, 인내, 친절이 쾌락의 추구에서 생기는 것보다 더 많은 행복을 가져다준다. 쾌락은 덕과 일치할 때만 좋다. 쾌락이 현명한 사람의 목표일 리 없다. 쾌락을 인생의 목표를 삼는 사람은 자신에게 던져진 모든 고기 조각을 달려들어 물고 한입에 삼킨 다음, 맛을 음미하는 대신 입을 쩍 벌리고 더 많은 고기 조각을 애타게 기다리는 개와 같다.[37]

하지만 어떻게 하면 지혜를 얻을 수 있을까? 조금씩이라도 매일 지혜를 실천함으로써, 하루가 끝날 때 매일 당신의 행동을 검토함으로써, 당신 자신의 잘못에는 엄격해지고 다른 사람의 잘못에는 관대해짐으로써, 지혜와 덕에서 당신을 능가하는 사람들과 교제함으로써, 그리고 어떤 이름 난 현자를 당신의 숨은 조언자와 재판관으로 받아들임으로써 지혜를 얻을 수 있다. 철학자들의 책을 읽는 것으로 도움 받을 것이다. 간추린 철학 이야기가 아니라 원작들을 읽는 것이 도움이 될 것이다. "요약본으로 철학자들의 지혜를 훑어볼 수 있다는 희망을 버려라."[38] "모든 철학자들이 당신을 더 행복하고 더 헌신적이게 만들 것이며, 어떤 철학자도 당신이 빈손으로 떠나지 않게 할 것이다. …… 철학자들의 보호에 자신을 맡겼던 사람에게는 행복과 고상한 노년이 기다리지 않을까!"[39] 많은 책보다는 좋은 책을 여러 번 읽어라. 천천히 여행해라. 그리고 지나치게 많이 여행하지 마라. "호기심과 일탈을 억제하지 않는 정신은 원숙해질 수 없다."[40] "질서가 잘 잡힌 정신의 가장 중요한 징후는 한 장소에 머물 수 있고, 자신이 속한 집단에서 오래 머물 수 있는 능력이다."[41] 군중을 피해라. "사람들은 개별적으로 있을 때보다 함께 있을 때 더 사악하다. 만약 당신이 어쩔 수 없이 군중 속에 있게 된다면, 무엇보다도 당신 자신 속으로 침잠해야 한다."[42]

스토아 철학의 마지막 가르침은 죽음에 대한 무시와 선택이다. 삶이란 계속될 만한 가치가 있을 만큼 항상 즐거운 것은 아니다. 삶의 변덕스러운 열병 이후에는 자는 것이 좋다. "평화의 입구에서 초조해 하는 것보다 더 저급한 것이 있을까?"[43] 만약 삶이 고통스럽다면, 그리고 다른 사람에게 심각한 피해를 주지 않고 삶을 떠날 수 있다면, 자신이 떠날 시간과 길을 자유롭게 선택해야 한다. 세네카는 자신이 루킬리우스의 상속인이나 되는 것처럼 그에게 자살을 권유한다.

이것이 우리가 삶에 대해 불평할 수 없는 한 가지 이유이다. 삶은 어느 누구도 거역하지 못하게 한다. …… 당신은 체중을 줄일 목적으로 혈관을 끊었다. 만약 당신이 심장을 찌르면, 벌어진 상처는 불가피하지 않다. 외과 수술용 작은 칼이 자유로 가는 길을 열어 줄 것이다. 그리고 평온함은 작은 상처를 희생하여 얻어질 수 있다.[44] …… 당신이 어디를 바라보든 간에, 고통의 끝은 있다. 그러한 벼랑을 아는가? 그것은 자유를 향해 내려가는 것이다. 그러한 강, 그러한 저수지, 그러한 바다를 아는가? 자유는 깊은 곳에 있다.[45] …… 하지만 난 너무 오래 달려오고 있다. 만약 편지를 끝낼 수 없다면 어떻게 한 인간이 그의 삶을 끝낼 수 있을까?[46] …… 경애하는 루킬리우스여, 난 충분히 오래 살았소. 난 실컷 먹어도 보았소. 난 죽음을 기다린다오. 안녕.[47]

삶은 세네카의 말을 곧이곧대로 믿었다. 네로는 호민관을 보내 그가 피소를 황제로 만들려는 음모를 꾸몄다는 혐의에 대해 답을 받아 오게 했다. 세네카는 자신이 더 이상 정치에 관심이 없으며, 단지 평화와 "허약하고 미쳐 있는 체질"에 합류할 기회만을 찾고 있다고 응답했다. 호민관은 "세네카는 두려움과 슬픔의 징후를 전혀 보이지 않았습니다. …… 그의 말과 표정으로 보아 그의 정신은 차분하고 확고해 보였습니다."라고 보고했다. 네로는 "돌아가서 그에게 죽으라고 말하라."라고 했다. 타키투스의 말에 따르면 "세네카는 황제의 전갈을 침착하게 들었다." 그는 아내를 포옹하면서 자신의 명예로운 삶과 철학의 가르침에 위안받도록 말했다. 하지만 파울리나는 그보다 오래 살기를 거부했다. 그의 혈관이 끊어졌을 때, 그녀도 스스로의 혈관을 끊었다. 세네카는 큰소리로 비서를 불렀고 로마 대중들에게 보내는 이별의 편지를 받아쓰게 했다. 그는 마치 소크라테스처럼 죽기로 결심이나 한 듯 독약 한 잔을 부탁해서 받았다. 의사가 고통을 줄여 주려고 온탕에 데려갔을 때 그는 가장 가까이 있는 하인들에게 물을 뿌리면서, "구원자인 제우스 신에게 술을 올립니다."라고 말했다. 그리고 엄청난 고통 이후에 숨을 거두었다.(65년) 네로의 명령으로 의사가 강제로 파울리나의 손목을 동여매어 피가 흐르지 못하게 했다. 그녀는 세네카보다 몇 년 더 살았지만, 창백한 안색은 그녀의 냉철한 결단력을 상기시켰다.

죽음은 세네카에게 명예를 안겨 주었으며 한 세대가 그의 태도와 언행 불일치를 잊도록 만들어 주었다. 모든 스토아 철학자들처럼 세네카도 권력을 과소평가하고 감정과 열정을 중시하고 이성의 가치와 신뢰성을 과장했다. 그리고 땅에서 선의 꽃뿐만 아니라 악의 꽃까지 재배하는 자연에 너무 많은 신뢰를 보냈다. 하지만 그는 스토아주의를 인간적으로 만들었고, 인간의 범위 안에서 생존할 수 있도록 했으며, 그리스도교로 접근하는 웅장한 길로 만들었다. 비관주의, 당대의 부도덕에 대한 비난, 친절함으로 분노에 응수하라는 조언,[48] 그리고 죽음에 대한 몰두[49] 때문에 테르툴리아누스는 세네카를 "우리 사람"이라고 불렀으며,[50] 아우구스티누스는 "어떤 그리스도교도가 이교도인 세네카가 말했던 것보다 더 많이 말할 수 있었을까?" 하고 외쳤다.[51] 세네카는 그리스도교도가 아니었다. 하지만 적어도 그는 학살과 호색을 끝내도록 요구했고, 사람들에게 소박하고, 난잡하지 않은 삶을 요구했으며, 자유민과 해방노예와 노예 사이의 구분을 "야망이나 부당함에서 기인한 단순한 호칭"[52]으로 격하시켰다. 세네카의 가르침으로 가장 큰 이득을 본 사람은 네로 궁전의 노예였던 에픽테투스였다. 네르바와 트라야누스는 어느 정도 그의 저작을 통해 배웠으며, 그의 양심적이고 인도주의적인 정치 수완의 모범에 고무되었다. 고대 말까지, 그리고 중세를 통해 세네카는 인기를 누렸다. 그리고 르네상스가 나타났을 때 페트라르카는 그를 베르길리우스 바로 다음에 놓았으며, 세네카를 본보기로 하여 자신의 산문을 썼다. 몽테뉴의 처남이 세네카를 프랑스어로 번역했으며, 몽테뉴는 세네카가 에피쿠로스를 인용했던 것처럼 애정을 듬뿍 담아 그를 인용했다. 에머슨(Emerson)은 세네카를 되풀이해서 읽었으며[53] 미국의 세네카와 같은 사람이 되었다. 세네카에게는 독창적인 생각이 거의 없다. 하지만 그것은 용서될 수 있다. 왜냐하면 철학에서 모든 진실은 낡아 빠지고, 실수만이 독창적이기 때문이다. 결함에도 불구하고 그는 로마의 철학자 중 가장 위대했으며, 적어도 그의 책에서 가장 현명하고 친절한 사람 가운데 한 명이었다. 그는 키케로 다음으로 역사상 가장 사랑스러운 위선자였다.

5. 로마의 과학

　　세네카에게 너무 많은 지면이 할애되었음에도 불구하고 그에 대한 이야기는 아직 끝나지 않았다. 왜냐하면 그는 과학자이기도 했기 때문이다. 은퇴와 죽음 사이의 풍요한 시기에 그는 『자연의 의문들』로 즐거운 시간을 보냈으며, 비, 우박, 눈, 바람, 혜성, 무지개, 지진, 강, 샘에 대해 자연의 설명을 모색했다. 희곡 「메데이아」에서 세네카는 대서양 너머 또 다른 대륙의 존재를 암시했다.[54] 비슷한 직관력으로 엄청나게 많은 별들을 응시하면서 세네카는 "우주의 가장 먼 곳에서 움직이는 얼마나 많은 천체들이 아직까지 인간의 눈에 도달하지 않았단 말인가!"라고 썼다.[55] 그리고 천리안으로 세네카는 "우리 자식들은 우리가 이제 알아챌 수 없는 얼마나 많은 것들을 알게 될까! 우리의 이름이 잊힐 때 어떤 다른 이름이 수 세기를 기다릴까! …… 우리 후손들은 우리의 무지에 놀랄 것이다."라고 덧붙였다.[56] 늘 표현력이 풍부했다고는 하지만 세네카는 아리스토텔레스와 아라투스에 아무것도 더하지 않고, 포세이도니우스에게서 많은 것을 차용한다. 그는 점을 믿고, 터무니없는 목적론에 빠지며, 도덕을 심어 주기 위해 도처에서 자신의 과학을 중단한다. 그는 능숙하게 홍합에서 사치로, 그리고 혜성에서 퇴폐로 옮겨 간다. 교회의 교부들은 기상학(氣象學)과 도덕의 이러한 결합을 좋아했고, 『자연의 의문들』을 중세에 가장 인기 있는 과학 교과서로 만들었다.

　　바로, 아그리파, 폼포니우스 멜라, 켈수스처럼 로마에 과학적 생각과 관심을 가진 사람들은 몇몇 있었지만, 지리학, 원예학, 의학 이외에는 거의 없었다. 그 밖의 것에 관하여 과학은 아직 마법, 미신, 신학, 철학으로부터 분리되지 않았다. 과학은 수집된 관찰과 전승, 그리고 드물게 사실들에 대한 새로운 탐구로 구성되었으며, 좀처럼 실험으로는 구성되지 않았다. 천문학은 바빌로니아와 그리스가 전해 준 그대로였다. 시간은 여전히 물시계와 해시계, 그리고 아우구스투스가 이집트에서 약탈해 가져와서 마르스 평원에 세워 둔 거대한 오벨리스크로 알 수 있었다. 황동으로 구별된 포장도로에 드리워진 오벨리스크의 그림자가 시간과 동시에 계절을 나타냈다.[57] 낮과 밤은 일출과 일몰에 의해 일정치 않게 정해졌다. 낮과 밤은 각각 12시간이어서 겨울보다는 여름에 낮의 한 시간이 더 길었고, 밤의 한 시간은 더 짧았다. 점성술은 거의 보편적으로 받아들여졌다. 플리니우스는 당대(서기 70년)에 배운 사람이건 무지한 사람이건 간에, 인간의 운명이 태어난 별자리에 따라 결정된다고 믿었다는 점에 주목했다.[58] 그들은 식물의 생장, 그리고 아마도 동물들의 짝짓기 철이 태양에 의존하고, 사람들의 신체적, 도덕적 특성이 태양에 의해 결정된 기후 요인의 영향을 받으며, 이러한 일반적인 현상들처럼 개개인의 성격과 운명도 충분히 알려지지 않은 천체 상황의 결과라고 그럴듯하게 주장한다. 점성술의 거짓 지식을 거부하던 후기 아카데미의 회의론자들과 점성술을 우상 숭배라고 조롱하던 그리스도교도들만이 점성술을 거부했다. 지리학은 항해를 위해 더욱 현실적으로 연구되었다. 폼포니우스 멜라(서기 43년)는 지구의 표면이 중앙의 열대와 남북의 온대로 나뉜 지도를 펴냈다. 로마의 지리학자들은 유럽, 동남아시아와 남부 아시아, 그리고 북부 아프리카를 알았다. 나머지 지역에 대해서는 모호한 관념과 기상천외의 전설들을 가졌다. 스페인과 아프리카의 선장들은 마데이라 군도와 카나리아 군도에 도달했지만,[59] 세네카의 꿈을 확인하려는 어떤 콜럼버스도 나타나지 않았다.

이탈리아 과학의 가장 광범위하고 부지런하고 비과학적인 산물은 가이우스 플리니우스 세쿤두스의 『자연사』였다.(77년) 거의 전 생애 동안 병사, 변호사, 여행자, 행정가, 그리고 서로마 함대 사령관으로 바빴다고는 하지만 플리니우스는 웅변술, 문법, 던지는 창에 관한 글, 로마의 역사, 로마의 게르마니아 전쟁에 대한 또 하나의 역사를 썼다. 홍수처럼 쏟아진 이러한 작품 중에 유일하게 살아남은 것이 『자연사』 37권이다. 그가 이 모든 것을 55년 동안 어떻게 용케 해냈는지는 조카의 편지에서 밝혀진다.

그는 빠른 이해력과 놀라운 열정과 잠 없이 일을 해 나가는 데 필적할 사람이 없는 능력의 소유자였다. 그는 자정이나 새벽 1시에 일어나곤 했으며, 새벽 2시 이후에 일어난 적은 한 번도 없었다. 그리고 집필을 시작한다. …… 동트기 전에 베스파시아누스 황제를 방문하곤 했다. 황제도 마찬가지로 업무를 처리하기 위해 동트기 전 시간을 택했다. 황제가 맡긴 업무를 다 처리한 다음 연구를 위해 집으로 돌아왔다. 정오에 잠깐 가벼운 식사를 하고 나서 …… 그는 여름에는 자주 햇볕 아래에서 휴식을 취하곤 했다. 하지만 휴식을 취하는 동안 어떤 작가의 작품을 들으면서 발췌하고 메모했다. …… 이것이 그가 책을 읽는 방식이었다. …… 그 후 그는 보통 냉욕을 하러 갔고, 가볍게 간식을 했으며, 잠시 휴식을 취했다. 그 다음 마치 새날이 시작된 듯 그는 저녁 식사 때까지 연구를 재개했다. 그때 다시 그에게 읽힌 책을 듣고 메모했다. …… 바로 이것이 그가 도시의 소음과 분주함 사이에서 살아가는 방식이었다. 하지만 시골에서 그의 모든 시간은 실제로 목욕하는 것을 제외하고는 연구에 바쳐졌다. 그는 씻기고 닦이는 동안 내내 그에게 읽힌 책을 듣거나 받아쓰게 하는 데 힘썼다. 여행 중에는 속기사가 전차나 가마에 탄 그를 계속 수행했다. …… 그는 한번은 내가 산책하는 것을 꾸짖었다. 그는 "시간을 허비할 필요가 없어."라고 말했다. 왜냐하면 그는 연구하는 데 쓰이지 않는 시간은 모두 허비된 것으로 생각했기 때문이다.[60]

그렇게 자르고 꿰매어 만들어진 책은 당대의 과학과 오류를 요약한 개인 백과사전이었다. 그는 "나의 목적은 지구 전체에 존재하는 것으로 알려진 모든 것을 전반적으로 묘사하는 것"이라고 말한다.[61] 그는 2만 개의 주제를 다루고 다른 주제를 빠뜨린 것을 사과한다. 그는 473명의 작가가 쓴 2000권의 책을 참조하고, 고대 문학에서는 보기 힘든 솔직함으로 작가들의 이름을 거명함으로써 그들에게 빚을 지고 있음을 인정한다. 그는 무심코 많은 작가들이 선배 작가들의 한마디 한마디를 베꼈음에도 시인하지 않았다는 것을 지적한다. 가끔 화려하기는 하지만 그의 문체는 지루하다. 하지만 백과사전이 정말로 재미있을 것이라고 기대해서는 안 된다.

플리니우스는 신들을 거부하는 것으로 시작한다. 그가 생각하는 신들은 단지 의인화되고 신격화된 자연 현상 아니면 행성에 불과하다. 유일한 신은 자연, 즉 자연력의 합계이다. 그리고 이 신은 분명히 세속 문제에 특별히 신경 쓰지 않는다.[62] 플리니우스는 우주를 측정하는 것을 겸손하게 거부한다. 그의 천문학은 터무니없는 내용들로 가득하다.(예를 들어 "옥타비아누스와 안토니우스의 전쟁 중에 태양이 거의 1년 동안 흐릿한 상태였다."[63]) 하지만 그는 북극광에 주목하고,[64] 어느 정도 근대적으로 화성, 금성, 토성의 궤도 주기를 각각 2년, 12년, 30년이라고 언급한다. 그리고 지구의 구형에 대해 주장한다.[65] 플리니우스는 당시에 지중해에서 솟아난 섬들에 대해 말하면서, 시칠리아와 이탈리아, 보이오티아와 에우보이아, 키프로스와 시리아가 점차 바다의 끈기로 나누어졌다고 추측한다.[66] 그는 힘들고 비천한 귀금속 채광을 다루고 "많은 일꾼들이 작은 감방이 보다 매력적일 수 있을 만큼 지쳐 있다는 것을" 유감으로 생각한다.[67] 그는 철이 결코 발견되지 않았으면 하고 바랐다. 왜냐하면 철이 전쟁을 더 끔찍하게 만들었기 때문이다. 일정한 방향으로 날아가도록 가죽 깃을 장착한 쇠창을 언급하면서 "마치 사람을 더 신속히 죽이기 위한 것처럼, 우리는 철에 날개를 달아 주고 날도록 가르쳤다."[68] 테오프라스토스를 따라 플리니우스는 안트라키티스(anthracitis)라는 이름으로 "불타는 돌"[69]을 언급하지만, 석탄에 대해 그 이상 말하지는 않는다. 그는 그리스인들이 아스베스티논(asbestinon)이라 불렀던 "불에 타지 않는 리넨"에 대해 말한다. "그것은 왕들의 시체에 방부 처리를 하기 위해 사용된다."[70] 그는 많은 동물들을 묘사하거나 열거하고, 그들의 명민함을 찬미하며, 동물들의 성을 미리 결정하는 방법에 대해 말한다. 즉 "만약 암컷을 갖고 싶으면, 어미들이 짝짓기하는 동안 북쪽을 바라보게 하라."[71] 그는 12권의 경이로운 책에서 의학, 즉 여러 광물과 식물의 치료 효험에 대해 이야기한다. 이 중에 로마의 약초 의학서라고 할 만한 것이 있는데, 중세는 이것을 현대 의학의 초기 식물 지식을 구성하도록 전해 주었다. 그는 중독과 입 냄새에서[72] 목 통증[73]까지 모든 것에 대한 치료 방법을 제시한다. 그는 성욕 흥분제[74]를 제시하고, 여성들에게 즉시 유산하지 않으려면 성교하기 전에 재채기를 하지 말라고 경고한다.[75] 그는 육체적 피로, 쉰 목소리, 요통, 시력 약화, 우울증, 정신 착란에 대해서는 성교를 권장한다.[76] 여기에 버클리(Berkeley) 주교의 아편 수용액에 필적하는 만병통치약이 있다. 그러한 무의미한 말 속에서 격세유전(隔世遺傳), 석유, 출생 이후 성의 변화에 대한 흥미로운 언급과 함께 특히 고대 제조업, 풍속 또는 약에 대한 수많은 유용한 정보가 나타난다. "무키아누스는 한때 아르고스에서 전에는 이름이 아레스쿠사였지만 당시에는 아레스콘이었던 사람을 보았다고, 그리고 이 사람이 남자와 결혼했지만 얼마 안 있어 수염과 그 밖의 남성의 특징들이 나타나 아내를 맞았다고 알려 준다."[77] 여기저기에서 유익한 암시들이 나타난다. 예를 들어 힘리(Himly, 1800년)는 백내장 수술 전에 아나갈리스 즙을 사용한다는 플리니우스의 한 구절을 읽으면서[78] 동공에 사리풀과 벨라도나(가짓과의 유독 식물)가 끼치는 효과를 연구하게 되었다.[79] 회화와 조각을 다루는 중요한 장도 있는데, 이는 고대 예술에 대한 가장 오래되고 중요한 설명이다.

플리니우스는 『자연사』에 만족하지 않았다. 또한 그는 철학자가 되고 싶어 했다. 그리고 지면 도처에서 인류에 대해 언급한다. 그는 동물의 삶이 인간의 삶보다 더 낫다고 생각한다. 왜냐하면 "동물은 결코 명예, 돈, 야망 또는 죽음에 대해 생각하지 않기" 때문이다.[80] "동물은 배우지 않고서는 알 수 없고 결코 옷을 입을 필요가 없다. 그리고 동물은 자신의 종들과는 싸우지 않는다. 돈의 발명은 인간의 행복에 치명적이었다. 그리고 그것은 다른 사람이 일하는 동안 누군가는 빈둥거리며 살 수 있는 이자를 가능하게 만들었다."[81] 따라서 부재지주들이 소유하는 대농장이 증가하고 목초지가 경작지로 대체되는 파멸을 가져온다. 플리니우스의 판단에 따르면 삶은 행복보다는 슬픔과 고통을 훨씬 더 많이 가져다주며, 죽음은 최고의 선물이다.[82] 죽음 이후에는 아무것도 없다.[83]

『자연사』는 지속적으로 로마인의 무지에 기념비적인 작품이다. 플리니우스는 어떤 다른 것만큼 열심히 미신, 전조, 사랑의 주문, 마법의 치료를 수집하고, 그것들 대부분을 믿는다. 그는 특히 단식하는 사람이 뱀의 입 안에 침을 뱉으면 뱀을 죽일 수 있다고 믿는다.[84] "루시타니아(지금의 포르투갈)에서는 암말이 서풍에 의해 수태한다는 것이 잘 알려져 있다."[85] 플리니우스는 마법을 비난한다. 하지만 그는 "생리 중인 여성이 접근할 때에 포도즙은 시큼할 것이고, 그녀가 만진 씨앗은 열매를 맺지 못할 것이다. 그리고 그녀가 앉아 있는 나무 아래로 열매가 떨어질 것이다. 그녀의 눈빛은 강철의 날을 무디게 하고 상아의 광택을 빼앗아 갈 것이다. 벌 떼들이 그녀의 눈빛을 바라보면 곧 죽을 것이다."[86] 우리가 『자연사』와 세네카의 『자연의 의문들』을 중세에 전해진 로마 자연 과학의 주요 유산이라고 생각할 때, 그리고 400년 앞선 아리스토텔레스와 테오프라스토스의 유사한 작품과 비교할 때, 사멸해 가는 한 문화의 완만한 비극을 느끼게 된다. 로마인들은 그리스 세계를 정복했지만, 그리스 세계 유산의 가장 소중한 부분을 이미 잃어버렸다.

6. 로마의 의학

로마인들은 의학에서 더 뛰어난 능력을 발휘했다. 의학 또한 그리스인들에게서 차용했지만, 로마인들은 그것을 제대로 체계화했으며, 개인 및 공공 위생에 능숙하게 적용했다. 대부분 습지로 둘러싸이고 악취 나는 홍수를 자주 겪은 로마는 특별히 공공 위생이 필요했다. 기원전 2세기 무렵 로마에 말라리아가 발생한 것으로 알려지고 있다. 말라리아모기가 폰티네 습지에 자리를 잡았다.[87] 사치가 증가하면서 통풍이 확산되었다. 소(小)플리니우스는 친구인 코르넬리우스 루푸스가 33세부터 자살하기 전인 67세까지 어떻게 통풍에 시달렸는지 말해 준다. 루푸스는 "저 산적 같은 도미티아누스"보다 하루 더 오래 사는 기쁨을 누렸을 뿐이다.[88] 로마의 풍자 시인들의 몇몇 구절에서 서기 1세기에 매독의 출현이 암시되고 있다.[89] 대역병이 기원전 23년, 서기 65년, 79년, 그리고 166년에 중부 이탈리아를 휩쓸었다.

사람들은 옛날부터 마법과 기도로 질병과 전염병에 맞서려고 애썼다. 지금 이 순간에도 그들은 의심 많지만 선뜻 남의 말을 잘 듣는 베스파시아누스에게 그의 침으로 실명을, 그리고 그의 발을 만지는 것으로 절뚝거림을 치료해 달라고 간청했다.[90] 그들은 자신들의 질병과 공물을 아스클레피오스 신전과 미네르바 신전에 가져왔으며, 많은 사람들이 치료에 감사하며 선물을 두고 갔다. 하지만 기원전 1세기에 그들은 점점 더 세속적인 의학에 의지했다. 아직까지는 국가가 의료 행위를 규제하지 않았다. 제화공, 이발사, 목수가 영업에 의료 행위를 추가했고, 마법의 도움을 구했다. 그리고 직접 약을 조제하고 광고하고 판매했다.[91] 풍자와 불만은 흔하게 볼 수 있는 현상이었다. 플리니우스는 "우리의 아내들을 유혹하고, 독을 먹여서 부자가 되며, 우리가 당한 고통으로 배우고, 우리를 죽여서 실험하는" 그리스인 의사들에 대한 대(大)카토의 저주를 되풀이했다.[92] 페트로니우스, 마르티알리스, 에우베날리스가 공격에 가담했다. 그리고 한 세기 후에 루키아노스는 기구의 정확함 밑에 숨어 무능함을 감춘 무자격 개업의들을 비난하곤 했다.[93]

그럼에도 불구하고 의학은 알렉산드리아, 코스, 트랄레스, 밀레토스, 에페소스, 그리고 페르가몬에서 주목할 만한 발전을 했다. 그리고 이러한 중심지에서 온 그리스인 의사들이 로마의 의료 행위를 상당한 수준으로 끌어올렸다. 그래서 카이사르는 로마에서 의사에게 선거권을 주었으며 아우구스투스는 세금을 면제했다. 프루사의 아스클레피아데스는 카이사르, 크라수스, 안토니우스와 친목을 다졌다. 그는 심장이 몸 곳곳에 혈액과 공기를 내보낸다는 것을 밝혀냈다. 그리고 드물게 약이나 강력한 설사약을 처방했다. 게다가 수(水)치료법(목욕, 찜질, 관장), 마사지, 일광욕,

운동(산책, 승마), 식이 요법, 단식, 육류 절제로 인상 깊은 치료를 수행했다. 그는 말라리아 치료와 인후 수술과 정신 이상자에 대한 인도적인 취급으로 유명했다.[94] 그는 주위에 제자들을 모았으며 그들 중 일부를 데리고 회진했다. 그가 죽은 뒤에 제자들과 일부 비슷한 학생들이 조합을 구성하고 자신들의 힘으로 의학 학교(Schola Medicorum)라는 회합 장소를 만들었다.

베스파시아누스 치세에 의학 수업을 위한 대강의실이 개방되었으며, 자타가 공인하는 교사들이 국가로부터 급여를 받았다. 그리스어가 의학 수업에 사용되었으며, 이제는 다양한 언어를 쓰는 사람들이 이해하기 쉬운 라틴어가 처방전에 사용되었다. 공립 학교 졸업생들이 국가 의사의 칭호를 받았으며, 베스파시아누스 이후에는 그들만이 로마에서 합법적으로 개업할 수 있었다.[95] 아퀼리우스 법은 의사들에 대한 국가 감독을 규정했으며, 그들에게 과실에 대한 책임을 지게 했다. 그리고 코르넬리우스 법은 부주의나 비난받을 만한 무지로 환자의 사망을 초래한 의사들을 처벌했다.[96] 돌팔이 의사들이 자취를 감추지 않았지만 정상적인 진료 행위도 증가했다. 대부분의 로마인들이 산파를 통해 태어났지만 많은 산파들이 충분한 훈련을 받았다.[97] 100년 무렵 군사 의학이 고대에 전성기를 누리고 있었다. 모든 군단은 스물네 명의 외과 의사를 보유했고, 응급 서비스와 야전 구급 부대 서비스가 훌륭하게 조직되었으며, 모든 중요한 야영지 근처에 병원이 설립되었다.[98] 의사들이 개인 병원을 개업했으며, 이것으로부터 중세의 공공 병원이 발전했다. 빈민들에게 무료 진료를 하도록 국가가 의사들을 임명하고 급여를 지불했다.[99] 부자들은 직접 자신들의 의사를 보유했으며, 보수를 많이 받는 주치의들이 황제와 그의 가족, 하인, 측근을 돌보았다. 이따금씩 가족들이 일정 기간 동안 건강과 질병을 돌보기 위해 의사와 계약을 맺곤 했다. 이렇게 해서 퀸투스 스테르티니우스는 1년에 60만 세스테르티우스를 벌었다.[100] 클라우디우스에 의해 1000만 세스테르티우스의 벌금을 부과받은 외과 의사 알콘은 몇 년 치의 보수로 벌금을 납부했다.[101]

이제 의사라는 직업은 고도로 전문화되었다. 비뇨기과 의사, 부인과 의사, 산과 의사, 눈과 귀 분야의 전문의, 수의사, 치과 의사가 있었다. 로마인들은 금니, 보철

치아, 틀니, 의치를 가질 수 있었다.[102] 여자 의사들이 많이 있었다. 그들 중 일부는 귀부인들과 매춘부들 사이에 인기가 높은 낙태 안내서를 썼다. 외과 의사들은 더 많은 전문 분야로 분류되었으며 일반 진료에 거의 종사하지 않았다. 독말풀 즙이나 아트로핀이 마취제로 사용되었다.[103] 200개 이상의 외과용 수술 기구들이 폼페이의 유적들에서 발견되었다. 절개는 불법이었지만 부상당하거나 죽어 가는 검투사들에 대한 진찰은 자주 대리인을 내세웠다. 수치료가 인기가 있었다. 어느 정도 대규모인 공중목욕장이 수치료 시설이었다. 마르세유의 카르미스는 냉욕장을 운영해 부자가 되었다. 폐결핵 환자는 이집트나 북아프리카로 보내졌다. 유황이 피부 특효약으로, 그리고 전염병 이후에 방을 훈증 소독하기 위해 사용되었다.[104] 약은 마지막 수단이었지만 빈번하게 사용되었다. 의사들은 대중들이 알지 못하는 비밀 과정을 통해 약을 만들었으며, 모든 약에 대해서는 환자들이 지불에 납득할 수 있는 만큼의 가격을 부과했다.[105] 역겨운 약들이 높은 관심을 받았다. 도마뱀의 썩은 고기가 설사약으로 사용되었으며, 사람의 내장이 가끔씩 처방되었다. 안토니우스 무사는 급성 통증을 치료하기 위해 개의 배설물을 권장했으며, 갈레노스는 인후의 종기에 사내아이의 배설물을 썼다.[106] 이 모든 것의 보상으로 한 쾌활한 돌팔이 의사가 대부분의 모든 병을 포도주로 치료하는 방법을 제시했다.[107]

이 시기에 알려진 의학서 저술가들 중에 로마인은 한 명에 불과했으며, 그는 의사가 아니었다. 아우렐리우스 코르넬리우스 켈수스는 서기 30년 무렵 농업, 전쟁, 웅변술, 법률, 철학, 의학에 대한 자신의 연구를 한 권의 백과사전으로 묶었는데, 「의학에 관하여」라는 부분만이 전해 오고 있을 뿐이다. 그가 그리스 의학의 전문 용어를 번역하는 데 사용하던 라틴어가 이후 줄곧 의학을 지배했다. 제6권은 고대의 성병에 대해 상당한 지식을 전해 주고 있다. 제7권은 외과 수술 방식을 계몽적으로 기술하고 있다. 여기에서는 혈관 등을 묶는 데 쓰는 실이 처음으로 설명되고 있으며, 편도 절제술, 측면 결석 제거술, 성형 수술, 백내장 수술이 묘사되고 있다. 대체로 「의학에 관하여」는 로마의 과학적 저술이 이루어 낸 실질적인 성취이다. 만약 플리니우스의 저작이 알려지지 않았더라면, 로마의 과학에 더 나은 평가를 할 수 있었을 것이다. 학자들이 켈수스의 저술이 대체로 그리스 텍스트들을 편집하거나 의역한 것이라고 결론 내렸다는 것은 유감이다.[108] 중세에 분실된 「의학에 관하여」는 15세기에 재발견되었고, 히포크라테스나 갈레노스에 앞서서 출간되었으며, 근대의 의학 재건을 자극하는 데 주도적인 역할을 했다.

7. 퀸틸리아누스

베스파시아누스가 로마에서 웅변술 국가 교사직을 제정했을 때, 그는 은(銀)의 시대의 대단히 많은 저술가들처럼 스페인 태생이던 사람을 이 직위에 임명했다. 마르쿠스 파비우스 퀸틸리아누스는 칼라구리스에서 태어났고(서기 35년?) 웅변술을 공부하기 위해 로마로 갔으며, 로마에 웅변술 학교를 열었다. 그의 제자 중에는 타키투스와 소(小)플리니우스가 포함되어 있었다. 에우베날리스는 전성기 때의 그를 잘생기고, 고상하고, 현명하고, 예의 바르고, 멋진 목소리와 말투, 그리고 원로원 의원의 위엄을 가진 사람으로 묘사한다. 노년에 퀸틸리아누스는 아들을 지도하기 위해 자신의 주제에 대한 논의인 『웅변 교수론(敎授論)』을 쓰기 위해 은퇴했다.(96년)

난 이 작품이 내 아들의 유산 중 가장 소중한 것이 될 것으로 생각했다. 아들의 능력이 너무 뛰어나서 이 작품은 아버지 입장에서 가장 염려스러운 수양을 요구했. …… 밤낮으로 난 이것을 구상했으며 혹여나 이 일을 마무리하지 못하고 죽을까 두려워 구상을 완성하려고 서둘렀다. 그때 갑작스럽게 나의 노력의 성공이 이제 나 자신과 마찬가지로 어느 누구에게도 흥미를 갖게 하지 못한다는 생각이 나를 짓눌렀다. …… 내가 최고의 기대를 걸었던, 그리고 나의 노년에 위안을 줄 모든 희망을 의지했던 아들을 잃어버렸던 것이다.[109]

그의 아내는 두 명의 아들을 남기고 열아홉 살에 죽었다. 아들 중 한 명이 다섯 살에 죽었다. 그의 죽음은 "이를테면 두 눈 가운데 하나를 잃은 기분이었다." 이제 나이 든 퀸틸리아누스는 또 한 명의 가장 아끼고 사랑하는 아들을 떠나보내게 되었다.

퀸틸리아누스는 웅변술을 잘 말하는 기술로 정의한다. 웅변가의 훈련은 태어나기 전부터 시작해야 한다. 다시 말하자면 웅변가는 그가 직접 호흡하는 공기로부터 정확한 언어와 바른 예법을 물려받기 위해 교육받은 부모에게서 태어나는 것이 바람직하다. 한 세대 동안 교양 있고 동시에 고귀한 신분의 소유자가 되기란 불가능하다. 미래의 웅변가는 화음을 알기 위해 음악을, 우아함과 율동을 알기 위해 춤을, 손짓과 몸짓으로 자신의 웅변에 생명력을 불어넣기 위해 연극을, 건강과 힘을 유지하기 위해 체조를, 자신의 표현 방법을 만들어 내고 기억력을 훈련시키기 위해, 그리고 위대한 사상의 보물로 자신을 무장시키기 위해 문학을, 어느 정도 자연에 대한 이해와 친숙해지기 위해 과학을, 그리고 이성의 명령과 현자들의 가르침에 따라 자신의 성격을 형성하기 위해 철학을 공부해야 한다. 왜냐하면 언어의 압도적인 진정성을 야기할 정도의 성실한 태도와 고결한 정신이 존재하지 않는다면, 이러한 모든 준비는 전혀 쓸모가 없을 것이기 때문이다. 따라서 학생은 가능한 많이, 그리고 최대한 신중하게 써야 한다. 그것은 힘든 훈련이고, 퀸틸리아누스는 "나의 독자 중 어느 누구도 그것의 금전적 가치를 계산하려 들지 않을 것으로 믿는다."라고 말한다.[110]

웅변 자체는 다섯 단계, 즉 구상, 정리, 표현법, 기억, 그리고 말투로 이루어진다. 웅변가는 주제를 선택하고 분명하게 목적을 생각한 다음 관찰과 탐구를 통해, 그리고 책에서 논거를 수집해야 한다. 그리고 자신의 논거를 논리적, 심리적으로 정리해야 한다. 그렇게 해야 각 부분이 적절한 위치에 자리를 잡게 되고 기하학에서처럼 다음 부분으로 자연스럽게 이어질 것이다.[111] 잘 짜인 연설은 도입부, 제안, 논거, 반박, 그리고 맺는말로 구성될 것이다. 연설은 완전히 기억될 수 있을 때에만 상세하게 쓰여져야 한다. 그렇지 않으면 쓰여진 문구에 대한 단편적인 기억 때문에 즉흥적인 표현법이 방해받고 혼란스러워질 것이다. "빨리 쓰면 결코 잘 쓰지 못할 것이다. 하지만 잘 쓰면 곧 빨리 쓸 것이다.", "이제는 작가들 사이에서 유행이 되어 버린 게으른 구술의 즐거움을" 피해라.112 "명쾌함이 첫 번째 필수 요소이고", 그 다음 간결, 묘미, 그리고 박진감이 그 뒤를 잇는다. 되풀이해서, 그리고 냉정하게 수정해라.

삭제는 쓰기만큼 중요하다. 과장된 것은 제거하고, 진부한 것은 고상하게 하고, 무질서한 것은 정리하고, 언어가 조잡한 곳에는 운율을 도입하라. 그리고 너무 독단적인 곳은 완화하라. …… 최상의 수정 방법은 우리가 썼던 것을 잠시 제쳐 두는 것이다. 왜냐하면 우리가 그것을 다시 보았을 때, 다른 사람의 작품인 것처럼 참신한 면을 볼 수 있도록 하기 위해서이다. 이렇게 해서 신생아에게 아낌없이 쏟는 애정으로 우리의 작품을 대함으로써 우리 자신을 지켜 나갈 수 있다.113

작문처럼 말투도 감정을 불러일으켜야 한다. 하지만 지나친 몸짓은 삼가라. "청중을 사로잡게 하는 것은 감정과 상상력의 힘이다." 하지만 "손을 들어 올려 소리 지르고 고함쳐라. 머리를 흔들어라. 손을 세게 마주쳐라. 넓적다리와 가슴과 이마를 찰싹 쳐라. 그러면 더 멍청한 청중들의 마음속으로 곧장 파고들어 갈 것이다."114

퀸틸리아누스는 자신의 책 제12권에서 이 모든 조언에 고대로부터 전해진 최고의 문학 비평을 덧붙인다. 그는 프론토처럼 카토와 엔니우스의 거친 단순함으로 되돌아가려 하지 않지만, 세네카의 "관능적이고 허세 부리는" 유창함은 더욱더 피하려고 한다. 그는 학생들에 대한 모범으로 키케로의 힘차면서도 세련된 언어를 더 좋아한다. 그의 시에서 키케로는 그리스인을 능가했던 한 명의 로마인 작가였다.115 퀸틸리아누스 자신의 표현법은 대체로 정의, 분류, 구별로 침체해 있고, 세네카를 비난하는 웅변으로만 출세한 교사의 표현법이었다. 하지만 그의 표현법은 활력에 넘쳐서 이따금 인간애와 위트의 필치로 그 가치가 빛난다. 단어들이 갖는 분별력 뒤에서 언제나 퀸틸리아누스의 은은한 미덕이 느껴진다. 그를 읽는다는 것은 도덕적 자극이다. 아마도 명예스럽게도 그의 가르침을 받은 로마인들은 문학의 다른 어떤 탁월함보다도 소(小)플리니우스와 타키투스 시대를 고상하게 만든 도덕 혁신을 받아들였다.

8. 스타티우스와 마르티알리스

동시대에 활동하며 동일한 황제와 후원자의 총애를 받고, 그럼에도 불구하고 서로에 대해서는 전혀 말하지 않던 마지막 두 명의 시인이 우리 앞에 남아 있다. 제국 로마의 역사에서 한 명은 가장 순수한 시인이었고, 다른 한 명은 가장 천박한 시인이었다. 푸블리우스 파피니우스 스타티우스는 나폴리의 시인이자 문법학자의 아들이었다. 그가 자란 환경과 교육은 그에게 돈과 천재성을 제외한 모든 것을 주었다. 그는 혀 짧은 소리로 말했고, 즉흥시로 명사들의 모임인 살롱을 깜짝 놀라게 했으며, 테베를 공략했던 일곱 장군의 전투에 관한 서사시 「테바이드」를 저술했다. 우리는 오늘날 「테바이드」를 읽을 수 없다. 왜냐하면 죽은 신들이 방해하고 잔잔한 시편이 아주 강력한 최면 성분을 갖고 있기 때문이다. 하지만 그의 동시대 사람들은 그것을 좋아했다. 군중들은 그가 나폴리 극장에서 「테바이드」를 낭송하는 것을 듣기 위해 모여들었다. 그들은 그의 신화적 장치를 이해했고, 감정의 섬세함에 환호했으며, 그의 시가 막힘없이 혀에서 내뱉어지고 있다는 것을 알았다. 알바누스 시 경연 대회의 심사 위원들이 그에게 일등상을 수여했다. 부자들은 친구가 되어 그가 빈곤하지 않도록 도와주었다.[116] 도미티아누스 황제가 직접 그를 궁전의 만찬에 초대했으며, 스타티우스는 이에 대한 보답으로 궁전을 천국, 황제를 신으로 묘사했다.

도미티아누스 황제와 그 밖의 후원자들, 아버지와 친구들에게 스타티우스는 자신의 시 가운데 가장 마음에 드는 「숲」이라는 시를 보냈다. 이 시는 가볍고 즐겁게 읽을 수 있는 가장 평범한 전원시이자 찬미가였다. 하지만 카피톨리누스 경연에서 다른 시인이 일등의 영예를 차지하자 변덕스러운 로마에서 스타티우스의 운세는 기울기 시작했다. 그리고 그는 내키지 않아 하는 아내에게 함께 어린 시절 집으로 돌아가자고 설득했다. 나폴리에서 그는 또 하나의 서사시 「아킬레이드」를 쓰기 시작했다. 그 다음 96년에 갑자기 35세의 젊은 나이에 죽었다. 그는 위대한 시인은 아니었다. 하지만 그는 지나치게 자주 풍자적이고 신랄한 문학 사이에서, 그리고 전례 없이 타락하고 천박한 사회에 둘러싸인 채 친절함과 다정함을 드러내어 환영받았다. 만약 그가 음란했더라면 마르티알리스처럼 유명해졌을 것이다.

마르쿠스 발레리우스 마르티알리스는 서기 40년 스페인의 빌빌리스에서 태어났다. 24세에 로마에 온 그는 루키아노스, 그리고 세네카와 우정을 쌓았다. 퀸틸리아누스는 변호 업무로 생계를 꾸리라고 충고했지만, 마르티알리스는 시로 굶어 죽는 편을 택했다. 친구들이 피소의 음모 사건에 휘말려 갑자기 제거되자 그는 자신의 시를 부자들에게 보내는 신세가 되었다. 부자들은 그가 보낸 짧은 풍자시에 만찬을 제공했다. 그는 3층 다락방에서 아마 혼자 살았던 것 같다. 왜냐하면 그가 스스로 아내라고 부르는 여인에게 두 편의 시를 지었다고는 하지만, 그것들이 너무 음란해서 그녀가 날조된 존재이거나 매춘부였음에 틀림없기 때문이다.[117]

그가 전하는 바에 따르면 그의 시는 제국 전역에서 읽혔다. 심지어 갈리아인들조차 그의 시를 읽었다. 그는 자신이 거의 경주마처럼 유명했다는 것을 알고 기뻐하지만, 책 판매로 자신에게 돌아오는 것은 전혀 없이 출판업자가 부자가 되는 것을 보고 불쾌해 했다. 그는 위신 떨어지게 풍자시 한 구절에서 토가가 몹시 필요하다는 것을 암시했다. 도미티아누스 황제의 부자 해방노예인 파르테니우스가 그에게 토가 한 벌을 보냈다. 그는 2연(聯) 시로 응답했다. 한 연에서는 옷에 대한 신기함에 찬사를 보내고, 다른 한 연에서는 토가의 쓸모없음을 노래했다. 이윽고 그는 씀씀이가 더 큰 후원자들을 찾아냈다. 한 후원자가 그에게 노멘툼의 작은 농장을 주었으며, 그는 그럭저럭 퀴리날리스 언덕에 소박한 집을 살 만큼 돈을 모았다. 그는 차례로 부자들의 피호민 또는 하인이 되어 아침에 그들의 시중을 들었으며, 이따금씩 선물을 받았다. 하지만 자신의 처지에 수치심을 느꼈고, 기꺼이 가난해져서 자유로워질 용기를 갖지 못한 것에 대해 한탄했다.[118] 그는 가난해질 수 없었다. 왜냐하면 자신의 시에 보답할 수 있는 사람들의 집단과 어울려야 했기 때문이다. 그는 도미티아누스 황제에게 아낌없이 찬사를 퍼부었으며, 만약 유피테르와 도미티아누스가 같은 날에 자신을 만찬에 초대한다면, 유피테르의 초대를 거절하겠다고 말했을 정도였다. 하지만 황제는 스타티우스를 더 좋아했다. 마르티알리스는 자기보다 어린 시인 스타티우스를 시기하게 되었고, 생동감 넘치는 풍자시가 생기 없는 서사시보다 더 가치 있다고 넌지시 말했다.[119]

이제까지 풍자시는 어떤 지나간 주제에 대한 듣기 좋은 즉흥적 생각이었으며, 가끔은 헌정사, 찬사, 비문이었다. 마르티알리스는 풍자로 비꼬아서 신랄한 더 짧고, 더 날카로운 풍자시를 만들었다. 우리는 이러한 1561개의 짧은 풍자시를 단번에 읽고 부당하게 평가한다. 그의 풍자시는 다른 시기에 12권의 책으로 나왔으며, 독자는 그의 풍자시를 오래 계속되는 향연이 아닌 전채 요리로서 소량만 사용하도록 기대하게 되었다. 그의 풍자시 대부분은 오늘날 시시해 보인다. 암시는 편협하고 일시적이었다. 마르티알리스는 풍자시를 매우 진지하게 다루지 않는다. 그는 나쁜 풍자시가 좋은 풍자시보다 수적으로 더 많다고 인정하지만, 책 한 권을 풍자시로 가득 채워야 했다.[120] 그는 작시법의 대가이고, 시의 모든 운율과 기교를 알고 있다. 하지만 그는 산문에서 자신과 대등한 상대로 귀족이었던 페트로니우스만큼 당당하게 수사학을 가까이하지 않는다. 마르티알리스는 당대의 문학을 어수선하게 만들었던 신화적 내용에 전혀 관심을 보이지 않는다. 그는 실제 남자와 여자, 그리고 그들의 사적인 생활에 관심을 보이고, 그것을 맛있고 심술궂게 묘사한다. 그는 "나의 지면에는 사람들 맛이 난다."라고 말하고 있다.[121] 그는 격식에 매달린 귀족이나 인색한 대부호, 거만한 변호사나 유명한 웅변가의 "콧대를 꺾을 수" 있다. 하지만 그는 이발사, 구두 수선공, 행상인, 경마 기수, 곡예사, 경매인, 암살자, 성도착자, 매춘부에 대해 말하는 것을 더 좋아한다. 그의 무대는 고대 그리스가 아닌 로마의 욕장, 극장, 거리, 경기장, 가정, 공동 가옥이다. 그는 별 볼 일 없는 사람들을 대표하는 시인이다.

그는 사랑보다는 돈에 더 많은 관심을 갖고, 동성애에 대해 자주 생각한다. 그는 방금 죽은 한 친구의 아이에 대해 다정하게 말하기도 한다. 하지만 그의 책에는 아름답게 꾸민 시구가 전혀 없으며, 심지어 고상한 분노마저 없다. 그는 장황하게 악취에 대해 노래하고, "바사여, 당신의 악취보다 난 이런 모든 악취들이 더 좋아."라고 덧붙인다.[122] 자신의 정부(情婦) 가운데 한 명을 묘사한다.

> 갈라여, 당신의 땋은 머리는 저 멀리서 만들어진다. 밤에 당신은 비단옷을 벗어 놓듯이 이빨을 따로 떼어 둔다. 당신은 수많은 작은 상자 안에 보관된 채로 있다. 그리고 당신의 얼굴은 잠들지 않는다. 당신은 아침에 붙인 눈썹으로 윙크한다. 당신은 살아 있는 당신의 시체 같은 몸을 존중하지 않는다. 당신은 이제 그 몸을 당신 조상들 중 한 명으로 세어도 좋다.[123]

그는 자신을 거부한 여인들에 대해 사내답지 못한 복수심으로 글을 쓰고, 풍자적인 악담을 퍼붓는다. 그의 연애시는 사내아이들을 향한다. 그는 "매정한 사내아이의 키스" 향기의 황홀경에 빠진다.[124] 그의 연애시 중 하나는 그와 견줄 만한 어느 유명한 영국인을 등장하게 했다.

> 사비디우스여, 난 당신을 사랑하지 않아요. 그 이유를 말할 수 없어요.
> 이것만을 말할 수 있어요. 난 당신을 사랑하지 않아요.

확실히 마르티알리스가 좋아하지 않는 많은 것이 있다. 그는 스타티우스가 항상 친구들을 찬양하는 것처럼 자신의 적들을 중상한다. 그의 피해자 가운데 몇몇은 그가 쓴 시보다 더 음란한 시를 그의 이름으로 펴내는 것으로, 그리고 마르티알리스가 기쁘게 하고 싶어 했던 사람들을 공격하는 것으로 보복했다. 기술적으로 완벽한 이러한 풍자시로부터 술집 비뇨기학 용어 전체가 구성될 수 있다.

하지만 마르티알리스는 음란을 가볍게 다룬다. 그는 자신이 살던 시대와 음란을 공유하고, 대저택의 나무 그늘에서 상류 가문의 처녀들마저 그것을 좋아하리라는 것을 결코 의심치 않는다. "루크레티아는 얼굴을 붉혔고 내 책을 내려놓았다. 하지만 브루투스가 나타났다. 이제 브루투스가 사라진다. 그리고 그녀는 다시 내 책을 읽을 것이다."[125] 만약 운율과 어휘 선택이 정확했다면, 그 시대 시인의 방종은 음란한 행위를 허용했다. 가끔씩 마르티알리스는 자신의 음란을 자랑한다. "나의 지면에 음란함이 등장하지 않는 곳이 없다."[126] 더 자주 그는 음란함을 약간 수치스러워하고, 그의 삶이 자신의 시보다 더 깨끗하다는 것을 믿어 줄 것을 간곡히 부탁한다.

마침내 그는 먹을 것의 출처로 찬사와 모욕을 늘어놓는 것에 신물이 났다. 그는 더 평화롭고 건강에 좋은 삶, 그리고 자신이 태어난 스페인의 행락지를 갈망하기 시작했다. 그는 이제 57세로 백발에 수염이 덥수룩했다. 그리고 너무 까무잡잡해서 누구라도 그가 타구스 근처에서 태어났다는 것을 단번에 알아볼 수 있었다. 그는 소(小)플리니우스에게 시인의 찬사를 보냈으며 답례로 빌빌리스까지 가는 요금을 지불할 정도의 액수를 받았다. 작은 마을 빌빌리스는 그의 명성 덕에 그의 행실을 용서하고 환영했다. 그리고 그는 그곳에서 로마에서보다 더 수수했지만 더 인색하지 않은 후원자들을 발견했다. 한 친절한 부인에게서 작은 별장을 선사받고 그곳에서 얼마 남지 않은 여생을 보냈다. 101년에 플리니우스는 "방금 마르티알리스가 죽었다는 소식을 들었다. 난 깊은 슬픔에 빠져들었다. 그는 통렬하고 신랄한 재치의 소유자였다. 그는 자신의 시에 소금과 꿀, 그리고 최소한의 솔직함을 결합했다."라고 썼다.[127] 만약 플리니우스가 그를 사랑했다면, 그에게는 틀림없이 어떤 남모르는 미덕이 존재했을 것이다.

CAESAR AND CHRIST

15장 로마의 일터
서기 14~96

1. 농민

고대 로마의 농업에 관해 쓴 유니우스 콜루멜라의 『농업론』은 은(銀)의 시대를 이야기하고 있다. 퀸틸리아누스, 마르티알리스, 세네카 부자처럼 그도 스페인 출신이었다. 그는 이탈리아의 여러 농장을 경작하고 로마에서 살기 위해 은퇴했다. 그에 따르면 가장 양질의 땅은 부자들의 별장과 정원이 차지하고, 다음으로 질 좋은 땅은 올리브 과수원과 포도밭이 차지했다. 그리고 경작을 위해 남아 있는 것은 질 낮은 땅뿐이었다. "우리는 가장 신분이 낮은 노예들에게 땅의 경작을 맡겼고, 그들은 이방인들처럼 땅을 다룬다." 콜루멜라는 이탈리아의 자유민들이 땅을 경작하면서 강인해져야 했을 때 도시에서 타락해 가고 있었다고 생각했다. "우리는 작물과 포도나무보다는 경기장과 극장에서 능력을 십분 발휘한다." 콜루멜라는 땅을 사랑했고, 육체적으로 땅을 경작하는 것이 도시의 문학적인 교양보다 더 건전하다고 생각했다.

농업은 "지혜와 관련된 생명과도 같은 것이다." 사람들을 다시 경작지로 유인하기 위해서 콜루멜라는 세련된 라틴어로 자신의 작품을 치장했으며, 그가 채소밭과 화초에 대해 이야기하게 되었을 때 열광적인 시에 빠져들었다.

박물학자 플리니우스가 "대농장이 이탈리아를 망쳤다."라고 때 이른 글을 발표한 시기가 바로 이때였다. 이와 비슷한 판단들이 세네카, 루키아노스, 페트로니우스, 마르티알리스, 그리고 에우베날리스에게서 나타난다. 세네카는 족쇄가 채워진 노예들이 일하는 대규모 소 목장을 묘사했다. 어떤 농장은 너무 넓어서 주인들이 말을 타고 갈 수 없을 정도였다고 콜루멜라는 말했다.[1] 플리니우스는 4117명의 노예, 7200마리의 황소, 그리고 25만 7000마리의 다른 동물들을 거느린 농장을 언급한다.[2] 그라쿠스 형제, 카이사르, 그리고 아우구스투스의 토지 분배로 소규모 농지의 수가 증가했지만, 이들 중 상당수가 전쟁 동안에 버려졌고 부자들에게 매입되었다. 황제 통치로 속주에서 약탈이 감소하자 많은 귀족들의 부가 대농장으로 유입되었다. 곡물과 채소를 재배하는 것보다 소, 올리브유, 포도주를 생산하는 것이 엄청난 수익을 가져다주었고, 목장 운영이 가장 많은 이익을 남기기 위해서는 한 번에 넓은 지역을 관리할 필요가 있었으므로 대농장이 확산되었다. 서기 1세기 말 무렵에 이러한 이점은 노예들에 대한 비용 증가와 창의력이 없는 노예 노동으로 점점 줄어들었다.[3] 이제 노예제에서 농노제로의 장기적인 변화가 시작되었다. 평화 때문에 노예 신분의 전쟁 포로 유입이 감소하면서, 일부 대농장 소유주들은 노예로 대농장을 경영하는 대신에 소규모 농지로 나누어 지대를 지불하고 노역을 제공하던 자유민 소작인들에게 임대했다. 국가 소유 대부분의 공유지는 이런 식으로 경작되었으며, 소(小)플리니우스의 광대한 소유지도 마찬가지였다. 그는 자신의 소작인들을 건강하고, 강인하며, 온화하고, 말 많은 소농들로 묘사했다. 이들과 똑같은 소농들을 오늘날 이탈리아 전역에서 볼 수 있다. 모든 것이 변했지만 소농들은 변하지 않고 그대로이다.

경작 방식과 도구는 몇 세기 동안 본질적으로 변하지 않았다. 쟁기, 삽, 괭이, 곡괭이, 쇠스랑, 커다란 낫, 갈퀴 등은 3000년 동안 거의 형태가 바뀌지 않았다. 물이나 짐승들이 돌리는 방앗간에서 곡물을 빻았다. 나사 펌프와 수차가 용수로로 물을 끌어올렸다. 토양은 윤작(輪作)으로 보호되었으며, 두엄, 자주개자리, 토끼풀, 호밀 또는 콩으로 비옥해졌다.[4] 종자 선택 기술이 대단히 발전했다. 숙련된 관리로 캄파니아 평원과 포 강 계곡의 비옥한 경작지에서 연간 세 배, 그리고 가끔 네 배의 수확을 거두어들였다.[5] 자주개자리의 한 번 재배로 10년 동안 매년 4~5배를 수확했다.[6] 유럽에서 가장 보기 드문 채소를 제외하고 모든 것이 재배되었으며, 그중 일부는 동절기 교역을 위해 온실에서 재배되었다. 과일과 모든 종류의 견과가 열리는 나무들이 풍부했다. 왜냐하면 로마의 장군들과 상인들, 게다가 외국인 상인들과 노예들이 수많은 새로운 종을 가져왔기 때문이다. 즉 그들은 페르시아에서 복숭아나무, 아르메니아에서 살구나무, 폰토스의 케라수스에서 벚나무, 시리아에서 포도나무, 다마스쿠스에서 자두나무, 소아시아에서 자두나무와 개암나무, 그리스에서 호두나무, 그리고 아프리카에서 올리브 나무와 무화과나무를 가져왔다. 솜씨 좋은 수목 재배자들은 아르부투스 나무에 호두나무를 접붙였고, 플라타너스에 자두나무를 접붙였으며, 느릅나무에 벚나무를 접붙였다. 플리니우스는 이탈리아에서 재배된 스물아홉 개의 개량 품종을 열거한다.[7] 콜루멜라는 "농부들의 열의로 이탈리아가 거의 전 세계 과일을 재배하는 방법을 알게 되었다."라고 말한다.[8] 결국 이탈리아는 이러한 기술을 서부 유럽과 북부 유럽에 전수했다. 오늘날 풍부한 음식물의 배후에는 광범위한 지리와 오랜 역사가 자리 잡고 있으며, 우리가 먹는 바로 그 음식은 동방의 유산이자 고전 시대의 일부 유산일 것이다.

올리브 과수원은 헤아릴 수 없이 많았고, 포도밭은 경사지에 아름답게 늘어선 채 도처에 있었다. 이탈리아는 50종의 유명한 포도주를 생산했으며, 로마에서만 연간 2500만 갤런을 소비했다. 노예이건 자유민이건 간에, 남자와 여자와 아이들은 각각 일주일에 평균 2분의 1갤런을 소비했다. 대부분의 포도주는 자본주의적으로, 즉 로마에서 자금을 조달받고 대규모 공정을 통해 생산되었다.[9] 많은 제품들이 수출되었고, 게르마니아와 갈리아처럼 맥주를 마시는 나라들에 포도주의 매력이 알려졌다. 서기 1세기 동안 스페인, 아프리카, 그리고 갈리아가 자체적으로 포도를 재배하기 시작했다. 이탈리아의 포도주 양조업자들이 속주에서 차례로 판로를 잃어버리면서, 국내 시장에 포도주가 과잉 공급되기 시작했다. 도미티아누스 황제는 이탈리아에서 더 이상의 포도나무 재배를 금지하고 속주의 포도밭 절반을 파괴하도록 명령함으로써 상황을 완화하는 것뿐만 아니라 곡물 경작을 재건하려고 했다.[10] 도미티아누스의 법령은 격렬한 항의를 불러일으켰으며 시행될 수 없었다. 2세기에 갈리아의 포도주와 스페인, 아프리카, 동방의 식용유가 지중해 시장에서 이탈리아 제품을 밀어내기 시작했다. 이렇게 해서 이탈리아의 경제적 쇠퇴가 시작되었다.

이탈리아 반도의 대부분이 목초지로 사용되었다. 가장 값싼 토양과 노예들이 소, 양, 그리고 돼지 사육에 사용될 수 있었다. 과학적 사육에 세심한 주의가 기울여졌다. 말은 주로 전쟁, 사냥, 경기를 위해 사육되었으며, 짐수레 끄는 동물로 사용되는 경우는 좀처럼 찾아보기 힘들었다. 황소는 쟁기와 수레를 끌었고, 노새는 등에 짐을 실었다. 젖소, 양, 염소에게서 세 종류의 젖이 제공되었으며, 그 젖으로 당시 이탈리아인들은 지금만큼 맛있는 치즈를 만들었다. 도토리와 견과류가 풍부한 숲에 돼지가 무리를 지어 모여들었다. 스트라본의 말에 따르면 로마는 주로 북부 이탈리아의 오크 나무 숲에서 자란 돼지고기를 먹었다고 한다. 가금류는 농가의 안뜰을 기름지게 했으며 가족을 먹여 살리는 데 도움을 주었다. 고대에는 꿀벌이 설탕의 훌륭한 대용품을 제공했다. 여기에 아마와 대마를 재배하는 밭과 약간의 사냥, 그리고 많은 낚시질을 덧붙인다면, 1900년 전과 현재의 이탈리아 농촌 풍경을 얻게 된다.

2. 직공

로마인의 삶에서는 현대 국가들에서처럼 농업과 제조업 사이에 지리적 구분이 없었다. 그리고 아마도 건전한 경제에서는 그러한 구분이 존재하지 않을 것이다. 고대의 시골 집(오두막, 별장 또는 농장)은 실제로 공장과 같았다. 그곳에서는 사람들이 손으로 중요한 작업을 수행했으며, 여성들의 솜씨로 집과 그

주변이 유익한 예술 작품으로 가득했다. 그곳에서는 나무가 집, 연료, 가구로 바뀌었고, 소가 도살되어 요리되었으며, 곡물은 가루로 빻아지고 빵으로 구워졌다. 그리고 음식이 준비되어 보존되었으며, 양모와 리넨이 세척되어 천으로 짜여졌다. 가끔 진흙을 구워 그릇, 벽돌, 타일을 만들었으며, 금속을 두드려 연장을 만들었다. 그곳에서의 삶은 교육에 도움이 될 만큼 풍부하고 다양해서 오늘날처럼 이동이 광범위하고 전문성이 좁혀지는 시대에는 좀처럼 볼 수 없는 모습이었다. 이러한 모습이 빈곤하고 원시적인 경제의 표지는 아니었다. 가장 부유한 가정은 가장 자족적이었고, 그들이 필요로 하는 것 대부분을 만드는 일에 자부심을 가졌다. 가족은 통합된 농업과 제조업에 종사하던 경제적 협력자들로 이루어진 하나의 조직이었다.

직공이 여러 가족을 위해 해야 할 일을 떠맡았을 때, 그리고 모두가 쉽게 갈 수 있는 거리의 중심에 자신의 가게를 차렸을 때, 촌락 경제는 가내 제조업을 보완했지만 대체하지는 않았다. 따라서 제분업자가 많은 경작지의 곡물을 받아서 빻았다. 그리고 나중에는 제분업자가 빵을 굽고, 결국에는 배달까지 했다. 폼페이에서 40곳의 빵집이 발굴되었으며, 로마에서는 가루 반죽 과자를 만드는 사람들이 독립된 조합을 구성했다. 마찬가지로 올리브 작물을 나무 통째로 구입해서 올리브를 따던 계약자들이 있었다.[11] 하지만 대부분의 농장은 계속해서 올리브유를 직접 가공 처리하고 빵을 직접 구웠다. 소농들과 철학자들의 옷은 집에서 소박하게 짠 것들이었지만, 부자들은 비록 집에서 짰다고는 하지만 보풀을 세우고, 세척하고, 표백하고, 마름질한 옷을 입었다. 일부 섬세한 모직물은 제조소에서 만들어졌다. 게다가 돛이나 그물로 만들어지지 않던 리넨은 제조소에서 여성용 의류와 남성용 손수건으로 바뀌었다.[12] 다음 단계에서 천은 염색업자에게 보내졌다. 그는 천을 물들였을 뿐만 아니라 폼페이 벽화의 옷에서 볼 수 있는 것처럼 세련된 디자인으로 무늬를 새겼다. 가죽에 대한 무두질은 공장 단계에 도달했지만, 제화공은 보통 개별적인 직공으로 맞춤 신발을 제작했다. 하지만 일부 제화공은 여성이 신는 화려한 슬리퍼만을 만들었다.

채광업에는 거의 전적으로 노예나 죄수들이 투입되었다. 다키아, 갈리아, 그리고 스페인의 금광과 은광, 스페인과 브리타니아의 납과 주석, 키프로스와 포르투갈의 구리, 시칠리아의 유황, 이탈리아의 염전, 엘바 섬의 철, 루나와 히메토스와 파로스의 대리석, 이집트의 반암(斑巖), 그리고 대체로 하층토의 모든 천연자원은 국가가 소유하고 관리하거나 임대했으며, 국가의 주요 세입원이 되었다. 그리고 스페인의 금만으로 베스파시아누스는 1년에 4400만 달러의 이익을 챙겼다.[13] 광물을 얻으려는 욕망은 제국주의 정복의 주요 명분이었다. 타키투스의 말에 따르면 브리타니아의 광물 자원은 클라우디우스의 원정에서 "승리가 가져다준 상"이었다.[14] 무와 숯이 주요 연료였다. 석유는 콤마게네, 바빌로니아, 파르티아에서 알려졌으며,[15] 사모사타의 방어자들이 루쿨루스의 병사들에게 석유가 묻은 불타는 횃불을 던졌다. 하지만 석유가 연료로서 상업적으로 사용되었다는 흔적은 없다.* 석탄은 펠로폰네소스 반도와 북부 이탈리아에서 발견되었지만, 주로 대장장이들에 의해 사용되었다.[16] 철에 탄소를 혼합해서 강철을 만드는 기술은 이제 이집트에서 제국 전역으로 확산되었다. 대부분의 철공, 구리 세공인, 금 세공인, 그리고 은 세공인이 독립적인 대장간을 가졌으며 한두 명의 견습공과 함께 일했다. 카푸아, 민투르나이, 푸테올리, 아퀼레이아, 코모, 그리고 다른 곳에서 여러 개의 대장간과 제련소가 공장으로 통합되었다. 카푸아의 공장은 분명히 외부에서 자금을 조달받는 대규모 자본가 기업체였다.

벽돌과 타일이 도기 제조소에서 공급되었으며, 많은 도기 제조소들이 공장 단계에 도달해 있었다. 트라야누스, 하드리아누스, 마르쿠스 아우렐리우스가 그러한 공장을 소유했으며 그것으로 재산을 모았다.[17] 아레티움, 무티나, 푸테올리, 수렌툼, 폴렌티아의 가마들이 이탈리아뿐만 아니라 모든 유럽과 아프리카 속주들에 일상적인 식기를 공급했다. 이러한 대량 생산은 예술적 탁월함을 담보할 수 없었다. 이제

---

* 4세기에 불에 타는 나프타가 가득 묻은 불화살이 전쟁 무기 가운데 하나였다. 이 불화살은 활이나 쇠뇌에서 발사되었다. 암미아누스 마르켈리누스의 말에 따르면 "불화살은 어디에 떨어지건 계속 탄다. 그 위에 물을 부으면 불이 더 크게 일어난다. 모래를 뿌리는 것 말고는 불을 끌 수 있는 방법이 전혀 없다."[15a]

노골적으로 양이 강조되었다. 그리고 이탈리아 시장에 가득하던 테라 시길라타(terra sigillata, '서명된 도기')는 의심할 나위 없이 아레티움의 초기 제품보다 질이 떨어졌다. 걸출한 작품은 유리로 만들어졌다.

유리, 벽돌, 타일, 도기, 금속 제품이 공장에서 생산되었다는 이유로 산업 자본주의의 기원을 고대 이탈리아에서 찾을 수는 없다. 로마에는 대형 공장이 단 두 개, 즉 제지 공장과 염색 시설이 있을 뿐이었다.[18] 아마도 금속과 연료 어느 것도 다량으로 손에 넣을 수 없었던 것 같으며, 정치 활동으로 얻은 이익이 산업 활동으로 인한 수익보다 더 명예로운 것으로 여겨졌다. 중부 이탈리아의 제조업장에서는 거의 모든 노동자들과 일부 관리인들이 노예였다. 그리고 북부 이탈리아의 제조업장에서는 자유민의 비율이 더 컸다. 기계의 발전을 방해하기 위해서 노예들이 여전히 쓸모 있었다. 개인적으로 제품에 관심이 적은 무기력한 노예 노동이 발명품을 만든 것 같지는 않다. 노동의 수고를 덜어 주는 장치들은 기술적 실업을 초래할지도 모른다는 이유로 거부되었다. 그리고 사람들의 구매력이 너무 낮아서 기계화된 생산을 자극하거나 지원할 수 없었다.[19] 물론 이탈리아, 이집트, 그리스 세계에서 흔하게 볼 수 있는 간단한 기계들이 많이 있었다. 나사 압착기, 나사 펌프, 수차, 동물로 작동되는 방앗간, 물레, 직조기, 기중기와 도르래, 도기를 만들기 위한 회전 틀 등등이 있었다. 하지만 서기 96년 이탈리아인의 삶은 19세기의 삶과 다름없이 고도로 산업화되어 있었다. 노예제와 지나친 부의 집중에 근거해서는 이탈리아인의 삶이 한 발짝도 더 향상되지 못할 것이다. 로마법에서는 모든 제조업 활동 참가자에게 법적으로 책임 있는 동반자가 되도록 요구했기 때문에 대규모 조직이 생겨나지 못했다. 로마법은 유한 책임 제조업장을 금지하고, 국가에서 도급하는 일을 수행할 경우에만 공동 출자 형태의 제조업장을 허용했다. 유사한 제한 조치들이 은행업자들에게 영향을 끼쳤으므로, 그들은 대규모 업체에 좀처럼 자금을 제공할 수 없었다. 로마나 이탈리아의 제조업 발전이 한 번도 알렉산드리아나 헬레니즘 세계의 동방의 발전과 어깨를 나란히 한 적은 없었다.

3. 짐꾼

카이사르에서 콤모두스 황제 치세 때까지 바퀴 달린 운송 수단은 로마에서 낮에 사용되는 것이 금지되었다. 따라서 사람들은 걷거나 노예가 들고 가는 의자나 가마를 타고 다녔다. 먼 거리는 말이나 마차를 타고 여행했다. 국영 역마차를 타고 하는 여행 거리는 하루에 평균 대략 60마일에 달했다. 한때 카이사르는 8일 동안 800마일을 마차를 타고 간 적이 있었다. 스페인의 갈바에게 네로의 사망 소식을 전하러 간 전령은 36시간 동안 332마일을 갔다. 그리고 티베리우스는 죽어 가는 동생 곁에 있으려고 3일 동안 600마일을 밤낮을 서둘러 달렸다. 밤낮을 가리지 않고 국영 우편이 마차나 말로 전달되던 거리는 하루 평균 100마일에 달했다. 아우구스투스는 국영 우편을 황제의 통치에 없어서는 안 되는 것으로 생각해 페르시아 제도를 본떠 만들었다. 그것은 공식 서한을 전달하는 것으로 국가에 공헌하던 국영 우편배달 제도로 불렸다. 개인들은 국영 우편배달 제도를 당국의 특허장(diploma)이나 통행증을 통해서 드물게, 그리고 특별히 허가받은 경우에만 사용할 수 있었다. 이러한 특허장이나 통행증은 일정한 특권의 소지자에게 부여되었고, 그를 외교적으로 중요한 인물들에게 소개하는 수단이 되었다. 좀 더 신속한 통신 수단은 가끔 한 지점에서 다른 지점으로 신호를 급히 알리는 수기(手旗) 신호나 불빛이 사용되었다. 이러한 원시적인 통신을 통해 걱정으로 가득 찬 로마에 푸테올리에 곡물선이 도착했음을 신속하게 알렸다. 비공식적인 서신은 사절이나 상인 또는 여행 중인 친구들에 의해 전달되었다. 제정기에 개인 서신 발송 업무를 처리하는 민간업자들이 존재한 것 같다. 지금보다는 서신이 더 적게, 그리고 더 잘 쓰였다. 그럼에도 불구하고 서부와 남부 유럽으로의 정보 이동이 철도 이전의 어느 시대보다 카이사르 시대에 신속하게 이루어졌다. 기원전 54년 브리타니아에서 카이사르가 보낸 서신은 29일이 지나 로마의 키케로에게 전달되었다. 그런데 1834년 로마에서 런던으로 서둘러 갔던 로버트 필(Robert Peel) 경에게는 30일이 필요했다.[20]

집정관의 도로가 통신과 교통을 눈부시게 촉진했다. 집정관의 도로는 로마법의 촉수로, 이 도로를 통해 로마의 정신이 제국의 의지(意志)가 되었다. 고대 세계에서 집정관의 도로는 철도가 19세기에 초래한 것과 본질적으로 유사한 상업 혁명을 달성했다. 증기로 움직이는 운송 수단이 등장할 때까지 중세와 근대 유럽의 도로는 안토니누스 황실 치하 제국의 도로들보다 열악했다. 당시 이탈리아에서만 372개의 주요 경로가 있었으며, 1만 2000마일의 포장도로가 있었다. 제국에는 5만 1000마일의 주요 포장도로와 구석구석 뻗쳐 있는 보조 도로망이 있었다. 주요 도로들은 알프스를 넘어 리옹, 보르도, 파리, 랭스, 루앙, 그리고 불로뉴로 이어졌다. 또 다른 주요 도로들은 비엔나, 마인츠, 아우구스부르크, 콜로뉴, 유트레히트, 그리고 라이덴으로 이어졌다. 그리고 아퀼레이아에서 도로 하나가 아드리아 해를 싸고돌아 에그나티아 가도를 테살로니카에 연결했다. 웅장한 다리들이 전진을 방해하는 수많은 개울들을 가로질러 느릿느릿 움직이던 나룻배를 대체했다. 집정관 도로에서는 1마일마다 표지석이 다음 마을까지의 거리를 알려 주었다. 4000개의 표지석이 살아남아 있다. 군데군데 피곤한 여행자들을 위해 의자가 놓여 있었다. 10마일마다 역참이 마련되었으며, 그곳에서는 새로운 말을 빌릴 수 있었다. 30마일마다 여관이 있었다. 이곳은 가게이자 술집이며 매춘굴이었다.[21] 주요 역참은 대개 멋진 숙소가 마련되어 있는 도시였다. 이러한 숙소는 몇몇 경우에 시 당국에서 소유하고 관리했다.[22] 대부분의 숙소 주인들은 아무 때나 편한 시간에 손님들의 금품을 훔쳤으며, 다른 도둑들은 각 역참에 병사들이 주둔해 있었음에도 불구하고 주요 도로를 밤중에 불안하게 만들었다. 경로, 역참, 중간 거리를 설명하는 여행 안내서를 구입할 수도 있었다.[23] 길거리의 숙소를 경멸한 부자들은 마차와 노예를 데려왔으며, 보호를 받을 수 있는 마차 안이나 친구들 또는 관리들의 집에서 잠을 잤다.

모든 난관에도 불구하고 사람들은 오늘날 이전의 어느 시대보다 네로 시대에 더 많은 여행을 한 것 같다. 세네카는 "많은 사람들이 멀리 떨어져 있는 풍경을 보기 위해 긴 항해를 한다."라고 말한다.[24] 그리고 플루타르코스는 "생애 대부분을 길거리의 숙소와 배에서 보내는 세계 여행자"에 대해 이야기한다.[25] 교양 있는 로마인들이 그리스와 이집트와 소아시아에 모여들었고, 역사적인 기념비에 자신들의 이름을 새겼으며, 병을 고치는 물이나 기후를 찾았다. 그리고 그들은 신전의 예술 소장품 옆에서 한가로이 거닐고, 유명한 철학자, 웅변가 또는 의사들 밑에서 공부하며, 아무런 의심 없이 파우사니아스(그리스의 지리학자. 2세기 무렵 사람으로 고대 그리스 유적을 연구하여 『그리스 안내기』를 저술하였다. – 옮긴이)를 그들의 여행 안내서로 사용했다.[26]

이러한 순회 여행에는 보통 한 척 또는 그 이상의 상선을 타고 수많은 교역 항로로 지중해를 가로질러 가야 하는 항해가 포함되었다. 에우베날리스는 "거대한 용골(龍骨)들로 가득하고 육지보다 더 많은 사람들로 붐비는 항구와 바다를 보라!" 하고 외쳤다.[27] 평일에는 곡물 운반선들 중에 스물다섯 척이 테베레 강으로 끌어당겨졌다. 여기에 덧붙여 건축 석재, 금속, 올리브유, 포도주, 수많은 다른 물품의 수송을 감안할 때, 소음, 부두 인부, 짐꾼, 하역 인부, 교역업자, 중개인, 그리고 점원들로 북적대는 테베레 강의 모습을 그릴 수 있다.

배는 돛으로 움직였고, 1단 또는 그 이상의 노가 보조 장치로 사용되었다. 배는 평균적으로 전보다 더 커졌다. 아테나이오스는 곡물 화물선을 길이 420피트, 폭 57피트로 묘사하고 있다.[28] 하지만 이것은 대단히 예외적이었다. 어떤 배에는 갑판이 세 개 있었다. 많은 배가 250톤의 화물, 그리고 여러 척의 배가 1000톤의 화물을 운반했다. 요세푸스는 승객과 승무원을 포함해 600명을 실어 나르던 배에 대해 말하고 있다.[29] 또 한 척의 배가 뉴욕 센트럴 파크에 있는 오벨리스크처럼 거대한 이집트의 오벨리스크를 200명의 선원, 1300명의 승객, 9만 3000부셸의 밀, 그리고 많은 리넨, 후추, 종이, 그리고 유리와 함께 운반했다.[30] 그럼에도 불구하고 사도 바울이 발견한 것처럼 해안을 따라가는 것을 제외한 항해는 여전히 위험했다. 그리고 1월과 3월 사이에는 몇 척의 배만이 위험을 무릅쓰고 넓은 지중해를 가로질러 나아갔다. 그리고 한여름에는 동쪽으로의 항해가 계절풍 때문에 불가능했다. 야간 항해는 이제 빈번하게 이루어졌으며, 모든 항구는 겉치레로 훌륭한 등대를 갖추고 있었다. 해적 행위의 위험이 지중해에서 거의 사라졌다. 해적 행위를 단념시키고 반란을 차단하기 위해 아우구스투스는 두 척의 주력 전함을 아드리아 해의 라벤나와 나폴리 만의 미세눔에 배치했다. 이것 말고도 그는 제국의 다른 열 개 지점에 소함대를 배치했다. 2세기 동안 이러한 함대에 대한 이야기가 거의 들리지 않는다는 사실로서, 플리니우스가 말하던 "로마 평화의 엄청난 장관"이 판단될 수 있다.

 승객 일정표는 대부분 정해져 있지 않았다. 왜냐하면 항해가 날씨와 통상의 편의에 따라 결정되었기 때문이다. 운임은 싼 편이었다. 예를 들어 아테네에서 알렉산드리아까지는 2드라크마(1.20달러)였다. 하지만 승객들은 직접 음식을 가져왔으며, 아마도 대부분의 승객들은 갑판에서 잠을 잤던 것 같다. 속도는 운임만큼 적당했으며, 시속 평균 6노트로 바람에 따라 변했다. 아드리아 해를 하루에 건너는 경우가 있었는가 하면, 키케로처럼 파트라이에서 브룬디시움까지 3주가 걸리는 경우도 있었다. 빠른 순양선은 24시간에 230노트의 속도를 낼 수 있었다.[31] 순풍이 불면 시칠리아에서 알렉산드리아까지 또는 가데스에서 오스티아까지 6일, 그리고 우티카에서 로마까지 4일이 걸렸다.[32] 가장 길고 위험한 항해는 아라비아 반도의 아덴에서 인도까지 6개월간의 항해였다. 왜냐하면 계절풍 때문에 배가 줄곧 해적이 날뛰는 해안에 접근해 지나가야 했기 때문이다. 서기 50년 전 어느 때인가 알렉산드리아의 그리스인 선장 히팔로스가 주기적으로 발생하는 계절풍을 도표로 기록했으며, 특정한 계절에 인도양을 가로질러 직접, 그리고 안전하게 항해할 수 있다는 사실을 알아냈다. 이러한 발견은 콜럼버스의 대서양 항해만큼 인도양 항해에 중요했다. 그 후 홍해에 접해 있는 이집트 항구들에서 배가 40일 동안 인도로 항해했다. 서기 80년 무렵 이름이 알려져 있지 않은 또 한 명의 알렉산드리아 선장이 아프리카 동해안을 따라 인도와 교역하는 상인들을 위해 『에리트라이 해 안내기』를 썼다. 그 사이에 또 다른 항해사들이 대서양을 통해 갈리아, 브리타니아, 게르마니아, 그리고 심지어는 스칸디나비아와 러시아로 가는 항로를 개발했다.[33] 전에 인간의 기억에서 바다가 그렇게 많은 배와 상품과 사람을 나른 적은 결코 없었다.

4. 기술자

　물건을 운반하던 배와 도로, 도로를 연결하던 다리, 배를 맞아들이던 항구와 부두, 로마에 깨끗한 물을 공급하던 수로, 그리고 시골 늪지의 물과 도시의 쓰레기를 배출하던 하수구는 로마인과 그리스인과 시리아인 기술자들의 작품이었다. 이러한 작업을 수행한 사람들은 다수의 자유민 노동자, 군단병, 노예들이었다. 그들은 기중기나 수직 빔의 도르래로 무거운 짐이나 돌을 들어 올리거나 끌었다. 그리고 도르래는 동물이나 사람이 발로 밟아 돌리는 바퀴로 방향을 바꾸는 윈치로 작동되었다.[34] 기술자들은 불안정한 테베레 강에 제방을 쌓았다. 이 제방은 세 단계로 쌓은 방벽으로 간조 때 진흙투성이의 강바닥이 드러나지 않게 했다.* 그들은 클라우디우스, 네로, 트라야누스를 위해 오스티아의 복합 항구를 준설하고 마르세유, 푸테올리, 미세눔, 카르타고, 브룬디시움, 라벤나에 더 작은 항구를 개통했으며, 알렉산드리아에 최대 규모의 항구를 복원했다. 기술자들은 바위산을 뚫고 터널을 파서 푸키누스 호수에서 물을 빼내고 호수 바닥을 경작지로 쓰기 위해 매립했다. 그들은 로마의 하층토를 따라 콘크리트, 벽돌, 타일로 하수구를 나란히 세웠으며, 이것은 수백 년 동안 지속되었다. 그들은 사람이 살기에 알맞도록 캄파니아의 늪지에 충분한 배수 설비를 했다. 때문에 수많은 호화스러운 대저택이 그곳 유적지에서 나타나고 있다.[35] 그들은 카이사르와 황제들이 실업을 완화하고 로마를 아름답게 장식하던 놀라운 공공 토목 공사를 수행했다.

　집정관의 도로는 기술자들이 더 간단하게 성취했다. 이러한 주요 도로들은 오늘날의 도로들과 어떻게 비교되는가? 집정관의 도로는 폭이 16~24피트였다. 하지만 로마 근처에서는 직사각형 석판으로 포장된 인도(人道)가 이 폭의 일부를 차지했다. 집정관의 도로는 초기의 절약 경제에서 과감히 벗어나 목적지를 향해 곧장 나아갔다. 다시 말해서 집정관의 도로는 많은 비용을 들여 건설한 다리로 셀 수 없이 많

---

* 1870년에 이탈리아 정부는 폭이 통일된 제방을 쌓았다. 이것은 건기에 좋지 않은 결과를 가져왔다.

은 개울을 뛰어넘었고, 벽돌과 돌로 만든 기다란 아치형 고가교(高架橋)로 늪지를 가로질러 갔으며, 가파른 구릉을 전혀 깎아 내고 메우지 않은 채 오르내렸고, 산허리 또는 강력한 옹벽으로 단단히 고정된 높은 제방을 따라 뻗었다. 도로의 포장은 지역마다 이용 가능한 재료에 따라 달랐다. 보통 밑바닥 층은 4~6인치의 모래, 아니면 1인치의 모르타르 층이었다. 그리고 밑바닥 층 위에 시멘트나 진흙으로 굳어진 돌로 이루어진 1피트 깊이의 스타투멘(statumen), 10인치의 다져서 굳힌 콘크리트인 루덴스(rudens), 12~18인치의 연속해서 가로놓이고 둥글게 말린 콘크리트 층인 누클레우스(nucleus), 지름이 1~3피트, 그리고 두께가 8~12인치인 다각형의 규조토 분말이나 화산암 판(板)인 숨마 크루스타(summa crusta)의 네 개 석조 층이 올려졌다. 석판의 상층 표면은 매끄럽게 했으며, 이음매가 너무 잘 맞아서 거의 분간이 되지 않을 정도였다. 가끔씩 표면은 콘크리트, 그리고 덜 중요한 도로의 표면은 자갈로 이루어졌다. 브리타니아에서 도로 표면은 자갈 층 위에 시멘트를 덮은 부싯돌로 이루어졌다. 하부 구조가 너무 깊어서 배수에 전혀 신경 쓰지 않아도 되었다. 대체로 집정관의 도로는 역사상 가장 튼튼한 도로였으며, 지금까지도 많은 도로가 사용되고 있다. 하지만 짐 나르는 노새와 소형 운반 수단에 맞게 설계된 가파른 경사로는 오늘날의 교통 기준에서 볼 때 폐기되지 않을 수 없었다.[36]

이러한 도로를 떠받치는 다리는 과학과 기술이 결합된 훌륭한 본보기였다. 로마인들은 프톨레마이오스 왕조의 이집트에서 유체(流體) 공학의 원리를 전수받았다. 그리고 그들은 이 원리를 전례 없는 규모로 사용했으며, 그들이 물려준 방식은 오늘날까지도 변하지 않았다. 로마인들은 고대의 한계를 수중에 주춧돌과 교각을 건설하는 데까지 이끌었다. 그들은 강 밑바닥에 두 겹의 원통 말뚝들을 박았고, 각각의 원통을 단단히 판자로 둘러쌌으며, 원통들 사이에서 물을 빼냈다. 그리고 노출된 바닥을 암석이나 석회로 덮었으며, 이렇게 만든 기초 위에 교각을 올렸다. 여덟 개의 다리가 로마에서 테베레 강을 가로질렀다. 즉 금속이 전혀 사용되지 않은 수블리키우스 다리처럼 종교적으로 오래된 다리가 있었는가 하면, 지금까지도 기능을 발휘하는 파브리키우스 다리처럼 매우 잘 지어진 다리도 있었다. 이러한 다리들의 기둥

사이로부터 로마의 아치가 등장해 서양 세계에서 10만 개의 개울에 다리를 놓을 수 있게 되었다.

플리니우스는 수로야말로 로마가 이룩한 가장 위대한 성취라고 생각했다. "만약 수많은 공적, 사적인 용도로 도시로 유입되는 물의 양에 주목한다면, 그리고 만약 적절한 높이와 경사도를 유지할 필요가 있었던 높이 솟은 수도교(水道橋)와 관통해야 했던 산들, 그리고 메워야 했던 움푹 파인 곳을 보게 된다면, 전 세계는 수로보다 더 경탄할 만한 것을 보지 못할 것이다."[37] 멀리 떨어진 수원지(水源地)에서 총 길이가 1300마일에 달하는 14개의 수로가 터널과 장엄한 아치를 통해 매일 대략 3억 갤런의 물을 로마에 공급했다. 1인당 물의 양은 현대의 어느 도시에 못지않았다.[38] 수로는 자체적인 결함을 가지고 있었다. 납으로 만든 관에서 누수가 나타났으며 잦은 수리가 필요했다. 서로마 제국이 멸망할 무렵에 모든 수로는 사용하지 않게 되었다.* 하지만 수로가 각 가정, 공동 주택, 대저택, 분수, 정원, 공원, 수천 명이 동시에 목욕하던 공중목욕장에 엄청난 양의 물을 공급했으며, 게다가 해전에 사용할 인공 호수를 만들 만큼 충분한 물이 남아 있었다는 것을 고려할 때, 공포와 부패에도 불구하고 로마가 가장 잘 관리된 고대의 수도(首都)이자 지금껏 가장 설비가 잘 갖추어져 있는 도시들 중 하나였음을 알 수 있다.

1세기 말 무렵에 수도(水道) 총관리자는 섹스투스 율리우스 프론티누스였으며, 그가 쓴 책들이 그를 로마에서 가장 유명한 기술자로 만들어 주었다. 그는 이미 법무관과 브리타니아 총독으로 복무했으며 여러 차례 집정관을 역임했다. 현대의 영국 정치가들처럼 그도 국가를 통치하는 행위뿐만 아니라 시간을 내어 책을 쓰기도 했다. 그는 군사학 관련 저서를 펴냈으며, 로마의 수도 체계에 관해 개인적으로 설명한 『로마 시(市)의 수도에 관하여』를 남겼다. 그는 수도 총관리자로 취임한 후 자신의 부서에서 발견된 부패와 불법 행위를 묘사한다. 그리고 대저택과 매춘굴에서 은밀하고 너무도 탐욕스럽게 급수 본관에 수도꼭지를 달았기 때문에 한때 로마의

---

* 수로들 중 하나인 아쿠아 비르고는 지금 트레비 분수에 물을 공급한다. 다른 세 개는 복원되었으며, 지금 로마에 물을 공급한다.

물이 부족했다고 말한다.[39] 그는 자신의 단호한 개혁을 서술하고, 각 수로의 수원지, 길이, 기능에 대해 자신감에 넘쳐 상세하게 적고 있다. 그리고 그는 플리니우스처럼 "누가 감히 이렇게 거대한 수도관을 하찮은 피라미드, 또는 유명하지만 쓸모없는 그리스인들의 작품들과 비교하려 드는가?"라고 결론을 내린다.[40] 우리는 여기에서 솔직히 효용과는 별개로 미적 감각이라고는 전혀 없는 실용적인 로마인을 감지한다. 우리는 그를 이해할 수 있으며, 도시란 파르테논 신전을 갖기 전에 깨끗한 물을 가져야 한다는 것을 인정할 수 있다. 기교라곤 전혀 없는 이러한 책을 통해 독재자들의 시대에서마저 악정을 행한 군주들 밑에서 제국을 번영시키고 군주정의 황금기로 가는 길을 열어 온 옛 유형의 로마인들, 즉 유능하고 고결하며, 양심적인 행정가들이 있었다는 사실을 깨닫게 된다.

5. 교역업자

통치와 행정의 개선으로 지중해 교역이 전례 없는 규모로 확대되었다. 분주하게 이루어지는 교역의 한쪽 끝에 유황성냥에서부터 값비싼 수입 비단에 이르기까지 모든 것을 시골 전역을 돌아다니며 팔던 행상인들이 있었다. 도시에서 포고(布告)를 알리는 일도 하면서 분실물과 도망 노예를 광고하며 정처 없이 돌아다니던 경매인들이 있었다. 일일 시장과 정기 시장이 열렸다. 고객들과 흥정하고 가짜 또는 기운 저울로 속이고, 저울추와 계량 기구를 감시하는 감독관들에 대해 눈을 떼지 못하는 가게 주인들이 있었다. 자신의 제품을 직접 만들어 팔던 가게들이 상업상의 위계에서 약간 높은 곳에 있었다. 이러한 가게는 제조업뿐만 아니라 교역의 중추였다. 항구나 항구 근처에는 소매상이나 소비자에게 외국에서 최근에 들여온 물건을 파는 도매상이 있었다. 가끔 선주나 선장이 직접 갑판에서 화물을 팔기도 했다.

2세기 동안 이탈리아는 불리한 교역 균형을 즐겼다. 다시 말해서 이탈리아는 판매하는 물건보다 사들인 물건이 더 많았다. 이탈리아는 얼마간의 아레티움산 도자기, 포도주와 기름, 금속 제품, 유리, 캄파니아산 향수를 수출했다. 그리고 나머지 이탈리아 생산품은 가정에서 소비되었다. 그 사이에 도매상인은 중개인들에게 이탈리아에서 판매할 물건을 제국 전역에서 구매하도록 했다. 게다가 외국 상인들은 이탈리아에서 그리스인 또는 시리아인 판매자들에게 손님을 유인해서 물건을 팔게 했다. 이러한 이중 과정을 통해 지구 절반의 진귀한 물건이 미각을 만족시키고, 사람들에게 옷을 입히기 위해, 그리고 로마 유력자들의 가정을 장식하기 위해 도착했다. 아일리우스 아리스티데스의 말에 따르면 "세상의 모든 물건을 보고 싶은 사람이라면 누구든지 세계 전역을 여행하거나 아니면 로마에 머물러 있어야 한다."[41] 시칠리아에서 곡물, 소, 가죽, 포도주, 양모, 멋진 목공예품, 조각상, 보석류, 북아프리카에서 곡물과 기름, 키레나이카에서 실피움(silphium), 중부 아프리카에서 경기장에 사용할 야수들, 에티오피아와 동아프리카에서 상아, 원숭이, 거북딱지, 희귀 대리석, 흑요석, 향신료, 흑인 노예들, 서아프리카에서 기름, 동물, 시트론, 나무, 진주, 염료, 구리, 스페인에서 생선, 소, 양모, 금, 은, 납, 주석, 구리, 철, 진사(辰砂), 밀, 리넨, 코르크, 말, 최상의 올리브 열매와 올리브유, 갈리아에서 옷, 포도주, 밀, 목재, 채소, 소, 가금, 도기, 치즈, 그리고 브리타니아에서 주석, 납, 은, 가죽, 밀, 소, 노예, 굴, 개, 진주, 나무 제품이 들어왔다. 거위 간으로 귀족의 배를 채워 주기 위해 거위 떼가 벨기에에서 이탈리아로 내몰렸다. 게르마니아에서 호박(琥珀), 노예, 모피, 다뉴브 지역에서 밀, 소, 철, 은, 금, 그리고 그리스와 그리스의 여러 섬에서 값싼 실크, 리넨, 포도주, 기름, 꿀, 목재, 대리석, 에메랄드, 약, 공예품, 향수, 다이아몬드, 금이 들어왔다. 흑해에서 곡물, 생선, 모피, 가죽, 노예, 소아시아에서 멋진 리넨과 모직물, 양피지, 포도주, 무화과, 꿀, 치즈, 굴, 카펫, 기름, 나무, 시리아에서 포도주, 실크, 리넨, 유리, 기름, 사과, 배, 자두, 무화과, 대추야자, 석류 열매, 견과류, 티레산(産) 염료, 레바논의 삼나무, 팔미라에서 직물, 향수, 약(藥), 아라비아에서 향료, 고무, 알로에, 몰약(沒藥), 아편제, 생강, 계피, 보석, 그리고 이집트에서 곡물, 종이, 리넨, 유리, 보석류, 화강암, 현무암, 반암이 들어왔다. 수많은 종류의 완제품이 알렉산드리아, 시돈, 티레, 안티오크, 타르수스, 로도스, 밀레토스, 에페소스, 그리고 동방의 다른 대도시들에서 로마와 서방으로 들어왔다. 반면에 동방은 서방에서 원료와 돈을 받았다.

이 모든 것 말고도 제국 바깥에서 상당한 수입 교역이 있었다. 파르티아와 페르시아에서 보석, 진귀한 향수, 모로코산 가죽, 양탄자, 야수, 그리고 환관들이 들어왔다. 파르티아 또는 인도 아니면 카프카즈 지역을 통해 중국에서 실크가 원료 그대로 또는 가공되어 들어왔다. 로마인들은 실크를 나무에서 샅샅이 찾아낸 채소 생산물로 생각했고 그것을 금의 무게로 평가했다.[42] 실크의 대부분이 코스 섬으로 왔는데, 그곳에서 로마와 그 밖의 도시 여성들을 위한 옷으로 짜여졌다. 서기 91년에 상대적으로 가난한 국가인 메세니아는 여성들에게 종교 입회식에서 투명한 실크로 만든 옷의 착용을 금지해야 했다. 클레오파트라가 카이사르와 안토니우스를 사로잡은 요인은 다름 아닌 실크 옷이었다.[43] 그 대신 중국인들은 제국으로부터 양탄자, 보석, 호박, 금속, 염료, 약, 유리를 수입했다. 중국 역사가들에 따르면 로마 황제 마르쿠스 아우렐리우스가 파견한 사절단이 166년에 뱃길로 중국 한나라 황제를 찾아왔다. 일단의 상인들이 사절단인 척했다는 것이 더 그럴듯해 보인다. 티베리우스에서 아우렐리우스까지의 기간에 해당되는 열여섯 개의 로마 동전이 산시 성에서 발견되었다. 인도에서 후추, 감송향(甘松香), 그 밖의 향신료(콜럼버스가 찾고자 한 것과 동일한), 약초, 상아, 흑단(黑檀)과 백단(白檀) 재목(材木), 인디고, 진주, 붉은 줄무늬 마노(瑪瑙), 줄마노, 자수정, 홍옥(紅玉), 다이아몬드, 철제품, 화장품, 직물, 호랑이, 코끼리가 들어왔다. 이탈리아가 스페인을 제외한 다른 어떤 나라에서보다 인도에서 더 많이 수입했다는 사실에 주목할 때, 이러한 교역의 규모와 사치품에 대한 로마의 갈망을 알 수 있다.[44] 스트라본의 주장에 따르면 이집트 항구 한 곳에서만 120척의 배가 해마다 인도와 실론으로 출항했다.[45] 그 대신 인도는 소량의 포도주, 금속, 자줏빛 조개류, 그 밖의 물품을 금괴나 경화로 연간 1억 세스테르티우스 이상씩 지불하고 사들였다. 비슷한 양이 아라비아와 중국, 그리고 아마도 스페인으로 갔다.[46]

이러한 대규모 교역은 2세기 동안 번영을 가져왔지만, 결국 교역의 기초가 불안정했으므로 로마 경제는 파산했다. 이탈리아는 수입을 수출과 대등하게

15장 로마의 일터: 서기 14~96 **539**

하려는 시도를 전혀 하지 않았다. 이탈리아는 50개 국가의 광산을 독점하고 사람들에게 과세함으로써 국제 수지를 맞추기 위한 돈을 조달했다. 광물 자원이 더 풍부한 광맥이 바닥나고, 외국의 사치품에 대한 갈망이 계속되면서 로마는 다키아 같은 새로운 광물 자원 보유 지역을 정복함으로써, 그리고 늘 더 적은 금괴를 늘 더 많은 경화로 바꾸어 로마의 통화 가치를 하락시킴으로써 수입 체계의 붕괴를 저지하려고 노력했다. 통치 비용과 전쟁 비용이 늘어나 제국의 수익에 더 근접하게 되었을 때, 로마는 상품으로 상품 대금을 지불해야 했지만 그렇게 할 수 없었다. 수입 식량에 대한 이탈리아의 의존은 치명적인 약점이었다. 이탈리아가 다른 나라들에 식량과 병사들을 보내도록 강제할 수 없게 된 순간, 이탈리아의 운은 다했다. 그 사이에 속주는 번영뿐만 아니라 경제적 주도권도 회복했다. 요컨대 서기 1세기에 이탈리아 상인들이 동방 항구에서 거의 사라졌지만, 시리아와 그리스의 상인들은 델로스와 푸테올리에 눌러앉았으며, 스페인과 갈리아에서 그 수가 증가했다. 역사가 완만하게 동요해 가는 가운데 동방이 한 번 더 서방을 지배할 준비를 하고 있었다.

6. 은행업자

생산과 상업은 어떻게 자금을 조달했는가? 우선 국제적으로 사용되는 비교적 신뢰할 만한 통화를 유지함으로써 자금을 조달할 수 있었다. 로마의 모든 경화는 1차 포에니 전쟁 이후로 점진적으로 가치가 하락했다. 때문에 국고(國庫)를 놓고 보자면 돈의 증가와 상품의 감소로 인한 인플레이션을 용인함으로써 정부의 전쟁 부채를 청산하는 것이 손쉬운 방법이었다. 원래는 동(銅) 1파운드 가치이던 아스(as)가 기원전 241년에 2온스로, 202년에 1온스로, 87년에 2분의 1온스로, 그리고 서기 60년에 4분의 1온스로 가치가 저하되었다. 공화정 마지막 세기 동안 장군들은 자신들의 화폐를 보통 금화인 아우레우스(aureus)로 발행했다. 이것은 100세스테르티우스의 명목 가치를 지녔다. 황제의 화폐는 이러한 군사용 화폐에서 유래했다. 그리고 황제들은 카이사르의 관행에 따라 국가가 보증한다는 상징적인 표시로 화폐에 자신들의 초상을 새겼다. 세스테르티우스(sestertius)는 이제 은 대신에 동으로 만들어졌으며 4아스로 재평가되었다.* 네로는 데나리우스(denarius)의 은 함유량을 전에 비해 90퍼센트로, 트라야누스는 85퍼센트로, 아우렐리우스는 75퍼센트로, 콤모두스는 70퍼센트로, 그리고 셉티미우스 세베루스는 50퍼센트로 낮추었다. 네로는 아우레우스를 금 1파운드의 40분의 1에서 45분의 1로, 카라칼라는 50분의 1로 가치를 저하시켰다. 전반적인 물가 상승이 이러한 화폐 가치 하락과 동시에 일어났지만, 아우렐리우스 황제 때까지 소득이 같은 크기로 증가한 것처럼 보인다. 아마도 이러한 통제된 인플레이션은 채권자들을 희생해서 채무자들을 구제하는 간단한 방법이었다. 만약 저지되지 않았더라면 채권자들의 우월한 능력과 기회는 경제적인 응집과 정치적인 혁명이라고 할 수 있을 정도로 부를 집중시켰을 것이다. 이러한 변화에도 불구하고 로마의 재정 체계는 역사상 가장 성공적이고 안정된 것 중 하나로 여겨져야 한다. 2세기 동안 단일 화폐 본위제가 제국 전역에서 이행되었다. 그리고 이러한 안정된 수단으로 투자와 교역이 그 어느 때보다 번창했다.

따라서 도처에 은행업자들이 있었다. 그들은 환전상 역할을 하고, 당좌 예금과 이자 지급 예금을 수납하며, 여행자 수표와 환어음을 발행하고, 부동산을 관리하고 매입하고 매각했다. 그리고 투자를 알선하고 채무를 징수했으며, 개인과 조합에 돈을 빌려 주었다. 이러한 제도는 그리스와 그리스 동방에서 유래했으며, 이탈리아와 서방에서마저 그리스인들과 시리아인들의 수중에 맡겨졌다. 그리고 갈리아에서 시리아인과 은행업자는 동의어로 사용되었다.[47] 아우구스

---

* 네로 이후의 시기에 로마의 통화는 공화정 시기 전체 가치의 3분의 2에 해당되었다. 1942년 미국 통화의 관점에서 아스는 2와 2분의 1센트, 세스테르티우스는 10센트, 데나리우스는 40센트, 그리고 탈렌트는 2400달러에 해당되었다.

투스의 이집트 약탈품의 중압감 때문에 4퍼센트로 떨어진 이자율이 그의 사후 6퍼센트로 올라갔으며, 콘스탄티누스 시대 무렵에는 법정 최고인 12퍼센트에 도달했다.

서기 33년의 유명한 "공황 상태"는 제국에서 은행업과 상업의 발전 및 복잡한 상호 의존 관계를 나타낸다. 아우구스투스는 화폐 유통의 증가와 낮은 이자율, 그리고 물가 상승이 거래를 자극할 것이라는 이론에 입각해 화폐를 주조하고 물 쓰듯 낭비했다. 사실 거래는 자극되었다. 하지만 그 과정이 영원히 지속될 수 없었으므로, 서기 10년 초에 반작용이 나타났다. 그때 넘칠 듯한 화폐 주조가 중지되었다. 티베리우스는 가장 절약하는 경제가 최상이라는 반대 이론으로 되돌아왔다. 그는 지출을 엄격히 제한하고, 새로운 통화 발행을 급격히 제한하였으며, 국고에 27억 세스테르티우스를 저장했다. 그 결과로 초래된 통화 부족은 사치품을 사기 위해 동쪽으로 돈이 유출되면서 악화되었다. 물가가 떨어지고 이자율이 증가했으며, 채권자가 채무자에게 담보권을 행사하고 채무자가 고리대금업자를 고발했다. 그리고 대부업이 거의 중지되었다. 원로원이 모든 원로원 의원들에게 보유 재산 중 많은 부분을 이탈리아 토지에 투자하도록 요구함으로써 자본의 유출을 저지하려고 애썼다. 더욱이 원로원 의원들은 대부금을 회수하고 현금을 조달하려고 담보권을 행사했으며, 위기가 발생했다. 원로원 의원인 푸블리우스 스핀테르가 발부스와 올리우스 은행업자에게 새로운 법률에 따르기 위해 3000만 세스테르티우스를 인출하겠다고 통지했을 때, 그들은 파산을 선언했다. 동시에 값비싼 향신료가 실린 세 척의 배를 상실한 세우테스(Seuthes)와 손(Son)이라는 한 알렉산드리아 업체의 파산과 티레의 말쿠스 염색업체의 도산으로 로마의 막시무스(Maximus)와 비보(Vibo) 은행업자가 엄청난 대부금 때문에 파산할 것이라는 소문이 나돌았다. 예금자들의 예금 인출이 쇄도하기 시작했을 때 은행은 문을 닫았으며, 그날 늦게 더 큰 은행업자인 페티우스 형제 또한 지불을 일시 정지했다. 거의 동시에 리옹, 카르타고, 코린트, 비잔티움에서 대형 은행업자들이 파산했다는 소식이 들려왔다. 차례로 로마의 은행들이 문을 닫았다. 법정 한도를 훨씬 넘어선 이자율을 감내하는 사람만이 돈을 빌릴 수 있었다. 결국 티베리우스는 토지 투자 법령을 연기하고 은행업자들에게 부동산을 담보로 3년 동안 이자 없이 빌릴 수 있도록 1억 세스테르티우스를 분배함으로써 위기에 대처했다. 따라서 개인 대부업자들이 부득이 이자율을 낮추지 않을 수 없게 되었고, 숨어 있는 돈이 나타났으며, 신뢰가 서서히 회복되었다.[48]

7. 계급

로마에서는 거의 모든 사람들이 돈을 광적으로 숭배했으면서도 은행업자를 제외하고는 모두가 돈을 비난했다. 오비디우스의 작품에 등장하는 한 신(神)은 "만약 네가 손에 쥔 현금보다 꿀이 더 달콤하다고 생각한다면, 도대체 네가 살아가는 시대에 대해 뭘 알고나 있는 것인지!"라고 말한다.[49] 그리고 한 세기가 지난 후 에우베날리스는 빈정대듯이 "가장 신성한 부(富)의 장엄함"을 열렬히 지지한다. 제국 말기에 로마법은 원로원 계급이 상업이나 제조업에 투자하는 것을 금지했다. 그리고 비록 자신의 해방노예에게 대신 투자하도록 함으로써 금지령을 피했다고는 하지만, 원로원 계급은 해방노예의 대리 행위를 경멸했고 돈 또는 신화, 아니면 칼의 지배를 대신할 수 있는 유일한 대안으로 출생에 의한 지배를 내세웠다. 혁명과 대량 학살에도 불구하고 예전의 계급 구분은 완전히 새로운 칭호와 함께 살아남았다. 요컨대 원로원 계급과 기사 계급, 행정관 그리고 관리들은 "명예를 존중하는 사람(honestiores)"으로, 그리고 나머지 모두는 "천한 사람(humiliores)"이나 "약자(tenuiores)"로 불렸다. 명예심은 종종 원로원 의원의 자부심 강한 위엄과 결합되었다. 원로원 의원은 상당한 능력과 성실함으로 중요한 역할을 수행했다. 그리고 그는 공적 경기를 제공하고 자신의 피호민을 도왔으며, 일부 노예를 해방했다. 그리고 자기 재산의 일부를 죽기 전

또는 죽은 후에 자선을 통해 대중들에게 분배했다. 지위에 따른 의무 때문에 원로원 계급에 들어가거나 머무르기 위해서는 엄청난 돈이 필요했다.

원로원 의원인 그나이우스 렌툴루스는 4억 세스테르티우스를 소유한 재산가였다. 하지만 이 경우를 제외하고는 돈을 다루거나 교역에 종사하는 것을 경멸하지 않던 기사 계급이 로마에서 최대의 부를 소유했다. 원로원 의원들의 권력이 감소하는 사이에 황제들은 기사 계급에게 고위 관직을 제공하는 한편 제조업, 상업, 금융을 보호했으며, 귀족의 음모에 맞서 원수정의 안전을 지키기 위해 기사 계급의 지원에 의존했다. 두 번째 계급인 기사가 되기 위해서는 40만 세스테르티우스와 원수(元首)에 의한 특별 임명이 필요했다. 따라서 수많은 자산가들이 평민에 속했다.

이제 평민에는 무명의 사업가, 자유민 노동자, 소(小)자작농, 교사, 의사, 미술가, 해방노예가 뒤섞여 있었다. 호구 조사는 무산대중을 직업이 아닌 자식들에 따라 규정했다. 오래된 한 라틴어 작품에서는 무산대중(proletarii)을 "자식(proles) 말고는 아무것도 제공하지 못하는 평민"으로 불렀다.[50] 대부분의 평민은 가게, 제조소, 도시의 상업에서 일자리를 찾았다. 그들은 일당으로 평균 1데나리우스(40센트)를 받았다. 평균 일당은 이후 몇 세기 동안 올랐지만 물가보다 빠른 속도로 오르지는 않았다.[51] 강자가 약자를 착취하는 것은 먹는 것만큼 자연스럽고 속도에서만 차이가 날 뿐이다. 모든 시대와 모든 형태의 사회와 정부에서 착취가 이루어졌다. 하지만 고대 로마에서만큼 그렇게 철저하고 잔혹하게 착취가 행해진 것은 아니었다. 옛날에는 모든 사람이 궁핍했고, 자신들의 빈곤을 알지 못했다. 하지만 이제 빈곤이 부(富)와 접촉하였고, 빈곤을 의식하면서 상처를 입었다. 하지만 자선이나 보호자들이 피호민들에게 이따금씩 베푼 선물, 그리고 로마의 모든 시민에게 25데나리우스를 증여한 발부스 같은 부자들의 유산으로 절대적 빈곤은 저지되었다. 계급 구분은 카스트에 가까웠다. 그럼에도 불구하고 유능한 사람은 노예 신분에서 해방되어 부자가 되고, 원수(元首)에게 고용되어 고위 관직으로 출세할 수 있었다. 해방노예의 아들은 완전한 참정권을 부여받은 자유민이 되었고, 그의 손자는 원로원 의원이 될 수 있었다. 그리고 머지않아 해방노예의 손자인 페르티낙스가 황제가 될 것이다.

서기 1세기의 한 세기 동안 많은 고위 관직이 자유민들로 채워졌다. 그들은 이따금 속주의 황실 재정, 로마의 수로(水路), 황제의 광산과 채석장, 농장, 군대에 대한 식량 공급의 책임을 떠맡았다. 거의 모두가 그리스인이나 시리아인 태생이던 해방노예와 노예는 황궁을 관리하고 황실에서 중요한 지위를 차지했다. 소규모 제조업과 교역이 점점 더 해방노예의 통제를 받았다. 일부 해방노예는 대자본가나 대지주가 되었다. 그리고 일부는 당대에 가장 많은 재산을 축적했다. 과거 때문에 해방노예에게는 좀처럼 도덕적 기준이나 고상한 관심이 주어지지 않았다. 해방된 다음 그들의 인생을 사로잡은 관심거리는 돈이었다. 해방노예는 양심의 가책 없이 돈을 벌었고 무분별하게 돈을 낭비했다. 페트로니우스는 그들을 신랄하게 비난했고, 세네카는 이보다는 덜 신랄하게 장식장에 꽂을 책을 샀지만 절대 읽지 않던 새로운 부자들을 일소에 부쳤다.[52] 아마도 이러한 풍자들은 부분적으로 예로부터 내려오는 착취와 사치의 특권을 침해당한 특권 계급의 질투 어린 반응이었던 것 같다. 특권 계급은 자신들의 특권과 권력을 공유할 정도로 지위가 높아지는 사람들을 용서할 수 없었던 것이다.

해방노예의 성공은 이탈리아에서 손으로 하는 일 대부분을 담당하던 계급에게 어느 정도 위로가 되는 희망을 가져다주었음에 틀림없다. 벨로흐(Beloch)는 기원전 30년 무렵 로마의 노예 숫자를 대략 40만 명, 즉 로마 인구의 거의 절반으로 추정했다. 그리고 이탈리아에서의 노예 숫자를 150만 명으로 추정했다. 아테나이오스의 식탁 수다쟁이들의 말을 믿을 수 있다면 일부 로마인은 2만 명의 노예를 소유했다고 한다.[53] 노예는 특이한 복장을 해야 한다는 법안은 노예들이 그들의 수적 우세를 알아차리지 못하도록 원로원에서 부결되었다.[54] 갈레노스는 서기 170년경 페르가몬에서 노예와 자유민의 비율을 노예 한 명에 자유민 세 명으로 계산했다. 요컨대 25퍼센트가 노예였다. 아마도 이러한 비율은 다른 도시들에서도 크게 다르지 않았던 것 같다.[54a] 노예의 몸값은 농장 노예에게 지불하던 330세스테르티우스에서 마르쿠스 스카우루스가 문법학자인 다프니스에게 지불한 70만 세스테르티우스(10만 5000달러)까지 다양했다.[55] 이제 노예의 평균 몸값은 4000세스테르티우스(400달러)였다. 제조업과 소매업에 고용된 사람의 80퍼센트가 노예였고, 손으로 하는 대부분의 일 또는 행정상의 서기(書記) 일은 공공(公共) 노예들이 수행했다. 가사 노예는 개인 고용인, 수공업자, 가정 교사, 요리사, 미용사, 음악가, 필경사, 사서, 미술가, 의사, 철학자, 환관, 술 따르는 일을 하던 미소년들, 그리고 신체 불구로 즐거움을 선사하던 절름발이들처럼 다양한 처지에 있었다. 로마에는 다리가 없고, 팔이 없고, 아니면 눈이 세 개인 사람, 거인, 난쟁이 또는 남녀추니를 살 수 있는 특별한 시장이 있었다.[56] 가사 노예는 이따금 매질을 당했고, 살해되는 경우도 간혹 있었다. 네로의 아버지는 자신의 해방노예들이 그가 원하는 만큼 술을 마시려 하지 않았다는 이유로 죽였다.[57] 분노에 관한 에세이의 한 구절에서 세네카는 몹시 화를 내며 "나무로 만든 고문 틀과 그 밖의 고문 도구들, 지하 감옥과 그 밖의 감옥들, 구덩이에 갇힌 시체 주위로 피워진 불, 시체를 끌어올리는 갈고리, 여러 종류의 쇠사슬, 다양한 형벌, 갈기갈기 찢기는 사지, 그리고 낙인찍히는 이마"에 대해 말한다.[57a] 분명히 이 모든 것이 농업 노예의 삶에 깊숙이 침투했다. 에우베날리스는 머리가 돌돌 말려지고 있는 사이에 노예들을 계속해서 세게 때리게 했던 한 여자에 대해,[58] 그리고 오비디우스는 머리핀으로 하녀의 팔을 찌르는 또 한 명의 여주인에 대해 말한다.[59] 하지만 이러한 이야기는 문학적으로 꾸며낸 이야기의 특징을 갖고 있으며, 역사로 간주되어서는 안 된다.

우리가 현재의 죄악과 부도덕을 과장해서 말하는 것과 똑같은 이유로 과거의 잔혹함을 과장할 위험이 있다. 왜냐하면 잔혹함이란 희소성 그 자체 때문에 흥미를 제공하기 때문이다. 대체로 제정기에 가내 노예가 점차 가족으로 받아들여지고, 상호 간의 충실과 특정 연회에서 주인이 노예를 시중드는 관습에 의해, 그리고 오늘날에는 보기 힘든 고용의 안정과 영속성에 의해 가내 노예의 운명이 밝아졌다. 노예의 묘비는 자유민의 묘비만큼 애정이 묻어난다. 한 묘비에는 "그의 부모가 에우코피온에게 이 묘비를 세워 주었다. 그는 6달 하고 3일을 살았다. 비록 말하지는 못했지만 가족의 가장 커다란 행복으로 사랑스럽고 기쁨을 가져다준 아이였다."라고 씌어져 있다.[60] 또 다른 비문들에서는 주인과 노예 사이의 애정 어린 관계를 엿볼 수 있다. 죽은 하인이 자신의 아들만큼 소중한 존재였다고 말하는 주인이 있었으며, 유모의 죽음에 탄식한 젊은 귀족이 있었다. 그리고 자신의 일이 끝난 것에 슬퍼하는 유모가 있었는가 하면, 사서를 위해 멋진 묘비를 세워 주는 학문에 조예가 깊은 부인도 있었다.[61] 스타티우스는 "총애하는 노예의 죽음에 대해 플라비우스 우르수스에게 보내는 위로의 시"를 쓴다.[62] 노예가 목숨을 걸고 주인을 보호하는 것은 흔히 볼 수 있는 일이었다. 많은 노예들이 자발적으로 주인을 따라 망명 길을 떠났다. 그리고 몇몇 노예들은 주인을 위해 목숨을 바쳤다. 어떤 주인들은 노예를 해방하고 그들과 결혼했다. 그리고 어떤 주인들은 노예를 친구로 대해 주었다. 세네카는 자신의 노예와 식사했다.[63] 예법과 감수성의 세련됨, 주인과 노예 사이의 피부색에 따른 차별의 부재, 스토아 철학의 교의, 그리고 동방에서 들어온 특정 계급에 속하지 않는 신앙들이 노예제 완화에 한몫했다. 하지만 노예 소유자의 경제적 이익과 증가하는 노예 비용이 노예제 완화의 기본적인 요인이었다. 많은 노예들이 뛰어난 문화적 재능 덕분에 존경받았다. 요컨대 그들은 속기사, 연구 보조원, 회계 서기와 재무 관리자, 미술가, 의사, 문법학자, 철학자였다. 노예는 자신의 소득 일부를 주인에게 주고 나머지를 얼마 안 되는 개인 재산(peculium)으로 보유하면서 많은 경우에 혼자 힘으로 사업을 시작할 수 있었다. 그러한 소득으로, 아니면 성실하거나 예외적인 업무로, 아니면 개인적인 끌어당기는 힘으로 노예는 6년이 지나면 자유를 얻을 수 있었다.[64]

노동자들의 처지, 심지어 노예들의 처지마저 어느 정도 조합에 의해 완화되었다. 이 무렵 조합의 수는 대단히 많았고 굉장히 전문화되어 있었다. 나팔, 뿔피리, 클라리온, 튜바, 피리, 백파이프 연주자 등이 독립된 조합을 가지고 있었다. 보통 조합은 이탈리아의 지방 자치제를 모방한 것이었다. 조합은 행정관들의 위계질서를 갖추었고, 하나 또는 그 이상의 신들을 연례적인 축제로 숭배했다. 도시들처럼 조합도 후원자가 되어 줄, 그리고 야유회와 회관과 신전에 자금을 지원해 줄 부유한 남녀를 필요로 했고 그들을 찾았다. 이러한 조합을 지금의 노동조합에 해당하는 것으로 간주하는 일은 잘못일 것이다. 명예직과 존칭이 헤아릴 수 없이 많고, 형제처럼 홍겹게 떠들고 야유회를 가고, 소박하게 상호 부조하는 오늘날의 공제 조합 관점에서 조합을 묘사하는 편이 더 나을 수 있다. 부유한 남자들은 종종 이러한 조합의 구성을 권장했으며 유언장에서 조합을 떠올렸다. 조합에서 모든 남자는 "형제"였고 모든 여자는 "자매"였다. 그리고 일부 조합에서는 노예가 식사 중이나 회의에서 자유민과 함께 앉을 수 있었다. "회비를 완불한 조합원"에게는 누구나 화려한 장례식이 보장되었다.

공화정의 마지막 세기에 모든 계급의 선동가들은 많은 조합을 설득해 무언가를 제공하는 입후보자를 위해 한 사람에게 투표하게 할 수 있다는 것을 알게 되었다. 이렇게 해서 조합은 귀족, 금권 정치가, 급진주의자들의 정치적 도구가 되었다. 게다가 조합의 경쟁적인 타락은 로마의 민주주의 파괴에 일조했다. 카이사르는 조합을 불법화했지만 부활했다. 그리고 아우구스투스는 몇 안 되는 유용한 조합을 제외한 모든 조합을 해체했다. 트라야누스는 재차 조합을 금지했지만 아우렐리우스는 용인했다. 분명히 조합은 법률의 범위 내에서 또는 법률을 넘어서 끝까지 존속했다. 결국 조합을 매개로 그리스도교가 로마의 삶에 유입되어 고루 퍼져 나갔다.

8. 경제와 국가

제정기에 황실에서는 어디까지 경제생활을 통제하려 했는가? 통제를 시도했지만, 소농의 소유권을 회복하는 데는 실패했다. 당시 황제들은 대농장 소유자들이 장악하고 있던 원로원보다 더 계몽되어 있었다. 도미티아누스 황제는 이탈리아에서 곡물 재배를 권장하려 애썼지만 성공하지 못했다. 결국 이탈리아는 늘 기아의 공포에 시달려야 했다. 베스파시아누스 황제는 당시 이탈리아 밀의 주요 공급원이었던 이집트를 차지함으로써, 그리고 셉티미우스 세베루스 황제는 북아프리카를 장악함으로써 원로원에 자신을 황제로 승인할 것을 강요했다. 국가는 곡물의 수입과 분배를 보장해야 했고, 따라서 감독해야 했다. 그리고 국가는 상인들에게 특권을 부여해 이탈리아에 곡물을 가져오게 했다. 클라우디우스 황제는 상인들의 손실을 보전하고, 네로 황제는 상인들의 배에 재산세를 면제해 주었다. 이제 로마 대중의 반란을 자극할 수 있는 유일한 원인은 곡물선의 지연이나 난파였다.

로마 경제는 천연자원, 즉 광산, 채석장, 어장, 염전, 광대한 경작 지대의 국유화를 가미한 자유방임주의였다.[65] 군단병들이 자신들의 건물에 필요한 벽돌과 타일을 직접 만들었고, 특히 식민시에서 공공 건축 공사에 자주 동원되었다. 국가 무기고를 위해 무기와 전쟁 장비를 확보해 두었다. 게다가 1세기에는 3세기에 알려진 국가 소유의 제조업장들이 존재했던 것 같다.[66] 공공 토목 공사는 당국의 엄격한 감독 밑에 보통 개인 도급업자들에게 하청을 주었으므로 문제없이 잘 진행되었으며, 부정행위는 최소한의 수준에 그쳤다.[67] 서기 80년 무렵 이러한 국가사업은 점점 더 황제의 해방노예들이 황실 노예들의 노동의 도움을 받아 수행해 나갔다. 국가사업이 목표로 한 것은 언제나 실업의 완화였다.[68]

교역은 1퍼센트의 판매세와 가벼운 관세, 그리고 다리와 도시를 통과하는 상품에 부과되는 임시 통행세로서 그다지 큰 부담을 갖지 않았다. 조영관들은 탁월한 규제 장치로 소매업을 감독했지만, 페트로니우스의 작품에 등장하는 격분한 인물에 따르면 조영관들은 다른 시대의 유사한 관리들과 별다른 차이가 없었다. "그들은 제빵업자들과 여타 유사한 악당들과 부정 이득을 챙긴다. …… 부자들의 입은 늘 열려 있다."[69] 금융은 당국의 통화 조작과 제국의 최대 은행이었던 것으로 보이는 국고의 경쟁 상대를 필요로 했다. 국고는 수확물을 담보로 농민들, 그리고 가구를 담보로 도시 주민들에게 이자를 붙여 돈을 빌려 주었다.⁷⁰ 상업은 전쟁으로 촉진되었으며, 전쟁으로 새로운 자원과 시장을 개척했고, 교역로에 대한 지배권을 장악했다. 그래서 갈루스의 아라비아 원정으로 아랍인들과 파르티아인들의 경쟁에 맞서 인도로 가는 통로를 확보했다. 플리니우스는 로마의 귀부인들과 멋쟁이들이 더 폭넓게 향수를 선택할 수 있는 기회를 갖도록 원정이 이루어졌다고 투덜댔다.⁷¹

고대 로마의 부가 과장되어서는 안 된다. 베스파시아누스 황제 치하에 국가의 총 세입은 기껏해야 15억 세스테르티우스(1억 5000만 달러)였다. 이것은 오늘날 뉴욕 시 예산의 5분의 1보다 적은 액수였다. 대량 생산으로 막대한 부를 축적하는 수단은 알려지지 않았거나 무시되었으며, 현대 세계의 거대하면서 과세 대상이 되는 산업과 상업을 발전시키지 못했다. 로마 정부는 해군에 대한 지출을 거의 하지 않았으며, 국가 채무에 대한 이자 지급에 한 푼도 지출하지 않았다. 로마 정부는 채무가 아닌 수입으로 살아갔다. 산업은 대부분 국내에서 이루어졌으므로, 생산품이 소비자에게 전달되는 과정에서 거래와 과세에 대한 개입이 오늘날에 비해 더 적었다. 사람들은 일반 시장보다는 자신들이 사는 곳을 위해 생산했다. 그들은 눈에 보이지 않는 다른 사람들을 위해서는 더 적게, 그리고 자신들을 위해서는 더 많이 생산했다. 그들은 몸을 더 많이 사용했고, 더 오랜 시간을 덜 열심히 일했으며, 꿈 저편에 있는 무수히 많은 사치품이 자신들에게 없는 것을 섭섭하게 생각하지 않았다. 하지만 그들은 지중해 국가들이 전에 경험하지 못하던 번영을 누렸다. 이러한 번영은 고대 세계의 물질적인 정점이었다.

주

1장

1. Pliny, *Natural History*, xxxvii, 77.
2. Virgil, *Georgics*, ii, 149.
3. 위의 책, ii, 198.
4. Strabo, *Geography*, v, 4. 8.
5. Polybius, *History*, i, 2. 15.
6. Taine, *Modern Regime*, 17.
7. Aristotle, *Physics*, 1329b.
8. Thucydides, *Peloponnesian War*, vi, 18. 2.
9. Homo, *Primitive Italy*, 32; Toutain, *Economic Life of the Ancient World*, 207.
10. Dennis, *Cities And Cemeteries of Etruria*, I, 36.
11. Herodotus, *Histories*, v, 94; Strabo, v, 1. 2; Tacitus, *Annals*, iv, 55; Appian, *Roman History*, viii, 9. 66.
12. Dennis, I, 39.
13. Paul-Louis, *Ancient Rome at Work*, 66; Toutain, 211.
14. Dennis, I, 329.
15. Athenaeus, *Deipnosophists*, xii, 3.
16. Garrison, *History of Medicine*, 119.
17. Castinglione, *History of Medicine*, 192.
18. Aristotle in Athenaeus, i, 19; Dennis, I, 321.
19. 위의 책, 21.
20. *Cambridge Ancient History*, IV, 415.
21. Scholiast on Juvenal, vi, 565.
22. CAH, IV, 420-1; Mommsen, I, 232-3; Dennis, II, 168.
23. *Enc. Brit.*, VIII, 787.
24. Anderson and Spiers, *Architecture of Greece and Rome*, 121; Strong, E., *Art in Ancient Rome*, 21; CAH, VII, 386.
25. Pliny, xxxv, 6.
26. Rodenwaldt, G., *Die Kunst der Antike*: Hellas, 509.
27. Ovid, *Fasti*, iii, 15.
28. Livy, *History of Rome*, i, 9-13.
29. Frazer, II, 289.
30. Livy, i, 19.
31. Tacitus, *Annals*, iii, 26.
32. Cicero, *De re publica*, ii, 14.
33. Livy, i, 22.
34. 위의 책, 27.
35. Dio Cassius, *History of Rome*, fragment vii.
36. Strabo, v, 2. 2.
37. Livy, i, 35.
38. Pais, E., *Ancient Legends of Roman History*, 38.
39. Cicero, *Republica*, ii, 21.
40. Livy, i, 46.
41. Pais, 137-8.
42. Dio, iii, 7, and frag. x, 2.
43. Livy, i. 56-7.
44. Syme, R., *The Roman Revolution*, 85n.
45. Cicero, *Republica*, i, 39; Coulanges, F., *The Ancient City*, 384.
46. Tacitus, *Histories*, iii, 72.

47. Mommsen, I, 414.
48. Dennis, I, 26.
49. Duff, J. W., *Literary History of Rome*, 6; CAH, IV, 407.
50. Livy, i, 8; Strabo, v, 2. 2; Dennis, II, 166.
51. CAH, VII, 384.
52. Livy, i, 8.
53. CAH, VIII, 387; Hammerton, J., *Universal History of the World*, II, 1158.
54. Strabo, v, 2. 2.

2장

1. Livy, i, 8.
2. Aulus Gellius, *Attic Nights*, vi, 13.
3. Livy, ii, 56; CAH, VII, 456.
4. Aulus Gellius, xx, 1. 45-51; Dio, frag. xvi, 4.
5. Livy, ii, 23-30; Dio, iv, 7 and frag. xvi, 6; Dionysius, vi, 45; Plutarch, "Coriolanus."
6. Livy, iv, 13; Dio, vi, 7.
7. Livy, iii, 52.
8. Dio, v, 7.
9. 위의 책.
10. Livy, i, 43.
11. Frank, *Economic History*, 20; Smith, W., *Dictionary of Greek and Roman antiquities, s. v. exercitus*.
12. Mommsen, III, 60.
13. Plutarch, "Pyrrhus."
14. Coulanges, 244.
15. Dio, iv, 7.
16. Twelve Tables, iv, 1-3, in Monroe, P., *Source Book*, 337.
17. Twelve Tables, iii, 1-6.
18. Twelve Tables, viii, 3.
19. Twelve Tables, 21-26.
20. Cicero, *Pro Roscio Amerino*, 25-6.
21. Polybius, iii, 6.
22. Livy, vii, 24.
23. Vitruvius, *De Architectura*, ii, 12.
24. Polybius, vi, 37.
25. Frontinus, *Stratagems and Aqueducts*, iv, 1.
26. Frank, *Economic History*, 338; Id., *Economic Survey of Ancient Rome*, V, 160; Fowler, W. W., *Social Life at Rome*, 32; Edwards, H. J., Appendix A to Caesar, *Galic War*.
27. Dio, vi, 95.
28. Livy, ii, 34; Dionysius, vii, 50; dio, v, 7 and frag. xvii, 2; Appian, *Roman History*, ii, 5; Plutarch, "Coriolanus."
29. Polybius, ii, 15-20.
30. Livy, v, 42.
31. Dio, vii, 7.
32. Coulanges, 494.
33. Plutarch, "Sayings of Great Commanders," in *Moralia*, 184C.

3장

1. Mommsen, II, 138.
2. Smith, R. B., *Carthage*, 29.
3. Appian, viii, 95.
4. Polybius, vi, 56.
5. Plutarch, *De re pulbica ger.*, iii, 6.
6. Frazer, *Adonis, Attis, Osiris*, I, 114.
7. Diodorus Siculus, *Library of History*, xx,

14.
8. St. Augustine, *Letters*, xvii, 2.
9. Appian, viii, 127.
10. Aristotle, *Politics*, 1272b.
11. 위의 책, 1273a.
12. Polybius, iii, 22.
13. Strabo, xvii, 1. 19.
14. Polybius, i, 20-1.
15. Cicero, *De Officiis*, iii, 26; *In Pisonem*, 43.
16. Gellius, vii, 4.
17. Polybius, i, 80.
18. Smith, R. B., *Carthage*, 151.
19. Polybius, I, 87.
20. Mommsen, ii, 223.
21. Dio, frag. lii, 2.
22. Livy, xxi, 4.
23. Mommsen, II, 243.
24. Livy, xxi, 22.
25. Plutarch, *Moralia*, 195D.
26. Livy, xxii, 57.
27. Polybius, ii, 75, 118.
28. Livy, xxii, 50.
29. Livy, xxviii, 12.
30. Diodorus, xxvii, 9; Appian, vii, 59.
31. 위의 책, viii, 134.
32. Livy, xxxix, 51.

4장

1. Twelve Tables, iv, 1.
2. St. Augustine, *City of God*, vi, 9.
3. Horace, *Satires*, i, 8, 35; Müller-Lyer, F., *Evolution of Modern Marriage*, 55; Castinglione, 195; Howard, C., *Sex Worship*, 65, 79; *Enc. Brit.*, 11th ed., XVII, 467; XXI, 345.
4. Pliny, xxviii, 19.
5. Livy, xxiii, 31.
6. Virgil, *Georgics*, ii, 419; Horace, *Odes*, i, 1.25.
7. Frazer, *Magic Art*, II, 190.
8. Virgil, *Aeneid*, vii, 761; Ovid, *Fasti*, vi, 753; *Metamorphoses*, xv, 497; Strabo, v, 3.12; Pliny, xxx, 12-13; Frazer, *Magic Art*, I, 11.
9. Boissier, G., *La réligion romaine*, I, 27.
10. Livy, v, 21-2; vi, 29; Coulanges, 199.
11. Ovid, *Metam.*, xv, 626.
12. Livy, viii, 15; Lanciani, R., *Ancient Rome*, 143.
13. Fowler, W. W., *Religious Experience of the Roman People*, 337.
14. Mommsen, III, 11.
15. Cicero, Pro *Archia*, 4; Fowler, 앞의 책, 30.
16. Reinach, S., *Apollo*, 109.
17. Livy, vii, 5.
18. Pliny, xxviii, 10.
19. Harrison, J., *Prolegomena to the Study of Greek Religion*, 35.
20. Plautus, *Curculio*, 33-8.
21. Ovid, *Fasti*, iii, 523.
22. Howard, 66.
23. Athenaeus, xiv, 44.
24. Westermarck, E., *Origin and Development of the Moral Ideas*, I, 430; Cicero, Pro *Caelio*, 20.
25. Brittain, A., *Roman Women*, 135-6.

26. Coulanges, 63.
27. Plutarch, "Numa and Lycurgus."
28. Gellius, x, 23.
29. Abbott, F., *Common People of Ancient Rome*, 87.
30. Catullus, *Poems*, xxv.
31. Pliny, xxxiii, 16.
32. Fowler, W. W., *Social Life at Rome*, 50-1, 270.
33. Polybius, xxxi, 26.
34. 위의 책, vi, 56.
35. Polybius, vi, 58.
36. Plutarch, *Quaestiones Romanae*, 59.
37. Livy, iii, 38.
38. Heine, H., *Memoirs*, I, 12.
39. Thompson, Sir E., *Greek and Latin Paleography*, 5.
40. Schlegel, A. W., *Lectures on Dramatic Art and Literature*, 202.
41. Livy, vii, 2; Bieber, N., *History of the Greek and Roman Theater*, 307.
42. Duff, J., *Literary History of Rome*, 130.
43. Castiglione, 196.
44. Lanciani, R., *Ancient Rome*, 53.
45. Glover, T. R., *Conflict of Religions in the Early Roman Empire*, 13; Freidländer, L., *Roman Life and Manners under the Early Empire*, III, 141.
46. Twelve Tables, x, 9.
47. Pliny, xxix, 6.
48. Frank, *Economic Survey*, I, 12; CAH, VII, 417.
49. Pliny, xviii, 3.
50. Virgil, *Georgics*, i, 299.
51. Cato, *de agri cultura*, viii; Varro, *Rerum rusticarum libri tres*, pref.
52. Cicero, *Letters*, vii, 1.
53. Pliny, xxxiii, 13.
54. CAH, VIII, 345.
55. Mommsen, *History*, III, 75.
56. CAH, X, 395; Frank, *Economic History of Rome*, 340.
57. Twelve Tables, viii, 18; Tacitus, *Annals*, vi, 16.
58. Livy, vii, 19-21, 42.
59. Paul-Louis, 118.
60. Frank, *Economic History*, 119.
61. Livy, viii, 12; Dionysius of Halicarnassus, ix, 43.
62. Mommsen, *History*, I, 248-9; Paul-Louis, 47.
63. Frank, *Economic Survey*, I, 146.
64. 위의 책, 41; CAH, VIII, 344; Paul-Louis, 102; Mommsen, *History*, II, 55.
65. Pliny, xxxvi, 24.
66. Twelve Tables, x, 4.
67. Plautus' *Captives*, 998.
68. Lucian, *Dialogues of the Dead*, xxv.

5장

1. Livy, iv, 302.
2. Plutarch, "Flamininus."
3. Livy, xliv, 22.
4. Appian, vi, 9-10; Mommsen, *History*, III, 220.
5. Livy, xxxix, 7; Mommsen, 201.
6. Polybius, vi, 17.
7. Davis, W. S., *Influence of Wealth in Imperial*

Rome, 74, 77; Mommsen, III, 83.
8. Polybius, xxxi, 25; Mommsen, III, 127; Sellar, W. Y., *Roman Poets of the Republic*, 234.
9. Mommsen, III, 40.
10. Polybius, xxxi, 25.
11. Guhl, 490.
12. Plutarch, "Cato the Elder."
13. Livy, xxxiv, 1.
14. Brittain, 95.
15. Polybius, xxx, 14.
16. Mommsen, III, 21, 127.
17. 위의 책, 44, 294, 301-2.
18. CAH, VIII, 359.
19. Plutarch, "*Marcellus*."
20. Anderson, 137.
21. Cicero, *De divinatione*, ii, 24. 52.
22. Polybius, vi, 56.
23. Livy, xxxix, 8.
24. Cicero, *De re publica*, ii, 19.
24a. Horace, *Epistles*, ii, 1.156.
25. Cicero, *De senectute*, viii, 26.
26. Appian, vi, 9.53.
27. Ennius, *Telamo*, frag. in Duff, 141.
28. Cicero, *De div.*, ii, 50.
29. Ennius, frag. in Gellius, xii, 4.
30. Ennius in Cicero, *Disp. Tusc.*, ii, 1.1.
31. Collins, W. L., *Plautus and Terence*, 33-4; Matthews, B., *Development of the Drama*, 98.
32. Cicero, *De re pulbica*, iv, 10.
33. Collins, 45.
34. Plautus, *Amphitryon*, iii, 2, 4.
35. Batiffol, L., *Century of the Renaissance*, 164.
36. Suetonius, *On Poets*, "Terence," ii.
37. Terence, *Heauton Timoroumenos*, prologue.
38. Terence, *Adelphi*, prologue.
39. Suetonius, 앞의 책.
40. Plutarch, *Moralia*, 198E, 199C.
41. Pliny, vii, 28.
42. Livy, xxxix, 42; Plutarch, "Cato the Elder."
43. Fowler, *Social Life*, 191.
44. Pliny, viii, 11.
45. Plutarch, 앞의 책.
46. 위의 책, Pliny, xxix, 7.
47. Appian, viii, 14.
48. Strabo, xvii, 3.15.

6장

1. Mommsen, *History*, III, 306.
2. Livy, xli, 28; xlv, 34.
3. 위의 책, xxxix, 29.
4. Heitland, W., *Agricola*, 161; Ward, I, 121.
5. Dio Cassius, xxxiv, frag. ii, 23; Livy, Epitome of Book xc.
6. Plutarch, "Tiberius Gracchus."
7. 위의 글.
8. Appian, *Civil Wars*, i, 1.
9. Pliny, xxxiii, 14.
10. Appian, *Civil Wars*, i, 3.
11. Julius Philippus in Cicero, *De off.*, ii, 21.
12. Appian, *Civil Wars*, i, 4.
13. Plutarch, "Marius."

14. Sallust, *Jugurthine War*, xiii, xx-xxviii.
15. Plutarch, 앞의 글.
16. 위의 글.
17. Plutarch, "Sylla."
18. Sallust, xcv.
19. 위의 책, xcvi.
20. Mommsen, IV, 142.
21. Appian, *Civil Wars*, i, 8.
22. Plutarch, 앞의 글.
23. 위의 글.
24. 위의 글.

7장

1. Plutarch, "Caesar."
2. Davis, 13-14.
3. Cicero, *Ad Atticum*, iv, 15.
4. Plutarch, "Pompey."
5. Cicero, *Ad Quintum*, ii, 5.
6. Cicero, *Letters*, iii, 29.
7. Cicero, *Ad Quintum*, iii, 2.
8. Mommsen, V, 349.
9. Plutarch, "Cicero."
10. Cicero, *I In Verrem*, 13.
11. Frank, *Economic History*, 295.
12. Mommsen, IV, 173.
13. Frank, 289.
14. Cicero, *De off.*, i, 8.
15. Plutarch, 앞의 글.
16. Nepos, "Atticus."
17. Plutarch, "Lucullus."
18. Frank, *Economic Survey*, I, 354.
19. Macrobius, *Saturnalia*, iii, 13.
20. Varro, iii, 16; Cicero, *Letters*, ix, 18; Mommsen, V, 387.
21. Cicero, *Letters*, vii, 26.
22. Pliny, xxxvi, 24.
23. 위의 책.
24. *Historiae Augustae*, "Alex. Severus," 33; Livy, xxxix, 8f; Mommsen, V, 384; Ward, I, 406.
25. Boissier, G., *Cicero and His Friends*, 164.
26. Cicero, *Pro Caelio*.
27. Plutarch, "Cato the Younger."
28. Cicero, *Ad Atticum*, ii, 1; Plutarch, "Phocien."
29. Appian, *Roman History*, vi, 16.
30. Plutarch, "Crassus."
31. 위의 글.
32. Plutarch, "Sertorius."
33. Plutarch, "Pompey."
34. Cicero, *De lege Manilia*, vii, 18-19.
35. Cicero, *Pro Caelio*, 16.
36. Cicero, *Pro Sexto Roscio*.
37. Sallust, *The War of Catiline*, xv.
38. 위의 책; Plutarch, "Cicero."
39. Haskell, H., *The New Deal in Old Rome*, 125.
40. Sallust, *Catiline*, xx, 7-13.
41. Cicero, *III In Catilinam*, vii.
42. Haskell, 167.
43. Sallust, xxxiii, 1.
44. Cicero, 앞의 책, viii.
45. 위의 책, i.
46. Cicero, *In Pisonem*, vi-vii.

8장

1. Lucretius, *De rerum natura*, iii, 1053f; tr.

W. D. Rouse.
2. 위의 책, iv, 1045-71.
3. Mommsen, IV, 207.
4. Fowler, *Religious Experience of the Roman People*, 391.
5. Lucretius, i, 1-40.
6. 위의 책, i, 101.
7. V, 1202.
8. I, 73.
9. II, 646.
10. II, 1090.
11. VI, 35.
12. I, 430.
13. II, 312.
14. IV, 834.
15. V, 419.
16. V, 837.
17. II, 8.
18. V, 1116.
19. II, 29.
20. IV, 1052.
21. V, 925f.
22. II, 79.
23. II, 1148.
24. II, 576.
25. Shotwell, *Introduction*, 221.
26. Lucretius, v, 564.
27. VI, 1093.
28. Eusebius, *Chronicles* in Hadzsits, G., *Lucretius and His Influence*, 5.
29. Sellar, *Poets of the Republic*, 277.
30. Voltaire, *Lettres de Memmius à Ciceron*, in Hadzsits, 327.
31. Apuleius, *Apology*, in Sellar, 411.
32. Catulus, *Poems*, li.
33. XI.
34. LXXXV.
35. LXX.
36. XXXI.
37. XXXVIII.
38. XCVIII.
39. Varro, pref.
40. 위의 책, ii, 10.
41. St. Augustine, *City of God*, iv, 27.
42. 위의 책, vii, 5.
43. Sallust, *Jug. War*, lxxxv.
43a. Gellius, xvii, 18.1.
43b. Pliny, xiv, 17.
44. Weise, O., *Language and Character of the Roman People*, 86.
45. Nepos, "Atticus," xvi.
46. The letter to Trebatius, in Cicero, vii, 10.
47. The letter to Lentulus in Cicero, i, 7 with the speech *Pro Balbo*, 27.
48. *Ad Atticum*, vii, 1.
49. *Letters*, xv, 4, to Cato.
50. Boissier, *Cicero*, 84; Frank, *Economic Survey*, I, 395.
51. *Ad Atticum*, i, 18.
52. 위의 책, i, 7.
53. *Pro Archia*, vii.
54. *De div.*, i, 2.1; ii, 2.4-5.
55. *De off.*, ii, 17.
56. *De natura deorum*, i, 2, 8.
57. *De div.*, ii, 12.28.
58. *Academica*, ii, 41.
59. *De natura deorum*, i, 5.

60. *De div.*, ii, 47.97.
60a. *De natura deorum*, iii, 16.
61. 위의 책, ii, 37.
62. 위의 책, i, 1; *De legibus*, ii, 7; *De off.*, ii, 72.148.
63. *De legibus*, i, 7.
64. *De re publica*, i, 2.
65. 위의 책, i, 44.
66. III, 22.
67. *De legibus*, i, 15.
68. *De amicitia*, xii, 40.
69. *De senectute*, xi, 38
70. *Disp. Tusc.*, i.
71. *De legibus*, i, 2.

9장

1. Suetonius, Supplement, i, 3.
2. Suetonius, "Julius," 49.
3. 위의 글, 4; Plutarch, "Caesar."
4. Suetonius, "Julius," 52.
5. Plutarch, "Cato the Younger."
6. Quintilian, *Institutes*, x, 1.114.
7. Sallust, *Cataline*, ii.
8. Appian, *Civil Wars*, ii, 2.
9. Ferrero, G., *Greatness and Decline of Rome*, I, 261.
10. Boissier, *Tacitus*, 215f.
11. Mommsen, V, 132.
12. Caesar, *Gallic War*, i, 44.
13. Mommsen, V, 34.
14. 위의 책, 38.
15. Cicero, 앞의 책, 81.
16. Mommsen, V, 100.
17. Plutarch, "Pompey," "Crassus," "Cato the Younger."
18. Homo, L., *Roman Political Institutions*, 184; Mommsen, V, 166.
19. 위의 책, 385.
20. Appian, *Civil Wars*, ii, 3.
21. Cicero, *Pro Sextio*, 35; Mommsen, V, 108f, 370; Ferrero, I, 313; Boissier, Cicero, 213; Fowler, *Social Life*, 58.
22. Dio Cassius, xl, 57.
23. Plato, *Republic*, 562f.
24. Suetonius, "Julius," 77.
25. Appian, *Civil Wars*, ii, 5; Ferrero, II, 187.
26. Suetonius, "Julius," 32; Appian, 앞의 책.
27. Syme, 89.
28. Cicero, *ad Atticum*, viň, 16.
29. Ferrero, II, 212.
30. Cicero, *Letters*, xvi, 12, to Tiro, 49 B. C.
31. *De bello civile*, i, 43-52.
32. 위의 책, i, 53; Appian, ii, 15.
33. Caesar, *Bello civile*, iii, 1.
34. Plutarch, "Caesar"; Appian, ii, 8.
35. Caesar, iii, 10.
36. 위의 책, iii, 53.
37. Cicero, *Letters*, vii, 3 to Marcus Marius, 46 B.C.; *ad Atticum*, xi, 6.
38. Appian, ii, 10.
39. Plutarch, "Pompey."
40. Plutarch, "Marcus Brutus."
41. Caesar, iii, 88.
42. Plutarch, "Pompey."
43. Appian, ii, 13.

44. Mahaffy, J., *Silver Age of the Greek World*, 199.
45. CAH, X, 37; Buchan, *Augustus*, 117.
46. Suetonius, "Julius," 52.
47. 위의 글.
48. Plutarch, "Caesar."
49. Dio Cassius, xlii, 49.
50. Appian, ii, 13.
51. Suetonius, "Julius," 80.
52. Pliny, xxviii, 2.
53. Frank, *Economic History*, 351.
54. Plutarch, "Caesar."
55. Cicero, *Pro Marcello*, 6-10.
56. *ad Familiares*, viii, 14, 22-5; ix, 11.
57. Cicero, *ad Atticum*, xiv, 1.
58. Dio Cassius, ii, 44.
59. Plutarch, "Brutus."
60. Appian, ii, 16.
61. Plutarch, 앞의 글.
62. Boissier, *Cicero and His Friends*, 334.
63. Cicero, *ad Atticum*, v, 21; vi, 1-9.
64. Appian, ii, 16.
65. Suetonius, "Julius," 79.
66. 위의 글, 81-87; Plutarch, "Caesar"; Appian, ii 16-21.
67. Suetonius, 82.
68. Appian, 앞의 글.

10장
1. Ferrero, II, 226.
2. Boissier, *Cicero*, 192.
3. Appian, *Civil Wars*, ii, 2; Dio, xlv, 2.
4. Appian, iv, 11.
5. 위의 책, 2-6; Plutarch, "Antony."
6. Brutus to Cicero, *ad Familiares*, xi, 20.
7. Plutarch, "Cicero."
8. Appian, iv, 4; Plutarch, "Antony."
9. Philo, *Quod omnis probus*, 118-20; Appian, iv, 8-10.
10. Plutarch, "Antony"; Appian, v, 1.
11. Athenaeus, iv, 29.
12. CAH, X, 79.
13. Suetonius, 17, Rostovtzeff, *Social and Economic History of the Roman Empire*, 29; CAH, x, 97.
14. Dio, li, 35.
15. 위의 책, 6.
16. 위의 책, Suetonius, 17.

11장
1. Suetonius, "Augustus," 33.
2. Dio, liv, 17.
3. 위의 책, lv, 4.
4. Suetonius, 40.
5. Gibbon, E., *Decline and Fall of the Roman Empire*, ed. Bury, I, 65.
6. Suetonius, 23; Dio, lvi, 17.
7. Plutarch, *Moralia*, 207D.
8. Charlesworth, M., *Trade Routes and Commerce of the Roman Empire*, 8.
9. Suetonius, 41.
9a. Dio, liv, 18.
9b. Suetonius, 28.
10. 위의 글, 42.
11. Augustus, *Res gestae*, iii, 21.
12. Dio, lv, 25.
13. Suetonius, 58.
14. Pliny, xiv, 5.

15. Himes, N., *Medical History of Contraception*, 85f, 188.
16. Dio, liv, 19.
17. Tacitus, *Annals*, xv, 19.
18. 위의 책, iii, 25.
19. Horace, *Odes*, iii, 24.
20. Davis, *Influence of Wealth*, 304.
21. Gellius, x, 2.2.
22. 위의 책.
23. Dio, lvi, 1.
24. Ovid, *Ars Amatoria*, 637.
25. Augustus, *Res gestae*, ii, 10.
26. Buchan, 286.
27. Suetonius, 76-83.
28. 위의 글, 81; Dio, lii, 30.
29. Suetonius, 76.
30. 위의 글, 84.
31. 위의 글, 90-2.
32. Ferrero, IV, 175.
33. Plutarch, *Moralia*, 207C.
34. Dio, lvii, 2.
35. Suetonius, 64.
36. Macrobius, *Saturnalia*, ii, 5, *ad finem*.
37. Seneca, *Moral Essays*, III, vi, 32.1.
38. Suetonius, 99.

12장

1. Macrobius, ii, 4.
2. Horace, *Epistles*, ii, 1.117.
3. Juvenal, *Satires*, i, 2; iii, 9.
4. Martial, *Epigrams*, I, 67, 118; Friedländer, III, 37.
4a. Lanciani, *Ancient Rome*, 183.
5. Ovid., *Tristia*, i, 1.105.
6. Tacitus *De oratorisbus*, 13.
7. Virgil, *Eclogues*, i, 46.
8. 위의 책, i, ix.
9. Suetonius, *On Poets*, "Virgil," 9.
10. Virgil, *Georgics*, iii, 284.
11. 위의 책, i, 145.
12. II, 490.
13. Duff, *Literary History of Rome*, 455.
14. *Georgics*, iii, 46.
15. *Aeneid*, vi, 860f; Suetonius, "Virgil," 31.
16. *Aeneid*, ii, 293.
17. 위의 책, iv, 331-61.
18. VI, 126.
19. VI, 852.
20. IV, 508.
21. Suetonius, 23.
22. 위의 글, 43.
23. Voltaire, *Philosophical Dictionary*, art. Epic Poetry.
24. Suetonius, *On Poets*, "Horace."
25. Horace, *Odes*, iii, 2.
26. *Epodes*, ii, 2.41.
27. *Satires*, i, 1.
27a. *Epistles*, i, 16; Rostovtzeff, *Social and Economic of Roman Empire*, 61.
28. Horace, *Satires*, ii 5.
29. 위의 책, ii, 7.105.
30. 위의 책, 23.
31. I, 1.69.
32. *Odes*, ii, 10.
33. *Satires*, i, 1.105.
34. 위의 책, ii, 1.1.
35. *Odes*, iii, 29.12.

36. *Satires*, ii, 6.60.
37. *Odes*, iii, 16.29.
38. *Epodes*, ii, 1.
39. Petronius, *Satyricon*, 118.
40. *Odes*, ii, 11.
41. I, 9.
42. I, 28.
43. I, 35.
44. III, 30.
45. *Ars poetica*, 139.
46. 위의 책, 343.
47. 위의 책, 102.
48. *Epistles*, i, 6.1.
49. *Odes*, ii, 3.
50. 위의 책, ii, 10.
51. *Satires*, ii, 7.83.
52. *Odes*, iii, 3.
53. *Epistles*, i, 4.16; cf. i, 17.
54. *Satires*, ii, 6.93.
55. *Epistles*, ii, 2.55.
56. *Odes*, ii, 14.
57. *Satires*, i, 1.117.
58. *Epistles*, ii, 2.214.
59. *Odes*, ii, 17.
60. Taine, H., *Essai sur Tite Live*, 1.
61. Pliny, *Natural History*, dedication.
62. Taine, 앞의 책, 10.
63. Livy, ii, 48.
64. Livy, xlv, 12 with Polybius, xxix, 27; Livy, xxiv, 34 with Polybius, viii, 5.
65. Pliny, *Letters*, ii, 3.
66. Tibullus, i, 1.
67. 위의 책, i, 6.
68. I, 3, 10.
69. Propertius, ii, 34, 57.
70. 위의 책, ii, 6.
71. I, 8.
72. Ovid, *Tristia*, iv, 10.
73. Ovid, *Ars amatoria*, 157.
74. 위의 책, 99.
75. 위의 책, 171.
76. *Amores*, ii, 4.
77. 위의 책, i, 1; ii, 18.
78. II, 1.
79. I, 4.
80. II, 5.
81. II, 10.
82. III, 7; ii, 10.
83. *Ars amatoria*, 97.
84. *Remedia amoris*, 183.
85. 위의 책, 194.
86. *Heroides*, iv.
87. *Tristia*, ii, 103.
88. *Ex Ponto*, iv, 6.41.
89. *Tristia*, i, 1; iii, 8.
90. 위의 책, iii, 3.15; *Ex Ponto*, i, 4.47.

13장

1. Holmes, *Architect of the Roman Empire*, 108.
2. Suetonius, "Tiberius," 68.
3. 위의 글, 69.
4. Tacitus, *Annals*, i, 11.
5. Suetonius, 23.
6. Dio, lvii, 18.
7. 위의 책, 6; Suetonius, 30; Tacitus, *Annals*, iv, 6.
8. Suetonius, 27.

9. Tacitus, 앞의 책.
10. Suetonius, 32.
11. Ferrero, G., *Women of the Caesars*, 136.
12. Tacitus, ii, 50.
13. 위의 책, iv, 57.
14. Dio, lvii, 11.
15. Ferrero, *Women*, 140.
16. Tacitus, iv, 57; Suetonius, 42-4.
17. CAH, X, 638.
18. Tacitus, iv, 58.
19. Suetonius, 60.
20. Tacitus, iv, 70.
21. 위의 책, vi, 50.
22. Mommsen, T., *Provinces of the Roman Empire*, II, 187.
23. Josephus, *Antiquities*, xix, 1.15.
24. Suetonius, "Gaius," 50-1.
25. 위의 글.
26. Dio, lix, 5.
27. Suetonius, "Gaius," 29,32.
28. Dio, lix, 26.
29. Suetonius, 24.
30. 위의 글.
31. Seneca *Ad Helviam*, x, 4.
32. Suetonius, 40.
33. 위의 글, 38.
34. 위의 글, 30.
35. Dio, lix, 3.
36. Suetonius, 27.
37. Balsdon, *The Emperor Gaius*, 33.
38. Dio, lix, 28.
39. Balsdon, 161.
40. 위의 책, 168.
41. Dio, lix, 29.
42. Suetonius, "Claudius," 29.
43. Dio, lx, 10.
44. Suetonius, 21.
45. Seneca, *Apocolocyntosis*, 3.
46. Tacitus, xii, 53.
47. Suetonius, 28.
48. Brittain, 244.
49. Suetonius, 37; Dio, lx, 14.
50. Suetonius, 50.
51. Dio, lx, 18.
52. Tacitus, xi, 12.
53. 위의 책, 25.
54. Dio, lxi, 31.
55. Ferrero, *Women*, 226.
56. Buchan, 247.
57. Tacitus, xi, 25.
58. Pliny, *Nat. Hist.*, ix, 117.
59. Tacitus, xiii, 43.
60. Dio, lxi, 34.
61. 위의 책, 2.
62. Suetonius, "*Nero*," 52.
63. Dio, lxi, 3.
64. Tacitus, xiii, 4.
65. Henderson, B., *Life and Principate of the Emperor Nero*, 75.
66. Tacitus, xv, 48.
67. Suetonius, 56.
68. 위의 글, 27.
69. Tacitus, xvi, 18.
70. Dio, lxii, 15; lxi, 7; Suetonius, 26.
71. Dio, lxii, 14; Tacitus, xiv, 5.
72. Tacitus, xiv, 10.
73. 위의 책, xiii, 3.
74. Suetonius, 20.

75. 위의 글, 41; Dio, lxiii, 26.
76. 위의 글, 11.
77. Tacitus, xiv, 60.
78. CAH, X, 722.
79. Tacitus, xv, 44.
80. 위의 책, xvi, 6; Suetonius, 25.
81. Dio, lxii, 27; Suetonius, 27.
82. Tacitus, xvi, 18.
83. Suetonius, 22.
84. 위의 글.
85. Dio, lxiii, 23.
86. Suetonius, 43.
87. 위의 글, 57.
88. Suetonius, "Galba," 23.
89. Tacitus, *Histories*, i, 49.
90. Suetonius, "Otho," 5.
91. Tacitus, *Hist.*, iii, 67.
92. Suetonius, "Vitellius," 17.
93. Suetonius, "Vespasian," 13.
94. 위의 글, 16.
95. Dio, lxv, 14.
96. Suetonius, 18.
97 위의 글, 21.
98. Tacitus, *Hist.*, ii, 2.
99. Suetonius, 23-4.
100. Suetonius, "*Titus*," 8.
101. Suetonius, "Domitian," 18.
102. Dio, lxvi, 26.
103. Suetonius, 22; Dio, lxvii, 6.
104. Frank, *Economic Survey*, V, 56.
105. Dio, lxvii, 14.
106. Suetonius, 10.

14장

1. Lucan, *Pharsalia*, ii, 67.
2. 위의 책, i, 128.
3. Petronius, *Epigrams*, frag. 22 in Robertson, J. M., *Short History of Freethought*, I, 211.
4. Petronius, *Satyricon*, 11.
5. 위의 책, 48.
6. 71.
7. 35, 40, 47.
8. 74.
9. Seneca in Boissier, G., *La réligion romaine*, II, 204.
10. Tacitus, *Annals*, xiv, 59; xvi, 34.
11. Lucian, *Icaromenippus*, 4.
12. Seneca, *Epistulae Morales*, xii; *Moral Essay*, III, vii, 11.1.
13. Monroe, *Source Book*, 401.
14. Quintilian, *Institutes*, x, 1.125.
15. Dio, lxii, 2.
16. Friedländer, III, 238.
17. Tacitus, *Annals*, xiii, 42.
18. Seneca, *De vita beata*, xvii-xviii.
19. Davis, *Influence of Wealth*, 154.
20. Seneca, *Epist.* xv.
21. *De vita beata*, xviii.
22. *De clementia*, i, 3.
23. *Epist.*, vii.
24. Tacitus, *Annals*, xiii, 2.
25. Boissier, *Tacitus*, 11.
26. Seneca, *Epist.*, lxxvi.
27. Seneca, *Epist.*, lxxv.
28. 위의 책, vii.
29. XXVI.

30. *De providentia*, ii, 6.
31. *Epist.*, xli.
32. *De providentia*, v, 8.
33. *Epist.*, xxxi.
34. 위의 책, cii; *ad Marciam*, xxiv, 3.
35. Henderson, *Nero*, 309.
36. *Epist.*, lxxii and iii.
37. 위의 책, lxxii.
38. XXXIII.
39. *De brevitate vitae*, xiv.
40. *Epist.*, lxix.
41. 위의 책, ii.
42. VII; XXV.
43. XXIII.
44. LXX.
45. *De ira*, v, 15.
46. *Epist.*, lviii.
47. 위의 책, lxi.
48. *De ira*, ii, 34.
49. *Epist.*, i, lxi.
50. Tertullian, *De anima*, xx.
51. Acton, Lord, *History of Freedom*, 25.
52. *Epist.*, xxxi.
53. Gummere, R. M., *Seneca the Philosopher*, 131.
54. Seneca, *Medea*, 364.
55. *Quaestiones naturales*, vii, 30–33.
56. 위의 책, vii, 25, 30.
57. Pliny, xxxvi, 15.
58. 위의 책, ii, 5.
59. Plutarch, "Sertorius."
60. Pliny's *Letters*, iii, 5.
61. Pliny, *Nat. Hist.*, iii, 6.
62. 위의 책, ii, 5.
63. II, 30.
64. II, 33.
65. II, 6, 64.
66. II, 90–92.
67. II, 63.
68. XXXIV, 39.
69. XXXVII, 27.
70. XIX, 4.
71. XVIII, 76.
72. XXV, 110.
73. XXXVIII, 52.
74. XXVIII, 80.
75. VII, 5.
76. XXVIII, 16.
77. VII, 3.
78. XXV, 13.
79. Castiglione, 214.
80. Pliny, ii, 5, 117.
81. XXXIII, 13.
82. II, 5.
83. VII, 56.
84. XXVIII, 7.
85. VIII, 67.
86. VII, 13.
87. Jones, W. H. S., *Malaria and Greek History*, 61.
88. Pliny's *Letters*, i, 12.
89. Castiglione, 237.
90. Tacitus, *Hist.*, vi, 81; Suetonius, "Vespasian," 7.
91. Dill, Sir S., *Roman Society from Nero to Marcus Aurelius*, 92.
92. Pliny, *Nat. Hist.*, xxix, 8.
93. Lucian, "To an Illiterate Book-

Fancier," 29.
94. Pliny, xxvi, 7-8; Castiglione, 200; Garrison, *History of Medicine*, 106.
95. Castiglione, 233, 240.
96. 위의 책, 226.
97. Soranus in Friedländer, I, 171.
98. Castiglione, 237; Garrison, 118.
99. Bailey, C., *Legacy of Rome*, 291; Williams, H. S., *History of Science*, I, 274.
100. Pliny, xxix, 5.
101. 위의 책, 8.
102. Garrison, 119.
103. Pliny, xxxv, 94.
104. 위의 책, xxix, 5.
105. Friedländer, I, 180-1.
106. Castiglione, 234; Friedländer, I, 178. Duff, J, *Literary History of Rome in the Silver Age*, 121; Pliny, xxviii, 2.
107. Frank, *Economic Survey*, I, 381.
108. Bailey, 284.
109. Quintilian, vi, pref.
110. I, 12.17.
111. I, 10.36.
112. X, 3.9, 19.
113. X, 4.1.
114. II, 12.7.
115. II, 5.21.
116. Juvenal, vii, 82.
117. Martial, xi, 43, 104.
118. II, 53.
119. IV, 49.
120. I, 16.
121. X, 4.
122. IV, 4.
123. IX, 37.
124. I, 32; III, 65.
125. XI, 16.
126. III, 69.
127. Pliny's *Letters*, iii, 21.

15장

1. Columella, *De re rustica*, i, 3.12.
2. Davis, *Influence of Wealth*, 144.
3. Pliny, *Nat. Hist.*, xviii, 4; Heitland, 224; Frank, *Economic Survey*, V, 175.
4. Columella, iii, 3.
5. Strabo, v, 4.3.
6. Frank, V, 158.
7. Pliny, xv, 68-83.
8. Columella, iii, 8.
9. Rostovtzeff, *Roman Empire*, 182-3.
10. Suetonius, "Domitian," 7.
11. Cato, *De agri cultura*, 144.
12. Pliny, xix, 2.
13. Paul-Louis, 274-6.
14. Tacitus, *Agricola*, 12.
15. Pliny, ii, 108-9.
15a. Ammianus Marcellinus, xxiii, 4.15.
16. *Encyclopaedia Britannica*, V, 868.
17. Paul-Louis, 287.
18. Frank, V, 229.
19. Rostovtzeff, *Roman Empire*, 252.
20. Haskell, H. J., *New Deal in Old Rome*, 24-6.
21. Scott, S. P, *Civil Law*, Fragments of Ulpian in Justinian, *Digest*, iii, 2.4.
22. Friedländer, I, 289-91.

23. Gibbon, Everyman Lib. ed., I, 50; Bailey, C., *Legacy of Rome*, 158.
24. Seneca, *Ad Helviam*, vi.
25. Plutarch, *Moralia*, "On Exile," 604A.
26. Halliday, W. R., *Pagan Background of Early Christianity*, 88.
27. Juvenal, xiv, 287.
28. Athenaeus, ii, 239.
29. Josephus, *Life*, P. 511.
30. Mommsen, *Provinces*, II, 278.
31. Friedländer, I, 286.
32. Pliny, xix, 1, 4.
33. 위의 책, ii, 57.
34. Wickhoff, E., *Roman Art*, p. 50; Gest, 60, Bailey, 462.
35. Reid, *Municipalities*, 28.
36. Gest, 110-131.
37. Pliny, xxxvi, 24.
38. Bailey, 290.
39. Frontinus, *Aqueducts*, ii, 75.
40. 위의 책, i, 16.
41. Friedländer, I, 13.
42. Carter, T. F., *Invention of Printing*, 86; Gibbon, Everyman ed., I, 55.
43. Tarn, W. W., *Hellenistic Civilization*, 206.
44. CAH, X, 417.
45. Strabo, xvii, 1.3.
46. Pliny, vi, 26.
47. Halliday, 97.
48. Tacitus, *Annals*, vi, 16-17; Suetonius, "Tiberius," 48; Davis, *Influence of Wealth*, I.
49. Ovid, *Fasti*, i, 191.
50. Toynbee, A., *Study of History*, I, 41n.
51. Davis, 242.
52. Beard, M., *History of the Business Man*, 47.
53. Athenaeus, vi, 104.
54. Seneca *De clementia*, I, 24.
54a. Sandys, Sir, J., *Companion to Latin Studies*, 354.
55. Pliny, vii, 40.
56. Fridländer, II 221.
57. Boissier, *La réligion romaine*, II, 330.
57a. Seneca, *De ira*, iii, 3.
58. Juvenal, vi, 474.
59. Ovid, *Ars amatoria*, 235; *Amores*, i, 14.
60. Holmes, *Architect of the Roman Empire*, 132.
61. Dill, 116.
62. Statius, *Silvae*, ii, 6.
63. Seneca, *Epist*, xlvii. 13.
64. Dill, 117.
65. Rostovtzeff, *Romam, Empire*, 105; Reid, 323, 521.
66. Toutain, 304.
67. Frank, *Economic History*, 280.
68. Frank, *Economic Survey*, V, 235.
69. Petronius, 44.
70. Rostovtzeff, 172; Declareuil, J., *Rome the Law-Giver*, 269.
71. Pliny, xiii, 23.

연대표 (본문 59~195쪽)

기원전

813(?)	카르타고 건국
558	카르타고가 시칠리아 서쪽, 사르디니아, 코르시카 등을 정복
509	로마 공화국 수립
508	에트루리아인과 전쟁. 호라티우스 코클레스
500	한노, 아프리카 서해안 탐험
494	평민들이 최초의 분리 운동 전개. 호민관직 신설
485	스푸리우스 카시우스, 형을 선고받음
458, 439	킨키나투스, 독재관
451	1차 10대관 통치
450	12표법 제정
449	평민들이 두 번째 분리 운동 시작
443	감찰관직 신설
432	선거 부정 저지를 위한 최초의 법률 제정
396	로마인들, 베이인을 점령
390	갈리아인들, 로마 약탈
367	리키니우스법으로 부채법이 완화됨
343~341	1차 삼니움 전쟁
340~338	라틴인들과 전투. 라틴 동맹 해체
339	푸블리우스법이 원로원의 거부권을 끝냄
327~304	2차 삼니움 전쟁
326	포이텔리우스법으로 부채법이 완화됨
321	로마군, 카우디움 협곡에서 패배
312	아피우스 클라우디우스가 감찰관이 됨. 아피우스 가도 건설
300	발레리우스법으로 항소권이 규정됨.
298~290	3차 삼니움 전쟁
287	평민들이 마지막 분리 운동 시작. 민회의 권한을 규정하는 호르텐시우스법 제정
283	로마가 이탈리아의 그리스 식민시 대부분을 차지함
280~275	피로스, 이탈리아와 시칠리아 공격
280~279	헤라클레아와 아스쿨룸에서 상당한 희생을 치르고 피로스가 승리함
272	로마 타렌툼 점령
264~241	1차 포에니 전쟁
248	하밀카르 바르카, 시칠리아 침입
241	카르타고 함대, 아이가디 제도 앞바다에서 패배. 시칠리아, 로마의 속주가 됨
241~236	용병(傭兵)과 카르타고의 전쟁
240	리비우스 안드로니쿠스의 첫 번째 극 연출
239	카르타고, 사르디니아와 코르시카를 로마에 양도
237	스페인의 하밀카르
235	나이비우스의 첫 번째 극 연출
230	일리리아 해적들과의 전쟁
222	로마, 갈리아 키살피나(북부 이탈리아) 점령
219~201	2차 포에니 전쟁
218	한니발, 알프스를 넘어 티키누스 호수와 트레비아 호수에서 로마군 격퇴
217	한니발, 트라시메네 호수에서 로마군 격퇴. 파비우스 막시무스, 독재관
216	한니발, 칸나이 전투에서 승리
215	한니발과 필리포스 5세, 동맹 체결
214~205	1차 마케도니아 전쟁
212	로마군, 시라쿠사 점령
210~209	스페인에서의 대(大)스키피오 아프리카누스
207	하스드루발, 메타우루스 강에서 패배
203	한니발, 아프리카로 소환됨
202	스키피오, 자마에서 한니발 격퇴. 퀸

연대표 (본문 59~195쪽)

기원전

	투스 파비우스 픽토르, 최초의 로마사 출간
201	스페인, 로마의 속주가 됨
200~197	2차 마케도니아 전쟁
189	마그네시아 전투
186	바쿠스 신 숭배 금지
184	대(大)카토, 감찰관
171~168	3차 마케도니아 전쟁
168	피드나 전투
167	로마에서의 폴리비오스
160	테렌티우스의 작품「형제」상연
155	카르네아데스, 로마에서 강연
155~138	루시타니아인들과의 전쟁
150~146	3차 포에니 전쟁
147~140	비리아투스, 스페인에서 로마와 싸워 승리
146	소(小)스키피오 아프리카누스, 카르타고 파괴. 뭄미우스, 코린트 약탈. 로마 지배권이 북아프리카와 그리스로 확대됨

연대표 (본문 199~354쪽)

기원전

139	시칠리아에서 1차 노예 전쟁 발생
133	티베리우스 그라쿠스, 호민관에 선출되고 암살됨
132	로마에서 루킬리우스와 파나이티우스가 전성기를 구가함
124~123	가이우스 그라쿠스, 호민관
122	가이우스 그라쿠스, 국가 곡물 배급 도입
121	가이우스 그라쿠스, 자살함
119	마리우스, 호민관
116	마리우스, 법무관
113~101	킴브리족과 테우토네스족에 맞서 싸움
112~105	유구르타 전쟁
107, 104~100, 87	마리우스, 집정관
106	키케로와 폼페이우스가 태어남
105	아라우시오 근처에서 킴브리족이 로마군을 격퇴
103~99	시칠리아에서 2차 노예 전쟁
103~100	사투르니누스, 호민관
102	아쿠아이 섹스티아이에서 마리우스가 킴브리족을 격퇴
100	마리우스, 사투르니누스 제압. 율리우스 카이사르가 태어남
91	드루수스의 개혁 시도와 암살
91~89	이탈리아 내전
88	술라, 집정관. 마리우스의 도망
88~84	1차 미트리다테스 전쟁
87	킨나와 마리우스의 반란. 급진주의자들의 공포 정치
86	술라, 아테네 점령. 카이로네아에서 아르켈라오스를 격퇴
86	마리우스와 킨나가 술라를 폐위시킴. 마리우스의 죽음
85~84	킨나가 세 번째와 네 번째로 집정관이 되고, 사망함
83~81	2차 미트리다테스 전쟁
83	술라, 브룬디시움에 상륙
82	술라, 로마 점령
81	술라의 코르넬리우스 법 제정
80~72	스페인에서 세르토리우스가 반란을 일으킴
79	술라, 사임함
78	술라의 사망
76	바로가 전성기를 구가함
75~63	3차 미트리다테스 전쟁. 루쿨루스와 폼페이우스의 승리
75	키케로, 시칠리아에서 재무관이 됨
73~71	3차 노예 전쟁. 스파르타쿠스
70	크라수스와 폼페이우스, 처음으로 집정관이 됨. 베레스의 재판. 베르길리우스가 태어남
69	티투스 폼포니우스 아티쿠스
68	카이사르, 스페인에서 재무관이 됨
67	폼페이우스, 해적 진압
66	키케로의 『마닐리우스 법에 대한 변론』
63	키케로, 카틸리나의 음모를 폭로. 옥타비우스가 태어남
63~12	공학자 아그리파
62	카이사르, 법무관. 클로디우스의 위법 행위
61	카이사르, 스페인 총독. 폼페이우스의 귀환과 개선식
60	카이사르, 크라수스, 폼페이우스의 1차 삼두 정치
60~54	카툴루스의 시(詩)와 코르넬리우스 네포스
59	카이사르, 집정관. 루크레티우스의 『사물의 본성에 관하여』

연대표(본문 199~354쪽)

기원전

58	호민관 클로디우스의 키케로 추방. 카이사르, 갈리아에서 헬베티족과 아리오비스투스를 격퇴
57	키케로의 귀환. 카이사르, 벨가이족을 격퇴
56	루카에서 삼두 통치자들이 회합을 가짐
55	폼페이우스와 크라수스, 집정관. 카이사르, 게르마니아와 브리타니아 침공
54	카이사르의 두 번째 브리타니아 침공
53	로마에서 클로디우스와 밀로가 행패를 부림. 카라이에서 크라수스가 패배함
52	클로디우스가 살해됨. 밀로의 재판. 폼페이우스, 단독 집정관. 베르킨게토릭스의 반란
51	키케로, 킬리키아의 총독. 키케로의 『국가론』, 카이사르의 『갈리아 전기』
49	카이사르, 루비콘 강을 넘어 로마 점령
48	디라키움 전투와 파르살로스 전투
48~47	카이사르, 이집트와 시리아 침공. 건축가 비트루비우스, 식물학자 콜루멜라
47	카이사르, 젤라와 탑수스에서 승리. 소(小)카토 자살
46	카이사르, 10년 동안 독재관에 임명. 카이사르의 달력 개정. 역사가 살루스티우스. 키케로의 『마르켈루스를 위한 변론』
45	카이사르, 스페인에서 폼페이우스 일당을 격퇴. 키케로의 『최고 선에 관하여』
44	카이사르가 암살됨. 키케로의 『투스쿨룸에서의 논쟁』, 『신들의 본성에 관하여』, 『의무론』
43	안토니우스, 옥타비아누스, 레피두스의 2차 삼두 정치. 키케로의 죽음
42	브루투스와 카시우스의 죽음(필리피 전투)
41	안토니우스와 클레오파트라의 만남 (타르수스)
40	안토니우스와 옥타비아누스의 화해 (브룬디시움). 베르길리우스, 네 번째 전원시 저술
36	안토니우스, 파르티아 침공
32	안토니우스, 클레오파트라와 결혼
31	옥타비아누스, 악티움에서 안토니우스를 격퇴
30	안토니우스와 클레오파트라의 자결. 이집트, 로마 제국에 병합. 옥타비아누스, 로마의 단일 통치자

연대표(본문 357~550쪽)

기원전		
	30	옥타비아누스, 종신 호민관직을 부여받음. 호라티우스의 『풍자시』 제2권이 나옴
	29	베르길리우스의 『농경시』
	27	옥타비아누스가 아우구스투스가 됨
27~서기 68		율리우스-클라우디우스 왕조
27~서기 14		아우구스투스의 원수정(元首政)
	25	아그리파의 판테온. 티불루스의 전성기
	23	호라티우스의 『송시(頌詩)』 첫 세 권이 나옴
	20	호라티우스의 『서한집』 제1권이 나옴
	19	베르길리우스 사망. 프로페르티우스의 전성기
	18	율리우스 간통법 제정
	13	마르켈루스 극장 건립. 호라티우스의 『송시』 제4권이 나옴
12~9		게르마니아에서 드루수스의 전투. 티베리우스, 판노니아 정복
	9	리비우스의 전성기. 평화의 제단이 세워짐
	8	마이케나스와 호라티우스 사망
	6	로도스에서의 티베리우스
	2	율리아 추방됨
서기		
	4	아우구스투스, 티베리우스를 양자로 들임
	8	오비디우스, 토미로 추방됨
	9	바루스, 게르마니아에서 패배함. 파피아 포파이아 법과 율리우스 혼인법 제정
	14	아우구스투스 사망
14~37		티베리우스의 원수정
14~16		게르마니아에서의 게르마니쿠스와 드루수스
17~18		근동에서의 게르마니쿠스
	18	오비디우스 사망
	19	게르마니쿠스 사망. 피소의 재판
	20	모반법 제정. 밀고자들 증가
23~31		세야누스의 통치
	27	티베리우스, 카프리에 정착
	29	리비아 사망. 아그리피나 추방됨
	30	백과사전을 엮은 켈수스의 전성기
	31	세야누스 사망
37~41		가이우스(칼리굴라)의 원수정
41~54		클라우디우스의 원수정
41~49		세네카의 망명
	43	브리타니아 정복
	48	메살리나 사망. 클라우디우스, 소(小)아그리피나와 결혼
	49	세네카, 법무관. 네로의 가정 교사
54~68		네로의 원수정
	55	세네카, 네로에게 『관용에 대하여』 헌정. 네로, 브리타니쿠스를 독살
	59	네로, 어머니 아그리피나를 살해하도록 명령
	62	세네카의 몰락. 네로, 옥타비아를 죽이고 포파이아와 결혼
	64	로마의 대화재. 로마에서 최초로 그리스도교도가 박해받음
	65	세네카와 루키아노스 처형
	66	페트로니우스와 트라세아 파이투스 사망
68~69		갈바의 원수정
69(1~4월)		오토의 원수정
69(7~12월)		비텔리우스의 원수정
69~96		플라비우스 왕조
69~79		베스파시아누스의 원수정

연대표(본문 357~550쪽)

70	콜로세움 건립. 퀸틸리아누스, 최초의 국가 공식 교사	114~116	트라야누스, 파르티아와 전쟁
71	베스파시아누스, 철학자들 추방	116	타키투스의 『연대기』. 에우베날리스의 『풍자시』
72	헬비디우스 프리스쿠스 자살	117~138	하드리아누스의 원수정
79~81	티투스의 원수정	119	수에토니우스의 『황제전』
79	베수비오스 화산 폭발. 대(大)플리니우스 사망	121~134	하드리아누스의 제국 탐방
		138~161	안토니누스 피우스의 원수정
81	티투스의 개선문	139	하드리아누스의 영묘(靈廟)
81~96	도미티아누스의 원수정. 마르티알리스와 스타티우스의 전성기	161~180	마르쿠스 아우렐리우스 안토니누스의 원수정
81~84	브리타니아에서 아그리콜라의 전투	161	가이우스의 『법학제요(法學提要)』
93	유대인, 그리스도교도, 철학자들에 대한 박해	162~165	파르티아 전쟁
		166~167	제국 전역에 전염병 창궐
96~98	네르바의 원수정	166~180	마르코만니족과 전쟁
98	타키투스, 집정관	174?	마르쿠스의 『명상록』
98~117	트라야누스의 원수정	175	아비디우스 카시우스의 반란
101~102	트라야누스, 다키아인들과 첫 번째 전쟁	180	마르쿠스 아우렐리우스 사망
		180~192	콤모두스의 원수정
105	타키투스의 『역사』	183	루킬라의 음모
105~107	트라야누스, 다키아인들과 두 번째 전쟁	185	페렌니스 처형
		189	기근. 클레안드로스 처형
		193(1월 1일)	콤모두스 살해됨

임웅 고려대학교 사학과를 졸업하고 같은 대학교 대학원에서 박사 학위를 받았다. 로마사 분야에서 꾸준한 연구 활동과 번역 활동을 하고 있으며, 대학에서 서양사 관련 강의를 하고 있다. 지은 책으로 『로마 하층민 연구』와 『로마의 소작과 소작인』이 있으며, 옮긴 책으로 『서양 고대 전쟁사 박물관』, 『고대 그리스의 내전, 펠로폰네소스 전쟁』, 『페르시아 신화』 등이 있다.

문명 이야기

카이사르와 그리스도 3-1

1판 1쇄 펴냄 2013년 8월 9일
1판 2쇄 펴냄 2021년 8월 18일

지은이 윌 듀런트
옮긴이 임웅
발행인 박근섭, 박상준
펴낸곳 (주)민음사

출판등록 1966. 5. 19.(제16-490호)
서울특별시 강남구 도산대로1길 62(신사동) 강남출판문화센터 5층 (우편번호 06027)
대표전화 02-515-2000, 팩시밀리 02-515-2007
홈페이지 www.minumsa.com

한국어판 ⓒ (주)민음사, 2013. Printed in Seoul, Korea.

ISBN 978-89-374-8804-7 04900
ISBN 978-89-374-8361-5 (세트)

* 잘못 만들어진 책은 구입처에서 교환해 드립니다.